한눈에 들어오는

# 남북 사전의 올림말 표기 차이

## 한눈에 들어오는

# 남북 사전의 올림말 표기 차이

겨레말큰사전남북공동편찬사업회

맵씨터

한눈에 들어오는
# 남북 사전의 올림말 표기 차이

1판 1쇄 발행 2019년 12월 20일

지 은 이 겨레말큰사전남북공동편찬사업회
펴 낸 이 김 정 희
펴 낸 곳 맵씨터
등 록 제 2002-000026호
주 소 서울특별시 성동구 광나루로 130 서울숲 IT캐슬 1310호
전 화 02-464-7708
팩 스 02-499-0846
이 메 일 hkm7708@hanmail.net
홈페이지 www.hankookmunhwasa.co.kr



책값은 뒤표지에 있습니다.
잘못된 책은 바꾸어 드립니다.

ISBN 979-11-85923-25-3 13710

이 도서의 국립중앙도서관 출판예정도서목록(CIP)은 서지정보유통지원시스템 홈페이지(http://seoji.nl. go.kr)와 국가자료공동목록시스템(http://www.nl.go.kr/kolisnet)에서 이용하실 수 있습니다.(CIP제어번호: 2019052659)

* 이 책의 내용은 겨레말큰사전 누리집(gyeoremal.or.kr)에서도 볼 수 있습니다.

# 머리말

2018년 4월 27일, 11년 만에 남북 두 정상이 손을 맞잡은 후 1년여의 시간이 흘렀습니다. 남북은 언 눈이 녹듯 경색을 풀고 경제, 사회, 문화, 종교 등 다방면에서 교류와 협력의 물꼬를 트기 위해 힘쓰고 있습니다. 교착과 답보로 불안했던 시간을 지나 이제 우리는 평화와 공존, 번영의 시대 앞에 성큼 다가섰습니다.

이러한 시대적 흐름을 이어가기 위해서는 70년의 분단 역사에서 그 세월만큼이나 거리가 생긴 언어와 언어문화를 이해하고 통합하려는 노력이 그 어느 때보다 절실하게 요구됩니다. 그간 남북이 다르게 사용하는 어휘를 대조하는 방식의 단편적인 정보를 제공하는 기사나 출판물은 많아졌지만 남북의 언어가 얼마나, 어떻게 달라졌고 그러한 차이가 왜 나타나게 되었는가에 대한 구체적이며 객관적인 자료는 여전히 부족한 실정입니다. 이에, '겨레말큰사전남북공동편찬사업회'에서는 올해 《남북 생활용어2》, 《남북 어휘 의미·용법》, 《남북 사전의 올림말 표기 차이》라는 세 권의 책을 준비하며 연구자뿐만 아니라 남북의 언어 대중이 서로의 언어 현상과 현실을 비교적 쉽고 편하게 접하고 이해하는 계기를 마련하고자 하였습니다.

통상 '남북의 언어가 다르다'고 할 때 가장 먼저 이야기하는 것이 바로 두음 법칙과 사이시옷 같은 표기의 차이입니다. 남측의 '여행'을 북측에서는 '려행'이라고 적고 말합니다. 또, 남측은 '나뭇잎'이라고 적는 것을 북측은 '나무잎'이라고 적습니다. 대표적인 두 규범 외에도 남북의 어휘 표기 차이의 양상과 그 원인은 다양하게 나타나는데 이러한 차이의 원인을 찾기 위해서는 남북의 어문 규범, 즉 《한글 맞춤법》과 《조선말규범집》을 나란히 두고 들여다보아야 합니다.

이 책은 남측과 북측의 대표 국어 대사전인 《표준국어대사전》(1999)과 《조선말대사전(증보판)》(2006)에 실린 올림말을 대상으로 표기에서 차이가 나는 어휘들을 유형별로 분류하고 해설하였습니다. 그리고 앞서 언급한 《한글 맞춤법》과 《조선말규범집》을 토대로 표기 차이의 원인을 보다 체계적으로 분석하고자 하였습니다. 독자의 이해를 돕기 위해 남과 북의 표기법을 소개하고, 각 규범에 해당하는 어휘를 해설과 함께 보였으며 남북 사전의 올림말 표기 차이 현황도 실었습니다. 특히, 어문 규범에서 가장 큰 차이를 보이는 두음 법칙과 사이시옷, 외래어 표기는 장을 따로 두어 다루었습니다. 아울러 향후 표기 차이를 줄이기 위해 남북이 함께 해결해야 할 과제와 그 방향에 대해서도 덧붙여 두었습니다.

혹자는 남북 언어에서 달라진 규범이나 표기를 두고 언어의 통일이 정치적, 지리적 통일보다 어려울 것이라고 말합니다. 실제로 《겨레말큰사전》 편찬을 위해 북측 국어학자들과 만나 이야기하며 의견 차이를 좁히려 할 때 매우 어려운 부분이 서로 다른 표기를 단일화하는 문제이기도 합니다. 그러나 2018년, 남과 북이 세 차례 만나 대화하는 것을 지켜보며 우리가 느낀 것은 남북의 언어 차이가 생각보다 크지 않다는 것과 각각 마련해 쓰고 있는 규범과 달라진 표기에도 불구하고 서로 소통하는 데에는 큰 어려움을 겪지 않을 만큼의 단일한 언어적 기반을 공유하고 있다는 것이었습니다.

이 책은 기존에 숱하게 진행된 단순 어휘 대조 작업이나 어휘 차이만을 강조해 온 연구가 아닌, 표기 차이 양상의 전반을 객관적으로 파악하고 그 표기가 달라진 과정과 맥락까지 아울러 종합적으로 분석하고자 노력한 결과물입니다. 궁극적으로는 '차이' 그 자체가 아닌 분단의 역사가 안고 있는 제도, 문화, 역사 문제를 함께 이해하는 과정이 되기를 바라는 마음으로 만들었습니다. 남북의 겨레가 함께 만들어 함께 보는 우리말 사전을 통해 언어의 통합·통일을 준비하는 '겨레말큰사전남북공동편찬사업회'의 목표뿐만 아니라 분단, 지역, 사람 사이의 경계를 넘어 남북 관계를 다시 써 나가는 모든 노력에 이 책이 보탬이 되기를 간절히 희망합니다.

2019. 12.

겨레말큰사전남북공동편찬위원회 남측편찬위원장 홍 종 선

## 일러두기

1. 이 책에서는 《표준국어대사전》(1999)과 《조선말대사전(증보판)》(2006)의 올림말 표기를 비교하였다.

2. '남북 사전의 올림말 표기 차이'는 《표준국어대사전》의 '표준어'와 《조선말대사전》의 '문화어'만을 대상으로 검토하였다. 《표준국어대사전》(1999)은 《표대》로, 《조선말대사전(증보판)》(2006)은 《조대》로 줄여서 표기하고, '표준어'와 '문화어'를 아울러 가리킬 때는 '규범어'로 통칭하였다.

3. 올림말 표기는 남측의 《한글 맞춤법》(1988/2018), 《표준어 규정》(2010), 《외래어 표기법》(2017)과, 북측의 《조선말규범집》(2010), 《조선어 외래어 표기법》(1956)을 기준으로 비교하였다.

4. 남북 올림말 표기 차이는 '두음 법칙 표기 차이', '사이시옷 표기 차이', '외래어 표기 차이', 그 외의 '기타 표기 차이'로 구분하여 제시하였다.

5. 남북 표기에 차이가 있는 올림말은 '노동#로동'처럼 '#'으로 구분하였다. 그리고 '#'의 앞에는 남측 올림말을, 뒤에는 북측 올림말을 제시하였다. 남북 어느 한쪽에 둘 이상의 표기가 공존할 때는 '/'으로 구분하였다(예: 검부나무#검불나무/검부나무).

6. 원어는 《표대》를 기준으로 하여 제시하였다.
- 《표대》에 오류가 있거나, 또는 《표대》와 《조대》의 원어가 다를 경우 '비고'에 그 내용을 제시하였다.
- 부올림말의 원어는 주올림말의 원어를 그대로 따랐다.
- 《조대》는 복합어 올림말에 원어를 제시하지 않았으므로, 《표대》와 동일한 올림말이면 《표대》의 원어를 기준으로 삼았다.

7. '표기 차이 올림말 목록'은 남측의 자모순에 따라 제시하였다.

8. 이 책에서 사용한 기호는 다음과 같다

| 기호 | 설명 | 예 |
|---|---|---|
| - | 복합어 경계 | 예) 이자-율 |
| ^ | 붙여 쓸 수 있는 올림말 | 예) 여객^열차 |
| [ ] | 발음, | 예) 나뭇잎[나문닙] |
|  | 품사, | 예) 봄[명사], 려행[명] |
|  | 《표대》 언어명 | 예) 코뮌([프]commune) |
| ( ) | 원어, | 예) 학교(學校) |
|  | 《조대》 언어명 | 예) 세멘트(cement(영)) |
| ▼ | 《표대》 한자 속음, | 예) 한라-산(漢拏▼山) |
|  | 해당 언어에 없는 단어 | 예) 하이-칼라(▼high collar) |
| ← | 형태가 변한 외래어, | 예) 파마(←permanent) |
|  | 《조대》 한자 속음 | 예) 육모(←育苗) |
| / | 《표대》 둘 이상 제시된 원어 구분, | 예) 녹록(碌碌/錄錄) |
|  | 《표대》 둘 이상 제시된 발음 구분 | 예) 햇빛[해삗/핻삗] |
| . | 《조대》 둘 이상 제시된 원어 구분 | 예) 녀공(女工. 女功) |
| 오 | 오류 | 예) 강연선(오鋼燃線) |
| 남 | 남측 표기 | 예) 남 여, 요, 유, 이 |
| 북 | 북측 표기 | 예) 북 녀, 뇨, 뉴, 니 |
| 예 | 예시 | 예) 예 연말#년말 |
| 남외 | 《외래어 표기법》 조항 | 예) 남외1 |
| 북외 | 《조선어 외래어 표기법》 조항 | 예) 북외100 |
| 맞 | 《한글 맞춤법》 조항 | 예) 맞8 |
| 표 | 《표준어 규정》 조항 | 예) 표9 |

## 차례

## 1. 들어가는 말

남과 북의 우리 겨레는 70여 년을 교류 없이 살아왔다. 사회 체제가 서로 달랐기에 그 세월만큼 서로의 생활 방식과 사고방식에서도 차이가 생겼다. 그리고 이러한 차이는 남북 언어의 차이로 고스란히 이어졌다. 왜냐하면 언어는 '사회상을 반영하는 거울'로 비유될 만큼 사회상을 직간접적으로 반영하기 때문이다.

그런데 언어 면에서의 차이는 언어 체계나 구조의 차이가 아니라 대부분 '어휘'나 '표현 방식'의 차이에 국한된다. 먼저, 어휘 면에서의 차이는 '표기 차이', '규범어(표준어와 문화어 선정) 차이', '의미 차이', '신어(新語) 차이'로 구별할 수 있다. 이 가운데 '표기 차이'와 '규범어 차이'의 대부분은 남북에서 각기 제정한 어문 규범이 어휘에 적용되면서 비롯된 것이다. 광복 후 남북에서는 각기 표기법과 규범어를 제정했다. 표기법의 경우 남북 공히 1933년에 제정한 《한글 마춤법 통일안》을 바탕으로 하고 있는데, 남측에서는 이를 대부분 그대로 수용했지만, 북측에서는 형태주의 표기법을 근간으로 하여 일부 조항을 수정하면서('두음 법칙 표기', '사이시옷 표기' 등) 남북 표기법에 차이가 발생하였다. 게다가 남측에서는 《한글 마춤법 통일안》에 따라 규범어의 기본 바탕을 서울말로 유지한 데 비해, 북측에서는 평양말을 바탕으로 한 '문화어'를 규범어로 바꾸면서 남북 규범어에도 차이가 생기게 되었다[빨리(남)-날래(북), 거위(남)-게사니(북) 등].

또한, 광복 이전까지 같은 뜻으로 써 오던 단어의 뜻이 달라지기도 하였고, 분단 이후 생겨난 신어에도 차이가 발생하였다. 단어의 뜻이 달라진 예로는 '동무'가 있다. 남측에서 '동무'는 '늘 친하게 어울리는 사람'의 뜻으로 쓰이는 데 비해, 북측에서는 이러한 뜻 외에 '혁명대오에서 함께 싸우는 사람'의 뜻으로도 널리 쓰인다. 그리고 '조화(造花)→만든꽃', '투피스→나뉜옷'처럼 북측에서 한자어나 외래어를 적극적으로 순화하면서 남북 어휘에 차이가 발생한 예도 적지 않다. 신어의 경우, 남측에서는 '투자신탁', '증권가', '부가가치세' 등과 같은 자본주의의 영향을 받은 단어가 많이 생겨났고, 북측에서는 '군중가요', '혁명전우'와 같은 사회주의 체제와 관련된 단어가 생기면서 남북 어휘에 차이가 나게 되었다.

한편, 표현 방식 면에서도 남북의 언어는 차이가 있다. 예를 들어 자본주의 체제의 남측에서는 상대방을 섬세하게 배려하여 '감사 표현'이나 '사과 표현'을 자주 하는 데 비해, 북측에서는 이러한 표현에 소극적이다. 북한 이탈 주민의 대부분은 남측에서 '감사합니다'라는 표현을 지나치게 많이 사용한다고 생각하고 있으며, 심지어 '가식적이고 아첨한다'는 느낌을 받는다고 지적한다. 또 다른 예로 '친구'라는 단어의 경우, 남측에서는 친밀감을 표현하기 위해 만난 지 하루 만에도 '친구'라는 표현을 서슴없이 하지만, 북측에서는 '오랫동안 친하게 사귄 벗'에 한해 '친구'라는 표현을 사용한다. 이처럼 남측의 경우 사회적 관계를 고려하여 가능한 한 상대방을 배려하려는 표현이 많고, 북측의 경우 지나친 표현을 경계하는 경향이 있는 것이다. 또한 '총화'[1]가 생활화되어 있는 북측에서는 '사과 표현'을 좀처럼 하지 않는다. '죄송합니다'라는 표현을 할 경우 자신의 잘못을 인정하는 것이 되고, 그 결과 교화 대상이 될 수도 있다고 생각하기 때문이다. 이러한 차이로 인해 남북 겨레가 만나서 대화할 경우 남측 사람은 북측 사람을 '무례하다'고 오해할 수 있고, 북측 사람은 남측 사람을 '가식적이고 아첨한다'고 오해할 만한 상황이 발생할 수 있는 것이다.

이 책에서는, '남북 언어 표현 방식'의 차이에 대한 연구는 앞으로의 과제로 두고, '남북 표기 차이'에 한정하여 검토하기로 한다. 특히, 남북 국어 대사전의 올림말 표기가 얼마나, 어떻게 차이가 나는지를 구체적으로 검토하고자 한다. 이를 위해 남측의 국립국어원에서 편찬한 《표준국어대사전》(1999, 이하 《표대》)과 북측의 사회과학원 언어학연구소에서 편찬한 《조선말대사전(증보판)》(2006, 이하 《조대》)을 비교했다. 이 두 사전은 남과 북의 정부가 주도하여 편찬한 사전이고, 올림말 또한 최대로 수록한 사전이어서 남북 올림말 차이의 구체적 현황을 밝히기에 적합하다.

1 북측에서 모든 개인은 특정 집단에 소속되는데, 이 집단 앞에서 개개인은 자신이 맡은 일의 진행 상황이나 자신의 일상생활에 대한 잘잘못을 발표하는 것이 생활화되어 있다. 이를 '총화'라고 한다.

## 2. 남과 북의 표기법 총칙

우리말 표기법을 제정할 때 가장 먼저 고려해야 하는 것은 무엇일까? 우선 다음의 문장을 보자.

(1) 가) 크나이는 바븐 먹찌도 안코 식타게 업뜨려 읻떠라.

나) 큰아이는 밥은 먹지도 않고 식탁에 엎드려 있더라.

우선, (1 가)와 (1 나)의 방식을 생각해 볼 수 있다. (1 가)는 문장의 구성 성분을 소리 나는 대로 적은 것이고, (1 나)는 문장의 구성 성분을 원형대로 밝혀 적은 것이다.

한글은 소리글자이므로 표기법을 제정할 때, '소리 나는 대로 적는 방식'을 표기법의 기본 원칙에 포함해야 한다. 예를 들어, '나무'나 '강'은 각각 그 소리대로 구성 음소(音素)인 'ㄴ, ㅏ, ㅁ, ㅜ'와, 'ㄱ, ㅏ, ㅇ'을 모아 적으면 된다. 그런데 단어를 소리 나는 대로 적을 경우, '국물[궁물]'이나 '막는다[망는다]'처럼 단어나 활용형에서 음운 동화가 발생할 때 단어나 활용형의 원래 형태('국', '막-')가 바뀌게 되는 문제가 있다. 더욱이 단어보다 큰 단위인 문장을 소리 나는 대로 적었을 경우, 그 의미를 정확하게 파악하기 어려워진다. '소리 나는 대로 표기'한 (1 가)와 '구성 성분의 원형을 밝혀 표기'한 (1 나)의 표기를 비교해 보아도 (1 나)가 의미를 파악하기에 더 쉽다는 것을 알 수 있다. 따라서 우리말을 표기할 때는 '단어 내에서 음운 변화가 일어나는 형식'과 '활용형 등에서 음운 변화가 일어나는 형식'은 최대한 구성 성분의 원형을 밝힐 필요가 있다. 즉, (1)의 '큰+아이'와 같은 복합어, '밥+은'처럼 체언에 조사가 결합된 구성, '않+고'와 같은 용언 활용형처럼 음운 변화가 일어나는 형식은 그 구성 성분이 쉽게 파악될 수 있도록 표기법을 규정할 필요가 있는 것이다. 이런 점을 고려하면 우리말 표기법은 '소리 나는 대로 적는 방식'과 '구성 성분의 원형을 밝혀 적는 방식'을 혼용하는 방식으로 규정하는 것이 합리적이라 할 수 있다.

우리말의 이러한 특성을 반영하여 남북의 표기법은 '소리 나는 대로 적는 방식(표음주의 표기법)'과 '구성 성분의 원형을 밝혀 적는 방식(형태주의 표기법)'을 혼용하고 있다. 남과 북의 표기법 총칙은 다음과 같다.

(2) 남측 표기법 총칙

| 한글 맞춤법 |
|---|
| **제1항 한글 맞춤법은 표준어를 소리대로 적되, 어법에 맞도록 함을 원칙으로 한다.**<br>**제2항 문장의 각 단어는 띄어 씀을 원칙으로 한다.**<br>**제3항 외래어는 '외래어 표기법'에 따라 적는다.** |

(3) 북측 표기법 총칙

| 조선말규범집(맞춤법) |
|---|
| **조선말맞춤법은 단어에서 뜻을 가지는 매개 부분을 언제나 같게 적는 원칙을 기본으로 하면서 일부 경우 소리나는대로 적거나 관습을 따르는것을 허용한다.** |

(2), (3)에서처럼 남북 표기법 총칙은 '소리 나는 대로 적는 방식'과 '원형을 밝혀 적는 방식'을 혼용하고 있다. 다만, 남측의 《한글 맞춤법》 총칙은 순서상으로 '소리대로 적는다(표음주의 표기법)'는 표현이 앞서고, '어법에 맞도록 함을 원칙(형태주의 표기법)으로 한다'는 표현이 뒤따르는데, 북측의 《조선말규범집》(맞춤법) 총칙은 '단어에서 뜻을 가지는 매개 부분을 언제나 같게 적는 원칙(형태주의 표기법)'이 앞서고, '일부 경우 소리 나는 대로 적거나 관습을 따르는 것을 허용한다(표음주의 표기법)'는 표현이 덧붙어 있다는 차이가 있다. 실제로 남측의 표기법에는 북측에 비해 소리 나는 대로 표기하는 세부 규정이 더 많고, 북측의 표기법에는 남측에 비해 원형을 밝혀 적는 세부 규정이 더 많다. 북측 표기법 총칙은 발음에 부담이 되더라도 표기법을 쉽게 익힐 수 있도록 하는 데에 더 중점을 두었는데, 이와 관련된 내용을 간략히 소개하면 다음과 같다.

(4) 《조선어규범리론》(2005, pp.122~123)

> "규범은 사회적인 시행을 위한것이며 규범이 전사회적으로 통일적으로 시행되려면 대중이 규범을 잘 알수 있어야 하고 쓰기 쉽고 편리하여야 한다. … 글말규범이 독서능률을 보다 높이기 위한데 목적이 있지만 그것을 보장하기 위한 〈리상적인〉 규범화는 조항들의 지나친 세분화를 초래하지 않을수 없다. … 따라서 규범화사업에서는 규범조항이 너무 많아지지 않고 규범 적용의 기준이 알기 쉬우면서도 언어구조의 특성을 정확히 반영할수 있는 과학적이면서도 대중적인것으로 되어야 한다는 매우 심중한 요구가 제기되는것이다."

남북 맞춤법 총칙의 차이에 따라 표기법 세부 조항도 어느 정도 차이를 보인다. 널리 알려진 것처럼 '두음 법칙 표기'와 '사이시옷 표기' 차이가 그 대표적인 예이다. 남과 북의 어문 규범은 남과 북의 언중에게 각기 익숙해진 상황이어서 남북이 분단된 현 상황에서 하나의 규범으로 통일하기는 쉽지 않다. 그렇다고 해서 '주고 받기식'으로 남북 규범을 절충하는 것도 적절치 않다. 원칙 없이 남과 북의 규범을 절충할 경우, 그 규범은 일관성이 결여될 것이기 때문이다. 향후 합의하게 될 남북 어문 규범은 객관성과 일관성을 갖출 수 있도록 준비하면서, 아울러 현행 남북 어문 규범 가운데 개정이 필요한 부분을 수정하는 기회로 활용할 필요가 있다.

## 3. 남북 사전의 올림말 표기 차이

남북의 표기는 어떻게 다를까? 다음 문장을 보자.

(5) 가) 남 여행객들은 버스 창밖의 바닷가를 바라보고 있었다. 바다는 전율이 일 정도로 파란 빛깔을 띠었고, 그 위로는 갓 태어난 듯한 작은 갈매기가 힘겹게 날고 있었다.

나) 북 려행객들은 뻐스 창밖의 바다가를 바라보고있었다. 바다는 전률이 일 정도로 파란 빛갈을 띠였고, 그우로는 갓 태여난듯 한 작은 갈매기가 힘겨웁게 날고 있었다.

(5 가)는 남측 표기법으로, (5 나)는 북측 표기법으로 적은 예문이다. '여행객#려행객', '전율#전률'은 두음 법칙 표기 차이이고, '바닷가#바다가'는 사이시옷 표기 차이이다. 그리고 '버스#뻐스'는 외래어 표기 차이, '빛깔#빛갈', '띠었고#띠였고', '위#우', '태어난#태여난', '힘겹게#힘겨웁게'는 그 외의 남북 표기법 차이에 따라 달라진 표기이다. (5 가)와 (5 나)는 일부 단어의 표기와 띄어쓰기에서 차이가 있지만, 문장의 뜻을 이해하는 데는 큰 어려움이 없다. 단어의 뜻에 차이가 없고, 어순이나 문법에서도 차이가 없기 때문이다.

1954년에 《조선어철자법》이 북측에서 전면적으로 시행되기 전까지 우리 겨레는 《한글 마춤법 통일안》(1933)을 바탕으로 한, 하나의 규범으로 언어생활을 해 왔다. 이후 남측은 《개정한 한글 맞춤법 통일안》(1958)을 거쳐, 현재는 1988년에 문교부에서 고시한 《한글 맞춤법》 및 《표준어 규정》에서 '표준어'를 규범어로 정하고 있는데, 기본적인 내용은 《한글 마춤법 통일안》(1933)에 비해 달라진 것이 거의 없다. 반면 북측은 《조선어철자법》(1954)을 거쳐 《조선말규범집》(1966)을 제정하고, 이를 다시 수정·보완한 《조선말규범집》(1987)에서 '문화어'를 규범어로 정하고 있는데,[2] 여러 면에서 《한글 마춤법 통일안》(1933)과 달라졌다.

'표준어'와 '문화어'에 대한 정의를 사전에서 찾아 제시하면 다음과 같다.

**(6) 표준어(標準語)**

한 나라에서 공용어로 쓰는 규범으로서의 언어. 의사소통의 불편을 덜기 위하여 전 국민이 공통적으로 쓸 공용어의 자격을 부여받은 말로, 우리나라에서는 교양 있는 사람들이 두루 쓰는 현대 서울말로 정함을 원칙으로 한다.《표준국어대사전》(1999)

**(7) 문화어(文化語)**

평양말을 기초로 하여 이루어진 규범적인 말. 위대한 수령 김일성동지와 위대한 령도자 김정일동지, 경애하는 최고령도자 김정은동지의 혁명적문풍을 본보기로 하고 민족어의 온갖 우수한 요소를 집대성한 훌륭한 말이다.《조선말대사전》(2017)

(6)의 '표준어'는 《한글 마춤법 통일안》(1933)의 '표준말'[3]을 수정한 용어로, 정의에서 '현재 중류 사회' 대신 '교양 있는'으로 표현을 바꾸었을 뿐, 그 개념은 '표준말'과 같다. 이에 비해 북측에서는 '표준말' 대신 '문화어'로 용어를 바꾸었을 뿐만 아니라 그 개념도 상당 부분 수정하였다. 규범어 설정 지역은 '서울'에서 '평양'으로, 규범어 설정의 기준이 되는 대상은 '현재 중류 사회'에서 '로동계급'[4]으로 수정한 것이다. 이처럼 표준어와 문화어는 그 정의에서부터 차이가 생기게 되었다.

이 장에서는 이러한 규범어가 남북 사전에서 얼마나, 어떻게 달리 표기되고 있는지 구체적으로 검토하고자 한다. '얼마나' 차이가 나는지는 두 사전의 규범어를 비교하여 그 통계

2 1948년에 북측에서 《조선어 신철자법(朝鮮語 新綴字法)》을 제정하기도 하였지만 공식적인 규범으로 실용화되지는 못하였다.

3 《한글 마춤법 통일안》(1933) '총론'에서 제시한 '표준말'의 정의는 다음과 같다.
"總論 二. 표준말은 大體로 現在 中流 社會에서 쓰는 서울말로 한다."

4 이 표현은 1992년 간행된 《조선말대사전》의 '문화어' 뜻풀이에 나오는데, 그 뜻풀이를 제시하면 다음과 같다.
"주권을 잡은 로동계급의 당의 령도밑에 혁명의 수도를 중심지로 하고 수도의 말을 기본으로 하여 이루어지는 로동계급의 지향과 생활감정에 맞게 혁명적으로 세련되고 아름답게 가꾸어진 언어. 사회주의민족어의 전형으로 전체 인민이 규범으로 삼는 문화적인 언어이다. 우리의 문화어는 … 혁명의 수도 평양을 중심지로 하고 평양말을 기준으로 하여 우리 인민의 혁명적지향과 생활감정에 맞게 문화적으로 가꾸어진 조선민족어의 본보기이다."

를 제시하고, '어떻게' 차이가 나는지는 남측의 《한글 맞춤법》 및 《표준어 규정》, 《외래어 표기법》과 북측의 《조선말규범집》(맞춤법), 《조선어 외래어 표기법》의 세부 조항을 비교하여 검토하고자 한다.

우선, 두 사전의 올림말 표기 차이 현황을 표로 제시하면 다음과 같다.

**(8) 《표대》와 《조대》의 올림말 표기 차이 현황**

<table>
<tr><th colspan="2">《표대》 올림말</th><th colspan="2">《조대》 올림말</th></tr>
<tr><td colspan="2">439,815개(북한어 제외[5])</td><td colspan="2">352,850개</td></tr>
<tr><th rowspan="2">《표대》에만 있는 올림말</th><th colspan="2">공통 올림말</th><th rowspan="2">《조대》에만 있는 올림말</th></tr>
<tr><th>《표대》</th><th>《조대》</th></tr>
<tr><td>226,044개</td><td>213,771개</td><td>214,265개</td><td>138,585개</td></tr>
<tr><td></td><th colspan="2">1 표기 동일</th><td></td></tr>
<tr><td></td><td>198,607개<br>(중복: 2,525)</td><td>198,349개<br>(중복: 2,011)</td><td></td></tr>
<tr><td></td><th colspan="2">2 표기 차이</th><td></td></tr>
<tr><td></td><td>17,359개<br>(중복: 32)</td><td>17,498개<br>(중복: 11)</td><td></td></tr>
<tr><td></td><td colspan="2">① 두음 법칙</td><td></td></tr>
<tr><td></td><td>7,592개</td><td>7,597개</td><td></td></tr>
<tr><td></td><td colspan="2">② 사이시옷</td><td></td></tr>
<tr><td></td><td>1,662개</td><td>1,662개</td><td></td></tr>
<tr><td></td><td colspan="2">③ 외래어</td><td></td></tr>
<tr><td></td><td>2,222개</td><td>2,220개</td><td></td></tr>
<tr><td></td><td colspan="2">④ 기타</td><td></td></tr>
<tr><td></td><td>5,721개</td><td>5,857개</td><td></td></tr>
<tr><td></td><td colspan="2">⑤ 두음 법칙+사이시옷</td><td></td></tr>
<tr><td></td><td>14개</td><td>14개</td><td></td></tr>
<tr><td></td><td colspan="2">⑥ 두음 법칙+외래어</td><td></td></tr>
<tr><td></td><td>28개</td><td>28개</td><td></td></tr>
<tr><td></td><td colspan="2">⑦ 두음 법칙+기타</td><td></td></tr>
<tr><td></td><td>62개</td><td>62개</td><td></td></tr>
<tr><td></td><td colspan="2">⑧ 사이시옷+기타</td><td></td></tr>
<tr><td></td><td>54개</td><td>54개</td><td></td></tr>
<tr><td></td><td colspan="2">⑨ 외래어+기타</td><td></td></tr>
<tr><td></td><td>4개</td><td>4개</td><td></td></tr>
<tr><td></td><th colspan="2">3 그 외</th><td></td></tr>
<tr><td></td><td>362개</td><td>440개</td><td></td></tr>
</table>

《표대》의 총올림말 수는 50만 6277개이다. 여기서 북한어로 수록된 6만 6462개를 제외한, 43만 9815개의 올림말이 남측에서 쓰이는 단어이다. 43만 9815개의 올림말 가운데 남측에서만 사용되는 단어는 22만 6044개이다. 그리고 《조대》의 총올림말 수는 35만 2850개이며, 이 중 《조대》에만 수록된 올림말은 13만 8585개이다.

'공통 올림말'은 《표대》와 《조대》의 두 사전에 공통으로 수록된 올림말을 가리킨다. '공통 올림말'에는 '여자#녀자', '나룻배#나루배', '미장이#미쟁이'처럼 표기에 차이가 있는 올림말도 포함하였다. 《표대》의 '공통 올림말'은 21만 3771개이고, 《조대》의 '공통 올림말'은 21만 4265개이다.[6]

'공통 올림말' 가운데 표기가 동일한 올림말은 《표대》에 19만 8607개가 있고, 《조대》에 19만 8349개가 있다. 두 사전의 '표기 동일' 수치에서 일부 차이가 나는 까닭은 주로 '동음이의어'와 '다의어'의 처리 방식에서 차이가 있기 때문이다. 예를 들어 '큰일'[7]의 경우 《표대》에서는 '동음이의어'로 보아 두 개의 올림말로 구분한 반면, 《조대》에서는 '다의어'로 보아 하나의 올림말로 처리하고 있어 표기가 동일한 '공통 올림말' 개수에 약간의 차이가 발생한 것이다.

'공통 올림말'이면서 '표기 차이'가 있는 올림말로는 《표대》에 1만 7359개가 있고, 《조대》에 1만 7498개가 있다.[8] 두 사전의 '표기 차이' 수치에 차이가 나는 이유는 '표기 동일'의 경우와 대체로 같다. 일부 다른 부분이 있는데, '복수 규범어 설정'의 차이가 그것이다. 예를 들어 《표대》에서는 '기대다'를 단수 규범어로 인정한 반면, 《조대》에서는 '기대다' 외에 '기대이다', '지대다'도 규범어로 수록하면서 총개수에 차이가 난 것이다.

한편, (8)에서 '중복'으로 표시한 부류가 있다. 일러두기에서 밝힌 것처럼 '남북 사전의

---

5 《표대》에는 북한어가 6만 6462개가 수록되어 있는데, 여기에는 '남측과 표기에 차이가 있는 어휘(려행, 뜨락또르)', '북측에서만 쓰이는 어휘(살결물, 꽝포쟁이)'가 포함되어 있다. 자세한 내용은 이운영(2002) pp.41~46 참조.

6 《표대》와 《조대》의 '공통 올림말' 수는 '(8) 1, 2, 3'을 합한 것에 '(8) 1, 2'의 '중복'을 뺀 수치이다.

7 ㉮ 《표대》 **큰-일**[1] [명사] 다루는 데 힘이 많이 들고 범위가 넓은 일. 또는 중대한 일.
**큰-일**[2] [명사] 결혼, 회갑, 초상 따위의 큰 잔치나 예식을 치르는 일.
㉯ 《조대》 **큰일** [명사] ① 매우 중요하고 의의있는 일. … ④ 결혼, 잔치 등을 치르는 일.

8 '표기 차이'는 '공통 올림말'에서만 추출한 것인데, '《표대》에만'과 '《조대》에만'의 올림말을 포함해서 통계를 낼 경우 개별 항목의 '표기 차이 올림말 수'는 더 늘어나게 된다.

올림말 표기 차이'는 규범어만을 비교 대상으로 하였다. 그런데 하나의 올림말에 대응되는 상대측 올림말이 사전에 복수로 올라 있어 통계에서 두 번 이상 계산된 예가 있는데, 이를 '중복'으로 표시하였다. 구체적인 예로는, '곰팡이류'와 '건넛방류'가 있다. 먼저, 《표대》의 '곰팡이'와 대응되는 《조대》의 규범어로는 '곰팡이'와 '곰팽이'가 있다. 이 경우 《표대》의 '곰팡이'는 '①표기 동일'에서 한 번 계산되고, 《조대》의 '곰팽이'와도 비교되어 '②표기 차이'의 '④ 기타'에서 한 번 더 계산된다. 다음으로, '건넛방류'는 '②표기 차이'에서 두 번 계산되는 유형이다. 《표대》의 '건넛방'과 대응되는 《조대》의 규범어로는 '건너방'과 '건넌방'이 있는데, 표기 차이 요인에 따라 《표대》의 '건넛방'은, 《조대》의 '건너방'과 비교되어 '② 사이시옷'에서 한 번, 《조대》의 '건넌방'과 비교되어 '④ 기타'에서 한 번 더 계산된다. 이렇듯 《표대》의 '곰팡이'와 '건넛방'은 각각 하나의 올림말이지만 통계에는 두 번씩 계산되는데, 이러한 유형의 올림말들을 '중복'으로 분류한 것이다.

(8)의 '②표기 차이'에서 알 수 있듯이 남북 올림말의 표기 차이는 '두음 법칙 표기'와 '사이시옷 표기', 그리고 '외래어 표기'에서 비롯된 것이 많다. '두음 법칙 표기 차이'로는 '여자(女子)#녀자', '나열(羅列)#라렬' 등이 있으며, '사이시옷 표기 차이'로는 '바닷가#바다가', '장맛비#장마비' 등이 있다. '외래어 표기 차이'로는 '헬멧(helmet)#헬메트', '시멘트(cement)#세멘트'처럼 원어가 같지만 표기에서 차이가 나는 유형과 '트랙터(tractor)#뜨락또르(трактор(러))', '듀엣(duet)#두에토(duetto(이))'처럼 표기와 원어가 모두 불일치하는 유형이 있다.

'기타 표기 차이'에서는 ''ㅣ' 역행 동화 표기 차이(가자미#가재미, 놈팡이#놈팽이 등)', '한자음 표기 차이[표지(標識)#표식, 오류(誤謬)#오유 등]'와 '어미와 접사의 표기 차이(헤어지다#헤여지다, 일꾼#일군 등)' 등을 한데 묶어 다루었다.

한편, 둘 이상의 요인에 의해 표기가 달라진 올림말도 있다. 복합 요인에 따라 (8 ⑤)의 '두음 법칙+사이시옷' 표기 차이로는 '낙숫물#락수물', '양요릿집#양료리집' 등이 있고, (8 ⑥)의 '두음 법칙+외래어' 표기 차이로는 '녹음테이프#록음테프', '인산칼슘#린산칼시움' 등이 있으며, (8 ⑦)의 '두음 법칙+기타' 표기 차이로는 '노폐물#로페물', '염탐꾼#렴탐군' 등이 있다. 그리고 (8 ⑧)의 '사이시옷+기타' 표기 차이로는 '머릿니#머리이', '뭇국#무우국' 등이 있고, (8 ⑨)의 '외래어+기타' 표기 차이로는 '페열보일러#페열보이라', '페디스토마#페지스토마' 등이 있다.

이 밖에 '공통 올림말'이면서 '표기 동일'이나 '표기 차이'에 속하지 않는 부류를 (8) '③

그 외'로 한데 묶었다. 예를 들면 《조대》에서 '열반(涅槃)', '녈반(涅槃)'과 같이 두음 법칙을 적용한 표기와 그렇지 않은 표기를 모두 수록하고 있는 경우, 《표대》에서 '횟방아(灰--)', '회방아(灰--)'처럼 사이시옷을 받쳐 적은 올림말과 그렇지 않은 것을 모두 수록하고 있는 경우를 '그 외'에 제시하였다. 《조대》의 '당산의혈록(당산의렬록)'과 《표대》의 '멧수수(메수수)'처럼 올림말이 잘못 표기된 것으로 판단되는 경우도 '그 외'에 제시하였다.

앞에서 말했듯이 《표대》와 《조대》의 올림말 표기 차이는 '두음 법칙 표기'와 '사이시옷 표기', 그리고 '외래어 표기'가 많은 부분을 차지한다. 특히, 전체 표기 차이 가운데 두음 법칙에 의한 표기 차이는 44%, 사이시옷에 의한 표기 차이는 10%의 비중을 차지한다. 이를 감안하여 '3. 남북 사전의 올림말 표기 차이'에서는 '두음 법칙 표기', '사이시옷 표기', '외래어 표기', '기타 표기'의 순으로 검토하고자 한다.

## 3.1. 두음 법칙 표기 차이

두음 법칙은 단어의 첫 부분에 특정 소리를 낼 수 없는 음운 현상을 가리킨다. 이는 크게 유음 'ㄹ'과 구개음 'ㄴ'의 제약으로 구분할 수 있다.

(9) 가) 유음 'ㄹ'의 제약

국어에서 유음 'ㄹ'은 단어의 첫머리에 나타나지 않는 것이 원칙이다. 유음 'ㄹ'은 뒤따르는 모음에 따라 두 가지 양상을 보인다. 하나는 'ㄹ' 뒤에 단모음 'ㅏ, ㅓ, ㅗ, ㅜ, ㅡ, ㅐ, ㅚ'가 연결되면 'ㄹ'이 'ㄴ'으로 바뀌는 것이고, 다른 하나는 'ㄹ' 뒤에 'ㅣ'모음이나 이중 모음 'ㅑ, ㅕ, ㅛ, ㅠ'가 연결되면 'ㄹ'이 탈락하는 것이다.

나) 구개음 'ㄴ'의 제약

국어에서 'ㄴ' 뒤에 모음 'ㅣ'나 이중 모음 'ㅑ, ㅕ, ㅛ, ㅠ'가 연결되면 그 앞의 'ㄴ'은 구개음 [ɲ]으로 발음된다. 예를 들어 '남녀'에서 '녀'의 'ㄴ'은 치조음 [n]이 아닌 [ɲ]으로 소리 나는 것이 그것이다. 그런데 '녀자'에서 '녀'의 'ㄴ'은 '남녀'의 '녀'처럼 [ɲ]으로 소리 나지 않고 'ㄴ'이 탈락하여 '여자'로 소리 난다. 이처럼 국어에서 구개음 'ㄴ[ɲ]'은 어두에 오지 못하고 탈락하게 된다.

남측에서는 두음 법칙을 단어 표기에 적용하고 있지만 북측에서는 두음 법칙을 단어 표기에 적용하지 않고 있다.[9] 역사적으로 우리말은 한자어 첫머리의 'ㄹ'이나 'ㅣ 모음 앞의 ㄴ'은 '란초(蘭草)', '릭년(來年)', '녀자(女子)'처럼 두음 법칙의 적용을 받지 않았다. 이후 차츰 두음 법칙의 적용을 받게 되어 한자어 첫머리의 'ㄹ'이나 'ㅣ 모음 앞의 ㄴ'이 발음되지 않거나 다른 소리로 바뀌게 되었다. 《한글 마춤법 통일안》(1933)에서는 이러한 현실 발음을 중요시하여 두음 법칙을 표기에 반영하도록 규정하였다. 그런데 분단 이후 남측에서는 《한글 마춤법 통일안》(1933)의 '두음 법칙 표기' 규정을 그대로 수용한 반면, 북측에서는 《조선어신철자법》(1948) 이래로 현실 발음보다 원형을 밝혀 적는 표기법을 우선시하면서 남북 간 두음 법칙 표기와 발음이 모두 달라졌다.

## 1 남측의 두음 법칙 표기법

두음 법칙과 관련된 남측의 표기법은 다음과 같다.

**(10) 남측 표기법**

**한글 맞춤법**

**제10항 한자음 '녀, 뇨, 뉴, 니'가 단어 첫머리에 올 적에는, 두음 법칙에 따라 '여, 요, 유, 이'로 적는다.** (ㄱ을 취하고, ㄴ을 버림.)

| ㄱ | ㄴ | ㄱ | ㄴ |
|---|---|---|---|
| 여자(女子) | 녀자 | 유대(紐帶) | 뉴대 |
| 연세(年歲) | 년세 | 이토(泥土) | 니토 |
| 요소(尿素) | 뇨소 | 익명(匿名) | 닉명 |

다만, 다음과 같은 의존 명사에서는 '냐, 녀' 음을 인정한다.

냥(兩)　　냥쭝(兩-)　　년(年)(몇 년)

9　다만, 《조대》에도 '녹물(綠-)', '나사(螺絲)', '나팔(喇叭)', '요기(療飢)', '남색(藍色)', '노(櫓)', '유리(琉璃)' 등과 같이 두음 법칙을 적용한 단어들이 수록되어 있다.

**[붙임 1]** 단어의 첫머리 이외의 경우에는 본음대로 적는다.

남녀(男女)　당뇨(糖尿)　결뉴(結紐)　은닉(隱匿)

**[붙임 2]** 접두사처럼 쓰이는 한자가 붙어서 된 말이나 합성어에서, 뒷말의 첫소리가 'ㄴ' 소리로 나더라도 두음 법칙에 따라 적는다.

신여성(新女性)　공염불(空念佛)　남존여비(男尊女卑)

**[붙임 3]** 둘 이상의 단어로 이루어진 고유 명사를 붙여 쓰는 경우에도 붙임 2에 준하여 적는다.

한국여자대학　대한요소비료회사

**제11항 한자음 '랴, 려, 례, 료, 류, 리'가 단어의 첫머리에 올 적에는, 두음 법칙에 따라 '야, 여, 예, 요, 유, 이'로 적는다.** (ㄱ을 취하고, ㄴ을 버림.)

| ㄱ | ㄴ | ㄱ | ㄴ |
|---|---|---|---|
| 양심(良心) | 량심 | 용궁(龍宮) | 룡궁 |
| 역사(歷史) | 력사 | 유행(流行) | 류행 |
| 예의(禮儀) | 례의 | 이발(理髮) | 리발 |

다만, 다음과 같은 의존 명사는 본음대로 적는다.

리(里): 몇 리냐?

리(理): 그럴 리가 없다.

**[붙임 1]** 단어의 첫머리 이외의 경우에는 본음대로 적는다.

| | | | |
|---|---|---|---|
| 개량(改良) | 선량(善良) | 수력(水力) | 협력(協力) |
| 사례(謝禮) | 혼례(婚禮) | 와룡(臥龍) | 쌍룡(雙龍) |
| 하류(下流) | 급류(急流) | 도리(道理) | 진리(眞理) |

다만, 모음이나 'ㄴ' 받침 뒤에 이어지는 '렬, 률'은 '열, 율'로 적는다. (ㄱ을 취하고, ㄴ을 버림.)

| ㄱ | ㄴ | ㄱ | ㄴ |
|---|---|---|---|
| 나열(羅列) | 나렬 | 분열(分裂) | 분렬 |
| 치열(齒列) | 치렬 | 선열(先烈) | 선렬 |

| | | | |
|---|---|---|---|
| 비열(卑劣) | 비렬 | 진열(陳列) | 진렬 |
| 규율(規律) | 규률 | 선율(旋律) | 선률 |
| 비율(比率) | 비률 | 전율(戰慄) | 전률 |
| 실패율(失敗率) | 실패률 | 백분율(百分率) | 백분률 |

**[붙임 2]** 외자로 된 이름을 성에 붙여 쓸 경우에도 본음대로 적을 수 있다.

신립(申砬)　　최린(崔麟)　　채륜(蔡倫)　　하륜(河崙)

**[붙임 3]** 준말에서 본음으로 소리 나는 것은 본음대로 적는다.

국련(국제 연합)　　한시련(한국 시각 장애인 연합회)

**[붙임 4]** 접두사처럼 쓰이는 한자가 붙어서 된 말이나 합성어에서, 뒷말의 첫소리가 'ㄴ' 또는 'ㄹ' 소리로 나더라도 두음 법칙에 따라 적는다.

역이용(逆利用)　　연이율(年利率)　　열역학(熱力學)　　해외여행(海外旅行)

**[붙임 5]** 둘 이상의 단어로 이루어진 고유 명사를 붙여 쓰는 경우나 십진법에 따라 쓰는 수(數)도 붙임 4에 준하여 적는다.

서울여관　　신흥이발관　　육천육백육십육(六千六百六十六)

**제12항 한자음 '라, 래, 로, 뢰, 루, 르'가 단어의 첫머리에 올 적에는, 두음 법칙에 따라 '나, 내, 노, 뇌, 누, 느'로 적는다.** (ㄱ을 취하고, ㄴ을 버림.)

| ㄱ | ㄴ | ㄱ | ㄴ |
|---|---|---|---|
| 낙원(樂園) | 락원 | 뇌성(雷聲) | 뢰성 |
| 내일(來日) | 래일 | 누각(樓閣) | 루각 |
| 노인(老人) | 로인 | 능묘(陵墓) | 릉묘 |

**[붙임 1]** 단어의 첫머리 이외의 경우에는 본음대로 적는다.

| | | | |
|---|---|---|---|
| 쾌락(快樂) | 극락(極樂) | 거래(去來) | 왕래(往來) |
| 부로(父老) | 연로(年老) | 지뢰(地雷) | 낙뢰(落雷) |

고루(高樓)　　광한루(廣寒樓)　　동구릉(東九陵)　　가정란(家庭欄)

**[붙임 2]** 접두사처럼 쓰이는 한자가 붙어서 된 단어는 뒷말을 두음 법칙에 따라 적는다.

내내월(來來月)　상노인(上老人)　중노동(重勞動)　비논리적(非論理的)

남측은 《한글 맞춤법》 제10항, 제11항, 제12항에 따라 ① 한자음 '녀, 뇨, 뉴, 니'가 어두에 올 때, '여, 요, 유, 이'로, ② '랴, 려, 례, 료, 류, 리'가 어두에 올 때, '야, 여, 예, 요, 유, 이'로, ③ '라, 래, 로, 뢰, 루, 르'가 어두에 올 때, '나, 내, 노, 뇌, 누, 느'로 적는다. 이에 따라 두음 법칙 적용 한자인 '年', '離', '路'와 같은 한자는 단어 첫머리에 위치할 경우 '연말(年末)', '이별(離別)', '노선(路線)'처럼 '연', '이', '노'로 표기하고, 단어 첫머리에 위치하지 않을 경우에는 '말년(末年)', '별리(別離)', '선로(線路)'와 같이 본음대로(년, 리, 로) 표기해야 한다.

그런데 남측의 경우 위의 두음 법칙 표기 규정을 이해하고 있더라도, 다음의 예외 조건도 알고 있어야만 규범에 맞는 표기를 할 수 있다.

**(11) 두음 법칙 표기 예외 조건**

가) 두음 법칙은 '한자어'에만 적용된다. 고유어나 외래어에는 두음 법칙이 표기에 적용되지 않는다.

예 녀석, 라디오, 라면

나) 두음 법칙이 적용되는 한자일지라도 품사가 '의존 명사'일 경우에는 두음 법칙이 적용되지 않는다.

예 냥(兩): 한 냥, 년대(年代): 1990년대, 량(輛): 기차 스무 량, 령(齡): 누에 1령
리(里): 삼십 리, 리(理): 모를 리가 없다, 리(釐/厘): 4할 3푼 2리

다) '접두사처럼 쓰이는 한자가 붙어서 된 말'이나 '합성어'에서는 두음이 아니어도 두음 법칙을 적용하여 표기한다.

예 신여성(新女性), 공염불(空念佛), 비논리적(非論理的),
역이용(逆利用), 선이자(先利子), 해외여행(海外旅行)

라) 한자어에서 둘 이상의 단어로 이루어진 고유 명사를 붙여 쓰는 경우나 십진법에 따라 쓰는 수(數)는 두음이 아니어도 두음 법칙을 적용하여 표기한다.

예 한국여자대학, 대한요소비료회사, 육천육백육십육

마) 모음이나 'ㄴ' 받침 뒤에 이어지는 한자 '렬, 률'은 두음이 아니어도 두음 법칙을 적용하여 표기한다.

예 나열(羅列), 규율(規律), 분열(分裂), 선열(先烈)

바) 외자로 된 이름을 성에 붙여 쓸 경우, 두음이 아니어도 두음 법칙을 적용하여 표기한다.(두음 법칙 표기를 적용하여 표기하는 것이 원칙이나 본음대로 적을 수도 있다.)

예 신입/신립(申砬), 채윤/채륜(蔡倫)

사) 고유어나 외래어 뒤에 결합한 한자는 두음이 아니어도 두음 법칙을 적용하여 표기한다.[10]

예 난(欄): 가십난, 난(蘭): 감자난, 양(量): 구름양

이상에서 살펴본 것처럼 남측의 두음 법칙 관련 표기 조항은 제10항부터 제12항까지 규정되어 있으며, 열 개의 '붙임' 조항도 별도로 추가되어 있어 언중이 익히기에 쉽지 않다는 문제가 있다.

10 《한글 맞춤법·표준어 규정 해설》(2018, pp.33~34)에 이와 관련된 설명이 있는데, 이를 옮기면 다음과 같다.
"한편 고유어나 외래어 뒤에 결합한 한자어는 독립적인 한 단어로 인식이 되기 때문에 두음 법칙이 적용된다. … '양(量)'이 고유어 '구름'과 결합하면 '구름양'이 되는 것은 '양'이 하나의 독립적인 단어로 인식되기 때문이다. 한자와 결합하면 '운량(雲量)'처럼 '량'으로 적는다. '이슬양'과 '노량(露量)'도 마찬가지 이유로 각각 '양'과 '량'으로 적는다."

## 2 북측의 두음 법칙 표기법

북측은 원칙적으로 표기뿐만 아니라 발음에서도 두음 법칙을 인정하지 않는다.[11] 이런 까닭에 북측의 《조선말규범집》(맞춤법)에는 제25항에 '한자의 본음대로 표기한다'는 대원칙이 규정되어 있을 뿐, 두음 법칙과 관련된 세부 조항은 없다.

(12) 북측 표기법

**조선말규범집(맞춤법)**

**제25항. 한자말은 소리마디마다 해당 한자음대로 적는것을 원칙으로 한다.**

례: 국가, 녀자, 뇨소, 당, 락원, 로동, 례외, 천리마, 풍모

그러나 아래와 같은 한자말은 변한 소리대로 적는다.

| | 옳음 | 그름 |
|---|---|---|
| 례: | 궁냥 | 궁량 |
| | 나사 | 라사 |
| | 나팔 | 라팔 |
| | 류월 | 륙월 |
| | 시월 | 십월 |
| | 오뉴월 | 오류월, 오륙월 |
| | 요기 | 료기 |

《조선말규범집》(맞춤법) 제25항에 따라 북측은 '勞', '女' 등과 같은 두음 법칙 적용 대상 한자를 그 위치에 관계없이 항상 본음인 '로(로동, 근로)', '녀(녀자, 남녀)'로 표기한다.

두음 법칙과 관련된 북측의 관점은 다음의 글에 잘 드러나 있다.

11 다만, 《조대》를 살펴보면 '치렬', '규률'의 발음은 [치열], [규율]로, '분렬', '전률'은 [분녈], [전뉼]로 제시되어 있어 발음에서 예외적으로 두음 법칙이 적용된 경우가 있다.

(13) 《조선어규범변천사》(2005, pp.125~128)

《한글마춤법통일안》에서의 한자어의 적기법과는 달리 형태주의적원칙에서 제정한 《조선어철자법》에서의 말머리소리 《ㄴ, ㄹ》에 대한 적기법은 간결하면서도 과학적리치에 맞는 적기법이다. 《조선어철자법》에서 한자어의 말머리 소리 《ㄴ, ㄹ》음을 모든 위치에서 본음대로 적는 형태주의적원칙에 의거한데는 충분한 리론적근거가 있다. … 우선 《ㄴ》음은 말머리에서뿐아니라 모든 위치에서 발음되고있는것이다. 광복후 평양을 비롯한 각지에서 《녀자》, 《남녀》, 《년령》, 《백년》등으로 발음하였다. 또한 《ㄹ》음은 사정이 좀 다르기는 하지만 《ㄹ》가 말머리에서 없어지는것이 아니고 적지 않은 경우 《ㄴ》로 교체되여 발음되거나 부분적으로 《ㄹ》음으로 발음되였다. 례하면 《력사》를 《녁사》로, 《류행》을 《뉴행》등으로 발음하였고 부분적으로는 말머리에서 《ㄹ》음을 본음대로 발음하는 현상도 있었다. 한마디로 말하여 한자어에서 《ㄹ》음이 말머리에서 없어지는것이 아니라 《ㄴ》로 발음되고 부분적으로는 《ㄹ》음 본음대로 발음되였다. 이러한 실례들을 통하여 한자어의 《ㄴ, ㄹ》음이 말머리에서 빠지지 않고 《ㄴ》음은 모든 위치에서 발음되며 《ㄹ》음은 말머리에서 《ㄴ》음으로, 드물게는 《ㄹ》음으로 발음되였던것이다. 이것은 곧 한자어의 말머리에서 《ㄹ》음이 발음되는것이 인민들의 발음추향으로 되고있었다는것을 말하여준다. 오늘날에는 젊은 세대들이 적은대로 모두 《ㄹ》음을 발음하고있으며 늙은 사람들도 적은대로 발음하는것이 강한 추세로 되고있다. 한자어의 《ㄴ, ㄹ》음을 모든 위치에서 본음대로 적을수 있는 근거는 또한 조선사람들이 외국어단어의 첫머리에 오는 《R》, 《L》음을 발음하고있었던 사정과도 관련된다. 영어와 로어 등 언어에서 단어의 첫머리에 《R》, 《L》음이 놓이는 단어들이 적지 않다. 인민들은 《Roman》, 《Norway》와 같은 어휘에서 《R》와 《N》음을 빼버리거나 다른 음으로 교체하여 발음하는것이 아니라 적은대로 《R》, 《N》등으로 발음하고있으며 《Россия》, 《Николай》와 같은 단어들에서 《R》와 《N》음도 적은대로 발음하고있다. 이러한 사실을 통하여 조선사람들이 말머리에서 《ㄴ, ㄹ》를 발음할수 없는것이 아니라 똑똑히 발음하고있다는것을 알수 있다. 한자음을 모든 위치에서 본음대로 적을수 있는 근거는 또한 훈민정음창제후의 문헌자료들에서도 한자어의 《ㄴ, ㄹ》음이 력사적으로 말머리에서 널리 적히였다는 사정과 관련된다. 《훈몽자회》에는 《련련》(蓮), 《련하》(荷), 《련곳부》(芙), 《란초란》(蘭) 등과 같이 말머리에 《ㄹ》음이 적히고있다. 그뿐만아니라 19세기에 발간된 《독립신문》을 비롯한 여러 출판물에서도 말머리에 《ㄹ》를 적은 실례들이 적지 않다. 그리고 한자음 《ㄴ》는 예나 19세기말이나 할것없이 모든 위치에서 적히고있다. 1930년대에 발간된 신문에도 《념려》, 《랭수》, 《롱락》, 《리용》, 《료금》, 《녀름》, 《니불》… 등과 같이 말머리에서 《ㄴ, ㄹ》음을 본음대로 적고있으며

1940년대에 발간된 신문에서도 《리익》, 《리용》, 《리혼하다》, 《래년》, 《림시》, 《녀학생》, 《녀름》 등과 같이 《ㄴ, ㄹ》음을 말머리에서 적고있다. 이와 같은 근거로 하여 한자어 기원의 단어나 형태부의 《ㄴ, ㄹ》음을 모든 위치에서 원칙적으로 본음대로 적도록 규정한것은 너무나도 응당한것이였다.

… 그것은 첫째로, 소리같은말현상을 줄이고 서로 다른 단어조성의 구획을 똑똑히 알수 있게 된 것이다.

| 농구 | 롱구(籠球) | 연기 | 년기(年期) | 연금 | 련금(鍊金) | 이성 | 리성(理性) |
|---|---|---|---|---|---|---|---|
| | 농구(農具) | | 연기(延期) | | 년금(年金) | | 이성(異姓) |
| | | | | | 연금(捐金) | | |

한자를 쓰지 않는 조건에서 소리같은말을 줄임으로써 단어들의 뒤섞임현상을 극복하고 글말의 기능을 높이는데 기여하게 되였다.

둘째로, 한자어기원의 단어와 형태부에서 《ㄴ, ㄹ》음 적기에서의 복잡성을 줄이고 독서능률을 높이는데 기여하고있다.

셋째로, 한자어기원의 단어와 형태부에서의 《ㄴ, ㄹ》음을 모든 위치에서 동일하게 적게 됨으로써 글자의 타자화, 인쇄의 기계화, 콤퓨터에 의한 조선어자료처리에서의 부담을 덜고 그 실용성을 훨씬 높일수 있게 되였다.

이처럼 《조선어철자법》에서 한자어적기와 관련하여 세운 규정은 과학적이면서도 인민적인 적기규정으로서 인민들의 글말생활에서 그 정당성이 남김없이 발휘되고있다.

위에서 살펴본 것처럼 북측에서는 1954년에 《조선어철자법》이 제정된 이후 두음 법칙을 표기에 적용하지 않는다. 따라서 한자는 그 위치에 상관없이 항상 본음대로 읽고 표기한다. 이는 형태주의 표기 원칙에 따른 것인데, 이 경우 남측보다 표기법은 간명해지지만 표기와 발음 간의 불일치 문제가 발생하게 된다는 단점도 있다.

## 3 남북 사전의 두음 법칙 표기 차이

**(14) 두음 법칙 표기 차이 유형**

| 구분 | 표기 | 《표대》 | 《조대》 |
|---|---|---|---|
| 어두 한자음 '녀, 뇨, 뉴, 니' 표기 | 남 여, 요, 유, 이<br>북 녀, 뇨, 뉴, 니 | 여자(女子),<br>세세연년(歲歲年年) | 녀자,<br>세세년년 |
| 어두 한자음 '랴, 려, 례, 료, 류, 리' 표기 | 남 야, 여, 예, 요, 유, 이<br>북 랴, 려, 례, 료, 류, 리 | 요리(料理),<br>생이별(生離別) | 료리,<br>생리별 |
| 어두 한자음 '라, 래, 로, 뢰, 루, 르' 표기 | 남 나, 내, 노, 뇌, 누, 느<br>북 라, 래, 로, 뢰, 루, 르 | 냉장(冷藏),<br>중노동(重勞動) | 랭장,<br>중로동 |
| 모음 또는 'ㄴ'받침 뒤의 한자음 '렬, 률' 표기 | 남 열, 율<br>북 렬, 률 | 계열(系列),<br>비율(比率) | 계렬,<br>비률 |
| 고유어, 외래어 뒤의 한자음 '량, 란' 표기 | 남 양, 난<br>북 량, 란 | 구름양(--量),<br>감자난(--蘭) | 구름량,<br>감자란 |

**(15) 두음 법칙 표기 차이 관련 공통 올림말 통계**

| 음절 위치 | 《표대》 7,696개 | 《조대》 7,701개 |
|---|---|---|
| ① 1음절 | 6,460개 | 6,466개 |
| ② 2음절 이하 | 934개(중복[12]: 32) | 934개(중복: 32) |
| ③ 기타[13] | 352개(중복: 18) | 351개(중복: 18) |

《표대》의 두음 법칙 표기 관련 올림말 수는 7696개이고 《조대》는 7701개이다.[14] 두 사전의 올림말 수치에 차이가 나는 이유는 주로 '동음이의어'와 '다의어'의 처리 방식에 차이가 있기 때문이다. 예를 들어 '누진(漏盡)#루진'[15]의 경우 《표대》에서는 '다의어'로 보아 하나

12 '낙화유수#락화류수'처럼, 두음 법칙 적용 한자가 둘 이상 포함된 단어를 '중복'으로 분류하였다.

13 '열#렬', '율#률', '난#란', '양#량' 유형은 두음이 아닌데도 남측에서 두음 법칙 표기법을 적용하고 있어 '기타'로 제시하였다.

14 제3장의 '(8) 《표대》와 《조대》의 올림말 표기 차이 현황'에서 두음 법칙과 관련된 '①, ⑤, ⑥, ⑦'을 합한 수치이다.

15 ㉮ 《표대》 **누진**[2] (**漏盡**) [명사] ① 모두 새어 없어짐. ② 《불교》 사물을 따라 마음에 생기는 번뇌인 '누(漏)'가 다 없어짐.
㉯ 《조대》 **루진**[2] (**漏盡**) [명] (낡) 깡그리 다 새서 없어지는것.

의 올림말로 처리한 반면, 《조대》에서는 '동음이의어'로 보아 두 개의 올림말로 구분했기 때문에 총개수에 차이가 발생한 것이다.

두음 법칙 표기 차이 올림말을 두음 법칙이 적용되는 음절의 위치에 따라 분류하면, '① 1음절'에서 차이가 나는 올림말(여자#녀자)은 《표대》에 6460개, 《조대》에 6466개가 수록되어 있고, '② 2음절 이하'에서 차이가 나는 올림말(신혼여행#신혼려행)이 《표대》와 《조대》에 각각 934개가 수록되어 있다. 그리고 '③ 기타'는 '비율(比率)#비률', '먹이양(--量)#먹이량', '거미난(--蘭)#거미란'처럼 두음이 아닌데 두음 법칙이 적용된 올림말로 《표대》에 352개, 《조대》에 351개가 수록되어 있다.

## 4 두음 법칙 표기 관련 특이 사항

① 《조대》에서도 두음 법칙이 표기에 적용된 올림말이 있다. '나팔', '요기'와 같이 '한자의 변한 소리대로' 적도록 한 올림말과 한자의 본음을 남측과 달리 보아 결과적으로 두음 법칙을 표기에 적용한 것으로 보이는 올림말이 그것이다.

**(16) 《조대》에서 두음 법칙을 적용한 올림말**

| 《표대》 | 《조대》 | 《표대》 | 《조대》 |
|---|---|---|---|
| 가랫-노(--櫓) | 가래노 | 강-연선(鋼撚線) | 강연선(오 鋼燃線) |
| 개-나발(-喇叭▼) | 개나발 | 거품^유리(--琉璃) | 거품유리 |
| 결정화 유리(結晶化琉璃) | 결정화유리 | 겹-유리(-琉璃) | 겹유리 |
| 경질^유리(硬質琉璃) | 경질유리 | 곁-노(-櫓) | 곁노 |
| 곁노-질(-櫓-) | 곁노질 | 곁노질-하다(-櫓---) | 곁노질하다 |
| 곰보-유리(--琉璃) | 곰보유리 | 공기^용수철(空氣龍鬚鐵) | 공기용수철 |
| 관구^유리(管球琉璃) | 관구유리 | 광학^유리(光學琉璃) | 광학유리 |
| 규산질^유리(硅酸質琉璃) | 규산질유리 | 금망-유리(金網琉璃) | 금망유리 |
| 금선-남오리(金線藍--) | 금선남오리 | 기상-나팔(起牀喇叭) | 기상나팔 |
| 나발[1](喇叭▼) | 나발(←喇叭. 羅叭) | 나발-대(喇叭▼-) | 나발대 |

**루진**[4] **(漏盡)** [명] 불교에서, 번뇌가 다 없어지는것.

| 나사[1](螺絲) | 나사 | 나사-고리(螺絲--) | 나사고리 |
|---|---|---|---|
| 나사-돌리개(螺絲---) | 나사돌리개 | 나사-말(螺絲-) | 나사말 |
| 나사-못(螺絲-) | 나사못 | 나사-산(螺絲山) | 나사산 |
| 나사-송곳(螺絲--) | 나사송곳 | 나사^층층대(螺絲層層臺) | 나사층층대 |
| 나팔[2](喇叭) | 나팔 | 나팔-관(喇叭管) | 나팔관 |
| 나팔-꼭지(喇叭--) | 나팔꼭지 | 나팔-꽃(喇叭-) | 나팔꽃 |
| 나팔-바지(喇叭--) | 나팔바지 | 나팔-버섯(喇叭--) | 나팔버섯 |
| 나팔-수(喇叭手) | 나팔수 | 남[7](藍) | 남[3] |
| 남-방사(藍紡紗) | 남방사 | 남방사주-전대<br>(藍紡紗紬纏帶) | 남방사주전대<br>(←藍紡紗紬纏帶) |
| 남-빛(藍-) | 남빛 | 남색[2](藍色) | 남색[1] |
| 남색-짜리(藍色--) | 남색짜리(←藍色-) | 남-스란치마(藍----) | 남스란치마 |
| 남-신기(藍神旗) | 남신기 | 남전[2](藍靛) | 남전 |
| 남-전대(藍纏帶) | 남전대 | 남-전대띠(藍纏帶-) | 남전대띠 |
| 남-철릭(藍--) | 남천릭 | 남청[3](藍青) | 남청[1] |
| 남청-빛(藍青-) | 남청빛 | 남청-색(藍青色) | 남청색 |
| 남-치마(藍--) | 남치마 | 내열^유리(耐熱琉璃) | 내열유리 |
| 냉초[1](冷草) | 냉초 | 노[12](櫓) | 노[2] |
| 노각[1](老-) | 노각 | 노각-나물(老---) | 노각나물 |
| 노각-채(老-菜) | 노각채 | 노-깃(櫓-) | 노깃 |
| 노-뒤(櫓-) | 노뒤 | 노-병아(櫓--) | 노병아 |
| 노-손(櫓-) | 노손 | 노-앞(櫓-) | 노앞 |
| 노-잡이(櫓--) | 노잡이 | 노-질[1](櫓-) | 노질[1] |
| 노질-하다[1](櫓---) | 노질하다 | 노-팔(櫓-) | 노팔 |
| 녹[3](綠) | 녹[1] | 녹균[1](綠菌) | 녹균(-菌) |
| 녹-내(綠-) | 녹내 | 녹두(綠豆) | 녹두 |
| 녹두-누룩(綠豆--) | 녹두누룩 | 녹두-대(綠豆大) | 녹두대 |
| 녹두-묵(綠豆-) | 녹두묵 | 녹두-밤(綠豆-) | 녹두밤 |
| 녹두-밭(綠豆-) | 녹두밭 | 녹두-베개(綠豆--) | 녹두베개 |
| 녹두-비누(綠豆--) | 녹두비누 | 녹두-알(綠豆-) | 녹두알 |
| 녹두-엿(綠豆-) | 녹두엿 | 녹두-죽(綠豆粥) | 녹두죽 |
| 녹두-지짐(綠豆--) | 녹두지짐 | 녹두-차(綠豆茶) | 녹두차(-茶) |
| 녹두-채(綠豆菜) | 녹두채 | 녹막이(綠--) | 녹막이 |

| 녹막이-하다(綠----) | 녹막이하다 | 녹-물[2](綠-) | 녹물 |
|---|---|---|---|
| 녹병(綠病) | 녹병 | 녹빛-사초(綠-莎草) | 녹빛사초(-莎草) |
| 녹색(綠色) | 녹색 | 녹-얼룩점(綠--點) | 녹얼룩점 |
| 놋-구멍(櫓--) | 노구멍 | 농-게(籠-) | 농게 |
| 농문(籠門) | 농문 | 농장[8](籠欌) | 농장[4] |
| 농-짝(籠-) | 농짝 | 누기[3](漏氣) | 누기 |
| 눈-요기(-療飢) | 눈요기 | 눈요기-하다(-療飢--) | 눈요기하다 |
| 당-나발(唐喇叭▼) | 당나발 | 대-농[1](-籠) | 대농[1] |
| 두남[2](頭藍) | 두남[3](頭-) | 둥근-나사(--螺絲) | 둥근나사 |
| 둥근잎-유홍초(---留紅草) | 둥근잎유홍초 | 물-나팔(-喇叭) | 물나팔 |
| 물-유리(-琉璃) | 물유리 | 방탄-유리(防彈琉璃) | 방탄유리 |
| 버선-농(--籠) | 버선농 | 병-나발(甁喇叭▼) | 병나발(甁-) |
| 복좌^용수철(復座龍鬚鐵) | 복좌용수철(復座-) | 볼-나사(ball螺絲) | 볼나사(ball(영)-) |
| 삼각-나사(三角螺絲) | 삼각나사 | 색-유리(色琉璃) | 색유리 |
| 석영^유리(石英琉璃) | 석영유리 | 소다^석회^유리<br>(soda石灰琉璃) | 소다석회유리 |
| 소다^유리(soda琉璃) | 소다유리 | 손-나발(-喇叭▼) | 손나발 |
| 쇠그물^유리(---琉璃) | 쇠그물유리 | 쇳-녹(-綠) | 쇠녹 |
| 수정^유리(水晶琉璃) | 수정유리 | 신호-나팔(信號喇叭) | 신호나팔 |
| 안전-유리(安全琉璃) | 안전유리 | 암-나사(-螺絲) | 암나사 |
| 압연^유리(壓延琉璃) | 압연유리 | 양갈-소로(兩-小櫨) | 양갈소로 |
| 얼-요기(-療飢) | 얼요기 | 연방[1](連方) | 연방[2] |
| 연사[12](撚絲) | 연사[4](撚絲) | 연사-기(撚絲機) | 연사기(撚絲機) |
| 연어-병치(鰱魚--) | 연어병치 | 연어-사리(鰱魚--) | 연어사리 |
| 연어알-찌개(鰱魚---) | 연어알찌개 | 연-유리(鉛琉璃) | 연유리 |
| 연질^유리(軟質琉璃) | 연질유리 | 연해-연방(連---) | 연해연방 |
| 열반-경(涅槃經) | 열반경(涅槃經) | 영악[3](靈惡) | 영악 |
| 영악-스럽다(靈惡---) | 영악스럽다 | 영악-스레(靈惡--) | 영악스레 |
| 영악-하다[2](靈惡--) | 영악하다 | 예나-유리(Jena琉璃) | 예나유리(Jena(도)-) |
| 오른-나사(--螺絲) | 오른나사 | 옷-농(-籠) | 옷농 |
| 왼-나사(-螺絲) | 왼나사 | 요개[3](撓改) | 요개[1](撓改) |
| 요개-하다[2](撓改--) | 요개하다 | 요기[7](療飢) | 요기[1](←療飢) |
| 요기-되다(療飢--) | 요기되다 | 요기-차(療飢次) | 요기차(←療飢次) |

| | | | |
|---|---|---|---|
| 요기-하다[3](療飢--) | 요기하다 | 요깃-거리(療飢--) | 요기거리 |
| 요종(鬧鐘) | 요종(←稗鐘) | 용-가시나무(龍----) | 용가시나무 |
| 용-둥굴레(龍---) | 용둥굴레 | 용-마루(龍--) | 용마루 |
| 용수[8](龍鬚) | 용수[2] | 용수-철(龍鬚鐵) | 용수철 |
| 유기^유리(有機琉璃) | 유기유리 | 유례[2](謬例) | 유례(謬例) |
| 유리[10](琉璃) | 유리[1] | 유리[12](瑠璃) | 유리[3](←瑠璃) |
| 유리^공업(琉璃工業) | 유리공업 | 유리^공예(琉璃工藝) | 유리공예 |
| 유리-관(琉璃管) | 유리관 | 유리-구슬(琉璃--) | 유리구슬 |
| 유리-구슬(琉璃--) | 유리구슬 | 유리-궁(琉璃宮) | 유리궁 |
| 유리-그릇(琉璃--) | 유리그릇 | 유리-등(琉璃燈) | 유리등 |
| 유리-딱새(瑠璃--) | 유리딱새 | 유리-막(琉璃膜) | 유리막 |
| 유리-문(琉璃門) | 유리문 | 유리-물(琉璃-) | 유리물 |
| 유리-벽돌(琉璃甓-) | 유리벽돌 | 유리-병(琉璃瓶) | 유리병 |
| 유리-봉[2](琉璃棒) | 유리봉 | 유리^섬유(琉璃纖維) | 유리섬유 |
| 유리-솜(琉璃-) | 유리솜 | 유리-실(琉璃-) | 유리실 |
| 유리-알(琉璃-) | 유리알 | 유리-잔(琉璃盞) | 유리잔 |
| 유리^전극(琉璃電極) | 유리전극 | 유리-질(琉璃質) | 유리질 |
| 유리-창[1](琉璃窓) | 유리창 | 유리창-나비(琉璃窓--) | 유리창나비 |
| 유리-체(琉璃體) | 유리체 | 유리-칼(琉璃-) | 유리칼 |
| 유리-컵(琉璃cup) | 유리컵 | 유리-판(琉璃板) | 유리판 |
| 유리-합(琉璃盒) | 유리합 | 유백^유리(乳白琉璃) | 유백유리 |
| 유설[7](謬說) | 유설[1](謬說) | 유습[4](謬習) | 유습[2](謬習) |
| 유전[13](謬傳) | 유전[3](謬傳) | 유홍-초(留紅草) | 유홍초(-草) |
| 육박-나무(六駁--) | 육박나무 | 윤충(輪蟲) | 윤충([오]蠕蟲) |
| 이이[7](邐迤/邐迆) | 이이[1](邐迤) | 이이-하다[4](邐迤--/邐迆--) | 이이하다 |
| 이중^유리(二重琉璃) | 이중유리 | 익곡(溺谷) | 익곡(溺谷) |
| 익사-자(溺死者) | 익사자 | 인-상어(鱗--) | 인상어 |
| 인치^나사(inch螺絲) | 인치나사 | 입-요기(-療飢) | 입요기 |
| 입요기-하다(-療飢--) | 입요기하다 | 입-춤(立-) | 입춤 |
| 자외선^투과^유리(紫外線透過琉璃) | 자외선투과유리 | 전도성^유리(電導性琉璃) | 전도성유리 |
| 전자-나팔(電磁喇叭) | 전자나팔 | 정-유리(淨琉璃) | 정유리 |
| 젖빛^유리(--琉璃) | 젖빛유리 | 제-남색(霽藍色) | 제남색(←霽藍色) |

| 진격^나팔(進擊喇叭) | 진격나팔 | 질-나발(-喇叭▼) | 질나발 |
|---|---|---|---|
| 창-유리(窓琉璃) | 창유리 | 철망-유리(鐵網琉璃) | 철망유리(鐵網琉璃) |
| 청-녹두(靑綠豆) | 청녹두 | 초-요기[1](初療飢) | 초요기[1] |
| 초요기-하다(初療飢--) | 초요기하다 | 축-나사(軸螺絲) | 축나사(軸螺絲) |
| 코발트^유리(coblat琉璃) | 코발트유리 | 큰-유리새(-瑠璃-) | 큰유리새 |
| 톱날-나사(--螺絲) | 톱날나사 | 통-유리(-琉璃) | 통유리 |
| 파-유리(破琉璃) | 파유리(破琉璃) | 판-유리(板琉璃) | 판유리 |
| 합판^유리(合板琉璃) | 합판유리 | 화산^유리(火山琉璃) | 화산유리 |
| 흡열^유리(吸熱琉璃) | 흡열유리 | | |

② 《표대》에는 하나의 올림말에 두음 법칙이 적용되는 한자와 적용되지 않는 한자를 함께 원어로 제시한 경우가 있다. 두음 법칙에 따라 《표대》에서는 '노둔(駑鈍/魯鈍)', '약론(略論/約論)'과 같이 하나의 올림말로 제시하고 있지만 《조대》에서는 한자의 본음 그대로 '노둔(駑鈍)', '로둔(魯鈍)', '약론(約論)', '략론(略論)'처럼 각기 올림말을 제시하고 있다. 아래 (17)은 이러한 유형의 올림말을 정리한 표로, 두음 법칙 적용 대상 한자에 '○'로 표시하였다. 그리고 제4장의 '4.6. 그 외 올림말 목록'에서도 따로 제시하였다.

### (17) 원어가 복수로 제시된 올림말 가운데 두음 법칙 적용 한자가 포함된 올림말

| 《표대》 | 《조대》 |
|---|---|
| 노둔[2](駑鈍/魯⃝鈍) | 노둔(駑鈍), 로둔[2](魯⃝鈍) |
| 노질[4](駑質/魯⃝質) | 노질[2](駑質), × |
| 약론(略⃝論/約論) | 약론(約論), 략론(略⃝論) |
| 약문(略⃝文/約文) | ×, 략문(略⃝文) |
| 약설[2](略⃝說/約說) | ×, 략설[1](略⃝說) |
| 연(碾⃝/研) | 연(研), 년(碾⃝) |
| 연긍(延亘/連⃝亘/聯⃝亘) | 연긍(延亘), 련긍(連⃝亙. 聯⃝亙) |
| 연루(連⃝累/緣累) | ×, 련루(連⃝累) |
| 연마[1](研磨/練⃝磨/鍊⃝磨) | 연마(研磨), 련마[1](練⃝磨. 鍊⃝磨) |
| 연조[9](演操/鍊⃝操) | 연조[4](演操), 련조[2](鍊⃝操) |
| 연척(連⃝戚/緣戚) | ×, 루대련척(屢代連⃝戚) |
| 연침[4](聯⃝針/椽針) | 연침박이(椽針--), × |

| 열렬[1](熱烈/[烈]烈) | 열렬[1](熱烈), 렬렬([烈]烈) |
|---|---|
| 요원[3](遙遠/[遼]遠) | 요원[2](遙遠), 료원[2]([遼]遠) |

## 5 두음 법칙 표기 관련 한자 목록

《표대》에서 두음 법칙을 적용한 한자의 총목록은 다음과 같다.

**(18) 두음 법칙 표기 관련 한자 총목록[16](320개)**

| 표기 | 한자 |
|---|---|
| 나#라 | 囉, 懶, 瘰, 癩, 羅, 蘿, 螺, 裸, 覶, 邏, 鑼 |
| 낙#락 | 樂, 洛, 烙, 絡, 落, 酪, 駱 |
| 난#란 | 亂, 卵, 嬾, 攔, 欄, 爛, 蘭, 襴, 鑾, 闌, 鸞 |
| 남#람 | 嵐, 攬, 濫, 籃, 纜, 藍, 襤, 覽, 鬛 |
| 납#랍 | 拉, 臘, 蠟 |
| 낭#랑 | 娘, 廊, 朗, 浪, 狼, 琅, 稂, 莨, 螂, 踉, 郎 |
| 내#래 | 來, 萊 |
| 냉#랭 | 冷 |
| 노#로 | 勞, 擄, 櫨, 滷, 爐, 癆, 盧, 老, 蠦, 蘆, 虜, 路, 鑪, 露, 顱, 魯, 鱸, 鷺, 鸕, 鹵 |
| 녹#록 | 漉, 碌, 祿, 綠, 轆, 錄, 騄, 鹿 |
| 논#론 | 論 |
| 농#롱 | 壟, 弄, 籠, 聾, 隴 |
| 뇌#뢰 | 擂, 牢, 磊, 壘, 耒, 誄, 賂, 賚, 賴, 酹, 雷 |
| 누#루 | 婁, 屢, 樓, 淚, 漏, 瘻, 累, 縲, 縷, 纍, 蔞, 螻, 鏤, 陋 |
| 늑#륵 | 勒, 肋 |
| 늠#름 | 凜, 廩, 懍 |
| 능#릉 | 凌, 稜, 綾, 菱, 蔆, 陵, 鯪 |
| 약#략 | 掠, 略 |
| 양#냥, 양#량 | 兩 |
| 양#량 | 亮, 凉, 梁, 涼, 糧, 良, 諒, 量 |

16 한자의 정렬 순서는 '부수 획수 - 총획수' 순으로 하였다.

| | |
|---|---|
| 여#녀 | 女 |
| 여#려 | 儷, 勵, 勴, 厲, 呂, 廬, 慮, 戾, 旅, 沴, 濾, 癘, 礪, 穭, 膂, 臚, 茘, 藜, 蠣, 鑢, 閭, 驪, 麗, 黎 |
| 역#력 | 力, 曆, 櫟, 歷, 瀝, 癧, 礫, 轢 |
| 연#년 | 年, 碾 |
| 연#련 | 憐, 戀, 揀, 攣, 楝, 漣, 煉, 練, 縺, 聯, 蓮, 輦, 連, 鍊 |
| 열#녈 | 涅 |
| 열#렬 | 冽, 列, 劣, 烈, 茢, 裂, 颲 |
| 염#념 | 念, 恬, 捻 |
| 염#렴 | 奩, 廉, 斂, 殮, 簾 |
| 엽#렵 | 獵, 躐 |
| 영#녕 | 佞, 寧, 擰, 獰 |
| 영#령 | 令, 伶, 另, 囹, 嶺, 怜, 欞, 泠, 玲, 竛, 笭, 羚, 翎, 鈴, 零, 靈, 領, 鴒 |
| 예#례 | 例, 禮, 醴, 鱧 |
| 요#뇨 | 尿, 鬧 |
| 요#료 | 了, 僚, 嘹, 寥, 寮, 撩, 料, 潦, 燎, 療, 瞭, 聊, 蓼, 遼 |
| 용#룡 | 龍 |
| 유#뉴 | 紐 |
| 유#류 | 嚠, 柳, 榴, 流, 溜, 瑠, 留, 瘤, 硫, 藟, 虆, 類 |
| 육#뉵 | 衄 |
| 육#륙 | 六, 戮, 陸 |
| 윤#륜 | 倫, 淪, 綸, 輪 |
| 율#률 | 溧, 律, 慄, 栗, 率, 葎 |
| 융#륭 | 癃, 隆 |
| 이#니 | 呢, 尼, 泥 |
| 이#리 | 俚, 利, 吏, 嫠, 履, 摛, 李, 梨, 犁, 理, 痢, 离, 籬, 罹, 螭, 裏, 貍, 里, 釐, 離, 魑, 驪, 鯉 |
| 익#닉 | 匿, 溺, 匿 |
| 인#린 | 吝, 燐, 轔, 鄰, 隣, 鱗, 麟 |
| 임#림 | 林, 淋, 臨, 痳, 霖 |
| 입#립 | 立, 笠, 粒 |

## 6 향후 과제

남북 표기법에서 가장 두드러진 차이로 인식되는 것이 두음 법칙 표기이다. 이러한 까닭에 그동안 남측의 학계에서는 두음 법칙 표기법을 통일하기 위한 연구를 활발히 진행해 왔다. 그 결과물들을 간략히 분류해 보면 '두음 법칙 표기를 반영해야 한다는 안(현행 남측 규정)', '두음 법칙 표기를 반영하지 않아야 한다는 안(현행 북측 규정)', '남북의 규정을 복수로 인정하자는 안'이 있었다. '두음 법칙 표기를 복수로 인정하자는 안'은 대체로 "두음 법칙 적용 한자에 형태주의 표기법(원형을 밝혀 적는 표기법)을 적용하되, 그 발음만 남북 양쪽 발음을 허용하자"는 견해가 주를 이룬다. 예를 들어 '여행#려행'의 경우 한자의 본음대로 '려행'으로 표기하되, 그 발음은 [여행]과 [려행]을 모두 인정하자는 것이다.

남북의 언중이 단어 첫머리에 있는 유음을 발음할 수 없는 것도 아니고, 외래어(뉴스)나 고유어(녀석)에는 적용되지 않으면서 유독 한자어에만 적용된다는 점에서 두음 법칙은 규칙적인 음운 현상으로 볼 수 없다. 그리고 남측의 두음 법칙 관련 규정은 제10항, 제11항, 제12항의 세 조항과, [붙임] 항목 열 개, 예외적 단서 조항('다만'으로 기술된 것) 세 개로 구성되어 있는데, 이는 일반인이 이해하기에 너무 어렵고 복잡하다. 예를 들어 '2013년도'와 '졸업 연도'의 '年度'는 왜 표기가 다른지, '남존여비(男尊女卑)'의 '女'는 두음이 아닌데 왜 두음 법칙의 적용을 받는지, '列', '律', '率'은 어떤 경우에 두음 법칙의 적용을 받는지, 이름의 경우 '채륜(蔡倫)'과 '채윤' 가운데 어느 것으로 표기해야 하는지 등을 제대로 이해하기가 쉽지 않은 것이다. 이런 점을 고려하면, 남북 어문 규범을 단일화할 때 한자 표기는 한자 본음을 밝혀 적도록 하고, 발음은 남북 양쪽 발음을 허용하는 방안이 합리적이라 생각한다.[17]

한편, 형태주의 표기법에 따라 한자음을 본음대로 표기할 경우, 수많은 동음이의어[여우(女優)-여우, 유속(流俗)-유속(遺俗), 이자(利子)-이자(胰子) 등]를 최소화할 수 있다. 그리고

17 이러한 방안은 '고영근(1999)', '기세관·최호철(1994)', '고창운(2000)', '전수태(2001)', '이봉원(2003)' 등에서 제안된 바 있다. 고영근(1999)은 같은 음을 가진 한자를 형태주의 원리에 따라 같은 모습으로 적는 것은 한글 전용에서 생기는 수많은 동음이의어를 극소화할 수 있고, 컴퓨터 한자 자판에서는 '女', '柳'와 같이 원래 한자음 'ㄴ, ㄹ'을 가진 한자가 '여/녀', '유/류'와 같이 이중으로 배치되는 폐단도 없앨 수 있다고 하였다. 하지만 전통적으로 어두에 'ㄴ, ㄹ'을 기피하여 왔고, 남측에서는 이런 발음에 익숙하지 않다는 점을 고려하여 표기는 'ㄴ, ㄹ'로 적되 발음만은 두음 법칙을 허용할 필요가 있다고 하였다.

'ㄹ'로 시작하는 올림말 수가 늘어나게 되어 규모 면에서 다른 올림말과 균형도 이룰 수 있으며 'ㄹ'로 시작하는 올림말의 대부분이 외래어로 채워지는 불편함도 어느 정도 해소할 수 있을 것이다.[18]

## 3.2. 사이시옷 표기 차이

남측은 《한글 맞춤법》 제30항에 따라 합성어에서 앞말의 마지막 음절에 받침이 없으면서 발음 변화가 있을 때 사이시옷을 적는다. 이때 합성어 구성 성분 중 하나 이상은 고유어이어야 한다. 즉, 합성어가 '고유어+고유어'이거나, '고유어+한자어', '한자어+고유어'일 경우에만 사이시옷 표기가 가능하다. 이에 비해 북측은 '사잇소리 현상'을 표기에는 반영하지 않고, 그 발음만 인정하고 있다.[19]

**(19) 합성어 구성 성분에 따른 남북 사이시옷 표기**

가) 고유어+고유어: 가겟집[가:게찝/가:겐찝]#가게집[-찝], 깻잎[깬닙]#깨잎[깬닙]

나) 고유어+한자어: 뒷감당[뒤:깜-/뒫:깜-]#뒤감당[-깜-], 뱃병[배뼝/밷뼝]#배병[-뼝]

다) 한자어: 숫자[수:짜/숟:짜]#수자[-짜], 찻간[차깐/찯깐]#차간[-깐]

(19 가, 나)에서처럼 합성어에서 사잇소리가 날 경우 남측은 사이시옷을 표기하여 '가겟집', '깻잎', '뒷감당(-堪當)', '뱃병(-病)'으로 적는다. 이에 비해 북측은 사이시옷을 표기하

18 《표대》에는 'ㄹ' 로 시작하는 올림말이 0.7%(3,455개, 부올림말 포함) 수록되어 있는데 이는 자모별 올림말 가운데 가장 적은 비율이다. 한편, 《조대》에는 'ㄹ' 로 시작하는 올림말이 3%(10,826개) 수록되어 있어 《표대》에 비해 그 비율이 높은 편이다.

19 다만, 북측의 《조선말규범집》(2010)에는 삭제된 조항이지만, 《조선말규범집》(1987)에서는 아래와 같이 '샛별', '빗바람' 등의 몇 단어에 한해 예외적으로 사이시옷 표기를 허용하는 규정을 두었다. "**제15항**. [붙임] 소리같은 말인 다음의 고유어들은 혼동을 피하기 위하여 아래와 같이 적는다.
례: 샛별-새별(새로운 별), 빗바람(비가 오면서 부는 바람)-비바람(비와 바람)"

지 않으므로 '가게집', '깨잎', '뒤감당', '배병'으로 적는다. 그리고 (19 다)와 같이 남측은 '숫자(數字)', '찻간(車間)' 등의 6개 한자어에도 사이시옷을 예외적으로 표기하는데, 북측은 이 경우에도 '수자', '차간'처럼 사이시옷을 적지 않는다.

## 1 남측의 사잇소리 표기법

남측의 《한글 맞춤법》 제30항에는 '사이시옷 표기'가 규정되어 있다. 이 규정에 따르면 사잇소리가 표기에 반영되기 위해서는 무엇보다 '소리의 변화(첨가)'가 있어야 한다. 즉, 합성 명사에서 뒷말의 첫소리가 된소리로 나거나, 'ㄴ' 또는 'ㄴㄴ' 소리가 덧나는 등의 소리 변화가 있을 때 사이시옷을 적도록 한 것이다.

**(20) 남측 표기법**

**한글 맞춤법**

**제30항 사이시옷은 다음과 같은 경우에 받치어 적는다.**

1. 순우리말로 된 합성어로서 앞말이 모음으로 끝난 경우

(1) 뒷말의 첫소리가 된소리로 나는 것

| | | | | |
|---|---|---|---|---|
| 고랫재 | 귓밥 | 나룻배 | 나뭇가지 | 냇가 |
| 댓가지 | 뒷갈망 | 맷돌 | 머릿기름 | 모깃불 |
| 못자리 | 바닷가 | 뱃길 | 볏가리 | 부싯돌 |
| 선짓국 | 쇳조각 | 아랫집 | 우렁잇속 | 잇자국 |
| 잿더미 | 조갯살 | 찻집 | 쳇바퀴 | 킷값 |
| 핏대 | 햇볕 | 혓바늘 | | |

(2) 뒷말의 첫소리 'ㄴ, ㅁ' 앞에서 'ㄴ' 소리가 덧나는 것

| | | | | |
|---|---|---|---|---|
| 멧나물 | 아랫니 | 텃마당 | 아랫마을 | 뒷머리 |
| 잇몸 | 깻묵 | 냇물 | 빗물 | |

(3) 뒷말의 첫소리 모음 앞에서 'ㄴㄴ' 소리가 덧나는 것

| | | | | |
|---|---|---|---|---|
| 도리깻열 | 뒷윷 | 두렛일 | 뒷일 | 뒷입맛 |

| 베갯잇 | 욧잇 | 깻잎 | 나뭇잎 | 댓잎 |
|---|---|---|---|---|

2. 순우리말과 한자어로 된 합성어로서 앞말이 모음으로 끝난 경우

(1) 뒷말의 첫소리가 된소리로 나는 것

| 귓병 | 머릿방 | 뱃병 | 봇둑 | 사잣밥 |
|---|---|---|---|---|
| 샛강 | 아랫방 | 자릿세 | 전셋집 | 찻잔 |
| 찻종 | 촛국 | 콧병 | 탯줄 | 텃세 |
| 핏기 | 햇수 | 횟가루 | 횟배 | |

(2) 뒷말의 첫소리 'ㄴ, ㅁ' 앞에서 'ㄴ' 소리가 덧나는 것

| 곗날 | 제삿날 | 훗날 | 툇마루 | 양칫물 |
|---|---|---|---|---|

(3) 뒷말의 첫소리 모음 앞에서 'ㄴㄴ' 소리가 덧나는 것

| 가욋일 | 사삿일 | 예삿일 | 훗일 |
|---|---|---|---|

3. 두 음절로 된 다음 한자어

| 곳간(庫間) | 셋방(貰房) | 숫자(數字) |
|---|---|---|
| 찻간(車間) | 툇간(退間) | 횟수(回數) |

제30항에 따른 사이시옷의 표기 조건을 정리하면 다음과 같다.

**(21) 사이시옷 표기 조건**

가) 합성어, 파생어, 구(句)의 구분

사이시옷은 합성어에만 표기하며 파생어나 구(句)에는 표기하지 않는다.

예 ㉠ 합성어: 햇볕, 뒷머리

㉡ 파생어: 해님(-님: '그 대상을 인격화하여 높임'의 뜻을 더하는 접미사)
싹수머리(-머리: '비하'의 뜻을 더하는 접미사)

㉢ 구(句): 아래 봉우리

나) 고유어, 한자어, 외래어의 구분

합성어의 구성에 반드시 고유어가 포함되어야 하고 외래어는 없어야 한다. 즉, 합성어의 구성이 '고유어+고유어', '고유어+한자어', '한자어+고유어'인 경우에만 사이

시옷 표기가 가능하다. 합성어의 구성이 '한자어+한자어', '한자어+외래어', '외래어+한자어', '외래어+고유어', '고유어+외래어', '외래어+외래어'인 경우에는 사이시옷을 붙이지 않는다.

예 ㉠ 고유어 포함: 전셋집(傳貰+집), 잉엇과(잉어+科), 귓병(귀+病)
　㉡ 고유어 불포함: 전세방(傳貰+房), 연어과(鰱魚+科), 폐병(肺+病)

다) 합성어 내에서의 소리 변화

합성어의 앞말과 뒷말 사이에 소리의 변화가 있으면 사이시옷을 표기하고 그렇지 않으면 사이시옷을 표기하지 않는다.

예 ㉠ 소리 변화 있음: 귓밥[귀빱/귇빱], 뒷말[뒨:말], 본딧말[본딘말], 들깻잎[들깬닙]
　㉡ 소리 변화 없음: 인사말[인사말], 머리말[머리말], 꼬리말[꼬리말], 홀씨잎[홀씨입]

라) 합성어 후행 성분의 소리

합성어의 뒷말 초성이 거센소리나 된소리인 경우에는 사이시옷을 표기하지 않는다.

예 ㉠ 거센소리: 개펄, 뒤풀이, 배탈
　㉡ 된소리: 나리꽃, 보리쌀, 끼니때

마) 2음절 한자어 6개

나)에 따르면 합성어의 구성이 '한자어+한자어'이면 사이시옷을 적지 않는 것이 원칙이다. 그렇지만 실제 발음과 오랜 표기 관습을 인정하여 아래의 6개 한자어에 한하여 예외적으로 사이시옷을 표기하도록 하였다.

예 곳간(庫間), 셋방(貰房), 숫자(數字), 찻간(車間), 툇간(退間), 횟수(回數)

바) 합성어 선행 요소의 받침 존재 여부

사이시옷을 표기하려면 합성어 앞말 마지막 음절에 자음 받침이 없어야 한다.

예 ㉠ 받침 있음: 물가, 등불, 살림집
　㉡ 받침 없음: 바닷가, 겻불, 국숫집

제30항의 규정에 따라 사이시옷을 표기하려면 언중은 (21)의 조건을 모두 숙지하고 있어야 한다. 설혹 이 조건을 모두 숙지하고 있더라도 '겨레말'과 '겨렛말', '본디말'과 '본딧말'의 경우 어떤 표기가 옳은지를 판단하기가 쉽지 않다. 그 이유는 사이시옷 표기 여부가

'표준어 화자의 현실 발음'과 관련되어 있기 때문인데, 문제는 표준어 화자조차도 동일한 음운 환경에 있는 합성어를 다르게 발음하는 경우가 있을 정도로 현실 발음의 기준이 명확하지 않다는 데 있다.

## 2 북측의 사잇소리 표기법

북측은 사잇소리를 표기에 반영하지 않고, 그 발음만 인정하고 있다. 《조선말규범집》(2010)의 '맞춤법' 규정에는 사잇소리와 관련된 조항이 없고, 다만 발음에 관련된 규정만 '문화어발음법'에 제시되어 있다. 이는 북측에서 '단어에서 뜻을 가지는 매개 부분을 언제나 같게 적는 원칙(구성 성분의 원형을 밝혀 적는 원칙)'에 근거하여 사잇소리를 표기에 반영하지 않기 때문이다. 1954년부터 1965년까지 사잇소리 현상을 표기하기 위하여 사이표(')를 쓰기도[기'발, 낮'일, 수'자(數字)] 하였지만, 1966년 이후로는 이 사이표 관련 규정도 완전히 폐지하였다. 이와 관련된 내용을 소개하면 다음과 같다.

**(22) 《조선어규범리론》(2005, pp.212~213)**

> 인간의 언어가 음성언어인 이상 말소리를 어떻게 하면 더 정확히 적겠는가 하는데 대하여 첫째가는 주의를 돌리게 되는것은 사람의 자연스러운 사고이다. 초기국문문헌들에서만이 아니라 20세기 30년대에 이르기까지도 이러한 지향은 누구에게나 응당하고 자연스러운것으로 되여있었다. 그리하여 《한글마춤법통일안》에서도 합성어조성에서 나는 《사이ㅅ》를 적기에 반영하여 《곳집, 나뭇배, 담뱃대, 잇몸》과 같이 적게 하였다. (《통일안》제3장7절30항) … 그러나 광복이후 우리의 언어규범화사업에서는 어디까지나 형태주의를 기본원칙으로 삼았다. … 그러면서도 말소리를 정확히 반영할수 있는껏 반영하여보려는 지향은 버릴수 없는것으로 되여있었기때문에 《사이표》( ' )라는 적기수단을 글말생활에 도입하는것으로 규범화하였다. 즉 이전까지 합친말의 앞말뿌리의 끝소리마디에 《ㅅ》받침을 하던 것을 《ㅅ》대신에 말뿌리와 말뿌리사이에 《사이표》를 찍어서 례컨대 《그믐'달, 길'짐승, 나루'배, 보리'짚》과 같이 적도록 하였다. 이러한 규범은 《표음주의》가 아니라 형태주의를 지향한것이지만 글말규범에 부호를 도입하면서까지 발음적기를 겸하여 하지 않아도 되는것이였다. 《사이ㅅ》나 《사이표》같은 부호를 적기에 반영하지 않는것이 합리적이라는 사실은 그후의 적기규범

> 에 의하여 여실히 증명되였다. 주체55(1966)년 《조선말규범집》(국어사정위원회)에서는 《사이표》를 없애였다. … 《사이표》는 글자가 아니며 따라서 소리값표시물이 아니다. 발음을 표시하기 위하여 글자이외의 부호를 만들어 글말생활을 규범화하는것은 원칙적으로 삼가해야 하며 발음교육은 발음교육대로 따로 하는 원칙을 세워야 한다. 영어나 프랑스어와 같이 적기와 발음이 일치하지 않고 전통주의, 력사주의적기법에 따라서 단어의 적기를 규범화하고있는 언어도 있다. 우리의 글말생활의 현실은 《사이ㅅ》나 《사이표》를 없애고 단어의 적기를 규범화한것은 리론실천적으로 정당하였다는것을 실증하여준다.

북측의 사잇소리 발음 여부는 《조선말규범집》(문화어발음법)의 제16항, 제25항, 제27항, 그리고 제15항에 아래와 같이 규정되어 있다.

(23) 북측 사잇소리 발음법

**조선말규범집(문화어발음법)**

**제16항. 단어나 단어결합에서 사이소리가 순한소리앞에 끼여나는 경우는 그 순한소리를 된소리로 발음한다.**

사이소리가 끼우지 않는 경우:

례: — 된벼락, 센바람, 봄가을, 날바다, 별세계

사이소리가 끼우는 경우:

례: — 논두렁[논뚜렁], 손가락[손까락], 손등[손뜽], 안사람[안싸람]
— 전주대[전주때], 나루가[나루까], 강가[강까], 그믐달[그믐딸]

**제25항. 고유어가 들어가 만들어진 합친말(또는 앞붙이[20]와 말뿌리가 어울린 단어)의 뒤형태부가 《이, 야, 여, 요, 유》로 시작되는 경우에는 다음과 같이 발음한다.**

1) 앞형태부가 자음으로 끝날 때에는 형태부사이에 [ㄴ]을 끼워 발음한다.

례: — 논일[논닐], 밭일[반닐], 꽃잎[꼰닙], 안팎일[안팡닐], 옛일[옌닐], 낯익은[난니근],

못잊을[몬니즐], 짓이기다[진니기다]
— 들양[들냥 → 들량], 산양[산냥]
— 불여우[불녀우 → 불려우]
— 눈요기[눈뇨기]
— 풋윷[푼뉻]

그러나《있다》의 경우에는 제10항에 준하여 끊어내기로 발음한다.

2) 앞형태부가 모음으로 끝날 때에는 사이소리가 끼우는 경우에 한하여 [ㄴㄴ]을 끼워 발음한다.

사이소리가 끼우지 않는 경우

례: — 나라일, 바다일, 베개잇

사이소리가 끼우는 경우

례: — 수여우[순녀우], 수양[순냥]
— 아래이[아랜니]

**제27항. 고유어로 만들어지는 일부 합친말이나 단어결합에서 사이소리가 끼여나는 경우는 형태부들사이에《ㄷ》을 끼워 발음한다.**

례: — 강가[강ㄷ가→강까], 길가[길ㄷ가→길까]
— 바다가[바닫가→바다까], 수도가[수돋가→수도까]
— 뒤문[뒫문→뒨문], 뒤사람[뒫싸람→뒤싸람]

**제15항. 일부 한자말들에서《적(的), 성(性), 법(法), 권(權, 眷), 점(點), 건(件), 가(價), 과(課, 果)》등의 한자말은 일부 제한하여 된소리로 발음한다.**

례: — 당적[당쩍], 시적[시쩍]
— 혁명성[형명썽], 전투성[전투썽]
— 헌법[헌뻡], 료법[료뻡]
— 주권[주꿘], 구매권[구매꿘]

— 사건[사껀], 조건[조껀]
— 물가[물까], 시가[시까]
— 내과[내꽈], 외과[외꽈], 자재과[자재꽈]

앞에서 살펴본 것처럼 북측에서는 사잇소리 현상을 표기에 반영하지 않는데, 이는 형태주의 표기법을 지켜 언중이 표기법을 쉽게 익힐 수 있도록 하는 데에 초점을 둔 것이다. 그 결과 복합어 표기법은 단순해졌지만, 일부 복합어에서 표기와 발음의 괴리가 생기게 되었다. 즉, '아래이', '뒤문'처럼 사잇소리를 표기에 반영하지 않으면 언중은 해당 합성어의 발음을 직관적으로 파악하기 어렵고, 또한 '새길(새 길, 샛길)'과 '내가(내+가, 냇가)'에서처럼 동음이의어의 구분이 어려워지는 문제도 발생할 수 있다.

## 3 남북 사전의 사이시옷 표기 차이

**(24) 사이시옷 표기 차이 유형**

| 구분 | 표기 | 《표대》 | 《조대》 |
|---|---|---|---|
| 고유어로 된 합성 명사에서 앞말이 모음으로 끝나고, 뒷말의 첫소리가 된소리로 나거나 'ㄴ', 'ㄴㄴ' 소리가 덧나는 경우 | 남 사이시옷 적음<br>북 사이시옷 적지 않음 | 낚**싯**바늘,<br>바**닷**물 | 낚**시**바늘,<br>바**다**물 |
| 고유어와 한자어로 된 합성 명사에서 앞말이 모음으로 끝나고, 뒷말의 첫소리가 된소리로 나거나 'ㄴ', 'ㄴㄴ' 소리가 덧나는 경우 | 남 사이시옷 적음<br>북 사이시옷 적지 않음 | **칫**솔(齒-),<br>**뒷**면(-面) | **치**솔,<br>**뒤**면 |
| 2음절로 된 한자어 '곳간', '셋방', '숫자', '찻간', '툇간', '횟수'의 경우 | 남 사이시옷 적음<br>북 사이시옷 적지 않음 | **숫**자(數字),<br>**찻**간(車間) | **수**자,<br>**차**간 |

20 남측의 '접두사'를 북측에서는 '앞붙이'라고 하고, '접미사'를 '뒤붙이'라고 한다.

(25) 사이시옷 표기 차이 관련 공통 올림말 통계

| 복합어 구성 | 《표대》 1,730개 | 《조대》 1,730개 |
|---|---|---|
| ① 고유어+고유어 | 1,182개 | 1,182개 |
| ② 한자어+고유어, 고유어+한자어 | 526개(중복[21]: 2) | 526개(중복: 2) |
| ③ 한자어+한자어 | 24개 | 24개 |

사이시옷 표기와 관련된 《표대》와 《조대》의 올림말 수는 각각 1730개로[22] 남북 간 총개수가 같다. 그런데 총개수가 같다는 것이 양쪽 사전의 올림말이 일대일로 대응되는 것을 뜻하지는 않는다. 왜냐하면 두 사전의 '동음이의어'와 '다의어' 처리 방식에 차이가 있기 때문이다. 가령 '쇳물#쇠물'[23]의 경우 《표대》에서는 '다의어'로 보아 하나의 올림말로 처리한 반면, 《조대》에서는 '동음이의어'로 보아 두 개의 올림말로 구분하였고, '뒷손#뒤손'[24]의 경우 《표대》에서는 '동음이의어'로 보아 두 개의 올림말로 구분한 반면, 《조대》에서는 '다의어'로 보아 하나의 올림말로 처리하였다. 그 결과 공교롭게도 총개수에서는 같게 나타난 것이다.

사이시옷 표기 차이 올림말을 어종에 따라 분류하면, '① 고유어+고유어' 유형(나랏일#나라일 등)이 《표대》와 《조대》에 각각 1182개가 수록되어 있고, '② 한자어+고유어, 고유어+한자어' 유형[아랫방#아래방(--房) 등]이 《표대》와 《조대》에 각각 526개가 수록되어 있다. 그리고 '③ 한자어+한자어' 유형[숫자#수자(數字) 등]이 《표대》와 《조대》에 각각 24개가 수록되어 있다.[25]

---

21 '횃댓보#홰대보(--褓)', '한뎃뒷간(---間)#한데뒤간'처럼 사이시옷이 두 번 이상 표기된 단어를 '중복'으로 분류하였다.

22 제3장의 '(8) 《표대》와 《조대》의 올림말 표기 차이 현황'에서 사이시옷과 관련된 '②, ⑤, ⑧'을 합한 수치이다.

23 ㉮ 《표대》 **쇳-물** [명사] ① 쇠의 녹이 우러나 검붉은 빛깔을 띤 물. ② 높은 열에 녹아서 액체 상태로 된 쇠.
㉯ 《조대》 **쇠물**[1] [명] 뜨거운 열에 녹아서 물처럼 된 쇠.
**쇠물**[2] [명] 쇠붙이에 쓴 녹이 우러난 물.

24 ㉮ 《표대》 **뒷손**[1] [명] ① 뒤로 내미는 손.
**뒷손**[2] [명] ① 일을 마친 뒤에 다시 하는 손질.
㉯ 《조대》 **뒤손** [-쏜] [명] ① 돌아선채 뒤등으로 내보내는 손. ② 어떤 일을 마친 뒤에 다시 하는 손질.

25 '③ 한자어+한자어' 유형의 24개 올림말 목록은 다음과 같다.

## 4 사이시옷 표기 관련 특이 사항

① 남측과 같이 합성어에 사이시옷을 표기하려면 기본적으로 합성어 내에서의 '발음 변화'가 있어야 한다. 그런데 사이시옷 표기와 관련된 남북의 올림말들은 다음과 같은 복잡한 양상을 보이고 있어 남북 사이시옷 표기 단일화에 어려움이 있다.

가) 남북의 표기가 다르고 발음이 같은 예가 있다. '바닷가#바다가', '귓병(-病)#귀병', '콧물#코물', '횟수(回數)#회수'는 남북 모두 [바다까], [귀뼝], [콘물], [회쑤]로 발음하지만, 그 표기에 차이가 있는 예이다. 이러한 단어들은 표기에 차이가 있으므로 제4장의 '4.2. 사이시옷 표기 차이 올림말 목록'에서 제시하였다.

나) 남북의 표기가 다르고 발음도 다른 예가 있다. '텃밭[터빧]#터밭[터받]', '나뭇잎[나문닙]#나무잎[나무입]', '칫솔[치쏠]#치솔[치솔]', '툇간[퇴깐]#퇴간[퇴간]'[26] 등이 이에 속한다. 이 예들은 남측에서만 사잇소리가 나기 때문에 표기와 발음 모두 차이가 난다. 이러한 단어들은 표기에 차이가 있으므로 제4장의 '4.2. 사이시옷 표기 차이 올림말 목록'에서 제시하였다.

다) 남북의 표기가 같고 발음이 다른 예가 있다. '동아줄', '꾀병'의 경우 남측에서는 각기 [동아줄], [꾀병]으로 된소리가 나지 않지만, 북측에서는 [동아쭐], [꾀뼝]으로 된소리가 난

---

예 곳간#고간, 곳간차#고간차, 로마숫자#로마수자, 사글셋방#사글세방, 사글셋방#삭월세방, 셋방#세방, 셋방살이#세방살이, 셋방살이하다#세방살이하다, 숫자#수자, 숫자기#수자기, 숫자악보#수자악보, 숫자적#수자적, 숫자풀이#수자풀이, 숫자풀이하다#수자풀이하다, 아라비아숫자#아라비아수자, 유효숫자#유효수자, 찻간#차간, 찻방#차방, 찻잔#차잔, 찻장#차장, 찻종#차종, 찻주전자#차주전자, 툇간#퇴간, 횟수#회수
한편, 《표대》 웹사전에서는 '차(茶)'가 포함된 합성어(찻방, 찻잔, 찻장, 찻종 등)의 원어란에 한자 '茶'를 제시하지 않고 사이시옷을 표기하였다. 이는 '차(茶)'를 한자어가 아니라고 판단했기 때문이다. 그렇지만 《표대》(1999)와 《조대》의 원어란에는 한자 '茶'가 제시되어 있으므로 '③'의 유형에 포함하였다.

26 북측에서는 이와 관련된 것으로 《조선말규범집》(문화어발음법) 제15항에서 일부 한자말을 된소리로 발음한다고 규정하고 있다. 이에 따라, '고간[-깐]', '세방[-빵]', '수자[-짜]', '차간[-깐]', '회수[-쑤]'는 사이시옷 표기를 하지 않고 된소리 발음만 인정하였고, '퇴간'은 예사소리로 발음하도록 규정하였다.

다. 이 예들은 북측에서만 사잇소리가 나기 때문에 표기는 같고 발음만 차이가 난다. 이러한 단어들은 표기가 같으므로 제4장의 '4.2. 사이시옷 표기 차이 올림말 목록'에서 제시하지 않고 아래에 제시하였다.

**(26) 표기가 같고 발음이 다른 올림말**

| 《표대》 | 《조대》 | 원어 |
|---|---|---|
| 가마-굽 | 가마굽[-꿉] | |
| 가운데-귀 | 가운데귀[-뀌] | |
| 고기잡이-배 | 고기잡이배[-빼] | |
| 고두리-살 | 고두리살[-쌀] | |
| 고래잡이-배 | 고래잡이배[-빼] | |
| 고미-집 | 고미집[-찝] | |
| 공기-구멍[1] | 공기구멍[-꾸-] | 空氣-- |
| 구리-물 | 구리물[-린-] | |
| 귀-머리[1] | 귀머리[1][귄-] | |
| 귀-박[1] | 귀박[2][-빡] | |
| 기계-배[-계-/-게-] | 기계배[-빼] | 機械- |
| 깜부기-불 | 깜부기불[-뿔] | |
| 꾀-배[꾀-/꿰-] | 꾀배[-빼] | |
| 꾀-병[꾀-/꿰-] | 꾀병[-뼝] | -病 |
| 꾀병-쟁이[꾀---/꿰---] | 꾀병쟁이[-뼝-] | -病-- |
| 꾀병-하다[꾀---/꿰---] | 꾀병하다[-뼝-] | -病-- |
| 노-손 | 노손[-쏜] | 櫓- |
| 다듬이^소리 | 다듬이소리[-쏘-] | |
| 다리-대[1] | 다리대[2][-때] | --臺 |
| 대-그릇[--른] | 대그릇[-끄-] | |
| 대-자리 | 대자리[-짜-] | |
| 도수리-구멍 | 도수리구멍[-꾸-] | |
| 도조-바리 | 도조바리[-빠-] | 賭租-- |
| 동아-줄 | 동아줄[-쭐] | |
| 두리기-상 | 두리기상[-쌍] | ---床 |
| 뒤-걷이[뒤:거지] | 뒤걷이[-꺼지] | |

| | | |
|---|---|---|
| 뒤걷이-하다[뒤:거지--] | 뒤걷이하다[-꺼지-] | |
| 뒤-대[뒤:-] | 뒤대[-때] | |
| 뒤-대패 | 뒤대패[-때-] | |
| 뒤-바람[뒤:--] | 뒤바람[-빠-] | |
| 때-물 | 때물[땐-] | |
| 매-맛[-맏] | 매맛[맨-] | |
| 머리-글 | 머리글[-끌] | |
| 머리-말 | 머리말[-린-] | |
| 머리-빗[--빋] | 머리빗[-삣] | |
| 먼지-바람 | 먼지바람[-빠-] | |
| 메-공이 | 메공이[-꽁-] | |
| 모오리-돌 | 모오리돌[-똘] | |
| 미레-그물 | 미레그물[-끄-] | |
| 바자-굽 | 바자굽[-꿉] | |
| 박이-것[--걷] | 박이것[-껏] | |
| 박초-바람 | 박초바람[-빠-] | 舶趠-- |
| 벌이-줄[버:리-] | 벌이줄[1] [-쭐] | |
| 뼈-대 | 뼈대[-때] | |
| 뼈대-살 | 뼈대살[-때-] | |
| 사수리-살 | 사수리살[-쌀] | |
| 사태-밥 | 사태밥[-빱] | 沙汰- |
| 산후-바람[산:---] | 산후바람[-빠-] | 産後-- |
| 삼태-그물 | 삼태그물[-끄-] | |
| 서리-병아리 | 서리병아리[-뼝-] | |
| 세폐-겨냥[세:폐--/세:페--] | 세페겨냥[-껴-] | 歲幣-- |
| 세포-겨냥[세:---] | 세포겨냥[-껴-] | 歲布-- |
| 소바리-짐 | 소바리짐[-찜] | |
| 수-버선[수:--] | 수버선[-뻐-] | 繡-- |
| 수수-돌 | 수수돌[-똘] | |
| 수-술[4] [수:-] | 수술[2] [-쑬] | 繡- |
| 수-신[1] [수:-] | 수신[1] [-씬] | 繡- |
| 수-주머니[수:---] | 수주머니[-쭈-] | 繡--- |
| 쐐기-돌[쐐:--] | 쐐기돌[-똘] | |

| | | |
|---|---|---|
| 아가미-구멍 | 아가미구멍[-꾸-] | |
| 염마-집 | 염마집[-찝] | 閻魔- |
| 오지-병 | 오지병[-뼝] | --甁 |
| 옹이-구멍 | 옹이구멍[-꾸-] | |
| 우리-구멍 | 우리구멍[-꾸-] | |
| 육고-집[-꼬-] | 육고집[-찝] | 肉庫- |
| 장구-배미 | 장구배미[-빼-] | |
| 장터-거리 | 장터거리[-꺼-] | 場--- |
| 재-강아지 | 재강아지[-깡-] | |
| 재-두루미 | 재두루미[-뚜-] | |
| 조-짚[-집] | 조짚[-찝] | |
| 주사니-것[---걷] | 주사니것[-껏] | 紬--- |
| 쥐-주머니 | 쥐주머니[-쭈-] | |
| 채-그릇[--륻] | 채그릇[-끄-] | |
| 코-마개 | 코마개[콘-] | |
| 코-방아 | 코방아[-빵-] | |
| 태-자리 | 태자리[-짜-] | 胎-- |
| 허리-동이 | 허리동이[-똥-] | |
| 호미-자락 | 호미자락[-짜-] | |
| 홍두깨-살 | 홍두깨살[-쌀] | |
| 활-벌이줄 | 활벌이줄[-쭐] | |
| 황새-병[2][황ː--] | 황새병[1][-뼝] | --甁 |
| 황소-바람 | 황소바람[-빠-] | |
| 회리-바람[회ː---/훼ː---] | 회리바람[-빠-] | |
| 회리-밤[회ː--/훼ː--] | 회리밤[-빰] | |
| 회오리-바람[회----/훼----] | 회오리바람[-빠-] | |
| 후-머리[후ː--] | 후머리[훈-] | 後-- |

라) 남북의 표기가 같고 발음도 같은 예가 있다. 남북 모두 사이시옷 표기를 한 일부 합성어가 이에 속한다. 북측에서 '샛별'과 '빗바람'처럼 '의미 변별'을 위하여 예외적으로 사이시옷을 표기하였거나, '갓길'처럼 사잇소리 현상이 반영된 단어를 수정하지 않고 그대로 사전에 수록한 경우가 그 예이다. 이러한 단어들은 표기가 같으므로 제4장의 '4.2. 사이시옷 표기 차이 올림말 목록'에서 제시하지 않고 아래에 제시하였다.

(27) 《조대》에서 사이시옷을 표기한 올림말

| 《표대》 | 《조대》 | 원어 |
|---|---|---|
| 갓-길 [가:낄/갇:낄] | 갓길 | |
| 갯-강활 [개깡-/갣깡-] | 갯강활 | -羌活 |
| 갯-개미취 [개깨--/갣깨--] | 갯개미취 | |
| 갯-고들빼기 [개꼬---/갣꼬---] | 갯고들빼기 | |
| 갯-금불초 [개끔--/갣끔--] | 갯금불초 | -金佛草 |
| 갯-능쟁이 [갠---] | 갯능쟁이 [갠-] | |
| 갯-댑싸리 [개땝--/갣땝--] | 갯댑싸리 | |
| 갯-더부살이 [개떠---/갣떠---] | 갯더부살이 | |
| 갯-메꽃 [갠-꼳] | 갯메꽃 [갠-] | |
| 갯-방풍 [개빵-/갣빵-] | 갯방풍 | -防風 |
| 갯-버들 [개뻐-/갣뻐-] | 갯버들 | |
| 갯-보리 [개뽀-/갣뽀-] | 갯보리 | |
| 갯보리-사초 [개뽀---/갣뽀---] | 갯보리사초 | ---莎草 |
| 갯-사상자 [개싸--/갣싸---] | 갯사상자 | -蛇床子 |
| 갯-쇠돌피 [개쐬--/갣쒜--] | 갯쇠돌피 | |
| 갯-잔디 [개짠-/갣짠-] | 갯잔디 | |
| 갯-장대 [개짱때/갣짱때] | 갯장대 | |
| 갯-장어 [개짱-/갣짱-] | 갯장어 | -長魚 |
| 갯-지네 [개찌-/갣찌-] | 갯지네 | |
| 갯-지렁이 [개찌--/갣찌--] | 갯지렁이 | |
| 갯-지치 [개찌-/갣찌-] | 갯지치 | |
| 갯-완두 [개돤-] | 갯완두 [개돤-] | -豌豆 |
| 견짓-살 [-지쌀/-짇쌀] | 견짓살 | |
| 고려-조릿대 [---리때/---릳때] | 고려조릿대 | 高麗--- |
| 구릿-대 [-리때/-릳때] | 구릿대 | |
| 기름-챗날 [--챈-] | 기름챗날 [-챈-] | |
| 누운-갯버들 [--개뻐-/--갣뻐-] | 누운갯버들 | |
| 상앗-대 [-아때/-앋때] | 상앗대 | |
| 상앗대-질 [-아때-/-앋때-] | 상앗대질 | |
| 상앗대질-하다 [-아때---/-앋때---] | 상앗대질하다 | |
| 샛-별 [새:뼐/샏:뼐] | 샛별 | |

| | | |
|---|---|---|
| 샛별-눈[새ː뼐룬/샌ː뼐룬] | 샛별눈[-룬] | |
| 섯-밑[선믿] | 섯밑[선-] | |
| 아딧-줄[-디쭐/-딛쭐] | 아딧줄 | |
| 잇-짚[이ː찝/읻ː찝] | 잇짚 | |
| 잿-방어[재빵-/잳빵-] | 잿방어 | -魴魚 |
| 저녁-샛별[--쌔뼐/--샏뼐] | 저녁샛별 | |
| 제주-조릿대[제ː--리때/제ː--릳때] | 제주조릿대 | 濟州--- |
| 조릿-대[-리때/-릳때] | 조릿대 | |
| 챗-날[챈-] | 챗날[챈-] | |

② 남측 표기법에 따르면, 사이시옷은 '사잇소리가 나는 합성어'에만 표기한다. 그런데 같은 단어에 대해 한쪽에서는 합성어로, 다른 한쪽에서는 파생어로 분류하고 있어 남북 사이시옷 표기 단일화에 어려움이 있다. 그리고 《표대》에는 파생어임에도 불구하고 사이시옷을 표기한 예도 발견된다. 이러한 문제를 해결하기 위해서는 사이시옷 표기법을 단일화하기 이전에 먼저 남북이 함께 접사 목록을 설정해 둘 필요가 있다.

가) 남측에서 합성어이지만 북측에서는 파생어인 예가 있다. '나뭇개비#나무개비', '멧돼지#메돼지' 등이 이에 속한다. 북측에서는 '-개비'[27], '메-'[28]를 접사로 보고 있고, 남측에서는 이들을 명사로 본다. 따라서 '나뭇개비#나무개비'와 '멧돼지#메돼지'는 남측 기준으로 보면 합성어이고, 북측 기준으로 보면 파생어가 된다.

나) 남측에서 파생어이지만 북측에서는 합성어인 예가 있다. 가령, 남측에서는 '-기(氣)'를 접사로, 북측에서는 명사로 본다. 이에 따라 '쇳기(-氣)#쇠기'와 '핏기(-氣)#피기'는 남측 기준으로 보면 파생어가 되어 사이시옷을 표기해서는 안 된다.[29] 그런데 이 경우는 남측에

27 ㉮ 《표대》 **개비**[1] [명사] ① 가늘게 쪼갠 나무토막이나 기름한 토막의 낱개.
㉯ 《조대》 **-개비** [뒤붙이] 명사를 만드는 뒤붙이의 하나. 쪼갠 가는 나무토막의 낱개를 나타낸다.

28 ㉮ 《표대》 **메**[3] [명사] '산[1]'을 예스럽게 이르는 말.
㉯ 《조대》 **메-**[1] [앞붙이] 《산에서 자라는》, 《야생적인》의 뜻.

29 접사 '-기'가 결합된 올림말로 《표대》에 '날라리기 [---끼] (---氣)'가 있는데 파생어이기 때문에 사이시옷을 표기하지 않았다.

서 '기(氣)'[30]를 명사와 접사의 통용 범주로 설정하고 있어 합성어로 볼 수 있는 여지가 있다. 한편, '기왓장#기와장', '종잇장#종이장', '뒷질'과 같은 예에서의 '-장(張)'과 '-질'은 남측에서 접사로만 인정하면서도 사이시옷을 표기하고 있다. '-장'과 '-질'을 명사 범주로 설정하거나 아니면 사이시옷을 표기하지 않거나 하는 등의 재검토가 필요해 보인다.[31]

## 5 향후 과제

남측 맞춤법처럼 사이시옷을 표기할 경우 합성어 내에서의 소리 변화를 표기에 반영할 수 있다는 장점이 있다. 그런데 합성어 내에서 소리 변화가 있는 모든 복합어에 사이시옷을 붙일 경우 5,700여 개[32]의 복합어에 사이시옷을 표기해야 한다. 이 경우 복합어의 앞 성분은 '장맛비', '판잣집', '등굣길'처럼 원형의 모습과 달라진다. 또한 남측의 '사이시옷 표기 규정'처럼 소리를 기준으로 표기법을 제정하면 표기법이 복잡해지고 또한 개정 사유가 빈번히 발생하게 된다. 게다가 '머리말', '인사말'과 같은 경우, 표준어 화자조차도 그 발음이 각각 [머리말], [인사말]인지 아니면 [머린말], [인산말]인지를 알기가 쉽지 않다. 표준어 화자인 서울, 경기 지역 사람이라 하더라도 이러한 예들의 발음은 시대나 세대, 개인에 따라 편차가 있을 수 있기 때문이다.

반면, 북측 맞춤법처럼 사잇소리를 표기에 반영하지 않으면 합성어의 표기는 쉬워지지만, 표기와 발음의 괴리가 생길 수 있다는 단점이 있다. 즉, '새길', '요잇', '내가'에서처럼 사잇소리를 표기에 반영하지 않으면 해당 합성어의 발음을 예측하기 어렵고, 또한, 동음이의어들 간의 변별이 어려워지는 문제가 발생할 수 있는 것이다.

이렇듯 남북의 '사이시옷 표기 규정'은 그 나름대로의 장점과 한계가 있다. 그렇지만 남북의 어문 규범 통일을 위해 '사이시옷 표기 규정'을 단일화해야 한다면, '소리 나는 대로

30 **-기**[39] (氣) [접사] ((일부 명사 뒤에 붙어)) '기운', '느낌', '성분'의 뜻을 더하는 접미사.《표대》
**기**[14] (氣) [명사] 어떠한 기운.《표대》

31 특히, 《표대》에는 '마룻장', '바윗장', '누엣장', '성엣장', '뗏장' 등이 올림말로 수록되어 있는데, 그 원어란에 '장'의 원어가 제시되지 않았다. 이때의 '장'은 《표대》에 고유어 명사로도 등재되지 않았는데, 아마도 접사로 처리한 '-장[42](張)'의 원어를 넣지 않아 생긴 오류로 보인다.

32 사이시옷 표기 대상이 되는 《표대》의 올림말과 《조대》의 올림말을 합쳐 계산한 수치이다.

적는 방식'보다 '구성 성분의 원형을 밝혀 적는 방식'을 선택하는 것이 더 효율적이다. 왜냐하면 현재 남북의 복합어 중에는 '대자리[대자리(남), 대짜리(북)]', '깻묵#깨묵[깬묵(남), 깨묵(북)]'처럼 발음에서 차이를 보이는 예들이 적지 않기 때문이다. 그리고 표기법은 '의미 파악이 쉽도록' 규정되어야 한다는 점을 고려하면, '구성 성분의 원형을 밝혀 적는 방식'을 합성 명사 표기의 기본 원칙으로 규정하는 것이 합리적이라 생각한다. 즉, 복합어 표기는 "형태소나 단어의 원형을 밝혀 적되, 예외적인 형식[33]에 한해 소리 나는 대로 적거나 사이시옷을 붙일 수 있다"라고 규정하는 것이다. 이렇게 규정할 경우 별도의 사이시옷 표기 규정은 두지 않아도 된다. 다만 소리 변화가 있는 복합어의 발음 규정은 '표준 발음법'에 명시하고, 개별 복합어의 발음은 국어사전에 명시하여 언중이 참조할 수 있도록 하면 될 것이다.

## 3.3. 외래어 표기 차이

외래어는 외국어가 들어와서 '국어화한 단어'를 가리키는 말로, 남북은 모두 외래어에 대해 원음에 최대한 가깝게 표기하는 것을 원칙으로 하면서, 현실 발음을 고려한 관용 표기를 허용하고 있다. 이처럼 남북 외래어 표기법의 기본 원칙은 같지만, 《표대》와 《조대》의 외래어를 비교해 보면 올림말 표기에서 약 50%의 차이가 나타난다.

### 1 남측의 외래어 표기법

남측의 《외래어 표기법》(2017)은 원음주의 표기를 기본 원칙으로 규정하고 있다. 그 구성은 '제1장: 표기의 기본 원칙, 제2장: 표기 일람표, 제3장: 표기 세칙, 제4장: 인명, 지명 표기의 원칙'으로 되어 있다. 주된 내용을 살펴보면, '국제 음성 기호[34](만국 음성 기호)와

33 '본뜻에서 멀어진 복합어(쓰러지다, 부리나케)'나 '소리 변화가 두드러진 복합어(틀니, 머릿니, 화살, 숟가락)'가 이에 해당한다. 이러한 예외적인 형식은 표기법에 세부 조항을 두어 명시하면 될 것으로 생각한다.

34 **국제^음성^기호** (國際音聲記號) 《언어》 1888년 국제 음성학 협회가 정한 자모 기호. 말소리의 표기 방법을 국제적으로 표준화한 것이다. 주로 로마자를 쓰며 여러 문자에서 글자를 빌려 와 로마자에

한글 대조표', 에스파냐어, 이탈리아어, 일본어, 중국어 등 18개 '언어별 한글 대조표'가 제시되어 있고, 영어, 독일어 등 21개 '언어별 표기 세칙'도 망라되어 있다.

## 2 북측의 외래어 표기법

《조선어 외래어 표기법》(1956)은 원음주의를 지향하면서, 러시아어의 표기법적 특성에 의거하여 표기하도록 규정한 것이 특징적이다.[35] 그 구성은 '제Ⅰ장 서론, 제Ⅱ장 조선어 자모에 의한 로씨야어 자모의 대조에 관한 일반적 규칙, 제Ⅲ장 조선어 자모에 의한 만국 음성 기호의 대조에 관한 일반적 규칙, 제Ⅳ장 철자법의 일반적 원칙과 관련되는 규정, 제Ⅴ장 정칙 발음법의 일반적 규칙과 관련되는 규정, 제Ⅵ장 구두법과 관련되는 규정, 제Ⅶ장 외래어 사정과 관련되는 규정'으로 되어 있다.

러시아어 자모와 한글 대조표가 국제 음성 기호와 한글 대조표에 앞서 제시되어 있고, 원어 표기에 로마자와 키릴문자[36]를 함께 사용하고 있다는 점에서 러시아어식 표기는 북측의 외래어 표기법에서 중요한 위치에 있다. 이러한 러시아어에 편향된 표기 규정은 《고친 외래어 표기법》(1984)에서는 좀 더 원음주의에 가깝게 바뀌었다.[37]

한편 북측에서는 '외래어'와 '외국말(외국어)'을 철저히 구분하여 별도의 《외국말적기법》을 두고 있다.[38] 이와 관련된 내용은 다음과 같다.

---

어울리도록 형태를 바꾸기도 한다. 소리의 길이, 강세, 억양 따위를 나타내기 위하여 구별 부호를 쓴다.《표대》

35 《조선어 외래어 표기법》(1956) 제4항을 보면 "조선 인민이 해당 외래어를 받아들인 그 인민의 언어의 어음론적 및 표기법적 특성에 의거하여, 그의 어음 구성 및 표기법을 고착시키는 것을 원칙으로 삼는다. 그러나 현재 로씨야어가 가지는 위대한 국제적 의의와 더불어, 그것이 조선 인민의 정치, 경제 및 문화 생활에 있어서, 따라서 조선 인민의 언어와 문자 생활에 있어서 노는 지극히 중대한 역할로 비추어, 또한 앞으로 국제적 어휘의 가일층의 풍부화를 도모하기 위하여, 동일한 개념을 나타내면서, 그의 어음 구성이 류사한 외래어는 가급적 현대 로씨야어의 어음론적 및 표기법적 특성에 의거하여 표기하기로 한다."라고 기술되어 있다.

36 **키릴^문자** (cyrill文字) 《언어》 그리스의 선교사 키릴로스가 만든 글라골(glagol) 문자를 바탕으로 9세기 말 무렵에 불가리아에서 만들어진 문자. 슬라브어에 많은 치찰음과 파찰음을 나타낼 수 있는 새로운 문자를 추가하였으며, 현재의 러시아 문자의 모체가 되었다.《표대》

37 《고친 외래어 표기법》(1984)의 서두에 "외래어를 표기할 때에는 그것이 어느 나라 말인가를 알아보고 그 나라 사람들이 발음하는대로 표기하는 원칙을 세워야 합니다."라고 밝힌 데서 알 수 있다.

**(28) 《조선어규범리론》(2005, pp.165~166)**

〈외국말적기법〉의 규범화대상은 〈외국말〉 일반이 아니라 개별적인 외국어의 단어이다. … 〈외국말적기법〉의 규범화대상이 외국어의 단어라고 하는 개념은 〈외래어〉의 개념과는 다른것이다. 외래어는 다른 언어의 단어가 우리 말의 어휘구성속에 들어와서 우리 말로 되여버린 외국어바탕의 우리 말 단어이다. … 외래어는 들어올 때마다 하나씩 그 발음(어음적외피)이 규범화되므로 따로 〈외래어적기법〉이라는것이 있을 수 없다.

《외국말적기법》은 1969년, 1982년, 2001년까지 총 3번 간행되었다. 2001년 '국어사정위원회'에서 간행한 《외국말적기법》에는 '로씨야말', '일본말', '영어', '프랑스말', '중국말', '에스빠냐말', '도이취말', '아랍말', '라틴말' 등 9개 언어의 표기법이 제시되어 있다.

## 3 남북 사전의 외래어 표기 차이

**(29) 외래어 표기 차이 유형**

| 구분 | 표기 | 《표대》 | 《조대》 |
|---|---|---|---|
| 어말의 [p], [t], [k] 표기 | 남 ㅂ, ㅅ, ㄱ<br>북 프, 트, 크 | 헬**멧**(helmet),<br>토**픽**(topic) | 헬**메트**,<br>토**피크** |
| 어두의 [b], [d], [g] 표기 | 남 ㅂ, ㄷ, ㄱ<br>북 ㅃ, ㄸ, ㄲ | **버**스(bus),<br>**댐**(dam) | **뻐**스,<br>**땜** |
| 원어에 따른 표기 | 남 영어식<br>북 러시아어식 | **캐비넷**(cabinet),<br>**트랙터**(tractor) | **까비네트**(кабинет(로)[39]),<br>**뜨락또르**(трактор(로)) |

38 남측에서 외래어로 보는 단어를 북측에서는 외국어로 구분하는 경우가 많다. 예를 들면 남측에서는 '외국의 인명, 지명'이 '외래어 표기법' 조항에 포함되어 있는데, 북측은 이들을 외국어로 구분하고 있다. 그리고 '애플(apple)', '북(book)' 등과 같은 일반어도 남측은 '외래어 표기법' 조항에 용례로 제시하고 있는 데 비해 북측에서는 이들을 외국어로 보고 있다.

39 '(로)'는 《조대》의 '로씨야어(러시아어)'의 언어명 약호이다.

**(30) 외래어 표기 차이 관련 공통 올림말 통계**

| 표기 비교 | 《표대》 | 《조대》 |
|---|---|---|
| ① 표기 동일[40] | 2,916개<br>(혼종어: 1,307) | 2,913개<br>(혼종어: 1,307) |
| ② 표기 차이 | 2,254개 | 2,252개 |

외래어 표기에서 차이가 나는 《표대》의 올림말 수는 2254개이고, 《조대》의 올림말 수는 2252개이다.[41] 외래어 표기에서도 남북은 복수 규범어를 인정하고 있다. 《표대》에서는 '러닝'만 규범어이지만 《조대》에서는 '런닝', '런닝그'가 모두 규범어이고, 반대로 《표대》에서는 '레이블', '라벨'이 모두 규범어이지만 《조대》에서는 '라벨'만 규범어이다. 하지만 이와 같은 복수 규범어를 인정하는 경우는 극히 드물고, 대부분의 표기 차이 올림말은 일대일 대응을 이루고 있어 결과적으로 총개수에서는 큰 차이를 보이지 않는다.

남북 외래어 표기 차이는 크게 두 가지 유형으로 분류할 수 있다. 첫 번째 유형은 '원어는 같지만 표기에서 차이가 나는 외래어(칼륨#칼리움, 라디오#라지오)'이고, 두 번째 유형은 '원어와 표기에서 모두 차이가 나는 외래어[트랙터(tractor)#뜨락또르(трактор(로)), 라켓(racket)#라케트(rakett(도))]'이다.

첫 번째 유형인 '원어는 같지만 표기에서 차이가 나는 외래어'는 다시 '규범에 의한 것'과 '관용(관습)에 의한 것'으로 구분할 수 있다. 먼저, 규범에 따른 남측 《외래어 표기법》(1986/2017)과 북측 《조선어 외래어 표기법》(1956)에서의 차이는 다음과 같은 것이 있다.

40 두 사전에서 '표기 동일'의 유형에 속하는 올림말은 두 부류가 있다. 하나는 '원어와 표기가 동일한 외래어'로, '기타(guitar)', '로프(rope)', '스타일(style)', '아스팔트(asphalt)', '잉크(ink)', '텐트(tent)', '히터(heater)' 등이 있다. 다른 하나는 '표기는 같지만 원어가 다른 외래어'로 '멜로디(melody)#멜로디(Melodie(도))', '발라드([프]ballade)#발라드(ballad(이))' 등이 있다.

41 제3장의 '(8) 《표대》와 《조대》의 올림말 표기 차이 현황'에서 외래어 표기와 관련된 '③, ⑥, ⑨'를 합한 수치이다.

(31) 남측 표기법

**외래어 표기법**

**제3장 표기 세칙**
**제1절 영어의 표기**
**표 1에 따라 적되, 다음 사항에 유의하여 적는다.**

**제1항 무성 파열음([p], [t], [k])**

1. 짧은 모음 다음의 어말 무성 파열음([p], [t], [k])은 받침으로 적는다.

| | |
|---|---|
| gap[gæp] 갭 | cat[kæt] 캣 |
| book[buk] 북 | |

2. 짧은 모음과 유음·비음([l], [r], [m], [n]) 이외의 자음 사이에 오는 무성 파열음([p], [t], [k])은 받침으로 적는다.

| | |
|---|---|
| apt[æpt] 앱트 | setback[setbæk] 셋백 |
| act[ækt] 액트 | |

3. 위 경우 이외의 어말과 자음 앞의 [p], [t], [k]는 '으'를 붙여 적는다.

| | |
|---|---|
| stamp[stæmp] 스탬프 | cape[keip] 케이프 |
| nest[nest] 네스트 | part[pɑːt] 파트 |
| desk[desk] 데스크 | make[meik] 메이크 |
| apple[æpl] 애플 | mattress[mætris] 매트리스 |
| chipmunk[ʧipmʌŋk] 치프멍크 | sickness[siknis] 시크니스 |

(32) 북측 표기법

**조선어 외래어 표기법**

**제54항. 무성 파렬음《p, t, k》 또는 유성 파렬음《b, d, g》 뒤에 자음이 오든가, 혹은 한 단어의 끝에 오면서, 파렬 현상이 완전한 것은, 각기《ㅍ, ㅌ, ㅋ》 또는《ㅂ, ㄷ, ㄱ》로 대조하되, 《프, 트, 크》 또는《브, 드, 그》와 같이 모음자《—》를 붙이여 표기한다.**

[i]《p》의 경우

| | |
|---|---|
| print[print] | 프린트 |

| | |
|---|---|
| present [pri'zent] | 프레젠트 |
| poplar [pɔplə] | 포플라 |
| pipe [paip] | 파이프 |
| stop watch [stɔp wɔtʧ] | 스토프 워치 |

[ii] 《t》의 경우

| | |
|---|---|
| strike [straik] | 스트라이크 |
| truck [trʌk] | 트럭 |
| socket [sɔkit] | 소케트 |
| robot ['roubɔt] | 로보트 |
| route [ruːt] | 루트 |

[iii] 《k》의 경우

| | |
|---|---|
| screen [skriːn] | 스크린 |
| milk [milk] | 밀크 |
| cleaning ['kliːniŋ] | 클리닝 |
| ink [iŋk] | 잉크 |
| hock [hɔk] | 호크 |

(이하 생략)

**제55항. 무성 파렬음 《p, t, k》 또는 유성 파렬음 《b, d, g》 뒤에 자음이 오든가, 혹은 한 단어의 끝에 오면서, 파렬 현상이 불완전한 것은 앞 음절의 받침으로 적는다.**
**받침으로 적는 때는 《p, b》 등은 모두 《ㅂ》으로 《t, d》 등은 모두 《ㅅ》으로, 《k, g》 등은 모두 《ㄱ》으로 한다.**

| | |
|---|---|
| box [bɔks] | 복스 |
| hand-bag ['hændbæg] | 핸드빽 |
| compact ['kɔmpækt] | 콤팩트 |
| cup [kʌp] | 컵 |
| cap [kæp] | 캡 |
| rugby [rʌgbi] | 럭비 |
| truck [trʌk] | 트럭 |
| necktie [nektai] | 넥타이 |

(31)과 (32)에서처럼, 단어의 종성 파열음 '[p], [t], [k]'에 대해 남북 표기법에서는 받침으로 적거나, '프, 트, 크'와 같이 모음 'ㅡ'를 붙여 다음 음절의 초성으로 적도록 규정하고 있다. 다만, 《표대》와 《조대》의 올림말을 검토해 보면, 아래의 (33)과 같이 《표대》에서는 대체로 받침으로 적고, 《조대》에서는 '프, 트, 크'로 적는 경우가 더 많다. 이는 남측에서는 파열음 '[p], [t], [k]'가 파열되지 않는 쪽을 택한 것이고, 북측은 파열되는 쪽을 택하여 표기한 것으로 해석할 수 있다.

**(33) 표기 차이 올림말**

| 《표대》 | 《조대》 |
|---|---|
| **토픽** (topic) [명사]<br>① =화제[7]①.<br>② =이야깃거리. | **토피크** (topic(영)) [명]<br>⇒화제[1]. |
| **헬멧** (helmet) [명사]<br>머리를 충격으로부터 보호하기 위하여 쓰는 모자. 쇠나 플라스틱으로 되어 있으며 주로 군인, 광부, 공사장 인부, 야구 선수 등이 쓴다. | **헬메트** (helmet(영)) [명]<br>주로 여름철에 쓰는 서양투구처럼 생긴 전이 넓은 모자. 굽혀지지 않으며 매우 가볍다. |
| **타입**[2] (type) [명사]<br>어떤 부류의 형식이나 형태. '모양', '생김새', '유형'으로 순화. | **타이프** (type(영)) [명]<br>①《형》, 《류형》, 《전형》, 《양식》 등의 뜻.<br>②《타이프라이터》의 준말. |

남북 외래어 표기법에서 특징적인 세칙 차이를 더 제시하면 다음과 같다.

**(34) 남북 외래어 표기법 세칙 차이 유형**

| 구분 | 표기 | 《표대》 | 《조대》 | 관련 조항[42] |
|---|---|---|---|---|
| 어말의 [ʃ] 표기 | 남 시<br>북 쉬 | 메**시**(mesh),<br>플래**시**(flash) | 메**쉬**,<br>플라**쉬** | 남외3 |
| '[ʒ], [ʧ], [ʤ]' 뒤의 모음 표기 | 남 단모음<br>북 이중 모음 | 텔레비**전**(television),<br>**초**콜릿(chocolate),<br>**저**널리스트(journalist),<br>**조**커(joker),<br>**주**피터(Jupiter) | 텔레비**죤**,<br>**쵸**콜레트,<br>**져**널리스트,<br>**죠**커,<br>**쥬**피터 | 남외3,<br>남외4 |

| 'mm', 'nn'의 표기 | 남 ㅁ, ㄴ<br>북 ㅁㅁ, ㄴㄴ | 딜레마(dilemma),<br>러닝(running),<br>커닝(cunning) | 딜렘마,<br>런닝,<br>컨닝 | 북외70 |
|---|---|---|---|---|

다음으로, '원어가 같으면서 표기 차이가 나는 외래어' 가운데 '관용(관습)에 의한 것'을 살펴보기로 한다.

(35) 남측 표기법

| 외래어 표기법(제1장 표기의 기본 원칙) |
|---|
| **제5항 이미 굳어진 외래어는 관용을 존중하되, 그 범위와 용례는 따로 정한다.** |

(36) 북측 표기법

| 조선어 외래어 표기법 |
|---|
| **제100항. 어음 구성과 그의 표기법이 이미 굳어져 안정성을 가진 외래어는 그대로 표기한다.**<br>**제101항. 원어의 개별적 어음이 조선어 외래어에서 독특한 수식화를 입어 이미 굳어진 것은 그대로 표기한다.** |

(35), (36)과 같이 남북의 외래어 표기법에는 모두 관용적 표기를 허용하는 규정이 있다. 남북에서 관용적으로 쓰이는 외래어로는 '가스', '메리야스', '카메라', '파마', '껌'처럼 표기가 같은 단어도 있지만, '라디오#라지오', '마라톤#마라손', '와이셔츠#와이샤쯔'처럼 표기에 차이가 있는 예들도 적지 않다. 가령, 자음 '[b], [d], [g]' 뒤에 모음이 위치하면 남북 모두 'ㅂ, ㄷ, ㄱ'으로 표기하는 것이 원칙인데, 북측에서는 'bus', 'dam', 'gang'과 같은 단어에 대해 관용적 쓰임을 인정하여 각각 '뻐스', '땜', '깽'으로 표기하고 있다. 또한 '레이자(laser)', '다블(double)', '발브(valve)'에서처럼 '[ə], [ʌ], [æ]'가 '아'로 굳어진 것 등에 대해서도 관용적인 발음을 인정하고 있어 남측과 표기 차이가 있다. 이러한 관용적 표기는 남측에 비해 북측에서 더 많이 나타난다.

42 '관련 조항'에서 '남외'는 남측 《외래어 표기법》(제3장 표기 세칙 제1절 영어의 표기) 조항이고, '북외'는 《조선어 외래어 표기법》 조항이다.

**(37) 북측의 관용적 외래어 표기에 따른 표기 차이 유형**

| 구분 | 표기 | 《표대》 | 《조대》 | 관련 조항 |
|---|---|---|---|---|
| 어두의 [b], [d], [g], [s] 표기 | 남 ㅂ, ㄷ, ㄱ, ㅅ<br>북 ㅃ, ㄸ, ㄲ, ㅆ | 버스(bus),<br>댐(dam),<br>갱(gang),<br>서비스(service) | 뻐스,<br>땜,<br>깽,<br>써비스 | 북외101 |
| [ə], [ʌ], [æ] 표기 | 남 어, 애<br>북 아 | 레이저(laser),<br>더블(double),<br>밸브(valve) | 레이자,<br>다블,<br>발브 | 북외101 |
| [ei] 표기 | 남 에이<br>북 에 | 테이프(tape),<br>레이스(lace),<br>케이스(case) | 테프,<br>레스,<br>케스 | 북외101 |

외래어 표기 차이의 두 번째 유형은 '표기와 원어가 모두 다른 외래어'인데, 이는 남북 외래어의 기원이 다른 데서 발생한 차이로 볼 수 있다. 즉, 남측에서는 주로 영어권에서 외래어를 받아들였는데, 북측에서는 영어권 이외에 러시아어에서도 외래어를 많이 받아들이면서 차이가 나게 된 것이다. '카탈로그(catalog)#까딸로그(каталог(로))', '캐비닛(cabinet)#까비네트(кабинет(로))', '트랙터(tractor)#뜨락또르(трактор(로))' 등이 이러한 예에 속한다.

## 4 외래어 표기 관련 특이 사항

《표대》와 《조대》의 올림말 중에는 하나의 원어에 그 표기가 여럿인 외래어들이 있다. 《표대》에는 이러한 예로 두 가지 유형이 있다. 첫 번째는 별개의 올림말로 처리한 경우이고, 두 번째는 둘 다 올림말로 수록한 뒤에 동의어로 처리한 경우이다. 첫 번째 유형에 해당하는 예로 'cut'이 있다. 'cut'은 '머리를 자르는 일'의 뜻일 경우 '커트'로 표기하고, '장면'의 뜻일 경우 '컷'으로 표기하였다. 그리고 두 번째 유형에 해당하는 예로는 'label'이 있다. 'label'은 표기법에 따라 '레이블'을 올림말로 수록하고, 또한 관용적으로 쓰이는 '라벨'도 함께 수록하여 동의어로 처리하였다.

한편, 《조대》에서는 동일한 원어임에도 불구하고 단일어와 복합어의 표기를 다르게 한 예들이 있다. 이는 북측에서 외래어는(외국어와 달리) 들어올 때마다 하나씩 그 발음과 표기를 규범화하기 때문이거나, 또는 사전 편찬 과정에서 동일한 원어가 포함된 올림말에 대한 전반적인 검토 작업을 충분히 하지 못한 결과로 보인다. 《조대》의 이러한 올림말은 다음의 (38)에서 제시하고, 제4장의 '4.6. 그 외 올림말 목록'에서도 제시하였다.

**(38) 동일 원어에 표기를 달리한 《조대》 외래어 올림말**

| 원어 | 《표대》 | 《조대》 | 비고 |
|---|---|---|---|
| ball | 게이트-**볼**(▼gate ball) | 게이트**볼**(gateball(영)) | |
| | 반칙-**볼**(反則ball) | 반칙**뽈** | |
| | **볼**[4](ball) | **볼**[4](ball(영)) | |
| | | **뽈**(ball(영)) | |
| | **볼**-나사(ball螺絲) | **볼**나사(ball(영)-) | |
| | **볼**밀(ball mill) | **볼**밀(ball mill(영)) | |
| | **볼**^베어링(ball bearing) | **볼**베아링(ball bearing(영)) | |
| | **볼**^폭탄(ball爆彈) | **뽈**폭탄(ball(영)爆彈) | |
| | 소프트**볼**(softball) | 소프트**볼**(softball(영)) | |
| | 점프^**볼**(jump ball) | 쟘프**볼**(jump ball(영)) | |
| | 플레이^**볼**(play ball) | 플레이**볼**(play ball(영)) | |
| Banks | **뱅크스**-소나무(Banks---) | **반크스**소나무(Banks(영)-) | |
| | | **방크스**소나무(Banks(영)-) | |
| barcarola | **바르카롤라**([이] barcarola) | **발카로라**(barcarola(이)) | |
| | | **바르까롤라**(barcarola(이)) | |
| collar | 하이-**칼라**(▼high collar) | 하이**칼라**(highcollar(영)) | (조)양복**카라** |
| cutlet | **커틀릿**(cutlet) | **카틀레트**(cutlet(영)) | |
| | | **가쯔레쯔**(cutlet(영)) | |
| dance | **댄스**(dance) | **단스**(dance(영)) | |
| | 사교-**댄스**(社交dance) | 사교**딴스** | |
| | 탭^**댄스**(tap dance) | 타프**단스**(tap dance(영)) | |
| ferrite | **페라이트**(ferrite) | **훼리트**(ferrite(영)) | |
| | | **페리트**(ferrite(영)) | |
| fiber | 스테이플^**파이버** (staple fiber) | 스테플**파이버** (staple fibre(영)) | |
| | **파이버**(fiber) | **화이버**(fibre(영)) | |

| | | | |
|---|---|---|---|
| forzando | 린**포르찬도**<br>([이]rinforzando) | 린**포르잔도**<br>(rinforzando(이)) | |
| | **스포르찬도**([이]sforzando) | **스포르짠도**(sforzando(이)) | |
| G | 비시**지**(BCG) | 비씨**쥐**(BCG(영)) | |
| | 비시**지**^접종(BCG接種) | 비씨**쥐**접종(BCG(영)接腫) | |
| | 시**지**에스^단위계<br>(CGS單位系) | 씨**지**에스단위계<br>(CGS(영)單位系) | |
| | **지**^가스(G gas) | **지**가스(G gas(영)) | |
| game | **게임**(game) | **게임**$^2$(game(영)) | |
| | **게임**(game) | **겜**(←game(영)) | |
| | **게임**^이론(game理論) | **게임**리론 | |
| | 다이아몬드^**게임**<br>(diamond game) | 다이야몬드**겜** | |
| | 매스^**게임**(mass game) | 마스**겜**(mass-game(영)) | |
| Gothic | **고딕**(Gothic) | **고지크**(gothic(영)) | |
| | **고딕**^미술(Gothic美術) | **고지크**미술 | |
| | **고딕**^소설(Gothic小說) | **고지크**소설 | |
| | **고딕**-식(Gothic式) | **고지크**식 | |
| | **고딕**-체(Gothic體) | **고직**체(gothic(영)体) | |
| kick | 바나나-**킥**(▼banana kick) | 바나나**키크**(banana kick(영)) | |
| | 코너-**킥**(corner kick) | 코너**킥**(corner kick(영)) | |
| | **킥**오프(kickoff) | **키크**오프(kickoff(영)) | |
| | 페널티^**킥**(penalty kick) | 페널티**킥**(penaltykick(영)) | |
| | 프리^**킥**(free kick) | 프리**키크**(free kick(영)) | |
| lemonade | **레모네이드**(lemonade) | **라모네드**(lemonade(영)) | |
| | | **레모네드**(lemonade(영)) | |
| | | **라무네**(lemonade(영)) | |
| liqueur | **리큐어**(liqueur) | **릭키**(liqueur(영)) | |
| | | **리꾀르** | |
| Monroe | **먼로**주의(Monroe主義) | **먼로우**주의(Monroe(영)主義) | |
| | | **몬로**주의(Monroe(영)主義) | |
| mullite | **멀라이트**(mullite) | **물라이트** | |
| | | **물리트**(mullite(영)) | |

| napkin | 냅킨(napkin) | 나프킨(napkin(영)) | |
|---|---|---|---|
| | | 내프킨(napkin(영)) | |
| pheromone | 페로몬(pheromone) | 페르몬(phermone(영)) | (조)경보페로몬 |
| phosgene | 디포스겐(diphosgene) | 디호스겐(diphosgen(영)) | |
| | 포스겐(phosgene) | 포스겐(phosgene(영)) | |
| out | 라인^아웃(line out) | 라인아웃(line out(영)) | |
| | 사이드^아웃(side out) | 싸이드아웃(side out(영)) | |
| | 아웃[2](out) | 아우트(out(영)) | |
| | 아웃-코너 (←outside corner) | 아우트코너 (out corner(영)) | |
| | 코너^아웃(corner out) | 코너아우트(corner out(영)) | |
| | 타임아웃(time-out) | 타임아우트(time out(영)) | |
| rucksack | 룩색(rucksack) | 륙사크 | |
| | | 룩크사크(rucksack(도)) | |
| S | 시지에스^단위계 (CGS單位系) | 씨지에스단위계 (CGS(영)單位系) | (조)에쓰빔 (S(영)-) |
| | 에스오에스(SOS) | 에스오에스(S.O.S(영)) | |
| | 엠케이에스^단위계 (MKS單位系) | 엠케이에스단위계 (M.K.S(영)單位系) | |
| | 엠케이에스에이^단위계 (MKSA單位系) | 엠케이에스에이단위계 (M.K.S.A.(영)單位系) | |
| sauce | 베샤멜-소스 ([프]béchamel [영]sauce) | 베샤멜쏘스 (bechamel sauce(프)) | |
| | 소스[1](sauce) | 소스(sauce(영)) | |
| | 우스터-소스 (Worcester sauce) | 우스터쏘스 (←Worcestersnire sauce (영)) | |
| | 토마토-소스 (tomato sauce) | 도마도쏘스 | |
| savanna | 사바나(savanna) | 사반나(savanna(영)) | |
| | | 싸반나 | |
| serge | 서지[6](serge) | 사지[15](serge(영)) | |
| | | 세루[1](serge(프)) | |
| | 목-서지(木serge) | 목사지(木serge(영)) | |
| | | 목세루(木serge(영)) | |

| speaker | 스피커(speaker) | 스피카(speaker(영)) | (조)라우드스피커(loud speaker(영)) |
|---|---|---|---|
| trailer | 트레일러(trailer) | 도레라(←trailer(영)) | |
| | | 추레라(←trailer(영)) | |
| violet | 바이올렛(violet) | 바이오레트(violet(영)) | |
| | 메틸^바이올렛(methyl violet) | 메틸비올레트(methyl violet(영)) | |
| | 크리스털^바이올렛(crystal violet) | 크리스탈비올레트(crystal violet(영)) | |

## 5 향후 과제

외래어는 기본적으로 외국어의 음운 체계에 바탕을 두고 있다. 그러나 외래어의 원음과 동일하게 표기할 목적으로 새로운 문자를 만든다면, 언중은 그 문자를 새로 익혀 써야 하고, 외래어 표기법 역시 지금보다 더 복잡해지는 문제가 발생하게 될 것이다. 이러한 까닭으로 다른 나라의 경우에도 외래어를 표기하기 위해 새로운 문자를 만든 예는 찾아볼 수 없다. 외래어도 결국 국어의 일부이므로 국어의 음운 체계에 따라 현용 자모로 적는 것은 당연한 일이다.

현행 남북 외래어 표기법은 '원음대로 표기하는 것을 원칙으로 하면서, 현실 발음을 고려한 관용 표기를 허용'하도록 규정하고 있어 그 기본 원칙은 같다. 그렇지만 '외래어와 외국어에 대한 관점 및 구별 기준', '관용 표기 대상 선정' 등에서 차이가 있는데, 이러한 차이는 기본 원칙에 바탕을 두면서 남북이 협의하여 단일안을 마련하면 될 것이라 생각한다. 특히, 남북에서 관용적 쓰임의 차이로 생긴 표기 차이(가톨릭#카톨릭, 셔츠#샤쯔 등)는 단번에 합의하기 어려우므로 복수 규범어를 설정하는 방안을 고려할 수 있을 것이다. 다만, 북측의 러시아어 편향적인 표기(까비네트, 깜빠니야 등)는 일부 관용적인 표기를 제외하고는 남북 단일안에서 수용되기 어려울 것으로 보인다.[43]

43 《조선말력사 7》(2005, p.161)에서도 아래와 같이 '러시아 편향적인 표기'에 대한 부정적인 관점이 나타나 있다.
"그러나 《조선어외래어표기법》은 로씨야어이외의 외래어는 그 발음이 로씨야어와 비슷한 경우 가급적으로 로씨야어의 적기법에 따르도록 규정함으로써 로씨야어위주의 적기법으로 되고만 부족점

## 3.4. 기타 표기 차이

이 장에서는 앞서 살펴본 '두음 법칙 표기'와 '사이시옷 표기', '외래어 표기' 이외의 표기 차이가 나는 예들을 유형별로 검토하고자 한다. 아래의 (39)에 보인 바와 같이 '기타 표기 차이' 유형은 크게 ① 자모의 명칭과 배열 순서, ② 된소리 표기, ③ 부사형 접사 '-이'와 '-히'의 표기, ④ '계, 메, 폐'의 표기, ⑤ 한자 속음의 표기, ⑥ 'ㄹ' 소리가 탈락한 올림말의 표기, ⑦ 'ㅂ' 소리와 'ㅎ' 소리가 덧나는 올림말의 표기, ⑧ 'ㅣ' 역행 동화의 표기, ⑨ 활용형의 표기, ⑩ 복합어의 표기, ⑪ '위/윗/웃#우/웃'의 표기, ⑫ 본말과 준말의 표기로 구별하였다.

**(39) 기타 표기 차이 유형**

| 구분 | 《표대》 | 《조대》 | 관련 조항[44] |
|---|---|---|---|
| 자음의 명칭 | 기**역**, 디**귿**, 시**옷** | 기**윽**, 디**읃**, 시**읏** | 맞4 |
| 된소리 접미사 | 일**꾼**, 빛**깔** | 일**군**, 빛**갈** | 맞54 |
| 부사형 접미사 '-이', '-히' | 곰곰**이**, 엉거주춤**히** | 곰곰**히**, 엉거주춤**이** | 맞51 |
| 남 계, 메, 폐<br>북 게, 메, 페 | 핑**계**, 분**몌**, 화**폐** | 핑**게**, 분**메**, 화**페** | 맞8 |
| 한자의 속음 | 곤**란**(困難▼), 육**묘**(育苗) | 곤**난**(困難), 육**모**(←育苗) | 맞52 |
| 'ㄹ' 소리 탈락 | 검**부**나무, **굴**젓 | 검**불**나무, **구**젓 | 맞28 |

을 가지고있었다.
○ 몬따쥬, 미찐그, 옥따바, 꼴바싸, 이제올로기, 게게모니아, 암뻬르, 쁘로쩬트, 나찌스, 루뿌, 웬그리아, 안글로—싹쏜, 쁘라가
처음으로 나온 외래어적기법이 로씨야어위주의 적기법으로 된것은 광복후 조선말에 로씨야어가 많이 들어오게 된 력사적조건을 충분히 고려하면서 만든것과 관련된다.
전후 우리 나라의 대외적권위가 높아지고 다른 나라들과의 관계가 활발해짐에 따라 여러 나라에서 들어온 외래어와 외국말을 통일적으로 정확히 적어야 할 실천적요구가 제기되였다. 이로부터 우리 나라의 언어학계에서는 주체47(1958)년 영어를 비롯한 여러 어종의 외래어들을 원만히 적어나갈 수 있는 새로운 《외래어표기법》을 제정공포하였다.
이로 하여 로어는 물론 영어, 도이취어, 라틴어기원의 외래어를 조선어로 표기할수 있게 되였다."

44 '관련 조항'에서 '맞'은 남측 《한글 맞춤법》의 조항이고, '표'는 《표준어 규정》의 조항이다.

| | | | |
|---|---|---|---|
| ‘ㅂ’, ‘ㅎ’ 소리 덧나기 | **볍**씨, 내**리**뜨다,<br>암**퇘**지, 살**코**기 | **벼**씨, 내**립**뜨다,<br>암**돼**지, 살**고**기 | 맞31 |
| ‘ㅣ’ 역행 동화 | **냄**비, 가**자**미, 가구**장**이 | **남**비, 가**재**미, 가구**쟁**이 | 표9 |
| 남 어미 ‘-어’<br>북 어미 ‘-여’ | 깨**어**나다, 뛰**어**나다 | 깨**여**나다, 뛰**여**나다 | 맞16 |
| 복합어 | **넋**두리, **널따**랗다 | **넉**두리, **넓다**랗다 | 맞21 |
| 남 위, 윗<br>북 우, 웃 | 손**위**, **위**쪽, **윗**집 | 손**우**, **웃**쪽, **웃**집 | 표12 |
| 본말과 준말 | 무, **마을** | 무**우**, **말** | 표14, 표15 |

**(40) 기타 표기 차이 관련 공통 올림말 통계**

| 《표대》 5,841개 | 《조대》 5,977개 |
|---|---|

‘기타 표기’와 관련된 《표대》의 올림말 수는 5841개이고, 《조대》의 올림말 수는 5977개이다.[45] 두 사전의 올림말 수에 차이가 나는 주된 이유는 규범어를 설정하는 방식에 차이가 있기 때문이다. 즉, ‘형태가 비슷하면서 뜻이 같은 단어’가 있을 때, 단수 규범어로 설정할지, 복수 규범어로 설정할지에 대한 남북 판단의 차이가 있는 것이다. 예를 들어 ‘가댁질#가댁질/가닥질/개닥질’의 경우 《표대》에서는 ‘가댁질’만을 규범어로 보았지만, 《조대》에서는 ‘가댁질/가닥질/개닥질’을 모두 규범어로 규정하였기 때문에 올림말 개수에서 차이가 발생한 것이다.

45 제3장의 ‘(8) 《표대》와 《조대》의 올림말 표기 차이 현황’에서 기타 표기와 관련된 ‘④, ⑦, ⑧, ⑨’를 합한 수치이다.

## 1 자모의 명칭과 배열 순서

(41) 남측 표기법

### 한글 맞춤법

**제4항 한글 자모의 수는 스물넉 자로 하고, 그 순서와 이름은 다음과 같이 정한다.**

| | | | | |
|---|---|---|---|---|
| ㄱ(기역) | ㄴ(니은) | ㄷ(디귿) | ㄹ(리을) | ㅁ(미음) |
| ㅂ(비읍) | ㅅ(시옷) | ㅇ(이응) | ㅈ(지읒) | ㅊ(치읓) |
| ㅋ(키읔) | ㅌ(티읕) | ㅍ(피읖) | ㅎ(히읗) | |
| ㅏ(아) | ㅑ(야) | ㅓ(어) | ㅕ(여) | ㅗ(오) |
| ㅛ(요) | ㅜ(우) | ㅠ(유) | ㅡ(으) | ㅣ(이) |

**[붙임 1]** 위의 자모로써 적을 수 없는 소리는 두 개 이상의 자모를 어울러서 적되, 그 순서와 이름은 다음과 같이 정한다.

| | | | | | |
|---|---|---|---|---|---|
| ㄲ(쌍기역) | ㄸ(쌍디귿) | ㅃ(쌍비읍) | ㅆ(쌍시옷) | ㅉ(쌍지읒) | |
| ㅐ(애) | ㅒ(얘) | ㅔ(에) | ㅖ(예) | ㅘ(와) | ㅙ(왜) |
| ㅚ(외) | ㅝ(워) | ㅞ(웨) | ㅟ(위) | ㅢ(의) | |

**[붙임 2]** 사전에 올릴 적의 자모 순서는 다음과 같이 정한다.

| | | | | | | | | |
|---|---|---|---|---|---|---|---|---|
| 자음 | ㄱ | ㄲ | ㄴ | ㄷ | ㄸ | ㄹ | ㅁ | ㅂ |
| | ㅃ | ㅅ | ㅆ | ㅇ | ㅈ | ㅉ | ㅊ | ㅋ |
| | ㅌ | ㅍ | ㅎ | | | | | |
| 모음 | ㅏ | ㅐ | ㅑ | ㅒ | ㅓ | ㅔ | ㅕ | ㅖ |
| | ㅗ | ㅘ | ㅙ | ㅚ | ㅛ | ㅜ | ㅝ | ㅞ |
| | ㅟ | ㅠ | ㅡ | ㅢ | ㅣ | | | |

(42) **북측 표기법**

**조선말규범집(맞춤법)**

**제1항. 조선어자모의 차례와 그 이름은 다음과 같다.**

| | | | | | | |
|---|---|---|---|---|---|---|
| ㄱ | ㄴ | ㄷ | ㄹ | ㅁ | ㅂ | ㅅ |
| (기윽) | (니은) | (디읃) | (리을) | (미음) | (비읍) | (시읏) |
| ㅇ | ㅈ | ㅊ | ㅋ | ㅌ | ㅍ | ㅎ |
| (이응) | (지읒) | (치읓) | (키읔) | (티읕) | (피읖) | (히읗) |
| ㄲ | ㄸ | ㅃ | ㅆ | ㅉ | | |
| (된기윽) | (된디읃) | (된비읍) | (된시읏) | (된지읒) | | |

| | | | | | | |
|---|---|---|---|---|---|---|
| ㅏ | ㅑ | ㅓ | ㅕ | ㅗ | ㅛ | ㅜ |
| (아) | (야) | (어) | (여) | (오) | (요) | (우) |
| ㅠ | ㅡ | ㅣ | ㅐ | ㅒ | ㅔ | ㅖ |
| (유) | (으) | (이) | (애) | (얘) | (에) | (예) |
| ㅚ | ㅟ | ㅢ | ㅘ | ㅝ | ㅙ | ㅞ |
| (외) | (위) | (의) | (와) | (워) | (왜) | (웨) |

자음글자의 이름은 각각 다음과 같이 부를수도 있다.

(그), (느), (드), (르), (므), (브), (스), (으), (즈), (츠), (크),
(트), (프), (흐), (끄), (뜨), (쁘), (쓰), (쯔)

《한글 맞춤법》에서는 자모 수가 24자로, 《조선말규범집》(맞춤법)에서는 자모 수가 40자로 규정되어 있다. 남북 규범에서의 자모 수에 차이가 있는데, 이는 북측과 달리 남측에서 겹글자 16자를 자모 수에 포함하지 않기 때문이다. 남측은 자음(ㄱ, ㄴ, ㄷ, ㄹ, ㅁ, ㅂ, ㅅ, ㅇ, ㅈ, ㅊ, ㅋ, ㅌ, ㅍ, ㅎ) 14자와 모음(ㅏ, ㅑ, ㅓ, ㅕ, ㅗ, ㅛ, ㅜ, ㅠ, ㅡ, ㅣ) 10자를 합한 24자를 자모 수로 인정하고, 북측은 여기에 겹자음(ㄲ, ㄸ, ㅃ, ㅆ, ㅉ) 5자와 겹모음(ㅐ, ㅒ, ㅔ, ㅖ, ㅘ, ㅙ, ㅚ, ㅝ, ㅞ, ㅟ, ㅢ) 11자를 합한 40자를 자모 수로 인정하고 있는 것이다.

**(43) 남북 자모 비교**

| 항목 \ 남북 | | 남측 | 북측 |
|---|---|---|---|
| 자모 수 | | 24개 | 40개 |
| 자모 명칭 | | ㄱ(기역)<br>ㄷ(디귿)<br>ㅅ(시옷)<br>ㄲ(쌍기역/된기역)<br>ㄸ(쌍디귿/된디귿)<br>ㅆ(쌍시옷/된시옷) | ㄱ(기윽/그)<br>ㄷ(디읃/드)<br>ㅅ(시읏/스)<br>ㄲ(된기윽/끄)<br>ㄸ(된디읃/뜨)<br>ㅆ(된시읏/쓰) |
| 자모 배열 순서 | 초성 | ㄱ ㄲ ㄴ ㄷ ㄸ ㄹ ㅁ ㅂ ㅃ ㅅ ㅆ ㅇ ㅈ ㅉ ㅊ ㅋ ㅌ ㅍ ㅎ | ㄱ ㄴ ㄷ ㄹ ㅁ ㅂ ㅅ ㅈ ㅊ ㅋ ㅌ ㅍ ㅎ ㄲ ㄸ ㅃ ㅆ ㅉ ㅇ |
| | 중성 | ㅏ ㅐ ㅑ ㅒ ㅓ ㅔ ㅕ ㅖ ㅗ ㅘ ㅙ ㅚ ㅛ ㅜ ㅝ ㅞ ㅟ ㅠ ㅡ ㅢ ㅣ | ㅏ ㅑ ㅓ ㅕ ㅗ ㅛ ㅜ ㅠ ㅡ ㅣ ㅐ ㅒ ㅔ ㅖ ㅚ ㅟ ㅢ ㅘ ㅝ ㅙ ㅞ |
| | 종성 | ㄱ ㄲ ㄳ ㄴ ㄵ ㄶ ㄷ ㄹ ㄺ ㄻ ㄼ ㄽ ㄾ ㄿ ㅀ ㅁ ㅂ ㅄ ㅅ ㅆ ㅇ ㅈ ㅊ ㅋ ㅌ ㅍ ㅎ | ㄱ ㄳ ㄴ ㄵ ㄶ ㄷ ㄹ ㄺ ㄻ ㄼ ㄽ ㄾ ㄿ ㅀ ㅁ ㅂ ㅄ ㅅ ㅇ ㅈ ㅊ ㅋ ㅌ ㅍ ㅎ ㄲ ㅆ |

그리고 남북의 일부 자음은 명칭에서 차이가 나기도 한다. 'ㄱ, ㄷ, ㅅ'이 그것인데, 남측에서는 각기 '기역', '디귿', '시옷'으로, 북측에서는 '기윽', '디읃', '시읏'으로 일컫는다. 남측의 한글 자모 명칭은 최세진의 《훈몽자회(訓蒙字會)》(1527)에서 비롯되었다. 이 책의 상권 첫머리 '범례' 끝에는 (44)와 같이 '언문자모(諺文字母)'를 기술하면서, 한글 자모의 바로 밑에 한자로 그 명칭을 표시해 두었다. 이때 '니은:尼隱'[46], '리을:梨乙'[47], '미음:眉音'[48]과 같이 한자로 해당 자음의 명칭을 표기할 수 있는 경우 문제가 없지만, '기윽', '디읃', '시읏'의 '윽', '읃', '읏'처럼 해당 자음의 명칭을 표기할 한자가 없는 경우에는 문제가 되었다. 이에 최세진은 '기윽'의 '윽'을 '역(役)' 자로 대신했고, '디읃'의 '읃'은 '끝/귿('끝'의 옛말)'을 나타내는 한자 '말(末)' 자를 훈차(訓借: 뜻을 빌려)하여 그 소리를 표시했다. 그리고 '시읏'의 '읏'도 '옷'을 나타내는 한자 '의(衣)' 자를 훈차하여 그 소리를 표시했다. 그 결과 남측에서는 '기역', '디귿', '시옷'으로 그 명칭이 정해졌고, 북측에서는 '으' + '자음'의 형

46 尼隱: 여승 **니**(尼), 숨길 **은**(隱)

47 梨乙: 배나무 **리**(梨), 새 **을**(乙)

48 眉音: 눈썹 **미**(眉), 소리 **음**(音)

식을 일관되게 적용하면서, 남북의 자음 명칭에 차이가 발생한 것이다. 이러한 자모 명칭의 차이에 따라 '기역자집#기윽자집', '쌍디귿#쌍디읃', '된시옷#된시읏' 등의 올림말 표기에도 차이가 생겼다.

**(44)《훈몽자회(上)》 범례**

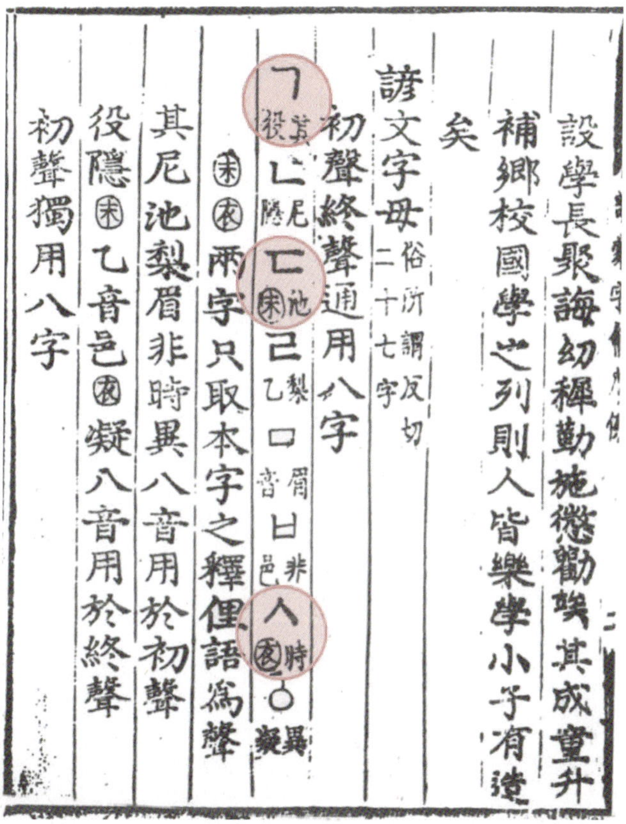
設學長聚誨幼穉勤施懲勸竢其成童升補鄉校國學之列則人皆樂學小子有造矣

諺文字母 俗所謂反切二十七字

初聲終聲通用八字

ㄱ 其役 ㄴ 尼隱 ㄷ 池(末) ㄹ 梨乙 ㅁ 眉音 ㅂ 非邑 ㅅ 時(衣) ㆁ 異凝

(末)(衣)兩字只取本字之釋俚語爲聲

其尼池梨眉非時異八音用於初聲

役隱(末)乙音邑(衣)凝八音用於終聲

初聲獨用八字

한편, 사전의 자모 배열 순서에도 남북의 차이가 있다. 남측은 홑자음 바로 뒤에 겹자음을 배열하고, 단모음 바로 뒤에 이중 모음을 통합 배열한다. 이에 비해, 북측에서는 홑자음의 배열이 끝난 뒤에 겹자음을 배열하고, 단모음 배열이 끝난 다음에 이중 모음을 배열한다. 그리고 초성 'ㅇ'의 배치도 두드러진 차이 가운데 하나이다. 남측에서는 'ㅅ' 다음에 'ㅇ' 올림말을 배열하지만, 북측에서는 초성 'ㅇ'이 음가(소리)가 없는 점을 중시하여 자음 배열이 다 끝난 뒤에(겹자음 'ㅉ' 다음에) 'ㅇ'으로 시작하는 올림말을 배열한다.

## 2 된소리 표기

### ① 한 단어 안에서의 된소리 표기

(45) 남측 표기법

**한글 맞춤법**

**제5항 한 단어 안에서 뚜렷한 까닭 없이 나는 된소리는 다음 음절의 첫소리를 된소리로 적는다.**

1. 두 모음 사이에서 나는 된소리

| | | | | |
|---|---|---|---|---|
| 소쩍새 | 어깨 | 오빠 | 으뜸 | 아끼다 |
| 기쁘다 | 깨끗하다 | 어떠하다 | 해쓱하다 | 가끔 |
| 거꾸로 | 부썩 | 어찌 | 이따금 | |

2. 'ㄴ, ㄹ, ㅁ, ㅇ' 받침 뒤에서 나는 된소리

| | | | | |
|---|---|---|---|---|
| 산뜻하다 | 잔뜩 | 살짝 | 훨씬 | 담뿍 |
| 움찔 | 몽땅 | 엉뚱하다 | | |

다만, 'ㄱ, ㅂ' 받침 뒤에서 나는 된소리는, 같은 음절이나 비슷한 음절이 겹쳐 나는 경우가 아니면 된소리로 적지 아니한다.

| | | | | |
|---|---|---|---|---|
| 국수 | 깍두기 | 딱지 | 색시 | 싹둑(~싹둑) |
| 법석 | 갑자기 | 몹시 | | |

(46) 북측 표기법

**조선말규범집(맞춤법)**

**제4항. 한 형태부안의 두 모음사이에서 나는 자음은 혀옆소리가 아닌 경우 받침으로 적지 않는다.**

| | **옳음** | **그름** |
|---|---|---|
| 례: | 겨누다 | 겻우다 |
| | 디디다 | 딛이다 |
| | 미덥다 | 믿업다 |
| | 메추리 | 멧추리 |
| | 비치다 | 빛이다 |

| | |
|---|---|
| 소쿠리 | 속후리 |
| 시키다 | 식히다 |
| 지키다 | 직히다 |
| 여기다 | 역이다 |
| 기쁘다 | 깃브다 |
| 바싹 | 밧삭 |
| 부썩 | 붓석 |
| 해쓱하다 | 햇슥하다 |
| 아끼다 | 앗기다 |
| 여쭈다 | 엿주다 |
| 오빠 | 옵바 |
| 우뚝 | 웃둑 |
| 으뜸 | 읏듬 |

**제6항. 한 형태부안에서 받침《ㄴ, ㄹ, ㅁ, ㅇ》다음의 소리가 된소리로 나는 경우에는 그것을 된소리로 적는다.**

| | **옳음** | **그름** |
|---|---|---|
| 례: | 반짝반짝 | 반작반작 |
| | 걸써 | 걸서 |
| | 말씀 | 말슴 |
| | 벌써 | 벌서 |
| | 활짝 | 활작 |
| | 훨씬 | 훨신 |
| | 알뜰살뜰 | 알들살들 |
| | 옴짝달싹 | 옴작달삭 |
| | 뭉뚝하다 | 뭉둑하다 |

(이하 생략)

《한글 맞춤법》 제5항과 《조선말규범집》(맞춤법)의 제4항, 제6항은 '한 단어(형태부) 안에서 까닭 없이 된소리(ㄲ, ㄸ, ㅃ, ㅆ, ㅉ)가 나는 자음'은 소리 나는 대로 표기하도록 규정한 조항이다. 특히 《한글 맞춤법》 제5항의 '뚜렷한 까닭 없이 나는 된소리'란 된소리로 소리 나는 이유를 음운론적으로 설명할 수 없는 경우를 가리키는 것으로, '《표준어 규정》(표준 발음법) 제23~28항'에 해당되지 않는 형식을 말한다.[49]

우리말에서 'ㄱ, ㄷ, ㅂ' 받침 뒤의 'ㄱ, ㄷ, ㅂ, ㅅ, ㅈ'은 항상 된소리로만 발음되는데, 남북은 모두 이를 규칙적인 음운 현상으로 보아 된소리로 표기하지 않도록 규정하고 있다[《표준어 규정》(표준 발음법) 제23항, 《조선말규범집》(문화어발음법) 제12항]. 그런데 'ㄱ, ㄷ, ㅂ, ㅈ'이 '모음과 모음 사이'에 위치하거나, 'ㄴ, ㄹ, ㅁ, ㅇ' 뒤에 올 경우에는, 해당 말소리가 단어에 따라 된소리로 나기도 하고 예사소리로 나기도 한다. 이에 남북은 (45), (46)과 같이 표기법에, 된소리되기 규칙이 적용되지 않는 환경에서 된소리가 나면 소리 나는 대로 적도록 규정해 두었다. 이는 규칙적인 음운 현상이 일어나는 경우에는 형태를 밝혀 적어 의미를 이해하는 데 어려움이 없도록 하고, 불규칙적인 음운 현상이 일어나는 경우에는 소리 나는 대로 표기하도록 한 것이다.

이렇듯 남북 모두 어문 규정에 된소리 표기에 관한 조항을 두고 있는데, 조항의 내용은 비슷하지만, 조항을 개별 단어에 적용하는 과정에서 차이가 발생한 올림말들이 있다. 그 예를 제시하면 다음과 같다.

---

49 《표준어 규정》(표준 발음법) 제23~28항은 된소리되기(경음화)에 관한 조항인데, 그 조항을 구체적으로 제시하면 다음과 같다.

"**제23항** 받침 'ㄱ(ㄲ, ㅋ, ㄳ, ㄺ), ㄷ(ㅅ, ㅆ, ㅈ, ㅊ, ㅌ), ㅂ(ㅍ, ㄼ, ㄿ, ㅄ)' 뒤에 연결되는 'ㄱ, ㄷ, ㅂ, ㅅ, ㅈ'은 된소리로 발음한다. 예 국밥[국빱], 깎다[깍따], 넋받이[넉빠지], 삯돈[삭똔]

**제24항** 어간 받침 'ㄴ(ㄵ), ㅁ(ㄻ)' 뒤에 결합되는 어미의 첫소리 'ㄱ, ㄷ, ㅅ, ㅈ'은 된소리로 발음한다. 예 신고[신ː꼬], 껴안다[껴안따], 앉고[안꼬], 얹다[언따]

**제25항** 어간 받침 'ㄼ, ㄾ' 뒤에 결합되는 어미의 첫소리 'ㄱ, ㄷ, ㅅ, ㅈ'은 된소리로 발음한다. 예 넓게[널께], 핥다[할따], 훑소[훌쏘], 떫지[떨ː찌]

**제26항** 한자어에서, 'ㄹ' 받침 뒤에 연결되는 'ㄷ, ㅅ, ㅈ'은 된소리로 발음한다. 예 갈등[갈뜽], 말살[말쌀], 갈증[갈쯩]

**제27항** 관형사형 '-(으)ㄹ' 뒤에 연결되는 'ㄱ, ㄷ, ㅂ, ㅅ, ㅈ'은 된소리로 발음한다. 예 할 것을[할꺼슬], 갈 데가[갈떼가], 할 바를[할빠를]

**제28항** (사이시옷 다음이나) 표기상으로는 사이시옷이 없더라도, 관형격 기능을 지니는 사이시옷이 있어야 할(휴지가 성립되는) 합성어의 경우에는, 뒤 단어의 첫소리 'ㄱ, ㄷ, ㅂ, ㅅ, ㅈ'을 된소리로 발음한다. 예 문-고리[문꼬리], 눈-동자[눈똥자], 신-바람[신빠람](cf. '(사이시옷 다음이나)'는 필자가 붙인 것임.)"

(47) 표기 차이 올림말

| 《표대》 | 《조대》 |
|---|---|
| **잠깐**<br>[ I ] [명사] 얼마 되지 않는 매우 짧은 동안.<br>[ II ] [부사] 얼마 되지 않는 매우 짧은 동안에. | **잠간**[1] [-깐] (暫間) [명]<br>① 얼마 되지 않는 짧은 동안.<br>② =잠시②. |
| **비짜루**[1] [명사] 《식물》<br>백합과의 여러해살이풀. 줄기는 높이가 50~100㎝이며, 잎은 가지마다 촘촘히 붙어 나고 실 모양이다. 5~6월에 연한 녹색 꽃이 피고 열매는 둥글고 붉게 익는다. 어린잎은 식용한다. 한국, 일본, 대만 등지에 분포한다. | **비자루**[2] [-짜-] [명]<br>산과 들에 절로 나는 여러해살이풀의 한가지. 줄기는 80㎝안팎에 이르고 가지를 많이 치며 잎모양의 가지는 가는 칼모양이고 마디가 3~7개정도 난다. 초여름에 초록색을 띤 잔꽃이 피고 열매는 붉으며 동글동글하다. |

## ② 의문형 어미의 된소리 표기

(48) 남측 표기법

| 한글 맞춤법 |
|---|

**제53항 다음과 같은 어미는 예사소리로 적는다.**(ㄱ을 취하고, ㄴ을 버림.)

| ㄱ | ㄴ |
|---|---|
| -(으)ㄹ거나 | -(으)ㄹ꺼나 |
| -(으)ㄹ걸 | -(으)ㄹ껄 |
| -(으)ㄹ게 | -(으)ㄹ께 |
| -(으)ㄹ세 | -(으)ㄹ쎄 |
| -(으)ㄹ세라 | -(으)ㄹ쎄라 |
| -(으)ㄹ수록 | -(으)ㄹ쑤록 |
| -(으)ㄹ시 | -(으)ㄹ씨 |
| -(으)ㄹ지 | -(으)ㄹ찌 |
| -(으)ㄹ지니라 | -(으)ㄹ찌니라 |
| -(으)ㄹ지라도 | -(으)ㄹ찌라도 |
| -(으)ㄹ지어다 | -(으)ㄹ찌어다 |
| -(으)ㄹ지언정 | -(으)ㄹ찌언정 |
| -(으)ㄹ진대 | -(으)ㄹ찐대 |
| -(으)ㄹ진저 | -(으)ㄹ찐저 |
| -올시다 | -올씨다 |

다만, 의문을 나타내는 다음 어미들은 된소리로 적는다.
-(으)ㄹ까? -(으)ㄹ꼬? -(스)ㅂ니까?
-(으)리까? -(으)ㄹ쏘냐?

(49) 북측 표기법

**조선말규범집(맞춤법)**

**제6항. 한 형태부안에서 받침《ㄴ, ㄹ, ㅁ, ㅇ》다음의 소리가 된소리로 나는 경우에는 그것을 된소리로 적는다.**

⋮(중략)

그러나 토[50]에서는《ㄹ》뒤에서 된소리가 나더라도 된소리로 적지 않는다.

| | **옳음** | **그름** |
|---|---|---|
| 례: | ~ㄹ가 | ~ㄹ까 |
| | ~ㄹ수록 | ~ㄹ쑤록 |
| | ~ㄹ지라도 | ~ㄹ찌라도 |
| | ~올시다 | ~올씨다 |

《한글 맞춤법》 제53항과 《조선말규범집》(맞춤법) 제6항은 어미의 소리가 된소리로 나더라도 예사소리로 적도록 한 조항이다. 어미 '-(으)ㄹ' 뒤에서 된소리로 나는 것은 규칙적인 음운 현상이므로 예사소리로 적도록 한 것이고, 어미 '-(으)ㄹ걸', '-(으)ㄹ지'는 '-(으)ㄴ걸', '-는지'와의 연관성을 고려하여 예사소리로 적도록 한 것이다. 예를 들어 '해 볼걸'의 '-ㄹ걸'을 '해 볼껄'처럼 '-ㄹ껄'로 적으면, '제법 큰걸'의 '-ㄴ걸'과의 연관성을 파악하기 어렵게 되므로 이들이 동일한 형태소라는 점을 고려하여 같은 형태로 표기하게 한 것이다. 다만, 남측에서는 의문을 나타내는 어미는 관용적인 쓰임을 인정하여 된소리(-ㄹ까, -ㄹ꼬, -ㄹ쏘냐, -ㄹ쏜가)로 적는 데 비해, 북측에서는 형태주의 표기법에 따라 일관되게 예사소리(-ㄹ가, -ㄹ고, -ㄹ소냐, -ㄹ손가)로 적도록 규정하고 있어 표기에 차이가 난다.

50 북측에서는 남측의 '어미'와 '조사'를 통틀어 '토'라고 한다.

(50) 표기 차이 올림말

| 《표대》 | 《조대》 |
|---|---|
| **-ㄹ까** [어미]<br>((‘이다’의 어간, 받침 없는 용언의 어간, ‘ㄹ’ 받침인 용언의 어간 또는 어미 ‘-으시-’ 뒤에 붙어)) ① 해할 자리에 쓰여, 현재 정해지지 않은 일에 대한 물음이나 추측을 나타내는 종결 어미. | **-ㄹ가** [-까] [토]<br>맺음을 나타내는 풀이토의 하나. 《반말》말차림으로 물음을 나타낸다. 용언에서 《ㄹ》밖의 받침소리밑에서는 결합모음 《으》를 요구한다. 미래시간토 《-겠-》뒤에서는 쓰이지 않는다. ① 미래를 추측하여 묻는데 쓰인다. |
| **-ㄹ쏘냐** [어미]<br>((‘이다’의 어간, 받침 없는 용언의 어간, ‘ㄹ’ 받침인 용언의 어간 또는 어미 ‘-으시-’ 뒤에 붙어)) (예스러운 표현으로) 해라할 자리에 쓰여, ‘어찌 그럴 리가 있겠느냐’의 뜻으로 강한 부정을 나타내는 종결 어미. 주로 의문문 형식을 취한다. | **-ㄹ소냐** [-쏘-] [토]<br>맺음을 나타내는 풀이토의 하나. 말줄기가 모음으로 끝난 체언의 용언형밑에 붙으며 《ㄹ》밖의 자음으로 끝난 말줄기밑에서는 결합모음 《으》를 요구한다. 미래시간토밑에서는 쓰이지 않는다. 《해라》말차림으로 그럴법이 없음을 강하게 주장하기 위하여 반문하는데 쓰인다. |

## ③ 접미사의 된소리 표기

(51) 남측 표기법

**한글 맞춤법**

**제54항 다음과 같은 접미사는 된소리로 적는다.** (ㄱ을 취하고, ㄴ을 버림.)

| ㄱ | ㄴ | ㄱ | ㄴ |
|---|---|---|---|
| 심부름꾼 | 심부름군 | 귀때기 | 귓대기 |
| 익살꾼 | 익살군 | 볼때기 | 볼대기 |
| 일꾼 | 일군 | 판자때기 | 판잣대기 |
| 장꾼 | 장군 | 뒤꿈치 | 뒷굼치 |
| 장난꾼 | 장난군 | 팔꿈치 | 팔굼치 |
| 지게꾼 | 지겟군 | 이마빼기 | 이맛배기 |
| 때깔 | 땟갈 | 코빼기 | 콧배기 |
| 빛깔 | 빛갈 | 객쩍다 | 객적다 |
| 성깔 | 성갈 | 겸연쩍다 | 겸연적다 |

### (52) 북측 표기법

| 조선말규범집(맞춤법) |
|---|
| **제19항. 자음으로 시작한 뒤붙이가 말뿌리와 어울릴 때에는 각각 그 형태를 밝혀 적는것을 원칙으로 한다.**<br><br>1) 새 단어를 새끼치는 뒤붙이<br><br>례: —곧추, 날치, 덮개, 돋보기, 첫째, 잎사귀<br>—꽂답다, 뜯적뜯적하다, 의롭다<br>(이하 생략) |

《한글 맞춤법》 제54항은 된소리로 나는 일부 접미사를 그 소리대로 적도록 규정한 조항이다. 이에 비해 《조선말규범집》(맞춤법) 제19항에서는 총칙의 '형태주의 표기' 원칙에 따라, '자음으로 시작하는 접미사가 어근과 결합할 때 그 원형을 밝혀 적는다'고 규정하고 있다. 이처럼 북측에서는 관용적으로 널리 쓰이는 일부 형태를 제외하고, 대부분 형태주의 표기법에 따라 원형을 밝혀 적도록 규정하고 있다. 그 결과 일부 접미사의 표기에서 차이가 나게 된 것이다.

### (53) 표기 차이 올림말

| 《표대》 | 《조대》 |
|---|---|
| **빛-깔** [빋-] [명사]<br>물체가 빛을 받을 때 빛의 파장에 따라 그 거죽에 나타나는 특유한 빛. | **빛갈** [명]<br>① 색이 드러나보이는 상태나 성질.<br>② =색[1]①. |
| **일-꾼** [일ː-] [명사]<br>① 삯을 받고 남의 일을 해 주는 사람.<br>② 어떤 일을 맡아서 하거나 맡아서 할 사람.<br>③ 일의 계획이나 처리를 아주 잘하는 사람.<br>④ 농가에 딸려서 새경을 받고 일을 해 주는 사람. | **일군**[1] [-꾼] [명]<br>① 일을 성실하게 잘하거나 능숙하고 솜씨있게 잘 처리하는 사람.<br>② 《일정한 부문에서 사업하는 사람》을 통털어 이르는 말.<br>③ 일정한 분야를 책임진 지휘성원.<br>④ 낡은 사회에서, 육체적인 일을 하는 사람 또는 삯을 주고 그런 일을 시키려고 데려온 사람. |

## 3 부사형 접사 '-이'와 '-히'의 표기

(54) 남측 표기법

**한글 맞춤법**

**제51항 부사의 끝음절이 분명히 '이'로만 나는 것은 '-이'로 적고, '히'로만 나거나 '이'나 '히'로 나는 것은 '-히'로 적는다.**

1. '이'로만 나는 것

| | | | | |
|---|---|---|---|---|
| 가붓이 | 깨끗이 | 나붓이 | 느긋이 | 둥긋이 |
| 따뜻이 | 반듯이 | 버젓이 | 산뜻이 | 의젓이 |
| 가까이 | 고이 | 날카로이 | 대수로이 | 번거로이 |
| 많이 | 적이 | 헛되이 | | |
| 겹겹이 | 번번이 | 일일이 | 집집이 | 틈틈이 |

2. '히'로만 나는 것

| | | | | |
|---|---|---|---|---|
| 극히 | 급히 | 딱히 | 속히 | 작히 |
| 족히 | 특히 | 엄격히 | 정확히 | |

3. '이, 히'로 나는 것

| | | | | |
|---|---|---|---|---|
| 솔직히 | 가만히 | 간편히 | 나른히 | 무단히 |
| 각별히 | 소홀히 | 쓸쓸히 | 정결히 | 과감히 |
| 꼼꼼히 | 심히 | 열심히 | 급급히 | 답답히 |
| 섭섭히 | 공평히 | 능히 | 당당히 | 분명히 |
| 상당히 | 조용히 | 간소히 | 고요히 | 도저히 |

(55) 북측 표기법

**조선말규범집(맞춤법)**

**제24항. 부사에서 뒤붙이 《이》나 《히》가 그 어느 하나로만 소리나는것은 그 소리대로 적는다.**

1) 《히》로 적는것(주로 《하다》를 붙일수 있는것)

례: 고요히, 덤덤히, 마땅히, 빈번히, 지극히, 뻔히

2) 《이》로 적는것(주로 《하다》를 붙일수 없는것)

례: 간간이, 고이, 기어이, 객적이, 뿔뿔이, 짬짬이

3) 말뿌리에 직접 《하다》를 붙일수 없으나 《히》로만 소리나는것은 《히》로 적으며 말뿌리에 직접 《하다》를 붙일수 있으나 《이》로만 소리나는것은 《이》로 적는다.

례: ― 거연히, 도저히, 자연히, 작히
― 큼직이, 뚜렷이

---

《한글 맞춤법》 제51항과 《조선말규범집》(맞춤법) 제24항은 부사형 접미사 '-이'와 '-히'를 구별하여 적도록 규정한 조항이다. 남북 모두 기본적으로 '-이'와 '-히'를 '소리'에 따라 구분하여 적도록 규정하고 있다. 그런데 문제는 일반 언중이 어근 뒤에 붙은 [이]와 [히]의 소리를 정확히 구분하기가 쉽지 않다는 점이다. 이러한 점을 고려하여 남측에서는 '첩어 명사 뒤, 'ㅅ' 받침 뒤, 'ㅂ' 불규칙 용언 어간의 뒤, '-하다'가 붙지 않는 용언 어간의 뒤, 부사 뒤'에서는 '-이'로 적고, "-하다'가 붙는 어근 뒤, '-하다'가 붙는 어근에 '-히'가 결합하여 부사가 되는 말' 등에는 '-히'로 적도록 규정하고 있다. 북측에서도 주로 '-하다'가 붙는 어근 뒤는 '-히', 그렇지 않은 경우는 '-이'로 적는다는 기준을 제시하고 있다.

언중이 이러한 세부 기준들을 숙지해야 한다는 불편함도 문제이지만, 이 세부 규정으로 표기할 수 없는 단어는 결국 개인의 발음에 근거해야 한다는 점에서 접미사 '-이'와 '-히'의 표기는 언중에게 여전히 혼란스러울 수밖에 없다. 따라서 향후 통일 규범을 작성할 때 접미사 '-이'와 '-히'의 표기는 무엇보다 언중의 편의성과 규정의 일관성을 고려하여 재규정할 필요가 있다. 접미사 '-이', '-히'와 관련된 표기 차이의 예는 다음과 같다.

**(56) 표기 차이 올림말**

| 《표대》 | 《조대》 |
|---|---|
| **무뚝뚝-이**[51] [부사]<br>말이나 행동, 표정 따위가 부드럽고 상냥스러운 면이 없어 정답지가 않게. | **무뚝뚝히** [-키] [부]<br>무뚝뚝하게. |

| **걸쭉-히**[52] [-쭈키] [부사]<br>① 액체가 묽지 아니하고 꽤 걸 정도로.<br>② 말 따위가 매우 푸지고 외설스럽게. | **걸죽이** [-쭉-] [부]<br>걸죽하게. |
|---|---|

## 4 '계, 몌, 폐'의 표기

### (57) 남측 표기법

**한글 맞춤법**

**제8항 '계, 례, 몌, 폐, 혜'의 'ㅖ'는 'ㅔ'로 소리 나는 경우가 있더라도 'ㅖ'로 적는다.**(ㄱ을 취하고, ㄴ을 버림.)

| ㄱ | ㄴ | ㄱ | ㄴ |
|---|---|---|---|
| 계수(桂樹) | 게수 | 혜택(惠澤) | 헤택 |
| 사례(謝禮) | 사레 | 계집 | 게집 |
| 연몌(連袂) | 연메 | 핑계 | 핑게 |
| 폐품(廢品) | 페품 | 계시다 | 게시다 |

다만, 다음 말은 본음대로 적는다.

게송(偈頌)　　게시판(揭示板)　　휴게실(休憩室)

### (58) 북측 표기법

**조선말규범집(맞춤법)**

**제26항. 한자말에서 모음《ㅖ》가 들어있는 소리마디로는《계》,《례》,《혜》,《예》만을 인정한다.**

례: 계산, 계획, 례절, 례외, 실례, 세계, 혜택, 은혜, 연예대, 예술, 예지, 예약

그러나 그 본래소리가《게》인 한자는 그대로 적는다.

례: 게시판, 게재, 게양대

51 '무뚝뚝이'는《표대》에서 '⇨무뚝뚝하다'로만 뜻풀이되어 있어《표대》웹사전의 뜻풀이를 제시하였다.

52 '걸쭉히'는《표대》에서 '⇨걸쭉하다①'로만 뜻풀이되어 있어《표대》웹사전의 뜻풀이를 제시하였다.

《한글 맞춤법》 제8항과 《조선말규범집》(맞춤법) 제26항은 모음 'ㅖ'의 표기에 대한 규정이다. 모음 'ㅖ'는 [ㅖ]로 발음하는 것이 원칙이지만, 'ㅖ'가 자음 'ㄱ, ㄹ, ㅁ, ㅍ, ㅎ' 다음에 올 때는 각각 [게], [레], [메], [페], [헤]로도 발음된다. 남측에서는 이 경우 그 본래 형태를 밝혀 'ㅖ'로 적도록 규정하고 있는 데 비해, 북측에서는 한자 '계, 례, 혜'에 한해서만 'ㅖ'로 적도록 규정하고 있다. 그 결과 '계'의 경우, 남측은 고유어든(핑계, 비계), 한자어든(계급, 계절) 모두 '계'로 표기하지만, 북측은 한자어의 경우 '계'로, 일부 고유어에서는 '게(핑게, 비게)'로 적는다. 그리고 'ㅁ, ㅍ' 다음에 모음 'ㅖ'가 올 경우, 남측은 본래 형태인 'ㅖ(몌, 폐)'로 적고, 북측은 'ㅔ(메, 페)'로 적어 표기에서 차이가 난다. 덧붙여 '례'와 '혜'는 남북의 표기가 같다.

한편, 한자의 본음이 '게'일 때는 남북 모두 '게'로 적도록 규정하고 있으나, 한자 '憩'의 경우 본음이 '게'임에도 불구하고 북측에서 '계실(憩室)', '휴계실(休憩室)'과 같이 적어 표기에 차이가 있다. 정리하면, 모음 'ㅖ'와 관련된 남북의 표기는 '몌#메, 폐#페'에서 차이가 나고, '계'의 경우 고유어에서 '계#게'로 차이가 나며, '憩'가 포함된 한자어에서는 '게#계'로 표기 차이가 난다.

(59) 표기 차이 올림말

| 《표대》 | 《조대》 |
|---|---|
| **화폐** [화ː폐/화ː페] (貨幣) [명사] 《경제》<br>상품 교환 가치의 척도가 되며 그것의 교환을 매개하는 일반화된 수단. 주화, 지폐, 은행권 따위가 있다. | **화페**[1] (貨幣) [명] 《경제》<br>모든 상품들의 가치를 표현해주고 교환을 중개해주는 일반적등가물의 역할을 노는 특수한 상품 또는 그것을 대표하는것. |
| **핑계** [-계/-게] [명사]<br>① 내키지 아니하는 사태를 피하거나 사실을 감추려고 방패막이가 되는 다른 일을 내세움.<br>② 잘못한 일에 대하여 이리저리 돌려 말하는 구차한 변명. | **핑게** [명]<br>① 어떤 사태를 피하거나 또는 있는 사실을 드러내지 않기 위하여 이러저러하게 내세우는 방패막이.<br>② 어떤 목적을 이루기 위하여 갖다대는 엉뚱한 리유나 근거.<br>③ (잘못되였거나 량심에 끼는 일에 대하여) 이러저러하게 붙여대는 변명. |

## 5 한자 속음[53]의 표기

(60) 남측 표기법

**한글 맞춤법**

**제52항 한자어에서 본음으로도 나고 속음으로도 나는 것은 각각 그 소리에 따라 적는다.**

| (본음으로 나는 것) | (속음으로 나는 것) |
|---|---|
| 승낙(承諾) | 수락(受諾), 쾌락(快諾), 허락(許諾) |
| 만난(萬難) | 곤란(困難), 논란(論難) |
| 안녕(安寧) | 의령(宜寧), 회령(會寧) |
| 분노(忿怒) | 대로(大怒), 희로애락(喜怒哀樂) |
| 토론(討論) | 의논(議論) |
| 오륙십(五六十) | 오뉴월, 유월(六月) |
| 목재(木材) | 모과(木瓜) |
| 십일(十日) | 시방정토(十方淨土), 시왕(十王), 시월(十月) |
| 팔일(八日) | 초파일(初八日) |

(61) 북측 표기법

**조선말규범집(맞춤법)**

**제25항. 한자말은 소리마디마다 해당 한자음대로 적는것을 원칙으로 한다.**

례: 국가, 녀자, 뇨소, 당, 락원, 로동, 례외, 천리마, 풍모

그러나 아래와 같은 한자말은 변한 소리대로 적는다.

| | **옳음** | **그름** |
|---|---|---|
| 례: | 궁냥 | 궁량 |
| | 나사 | 라사 |
| | 나팔 | 라팔 |
| | 류월 | 륙월 |

53 한자의 본음과 달리 언중이 쓰는 음(音).

| | |
|---|---|
| 시월 | 십월 |
| 오뉴월 | 오류월, 오륙월 |
| 요기 | 료기 |

《한글 맞춤법》 제52항과 《조선말규범집》(맞춤법) 제25항은 본음과 속음이 함께 존재하는 일부 한자의 경우, 속음으로 적도록 한 규정이다. 위 규정은 남북 공히 속음을 인정하는 규정이지만, 동일 한자에 대하여 한쪽에서는 본음을, 다른 한쪽에서는 속음을 적으면서 표기 차이가 나게 되었다.

**(62) 표기 차이 올림말**

| 《표대》 | 《조대》 |
|---|---|
| **곤란** [골ː-] (困難▼) [명사]<br>사정이 몹시 딱하고 어려움. 또는 그런 일. | **곤난** (困難) [명]<br>형편이나 사정이 딱하고 어려운것. |
| **육묘** [융-] (育苗) [명사]<br>묘목이나 모를 기름. | **육모** [융-] (←育苗) [명]<br>⇒모기르기. |

아래의 (63)은 《표대》와 《조대》에서 동일 한자의 소리를 달리 표기한 예를 제시한 것이다.[54] 남북이 각기 본음과 속음을 다르게 표기한 예, 둘 이상의 복수 한자음 가운데 각기 다른 소리를 취하여 표기한 예, 그리고 남측에서는 쓰이지 않는 한자음으로 북측이 표기하고 있는 예 등을 함께 다루었다. '#'을 경계로 나란히 쓴 말의 왼쪽은 남측 표기이고, 오른쪽은 북측 표기이다. 《표대》의 속음은 '▼'으로, 《조대》의 속음은 '←'로 표시하였다.

**(63) 《표대》와 《조대》에서 한자음을 달리 적은 한자 목록(총 169개)**

| | | | |
|---|---|---|---|
| 乾(간#건) | 干(간#한) | 旰(간#한) | 暍(갈#할) |
| ←芡(감#검) | 醵(갹#거) | 硨(거#차) | 車(거#차) |
| 乾(건#간) | 更(경#갱) | 袴(고#과) | 告(곡#고) |
| 鵠(곡#혹) | 喎(괘#와) | 斛(괵#곡) | 蟈(괵#국) |

54 남북에서 달리 적는 한자음이 포함된 올림말은 제4장의 '4.4. 기타 표기 차이 올림말 목록'에서 '맞52'로 제시하였다.

幗(괵#국)
龜(귀#구)
喫(끽#긱)
跳(도#조)
拏▼(라#나)
兩(량#냥)[55]
煙▼(련#연)
奴▼(로#노)
牡(모#무)
←盤(반#판)
反(번#반)
索(삭#색)
索(색#삭)
說(세#설)
率(수#솔)
倅(쉬#수)
噫(애#희)
拈(염#점)
迂(우#오)
瘖(음#암)
稔(임#염)
錚(쟁#징)
切(절#체)
諦(제#체)
祭▼(좨#제)
砥(지#저)
釵(차#채)
幘(책#적)
棗▼(초#조)
箒(추#취)
膵(췌#취)
揣(췌#취)
埴(치#식)

穬(굉#광)
晷(귀#구)
癩(나#뢰)
纛(독#둑)
癩(라#뢰)
塲(량#장)
炎▼(렴#염)
髎(료#요)
←苗(묘#모)
板▼(반#판)
駢(변#병)
蒜(산#선)
蒜(선#산)
筲(소#초)
腧(수#유)
生▼(승#생)
縊(액#애)
刈(예#애)
熨(울#위)
膩▼(이#니)
梓▼(자#재)
齟(저#주)
帖▼(접#첩)
←調(조#주)
嶒(증#층)
重▼(쭝#중)
捉(착#촉)
帖(첩#체)
屬(촉#속)
槌(추#퇴)
瘁(췌#취)
←驟(취#추)
豸(치#태)

←句(구#귀)
枝(기#지)
奈(내#나)
筒▼(동#통)
難▼(란#난)
欐(려#여)
寧▼(령#녕)
謬(류#유)
拇(무#모)
叭▼(발#팔)
不(불#부)
殺(살#쇄)
薛(설#섭)
率(솔#수)
菘(숭#송)
罨(압#엄)
舁(여#예)
歪(왜#외)
六▼(유#류)
鼺[56]▼(이#리)
場(장#량)
悛(전#준)
蝶(접#첩)
稠(조#주)
枳(지#기)
車(차#거)
磣(참#삼)
剃(체#제)
←帚(箒)(추#췌)
椎(추#퇴)
萃(췌#취)
趣(취#추)
則(칙#측)

卷▼(궐#권)
鴶(길#알)
兜(도#두)
兜(두#도)
糲(여#랄)
轢(력#륵)
隸(례#예)
虻(맹#망)
玟(민#문)
棒(방#봉)
沸(불#비)
晌(상#향)
渫(설#첩)
衰(쇠#쇄)
淬(쉬#쇄)
嗌(애#익)
蠕(연#윤)
寥▼(요#료)
戮▼(육#륙)
稔(임#념)
纔(재#자)
←塡(전#진)
提(제#리)
簇(족#촉)
識(지#식)
茶(차#다)
釵(채#차)
帖(체#첩)
趣(추#취)
萃(췌#수)
贅(췌#취)
帚(箒[57])(취#추)
襯(친#촌)

| | | | |
|---|---|---|---|
| 秤(칭#평) | 糖▼(탕#당) | 宅(택#댁) | 推(퇴#추) |
| 闖(틈#츰) | 欛(파#패) | 愎▼(퍅#퍅) | 叭(팔#발) |
| 暴(포#폭) | 嚇(하#혁) | 确(학#각) | 涸(학#확) |
| 喝▼(할#갈) | 蠍(헐#갈) | 行(항#행) | 肛(항#홍) |
| 齘(해#개) | 齘(해#계) | 見(현#견) | 鞵(혜#해) |
| 畦(휴#규) | | | |

## 6 'ㄹ' 소리가 탈락한 올림말의 표기

### (64) 남측 표기법

**한글 맞춤법**

**제28항 끝소리가 'ㄹ'인 말과 딴 말이 어울릴 적에 'ㄹ' 소리가 나지 아니하는 것은 아니 나는 대로 적는다.**

| | | |
|---|---|---|
| 다달이(달-달-이) | 따님(딸-님) | 마되(말-되) |
| 마소(말-소) | 무자위(물-자위) | 바느질(바늘-질) |
| 부삽(불-삽) | 부손(불-손) | 싸전(쌀-전) |
| 여닫이(열-닫이) | 우짖다(울-짖다) | 화살(활-살) |

**제29항 끝소리가 'ㄹ'인 말과 딴 말이 어울릴 적에 'ㄹ' 소리가 'ㄷ' 소리로 나는 것은 'ㄷ'으로 적는다.**

| | | |
|---|---|---|
| 반짇고리(바느질~) | 사흗날(사흘~) | 삼짇날(삼질~) |
| 섣달(설~) | 숟가락(술~) | 이튿날(이틀~) |
| 잗주름(잘~) | 풀소(풀~) | 섣부르다(설~) |
| 잗다듬다(잘~) | 잗다랗다(잘~) | |

55 '兩'을 '양#량', '양#냥'으로 표기한 경우는 두음 법칙에 의한 표기 차이이고, '량#냥'으로 표기한 경우는 한자음을 달리 적어 생긴 표기 차이이다. 즉, '양면(兩面)#량면', '양돈사(兩--)#냥돈사'에서의 '양#량', '양#냥' 표기는 두음 법칙에 의한 표기 차이이고, '십량주(十兩紬)#십냥주'에서의 '량#냥' 표기는 한자음에 의한 표기 차이에 해당한다.

56 '鷜'은 본음이 '누#루'인데, 남북 모두 속음으로 읽는다.

57 '箒(추)'는 '帚'의 속자이다.

(65) 북측 표기법

| 조선말규범집(맞춤법) |
|---|
| **제16항. 합친말을 이룰 때에 빠진 소리는 빠진대로 적는다.**<br>례: 다달이, 마소, 무넘이, 부나비, 부넘이, 부삽, 부손, 소나무, 수저, 화살, 여닫이 |
| **제17항. 합친말에서 앞말뿌리의 끝소리 《ㄹ》이 닫긴소리로 된것은 《ㄷ》으로 적는다.**<br>례: 나흗날, 사흗날, 섣달, 숟가락, 이튿날 |
| **제20항. 말뿌리와 뒤붙이가 어울려 파생어를 이룰 때에 빠진 소리는 빠진대로 적는다.**<br>례: 가으내, 겨우내, 무질(물속에 잠기는것), 바느질 |

《한글 맞춤법》 제28항과 제29항, 《조선말규범집》(맞춤법) 제16항, 제17항, 제20항은 복합어 앞말의 끝소리 'ㄹ'이 소리 나지 않거나 'ㄷ' 소리로 바뀔 때의 표기에 관한 규정이다. 복합어에서 앞말의 끝소리가 'ㄹ'일 때 표기 유형은 다음의 세 가지로 정리할 수 있다.[58]

(66) 복합어 앞말의 끝소리가 'ㄹ'일 때의 표기 유형

가) 'ㄹ' 받침의 표기에 변동이 없는 경우

물 + 냉면 → 물냉면　　　물 + 두부 → 물두부

물 + 세탁 → 물세탁　　　물 + 장난 → 물장난

나) 'ㄹ' 받침이 없어지는 경우

솔 + 나무 → 소나무　　　달 + 달 + 이 → 다달이

말 + 소 → 마소　　　쌀 + 전 → 싸전

불(不)+정확 → 부정확[59]

58 복합어 앞말의 끝소리가 'ㄹ'일 때 'ㄹ'이 줄어들거나 'ㄷ' 소리로 바뀌는 현상은 뒤에 결합하는 말의 첫소리가 주로 'ㄴ, ㄷ, ㅅ, ㅈ'으로 한정되어 있으므로, 이들을 중심으로 예를 제시하였다.

59 한자 '不'은 '불'과 '부'로 표기되는데, 뒤에 결합되는 어근의 첫 자음이 'ㄷ'이나 'ㅈ'이면 'ㄹ'이 탈락

다) 'ㄹ' 받침이 'ㄷ'으로 변하는 경우

이틀+날 → 이튿날　　　설+달 → 섣달

풀+소 → 푿소　　　잘-+주름 → 잗주름

cf. 술+가락→숟가락(뒷말의 첫소리가 'ㄱ'임에도 'ㄹ'이 'ㄷ'으로 바뀐 예임.)

복합어에서 앞말의 'ㄹ'이 줄어들거나 'ㄷ' 소리로 바뀌는 현상에 대한 표기 규정은 남북이 거의 같다. 그렇지만 '검부나무#검불나무'처럼 남북의 발음이 다른 올림말의 경우(남측에서는 'ㄹ'이 발음되지 않지만, 북측에서는 발음됨.) 표기 차이가 발생하기도 한다. 또한 '검부나무/검불나무', '굴젓/구젓', '잗다랗다/잘다랗다'와 같은 단어에 대해 북측에서 'ㄹ' 받침이 있는 것과 없는 것을 복수 규범어로 인정하면서 표기 차이가 나는 예들도 있다.

(67) **표기 차이 올림말**

| 《표대》 | 《조대》 |
|---|---|
| **검부-나무** [명사]<br>검불로 된 땔나무. | **검불나무** [-라-] [명]<br>땔나무로서의 검불. |
| **굴-젓** [-젇] [명사]<br>① 생굴로 담근 젓.<br>② 누렇고 된 코를 속되게 이르는 말. | **구젓** [명]<br>=굴젓. |
| **잗-다랗다** [-따라타] [형용사]<br>① 꽤 잘다.<br>② 아주 자질구레하다. | **잘다랗다** [-타] [형]<br>무던히 잘다. |

한 '부'로 적고, 그 외는 모두 '불'로 표기한다. 예를 들어 '不+도덕'이면 뒤 어근의 첫 자음이 'ㄷ'이므로 '부도덕'으로, '不+정확'이면 뒤 어근의 첫 자음이 'ㅈ'이므로 '부정확'으로 적는 것이다. '不+만족'은 뒤 어근의 첫 자음이 'ㄷ'이나 'ㅈ'이 아니므로 '불'로 표기하여 '불만족'이 된다.

## 7 'ㅂ' 소리와 'ㅎ' 소리가 덧나는 올림말의 표기

(68) 남측 표기법

**한글 맞춤법**

**제31항 두 말이 어울릴 적에 'ㅂ' 소리나 'ㅎ' 소리가 덧나는 것은 소리대로 적는다.**

1. 'ㅂ' 소리가 덧나는 것

| | | |
|---|---|---|
| 댑싸리(대ㅂ싸리) | 멥쌀(메ㅂ쌀) | 볍씨(벼ㅂ씨) |
| 입때(이ㅂ때) | 입쌀(이ㅂ쌀) | 접때(저ㅂ때) |
| 좁쌀(조ㅂ쌀) | 햅쌀(해ㅂ쌀) | |

2. 'ㅎ' 소리가 덧나는 것

| | | |
|---|---|---|
| 머리카락(머리ㅎ가락) | 살코기(살ㅎ고기) | 수캐(수ㅎ개) |
| 수컷(수ㅎ것) | 수탉(수ㅎ닭) | 안팎(안ㅎ밖) |
| 암캐(암ㅎ개) | 암컷(암ㅎ것) | 암탉(암ㅎ닭) |

(69) 북측 표기법

**조선말규범집(맞춤법)**

**제14항. 합친말은 매개 말뿌리의 본래형태를 각각 밝혀 적는것을 원칙으로 한다.**

⁝(중략)

《암, 수》와 결합되는 동물의 이름이나 대상은 거센소리로 적지 않고 형태를 그대로 밝혀 적는다.

례: 수돼지, 암돼지, 수개, 암개, 수기와, 암기와

**제15항. 합친말에서 오늘날 말뿌리가 뚜렷하지 않은것은 그 형태를 밝혀 적지 않는다.**

⁝(중략)

례: -마파람, 휘파람, 좁쌀, 안팎

《한글 맞춤법》 제31항과 《조선말규범집》(맞춤법) 제15항은 복합어에서 그 구성 성분에는 'ㅂ'이나 'ㅎ'이 없는데, 복합어를 발음할 때 특별한 이유 없이 'ㅂ'이나 'ㅎ' 소리가 덧나는 경우에[60] 그 소리대로 적도록 한 규정이다.

다만, '암-', '수-'의 경우 북측은《조선말규범집》(맞춤법) 제14항에서 'ㅎ' 소리가 덧나더라도 'ㅎ' 소리를 표기하지 않도록 규정하고 있어 남측과 차이가 있다.

(70) 표기 차이 올림말

| 《표대》 | 《조대》 |
|---|---|
| **내리-뜨다** [동사]<br>눈을 아래로 가도록 뜨다. | **내립뜨다** [동(타)]<br>《내리뜨다》를 세게 이르는 말. |
| **볍씨** [명사]《농업》<br>못자리에 뿌리는 벼의 씨. | **벼씨** [명]<br>씨앗으로 쓰는 벼알. |
| **암퇘지** [명사]<br>돼지의 암컷. | **암돼지** [-퇘-] [명]<br>돼지의 암컷. |

## 8 'ㅣ' 역행 동화의 표기

(71) 남측 표기법

| 표준어 규정(표준어 사정 원칙) |
|---|
| **제9항 'ㅣ' 역행 동화 현상에 의한 발음은 원칙적으로 표준 발음으로 인정하지 아니하되, 다만 다음 단어들은 그러한 동화가 적용된 형태를 표준어로 삼는다.**(ㄱ을 표준어로 삼고, ㄴ을 버림.) |

60 역사적(통시적) 관점에서 'ㅂ' 소리나 'ㅎ' 소리가 덧나는 이유를 설명할 수 있다. 먼저, 'ㅂ' 소리가 덧나는 경우, '댑싸리'나 '멥쌀'의 원형은 각각 '대 + ᄡ리', '메 + ᄡᆞᆯ'이었고, 이들은 '대ᄡ리', '메ᄡᆞᆯ'로 표기되었다. 이후 어두 'ㅂㅅ'의 'ㅂ'이 앞말의 종성으로 옮겨 가면서 현재의 '댑싸리', '멥쌀'로 표기하게 된 것이다. 그리고 'ㅎ' 소리가 덧나는 경우, 'ㅂ'과 달리 복합어의 앞말 종성에 위치하던 'ㅎ'이 뒷말의 초성 자리로 옮겨 가면서 뒷말 자음과 결합하여 거센소리로 변하게 된 것이다. 예를 들어 현재의 '머리카락'과 '살코기'는 역사적으로 '머릏 + 가락'과 '삻 + 고기'처럼 결합된 구성이었다. 이후 '머릏'와 '삻'의 종성에 있던 'ㅎ'이 뒷말의 초성 자음 'ㄱ'과 결합하여 'ㅋ'이 되면서 오늘날 '살코기'와 '머리카락'으로 표기하게 된 것이다. 그렇지만 현시점에서 보면 복합어 구성 성분에 없는 'ㅂ'이나 'ㅎ' 소리가 덧나는 것으로 볼 수 있으므로, 남북 표기법에서는 모두 현실 발음을 그대로 표기에 반영하도록 한 것이다.

| ㄱ | ㄴ | 비 고 |
|---|---|---|
| -내기<br>냄비<br>동댕이-치다 | -나기<br>남비<br>동당이-치다 | 서울-, 시골-, 신출-, 풋-. |

**[붙임 1]** 다음 단어는 'ㅣ' 역행 동화가 일어나지 아니한 형태를 표준어로 삼는다.(ㄱ을 표준어로 삼고, ㄴ을 버림.)

| ㄱ | ㄴ | 비 고 |
|---|---|---|
| 아지랑이 | 아지랭이 | |

**[붙임 2]** 기술자에게는 '-장이', 그 외에는 '-쟁이'가 붙는 형태를 표준어로 삼는다.(ㄱ을 표준어로 삼고, ㄴ을 버림.)

| ㄱ | ㄴ | 비 고 |
|---|---|---|
| 미장이<br>유기장이<br>멋쟁이<br>소금쟁이<br>담쟁이-덩굴<br>골목쟁이<br>발목쟁이 | 미쟁이<br>유기쟁이<br>멋장이<br>소금장이<br>담장이-덩굴<br>골목장이<br>발목장이 | |

남측에서는 'ㅣ' 역행 동화가 일어난 단어를 규범어로 인정하지 않는 데 비해, 북측에서는 'ㅣ' 역행 동화가 일어난 단어를 규범어로 인정하고 있다. 그리고 남측의 경우 'ㅣ' 역행 동화는 두 모음 사이에 개재 자음이 있을 때 일어나는 데 비해, 북측에서는 모음 사이의 개재 자음 없이도 'ㅣ' 역행 동화가 일어난다는 점에서 차이가 있다.[61]

61 'ㅣ' 역행 동화의 북측 용어는 '앞모음되기'이다.
**앞모음되기** [명] 뒤모음이 앞모음《ㅣ》나 반모음《į》의 영향을 받아 앞모음으로 변하는 현상, 곧 뒤모음《ㅏ, ㅗ, ㅓ, ㅜ》가 각각《ㅐ, ㅚ, ㅔ, ㅟ》로 변하는 현상.《구덩이→구뎅이》,《짜임→째임》같은것이다.《조대》
남측은 '남비→냄비'에서처럼 모음 'ㅏ'와 'ㅣ' 사이에 'ㅂ'과 같은 자음이 끼어 있을 때 'ㅣ' 역행 동화 현상이 일어나지만, 북측은 '짜임→째임'처럼, 모음 사이에 낀 자음이 없어도 'ㅣ' 역행 동화가 일어난다.

한편, 위 (71)의 《표준어 규정》 제9항의 예처럼 남측에서 'ㅣ' 역행 동화가 일어난 단어를 규범어로 인정하여 표기가 달라진 경우도 있다.

**(72) 표기 차이 올림말**

| 《표대》 | 《조대》 |
|---|---|
| **가자미** [명사] 《동물》<br>넙칫과와 붕넙칫과의 넙치가자미, 동백가자미, 참가자미, 목탁가자미, 줄가자미 따위를 통틀어 이르는 말. 몸이 납작하여 타원형에 가깝고, 두 눈은 오른쪽에 몰려 붙어 있으며 넙치보다 몸이 작다. | **가재미** [명]<br>바다물고기의 한가지. 몸이 납작하고 길둥글다. 두눈은 길둥근데 많은 경우에 오른쪽 또는 왼쪽에 몰려있다. 등색갈은 바다밑의 색을 닮는다. 우리 나라의 바다연안에서 많이 잡히는데 그 종류는 여러가지이다. |
| **짜임-새** [명사]<br>① 짜인 모양새.<br>② 글, 이론 따위의 내용이 앞뒤의 연관과 체계를 제대로 갖춘 상태. | **째임새** [명]<br>① 허수한데나 빈틈이 없이 째인 모양새나 상태.<br>② 무엇이 짜인 상태. |
| **냄비** [명사]<br>음식을 끓이거나 삶는 데 쓰는 용구의 하나. 보통 솥보다는 운두가 낮고 뚜껑과 손잡이가 있다. | **남비** [명]<br>① 무엇을 끓이는데 쓰는 솥보다 작은 그릇의 한가지.<br>② 녹은 쇠물을 담아 옮기는 그릇. |

## 9 활용형의 표기

남북의 표기법에서 '체언+조사' 구성과 '용언 어간+어미' 구성의 표기법은 크게 차이가 없다. 남북 모두 둘 이상의 형태소가 통사적으로 결합된 구성일 경우 그 각각의 구성 성분이 잘 드러나게 표기하도록 규정하였기 때문이다. 다만, 일부 활용형 표기에서 차이가 나는데, 그 예는 다음과 같다.

### ① 어미 '-어'와 '-여'

(73) 남측 표기법

| 한글 맞춤법 |
|---|

**제16항 어간의 끝음절 모음이 'ㅏ, ㅗ'일 때에는 어미를 '-아'로 적고, 그 밖의 모음일 때에는 '-어'로 적는다.**

⋮(중략)

2. '-어'로 적는 경우

| | | |
|---|---|---|
| 개어 | 개어도 | 개어서 |
| 겪어 | 겪어도 | 겪어서 |
| 되어 | 되어도 | 되어서 |
| 베어 | 베어도 | 베어서 |
| 쉬어 | 쉬어도 | 쉬어서 |
| 저어 | 저어도 | 저어서 |
| 주어 | 주어도 | 주어서 |
| 피어 | 피어도 | 피어서 |
| 희어 | 희어도 | 희어서 |

(74) 북측 표기법

| 조선말규범집(맞춤법) |
|---|

**제11항. 말줄기가 《아, 어, 여》 또는 《았, 었, 였》과 어울릴 때에는 그 말줄기의 모음의 성질에 따라 각각 다음과 같이 구별하여 적는다.**

⋮(중략)

3) 말줄기의 모음이 《ㅣ, ㅐ, ㅔ, ㅚ, ㅟ, ㅢ》인 경우와 줄기가 《하》인 경우에는 《여, 었》으로 적는다.

례: 기다— 기여, 기였다
개다— 개여, 개였다
베다— 베여, 베였다
되다— 되여, 되였다

취다— 취여, 취였다
희다— 희여, 희였다
하다— 하여, 하였다

그러나 말줄기의 끝소리마디에 받침이 있을 때에는 《어, 었》으로 적는다.

례: 길다— 길어, 길었다
심다— 심어, 심었다
짓다— 지어, 지었다

(이하 생략)

《한글 맞춤법》 제16항에서는 모음 조화[62] 규칙에 따라 어간 끝음절의 모음이 양성 모음(ㅏ, ㅗ)일 때는 어미를 '-아' 계열로 표기하고, 그 외의 모음일 때는 '-어' 계열로 적도록 규정하고 있다. 북측의 규정도 이러한 모음 조화 규칙을 반영하고 있는데, 다만, 어간의 끝음절 모음이 'ㅣ, ㅐ, ㅔ, ㅚ, ㅟ, ㅢ'인 경우에 어미 '-여'를 적도록 규정하고 있는 점이 남측과 다르다.

남측에서는 'ㅣ' 순행 동화 현상[63]을 표기법에서는 인정하지 않고(되어/피어/-이오/-아니오) 발음법에서는 'ㅣ' 순행 동화 현상을 일부 허용하고 있다([되여]/[피여]/[이요]/[아니요]).[64] 이에 비해 북측에서는 발음뿐만 아니라 표기에서도 '-여'로 적도록 허용하면서 표기

62 **모음^조화** (母音調和) [명사] 《언어》 두 음절 이상의 단어에서, 뒤의 모음이 앞 모음의 영향으로 그와 가깝거나 같은 소리로 되는 언어 현상. 'ㅏ', 'ㅗ' 따위의 양성 모음은 양성 모음끼리, 'ㅓ', 'ㅜ' 따위의 음성 모음은 음성 모음끼리 어울리는 현상이다. '깎아', '숨어', '알록달록', '얼룩덜룩', '갈쌍갈쌍', '글썽글썽', '졸졸', '줄줄' 따위가 있다.《표대》

63 뒤 모음이, 앞 모음 'ㅣ'의 영향으로 반모음 'j'가 덧붙어 소리 나는 현상을 말한다. '피어'의 경우 앞에 있는 'ㅣ' 모음의 영향으로 뒤 모음 'ㅓ'가 'ㅕ'로 소리 나는 것이 그 예이다. '나기→내기'의 경우 뒤 모음의 영향으로 앞 모음의 소리가 바뀌었으므로 역행 동화이고, '피어→피여'는 앞 모음의 영향으로 뒤 모음이 변하였으므로 순행 동화라고 한다.

64 참고로 《한글 맞춤법·표준어 규정 해설》(2018, p.249)의 기술을 덧붙이면 다음과 같다.
"이 조항(※표준어규정 제22항)에서는 '어'를 [ㅕ]로 발음하는 조건을 명확히 제시하지는 않았다. 제시된 예만 보면 '되-, 피-' 뒤에 어미 '-어'가 오는 경우와, '이오, 아니오'에서만 반모음 'ㅣ[j]'가 첨가된다. 그러나 국어사전의 발음 정보를 살펴보면 '되-'와 같이 'ㅚ'로 끝나는 용언 어간 전체, '피-'와 같이 'ㅣ'로 끝나는 용언 어간 전체는 물론이고 '뛰-'와 같이 'ㅟ'로 끝나는 용언 어간 전체에서 반모음 'ㅣ[j]'가 첨가되는 현상을 표준 발음으로 제시하고 있다. 반면 '깨-, 패-'와 같이 'ㅐ'로

에 차이가 발생한 것이다. '조선말규범집 총칙'에서 밝힌 것처럼 북측에서 '형태주의 표기'를 기본 원리로 삼는다면, '기어', '개어', '베어', '되어'처럼 활용형의 구성 성분을 밝혀서 적는 것이 일관성과 편의성을 지키는 방법이라 생각한다.

**(75) 어간 끝음절 모음에 따른 어미 표기 비교**

| 어간 끝음절 모음 | 남측 | 북측 |
|---|---|---|
| ㅏ, ㅗ | 아(-아도, -아라, -아서, -아야), (-았-) | 아(-아도, -아라, -아서, -아야), (-았-) |
| ㅓ, ㅜ, ㅡ | 어(-어도, -어라, -어서, -어야), (-었-) | 어(-어도, -어라, -어서, -어야), (-었-) |
| ㅣ, ㅐ, ㅔ, ㅚ, ㅟ, ㅢ | **어**(-어도, -어라, -어서, -어야), (-었-) | **여**(-여도, -여라, -여서, -여야), (-였-) |

**(76) 표기 차이 올림말**

| 《표대》 | 《조대》 |
|---|---|
| **태어-나다** [동사]<br>사람이나 동물이 형태를 갖추어 어미의 태(胎)로부터 세상에 나오다. | **태여나다** [동(자)]<br>① (사람이) 세상에 나오다.<br>② 《어떤 사물 또는 현상이 현실적인것으로 나타나거나 생겨나다》를 비겨 이르는 말. |
| **띄어-쓰기** [띄어--/띠여--] [명사] 《언어》<br>글을 쓸 때, 각 낱말을 띄어 쓰는 일. | **띄여쓰기** [명] 《언어》<br>글을 쉽게 보게 하기 위하여 문장안에 있는 단어나 이와 등가적인것을 띄여서 쓰는것 또는 그에 대한 규범. |

---

끝나는 용언 어간이나 '데-, 세-'와 같이 'ㅔ'로 끝나는 용언 어간 뒤에서는 반모음 'ㅣ[j]'가 첨가되는 것을 표준 발음으로 인정하지 않는다. 결국 전통적으로 처리되어 오던 'ㅣ' 모음 순행 동화와 비교할 때 'ㅣ, ㅚ, ㅟ' 뒤에서의 반모음 'ㅣ[j]' 첨가만을 표준 발음으로 허용한다는 차이가 있다."

### ② 'ㅎ', 'ㅂ' 불규칙 활용

(77) 남측 표기법

**한글 맞춤법**

**제18항 다음과 같은 용언들은 어미가 바뀔 경우, 그 어간이나 어미가 원칙에 벗어나면 벗어나는 대로 적는다.**

⋮(중략)

3. 어간의 끝 'ㅎ'이 줄어질 적

| | | | | |
|---|---|---|---|---|
| 그렇다: | 그러니 | 그럴 | 그러면 | 그러오 |
| 까맣다: | 까마니 | 까말 | 까마면 | 까마오 |
| 동그랗다: | 동그라니 | 동그랄 | 동그라면 | 동그라오 |
| 퍼렇다: | 퍼러니 | 퍼럴 | 퍼러면 | 퍼러오 |
| 하얗다: | 하야니 | 하얄 | 하야면 | 하야오 |

⋮(중략)

6. 어간의 끝 'ㅂ'이 'ㅜ'로 바뀔 적

| | | | |
|---|---|---|---|
| 깁다: | 기워 | 기우니 | 기웠다 |
| 굽다[炙]: | 구워 | 구우니 | 구웠다 |
| 가깝다: | 가까워 | 가까우니 | 가까웠다 |
| 괴롭다: | 괴로워 | 괴로우니 | 괴로웠다 |
| 맵다: | 매워 | 매우니 | 매웠다 |
| 무겁다: | 무거워 | 무거우니 | 무거웠다 |
| 밉다: | 미워 | 미우니 | 미웠다 |
| 쉽다: | 쉬워 | 쉬우니 | 쉬웠다 |

다만, '돕-, 곱-'과 같은 단음절 어간에 어미 '-아'가 결합되어 '와'로 소리 나는 것은 '-와'로 적는다.

| | | | | |
|---|---|---|---|---|
| 돕다[助]: | 도와 | 도와서 | 도와도 | 도왔다 |
| 곱다[麗]: | 고와 | 고와서 | 고와도 | 고왔다 |

(이하 생략)

(78) 북측 표기법

**조선말규범집(맞춤법)**

**제10항. 일부 형용사, 동사에서 말줄기와 토가 어울릴 때에 말줄기의 끝소리가 일정하게 바뀌여 지는것은 바뀐대로 적는다.**

⋮(중략)

3) 말줄기의 끝을《ㅎ》으로 적거나 적지 않는 경우

례: 벌겋다— 벌겋고, 벌겋지
벌거오, 벌거니, 벌겁니다, 벌개서
커다랗다— 커다랗고, 커다랗지
커다라오, 커다라니, 커다랍니다
커다래서
허옇다— 허옇고, 허옇지
허여오, 허여니, 허엽니다, 허얘서

**[붙임]**

《ㅎ》받침으로 끝난 본래의 말줄기가 두 소리마디이상으로 된 형용사, 동사는 모두 여기에 속한다.

⋮(중략)

5) 말줄기의 끝《ㅂ》을《오(우)》로도 적는 경우

례: 고맙다— 고맙고, 고맙지
고마우니, 고마와
곱다— 곱고, 곱지
고우니, 고와
춥다— 춥고, 춥지
추우니, 추워

(이하 생략)

---

《한글 맞춤법》 '제18항의 3', 그리고 《조선말규범집》(맞춤법) '제10항의 3)'은 어간 끝이 'ㅎ'인 용언 활용형이 줄어들 때의 표기 조항이다. 어간 끝 받침 'ㅎ'이 어미 '-아/-어'와 결합하여 줄어들 때 남측에서는 어간 모음의 성질(양성/음성)에 따라 '-애(-얘)', '-에(-예)'로

구분하여 적지만, 북측에서는 어간 모음의 성질과는 관계없이 '-애(-얘)'로만 적는다. 즉, 어간이 음성 모음일 때 남측은 '-에(-예)'로, 북측은 '-애(-얘)'로 표기하도록 규정되어 있는 것이다. 이에 따라 '퍼렇-+-어'와 같은 활용형은 남측에서 '퍼레', 북측에서 '퍼래'로 표기하며, '허옇-+-어'의 활용형 역시 남측에서는 '허예', 북측에서는 '허얘'로 표기하여 차이가 있다.

(79) 표기 차이 올림말

| 《표대》 | 《조대》 |
|---|---|
| **시퍼레-지다** [동사]<br>시퍼렇게 되다. | **시퍼래지다** [동]<br>시퍼렇게 되다. |
| **허예-지다** [허ː---] [동사]<br>허옇게 되다. | **허얘지다** [동(자)]<br>허옇게 되다. |

한편, 《한글 맞춤법》 '제18항의 6'과 《조선말규범집》(맞춤법) '제10항의 5)'는 어간 끝 받침 'ㅂ'이 모음 어미와 결합할 때의 표기와 관련된 조항이다. 남측에서는 어간 끝 받침이 'ㅂ'인 용언이 '-아/-어'와 결합할 때 현실 발음에 따라 표기하도록 하였다. 그 결과 '돕-'과 '곱-'처럼 단음절 어간이면서 그 어간의 모음이 'ㅗ'일 때만 '와'로 적고(도와/도왔다, 고와/고왔다), 그 외는 모두 '워'로 적는다. 이에 비해 《조선말규범집》(맞춤법) '제10항의 5)'에서는 '말줄기의 끝 《ㅂ》을 《오(우)》로도 적는 경우'라고 하여 그 예만 제시하고 세부 규정은 제시하지 않았다. 특히 《조대》에서는 '곱-', '춥-'과 같은 단음절 어간은 모음 조화 규칙에 따라 '고와, 추워'로만 활용형을 제시한 반면, '아깝-', '아름답-', '꽃답-'과 같이 어간이 2음절 이상일 때는 '아깝다(아까우니, 아까와, 아까워)', '아름답다(아름다우니, 아름다와, 아름다워)', '꽃답다(꽃다우니, 꽃다와, 꽃다워)'와 같이 '-와'와 '-워' 활용형을 모두 제시하고 있어 남측과 차이가 있다. 이러한 차이로 말미암아 활용형을 구성 성분으로 포함하는 단어의 표기에서도 차이가 생겼다.

(80) 표기 차이 올림말

| 《표대》 | 《조대》 |
|---|---|
| **달가워-하다** [동사]<br>마음에 흡족하게 여기다. | **달가와하다** [동(타)]<br>마음에 들어 좋아하다.<br>참고) '달가워하다'는 사전에 수록되지 않았음. |
| **아까워-하다** [동사]<br>아깝게 생각하다. | **아까와하다** [동(타)]<br>아깝게 여기다.<br>참고) '아까워하다'와 '아까와하다' 둘 다 사전에 수록되었음. |

《조대》에서 '-와'와 '-워' 활용형을 둘 다 제시한 올림말은 다음과 같다.

(81) 《조대》에서 '-와'와 '-워' 활용형을 모두 제시한 올림말

| 올림말 | 활용형 |
|---|---|
| 가깝다 | 가까우니, 가까**와**, 가까**워** |
| 가소롭다 | 가소로우니, 가소로**와**, 가소로**워** |
| 가파롭다 | 가파로우니, 가파로**와**, 가파로**워** |
| 감미롭다 | 감미로우니, 감미로**와**, 감미로**워** |
| 감사납다 | 감사나우니, 감사나**와**, 감사나**워** |
| 감회롭다 | 감회로우니, 감회로**와**, 감회로**워** |
| 강파롭다 | 강파로우니, 강파로**와**, 강파로**워** |
| 경사롭다 | 경사로우니, 경사로**와**, 경사로**워** |
| 경이롭다 | 경이로우니, 경이로**와**, 경이로**워** |
| 고가롭다 | 고기로우니, 고가로**와**, 고가로**워** |
| 고깝다 | 고까우니, 고까**와**, 고까**워** |
| 고르롭다 | 고르로우니, 고르로**와**, 고르로**워** |
| 고맙다 | 고마우니, 고마**와**, 고마**워** |
| 고캅다 | 고카우니, 고카**와**, 고카**워** |
| 골고롭다 | 골고로우니, 골고로**와**, 골고로**워** |
| 곰살갑다 | 곰살가우니, 곰살가**와**, 곰살가**워** |
| 공교롭다 | 공교로우니, 공교로**와**, 공교로**워** |
| 광채롭다 | 광채로우니, 광채로**와**, 광채로**워** |
| 광휘롭다 | 광휘로우니, 광휘로**와**, 광휘로**워** |

| | |
|---|---|
| 괴까다롭다 | 괴까다로우니, 괴까다로**와**, 괴까다로**워** |
| 괴롭다 | 괴로우니, 괴로**와**, 괴로**워** |
| 군조럽다 | 군조러우니, 군조러**와**, 군조러**워** |
| 까다롭다 | 까다로우니, 까다로**와**, 까다로**워** |
| 깔맵다 | 깔매우니, 깔매**와**, 깔매**워** |
| 꽃답다 | 꽃다우니, 꽃다**와**, 꽃다**워** |
| 꾀까다롭다 | 꾀까다로우니, 꾀까다로**와**, 꾀까다로**워** |
| 나무랍다 | 나무라우니, 나무라**와**, 나무라**워** |
| 날카롭다 | 날카로우니, 날카로**와**, 날카로**워** |
| 남아답다 | 남아다우니, 남아다**와**, 남아다**워** |
| 녀자답다 | 녀자다우니, 녀자다**와**, 녀자다**워** |
| 놀랍다 | 놀라우니, 놀라**와**, 놀라**워** |
| 다랍다 | 다라우니, 다라**와**, 다라**워** |
| 다사롭다[1] | 다사로우니, 다사로**와**, 다사로**워** |
| 다사롭다[2] | 다사로우니, 다사로**와**, 다사로**워** |
| 다채롭다 | 다채로우니, 다채로**와**, 다채로**워** |
| 단조롭다 | 단조로우니, 단조로**와**, 단조로**워** |
| 달갑다 | 달가우니, 달가**와**, 달가**워** |
| 대소롭다 | 대소로우니, 대소로**와**, 대소로**워** |
| 대수롭다 | 대수로우니, 대수로**와**, 대수로**워** |
| 도탑다 | 도타우니, 도타**와**, 도타**워** |
| 드사납다 | 드사나우니, 드사나**와**, 드사나**워** |
| 듣잡다 | 듣자오니, 듣자**와**, 듣자**워** |
| 따갑다 | 따가우니, 따가**와**, 따가**워** |
| 따사롭다 | 따사로우니, 따사로**와**, 따사로**워** |
| 례답다 | 례다우니, 례다**와**, 례다**워** |
| 례모답다 | 례모다우니, 례모다**와**, 례모다**워** |
| 례사롭다 | 례사로우니, 례사로**와**, 례사로**워** |
| 리롭다 | 리로우니, 리로**와**, 리로**워** |
| 만갑다 | 만가우니, 만가**와**, 만가**워** |
| 만나뵈옵다 | 만나뵈오니, 만나뵈**와**, 만나뵈**워** |
| 만나뵙다 | 만나뵈니, 만나뵈**와**, 만나뵈**워** |
| 맞돕다 | 맞도우니, 맞도**와**, 맞도**워** |

| | |
|---|---|
| 명예롭다 | 명예로우니, 명예로**와**, 명예로**워** |
| 반갑다 | 반가우니, 반가**와**, 반가**워** |
| 받잡다 | 받자오니, 받자**와**, 받자**워** |
| 방해롭다 | 방해로우니, 방해로**와**, 방해로**워** |
| 번뇌롭다 | 번뇌로우니, 번뇌로**와**, 번뇌로**워** |
| 번화롭다 | 번화로우니, 번화로**와**, 번화로**워** |
| 별미롭다 | 별미로우니, 별미로**와**, 별미로**워** |
| 보드랍다 | 보드라우니, 보드라**와**, 보드라**워** |
| 보배롭다 | 보배로우니, 보배로**와**, 보배로**워** |
| 보화롭다 | 보화로우니, 보화로**와**, 보화로**워** |
| 뵈옵다 | 뵈오니, 뵈**와**, 뵈**워** |
| 부요롭다 | 부요로우니, 부요로**와**, 부요로**워** |
| 부유롭다 | 부유로우니, 부유로**와**, 부유로**워** |
| 부자유롭다 | 부자유로우니, 부자유로**와**, 부자유로**워** |
| 사나이답다 | 사나이다우니, 사나이다**와**, 사나이다**워** |
| 사납다 | 사나우니, 사나**와**, 사나**워** |
| 사내답다 | 사내다우니, 사내다**와**, 사내다**워** |
| 사랑홉다 | 사랑호우니, 사랑호**와**, 사랑호**워** |
| 사사롭다 | 사사로우니, 사사로**와**, 사사로**워** |
| 살갑다 | 살가우니, 살가**와**, 살가**워** |
| 상가롭다 | 상가로우니, 상가로**와**, 상가로**워** |
| 상서롭다 | 상서로우니, 상서로**와**, 상서로**워** |
| 새라새롭다 | 새라새로우니, 새라새로**와**, 새라새로**워** |
| 새롭다 | 새로우니, 새로**와**, 새로**워** |
| 생기롭다 | 생기로우니, 생기로**와**, 생기로**워** |
| 손돕다 | 손도우니, 손도**와**, 손도**워** |
| 솔갑다 | 솔가우니, 솔가**와**, 솔가**워** |
| 수고롭다 | 수고로우니, 수고로**와**, 수고로**워** |
| 수나롭다 | 수나로우니, 수나로**와**, 수나로**워** |
| 순리롭다 | 순리로우니, 순리로**와**, 순리로**워** |
| 순조롭다 | 순조로우니, 순조로**와**, 순조로**워** |
| 순화롭다 | 순화로우니, 순화로**와**, 순화로**워** |
| 스스롭다 | 스스로우니, 스스로**와**, 스스로**워** |

| | |
|---|---|
| 슬기롭다 | 슬기로우니, 슬기로**와**, 슬기로**워** |
| 신기롭다[1] | 신기로우니, 신기로**와**, 신기로**워** |
| 신기롭다[2] | 신기로우니, 신기로**와**, 신기로**워** |
| 신비롭다 | 신비로우니, 신비로**와**, 신비로**워** |
| 실답다 | 실다우니, 실다**와**, 실다**워** |
| 아깝다 | 아까우니, 아까**와**, 아까**워** |
| 아름답다 | 아름다우니, 아름다**와**, 아름다**워** |
| 아릿답다 | 아릿다우니, 아릿다**와**, 아릿다**워** |
| 아아롭다 | 아아로우니, 아아로**와**, 아아로**워** |
| 안타깝다 | 안타까우니, 안타까**와**, 안타까**워** |
| 애고롭다 | 애고로우니, 애고로**와**, 애고로**워** |
| 애처롭다 | 애처로우니, 애처로**와**, 애처로**워** |
| 애홉다 | 애호우니, 애호**와**, 애호**워** |
| 야시꼽다 | 야시꼬우니, 야시꼬**와**, 야시꼬**워** |
| 어른답다 | 어른다우니, 어른다**와**, 어른다**워** |
| 영예롭다 | 영예로우니, 영예로**와**, 영예로**워** |
| 영화롭다 | 영화로우니, 영화로**와**, 영화로**워** |
| 예지롭다 | 예지로우니, 예지로**와**, 예지로**워** |
| 온곱다 | 온고우니, 온고**와**, 온고**워** |
| 외따롭다 | 외따로우니, 외따로**와**, 외따로**워** |
| 외롭다 | 외로우니, 외로**와**, 외로**워** |
| 요괴롭다 | 요괴로우니, 요괴로**와**, 요괴로**워** |
| 우애롭다 | 우애로우니, 우애로**와**, 우애로**워** |
| 운치롭다 | 운치로우니, 운치로**와**, 운치로**워** |
| 원쑤롭다 | 원쑤로우니, 원쑤로**와**, 원쑤로**워** |
| 위태롭다 | 위태로우니, 위태로**와**, 위태로**워** |
| 유해롭다 | 유해로우니, 유해로**와**, 유해로**워** |
| 은혜롭다 | 은혜로우니, 은혜로**와**, 은혜로**워** |
| 의롭다 | 의로우니, 의로**와**, 의로**워** |
| 의외롭다 | 의외로우니, 의외로**와**, 의외로**워** |
| 이채롭다 | 이채로우니, 이채로**와**, 이채로**워** |
| 인자롭다 | 인자로우니, 인자로**와**, 인자로**워** |
| 임의롭다 | 임의로우니, 임의로**와**, 임의로**워** |

| | |
|---|---|
| 자뜨랍다 | 자뜨라우니, 자뜨라**와**, 자뜨라**워** |
| 자비롭다 | 자비로우니, 자비로**와**, 자비로**워** |
| 자애롭다 | 자애로우니, 자애로**와**, 자애로**워** |
| 자유롭다 | 자유로우니, 자유로**와**, 자유로**워** |
| 자혜롭다 | 자혜로우니, 자혜로**와**, 자혜로**워** |
| 잔조롭다 | 잔조로우니, 잔조로**와**, 잔조로**워** |
| 잗달갑다 | 잗달가우니 , 잗달가**와**, 잗달가**워** |
| 재미롭다 | 재미로우니, 재미로**와**, 재미로**워** |
| 저주롭다 | 저주로우니, 저주로**와**, 저주로**워** |
| 젓삽다 | 젓사오니, 젓사**와**, 젓사**워** |
| 정가롭다 | 정가로우니, 정가로**와**, 정가로**워** |
| 정교롭다 | 정교로우니, 정교로**와**, 정교로**워** |
| 정기롭다 | 정기로우니, 정기로**와**, 정기로**워** |
| 정답다 | 정다우니, 정다**와**, 정다**워** |
| 정예롭다 | 정예로우니, 정예로**와**, 정예로**워** |
| 정의롭다 | 정의로우니, 정의로**와**, 정의로**워** |
| 정채롭다 | 정채로우니, 정채로**와**, 정채로**워** |
| 조마롭다 | 조마로우니, 조마로**와**, 조마로**워** |
| 조화롭다 | 조화로우니, 조화로**와**, 조화로**워** |
| 종요롭다 | 종요로우니, 종요로**와**, 종요로**워** |
| 죄롭다 | 죄로우니, 죄로**와**, 죄로**워** |
| 주인답다 | 주인다우니, 주인다**와**, 주인다**워** |
| 주저롭다 | 주저로우니, 주저로**와**, 주저로**워** |
| 지혜롭다 | 지혜로우니, 지혜로**와**, 지혜로**워** |
| 참답다 | 참다우니, 참다**와**, 참다**워** |
| 청쫍다 | 청쪼우니, 청쪼**와**, 청쪼**워** |
| 초조롭다 | 초조로우니, 초조로**와**, 초조로**워** |
| 총혜롭다 | 총혜로우니, 총혜로**와**, 총혜로**워** |
| 취미롭다 | 취미로우니, 취미로**와**, 취미로**워** |
| 친애롭다 | 친애로우니, 친애로**와**, 친애로**워** |
| 팽패롭다 | 팽패로우니, 팽패로**와**, 팽패로**워** |
| 페롭다 | 페로우니, 페로**와**, 페로**워** |
| 평화롭다 | 평화로우니, 평화로**와**, 평화로**워** |

| | |
|---|---|
| 표차롭다 | 표차로우니, 표차로**와**, 표차로**워** |
| 풍요롭다 | 풍요로우니, 풍요로**와**, 풍요로**워** |
| 한가롭다 | 한가로우니, 한가로**와**, 한가로**워** |
| 할갑다 | 할가우니, 할가**와**, 할가**워** |
| 해깝다 | 해까우니, 해까**와**, 해까**워** |
| 향기롭다 | 향기로우니, 향기로**와**, 향기로**워** |
| 허수롭다 | 허수로우니, 허수로**와**, 허수로**워** |
| 헌거롭다 | 헌거로우니, 헌거로**와**, 헌거로**워** |
| 호걸답다 | 호걸다우니, 호걸다**와**, 호걸다**워** |
| 호사롭다 | 호사로우니, 호사로**와**, 호사로**워** |
| 화기롭다 | 화기로우니, 화기로**와**, 화기로**워** |
| 환희롭다 | 환희로우니, 환희로**와**, 환희로**워** |
| 활기롭다 | 활기로우니, 활기로**와**, 활기로**워** |
| 효도롭다 | 효도로우니, 효도로**와**, 효도로**워** |

## 10 복합어의 표기

둘 이상의 형태소가 결합하여 복합어가 되었을 때, 남북 표기법은 공히 그 원형의 의미가 유지되고 있으면 원형을 밝혀 적고, 그 원형의 의미가 드러나지 않으면 소리 나는 대로 적도록 규정하고 있다. 그런데 개별 올림말에 이 원칙을 적용할 때, '어원이 분명한지, 그렇지 않은지' 또는 '복합어 구성 성분의 의미 변화가 있는지, 그렇지 않은지' 등에 대한 남북의 판단이 달라 표기에서 차이가 나는 올림말들이 있다. 복합어 표기에 남북 차이가 있는 올림말들을 유형별로 제시하면 다음과 같다.

## ① 접미사가 붙어서 된 파생어 표기

### ㉠ 어간에 '-이'나 '-음/-ㅁ'이 붙어서 명사로 된 말과 '-이'나 '-히'가 붙어서 부사로 된 말

(82) 남측 표기법

**한글 맞춤법**

**제19항 어간에 '-이'나 '-음/-ㅁ'이 붙어서 명사로 된 것과 '-이'나 '-히'가 붙어서 부사로 된 것은 그 어간의 원형을 밝히어 적는다.**

1. '-이'가 붙어서 명사로 된 것

길이 깊이 높이 다듬이 땀받이 달맞이
먹이 미닫이 벌이 벼훑이 살림살이 쇠붙이

2. '-음/-ㅁ'이 붙어서 명사로 된 것

걸음 묶음 믿음 얼음 엮음 울음
웃음 졸음 죽음 앎

3. '-이'가 붙어서 부사로 된 것

같이 굳이 길이 높이 많이 실없이
좋이 짓궂이

4. '-히'가 붙어서 부사로 된 것

밝히 익히 작히

다만, 어간에 '-이'나 '-음'이 붙어서 명사로 바뀐 것이라도 그 어간의 뜻과 멀어진 것은 원형을 밝히어 적지 아니한다.

굽도리 다리[髢] 목거리(목병) 무녀리
코끼리 거름(비료) 고름[膿] 노름(도박)

**[붙임]** 어간에 '-이'나 '-음' 이외의 모음으로 시작된 접미사가 붙어서 다른 품사로 바뀐 것은 그 어간의 원형을 밝히어 적지 아니한다.

(1) 명사로 바뀐 것

귀머거리　까마귀　너머　뜨더귀　마감
마개　마중　무덤　비렁뱅이　쓰레기
올가미　주검

(2) 부사로 바뀐 것

거뭇거뭇　너무　도로　뜨덤뜨덤　바투
불긋불긋　비로소　오긋오긋　자주　차마

(3) 조사로 바뀌어 뜻이 달라진 것

나마　부터　조차

---

### (83) 북측 표기법

**조선말규범집(맞춤법)**

**제23항. 모음으로 된 뒤붙이가 말뿌리와 어울릴 때에는 다음과 같이 갈라 적는다.**

1) 말뿌리와 뒤붙이를 밝혀 적는 경우

(1) 명사나 부사를 만드는 뒤붙이《이》

례: — 길이, 깊이, 높이, 미닫이, 살림살이, 손잡이, 해돋이
— 네눈이, 삼발이
— 같이, 굳이, 깊이, 많이, 좋이
— 곳곳이, 낱낱이, 샅샅이, 집집이

그러나 본딴말에 붙어서 명사를 이루는것은 밝혀 적지 않는다.

례: 누더기, 더퍼리, 두드러기, 무더기, 매미, 깍두기, 딱따기

(2) 명사를 만드는 뒤붙이《음》

례: 갉음, 걸음, 물음, 믿음, 졸음, 죽음, 꽃묶음, 엮음, 웃음, 이음

그러나 다음과 같은 단어들은 말뿌리와 뒤붙이를 밝혀 적지 않는다.

례: 거름(거름을 내다)
고름(고름을 짜다)
마름(한마름, 두마름)
주검(주검을 다루다)
⋮(중략)

2) 말뿌리와 뒤붙이를 밝혀 적지 않는 경우

(1) 말뿌리에 《이》, 《음》 이외의 뒤붙이가 붙어서 이루어진 명사나 부사

례: 나머지, 마감, 마개, 마중, 바깥, 지붕, 지푸래기, 끄트머리, 뜨더귀, 싸래기, 쓰레기, 올가미

례: 너무, 도로, 바투, 비로소, 자주, 뜨덤뜨덤

례: 거뭇거뭇, 나붓나붓, 쫑긋쫑긋, 오긋오긋, 울긋불긋
(이하 생략)

---

《한글 맞춤법》 '제19항의 1, 2'와 《조선말규범집》(맞춤법) '제23항의 1) (1), (2)'는 용언 어간에 접미사 '-이', '-음/-ㅁ'이나 '-이/-히'가 결합하였을 때, 그 어간의 본뜻이 유지되면 그 원형을 밝혀 적도록 한 조항이다. 그리고 《한글 맞춤법》 '제19항 [붙임]'과 《조선말규범집》(맞춤법) '제23항 2)'는 어간에 '-이', '-음' 이외의 모음으로 시작되는 접미사가 결합한 경우 그 어간의 원형을 밝혀 적지 않도록 한 조항이다. 남북 규범의 기본 원칙은 거의 유사하지만, 복합어 어간의 의미 변화 여부에 대한 판단의 차이로 표기 차이를 보이는 예들이 있다.

(84) 표기 차이 올림말

| 《표대》 | 《조대》 |
|---|---|
| **모질-음** [모ː--] [명사]<br>고통을 견디어 내려고 모질게 쓰는 힘. | **모지름**[65] [명]<br>괴로움을 견디여내거나 무엇을 이루려고 안타까이 모대기는것. |
| **설거지**[66] [명사]<br>① 먹고 난 뒤의 그릇을 씻어 정리하는 일.<br>② =비설거지. | **설겆이** [명]<br>설겆는 일. |

### ㉡ 명사 뒤에 '-이'가 붙어서 된 말

(85) 남측 표기법

| 한글 맞춤법 |
|---|
| **제20항 명사 뒤에 '-이'가 붙어서 된 말은 그 명사의 원형을 밝히어 적는다.**<br><br>1. 부사로 된 것<br>곳곳이 낱낱이 몫몫이 샅샅이 앞앞이 집집이<br><br>2. 명사로 된 것<br>곰배팔이 바둑이 삼발이 애꾸눈이 육손이 절뚝발이/절름발이<br>(이하 생략) |

65 '모지름'은 어간 '모질-'에 명사형 접사 '-음'이 결합한 형태이다.

66 '설거지'는 어근 '설겆-'에 명사형 접사 '-이'가 결합한 형태이다. 남측에서는 '설겆-'이 단독으로 쓰이지 못하고, 그 활용형(*설겆어, *설겆으니) 또한 존재하지 않으므로 원형을 밝히지 않고 소리 나는 대로 표기한 것이다.

(86) 북측 표기법

| 조선말규범집(맞춤법) |
|---|
| **제23항. 모음으로 된 뒤붙이가 말뿌리와 어울릴 때에는 다음과 같이 갈라 적는다.**<br><br>1) 말뿌리와 뒤붙이를 밝혀 적는 경우<br><br>(1) 명사나 부사를 만드는 뒤붙이《이》<br><br>례: ─ 길이, 깊이, 높이, 미닫이, 살림살이, 손잡이, 해돋이<br>─ 네눈이, 삼발이<br>─ 같이, 굳이, 깊이, 많이, 좋이<br>─ 곳곳이, 낱낱이, 샅샅이, 집집이<br>(이하 생략) |

《한글 맞춤법》 제20항과 《조선말규범집》(맞춤법) 제23항은 명사에 접미사 '-이'가 결합했을 때의 표기를 다루고 있다. 이 경우 대체로 명사의 본뜻이 일정하게 유지되는 경향이 우세하고, 접미사 '-이'는 여러 어근과 결합하여 새로운 단어를 활발하게 생성하므로 그 원형을 밝혀 적도록 한 것이다. 남북 규범의 기본 원칙은 거의 유사하지만, 복합어의 구성 성분인 명사의 의미 변화 여부에 대한 판단의 차이로 표기에 차이가 나는 예들이 있다.

(87) 표기 차이 올림말

| 《표대》 | 《조대》 |
|---|---|
| **거북-이** [명사]<br>'거북[2]'을 일상적으로 이르는 말. | **거부기**[67] [명]<br>바다에서 사는 파충류의 한가지. 몸에 둥글넙적한 등갑이 덮여있고 네다리가 짧으며 기여다니거나 헤염쳐다닌다. 우리 나라 바다에는 붉은바다거부기, 푸른바다거부기, 가죽거부기가 있다. 모두 더운 지방의 섬이나 연안의 모래기슭에 올라와 알을 낳아 깨운다. 물고기나 게, 조개류를 먹고 산다. 고기는 식용 또는 약재로 리용한다. |
| **가지기**[68] [명사]<br>정식 혼인을 하지 않고 다른 남자와 사는 과부나 이혼녀. | **가직이**[2] (家直-) [명]<br>《총각이 과부나 리혼한 녀자와 잠자리를 같이할 때에 그 녀자》를 이르던 말. |

### ⓒ '-하다'나 '-거리다'가 붙는 어근에 '-이'가 붙어서 명사가 된 말

(88) 남측 표기법

**한글 맞춤법**

**제23항 '-하다'나 '-거리다'가 붙는 어근에 '-이'가 붙어서 명사가 된 것은 그 원형을 밝히어 적는다.** (ㄱ을 취하고, ㄴ을 버림.)

| ㄱ | ㄴ | ㄱ | ㄴ |
|---|---|---|---|
| 깔쭉이 | 깔쭈기 | 살살이 | 살사리 |
| 꿀꿀이 | 꿀꾸리 | 쌕쌕이 | 쌕쌔기 |
| 눈깜짝이 | 눈깜짜기 | 오뚝이 | 오뚜기 |
| 더펄이 | 더퍼리 | 코납작이 | 코납자기 |
| 배불뚝이 | 배불뚜기 | 푸석이 | 푸서기 |
| 삐죽이 | 삐주기 | 홀쭉이 | 홀쭈기 |

**[붙임]** '-하다'나 '-거리다'가 붙을 수 없는 어근에 '-이'나 또는 다른 모음으로 시작되는 접미사가 붙어서 명사가 된 것은 그 원형을 밝히어 적지 아니한다.

| | | | | |
|---|---|---|---|---|
| 개구리 | 귀뚜라미 | 기러기 | 깍두기 | 꽹과리 |
| 날라리 | 누더기 | 동그라미 | 두드러기 | 딱따구리 |
| 매미 | 부스러기 | 뻐꾸기 | 얼루기 | 칼싹두기 |

(89) 북측 표기법

**조선말규범집(맞춤법)**

**제23항. 모음으로 된 뒤붙이가 말뿌리와 어울릴 때에는 다음과 같이 갈라 적는다.**

1) 말뿌리와 뒤붙이를 밝혀 적는 경우

(1) 명사나 부사를 만드는 뒤붙이 《이》

⋮(중략)

67 '거부기'는 명사 '거북'에 명사형 접사 '-이'가 결합한 형태이다.

68 '가지기'는 명사 '가직(家直)'에 명사형 접사 '-이'가 결합한 형태이다.

그러나 본딴말에 붙어서 명사를 이루는것은 밝혀 적지 않는다.

례: 누더기, 더퍼리, 두드러기, 무더기, 매미, 깍두기, 딱따기
⋮(중략)

2) 말뿌리와 뒤붙이를 밝혀 적지 않는 경우
⋮(중략)

(2) 어떤 토나 《하다》가 붙어서 단어를 이루는 일이 없는 말뿌리에 뒤붙이 《이》, 《애기》, 《어기(에기)》, 《아기》가 붙어서 된 명사나 부사

례: 갑자기, 동그라미, 반드시, 슬며시, 호르래기, 부스레기
(이하 생략)

---

《한글 맞춤법》 제23항과 《조선말규범집》(맞춤법) 제23항은 '-하다'나 '-거리다'가 붙는 어근에 접미사 '-이'가 결합했을 때의 표기에 관한 조항이다. 《한글 맞춤법》 제23항에서는 '-하다', '-거리다'가 붙는 어근에 접미사 '-이'가 결합하여 명사가 되었을 때 그 원형을 밝혀 적도록 규정하였다. 이에 비해 《조선말규범집》(맞춤법) 제23항은 의성·의태어(본딴말)의 어근에 접미사 '-이'가 결합하여 명사가 되었을 때 그 원형을 밝혀 적지 않도록 규정하고 있어 남측의 규정과 차이가 난다. 다만 남측에서도 의성·의태어이면서 '-하다', '-거리다'가 붙지 않는 어근에 '-이'나 '-이' 이외의 모음으로 시작하는 접미사가 붙을 경우는 원형을 밝혀 적지 않도록 규정하고 있다.

**(90) 표기 차이 올림말**

| 《표대》 | 《조대》 |
| --- | --- |
| **옹알-이**[69] [명사]<br>아직 말을 못하는 어린아이가 혼자 입속말처럼 자꾸 소리를 내는 짓. | **옹아리** [명]<br>=놀소리(갓난아이가 혼자 놀면서 내는 군소리). |

69 '옹알이'는 어근 '옹알'에 접미사 '-이'가 결합한 형태로, 남측에서는 '옹알거리다'와 같이 '-거리다'가 붙을 수 있다고 보아 원형을 밝혀 적었다.

| **얼루기**1[70] [명사] | **얼룩이**[71] [명] |
|---|---|
| ① 얼룩얼룩한 점이나 무늬. 또는 그런 점이나 무늬가 있는 짐승이나 물건.<br>② 살갗이 두드러지지 않고 색깔만 달라지는 병. 자반, 색소반, 백반(白斑) 따위가 있다. | ① 《털빛이나 몸빛이 얼룩진 짐승》을 두루 이르는 말.<br>② 《의학》 살갗이 두드러지지 않고 색갈만 달라진 증세. 피줄에 피가 모여 붉게 된것을 붉은꽃, 피줄이 터져 피가 살갗 안에 나와 검붉게 된것을 자반, 흑색소가 많아져 검게 된것을 색소반, 흑색소가 적어졌거나 없어져 희게 된것을 흰얼룩이라고 한다. |

### ㉣ 명사나 용언 어간에 '자음 접미사'가 붙어서 된 말

#### (91) 남측 표기법

**한글 맞춤법**

**제21항 명사나 혹은 용언의 어간 뒤에 자음으로 시작된 접미사가 붙어서 된 말은 그 명사나 어간의 원형을 밝히어 적는다.**

1. 명사 뒤에 자음으로 시작된 접미사가 붙어서 된 것

값지다 홑지다 넋두리 빛깔 옆댕이 잎사귀

2. 어간 뒤에 자음으로 시작된 접미사가 붙어서 된 것

낚시 늙정이 덮개 뜯게질
갉작갉작하다 갉작거리다 뜯적거리다 뜯적뜯적하다
굵다랗다 굵직하다 깊숙하다 넓적하다
높다랗다 늙수그레하다 얽죽얽죽하다

다만, 다음과 같은 말은 소리대로 적는다.

---

70 남측에서는 '얼루기'의 '얼룩'을 '-하다'나 '-거리다'가 붙을 수 없는 어근으로 보아 '얼룩'의 원형을 밝혀 적지 않았다.

71 북측에서는 의성·의태어 어근에 접미사 '-이'가 결합한 경우 그 형태를 밝혀 적지 않도록 규정하고 있다. 그런데 '얼룩이'의 경우 '얼룩'을 의성·의태어로 보지 않고 명사로 보아 그 표기를 '얼룩이'로 적은 것이다.

(1) 겹받침의 끝소리가 드러나지 아니하는 것

| | | | |
|---|---|---|---|
| 할짝거리다 | 널따랗다 | 널찍하다 | 말끔하다 |
| 말쑥하다 | 말짱하다 | 실쭉하다 | 실큼하다 |
| 얄따랗다 | 얄팍하다 | 짤따랗다 | 짤막하다 |
| 실컷 | | | |

(2) 어원이 분명하지 아니하거나 본뜻에서 멀어진 것

| | | | |
|---|---|---|---|
| 넙치 | 올무 | 골막하다 | 납작하다 |

**(92) 북측 표기법**

**조선말규범집(맞춤법)**

**제19항. 자음으로 시작한 뒤붙이가 말뿌리와 어울릴 때에는 각각 그 형태를 밝혀 적는것을 원칙으로 한다.**

1) 새 단어를 새끼치는 뒤붙이

례: —곧추, 날치, 덮개, 돋보기, 첫째, 잎사귀
—꽃답다, 뜯적뜯적하다, 의롭다

(이하 생략)

**제21항. 《ㄺ, ㄼ, ㄾ, ㅀ》 등의 둘받침으로 끝난 말뿌리에 뒤붙이가 어울릴 때에 그 둘받침중의 한 소리가 따로 나지 않는것은 안나는대로 적는다.**

례: 말끔하다, 말쑥하다, 실쭉하다, 할짝할짝하다, 얄팍하다

(이하 생략)

《한글 맞춤법》 제21항과 《조선말규범집》(맞춤법) 제19항, 제21항은 명사나 용언 어간에 자음으로 시작하는 접미사가 결합할 때의 표기에 관한 조항이다. 남북 모두 원형을 밝혀 적되, 발음할 때 겹받침의 끝소리가 드러나지 않는 경우는 그 원형을 밝혀 적지 않도록 한 원칙에는 차이가 없다. 다만, 개별 올림말에 이 규정을 적용하는 과정에서 표기 차이가 나는 예들이 있다.

(93) 표기 차이 올림말

| 《표대》 | 《조대》 |
| --- | --- |
| **널-따랗다**[72] [--라타] [형용사]<br>((실제적인 공간을 나타내는 명사와 함께 쓰여)) 꽤 넓다. | **넓다랗다**[73] [넙-타] [형]<br>휜하게 넓다. |
| **넋-두리** [넉뚜-] [명사]<br>① 불만을 길게 늘어놓으며 하소연하는 말.<br>② 《민속》 굿을 할 때에, 무당이나 가족의 한 사람이 죽은 사람의 넋을 대신하여 하는 말. | **넉두리** [명]<br>① 원통하거나 억울한 일을 길게 늘어놓아 하소연하거나 마음속에 품었던것을 불평스럽게 늘어놓는 말.<br>② 미신에서, 무당이 굿을 할 때 죽은 사람의 넋을 대신한다하여 이르는 말.<br>③ 무당이 굿할 때 중얼대듯 《도무지 리치에 맞지 않고 동이 닿지 않게 늘어놓는 말》을 이르는 말. |

**ⓜ 어간에 '-기-, -리-, -이-, -히-, -구-, -우-, -추-, -으키-, -이키-, -애-, -치-, -뜨리-, -트리-'가 붙어서 된 말**

(94) 남측 표기법

| 한글 맞춤법 |
| --- |

**제22항 용언의 어간에 다음과 같은 접미사들이 붙어서 이루어진 말들은 그 어간을 밝히어 적는다.**

1. '-기-, -리-, -이-, -히-, -구-, -우-, -추-, -으키-, -이키-, -애-'가 붙는 것

| | | | | |
| --- | --- | --- | --- | --- |
| 맡기다 | 옮기다 | 웃기다 | 쫓기다 | 뚫리다 |
| 울리다 | 낚이다 | 쌓이다 | 핥이다 | 굳히다 |
| 굽히다 | 넓히다 | 앉히다 | 얽히다 | 잡히다 |
| 돋구다 | 솟구다 | 돋우다 | 갖추다 | 곧추다 |
| 맞추다 | 일으키다 | 돌이키다 | 없애다 | |

72 '널따랗다'는 어간 '넓-'에 접미사 '-다랗다'가 결합한 형태이다. 남측에서는 [널따라타]로 발음되어, 겹받침의 끝소리 'ㅂ'이 소리 나지 않으므로 소리 나는 대로 '널따랗다'로 표기하였다.

73 북측에서는 [넙따라타]로 발음되어, 겹받침의 끝소리 'ㅂ'이 소리 나므로 원형을 밝혀 '넓다랗다'로 표기하였다.

다만, '-이-, -히-, -우-'가 붙어서 된 말이라도 본뜻에서 멀어진 것은 소리대로 적는다.

| | | |
|---|---|---|
| 도리다(칼로 ~ ) | 드리다(용돈을 ~ ) | 고치다 |
| 바치다(세금을 ~ ) | 부치다(편지를 ~ ) | 거두다 |
| 미루다 | 이루다 | |

2. '-치-, -뜨리-, -트리-'가 붙는 것

| | | | | |
|---|---|---|---|---|
| 놓치다 | 덮치다 | 떠받치다 | 받치다 | 밭치다 |
| 부딪치다 | 뻗치다 | 엎치다 | 부딪뜨리다/부딪트리다 | |
| 쏟뜨리다/쏟트리다 | | 젖뜨리다/젖트리다 | | |
| 찢뜨리다/찢트리다 | | 흩뜨리다/흩트리다 | | |

**[붙임]** '-업-, -읍-, -브-'가 붙어서 된 말은 소리대로 적는다.

미덥다 우습다 미쁘다

---

(95) 북측 표기법

**조선말규범집(맞춤법)**

**제19항. 자음으로 시작한 뒤붙이가 말뿌리와 어울릴 때에는 각각 그 형태를 밝혀 적는것을 원칙으로 한다.**

⋮(중략)

2) 동사의 사역, 피동의 기능을 나타내는《이, 히, 기, 리, 우, 구, 추》

례: 놓이다, 막히다, 꽂히다, 뽑히다, 앉히다, 익히다, 입히다, 감기다, 담기다, 맡기다, 옮기다, 웃기다, 살리다, 세우다, 돋구다, 맞추다

3) 힘줌을 나타내는《치》

례: 놓치다, 덮치다, 받치다, 뻗치다, 엎치다

4) 형용사를 동사로 만드는《추》,《히》

례: ㅡ낮추다, 늦추다

— 굳히다, 넓히다, 밝히다

(이하 생략)

**제22항. 말뿌리와 뒤붙이가 어울리여 아주 다른 뜻으로 바뀐것은 그 말뿌리와 뒤붙이를 밝혀 적지 않는다.**

례: 거두다, 기르다, 도리다, 드리다, 만나다, 미루다, 부치다, 이루다

**제23항. 모음으로 된 뒤붙이가 말뿌리와 어울릴 때에는 다음과 같이 갈라 적는다.**

1) 말뿌리와 뒤붙이를 밝혀 적는 경우

⋮(중략)

(3) 동사의 상을 나타내거나 형용사를 동사로 만드는 《이》, 《우》, 《으키》, 《이키》, 《애》

례: 높이다, 놓이다, 먹이다, 쌓이다, 돋우다, 일으키다, 들이키다, 없애다

⋮(중략)

2) 말뿌리와 뒤붙이를 밝혀 적지 않는 경우

⋮(중략)

(3) 뒤붙이 《앟, 엏》 또는 《업》, 《읍》이 붙어서 이루어진 형용사

례: 가맣다, 발갛다, 파랗다, 싸느랗다, 누렇다, 둥그렇다

례: 간지럽다, 미덥다, 부드럽다, 시끄럽다, 징그럽다, 어지럽다, 우습다

---

《한글 맞춤법》 제22항과 《조선말규범집》(맞춤법) 제19항, 제22항, 제23항은 용언 어간에 '-기-, -리-, -이-, -히-, -구-, -우-, -추-, -으키-, -이키-, -애-, -치-, -뜨리-, -트리-'가 결합할 때의 표기에 관한 조항이다. 남북 모두 구성 성분의 원형을 밝혀 적되, 본뜻에서 멀어진 경우와 접미사 '-업-, -읍-, -ㅂ-'이 결합한 경우에는 원형을 밝혀 적지 않도록 규정하고 있다. 남북 규범의 기본적인 원칙에는 큰 차이가 없으나 개별 올림말에 적용하는 과정에서 표기 차이가 나는 예들이 있다.

(96) 표기 차이 올림말

| 《표대》 | 《조대》 |
|---|---|
| **조리다**[1][74] [동사]<br>고기나 생선, 채소 따위를 양념하여 국물이 거의 없게 바짝 끓이다. | **졸이다** [동]<br>(Ⅰ)《졸다[2]》의 사역형.<br>(Ⅱ) (타) ① 졸아들게 끓이다.<br>② (주로《마음》,《가슴》과 같은 단어와 함께 쓰이여) 몹시 초조하게 애를 쓰다. |
| **축이다** [동사]<br>물 따위에 적시어 축축하게 하다. | **추기다**[1] [동(타)]<br>① 물을 뿌리거나 적셔서 축축하게 하다.<br>② 목구멍이나 적실 정도로 물을 약간 마시다. |

## ② 합성어 및 접두사가 붙어서 된 파생어의 표기

(97) 남측 표기법

| 한글 맞춤법 |
|---|

**제27항 둘 이상의 단어가 어울리거나 접두사가 붙어서 이루어진 말은 각각 그 원형을 밝히어 적는다.**

| | | | | |
|---|---|---|---|---|
| 국말이 | 꺾꽂이 | 꽃잎 | 끝장 | 물난리 |
| 밑천 | 부엌일 | 싫증 | 옷안 | 웃옷 |
| 젖몸살 | 첫아들 | 칼날 | 팥알 | 헛웃음 |
| 홀아비 | 홑몸 | 흙내 | | |
| 값없다 | 겉늙다 | 굶주리다 | 낮잡다 | 맞먹다 |
| 받내다 | 벋놓다 | 빗나가다 | 빛나다 | 새파랗다 |
| 샛노랗다 | 시꺼멓다 | 싯누렇다 | 엇나가다 | 엎누르다 |
| 엿듣다 | 옻오르다 | 짓이기다 | 헛되다 | |

---

74 남측에서는 어간 '졸-'에 접사 '-이-'가 결합한 표기를 동사 '졸-'과의 의미적 관련성을 고려하여 '조리다'와 '졸이다('졸다[2]①'의 사동사)'의 형태로 구분하여 표기하였다.

**[붙임 1]** 어원은 분명하나 소리만 특이하게 변한 것은 변한 대로 적는다.

할아버지　　할아범

**[붙임 2]** 어원이 분명하지 아니한 것은 원형을 밝히어 적지 아니한다.

| | | | | |
|---|---|---|---|---|
| 골병 | 골탕 | 끌탕 | 며칠 | 아재비 |
| 오라비 | 업신여기다 | 부리나케 | | |

**[붙임 3]** '이[齒, 虱]'가 합성어나 이에 준하는 말에서 '니' 또는 '리'로 소리 날 때에는 '니'로 적는다.

| | | | | |
|---|---|---|---|---|
| 간니 | 덧니 | 사랑니 | 송곳니 | 앞니 |
| 어금니 | 윗니 | 젖니 | 톱니 | 틀니 |
| 가랑니 | 머릿니 | | | |

(98) 북측 표기법

**조선말규범집(맞춤법)**

**제14항. 합친말은 매개 말뿌리의 본래형태를 각각 밝혀 적는것을 원칙으로 한다.**

례 1: 걷잡다, 낮보다, 눈웃음, 돋보다, 물오리, 밤알, 손아귀, 철없다, 꽃철, 끝나다

례 2: 값있다, 겉늙다, 몇날, 빛나다, 칼날, 팥알, 흙내

(이하 생략)

**제15항. 합친말에서 오늘날 말뿌리가 뚜렷하지 않은것은 그 형태를 밝혀 적지 않는다.**

례: — 며칠, 부랴부랴, 오라버니, 이틀, 이태

(이하 생략)

**제18항. 앞붙이와 말뿌리가 어울릴 때에는 각각 그 본래형태를 밝혀 적는것을 원칙으로 한다.**

례: — 갖풀, 덧신, 뒤일, 맏누이, 선웃음, 참외, 햇가지, 아래집, 웃집, 옛말
— 빗보다, 싯허옇다, 짓밟다, 헛디디다

《한글 맞춤법》 제27항과 《조선말규범집》(맞춤법) 제14항, 제15항, 제18항은 합성어와 접두 파생어의 표기에 관한 조항이다. 남북 모두 합성어와 파생어의 구성 성분을 밝혀 적되, 어원이 분명하지 않거나, 분명하더라도 소리가 변한 경우는 원형을 밝혀 적지 않도록 규정하고 있다. 남북 규범의 기본적인 원칙에는 큰 차이가 없으나, 개별 올림말에 적용하는 과정에서 표기 차이가 나는 예들이 있다.

(99) 표기 차이 올림말

| 《표대》 | 《조대》 |
|---|---|
| **눈-썹**[75] [명사]<br>① 두 눈두덩 위나 눈시울에 가로로 모여 난 짧은 털.<br>② =속눈썹. | **눈섭** [-썹] [명]<br>① 눈두덩의 웃쪽에 몰켜서 나있는 짧은 털.<br>② =속눈섭. |
| **갓난-아기** [간---] [명사]<br>'갓난아이'를 귀엽게 이르는 말. | **간난애기** [명]<br>갓 태여난 애기. |

그리고 《한글 맞춤법》 27항의 [붙임3]에서는 '이[齒, 虱]'가 결합한 합성어 표기에 대해 별도 규정을 두었는데, 이 규정에 따라 남측에서는 '니'로 적도록 규정하고 있어 북측과 차이가 난다.

(100) 표기 차이 올림말

| 《표대》 | 《조대》 |
|---|---|
| **덧-니** [던-] [명사]<br>배냇니 곁에 포개어 난 이. 배냇니를 갈 때 제때에 뽑지 않으면 생긴다. | **덧이** [던니] [명]<br>이가 가지런히 난 줄에서 밖으로 삐여져 덧붙은것처럼 난 이. |
| **사랑-니** [명사]<br>어금니가 다 난 뒤 성년기에 맨 안쪽 끝에 새로 나는 작은 어금니. | **사랑이** [ 니] [명]<br>자라서 이성의 사랑을 알만 한 나이에 이르렀을 때 입안의 좌우 두끝에 나는 네개의 어금이. |

75 '눈썹'의 어원은 '눈섭(석보상절)'으로 '눈[眼]'과 '섶나무, 땔나무, 풀, 잡초' 등을 뜻하는 '섭(오늘날의 '섶')'이 결합한 합성어이다. 남측에서는 '눈썹'이 그 어원과 멀어져 본래의 뜻이 분명하게 드러나지 않는 것으로 보고 소리가 변한 대로 표기하였다.

## 11 '위/윗/웃#우/웃'의 표기

남측에서는 원래 단모음이었던 '우(上)'가 '위'로 발음이 변한 것으로 보아 '위'만 규범어로 인정하고 있는 데 비해, 북측에서는 '우'만을 규범어로 인정하고 있다. 합성어에서 사잇소리가 날 경우에는 남측에서는 '윗'으로 적고, 북측에서는 '웃'[76]으로 적고 있다. 다만, 남측에서는 '아래, 위'의 대립이 없는 단어에 한하여 '웃'으로 적는다. 그 결과 남측에서는 '위/윗/웃'으로 표기하고, 북측에서는 '우/웃'으로 표기하여 표기에 차이가 있다. 남측은 이와 관련된 규정을 《표준어 규정》(표준어 사정 원칙) 제12항에서 다루고 있고, 북측 규범에는 이와 관련된 별도의 조항이 없다.

**(101) 남측 표기법**

**표준어 규정(표준어 사정 원칙)**

**제12항 '웃-' 및 '윗-'은 명사 '위'에 맞추어 '윗-'으로 통일한다.** (ㄱ을 표준어로 삼고, ㄴ을 버림.)

| ㄱ | ㄴ | 비고 |
|---|---|---|
| 윗-넓이 | 웃-넓이 | |
| 윗-눈썹 | 웃-눈썹 | |
| 윗-니 | 웃-니 | |
| 윗-당줄 | 웃-당줄 | |
| 윗-덧줄 | 웃-덧줄 | |
| 윗-도리 | 웃-도리 | |
| 윗-동아리 | 웃-동아리 | 준말은 '윗동'임. |
| 윗-막이 | 웃-막이 | |
| 윗-머리 | 웃-머리 | |
| 윗-목 | 웃-목 | |
| 윗-몸 | 웃-몸 | ~ 운동. |
| 윗-바람 | 웃-바람 | |
| 윗-배 | 웃-배 | |
| 윗-벌 | 웃-벌 | |
| 윗-변 | 웃-변 | 수학 용어. |
| 윗-사랑 | 웃-사랑 | |

76 웃- [앞] (일정한 명사의 말뿌리에 붙어서) 《우》의 뜻.《조대》

| | | |
|---|---|---|
| 윗-세장<br>윗-수염<br>윗-입술<br>윗-잇몸<br>윗-자리<br>윗-중방 | 웃-세장<br>웃-수염<br>웃-입술<br>웃-잇몸<br>웃-자리<br>웃-중방 | |

다만 1. 된소리나 거센소리 앞에서는 '위-'로 한다.(ㄱ을 표준어로 삼고, ㄴ을 버림.)

| ㄱ | ㄴ | 비고 |
|---|---|---|
| 위-짝 | 웃-짝 | |
| 위-쪽 | 웃-쪽 | |
| 위-채 | 웃-채 | |
| 위-층 | 웃-층 | |
| 위-치마 | 웃-치마 | |
| 위-턱 | 웃-턱 | ~구름[上層雲]. |
| 위-팔 | 웃-팔 | |

다만 2. '아래, 위'의 대립이 없는 단어는 '웃-'으로 발음되는 형태를 표준어로 삼는다.(ㄱ을 표준어로 삼고, ㄴ을 버림.)

| ㄱ | ㄴ | 비고 |
|---|---|---|
| 웃-국 | 윗-국 | |
| 웃-기 | 윗-기 | |
| 웃-돈 | 윗-돈 | |
| 웃-비 | 윗-비 | ~걷다. |
| 웃-어른 | 윗-어른 | |
| 웃-옷 | 윗-옷 | |

'위/윗/웃#우/웃'의 표기 방식을 간략하게 정리하면 다음과 같다.

**(102) '위/윗/웃#우/웃'의 표기**

가) 남측 표기

| | |
|---|---|
| ㉠ 위: 된소리나 거센소리 앞 | 예 위짝, 위층 |
| ㉡ 웃: '아래', '위'의 대립이 없는 단어 | 예 웃돈(아랫돈(X)), 웃어른(아랫어른(X)) |
| ㉢ 윗: '㉠, ㉡'을 제외한 나머지 | 예 윗옷(아래옷(O)), 윗몸(아랫몸(O)) |

나) 북측 표기

㉠ 웃: 파생어일 경우 예 웃길, 웃옷, 웃몸, 웃국, 웃돈, 웃어른

㉡ 우: 합성어일 경우 예 손우사람[77], 물우배전[78], 우아래물[79], 이마우[80]

(102)에서처럼 남측은 음운론적 환경과 의미에 따라 '위/윗/웃'으로 구별하여 적고, 북측은 단어 형성 방식(합성어, 파생어)을 고려하여 '우/웃'으로 구별하여 적는다. 그 결과 남측에서 '위(아래위, 위짝)'로 표기되는 단어가 북측에서는 '우(아래우)'와 '웃(웃짝)'으로 표기된다. 그리고 남측에서 '윗(손윗사람, 윗집)'으로 표기되는 단어가 북측에서는 '우(손우사람)'와 '웃(웃집)'으로 표기되어 차이가 있다. 남측에서 '웃'으로 표기하는 단어(웃돈, 웃어른)는 북측과 표기가 같다.

**(103) 표기 차이 올림말**

| 《표대》 | 《조대》 |
|---|---|
| **윗-배** [위빼/윋빼] [명사]<br>가슴 아래 배꼽 위에 있는 부분의 배. | **웃배** [명]<br>① 배의 배꼽으로부터 가슴아래사이의 부분. |
| **위-쪽** [명사]<br>위가 되는 쪽. | **웃쪽** [명]<br>우가 되는 쪽. |
| **물-위**[1] [명사]<br>물이 흘러 내려오는 위쪽 방향이나 그 지역. | **물우** [명]<br>① 강이나 시내의 웃쪽.<br>② 물의 겉면. |

## 12 본말과 준말의 표기

준말은 단어에서 음소의 탈락이나 음절의 축약으로 형성된다.[81] 남측의 규범에서 준말과

77 **손우사람** [-싸-] [명] 나이, 지위, 항렬 등이 자기보다 우인 사람.《조대》

78 **물우배전** [-쩐] [명] 《해양》 짐을 가득 실었을 때 배전이 물우로 드러나는 부분.《조대》

79 **우아래물** [-랟-] [명] 《웃물과 아래물》을 아울러 이르는 말.《조대》

80 **이마우** [명] 이마의 웃쪽.《조대》

81 이 책에서는 《표준국어대사전 편찬 지침Ⅱ》(pp.166~170)의 준말 지침에 따라 기술하였다.

관련된 조항은 다음과 같다.

(104) 남측 표기법

**표준어 규정(표준어 사정 원칙)**

**제14항 준말이 널리 쓰이고 본말이 잘 쓰이지 않는 경우에는, 준말만을 표준어로 삼는다.**(ㄱ을 표준어로 삼고, ㄴ을 버림.)

| ㄱ | ㄴ | 비고 |
|---|---|---|
| 귀찮다 | 귀치 않다 | |
| 김 | 기음 | ~매다. |
| 똬리 | 또아리 | |
| 무 | 무우 | ~강즙, ~말랭이, ~생채, 가랑~, 갓~, 왜~, 총각~. |

(이하 생략)

**제15항 준말이 쓰이고 있더라도, 본말이 널리 쓰이고 있으면 본말을 표준어로 삼는다.**(ㄱ을 표준어로 삼고, ㄴ을 버림.)

| ㄱ | ㄴ | 비고 |
|---|---|---|
| 경황-없다 | 경-없다 | |
| 궁상-떨다 | 궁-떨다 | |
| 귀이-개 | 귀-개 | |
| 낌새 | 낌 | |
| 낙인-찍다 | 낙-하다/낙-치다 | |
| 내왕-꾼 | 냉-꾼 | |
| 돗-자리 | 돗 | |
| 뒤웅-박 | 뒝-박 | |

(이하 생략)

**제16항 준말과 본말이 다 같이 널리 쓰이면서 준말의 효용이 뚜렷이 인정되는 것은, 두 가지를 다 표준어로 삼는다.**(ㄱ은 본말이며, ㄴ은 준말임.)

| ㄱ | ㄴ | 비고 |
|---|---|---|
| 거짓-부리 | 거짓-불 | 작은말은 '가짓부리, 가짓불'임. |
| 노을 | 놀 | 저녁~. |
| 막대기 | 막대 | |

| | | |
|---|---|---|
| 망태기<br>머무르다<br>서두르다<br>서투르다 | 망태<br>머물다<br>서둘다<br>서툴다 | 모음 어미가 연결될 때에는 준말의 활용형을 인정하지 않음. |

(이하 생략)

《표준어 규정》에서 준말 관련 조항은 제14~16항이다. 제14항은 준말을 규범어로, 제15항은 본말을 규범어로, 제16항은 준말과 본말 모두를 규범어로 삼는 조항이다. 북측 규범에는 준말과 직접적으로 관련된 조항이 없다. 다만, 사전의 올림말을 비교해 보면, 준말과 본말 가운데 어떤 것을 규범어로 선정하는지, 이들을 단수 규범어로 설정하는지, 아니면 복수 규범어로 설정하는지에 따른 남북 차이가 발견된다.

(105) 표기 차이 올림말

| 《표대》 | 《조대》 |
|---|---|
| **무**[2] [무ː] [명사]<br>① 《식물》 십자화과의 한해살이풀 또는 두해살이풀. 줄기는 높이가 60~100㎝이며, 잎은 깃 모양으로 뿌리에서 뭉쳐나고 뿌리는 둥글고 길다. 뿌리는 잎과 함께 식용하며 비타민, 단백질의 함유량이 많아 약용하기도 한다. 중앙아시아가 원산지로 아시아, 유럽 등지의 온대에서 많은 품종이 재배된다. | **무우**[1] [명]<br>남새의 한가지. 우리 나라에서 수확량과 재배면적이 많은 남새작물의 하나이다. 뿌리는 살이 많으며 잎은 갓모양으로 째지고 연한 보라빛 또는 흰빛의 꽃이 핀다. 생채로 먹기도 하고 여러가지 식료품을 만드는데 원료로 쓰인다. 물기를 좋아한다. |
| **마을**[1] [명사]<br>① 주로 시골에서, 여러 집이 모여 사는 곳.<br>② 이웃에 놀러 다니는 일. | **말**[6] [명]<br>《마을》의 준말. |

## 13 향후 과제

둘 이상의 형태소가 결합하여 복합어가 되었을 때, 남북 표기법 모두 그 원형의 의미가 유지되고 있으면 원형을 밝혀 적고, 그 원형의 의미가 드러나지 않으면 소리 나는 대로 적도록 규정되어 있어 큰 차이는 없다. 다만, 개별 어휘에 이 원칙을 적용할 때 판단의 차이가 있어 표기가 달라진 예들이 있다. 즉, 남북 규정의 기본 원칙은 같으나 '어원이 분명한지, 그렇지 않은지' 또는 '구성 성분의 의미 변화가 있는지, 그렇지 않은지' 등에 대한 판단이 달라 표기에서 차이 나는 단어들이 있는 것이다. '설거지#설겆이', '거북이#거부기', '얼루기#얼룩이', '넋두리#넉두리', '조리다#졸이다' 등이 이러한 예에 해당한다. 그리고 남측에서 복합어 구성 성분의 원형보다 언중의 현실 발음을 중시하면서 북측과 표기가 달라진 예들이 있는데, '덧니#덧이', '살코기#살고기', '윗배#웃배' 등이 이러한 예에 해당한다.

앞에서 살펴본 바와 같이 개별 어휘의 표기 차이 원인과 양상은 다양하고 복잡하기 때문에 통일 이전에 충분히 논의하고 합의해 둘 필요가 있다. 특히 남북이 함께 표기를 단일화할 때에는 남북 언중의 불편을 최소화하는 것이 중요하다. 예를 들면, 《표대》와 《조대》에서는 모두 규범어를 설정하는 데 일관성이 결여된 올림말을 찾아볼 수 있다. 남측의 경우 '두겁', '쇠두겁', '연필두겁', '인두겁' 등은 '두겁'을 표준어로 하면서 '붓두겁'은 '붓두껍'의 옛말로 처리하였고, '아웅다웅/아옹다옹', '오순도순/오손도손'은 복수 표준어로 인정하면서 '깡총깡총'은 '깡충깡충'의 비표준어로 규정하고 있다. 그리고 북측의 경우, '단스'를 문화어로 규정하면서 '사교딴스'의 경우 '딴스'로 표기하도록 하였고, 두음 법칙 표기를 인정하지 않으면서 '용마름'과 '룡마름'을 복수 문화어로 규정하고 있다. 새로운 '통일 어문규범'을 만들 때에는, 언중들이 이들 단어 하나하나를 외워야 하는 불편을 감수하지 않도록 표기법의 일관성과 안정성, 편의성 등을 고려해야 할 것이다.

# 4. 남북 사전의 올림말 표기 차이 현황

남북 사전의 올림말 표기 차이 현황은 '두음 법칙 표기 차이', '사이시옷 표기 차이', '외래어 표기 차이', '기타 표기 차이', '복합적 표기 차이', '그 외' 순서로 제시하였다. '복합적 표기 차이'에는 표기 차이의 원인이 둘 이상인 올림말을 제시하였고,[82] '공통 올림말'이면서 '표기 동일'이나 '표기 차이'에 속하지 않는 것은 '그 외'로 한데 묶었다. 《표대》나 《조대》의 올림말 제시 순서는 남측의 자모순을 따랐다.

## 4.1. 두음 법칙 표기 차이 올림말 목록

두음 법칙 표기 차이 올림말 목록은 '《표대》', '《조대》', '원어', '비고' 난으로 구분하였다. '《표대》'와 '《조대》'에서는 올림말을 제시하였고, '원어'에서는 《표대》의 원어를 제시하되 《표대》와 다른 《조대》의 원어가 있으면 '비고'에 '(조)'를 붙여 제시하였다. 그리고 《표대》에 제시된 원어가 오류로 판단될 경우 '오'를 붙이고, '비고'에 바로 잡아 제시하였다.

| 《표대》 | 《조대》 | 원어 | 비고 |
|---|---|---|---|
| 가격^**연**동제 | 가격**련**동제 | 價格連動制 | |
| 가-**낭**청 | 가**랑**청 | 假郎廳 | (조)假郎廳 |
| 가두-**녹**음 | 가두**록**음 | 街頭錄音 | |
| 가새-**염** | 가새**렴** | --簾 | |
| 가속^**입**자 | 가속**립**자 | 加速粒子 | |

82 가령, '가르맛자리#가리마자리'는 '사이시옷 표기 차이'와 '기타 표기 차이(가르마#가리마)'가 함께 나타나는데, 이처럼 표기 차이의 원인이 복합적인 올림말들을 따로 모아 제시하였다. 그리고 '건넛방#건너방/건넌방'처럼 남측의 올림말에 대응하는 북측 표기가 둘 이상 있을 때, '건넛방#건너방'은 '사이시옷 표기 차이'로 분류하면서, 아울러 '건넛방#건넌방'은 '기타 표기 차이'로 분류하였다.

| 《표대》 | 《조대》 | 원어 | 비고 |
|---|---|---|---|
| 가시-**연** | 가시**련** | --蓮 | |
| 가시-**연**꽃 | 가시**련**꽃 | --蓮- | |
| 가시**연**-밥 | 가시**련**밥 | --蓮- | |
| 가**열**[3] | 가**렬** | 苛烈 | |
| 가**열**-하다[2] | 가**렬**하다 | 苛烈-- | |
| 가**열**-히 | 가**렬**히 | 苛烈- | |
| 가**율** | 가**률**[2] | 加律 | |
| 가**율**-하다 | 가**률**하다 | 加律-- | |
| 가정용^**녹**화기 | 가정용**록**화기 | 家庭用錄畫器 | |
| 간성**난**색 | 간성**란**색 | 姦聲亂色 | |
| 간^**요**법 | 간**료**법 | 肝療法 | |
| 간접^**노**동 | 간접**로**동 | 間接勞動 | |
| 간접적^**논**증 | 간접적**론**증 | 間接的論證 | |
| 감곽-**냉**탕 | 감곽**랭**탕 | 甘藿冷湯 | |
| 감람-**녹**색 | 감람**록**색 | 橄欖綠色 | |
| 감모-**율** | 감모**률** | 減耗率 | |
| 감소-**율** | 감소**률** | 減少率 | |
| 감수^분**열** | 감수분**렬** | 減數分裂 | |
| 감언-**이**설 | 감언**리**설 | 甘言利說 | |
| 감자-**난** | 감자**란** | --蘭 | |
| 갑-**이**별 | 갑**리**별 | -離別 | |
| 갑**이**별-하다 | 갑**리**별하다 | -離別-- | |
| 갑판^**여**객 | 갑판**려**객 | 甲板旅客 | |
| 강동^**육**성 | 강동**6**성 | 江東六城 | |
| 강체^**역**학 | 강체**력**학 | 剛體力學 | |
| 개-**입**방 | 개**립**방 | 開立方 | |
| 개**입**방-법 | 개**립**방법 | 開立方法 | |
| 개편-**열** | 개편**렬** | 開片裂 | |
| 거미-**난** | 거미**란** | --蘭 | |
| 거피-**입**본 | 거피**립**본 | 去皮立本 | |
| 건견-**율** | 건견**률** | 乾繭率 | |
| 건성^**늑**막염 | 건성**륵**막염 | 乾性肋膜炎 | |
| 건순-**노**치 | 건순**로**치 | 乾脣露齒 | (조)乾唇露齒 |
| 건**열**-미 | 건**렬**미 | 乾劣米 | |
| 건**율** | 건**률** | 乾栗 | |
| 겨울-**냉**면 | 겨울**랭**면 | --冷麵 | |
| 견갑-**이**병 | 견갑**리**병 | 堅甲利兵 | |
| 견인^**요**법 | 견인**료**법 | 牽引療法 | |
| 결막^**여**포증 | 결막**려**포증 | 結膜濾胞症 | |

| 《표대》 | 《조대》 | 원어 | 비고 |
|---|---|---|---|
| 결산^연도 | 결산년도 | 決算年度 | |
| 겸-낭청 | 겸랑청 | 兼郎廳 | (조)兼郎廳 |
| 겹-녹화 | 겹록화 | -綠花 | |
| 경국-육전 | 경국륙전 | 經國六典 | |
| 경-노동 | 경로동 | 輕勞動 | |
| 경사^육학 | 경사6학 | 京師六學 | |
| 경-염불 | 경념불 | 經念佛 | |
| 경염불-하다 | 경념불하다 | 經念佛-- | |
| 경제-육전 | 경제륙전 | 經濟六典 | |
| 경지^이용률 | 경지리용률 | 耕地利用率 | |
| 경편-요리 | 경편료리 | 輕便料理 | |
| 계궁-역진 | 계궁력진 | 計窮力盡 | |
| 계량^역사학 | 계량력사학 | 計量歷史學 | |
| 계류^유산 | 계류류산 | 稽留流産 | |
| 계림-유사 | 계림류사 | 鷄林類事 | |
| 계열 | 계렬 | 系列 | |
| 계열^기업 | 계렬기업 | 系列企業 | |
| 계열^생산 | 계렬생산 | 系列生産 | |
| 계율[1] | 계률 | 戒律 | |
| 계자^난간 | 계자란간 | 鷄子欄干 | |
| 계절-노동 | 계절로동 | 季節勞動 | |
| 계절-노동자 | 계절로동자 | 季節勞動者 | |
| 계주-윤음 | 계주륜음 | 戒酒綸音 | |
| 고공-낭중 | 고공랑중 | 考功郎中 | (조)考工郎中 |
| 고금-역대법첩 | 고금력대법첩 | 古今歷代法帖 | |
| 고금-역대촬요 | 고금력대촬요 | 古今歷代撮要 | |
| 고금의방-유취 | 고금의방류취 | 古今醫方類聚 | |
| 고등^여학교 | 고등녀학교 | 高等女學校 | |
| 고려-율병 | 고려률병 | 高麗栗餠 | |
| 고사-내력 | 고사래력 | 故事來歷 | |
| 고사^염불 | 고사념불 | 告祀念佛 | |
| 고산-유수 | 고산류수 | 高山流水 | |
| 고성-낙일 | 고성락일 | 孤城落日 | |
| 고성^염불 | 고성념불 | 高聲念佛 | |
| 고압^산소^요법 | 고압산소료법 | 高壓酸素療法 | |
| 고역^여파기 | 고역려파기 | 高域濾波器 | |
| 고용^이론 | 고용리론 | 雇傭理論 | |
| 고위^이탄 | 고위니탄 | 高位泥炭 | |
| 고율[3] | 고률 | 高率 | |

| 《표대》 | 《조대》 | 원어 | 비고 |
|---|---|---|---|
| 고**율**-사 | 고**률**사 | 考律司 | |
| 고전^**논**리학 | 고전**론**리학 | 古典論理學 | |
| 고전^**역**학 | 고전**력**학 | 古典力學 | |
| 고정^환**율** | 고정환**률** | 固定換率 | |
| 곡수-**유**상 | 곡수**류**상 | 曲水流觴 | |
| 골-**양**반 | 골**량**반 | -兩班 | |
| 골-**연**령 | 골**년**령 | 骨年齡 | |
| 골화^**연**령 | 골화**년**령 | 骨化年齡 | |
| 공공-**녹**지 | 공공**록**지 | 公共綠地 | |
| 공공-**요**금 | 공공**료**금 | 公共料金 | |
| 공기^**냉**각 | 공기**랭**각 | 空氣冷却 | |
| 공기^**냉**각기 | 공기**랭**각기 | 空氣冷却器 | |
| 공기^**역**학 | 공기**력**학 | 空氣力學 | |
| 공기^열**역**학 | 공기열**력**학 | 空氣熱力學 | |
| 공기^**요**법 | 공기**료**법 | 空氣療法 | |
| 공기^정**역**학 | 공기정**력**학 | 空氣靜力學 | |
| 공-**노**자 | 공**로**자[2] | 空路資 | |
| 공상-**육**사 | 공상**륙**사 | 供上六司 | |
| 공서^**양**속 | 공서**량**속 | 公序良俗 | |
| 공소^**예**절 | 공소**례**절 | 公所禮節 | |
| 공신-**녹**권 | 공신**록**권 | 功臣錄券 | |
| 공업^**뇌**관 | 공업**뢰**관 | 工業雷管 | |
| 공-**염**불 | 공**념**불 | 空念佛 | |
| 공**염**불-하다 | 공**념**불하다 | 空念佛-- | |
| 공정^환**율** | 공정환**률** | 公定換率 | |
| 공중-**누**각 | 공중**루**각 | 空中樓閣 | |
| 과-**냉**각 | 과**랭**각 | 過冷却 | |
| 과**냉**긱^구름 | 과**랭**각구름 | 過冷却-- | |
| 과문^**육**체 | 과문**륙**체 | 科文六體 | |
| 과**율**[1] | 과**률** | 課率 | |
| 과-**인**신 | 과**린**산 | 過燐酸 | (조)過憐酸 |
| 과**인**산^석회 | 과**린**산석회 | 過燐酸石灰 | |
| 과전-**이**하 | 과전**리**하 | 瓜田李下 | |
| 과학^**논**리학 | 과학**론**리학 | 科學論理學 | |
| 관념론적^**역**사관 | 관념론적**력**사관 | 觀念論的歷史觀 | |
| 관념-**염**불 | 관념**념**불 | 觀念念佛 | |
| 관부^**연**락선 | 관부**련**락선 | 關釜連絡船 | |
| 관영^**요**금 | 관영**료**금 | 官營料金 | |
| 광-**난**형 | 광**란**형 | 廣卵形 | |

| 《표대》 | 《조대》 | 원어 | 비고 |
|---|---|---|---|
| 광선^요법 | 광선료법 | 光線療法 | |
| 광선-유포 | 광선류포 | 廣宣流布 | |
| 광-양자[1] | 광량자 | 光量子 | |
| 광-입자 | 광립자 | 光粒子 | |
| 광천^요법 | 광천료법 | 鑛泉療法 | |
| 광학^녹음 | 광학록음 | 光學錄音 | |
| 괴열 | 괴렬 | 壞裂 | |
| 괴열-하다 | 괴렬하다 | 壞裂-- | |
| 교언-영색 | 교언령색 | 巧言令色 | |
| 교열[1] | 교렬 | 咬裂 | |
| 교열-하다[1] | 교렬하다 | 咬裂-- | |
| 구름-양 | 구름량 | --量 | |
| 구름-제비난 | 구름제비란 | ----蘭 | |
| 구리가라-용왕 | 구리가라룡왕 | 俱利伽羅龍王 | |
| 구속^영장 | 구속령장 | 拘束令狀 | |
| 구-여성 | 구녀성 | 舊女性 | |
| 구율[1] | 구률 | 彀率 | |
| 구전-영사 | 구전령사 | 九轉靈沙 | (조)九轉靈砂 |
| 구조^역학 | 구조력학 | 構造力學 | |
| 국가^연합 | 국가련합 | 國家聯合 | |
| 국가^영역 | 국가령역 | 國家領域 | |
| 국가^유형 | 국가류형 | 國家類型 | |
| 국제^노동^기구 | 국제로동기구 | 國際勞動機構 | |
| 국제^수영^연맹 | 국제수영련맹 | 國際水泳聯盟 | |
| 국제^연맹 | 국제련맹 | 國際聯盟 | |
| 국제^연합군 | 국제련합군 | 國際聯合軍 | |
| 국제^축구^연맹 | 국제축구련맹 | 國際蹴球聯盟 | |
| 국조-역상고 | 국조력상고 | 國朝曆象考 | |
| 군-녹사 | 군록사 | 軍錄事 | |
| 군용^열차 | 군용렬차 | 軍用列車 | |
| 군율 | 군률 | 軍律 | |
| 권농^윤음 | 권농륜음 | 勸農綸音 | |
| 궤열 | 궤렬 | 潰裂 | |
| 궤열-하다 | 궤렬하다 | 潰裂-- | |
| 귀납적^논증 | 귀납적론증 | 歸納的論證 | |
| 규범^윤리학 | 규범륜리학 | 規範倫理學 | |
| 규율 | 규률 | 規律 | |
| 균등^분열 | 균등분렬 | 均等分裂 | |
| 균열[2] | 균렬 | 龜裂 | |

| 《표대》 | 《조대》 | 원어 | 비고 |
|---|---|---|---|
| 균**열**-되다 | 균**렬**되다 | 龜裂-- | |
| 균**열**-하다 | 균**렬**하다 | 龜裂-- | |
| 근무^**연**한 | 근무**년**한 | 勤務年限 | |
| 근속^**연**한 | 근속**년**한 | 勤續年限 | |
| 근육-**노**동 | 근육**로**동 | 筋肉勞動 | |
| 금강-**역**사 | 금강**력**사 | 金剛力士 | |
| 금-**난**초 | 금**란**초 | 金蘭草 | |
| 금부-**나**장 | 금부**라**장 | 禁府羅將 | (조)禁府羅長 |
| 금새우-**난** | 금새우**란** | ---蘭 | |
| 금석-**뇌**약 | 금석**뢰**약 | 金石牢約 | |
| 금수**육**군전 | 금수**륙**군전 | 金水六君煎 | |
| 금-**연**화 | 금**련**화 | 金蓮花 | |
| 금훤-**낭**청 | 금훤**랑**청 | 禁喧郎廳 | (조)禁喧郎廳 |
| 급급여**율**령 | 급급여**률**령 | 急急如律令 | |
| 급성^**임**파성^백혈병 | 급성**림**파성백혈병 | 急性淋巴性白血病 | |
| 급행-**열**차 | 급행**렬**차 | 急行列車 | |
| 급행-**요**금 | 급행**료**금 | 急行料金 | |
| 기계^효**율** | 기계효**률** | 機械效率 | |
| 기능-**노**동 | 기능**로**동 | 技能勞動 | |
| 기단^**뇌**우 | 기단**뢰**우 | 氣團雷雨 | |
| 기본^**노**임 | 기본**로**임 | 基本勞賃 | |
| 기본-**열** | 기본**렬** | 基本列 | |
| 기본-**요**금 | 기본**료**금 | 基本料金 | |
| 기사^**노**인 | 기사**로**인 | 耆社老人 | |
| 기세-**양**난 | 기세**량**난 | 其勢兩難 | |
| 기세**양**난-하다 | 기세**량**난하다 | 其勢兩難-- | |
| 기-순**열** | 기순**렬** | 奇順列 | |
| 기업^**연**합 | 기업**련**합 | 企業聯合 | |
| 기온^**연**교차 | 기온**년**교차 | 氣溫年較差 | |
| 기**율** | 기**률** | 紀律 | |
| 기진 **역**진 | 기진**력**진 | 氣盡力盡 | |
| 기진**역**진-하다 | 기진**력**진하다 | 氣盡力盡-- | |
| 기체^**역**학 | 기체**력**학 | 氣體力學 | |
| 기하-수**열** | 기하수**렬** | 幾何數列 | |
| 기호^**논**리학 | 기호**론**리학 | 記號論理學 | |
| 기후^**요**법 | 기후**료**법 | 氣候療法 | |
| 길-**나**장이 | 길**라**장이 | -羅將- | |
| 길-**양**식 | 길**량**식 | -糧食 | |
| 김지**이**지 | 김지**리**지 | 金的▼李的▼ | (조)金-李- |

| 《표대》 | 《조대》 | 원어 | 비고 |
|---|---|---|---|
| 꽁-**영**감 | 꽁**령**감 | -令監 | |
| **나**[6] | **라**[3] | 羅 | |
| **나**[9] | **라**[1] | 鑼 | |
| **나**각 | **라**각 | 螺角 | |
| **나**건 | **라**건 | 羅巾 | |
| **나**계[1] | **라**계[1] | 螺階 | |
| **나**계[2] | **라**계[2] | 螺髻 | |
| **나**관 | **라**관 | 羅冠 | |
| **나**군 | **라**군 | 羅裙 | |
| **나**남 | **라**남 | 羅南 | |
| **나**농 | **라**농 | 懶農 | |
| **나**농-하다 | **라**농하다 | 懶農-- | |
| **나**단[1] | **라**단 | 羅緞 | |
| **나**-대반 | **라**대반 | 羅大盤 | |
| 나도-**여**로 | 나도**려**로 | --藜蘆 | |
| 나도-잠자리**난** | 나도잠자리**란** | -----蘭 | |
| 나도-제비**난** | 나도제비**란** | ----蘭 | |
| **나**-두창 | **라**두창 | 癩頭瘡 | |
| **나**력 | **라**력 | 瘰癧 | |
| **나**력-루 | **라**력루 | 瘰癧瘻 | |
| **나**력-창 | **라**력창 | 瘰癧瘡 | |
| **나**룡 | **라**룡 | 懶龍 | |
| **나**루[4] | **라**루[1] | 覶縷 | |
| **나**루-하다 | **라**루하다 | 覶縷-- | (조)覼縷- |
| **나**루-히 | **라**루히 | 覶縷- | |
| **나**립 | **라**립 | 羅立 | |
| **나**립-하다 | **라**립하다 | 羅立-- | |
| **나**마[6] | **라**마[3] | 蘿藦 | |
| **나**마-자 | **라**마자 | 蘿藦子 | |
| **나**만[2] | **라**만 | 蘿蔓 | |
| **나**맥 | **라**맥 | 裸麥 | |
| **나**모[1] | **라**모 | 螺毛 | |
| **나**배[2] | **라**배 | 羅拜 | |
| **나**배-하다 | **라**배하다 | 羅拜-- | |
| **나**병[2] | **라**병[2] | 癩病 | |
| **나**병-자 | **라**병자 | 癩病者 | |
| **나**복[2] | **라**복 | 蘿蔔 | |
| **나**복-자 | **라**복자 | 蘿蔔子 | |
| **나**복자-유 | **라**복자유 | 蘿蔔子油 | |

| 《표대》 | 《조대》 | 원어 | 비고 |
|---|---|---|---|
| 나복자-죽 | 라복자죽 | 蘿蔔子粥 | |
| 나복-저 | 라복저 | 蘿蔔菹 | |
| 나복-죽 | 라복죽 | 蘿蔔粥 | |
| 나복-채 | 라복채 | 蘿蔔菜 | |
| 나복-탕단 | 라복탕단 | 蘿蔔湯團 | |
| 나부[2] | 라부 | 裸婦 | |
| 나사[2] | 라사 | 羅紗 | |
| 나사-실 | 라사실 | 羅紗- | |
| 나삼 | 라삼 | 羅衫 | |
| 나상[1] | 라상[1] | 裸像 | |
| 나상[3] | 라상[2] | 羅裳 | |
| 나선[2] | 라선[2] | 裸線 | |
| 나선[3] | 라선[3] | 螺旋 | |
| 나선[4] | 라선[1] | 螺線 | |
| 나선^기관 | 라선기관 | 螺旋器管 | (조)螺旋氣管 |
| 나선-무늬 | 라선무늬 | 螺旋-- | |
| 나선문-도관 | 라선문도관 | 螺旋紋導管 | |
| 나선-상 | 라선상 | 螺旋狀 | |
| 나선-식 | 라선식 | 螺旋式 | |
| 나선^추진기 | 라선추진기 | 螺旋推進機 | |
| 나선^층층대 | 라선층층대 | 螺旋層層臺 | |
| 나선-형 | 라선형 | 螺旋形 | |
| 나성[3] | 라성 | 羅城 | |
| 나수[5] | 라수 | 鑼手 | |
| 나아 | 라아 | 裸芽 | |
| 나열[2] | 라렬 | 羅列 | |
| 나열-되다 | 라렬되다 | 羅列-- | |
| 나열-식 | 라렬식 | 羅列式 | |
| 나열-춘추 | 라렬춘추 | 羅列春秋 | |
| 나열-하다[2] | 라렬하다 | 羅列-- | |
| 나엽 | 라엽 | 裸葉 | |
| 나위[3] | 라위 | 羅幃 | |
| 나음 | 라음 | 囉音 | |
| 나자-식물 | 라자식물 | 裸子植物 | |
| 나장[1] | 라장[2] | 裸葬 | |
| 나장[2] | 라장[1] | 羅將 | |
| 나장-이 | 라장이 | 羅將- | |
| 나장-하다 | 라장하다 | 裸葬-- | |
| 나전[2] | 라전 | 螺鈿 | |

| 《표대》 | 《조대》 | 원어 | 비고 |
|---|---|---|---|
| 나전^칠기 | 라전칠기 | 螺鈿漆器 | |
| 나제-립 | 라제립 | 羅濟笠 | (조)羅薺笠 |
| 나졸[1] | 라졸[2] | 羅卒 | |
| 나졸[2] | 라졸[1] | 邏卒 | |
| 나주[1] | 라주 | 螺舟 | |
| 나주-반 | 라주반 | 羅州盤 | |
| 나지[2] | 라지 | 裸地 | |
| 나직[2] | 라직 | 羅織 | |
| 나직-하다[2] | 라직하다 | 羅織-- | |
| 나찰 | 라찰 | 羅刹 | |
| 나찰-녀 | 라찰녀 | 羅刹女 | |
| 나체 | 라체 | 裸體 | |
| 나체-화 | 라체화 | 裸體畫 | |
| 나출 | 라출 | 裸出 | |
| 나출-되다 | 라출되다 | 裸出-- | |
| 나출-하다 | 라출하다 | 裸出-- | |
| 나충 | 라충 | 裸蟲 | |
| 나침 | 라침 | 羅針 | |
| 나침-로 | 라침로 | 羅針路 | |
| 나침-반 | 라침반 | 羅針盤 | |
| 나침-의 | 라침의 | 羅針儀 | |
| 나침-판 | 라침판 | 羅針- | |
| 나타[1] | 라타 | 懶惰 | |
| 나타-하다 | 라타하다 | 懶惰-- | |
| 나태 | 라태 | 懶怠 | |
| 나태-성 | 라태성 | 懶怠性 | |
| 나태-심 | 라태심 | 懶怠心 | |
| 나태-하다 | 라태하다 | 懶怠-- | |
| 나패[1] | 라패[2] | 螺貝 | |
| 나패[2] | 라패[1] | 羅牌 | |
| 나포[2] | 라포 | 羅布 | |
| 나-포도 | 라포도 | 瀨葡萄 | |
| 나포-하다[2] | 라포하다 | 羅布-- | |
| 나한[1] | 라한 | 羅漢 | |
| 나한-상 | 라한상 | 羅漢像 | |
| 나한-송 | 라한송 | 羅漢松 | |
| 나해[2] | 라해 | 螺醢 | |
| 나화[1] | 라화 | 裸花 | |
| 나후-직성 | 라후직성 | 羅睺直星 | (조)羅喉直星 |

| 《표대》 | 《조대》 | 원어 | 비고 |
|---|---|---|---|
| 나흘마 | 라흘마 | 癩疙痲 | |
| 낙[3] | 락[1] | 樂 | |
| 낙[5] | 락[2] | 駱 | |
| 낙가[1] | 락가[1] | 落痂 | |
| 낙가[2] | 락가[2] | 落價 | |
| 낙가-하다[1] | 락가하다 | 落痂-- | |
| 낙가-하다[2] | 락가하다 | 落價-- | |
| 낙각[1] | 락각[1] | 落角 | |
| 낙간 | 락간 | 落簡 | |
| 낙간-하다 | 락간하다 | 落簡-- | |
| 낙강-군 | 락강군 | 落講軍 | |
| 낙경[2] | 락경 | 樂境 | |
| 낙계 | 락계 | 烙契 | |
| 낙공 | 락공 | 落空 | |
| 낙공-하다 | 락공하다 | 落空-- | |
| 낙과[1] | 락과[1] | 落果 | |
| 낙과[2] | 락과[2] | 落科 | |
| 낙과-하다[2] | 락과하다 | 落科-- | |
| 낙관[1] | 락관[2] | 落款 | |
| 낙관[2] | 락관[1] | 樂觀 | |
| 낙관-론 | 락관론 | 樂觀論 | |
| 낙관-적 | 락관적 | 樂觀的 | |
| 낙관-주의 | 락관주의 | 樂觀主義 | |
| 낙관-하다[1] | 락관하다 | 落款-- | |
| 낙관-하다[2] | 락관하다 | 樂觀-- | |
| 낙광 | 락광 | 落鑛 | |
| 낙광-하다 | 락광하다 | 落鑛-- | |
| 낙구[1] | 락구 | 落句 | |
| 낙권 | 락권 | 落券 | |
| 낙남 | 락남 | 落南 | |
| 낙남-하다 | 락남하다 | 落南-- | |
| 낙농 | 락농 | 酪農 | |
| 낙농-업 | 락농업 | 酪農業 | |
| 낙담 | 락담 | 落膽 | |
| 낙담-상혼 | 락담상혼 | 落膽喪魂 | |
| 낙담상혼-하다 | 락담상혼하다 | 落膽喪魂-- | |
| 낙담-하다 | 락담하다 | 落膽-- | |
| 낙동-강[1] | 락동강 | 洛東江 | |
| 낙등 | 락등 | 落等 | |

| 《표대》 | 《조대》 | 원어 | 비고 |
|---|---|---|---|
| 낙등-하다 | 락등하다 | 落等-- | |
| 낙락[1] | 락락[1] | 落落 | |
| 낙락[3] | 락락[2] | 樂樂 | |
| 낙락-난합 | 락락난합 | 落落難合 | |
| 낙락난합-하다 | 락락난합하다 | 落落難合-- | |
| 낙락-장송 | 락락장송 | 落落長松 | |
| 낙락-하다[1] | 락락하다[1] | 落落-- | |
| 낙락-하다[2] | 락락하다[2] | 樂樂-- | |
| 낙락-히 | 락락히 | 落落- | |
| 낙랑-군 | 락랑군 | 樂浪郡 | |
| 낙랑-단궁 | 락랑단궁 | 樂浪檀弓 | |
| 낙뢰 | 락뢰 | 落雷 | |
| 낙뢰-하다 | 락뢰하다 | 落雷-- | |
| 낙루[1] | 락루[1] | 落涙 | |
| 낙루[2] | 락루[2] | 落漏 | |
| 낙루-하다[1] | 락루하다 | 落涙-- | |
| 낙마[1] | 락마 | 落馬 | |
| 낙마-하다 | 락마하다 | 落馬-- | |
| 낙막[1] | 락막 | 落寞 | |
| 낙막락 | 락막락 | 樂莫樂 | |
| 낙막-하다[1] | 락막하다 | 落寞-- | |
| 낙망 | 락망[1] | 落望 | |
| 낙망-하다 | 락망하다 | 落望-- | |
| 낙매[2] | 락매 | 落梅 | |
| 낙맥[1] | 락맥[2] | 絡脈 | |
| 낙맥[2] | 락맥[1] | 落脈 | |
| 낙면 | 락면 | 落綿 | |
| 낙명[1] | 락명[2] | 落名 | |
| 낙명[2] | 락명[1] | 落命 | |
| 낙명-하다[1] | 락명하다 | 落名-- | |
| 낙명-하다[2] | 락명하다 | 落命-- | |
| 낙목 | 락목 | 落木 | |
| 낙목-공산 | 락목공산 | 落木空山 | |
| 낙목-한풍 | 락목한풍 | 落木寒風 | |
| 낙미지액 | 락미지액 | 落眉之厄 | |
| 낙박 | 락박 | 落泊 | |
| 낙반 | 락반 | 落磐/落盤 | (조)落盤 |
| 낙반-되다 | 락반되다 | 落磐--/落盤-- | |
| 낙반-하다 | 락반하다 | 落磐--/落盤-- | |

| 《표대》 | 《조대》 | 원어 | 비고 |
|---|---|---|---|
| 낙발 | 락발 | 落髮 | |
| 낙발-위승 | 락발위승 | 落髮爲僧 | |
| 낙발-하다 | 락발하다 | 落髮-- | |
| 낙방[1] | 락방 | 落榜 | |
| 낙방-거자 | 락방거자 | 落榜擧子 | |
| 낙방-하다 | 락방하다 | 落榜-- | |
| 낙백 | 락백 | 落魄 | |
| 낙백-하다 | 락백하다 | 落魄-- | |
| 낙범 | 락범 | 落帆 | |
| 낙범-하다 | 락범하다 | 落帆-- | |
| 낙복-지 | 락복지 | 落幅紙 | |
| 낙본 | 락본 | 落本 | |
| 낙본-하다 | 락본하다 | 落本-- | |
| 낙사[2] | 락사[2] | 落仕 | |
| 낙사[3] | 락사[1] | 樂事 | |
| 낙사-하다 | 락사하다 | 落仕-- | |
| 낙산[1] | 락산[2] | 落山 | |
| 낙산[2] | 락산[3] | 酪酸 | |
| 낙산-하다 | 락산하다 | 落山-- | |
| 낙살 | 락살 | 烙殺 | |
| 낙살-되다 | 락살되다 | 烙殺-- | |
| 낙살-하다 | 락살하다 | 烙殺-- | |
| 낙상 | 락상[1] | 落傷 | |
| 낙상-하다 | 락상하다 | 落傷-- | |
| 낙서[3] | 락서[1] | 落書 | |
| 낙서-하다 | 락서하다 | 落書-- | |
| 낙석 | 락석[1] | 落石 | |
| 낙선 | 락선 | 落選 | |
| 낙선-되다 | 락선되다 | 落選-- | |
| 낙선-하다 | 락선하다 | 落選-- | |
| 낙설 | 락설 | 落屑 | |
| 낙성[3] | 락성[1] | 落成 | |
| 낙성[4] | 락성[2] | 落城 | |
| 낙성-되다[1] | 락성되다 | 落成-- | |
| 낙성-식 | 락성식 | 落成式 | |
| 낙성-연 | 락성연 | 落成宴 | |
| 낙성-하다[1] | 락성하다 | 落成-- | |
| 낙성-하다[2] | 락성하다 | 落城-- | |
| 낙세[1] | 락세[1] | 落勢 | |

| 《표대》 | 《조대》 | 원어 | 비고 |
|---|---|---|---|
| 낙세[2] | 락세[2] | 樂歲 | |
| 낙소 | 락소 | 酪素 | |
| 낙송[2] | 락송 | 落訟 | |
| 낙송자-칭원 | 락송자칭원 | 落訟者稱冤 | (조)落訟者稱寃 |
| 낙송-하다[2] | 락송하다 | 落訟-- | |
| 낙수[3] | 락수 | 落水 | |
| 낙수-기 | 락수기 | 落水期 | |
| 낙수-받이 | 락수받이 | 落水-- | |
| 낙심 | 락심 | 落心 | |
| 낙심-되다 | 락심되다 | 落心-- | |
| 낙심-천만 | 락심천만 | 落心千萬 | |
| 낙심-하다 | 락심하다 | 落心-- | |
| 낙안 | 락안 | 落雁/落鴈 | (조)落雁 |
| 낙양[3] | 락양 | 落陽 | |
| 낙역 | 락역 | 絡繹 | |
| 낙역부절 | 락역부절 | 絡繹不絕 | |
| 낙역부절-하다 | 락역부절하다 | 絡繹不絕-- | |
| 낙역-하다 | 락역하다 | 絡繹-- | |
| 낙엽 | 락엽 | 落葉 | |
| 낙엽^교목 | 락엽교목 | 落葉喬木 | |
| 낙엽귀근 | 락엽귀근 | 落葉歸根 | |
| 낙엽-색 | 락엽색 | 落葉色 | |
| 낙엽-송 | 락엽송 | 落葉松 | |
| 낙엽-수 | 락엽수 | 落葉樹 | |
| 낙영[1] | 락영 | 落英 | |
| 낙오 | 락오 | 落伍 | |
| 낙오-자 | 락오자 | 落伍者 | |
| 낙오-하다 | 락오하다 | 落伍-- | |
| 낙우송 | 락우송 | 落羽松 | |
| 낙원 | 락원 | 樂園 | |
| 낙월 | 락월 | 落月 | |
| 낙이 | 락이 | 樂易 | |
| 낙이-하다 | 락이하다 | 樂易-- | |
| 낙인 | 락인 | 烙印 | |
| 낙일[1] | 락일 | 落日 | |
| 낙자[2] | 락자[2] | 絡子 | (조)洛子 |
| 낙자[3] | 락자[1] | 落字 | |
| 낙장[1] | 락장 | 落張 | |
| 낙장불입 | 락장불입 | 落張不入 | |

| 《표대》 | 《조대》 | 원어 | 비고 |
|---|---|---|---|
| 낙적 | 락적 | 落籍 | |
| 낙적-되다 | 락적되다 | 落籍-- | |
| 낙적-하다 | 락적하다 | 落籍-- | |
| 낙전[1] | 락전 | 落箭 | |
| 낙전-하다 | 락전하다 | 落箭-- | |
| 낙점[1] | 락점[2] | 落點 | |
| 낙점[2] | 락점[1] | 落點 | |
| 낙점-하다 | 락점하다 | 落點-- | |
| 낙정-미 | 락정미 | 落庭米 | |
| 낙제[2] | 락제[1] | 落第 | |
| 낙제-되다 | 락제되다 | 落第-- | |
| 낙제-생 | 락제생 | 落第生 | |
| 낙제-점 | 락제점 | 落第點 | |
| 낙제-하다 | 락제하다 | 落第-- | |
| 낙조[1] | 락조[1] | 落照 | |
| 낙조[2] | 락조[2] | 落潮 | |
| 낙조-류 | 락조류 | 落潮流 | |
| 낙종[1] | 락종[1] | 落種 | |
| 낙종[2] | 락종[2] | 樂從 | |
| 낙종-머리 | 락종머리 | 落種-- | |
| 낙종-물 | 락종물 | 落種- | |
| 낙종-하다[2] | 락종하다 | 樂從-- | |
| 낙죽 | 락죽 | 烙竹 | |
| 낙지[3] | 락지[2] | 落地 | |
| 낙지[4] | 락지[3] | 落枝 | |
| 낙지[5] | 락지[1] | 樂地 | |
| 낙지-이후 | 락지이후 | 落地以後 | |
| 낙지-초 | 락지초 | 落地初 | |
| 낙지-하다 | 락지하다 | 落地-- | |
| 낙직 | 락직 | 落職 | |
| 낙직-되다 | 락직되다 | 落職-- | |
| 낙직-하다 | 락직하다 | 落職-- | |
| 낙질 | 락질 | 落帙 | |
| 낙질-되다 | 락질되다 | 落帙-- | |
| 낙차[3] | 락차 | 落差 | |
| 낙차-공 | 락차공 | 落差工 | |
| 낙착 | 락착 | 落着 | |
| 낙착-되다 | 락착되다 | 落着-- | |
| 낙착-하다 | 락착하다 | 落着-- | |

| 《표대》 | 《조대》 | 원어 | 비고 |
|---|---|---|---|
| 낙찰 | 락찰 | 落札 | |
| 낙찰-되다 | 락찰되다 | 落札-- | |
| 낙찰-하다 | 락찰하다 | 落札-- | |
| 낙척 | 락척 | 落拓 | |
| 낙척-하다 | 락척하다 | 落拓-- | |
| 낙천[1] | 락천[2] | 落薦 | |
| 낙천[2] | 락천[1] | 樂天 | |
| 낙천-가 | 락천가 | 樂天家 | |
| 낙천-자 | 락천자 | 落薦者 | |
| 낙천-적 | 락천적 | 樂天的 | |
| 낙천-주의 | 락천주의 | 樂天主義 | |
| 낙천-하다 | 락천하다 | 落薦-- | |
| 낙체 | 락체 | 落體 | |
| 낙축 | 락축 | 落軸 | |
| 낙치 | 락치 | 落齒 | |
| 낙치-부생 | 락치부생 | 落齒復生 | |
| 낙치부생-하다 | 락치부생하다 | 落齒復生-- | |
| 낙치-하다 | 락치하다 | 落齒-- | |
| 낙침 | 락침 | 落枕 | |
| 낙타[2] | 락타 | 駱駝/駱駞 | (조)駱駝 |
| 낙타-지 | 락타지 | 駱駝地 | |
| 낙탁 | 락탁 | 落魄 | (조)落託 |
| 낙탁-하다 | 락탁하다 | 落魄-- | |
| 낙태 | 락태 | 落胎 | |
| 낙태-하다 | 락태하다 | 落胎-- | |
| 낙토 | 락토 | 樂土 | |
| 낙판 | 락판 | 落板 | (조)落- |
| 낙판-되다 | 락판되다 | 落板-- | |
| 낙판-하다 | 락판하다 | 落板-- | |
| 낙하[1] | 락하[1] | 落下 | |
| 낙하[2] | 락하[2] | 落霞 | |
| 낙-하다 | 락하다 | 烙-- | |
| 낙하-산 | 락하산 | 落下傘 | |
| 낙하산-병 | 락하산병 | 落下傘兵 | |
| 낙하산^부대 | 락하산부대 | 落下傘部隊 | |
| 낙하-하다 | 락하하다 | 落下-- | |
| 낙한 | 락한 | 落汗 | |
| 낙한-하다 | 락한하다 | 落汗-- | |
| 낙향[1] | 락향 | 落鄕 | |

| 《표대》 | 《조대》 | 원어 | 비고 |
|---|---|---|---|
| 낙향-하다 | 락향하다 | 落鄕-- | |
| 낙형 | 락형 | 烙刑 | |
| 낙혼 | 락혼 | 落婚 | |
| 낙혼-하다 | 락혼하다 | 落婚-- | |
| 낙홍 | 락홍 | 落紅 | |
| 낙화[3] | 락화[2] | 落火 | |
| 낙화[4] | 락화[1] | 落花 | |
| 낙화-생 | 락화생 | 落花生 | |
| 낙화-유수 | 락화류수 | 落花流水 | |
| 낙후 | 락후 | 落後 | |
| 낙후-성 | 락후성 | 落後性 | |
| 낙후-하다 | 락후하다 | 落後-- | |
| 낙후-하다 | 락후하다 | 落後-- | |
| 낙휘 | 락휘 | 落暉 | |
| 난[1] | 란[2] | 卵 | |
| 난[2] | 란[3] | 亂 | |
| 난[5] | 란[1] | 欄 | |
| 난[6] | 란[4] | 蘭 | |
| 난[8] | 란[5] | 襴 | |
| 난가[1] | 란가[1] | 亂家 | |
| 난가[3] | 란가[3] | 爛柯 | |
| 난가[4] | 란가[2] | 鸞駕 | |
| 난각 | 란각 | 卵殼 | |
| 난각-막 | 란각막 | 卵殼膜 | |
| 난각-풍 | 란각풍 | 爛脚風 | |
| 난간[3] | 란간 | 欄干/欄杆 | (조)欄杆 |
| 난간-마루 | 란간마루 | 欄干-- | |
| 난간 이마 | 란간이마 | 欄干-- | |
| 난개 | 란개 | 爛開 | |
| 난개-하다 | 란개하다 | 爛開-- | |
| 난객 | 란객 | 蘭客 | |
| 난계[2] | 란계 | 蘭契 | |
| 난공[1] | 란공 | 亂供 | |
| 난공-하다 | 란공하다 | 亂供-- | |
| 난관[1] | 란관 | 卵管 | |
| 난관-염 | 란관염 | 卵管炎 | |
| 난관^통기법 | 란관통기법 | 卵管通氣法 | |
| 난교[3] | 란교 | 蘭交 | |
| 난국[1] | 란국[1] | 亂局 | |

| 《표대》 | 《조대》 | 원어 | 비고 |
|---|---|---|---|
| 난국[2] | 란국[2] | 亂國 | |
| 난군[2] | 란군[1] | 亂軍 | |
| 난군[2] | 란군[2] | 亂軍 | |
| 난굴 | 란굴 | 亂掘 | (조)亂窟 |
| 난굴-하다 | 란굴하다 | 亂掘-- | |
| 난낭 | 란낭 | 卵囊 | |
| 난내 | 란내 | 欄內 | |
| 난당[1] | 란당 | 亂黨 | |
| 난도[1] | 란도[1] | 亂刀 | |
| 난도[2] | 란도[2] | 亂擣 | |
| 난도[5] | 란도[3] | 鑾刀 | (조)鸞刀 |
| 난도-질 | 란도질 | 亂刀- | |
| 난도질-하다 | 란도질하다 | 亂刀--- | |
| 난도-하다[1] | 란도하다 | 亂刀-- | |
| 난도-하다[2] | 란도하다 | 亂擣-- | |
| 난독[1] | 란독 | 亂讀 | |
| 난독-하다[1] | 란독하다 | 亂讀-- | |
| 난동[1] | 란동 | 亂動 | |
| 난동-하다 | 란동하다 | 亂動-- | |
| 난류[1] | 란류[1] | 卵類 | |
| 난류[2] | 란류[2] | 亂流 | |
| 난류[3] | 란류[3] | 亂類 | |
| 난륜 | 란륜 | 亂倫 | |
| 난륜-하다 | 란륜하다 | 亂倫-- | |
| 난리[2] | 란리 | 亂離 | |
| 난리-판 | 란리판 | 亂離- | |
| 난립 | 란립 | 亂立 | |
| 난립-하다 | 란립하다 | 亂立-- | |
| 난마 | 란마 | 亂麻 | |
| 난막 | 란막 | 卵膜 | |
| 난만 | 란만 | 爛漫 | |
| 난만-상의 | 란만상의 | 爛漫相議 | |
| 난만상의-하다 | 란만상의하다 | 爛漫相議-- | |
| 난만-하다 | 란만하다 | 爛漫-- | |
| 난만-히 | 란만히 | 爛漫- | |
| 난맥 | 란맥 | 亂脈 | |
| 난맥-상 | 란맥상 | 亂脈相 | |
| 난면[1] | 란면 | 卵面 | |
| 난명 | 란명[1] | 亂命 | |

| 《표대》 | 《조대》 | 원어 | 비고 |
|---|---|---|---|
| 난모^세포 | 란모세포 | 卵母細胞 | |
| 난무 | 란무 | 亂舞 | |
| 난무-하다 | 란무하다 | 亂舞-- | |
| 난문[1] | 란문[1] | 卵門 | |
| 난문[2] | 란문[2] | 闌門 | |
| 난민[1] | 란민 | 亂民 | |
| 난-반사 | 란반사 | 亂反射 | |
| 난반사-되다 | 란반사되다 | 亂反射-- | |
| 난반사-하다 | 란반사하다 | 亂反射-- | |
| 난발[1] | 란발[1] | 亂發 | |
| 난발[2] | 란발[2] | 亂髮 | |
| 난발[3] | 란발[3] | 爛發 | |
| 난발-하다[1] | 란발하다 | 亂發-- | |
| 난발-하다[2] | 란발하다 | 爛發-- | |
| 난방[1] | 란방 | 亂邦 | |
| 난백 | 란백 | 卵白 | |
| 난백-분 | 란백분 | 卵白粉 | |
| 난백-색 | 란백색 | 卵白色 | |
| 난백-소 | 란백소 | 卵白素 | |
| 난백-수 | 란백수 | 卵白水 | |
| 난백-판 | 란백판 | 卵白版 | |
| 난병[1] | 란병 | 亂兵 | |
| 난보[2] | 란보 | 爛報 | |
| 난봉[5] | 란봉 | 鸞鳳 | |
| 난부[1] | 란부[1] | 嬾夫 | |
| 난부[2] | 란부[2] | 嬾婦 | |
| 난분 | 란분 | 卵粉 | (조)卵紛 |
| 난분분 | 란분분 | 亂紛紛 | |
| 난분분-하다 | 란분분하다 | 亂紛紛-- | |
| 난비 | 란비 | 亂飛 | |
| 난비-하다 | 란비하다 | 亂飛-- | |
| 난삼 | 란삼 | 襴衫 | |
| 난상[5] | 란상 | 爛商 | |
| 난상-공론 | 란상공론 | 爛商公論 | |
| 난상-토의 | 란상토의 | 爛商討議 | |
| 난상토의-하다 | 란상토의하다 | 爛商討議-- | |
| 난상-하다 | 란상하다 | 爛商-- | |
| 난-새 | 란새 | 鸞- | |
| 난생[2] | 란생 | 卵生 | |

| 《표대》 | 《조대》 | 원어 | 비고 |
|---|---|---|---|
| 난생^동물 | 란생동물 | 卵生動物 | |
| 난생^설화 | 란생설화 | 卵生說話 | |
| 난생-하다 | 란생하다 | 卵生-- | |
| 난설헌-집 | 란설헌집 | 蘭雪軒集 | |
| 난세[1] | 란세 | 亂世 | |
| 난-세포 | 란세포 | 卵細胞 | |
| 난소[1] | 란소[1] | 卵巢 | |
| 난소^기능 | 란소기능 | 卵巢機能 | |
| 난소^낭종 | 란소낭종 | 卵巢囊腫 | |
| 난소^섬유종 | 란소섬유종 | 卵巢纖維腫 | |
| 난소-암 | 란소암 | 卵巢癌 | |
| 난소-염 | 란소염 | 卵巢炎 | |
| 난소^임신 | 란소임신 | 卵巢妊娠 | |
| 난속 | 란속 | 亂俗 | |
| 난속-하다 | 란속하다 | 亂俗-- | |
| 난수[3] | 란수 | 亂數 | |
| 난숙 | 란숙 | 爛熟 | |
| 난숙-기 | 란숙기 | 爛熟期 | |
| 난숙-하다 | 란숙하다 | 爛熟-- | |
| 난시[2] | 란시[2] | 亂時 | |
| 난시[3] | 란시[1] | 亂視 | |
| 난시-안 | 란시안 | 亂視眼 | |
| 난신[1] | 란신 | 亂臣 | |
| 난신-적자 | 란신적자 | 亂臣賊子 | |
| 난심 | 란심[2] | 亂心 | |
| 난언[1] | 란언 | 亂言 | |
| 난여 | 란여 | 鑾輿/鸞輿 | (조)鸞輿 |
| 난외 | 란외 | 欄外 | |
| 난외-주 | 란외주 | 欄外註 | |
| 난용[2] | 란용 | 亂用 | |
| 난용-종 | 란용종 | 卵用種 | |
| 난용-하다 | 란용하다 | 亂用-- | |
| 난원-공 | 란원공 | 卵圓孔 | |
| 난원-세포 | 란원세포 | 卵原細胞 | |
| 난원-창 | 란원창 | 卵圓窓 | |
| 난원-형 | 란원형 | 卵圓形 | |
| 난육 | 란육 | 卵育 | |
| 난육-하다 | 란육하다 | 卵育-- | |
| 난의-창 | 란의창 | 爛依瘡 | (조)爛衣瘡 |

| 《표대》 | 《조대》 | 원어 | 비고 |
|---|---|---|---|
| 난익 | 란익 | 卵翼 | |
| 난익-하다 | 란익하다 | 卵翼-- | |
| 난일 | 란일 | 亂日 | |
| 난입[1] | 란입[2] | 亂入 | |
| 난입[2] | 란입[1] | 闌入/欄入 | (조)闌入. 攔入 |
| 난입-하다[1] | 란입하다 | 亂入-- | |
| 난입-하다[2] | 란입하다 | 闌入--/欄入-- | |
| 난자[1] | 란자[1] | 卵子 | |
| 난자[2] | 란자[2] | 亂刺 | |
| 난자-법 | 란자법 | 亂刺法 | |
| 난자-질 | 란자질 | 亂刺- | |
| 난자질-하다 | 란자질하다 | 亂刺--- | |
| 난자-하다 | 란자하다 | 亂刺-- | |
| 난자-혜질 | 란자혜질 | 蘭姿蕙質 | (조)蘭姿惠質 |
| 난작[2] | 란작[1] | 亂斫 | |
| 난작[3] | 란작[2] | 爛嚼 | |
| 난작-하다[1] | 란작하다 | 亂斫-- | |
| 난작-하다[2] | 란작하다 | 爛嚼-- | |
| 난잡 | 란잡 | 亂雜 | |
| 난잡-스럽다 | 란잡스럽다 | 亂雜--- | |
| 난잡-하다 | 란잡하다 | 亂雜-- | |
| 난잡-히 | 란잡히 | 亂雜- | |
| 난장[3] | 란장[2] | 亂杖 | |
| 난장[6] | 란장[1] | 亂場 | |
| 난장[7] | 란장[3] | 爛腸 | |
| 난장-개 | 란장개 | 亂杖- | |
| 난장-질 | 란장질 | 亂杖- | |
| 난장질-하다 | 란장질하다 | 亂杖--- | |
| 난장-판 | 란장판 | 亂場- | |
| 난적[1] | 란적 | 亂賊 | |
| 난전[2] | 란전[2] | 亂廛 | |
| 난전[4] | 란전[1] | 亂戰 | |
| 난선-하다[1] | 란전하다 | 亂戰-- | |
| 난정[1] | 란정 | 亂政 | |
| 난정-소 | 란정소 | 卵精巢 | |
| 난조[1] | 란조[1] | 亂調 | |
| 난조[2] | 란조[2] | 攔阻 | (조)欄阻 |
| 난조[4] | 란조[3] | 鸞鳥 | |
| 난조-하다 | 란조하다 | 攔阻-- | |

| 《표대》 | 《조대》 | 원어 | 비고 |
|---|---|---|---|
| 난중[2] | 란중[1] | 亂中 | |
| 난창[1] | 란창 | 亂唱 | |
| 난창-하다 | 란창하다 | 亂唱-- | |
| 난초[1] | 란초[3] | 亂招 | |
| 난초[2] | 란초[2] | 亂草 | |
| 난초[3] | 란초[1] | 蘭草 | |
| 난초[4] | 란초[4] | 蘭蕉 | |
| 난최옥절 | 란최옥절 | 蘭摧玉折 | (조)蘭催玉切 |
| 난취 | 란취 | 爛醉 | |
| 난취-하다 | 란취하다 | 爛醉-- | |
| 난층-운 | 란층운 | 亂層雲 | |
| 난타[1] | 란타 | 亂打 | |
| 난타-하다 | 란타하다 | 亂打-- | |
| 난-태생 | 란태생 | 卵胎生 | |
| 난투 | 란투 | 亂鬪 | |
| 난투-극 | 란투극 | 亂鬪劇 | |
| 난투-하다 | 란투하다 | 亂鬪-- | |
| 난포[1] | 란포[2] | 卵胞 | |
| 난포[2] | 란포[1] | 亂暴 | |
| 난포-하다 | 란포하다 | 亂暴-- | |
| 난폭 | 란폭 | 亂暴 | |
| 난폭-하다 | 란폭하다 | 亂暴-- | |
| 난폭-히 | 란폭히 | 亂暴- | |
| 난필 | 란필 | 亂筆 | |
| 난할 | 란할 | 卵割 | |
| 난함 | 란함 | 欄檻 | |
| 난합 | 란합 | 卵盒 | |
| 난해[1] | 란해 | 卵醢 | |
| 난핵 | 란핵 | 卵核 | |
| 난행[1] | 란행 | 亂行 | |
| 난향 | 란향 | 蘭香 | |
| 난현-풍 | 란현풍 | 爛弦風 | |
| 난형 | 란형 | 卵形 | |
| 난형-선 | 란형선 | 卵形線 | |
| 난혼 | 란혼 | 亂婚 | |
| 난화-주 | 란화주 | 蘭花酒 | |
| 난황 | 란황 | 卵黃 | |
| 난황-낭 | 란황낭 | 卵黃囊 | (조)亂黃囊 |
| 난황-색 | 란황색 | 卵黃色 | |

| 《표대》 | 《조대》 | 원어 | 비고 |
|---|---|---|---|
| 난획 | 란획 | 亂獲 | |
| 난획-하다 | 란획하다 | 亂獲-- | |
| 난후 | 란후 | 亂後 | |
| 난후-군 | 란후군 | 欄後軍 | (조) 攔後軍 |
| 난후-별대 | 란후별대 | 欄後別隊 | (조) 攔後別隊 |
| 난후-사 | 란후사 | 欄後士 | (조) 攔後士 |
| 남극-노인 | 남극로인 | 南極老人 | |
| 남기 | 람기 | 嵐氣 | |
| 남녀-노소 | 남녀로소 | 男女老少 | |
| 남동-광 | 람동광 | 藍銅鑛 | |
| 남루 | 람루 | 襤褸 | |
| 남루-하다 | 람루하다 | 襤褸-- | |
| 남루-히 | 람루히 | 襤褸- | |
| 남발[2] | 람발 | 濫發 | |
| 남발-되다 | 람발되다 | 濫發-- | |
| 남발-하다 | 람발하다 | 濫發-- | |
| 남벌[2] | 람벌 | 濫伐 | |
| 남벌-하다[2] | 람벌하다 | 濫伐-- | |
| 남법 | 람법 | 濫法 | |
| 남법-하다 | 람법하다 | 濫法-- | |
| 남본 | 람본 | 藍本 | |
| 남부-여대 | 남부녀대 | 男負女戴 | |
| 남부여대-하다 | 남부녀대하다 | 男負女戴-- | |
| 남북^연방제 | 남북련방제 | 南北聯邦制 | |
| 남분 | 람분 | 濫分 | |
| 남분-하다 | 람분하다 | 濫分-- | |
| 남비[2] | 람비 | 濫費 | |
| 남살 | 람살 | 濫殺 | |
| 남살-하다 | 람살하다 | 濫殺-- | |
| 남삼 | 람삼 | 鬖髿 | |
| 남삼-하다 | 람삼하다 | 鬖髿-- | |
| 남상[5] | 람상[2] | 濫賞 | |
| 남상[6] | 람상[1] | 濫觴 | |
| 남상-하다[2] | 람상하다 | 濫賞-- | |
| 남식 | 람식 | 濫食 | |
| 남식-하다 | 람식하다 | 濫食-- | |
| 남실[2] | 람실 | 藍實 | (조) 籃實 |
| 남어 | 람어 | 纜魚 | |
| 남여[2] | 람여 | 藍輿 | (조) 籃輿 |

| 《표대》 | 《조대》 | 원어 | 비고 |
|---|---|---|---|
| 남요 | 람요 | 攬要 | |
| 남요-하다 | 람요하다 | 攬要-- | |
| 남용 | 람용 | 濫用 | |
| 남용-되다 | 람용되다 | 濫用-- | |
| 남용-하다 | 람용하다 | 濫用-- | |
| 남의-사 | 람의사 | 藍衣社 | |
| 남작[3] | 람작 | 濫作 | |
| 남작-하다 | 람작하다 | 濫作-- | |
| 남장[2] | 람장 | 濫杖 | |
| 남장-하다[2] | 람장하다 | 濫杖-- | |
| 남정-석 | 람정석 | 藍晶石 | |
| 남제[4] | 람제 | 濫製 | |
| 남제-품 | 람제품 | 濫製品 | |
| 남제-하다 | 람제하다 | 濫製-- | |
| 남조[3] | 람조 | 濫造 | |
| 남조-소 | 람조소 | 藍藻素 | |
| 남조-품 | 람조품 | 濫造品 | |
| 남조-하다 | 람조하다 | 濫造-- | |
| 남존-여비 | 남존녀비 | 男尊女卑 | (조)南尊女卑 |
| 남좌여우 | 남좌녀우 | 男左女右 | |
| 남직 | 람직 | 濫職 | |
| 남징 | 람징 | 濫徵 | |
| 남징-하다 | 람징하다 | 濫徵-- | |
| 남침[2] | 람침 | 覽寢 | |
| 남풍[2] | 람풍 | 嵐風 | |
| 남필 | 람필 | 覽畢 | |
| 남하[2] | 람하 | 濫下 | |
| 남-하다 | 람하다 | 濫-- | |
| 남하-하다[2] | 람하하다 | 濫下-- | |
| 남형 | 람형 | 濫刑 | |
| 남형-하다 | 람형하다 | 濫刑-- | |
| 남혼-여가 | 남혼녀가 | 男婚女嫁 | |
| 남화-장 | 람화장 | 覽火匠 | |
| 남획 | 람획 | 濫獲 | |
| 남획-하다 | 람획하다 | 濫獲-- | |
| 납[2] | 랍[2] | 臘 | |
| 납매[2] | 랍매[1] | 臘梅 | |
| 납매[3] | 랍매[2] | 蠟梅 | |
| 납배[1] | 랍배 | 拉杯 | (조)拉坏 |

| 《표대》 | 《조대》 | 원어 | 비고 |
|---|---|---|---|
| 납상3 | 랍상1 | 蠟霜 | |
| 납석 | 랍석 | 蠟石 | |
| 납설 | 랍설 | 臘雪 | |
| 납설-수 | 랍설수 | 臘雪水 | |
| 납약 | 랍약 | 臘藥 | |
| 납염2 | 랍염2 | 蠟染 | |
| 납염-하다2 | 랍염하다 | 蠟染-- | |
| 납월 | 랍월 | 臘月 | |
| 납육 | 랍육 | 臘肉 | |
| 납일2 | 랍일 | 臘日 | |
| 납전-삼백 | 랍전삼백 | 臘前三白 | |
| 납제1 | 랍제2 | 臘祭 | |
| 납제2 | 랍제1 | 臘劑 | |
| 납조 | 랍조 | 臘鳥 | |
| 납주2 | 랍주 | 臘酒 | |
| 납촉 | 랍촉 | 蠟燭 | |
| 납취 | 랍취 | 蠟嘴 | |
| 납취-작 | 랍취작 | 蠟嘴雀 | |
| 납취-조 | 랍취조 | 蠟嘴鳥 | |
| 납치 | 랍치 | 拉致 | |
| 납치-되다 | 랍치되다 | 拉致-- | |
| 납치-하다 | 랍치하다 | 拉致-- | |
| 납평 | 랍평 | 臘平 | |
| 납평-제 | 랍평제 | 臘平祭 | |
| 납평-치 | 랍평치 | 臘平- | |
| 납평치-하다 | 랍평치하다 | 臘平--- | |
| 납향 | 랍향 | 臘享 | |
| 납화1 | 랍화 | 蠟花 | |
| 납환 | 랍환 | 蠟丸 | |
| 낭6 | 랑3 | 郎 | (조)郞 |
| 낭간2 | 랑간 | 琅玕 | |
| 낭객 | 랑객 | 浪客 | |
| 낭관 | 랑관1 | 郎官 | (조)郞官 |
| 낭군 | 랑군 | 郎君 | |
| 낭기-마 | 랑기마 | 郎騎馬 | (조)郞騎馬 |
| 낭당1 | 랑당1 | 郎當 | |
| 낭당2 | 랑당2 | 郎幢 | (조)郞幢 |
| 낭당-하다 | 랑당하다 | 郎當-- | |
| 낭당-히 | 랑당히 | 郎當- | |

| 《표대》 | 《조대》 | 원어 | 비고 |
|---|---|---|---|
| 낭도[2] | 랑도 | 郎徒 | (조)郎徒 |
| 낭독[1] | 랑독[2] | 狼毒 | |
| 낭독[2] | 랑독[1] | 朗讀 | |
| 낭독-하다 | 랑독하다 | 朗讀-- | |
| 낭랑[1] | 랑랑[1] | 娘娘 | |
| 낭랑[2] | 랑랑[4] | 浪浪 | |
| 낭랑[3] | 랑랑[2] | 朗朗 | |
| 낭랑[4] | 랑랑[3] | 琅琅 | |
| 낭랑세어 | 랑랑세어 | 朗朗細語 | |
| 낭랑-하다[1] | 랑랑하다[3] | 浪浪-- | |
| 낭랑-하다[2] | 랑랑하다[1] | 朗朗-- | |
| 낭랑-하다[3] | 랑랑하다[2] | 琅琅-- | |
| 낭랑-히[2] | 랑랑히 | 朗朗- | |
| 낭루 | 랑루 | 狼瘻 | |
| 낭만 | 랑만 | 浪漫 | |
| 낭만-성 | 랑만성 | 浪漫性 | |
| 낭만-적 | 랑만적 | 浪漫的 | |
| 낭만-주의 | 랑만주의 | 浪漫主義 | |
| 낭만주의^음악 | 랑만주의음악 | 浪漫主義音樂 | |
| 낭만주의-적 | 랑만주의적 | 浪漫主義的 | |
| 낭만-파 | 랑만파 | 浪漫派 | |
| 낭묘 | 랑묘 | 廊廟 | |
| 낭묘지기 | 랑묘지기 | 廊廟之器 | |
| 낭미-초 | 랑미초 | 狼尾草 | |
| 낭비 | 랑비 | 浪費 | |
| 낭비-되다 | 랑비되다 | 浪費-- | |
| 낭비-하다 | 랑비하다 | 浪費-- | |
| 낭사[2] | 랑사[1] | 浪死 | |
| 낭사[3] | 랑사[2] | 郎舍 | (조)郎舍 |
| 낭사-하다 | 랑사하다 | 浪死-- | |
| 낭서[1] | 랑서 | 郎署 | (조)郎署 |
| 낭선[1] | 랑선[2] | 狼筅 | |
| 낭선[2] | 랑선[1] | 郎扇 | (조)郎扇 |
| 낭선-창 | 랑선창 | 狼筅槍 | |
| 낭설 | 랑설 | 浪說 | |
| 낭속 | 랑속 | 廊屬 | |
| 낭송 | 랑송 | 朗誦 | |
| 낭송-하다 | 랑송하다 | 朗誦-- | |
| 낭아 | 랑아 | 狼牙 | |

| 《표대》 | 《조대》 | 원어 | 비고 |
|---|---|---|---|
| 낭아-채 | 랑아채 | 狼牙菜 | |
| 낭아-초 | 랑아초 | 狼牙草 | |
| 낭어 | 랑어 | 浪語 | |
| 낭연[1] | 랑연[1] | 狼煙 | |
| 낭영 | 랑영 | 朗詠 | |
| 낭영-하다 | 랑영하다 | 朗詠-- | |
| 낭월 | 랑월 | 朗月 | |
| 낭유[1] | 랑유[2] | 浪遊 | |
| 낭유[3] | 랑유[1] | 稂莠 | (조)狼莠 |
| 낭유-하다 | 랑유하다 | 浪遊-- | |
| 낭음 | 랑음 | 朗吟 | |
| 낭음-하다 | 랑음하다 | 朗吟-- | |
| 낭인[1] | 랑인 | 浪人 | |
| 낭자[3] | 랑자[1] | 娘子 | |
| 낭자[6] | 랑자[3] | 狼藉 | |
| 낭자[7] | 랑자[2] | 郎子 | (조)郎子 |
| 낭자-군 | 랑자군 | 娘子軍 | |
| 낭자-야심 | 랑자야심 | 狼子野心 | |
| 낭자-하다[2] | 랑자하다 | 狼藉-- | |
| 낭장 | 랑장 | 郎將 | (조)郎將 |
| 낭재 | 랑재 | 郎材 | (조)郎材 |
| 낭저[1] | 랑저 | 廊底 | |
| 낭적 | 랑적 | 浪跡/浪迹 | (조)浪跡 |
| 낭중[1] | 랑중[1] | 郎中 | (조)郎中 |
| 낭중[2] | 랑중[2] | 郎中 | (조)郎中 |
| 낭창[2] | 랑창[1] | 狼瘡 | |
| 낭창[5] | 랑칭[2] | 踉蹌 | |
| 낭창-하다[3] | 랑창하다 | 踉蹌-- | |
| 낭청 | 랑청 | 郎廳 | (조)郎廳 |
| 낭청-좌기 | 랑청좌기 | 郎廳坐起 | (조)郎廳坐起 |
| 낭축[1] | 랑축 | 螂蠋 | (조)螂蠋 |
| 낭치 | 랑치 | 狼齒 | |
| 낭탕 | 랑탕 | 莨菪 | |
| 낭태 | 랑태 | 浪太 | |
| 낭태어 | 랑태어 | 浪太魚 | |
| 낭패 | 랑패 | 狼狽 | |
| 낭패-되다 | 랑패되다 | 狼狽-- | |
| 낭패-스럽다 | 랑패스럽다 | 狼狽--- | |
| 낭패스레 | 랑패스레 | 狼狽-- | |

| 《표대》 | 《조대》 | 원어 | 비고 |
|---|---|---|---|
| 낭패-하다 | 랑패하다 | 狼狽-- | |
| 낭하 | 랑하 | 廊下 | |
| 낭한 | 랑한 | 廊漢 | |
| 낭화[1] | 랑화[2] | 浪花 | |
| 낭화[2] | 랑화[1] | 狼火 | |
| 내객[2] | 래객 | 來客 | |
| 내거 | 래거[2] | 來去 | |
| 내거-하다 | 래거하다 | 來去-- | |
| 내공[5] | 래공[2] | 來攻 | |
| 내공[6] | 래공[1] | 來貢 | |
| 내공-하다[3] | 래공하다 | 來攻-- | |
| 내공-하다[4] | 래공하다 | 來貢-- | |
| 내-내년 | 래래년 | 來來年 | |
| 내-내월 | 래래월 | 來來月 | |
| 내년 | 래년 | 來年 | |
| 내-달 | 래달 | 來- | |
| 내담[2] | 래담 | 來談 | |
| 내도[3] | 래도 | 來到 | |
| 내도-하다[1] | 래도하다 | 來到-- | |
| 내동[3] | 래동 | 來同 | |
| 내동-하다 | 래동하다 | 來同-- | |
| 내두 | 래두 | 來頭 | |
| 내두-사 | 래두사 | 來頭事 | |
| 내력[2] | 래력 | 來歷 | |
| 내룡 | 래룡 | 來龍 | |
| 내림[3] | 래림 | 來臨 | |
| 내림-하다 | 래림하다 | 來臨-- | |
| 내맥 | 래맥 | 來脈 | |
| 내-명년 | 래명년 | 來明年 | |
| 내-무진 | 래무진 | 來無盡 | |
| 내무진-하다 | 래무진하다 | 來無盡-- | |
| 내박[2] | 래박 | 來泊 | |
| 내박-하다 | 래박하다 | 來泊-- | |
| 내방[4] | 래방 | 來訪 | |
| 내방-하다 | 래방하다 | 來訪-- | |
| 내백 | 래백 | 萊伯 | |
| 내보[4] | 래보 | 來報 | |
| 내보-하다[3] | 래보하다 | 來報-- | |
| 내복[8] | 래복 | 萊菔 | |

| 《표대》 | 《조대》 | 원어 | 비고 |
|---|---|---|---|
| 내복-자 | 래복자 | 萊菔子 | |
| 내빈[2] | 래빈 | 來賓 | |
| 내빈-석 | 래빈석 | 來賓席 | |
| 내생[2] | 래생 | 來生 | |
| 내서[3] | 래서 | 來書 | |
| 내세[1] | 래세 | 來世 | |
| 내세-관 | 래세관 | 來世觀 | |
| 내손[2] | 래손 | 來孫 | |
| 내습[1] | 래습 | 來襲 | |
| 내습-하다[1] | 래습하다 | 來襲-- | |
| 내시[4] | 래시 | 來示 | |
| 내시-하다[2] | 래시하다 | 來示-- | |
| 내신[5] | 래신 | 來信 | |
| 내알[3] | 래알 | 來謁 | |
| 내알-하다[2] | 래알하다 | 來謁-- | |
| 내영[2] | 래영 | 來迎 | |
| 내영-하다 | 래영하다 | 來迎-- | |
| 내왕 | 래왕 | 來往 | |
| 내왕-간 | 래왕간 | 來往間 | |
| 내왕-로 | 래왕로 | 來往路 | |
| 내왕-하다 | 래왕하다 | 來往-- | |
| 내-용골 | 내룡골 | 內龍骨 | |
| 내월 | 래월 | 來月 | |
| 내유[4] | 래유[2] | 來由 | |
| 내유[5] | 래유[1] | 來遊 | (조)來游 |
| 내유-기 | 래유기 | 來遊期 | (조)來游期 |
| 내유-히다[3] | 래유하다 | 來遊-- | |
| 내의[4] | 래의 | 來意 | |
| 내인-거객 | 래인거객 | 來人去客 | |
| 내일 | 래일 | 來日 | |
| 내일-모레 | 래일모레 | 來日-- | |
| 내임 | 래임 | 來任 | |
| 내임-하다 | 래임하다 | 來任-- | |
| 내적^연관 | 내적련관 | 內的聯關 | |
| 내전[8] | 래전 | 來電 | |
| 내전-하다[2] | 래전하다 | 來電-- | |
| 내조[5] | 래조 | 來朝 | |
| 내조-하다[2] | 래조하다 | 來朝-- | |
| 내주[5] | 래주[1] | 來週 | |

| 《표대》 | 《조대》 | 원어 | 비고 |
|---|---|---|---|
| 내주[6] | 래주[2] | 來駐 | |
| 내주-하다[4] | 래주하다 | 來駐-- | |
| 내진[6] | 래진 | 來診 | |
| 내진-하다[3] | 래진하다 | 來診-- | |
| 내착 | 래착 | 來着 | |
| 내착-하다 | 래착하다 | 來着-- | |
| 내참 | 래참 | 來參 | |
| 내참-자 | 래참자 | 來參者 | |
| 내참-하다 | 래참하다 | 來參-- | |
| 내추 | 래추 | 來秋 | |
| 내춘 | 래춘 | 來春 | |
| 내침[2] | 래침 | 來侵 | |
| 내침-하다[2] | 래침하다 | 來侵-- | |
| 내편[2] | 래편 | 來便 | |
| 내항[4] | 래항[1] | 來降 | |
| 내항[5] | 래항[2] | 來航 | |
| 내항-하다[1] | 래항하다 | 來降-- | |
| 내항-하다[2] | 래항하다 | 來航-- | |
| 내헌 | 래헌 | 來獻 | |
| 내헌-하다 | 래헌하다 | 來獻-- | |
| 내현 | 래현 | 來現 | |
| 내현-하다 | 래현하다 | 來現-- | |
| 내화^연와 | 내화련와 | 耐火煉瓦 | |
| 내-후년 | 래후년 | 來後年 | |
| 냉[1] | 랭 | 冷 | |
| 냉-가슴 | 랭가슴 | 冷-- | |
| 냉각[1] | 랭각[1] | 冷却 | |
| 냉각[2] | 랭각[2] | 冷覺 | |
| 냉각-관 | 랭각관 | 冷却管 | |
| 냉각-되다 | 랭각되다 | 冷却-- | |
| 냉각^마취 | 랭각마취 | 冷却痲醉 | |
| 냉각-수 | 랭각수 | 冷却水 | |
| 냉각-탑 | 랭각탑 | 冷却塔 | |
| 냉각-하다 | 랭각하다 | 冷却-- | |
| 냉간^압연 | 랭간압연 | 冷間壓延 | |
| 냉간^압연강 | 랭간압연강 | 冷間壓延鋼 | |
| 냉간^압접 | 랭간압접 | 冷間壓接 | |
| 냉감 | 랭감 | 冷疳 | |
| 냉감-창 | 랭감창 | 冷疳瘡 | |

| 《표대》 | 《조대》 | 원어 | 비고 |
|---|---|---|---|
| 냉경-주물 | 랭경주물 | 冷硬鑄物 | |
| 냉-골 | 랭골 | 冷- | |
| 냉광 | 랭광 | 冷光 | |
| 냉광-원 | 랭광원 | 冷光源 | |
| 냉-국 | 랭국 | 冷- | |
| 냉기3 | 랭기 | 冷氣 | |
| 냉난 | 랭난 | 冷暖/冷煖 | |
| 냉담1 | 랭담1 | 冷淡 | |
| 냉담2 | 랭담2 | 冷痰 | |
| 냉담-성 | 랭담성 | 冷淡性 | |
| 냉담-하다 | 랭담하다 | 冷淡-- | |
| 냉담-히 | 랭담히 | 冷淡- | |
| 냉대1 | 랭대 | 冷待 | |
| 냉대-하다 | 랭대하다 | 冷待-- | |
| 냉돌 | 랭돌 | 冷堗 | |
| 냉돌-방 | 랭돌방 | 冷堗房 | |
| 냉동 | 랭동 | 冷凍 | |
| 냉동-고 | 랭동고 | 冷凍庫 | |
| 냉동-기 | 랭동기 | 冷凍機 | |
| 냉동기-유 | 랭동기유 | 冷凍機油 | |
| 냉동-되다 | 랭동되다 | 冷凍-- | |
| 냉동-선 | 랭동선 | 冷凍船 | |
| 냉동^순환 | 랭동순환 | 冷動循環 | |
| 냉동-실 | 랭동실 | 冷凍室 | |
| 냉동-어 | 랭동어 | 冷凍魚 | |
| 냉동-차 | 랭동차 | 冷凍車 | |
| 냉동-품 | 랭동품 | 冷凍品 | |
| 냉동-하다 | 랭동하다 | 冷凍-- | |
| 냉락 | 랭락 | 冷落 | |
| 냉락-하다 | 랭락하다 | 冷落-- | |
| 냉랭 | 랭랭 | 冷冷 | |
| 냉랭-하다 | 랭랭하다 | 冷冷-- | |
| 냉량 | 랭량 | 冷凉 | |
| 냉량-하다 | 랭량하다 | 冷凉-- | |
| 냉루 | 랭루 | 冷淚 | |
| 냉리 | 랭리 | 冷痢 | |
| 냉림 | 랭림 | 冷淋/冷痳 | (조)冷淋 |
| 냉매1 | 랭매2 | 冷媒 | |
| 냉매2 | 랭매1 | 冷罵 | |

| 《표대》 | 《조대》 | 원어 | 비고 |
|---|---|---|---|
| 냉매-하다 | 랭매하다 | 冷罵-- | |
| 냉면 | 랭면 | 冷麵 | |
| 냉반 | 랭반 | 冷飯 | |
| 냉반-단 | 랭반단 | 冷飯團 | |
| 냉방 | 랭방 | 冷房 | |
| 냉방^장치 | 랭방장치 | 冷房裝置 | |
| 냉-배 | 랭배 | 冷- | |
| 냉병 | 랭병 | 冷病 | |
| 냉-복통 | 랭복통 | 冷腹痛 | (조)冷服痛 |
| 냉비 | 랭비 | 冷痹 | (조)冷痺 |
| 냉상 | 랭상 | 冷床 | |
| 냉상-모 | 랭상모 | 冷床- | |
| 냉소 | 랭소 | 冷笑 | |
| 냉소-적 | 랭소적 | 冷笑的 | |
| 냉소-하다 | 랭소하다 | 冷笑-- | |
| 냉수 | 랭수 | 冷水 | |
| 냉수-마찰 | 랭수마찰 | 冷水摩擦 | |
| 냉수성^어류 | 랭수성어류 | 冷水性魚類 | |
| 냉수-욕 | 랭수욕 | 冷水浴 | |
| 냉습 | 랭습 | 冷濕 | |
| 냉습-하다 | 랭습하다 | 冷濕-- | |
| 냉실 | 랭실 | 冷室 | |
| 냉심 | 랭심 | 冷心 | |
| 냉-심통 | 랭심통 | 冷心痛 | |
| 냉심-하다 | 랭심하다 | 冷心-- | |
| 냉암 | 랭암 | 冷暗 | |
| 냉어 | 랭어 | 冷語 | |
| 냉어-하다 | 랭어하다 | 冷語-- | |
| 냉엄 | 랭엄 | 冷嚴 | |
| 냉-엄법 | 랭엄법 | 冷罨法 | |
| 냉엄-하다 | 랭엄하다 | 冷嚴-- | |
| 냉연2 | 랭연 | 冷然 | |
| 냉연-하다 | 랭연하다 | 冷然-- | |
| 냉연-히 | 랭연히 | 冷然- | |
| 냉염-물감 | 랭염물감 | 冷染-- | |
| 냉온 | 랭온 | 冷溫 | |
| 냉우1 | 랭우1 | 冷雨 | |
| 냉우2 | 랭우2 | 冷遇 | |
| 냉원 | 랭원 | 冷源 | |

| 《표대》 | 《조대》 | 원어 | 비고 |
|---|---|---|---|
| 냉-음극 | 랭음극 | 冷陰極 | |
| 냉장2 | 랭장2 | 冷瘴 | |
| 냉장3 | 랭장1 | 冷藏 | |
| 냉장-고 | 랭장고 | 冷藏庫 | |
| 냉장-선 | 랭장선 | 冷藏船 | |
| 냉장^수송 | 랭장수송 | 冷藏輸送 | |
| 냉장-실 | 랭장실 | 冷藏室 | |
| 냉장-차 | 랭장차 | 冷藏車 | |
| 냉장-창고 | 랭장창고 | 冷藏倉庫 | |
| 냉장-하다 | 랭장하다 | 冷藏-- | |
| 냉재 | 랭재 | 冷材 | |
| 냉적 | 랭적1 | 冷積 | |
| 냉전 | 랭전 | 冷戰 | |
| 냉전자^방출 | 랭전자방출 | 冷電子放出 | |
| 냉전^정책 | 랭전정책 | 冷戰政策 | |
| 냉점 | 랭점 | 冷點 | |
| 냉정2 | 랭정1 | 冷情 | |
| 냉정3 | 랭정2 | 冷靜 | |
| 냉정-스럽다 | 랭정스럽다 | 冷情--- | |
| 냉-정창 | 랭정창 | 冷疔瘡 | |
| 냉정-하다1 | 랭정하다1 | 冷情-- | |
| 냉정-하다2 | 랭정하다2 | 冷靜-- | |
| 냉정-히1 | 랭정히1 | 冷情- | |
| 냉정-히2 | 랭정히2 | 冷靜- | |
| 냉제 | 랭제 | 冷劑 | |
| 냉조1 | 랭조1 | 冷嘲 | |
| 냉조2 | 랭조2 | 冷竈 | (조)冷竃 |
| 냉조-하다 | 랭조하다 | 冷嘲-- | |
| 냉주 | 랭주 | 冷酒 | |
| 냉증 | 랭증 | 冷症 | |
| 냉지 | 랭지 | 冷地 | |
| 냉-찜질 | 랭찜질 | 冷-- | |
| 냉찜질-하다 | 랭찜질하다 | 冷---- | |
| 냉차 | 랭차 | 冷茶 | |
| 냉창 | 랭창 | 冷瘡 | |
| 냉채 | 랭채 | 冷菜 | |
| 냉처 | 랭처 | 冷處 | |
| 냉-처리 | 랭처리 | 冷處理 | |
| 냉처-하다 | 랭처하다 | 冷處-- | |

| 《표대》 | 《조대》 | 원어 | 비고 |
|---|---|---|---|
| 냉천[1] | 랭천[2] | 冷天 | |
| 냉천[2] | 랭천[1] | 冷泉 | |
| 냉천[3] | 랭천[3] | 冷喘 | |
| 냉철 | 랭철 | 冷徹 | |
| 냉철-하다 | 랭철하다 | 冷徹-- | |
| 냉철-히 | 랭철히 | 冷徹- | |
| 냉촉 | 랭촉 | 冷觸 | |
| 냉탕 | 랭탕 | 冷湯 | |
| 냉평 | 랭평 | 冷評 | |
| 냉평-하다 | 랭평하다 | 冷評-- | |
| 냉-풀 | 랭풀 | 冷- | |
| 냉풍 | 랭풍 | 冷風 | |
| 냉-하다[1] | 랭하다 | 冷-- | |
| 냉한[2] | 랭한 | 冷寒 | |
| 냉해 | 랭해 | 冷害 | |
| 냉혈[2] | 랭혈 | 冷血 | |
| 냉혈^동물 | 랭혈동물 | 冷血動物 | |
| 냉혈-한 | 랭혈한 | 冷血漢 | |
| 냉혹 | 랭혹 | 冷酷 | |
| 냉혹-성 | 랭혹성 | 冷酷性 | |
| 냉혹-하다 | 랭혹하다 | 冷酷-- | |
| 냉회 | 랭회 | 冷灰 | |
| 냉훈-법 | 랭훈법 | 冷燻法 | |
| 너도-제비난 | 너도제비란 | ----蘭 | |
| 노[13] | 로[1] | 爐 | |
| 노-[17] | 로 | 老 | |
| 노가자 | 로가자 | 老柯子 | |
| 노가재-연행록 | 로가재연행록 | 老稼齋燕行錄 | |
| 노감-석 | 로감석 | 爐甘石 | |
| 노-강즙 | 로강즙 | 露薑汁 | |
| 노객[2] | 로객 | 老客 | |
| 노걸대-언해 | 로걸대언해 | 老乞大諺解 | |
| 노견[3] | 로견 | 路肩 | |
| 노결 | 로결 | 勞結 | |
| 노결-하다 | 로결하다 | 勞結-- | |
| 노겸[1] | 로겸 | 老傔 | |
| 노경 | 로경[2] | 老境 | |
| 노계-집 | 로계집 | 蘆溪集 | |
| 노고[1] | 로고[2] | 老姑 | |

| 《표대》 | 《조대》 | 원어 | 비고 |
|---|---|---|---|
| 노고[3] | 로고[1] | 勞苦 | |
| 노고[4] | 로고[3] | 路鼓 | |
| 노고-초 | 로고초 | 老姑草 | |
| 노곤[1] | 로곤[2] | 勞困 | |
| 노곤[2] | 로곤[1] | 路困 | |
| 노골[3] | 로골[1] | 露骨 | |
| 노골[4] | 로골[2] | 顱骨 | |
| 노골-적 | 로골적 | 露骨的 | |
| 노골-화 | 로골화 | 露骨化 | |
| 노골화-되다 | 로골화되다 | 露骨化-- | |
| 노골화-하다 | 로골화하다 | 露骨化-- | |
| 노공[1] | 로공[2] | 老公 | |
| 노광-량 | 로광량 | 露光量 | |
| 노구[4] | 로구[3] | 老嫗 | |
| 노구[5] | 로구[2] | 老軀 | |
| 노구[6] | 로구[1] | 爐口 | (조)壚口 |
| 노구[6] | 로구[4] | 爐口 | |
| 노구-쟁이 | 로구쟁이 | 老嫗-- | |
| 노구-질 | 로구질 | 老嫗- | |
| 노국[2] | 로국 | 露國 | |
| 노권-상 | 로권상 | 勞倦傷 | |
| 노규 | 로규 | 露葵 | |
| 노균-병 | 로균병 | 露菌病 | |
| 노근[2] | 로근[2] | 蘆根 | |
| 노근노골 | 로근로골 | 勞筋勞骨 | |
| 노금 | 로금 | 露禽 | |
| 노기[2] | 로기 | 老妓 | |
| 노남과-채 | 로남과채 | 老南瓜菜 | |
| 노년 | 로년 | 老年 | |
| 노년-기 | 로년기 | 老年期 | |
| 노노-스님 | 로로스님 | 老老-- | |
| 노농[1] | 로농[2] | 老農 | |
| 노농[2] | 로농[1] | 勞農 | |
| 노농^동맹 | 로농동맹 | 勞農同盟 | |
| 노농^정부 | 로농정부 | 勞農政府 | |
| 노니[2] | 로니 | 老泥 | |
| 노단[2] | 로단 | 露丹 | |
| 노담 | 로담 | 老痰 | |
| 노당익장 | 로당익장 | 老當益壯 | |

| 《표대》 | 《조대》 | 원어 | 비고 |
|---|---|---|---|
| 노대[3] | 로대[2] | 老大 | |
| 노대[6] | 로대[1] | 露臺 | |
| 노-대가 | 로대가 | 老大家 | |
| 노-대국 | 로대국 | 老大國 | |
| 노대-하다[1] | 로대하다 | 老大-- | |
| 노덕[2] | 로덕 | 老德 | |
| 노도[2] | 로도 | 路鼗 | |
| 노독 | 로독 | 路毒 | |
| 노동[3] | 로동 | 勞動 | |
| 노동-가요 | 로동가요 | 勞動歌謠 | |
| 노동^가치설 | 로동가치설 | 勞動價値說 | |
| 노동^강도 | 로동강도 | 勞動强度 | |
| 노동^거래소 | 로동거래소 | 勞動去來所 | |
| 노동^경제학 | 로동경제학 | 勞動經濟學 | |
| 노동-계 | 로동계 | 勞動界 | |
| 노동^계급 | 로동계급 | 勞動階級 | |
| 노동^계약 | 로동계약 | 勞動契約 | |
| 노동^공제회 | 로동공제회 | 勞動共濟會 | |
| 노동^과정 | 로동과정 | 勞動過程 | |
| 노동-관계 | 로동관계 | 勞動關係 | |
| 노동-권 | 로동권 | 勞動權 | |
| 노동^귀족 | 로동귀족 | 勞動貴族 | |
| 노동^기본권 | 로동기본권 | 勞動基本權 | |
| 노동^능력 | 로동능력 | 勞動能力 | |
| 노동^단체 | 로동단체 | 勞動團體 | |
| 노동-당 | 로동당 | 勞動黨 | |
| 노동^대상 | 로동대상 | 勞動對象 | |
| 노동-량 | 로동량 | 勞動量 | |
| 노동-력 | 로동력 | 勞動力 | |
| 노동-법 | 로동법 | 勞動法 | |
| 노동^법규 | 로동법규 | 勞動法規 | |
| 노동^법안 | 로동법안 | 勞動法案 | |
| 노동^법학 | 로동법학 | 勞動法學 | |
| 노동^보험 | 로동보험 | 勞動保險 | |
| 노동-복 | 로동복 | 勞動服 | |
| 노동^분쟁 | 로동분쟁 | 勞動紛爭 | |
| 노동^삼권 | 로동삼권 | 勞動三權 | |
| 노동^생리학 | 로동생리학 | 勞動生理學 | |
| 노동^생산성 | 로동생산성 | 勞動生産性 | |

| 《표대》 | 《조대》 | 원어 | 비고 |
|---|---|---|---|
| 노동^수단 | 로동수단 | 勞動手段 | |
| 노동^시간 | 로동시간 | 勞動時間 | |
| 노동^시장 | 로동시장 | 勞動市場 | |
| 노동^심리학 | 로동심리학 | 勞動心理學 | |
| 노동^운동 | 로동운동 | 勞動運動 | |
| 노동^위생 | 로동위생 | 勞動衛生 | |
| 노동-일 | 로동일 | 勞動日 | |
| 노동^임금 | 로동임금 | 勞動賃金 | |
| 노동-자 | 로동자[1] | 勞動者 | |
| 노동^재해 | 로동재해 | 勞動災害 | |
| 노동^정책 | 로동정책 | 勞動政策 | |
| 노동^조건 | 로동조건 | 勞動條件 | |
| 노동^조직 | 로동조직 | 勞動組織 | |
| 노동-조합 | 로동조합 | 勞動組合 | |
| 노동조합-주의 | 로동조합주의 | 勞動組合主義 | |
| 노동^지대 | 로동지대 | 勞動地代 | |
| 노동^집약적^산업 | 로동집약적산업 | 勞動集約的産業 | |
| 노동-판 | 로동판 | 勞動- | |
| 노동-하다 | 로동하다 | 勞動-- | |
| 노동^환경 | 로동환경 | 勞動環境 | |
| 노두[3] | 로두[2] | 路頭 | |
| 노두[5] | 로두[3] | 蘆頭 | |
| 노두[6] | 로두[1] | 露頭 | |
| 노두-풍 | 로두풍 | 顱頭風 | |
| 노둔[1] | 로둔[1] | 老鈍 | |
| 노둔[3] | 로둔[3] | 露臀 | |
| 노둔-하다[1] | 로둔하다[1] | 老鈍-- | |
| 노둔-하다[3] | 로둔하다 | 露臀-- | |
| 노둔-히[1] | 로둔히[1] | 老鈍- | |
| 노랄-병 | 로랄병 | 老辣餠 | |
| 노랑[2] | 로랑 | 老娘 | |
| 노랑-어리연꽃 | 노랑어리련꽃 | ----蓮- | |
| 노래[2] | 로래 | 老來 | |
| 노략 | 로략 | 擄掠 | (조)擄掠. 鹵掠 |
| 노략-질 | 로략질 | 擄掠- | |
| 노략질-하다 | 로략질하다 | 擄掠--- | |
| 노략-하다 | 로략하다 | 擄掠-- | |
| 노량^해전 | 로량해전 | 露梁海戰 | |
| 노력[2] | 로력 | 勞力 | |

| 《표대》 | 《조대》 | 원어 | 비고 |
|---|---|---|---|
| 노력-하다[2] | 로력하다 | 勞力-- | |
| 노련 | 로련[2] | 老鍊 | |
| 노련-하다 | 로련하다 | 老鍊-- | |
| 노련-히 | 로련히 | 老鍊- | |
| 노렴 | 로렴 | 蘆簾 | |
| 노령[2] | 로령[2] | 老齡 | |
| 노령-선 | 로령선 | 老齡船 | |
| 노령-함 | 로령함 | 老齡艦 | |
| 노록 | 로록 | 勞碌 | |
| 노록-하다 | 로록하다 | 勞碌-- | |
| 노론[1] | 로론 | 老論 | |
| 노루[2] | 로루 | 老淚 | |
| 노류-장화 | 로류장화 | 路柳牆花 | |
| 노리[2] | 로리[3] | 老吏 | |
| 노리[3] | 로리[4] | 老羸 | |
| 노리[4] | 로리[2] | 勞痢 | |
| 노리[5] | 로리[1] | 露里 | |
| 노림 | 로림 | 勞淋/勞痳 | (조)老淋 |
| 노립 | 로립 | 蘆笠 | (조)蘆立 |
| 노마[3] | 로마 | 路馬 | |
| 노-마님 | 로마님 | 老-- | |
| 노망[1] | 로망[1] | 老妄 | |
| 노망-하다[1] | 로망하다 | 老妄-- | |
| 노면[3] | 로면 | 露面 | |
| 노면-하다[2] | 로면하다 | 露面-- | |
| 노모[1] | 로모 | 老母 | |
| 노목[1] | 로목 | 老木 | |
| 노목-궤 | 로목궤 | 櫨木櫃 | |
| 노무[3] | 로무[1] | 勞務 | |
| 노무[4] | 로무[2] | 魯莽/鹵莽 | |
| 노무력 | 로무력 | 老無力 | |
| 노무력-하다 | 로무력하다 | 老無力-- | |
| 노무용 | 로무용 | 老無用 | |
| 노무용-하다 | 로무용하다 | 老無用-- | |
| 노무-원 | 로무원 | 勞務員 | |
| 노무-자 | 로무자 | 勞務者 | |
| 노무-하다 | 로무하다 | 魯莽--/鹵莽-- | |
| 노문[1] | 로문[3] | 勞問 | |
| 노문[2] | 로문[4] | 路文 | |

| 《표대》 | 《조대》 | 원어 | 비고 |
|---|---|---|---|
| 노문[4] | 로문[2] | 露文 | |
| 노문-하다[1] | 로문하다 | 勞問-- | |
| 노물[2] | 로물 | 老物 | |
| 노박-집람 | 로박집람 | 老朴集覽 | |
| 노반[1] | 로반[1] | 路盤 | |
| 노반[2] | 로반[2] | 露盤 | |
| 노반-박사 | 로반박사 | 鑪盤博士 | (조)露盤博士 |
| 노반-어깨 | 로반어깨 | 路盤-- | |
| 노반-턱 | 로반턱 | 路盤- | |
| 노방[2] | 로방 | 路傍 | |
| 노방-잔읍 | 로방잔읍 | 路傍殘邑 | |
| 노방-토 | 로방토 | 路傍土 | |
| 노-법사 | 로법사 | 老法師 | |
| 노벽 | 로벽 | 爐壁 | |
| 노변[1] | 로변[2] | 路邊 | |
| 노변[2] | 로변[1] | 爐邊 | |
| 노병[1] | 로병[1] | 老兵 | |
| 노병[2] | 로병[2] | 老病 | |
| 노복[2] | 로복[2] | 老僕 | |
| 노복[3] | 로복[1] | 勞復 | |
| 노복[4] | 로복[3] | 蘆菔 | |
| 노봉[2] | 로봉 | 露鋒 | |
| 노-봉방 | 로봉방 | 露蜂房 | |
| 노부[1] | 로부[4] | 老夫 | |
| 노부[2] | 로부[2] | 老父 | |
| 노부[3] | 로부[3] | 老婦 | |
| 노부[4] | 로부[1] | 鹵簿 | |
| 노부-반장 | 로부반장 | 鹵簿半仗 | (조)鹵簿半杖 |
| 노-부부 | 로부부 | 老夫婦 | |
| 노-부인 | 로부인 | 老婦人 | |
| 노분-면 | 로분먼 | 蘆粉麵 | |
| 노불[1] | 로불[2] | 老佛 | |
| 노불[2] | 로불[1] | 老佛 | |
| 노불습유 | 로불습유 | 路不拾遺 | (조)路不拾洧 |
| 노비[2] | 로비[2] | 老婢 | |
| 노비[4] | 로비[1] | 路費 | |
| 노비[5] | 로비[3] | [오]蠦▼蜰 | 蠦蜰 |
| 노사[1] | 로사[2] | 老士 | |
| 노사[2] | 로사[4] | 老死 | |

| 《표대》 | 《조대》 | 원어 | 비고 |
|---|---|---|---|
| 노사[4] | 로사[1] | 老師 | |
| 노사[7] | 로사[5] | 勞使 | |
| 노사[11] | 로사[3] | 鷺鷥 | |
| 노사나-불 | 로사나불 | 盧舍那佛 | |
| 노사-등 | 로사등 | 鷺鷥藤 | |
| 노사^분규 | 로사분규 | 勞使紛糾 | (조)勞使紛糾 |
| 노사-숙유 | 로사숙유 | 老士宿儒 | |
| 노사-하다[1] | 로사하다 | 老死-- | |
| 노산 | 로산 | 老産 | |
| 노산-하다 | 로산하다 | 老産-- | |
| 노상[3] | 로상[4] | 老相 | |
| 노상[5] | 로상[2] | 路上 | |
| 노상[6] | 로상[1] | 路床 | |
| 노상[8] | 로상[3] | 露霜 | |
| 노상[7] | 로상[5] | 魯桑 | |
| 노상-안면 | 로상안면 | 路上顔面 | |
| 노생 | 로생 | 老生 | |
| 노선[1] | 로선 | 路線 | |
| 노-선생[1] | 로선생[1] | 老先生 | |
| 노-선생[2] | 로선생[2] | 爐先生 | |
| 노선^선정 | 로선선정 | 路線選定 | |
| 노선^측량 | 로선측량 | 路線測量 | |
| 노성[1] | 로성[2] | 老成 | |
| 노성-인 | 로성인 | 老成人 | |
| 노성-하다 | 로성하다 | 老成-- | |
| 노소 | 로소[1] | 老少 | |
| 노소-남북 | 로소남북 | 老少南北 | |
| 노-소년 | 로소년 | 老少年 | |
| 노소-동락 | 로소동락 | 老少同樂 | |
| 노-소론 | 로소론 | 老少論 | |
| 노송 | 로송 | 老松 | |
| 노송-나무 | 로송나무[1] | 老松-- | |
| 노쇠[1] | 로쇠 | 老衰 | |
| 노쇠-기 | 로쇠기 | 老衰期 | |
| 노쇠-목 | 로쇠목 | 老衰木 | |
| 노쇠-선 | 로쇠선 | 老衰船 | |
| 노쇠-자 | 로쇠자 | 老衰者 | |
| 노쇠-하다 | 로쇠하다 | 老衰-- | |
| 노수[1] | 로수[5] | 老手 | |

| 《표대》 | 《조대》 | 원어 | 비고 |
|---|---|---|---|
| 노수[2] | 로수[4] | 老叟 | |
| 노수[4] | 로수[3] | 老樹 | |
| 노수[7] | 로수[2] | 勞嗽 | |
| 노수[9] | 로수[1] | 路需 | (조)露需 |
| 노수[10] | 로수[6] | 滷水 | |
| 노숙[1] | 로숙[2] | 老宿 | |
| 노숙[2] | 로숙[3] | 老熟 | |
| 노숙[3] | 로숙[1] | 露宿 | |
| 노숙-하다[1] | 로숙하다 | 老熟-- | |
| 노숙-하다[2] | 로숙하다 | 露宿-- | |
| 노숙-히 | 로숙히 | 老熟- | |
| 노-스님 | 로스님 | 老-- | |
| 노승[2] | 로승 | 老僧 | |
| 노승-무 | 로승무 | 老僧舞 | |
| 노승-춤 | 로승춤 | 老僧- | |
| 노승-탈 | 로승탈 | 老僧- | |
| 노시[2] | 로시 | 老視 | |
| 노신[1] | 로신[2] | 老臣 | |
| 노신[2] | 로신[1] | 老身 | |
| 노-신랑 | 로신랑 | 老新郎 | |
| 노-신부 | 로신부 | 老新婦 | |
| 노실[2] | 로실 | 老實 | |
| 노실-하다 | 로실하다 | 老實-- | |
| 노심[1] | 로심 | 勞心 | |
| 노심-초사 | 로심초사 | 勞心焦思 | |
| 노심초사-하다 | 로심초사하다 | 勞心焦思-- | |
| 노심-타혈 | 로심타혈 | 勞心唾血 | |
| 노심-하다 | 로심하다 | 勞心-- | |
| 노안[3] | 로안 | 老眼 | |
| 노안-경 | 로안경[1] | 老眼鏡 | |
| 노야 | 로야 | 老爺 | |
| 노약[2] | 로약 | 老弱 | |
| 노약-자 | 로약자 | 老弱者 | |
| 노약-하다 | 로약하다 | 老弱-- | |
| 노어[1] | 로어[2] | 鱸魚 | |
| 노어[3] | 로어[1] | 露語 | |
| 노역[3] | 로역[1] | 勞役 | |
| 노역[4] | 로역[2] | 露譯 | |
| 노역-장 | 로역장 | 勞役場 | |

| 《표대》 | 《조대》 | 원어 | 비고 |
|---|---|---|---|
| 노역-하다[1] | 로역하다 | 勞役-- | |
| 노역-하다[2] | 로역하다 | 露譯-- | |
| 노염[2] | 로염 | 老炎 | |
| 노영[2] | 로영 | 露營 | |
| 노영-지 | 로영지 | 露營地 | |
| 노예^노동 | 노예로동 | 奴隷勞動 | |
| 노옥[1] | 로옥 | 老屋 | |
| 노옹 | 로옹 | 老翁 | |
| 노옹수 | 로옹수 | 老翁鬚 | |
| 노와 | 로와 | 露臥 | |
| 노와-하다 | 로와하다 | 露臥-- | |
| 노욕 | 로욕 | 老慾 | |
| 노위[2] | 로위 | 蘆葦 | |
| 노유[1] | 로유[1] | 老幼 | |
| 노유[2] | 로유[2] | 老儒 | |
| 노이무공 | 로이무공 | 勞而無功 | |
| 노이불사 | 로이불사 | 老而不死 | |
| 노인[1] | 로인[1] | 老人 | |
| 노인[3] | 로인[3] | 路人 | |
| 노인[5] | 로인[2] | 路引 | |
| 노인-경 | 로인경 | 老人鏡 | |
| 노인-성[2] | 로인성 | 老人星 | |
| 노인-자제 | 로인자제 | 老人子弟 | |
| 노인-잔치 | 로인잔치 | 老人-- | |
| 노인-장 | 로인장 | 老人丈 | |
| 노인-장대 | 로인장대 | 老人長- | |
| 노인-직 | 로인직 | 老人職 | |
| 노인-학 | 로인학 | 老人學 | |
| 노일^전쟁 | 로일전쟁 | 露日戰爭 | |
| 노임 | 로임 | 勞賃 | |
| 노자[3] | 로자[2] | 勞資 | |
| 노자[4] | 로자[1] | 路資 | |
| 노자[6] | 로자[3] | 鸕鷀 | |
| 노자-온 | 로자온 | 鸕鷀瘟 | |
| 노자-작 | 로자작 | 鸕鷀杓 | |
| 노자^협조 | 로자협조 | 勞資協調 | (조)勞資協助 |
| 노자^협조주의 | 로자협조주의 | 勞資協調主義 | |
| 노작[1] | 로작 | 勞作 | |
| 노장[3] | 로장[3] | 老壯 | |

| 《표대》 | 《조대》 | 원어 | 비고 |
|---|---|---|---|
| 노장[4] | 로장[5] | 老長/老丈 | |
| 노장[5] | 로장[2] | 老將 | |
| 노장[8] | 로장[6] | 路葬 | |
| 노장[9] | 로장[4] | 蘆場 | |
| 노-장군 | 로장군 | 老將軍 | |
| 노장-중 | 로장중 | 老長- | |
| 노장지학 | 로장지학 | 老莊之學 | |
| 노장-춤 | 로장춤 | 老長- | (조)老丈-. 老長- |
| 노장-파 | 로장파 | 老壯派 | |
| 노적[4] | 로적 | 露積 | |
| 노적-가리 | 로적가리 | 露積-- | |
| 노적-장 | 로적장 | 露積場 | |
| 노적-하다 | 로적하다 | 露積-- | |
| 노전[4] | 로전[2] | 路奠 | |
| 노전[6] | 로전[3] | 蘆田 | |
| 노전[7] | 로전[1] | 爐殿 | |
| 노-전사 | 로전사 | 老戰士 | |
| 노전^스님 | 로전스님 | 爐殿-- | |
| 노전-승 | 로전승 | 爐殿僧 | |
| 노점[1] | 로점[2] | 癆漸 | |
| 노점[2] | 로점[3] | 蘆簟 | |
| 노점[3] | 로점[1] | 露店 | |
| 노점[4] | 로점[4] | 露點 | |
| 노점-계 | 로점계 | 露點計 | |
| 노점-상 | 로점상 | 露店商 | |
| 노점^습도계 | 로점습도계 | 露點濕度計 | |
| 노정[3] | 로정[1] | 路程 | |
| 노정[5] | 로징[4] | 露井 | |
| 노정[6] | 로정[2] | 露呈 | |
| 노정-골 | 로정골 | 顱頂骨 | |
| 노정-기[1] | 로징기 | 路程記 | |
| 노정-되다 | 로정되다 | 露呈-- | |
| 노정-하다 | 로정하다 | 露呈-- | |
| 노제[1] | 로제[2] | 老除 | |
| 노제[2] | 로제[1] | 路祭 | |
| 노제[3] | 로제[3] | 蘆穄 | |
| 노제-하다 | 로제하다 | 老除-- | |
| 노조[2] | 로조 | 勞組 | |
| 노조-원 | 로조원 | 勞組員 | |

| 《표대》 | 《조대》 | 원어 | 비고 |
|---|---|---|---|
| 노졸[1] | 로졸[1] | 老卒 | |
| 노졸[2] | 로졸[2] | 老拙 | |
| 노졸[3] | 로졸[3] | 露拙 | |
| 노졸-하다[1] | 로졸하다 | 老拙-- | |
| 노졸-하다[2] | 로졸하다 | 露拙-- | |
| 노종 | 로종 | 露蹤 | |
| 노주[2] | 로주[1] | 老酒 | |
| 노주[7] | 로주[2] | 露珠 | |
| 노주[8] | 로주[3] | 露酒 | |
| 노중 | 로중 | 路中 | |
| 노중-화 | 로중화 | 爐中火 | |
| 노지[1] | 로지[2] | 爐址 | (조)爐地 |
| 노지[2] | 로지[1] | 露地 | |
| 노직 | 로직 | 老職 | |
| 노직-당상 | 로직당상 | 老職堂上 | |
| 노질[2] | 로질[1] | 老疾 | |
| 노차[1] | 로차[1] | 路次 | |
| 노차[3] | 로차[2] | 露次 | |
| 노차-병 | 로차병 | 老且病 | |
| 노차-하다 | 로차하다 | 露次-- | |
| 노창[1] | 로창[1] | 老蒼 | |
| 노창[2] | 로창[1] | 老蒼 | |
| 노창-하다 | 로창하다 | 老蒼-- | |
| 노채 | 로채 | 癆瘵/勞瘵 | (조)勞瘵 |
| 노처[1] | 로처[1] | 老妻 | |
| 노처[2] | 로처[2] | 露處 | |
| 노-처녀 | 로처녀 | 老處女 | |
| 노처-하다 | 로처하다 | 露處-- | |
| 노천 | 로천 | 露天 | |
| 노천-굴 | 로천굴 | 露天掘 | |
| 노천-극장 | 로천극장 | 露天劇場 | |
| 노천^채굴 | 로천채굴 | 露天採掘 | |
| 노체[1] | 로체[2] | 老體 | |
| 노체[2] | 로체[3] | 露體 | |
| 노체-하다 | 로체하다 | 露體-- | |
| 노초[1] | 로초 | 蘆草 | (조)盧草 |
| 노촌[2] | 로촌 | 路村 | |
| 노-총각 | 로총각 | 老總角 | |
| 노추[2] | 로추 | 老醜 | |

| 《표대》 | 《조대》 | 원어 | 비고 |
|---|---|---|---|
| 노추-하다 | 로추하다 | 老醜-- | |
| 노-축[1] | 로축 | 老- | |
| 노출 | 로출 | 露出 | |
| 노출-계 | 로출계 | 露出計 | |
| 노출-되다 | 로출되다 | 露出-- | |
| 노출-증 | 로출증 | 露出症 | |
| 노출-하다 | 로출하다 | 露出-- | |
| 노쇠[1] | 로쇠[1] | 老悴 | |
| 노쇠[2] | 로쇠[2] | 勞瘁 | |
| 노쇠-하다[1] | 로쇠하다[1] | 老悴-- | |
| 노쇠-하다[2] | 로쇠하다[2] | 勞瘁-- | |
| 노치[2] | 로치 | 老齒 | |
| 노친 | 로친 | 老親 | |
| 노친-시하 | 로친시하 | 老親侍下 | |
| 노탄 | 로탄 | 爐炭 | |
| 노탕-전 | 로탕전 | 蘆蕩田 | (조)蘆蕩田 |
| 노태[1] | 로태 | 老態 | |
| 노퇴 | 로퇴 | 老退 | |
| 노퇴-하다 | 로퇴하다 | 老退-- | |
| 노-티[2] | 로티 | 老- | |
| 노파[2] | 로파 | 老婆 | |
| 노파-심 | 로파심 | 老婆心 | |
| 노패 | 로패 | 老牌 | (조)老- |
| 노포[5] | 로포 | 露布 | |
| 노포-탑 | 로포탑 | 露砲塔 | |
| 노필 | 로필 | 老筆 | |
| 노하[1] | 로하 | 滷蝦 | |
| 노하-유 | 로하유 | 滷蝦油 | |
| 노학[1] | 로학[2] | 老瘧 | |
| 노학[4] | 로학[1] | 勞瘧 | |
| 노-학생 | 로학생 | 老學生 | |
| 노-학자 | 로학자 | 老學者 | |
| 노한 | 로한[1] | 老漢 | |
| 노한소초 | 로한소초 | 老漢少楚 | |
| 노현 | 로현 | 露見/露顯 | (조)露現 |
| 노현-되다 | 로현되다 | 露見--/露顯-- | |
| 노현-하다 | 로현하다 | 露見--/露顯-- | |
| 노형 | 로형 | 老兄 | |
| 노혼 | 로혼 | 老昏 | |

| 《표대》 | 《조대》 | 원어 | 비고 |
|---|---|---|---|
| 노혼-하다 | 로혼하다 | 老昏-- | |
| 노홍소청 | 로홍소청 | 老紅少靑 | |
| 노화[1] | 로화[1] | 老化 | |
| 노화[3] | 로화[2] | 爐火 | |
| 노화[4] | 로화[3] | 蘆花 | |
| 노화-되다 | 로화되다 | 老化-- | |
| 노화-하다[1] | 로화하다 | 老化-- | |
| 노환 | 로환 | 老患 | |
| 노회[1] | 로회[3] | 老會 | |
| 노회[2] | 로회[1] | 老獪 | |
| 노회[4] | 로회[2] | 蘆薈 | |
| 노회-하다 | 로회하다 | 老獪-- | |
| 노획[1] | 로획[1] | 鹵獲 | |
| 노획[2] | 로획[2] | 虜獲 | |
| 노획-되다[1] | 로획되다 | 鹵獲-- | |
| 노획-물 | 로획물 | 鹵獲物 | |
| 노획-선 | 로획선 | 鹵獲船 | |
| 노획-품 | 로획품 | 鹵獲品 | |
| 노획-하다[1] | 로획하다 | 鹵獲-- | |
| 노획-하다[2] | 로획하다 | 虜獲-- | |
| 노후[1] | 로후[2] | 老朽 | |
| 노후[2] | 로후[1] | 老後 | |
| 노후-하다[1] | 로후하다 | 老朽-- | |
| 노흉 | 로흉 | 老凶 | |
| 노흉-하다 | 로흉하다 | 老凶-- | |
| 녹[2] | 록[1] | 祿 | |
| 녹[5] | 록[2] | 錄 | |
| 녹각 | 록각 | 鹿角 | |
| 녹각-교 | 록각교 | 鹿角膠 | |
| 녹각-상 | 록각상 | 鹿角霜 | |
| 녹각-죽 | 록각죽 | 鹿角粥 | |
| 녹-갈색 | 록갈색 | 綠褐色 | |
| 녹강-균 | 록강균 | 綠殭菌 | (조)綠彊菌 |
| 녹강-병 | 록강병 | 綠殭病 | (조)綠彊病 |
| 녹갱 | 록갱 | 鹿羹 | |
| 녹거[2] | 록거 | 綠車 | |
| 녹골 | 록골 | 鹿骨 | |
| 녹골-고 | 록골고 | 鹿骨膏 | |
| 녹과[1] | 록과[2] | 祿科 | |

| 《표대》 | 《조대》 | 원어 | 비고 |
|---|---|---|---|
| 녹과[2] | 록과[1] | 漉過 | |
| 녹과-전 | 록과전 | 祿科田 | |
| 녹관 | 록관 | 祿官 | |
| 녹권 | 록권 | 錄券 | |
| 녹금-서당 | 록금서당 | 綠衿誓幢 | |
| 녹낭 | 록낭 | 鹿囊 | |
| 녹-내장 | 록내장 | 綠內障 | |
| 녹니 | 록니 | 綠泥 | |
| 녹니-석 | 록니석 | 綠泥石 | |
| 녹다[2] | 록다 | 綠茶 | |
| 녹-도목 | 록도목 | 祿都目 | |
| 녹두-주 | 록두주 | 鹿頭酒 | |
| 녹라[1] | 록라 | 綠羅 | |
| 녹렴-석 | 록렴석 | 綠簾石 | |
| 녹렵 | 록렵 | 鹿獵 | |
| 녹렵-하다 | 록렵하다 | 鹿獵-- | |
| 녹로 | 록로 | 轆轤 | |
| 녹로-전관 | 록로전관 | 轆轤轉關 | |
| 녹록[1] | 록록 | 碌碌/錄錄 | |
| 녹록-하다 | 록록하다 | 碌碌--/錄錄-- | |
| 녹록-히 | 록록히 | 碌碌-/錄錄- | |
| 녹리 | 록리 | 鹿梨 | |
| 녹림 | 록림 | 綠林 | |
| 녹림-객 | 록림객 | 綠林客 | |
| 녹림-당 | 록림당 | 綠林黨 | |
| 녹림-호객 | 록림호객 | 綠林豪客 | |
| 녹림-호걸 | 록림호걸 | 綠林豪傑 | |
| 녹명[2] | 록명 | 錄名 | |
| 녹명-되다 | 록명되다 | 錄名-- | |
| 녹명-하다 | 록명하다 | 錄名-- | |
| 녹모-색 | 록모색 | 鹿毛色 | |
| 녹문[1] | 록문 | 綠門 | |
| 녹미[2] | 록미[2] | 鹿尾 | |
| 녹미[3] | 록미[1] | 祿米 | |
| 녹미-채 | 록미채 | 鹿尾菜 | |
| 녹반 | 록반 | 綠礬 | |
| 녹발[2] | 록발 | 綠髮 | |
| 녹-보리수나무 | 록보리수나무 | 綠菩提樹-- | |
| 녹봉[2] | 록봉 | 祿俸 | |

| 《표대》 | 《조대》 | 원어 | 비고 |
|---|---|---|---|
| 녹불첩수 | 록불첩수 | 祿不疊受 | |
| 녹비$^{1}$ | 록비$^{2}$ | 鹿- | |
| 녹비$^{2}$ | 록비$^{1}$ | 綠肥 | |
| 녹비^작물 | 록비작물 | 綠肥作物 | |
| 녹빈$^{2}$ | 록빈 | 綠鬢 | (조)錄鬢 |
| 녹빈-홍안 | 록빈홍안 | 綠鬢紅顔 | |
| 녹사$^{4}$ | 록사 | 錄事 | |
| 녹삼 | 록삼 | 綠衫 | (조)錄杉 |
| 녹새-풍 | 록새풍 | 綠塞風 | |
| 녹색 | 록색 | 綠色 | |
| 녹-색맹 | 록색맹 | 綠色盲 | |
| 녹색^식물 | 록색식물 | 綠色植物 | |
| 녹색-종 | 록색종 | 綠色腫 | |
| 녹색-첩 | 록색첩 | 綠色粘 | |
| 녹색^혁명 | 록색혁명 | 綠色革命 | |
| 녹선$^{1}$ | 록선$^{1}$ | 綠腺 | (조)錄線 |
| 녹선$^{2}$ | 록선$^{2}$ | 綠鱔 | |
| 녹설$^{1}$ | 록설 | 鹿舌 | |
| 녹수$^{2}$ | 록수$^{1}$ | 綠水 | |
| 녹수$^{4}$ | 록수$^{2}$ | 綠樹 | |
| 녹수$^{6}$ | 록수$^{3}$ | 錄囚 | |
| 녹수-청산 | 록수청산 | 綠水靑山 | |
| 녹수-하다$^{2}$ | 록수하다 | 錄囚-- | |
| 녹시 | 록시 | 鹿柴 | |
| 녹시-사 | 록시사 | 祿試射 | |
| 녹신$^{3}$ | 록신 | 鹿腎 | |
| 녹신-죽 | 록신죽 | 鹿腎粥 | |
| 녹-실$^{2}$ | 록실 | 綠- | |
| 녹야 | 록야 | 綠野 | |
| 녹양 | 록양 | 綠楊 | |
| 녹연-광 | 록연광 | 綠鉛鑛 | |
| 녹엽 | 록엽 | 綠葉 | |
| 녹용$^{1}$ | 록용 | 鹿茸 | |
| 녹용^보약 | 록용보약 | 鹿茸補藥 | |
| 녹우 | 록우 | 綠雨 | |
| 녹위 | 록위 | 祿位 | |
| 녹육 | 록육 | 鹿肉 | |
| 녹음$^{2}$ | 록음$^{1}$ | 綠陰 | |
| 녹음$^{3}$ | 록음$^{2}$ | 錄音 | |

| 《표대》 | 《조대》 | 원어 | 비고 |
|---|---|---|---|
| 녹음^구성 | 록음구성 | 錄音構成 | |
| 녹음-기 | 록음기 | 錄音器 | |
| 녹음-되다 | 록음되다 | 錄音-- | |
| 녹음^방송 | 록음방송 | 錄音放送 | |
| 녹음-방초 | 록음방초 | 綠陰芳草 | |
| 녹음-실 | 록음실 | 錄音室 | |
| 녹음-판2 | 록음판 | 錄音板 | |
| 녹음-하다 | 록음하다 | 錄音-- | |
| 녹읍 | 록읍 | 祿邑 | |
| 녹의1 | 록의1 | 綠衣 | |
| 녹의2 | 록의2 | 綠蟻 | |
| 녹의-홍상 | 록의홍상 | 綠衣紅裳 | |
| 녹이 | 록이 | 騄耳/騄駬/綠耳 | (조)騄駬. 綠耳 |
| 녹이-상제 | 록이상제 | 騄耳霜蹄 | (조)騄駬霜蹄 |
| 녹자1 | 록자 | 綠瓷/綠磁 | |
| 녹자-색 | 록자색 | 綠紫色 | |
| 녹전^봉상색 | 록전봉상색 | 祿轉捧上色 | |
| 녹정-혈 | 록정혈 | 鹿頂血 | |
| 녹조2 | 록조 | 綠藻 | |
| 녹조-식물 | 록조식물 | 綠藻植物 | |
| 녹-주석 | 록주석 | 綠柱石 | |
| 녹주-옥 | 록주옥 | 綠柱玉 | |
| 녹죽 | 록죽 | 綠竹 | |
| 녹즙 | 록즙 | 綠汁 | |
| 녹지3 | 록지1 | 綠地 | |
| 녹지5 | 록지2 | 錄紙 | (조)綠紙 |
| 녹지-대 | 록지대 | 綠地帶 | |
| 녹지-채 | 록지채 | 綠地彩 | |
| 녹차1 | 록차1 | 綠茶 | |
| 녹차2 | 록차2 | 錄差 | (조)綠差 |
| 녹차-하다 | 록차하다 | 錄差-- | |
| 녹창-주호 | 록창주호 | 綠窓朱戶 | |
| 녹채1 | 록채2 | 鹿砦 | |
| 녹채2 | 록채1 | 綠彩 | |
| 녹초2 | 록초 | 綠草 | |
| 녹총 | 록총 | 鹿葱 | |
| 녹탕 | 록탕 | 鹿湯 | |
| 녹태1 | 록태1 | 鹿胎 | |
| 녹태2 | 록태3 | 祿太 | |

| 《표대》 | 《조대》 | 원어 | 비고 |
|---|---|---|---|
| 녹태[3] | 록태[2] | 綠苔 | |
| 녹파[2] | 록파 | 綠波 | |
| 녹파-주 | 록파주 | 綠波酒 | (조)錄派酒 |
| 녹패[1] | 록패[1] | 鹿牌 | |
| 녹패[2] | 록패[2] | 祿牌 | |
| 녹편[1] | 록편[2] | 鹿鞭 | |
| 녹편[2] | 록편[1] | 錄片 | |
| 녹포[1] | 록포[1] | 鹿脯 | |
| 녹포[2] | 록포[2] | 綠袍 | |
| 녹풍-내장 | 록풍내장 | 綠風內障 | |
| 녹피[1] | 록피 | 鹿皮 | |
| 녹해 | 록해 | 鹿醢 | |
| 녹혈 | 록혈 | 鹿血 | |
| 녹화[1] | 록화[1] | 綠化 | |
| 녹화[3] | 록화[2] | 錄畫 | (조)錄畵 |
| 녹화-되다[1] | 록화되다 | 綠化-- | |
| 녹화-되다[2] | 록화되다 | 錄畫-- | |
| 녹화-하다[1] | 록화하다 | 綠化-- | |
| 녹화-하다[2] | 록화하다 | 錄畫-- | |
| 녹-회색 | 록회색 | 綠灰色 | |
| 녹훈 | 록훈 | 錄勳 | |
| 녹훈-되다 | 록훈되다 | 錄勳-- | |
| 녹훈-하다 | 록훈하다 | 錄勳-- | |
| 논[2] | 론 | 論 | |
| 논가[2] | 론가 | 論價 | |
| 논가-하다 | 론가하다 | 論價-- | |
| 논감[1] | 론감[1] | 論甘 | |
| 논감[2] | 론감[2] | 論勘 | |
| 논감-하다 | 론감하다 | 論勘-- | |
| 논강[1] | 론강[1] | 論綱 | |
| 논강[2] | 론강[2] | 論講 | |
| 논강-하다 | 론강하다 | 論講-- | |
| 논객 | 론객 | 論客 | |
| 논거 | 론거 | 論據 | |
| 논결[1] | 론결[1] | 論決 | |
| 논결[2] | 론결[2] | 論結 | |
| 논결-되다[1] | 론결되다 | 論決-- | |
| 논결-되다[2] | 론결되다 | 論結-- | |
| 논결-하다[1] | 론결하다 | 論決-- | |

| 《표대》 | 《조대》 | 원어 | 비고 |
|---|---|---|---|
| 논결-하다[2] | 론결하다 | 論結-- | |
| 논경 | 론경 | 論警 | |
| 논경-하다 | 론경하다 | 論警-- | |
| 논계 | 론계 | 論啓 | |
| 논계-하다 | 론계하다 | 論啓-- | |
| 논고[2] | 론고 | 論告 | |
| 논고-되다 | 론고되다 | 論告-- | |
| 논고-하다[1] | 론고하다 | 論告-- | |
| 논공 | 론공 | 論功 | |
| 논공-하다 | 론공하다 | 論功-- | |
| 논공-행상 | 론공행상 | 論功行賞 | |
| 논공행상-하다 | 론공행상하다 | 論功行賞-- | |
| 논과 | 론과 | 論過 | |
| 논관 | 론관 | 論關 | |
| 논구 | 론구 | 論究 | |
| 논구-되다 | 론구되다 | 論究-- | |
| 논구-하다 | 론구하다 | 論究-- | |
| 논급 | 론급 | 論及 | |
| 논급-하다 | 론급하다 | 論及-- | |
| 논난 | 론난 | 論難 | |
| 논난-하다 | 론난하다 | 論難-- | |
| 논단[1] | 론단[1] | 論壇 | |
| 논단[2] | 론단[2] | 論斷 | |
| 논단-되다 | 론단되다 | 論斷-- | |
| 논단-하다 | 론단하다 | 論斷-- | |
| 논담 | 론담 | 論談 | |
| 논담-하다 | 론담하다 | 論談-- | |
| 논리 | 론리 | 論理 | |
| 논리^계산 | 론리계산 | 論理計算 | |
| 논리^기호 | 론리기호 | 論理記號 | |
| 논리^대수 | 론리대수 | 論理代數 | |
| 논리^설계 | 론리설계 | 論理設計 | |
| 논리-성 | 론리성 | 論理性 | |
| 논리^수학 | 론리수학 | 論理數學 | |
| 논리^연산 | 론리연산 | 論理演算 | |
| 논리-적[1] | 론리적[1] | 論理的 | |
| 논리-적[2] | 론리적[2] | 論理積 | |
| 논리적^실증주의 | 론리적실증주의 | 論理的實證主義 | |
| 논리-주의 | 론리주의 | 論理主義 | |

| 《표대》 | 《조대》 | 원어 | 비고 |
|---|---|---|---|
| 논리-학[1] | 론리학 | 論理學 | |
| 논리-합 | 론리합 | 論理合 | |
| 논리형^언어 | 론리형언어 | 論理型言語 | |
| 논리^회로 | 론리회로 | 論理回路 | |
| 논맹 | 론맹 | 論孟 | |
| 논문 | 론문 | 論文 | |
| 논문-집 | 론문집 | 論文集 | |
| 논박 | 론박 | 論駁 | |
| 논박-되다 | 론박되다 | 論駁-- | |
| 논박-하다 | 론박하다 | 論駁-- | |
| 논법 | 론법 | 論法 | |
| 논변 | 론변 | 論辯/論辨 | |
| 논보 | 론보 | 論報 | |
| 논보-되다 | 론보되다 | 論報-- | |
| 논보-하다 | 론보하다 | 論報-- | |
| 논봉 | 론봉 | 論鋒 | |
| 논설 | 론설 | 論說 | |
| 논설-문 | 론설문 | 論說文 | |
| 논설-체 | 론설체 | 論說體 | |
| 논술 | 론술[1] | 論述 | |
| 논술-되다 | 론술되다 | 論述-- | |
| 논술-하다 | 론술하다 | 論述-- | |
| 논심 | 론심 | 論心 | |
| 논심-하다 | 론심하다 | 論心-- | |
| 논어 | 론어 | 論語 | |
| 논열 | 론렬 | 論列 | |
| 논열-되다 | 론렬되다 | 論列-- | |
| 논열-하다 | 론렬하다 | 論列-- | |
| 논오 | 론오 | 論誤 | |
| 논오-하다 | 론오하다 | 論誤-- | |
| 논외 | 론외 | 論外 | |
| 논의[2] | 론의 | 論議 | |
| 논의-되다 | 론의되다 | 論議-- | |
| 논의-하다 | 론의하다 | 論議-- | |
| 논인-장단 | 론인장단 | 論人長短 | |
| 논인장단-하다 | 론인장단하다 | 論人長短-- | |
| 논자 | 론자 | 論者 | |
| 논쟁 | 론쟁 | 論爭 | |
| 논쟁-자 | 론쟁자 | 論爭者 | |

| 《표대》 | 《조대》 | 원어 | 비고 |
|---|---|---|---|
| 논쟁-적 | 론쟁적 | 論爭的 | |
| 논쟁-점 | 론쟁점 | 論爭點 | |
| 논쟁-하다 | 론쟁하다 | 論爭-- | |
| 논저 | 론저 | 論著 | |
| 논저-하다 | 론저하다 | 論著-- | |
| 논적 | 론적[1] | 論敵 | |
| 논전 | 론전 | 論戰 | |
| 논전-하다 | 론전하다 | 論戰-- | |
| 논점 | 론점 | 論點 | |
| 논정 | 론정 | 論定 | |
| 논정-되다 | 론정되다 | 論定-- | |
| 논정-하다 | 론정하다 | 論定-- | |
| 논제 | 론제 | 論題 | |
| 논조[2] | 론조 | 論調 | |
| 논죄 | 론죄 | 論罪 | |
| 논죄-하다 | 론죄하다 | 論罪-- | |
| 논주 | 론주 | 論奏 | |
| 논주-하다 | 론주하다 | 論奏-- | |
| 논증[1] | 론증[2] | 論症 | |
| 논증[2] | 론증[1] | 論證 | |
| 논증-되다[1] | 론증되다 | 論症-- | |
| 논증-되다[2] | 론증되다 | 論證-- | |
| 논증-하다[1] | 론증하다 | 論症-- | |
| 논증-하다[2] | 론증하다 | 論證-- | |
| 논지[1] | 론지[2] | 論之 | |
| 논지[2] | 론지[1] | 論旨 | |
| 논지-하다 | 론지하다 | 論之-- | |
| 논진[1] | 론진[1] | 論陣 | |
| 논진[2] | 론진[4] | 論陳 | |
| 논진[3] | 론진[2] | 論盡 | |
| 논진-하다[2] | 론진하다 | 論盡-- | |
| 논집[1] | 론집 | 論執 | |
| 논집-하다 | 론집하다 | 論執-- | |
| 논찬[2] | 론찬 | 論纂 | |
| 논찬-하다[2] | 론찬하다 | 論纂-- | |
| 논책[1] | 론책[1] | 論責 | |
| 논책[2] | 론책[2] | 論策 | |
| 논책-하다 | 론책하다 | 論責-- | |
| 논척 | 론척 | 論斥 | |

| 《표대》 | 《조대》 | 원어 | 비고 |
|---|---|---|---|
| 논척-하다 | 론척하다 | 論斥-- | |
| 논총 | 론총 | 論叢 | |
| 논파[1] | 론파 | 論破 | |
| 논파-되다 | 론파되다 | 論破-- | |
| 논파-하다[1] | 론파하다 | 論破-- | |
| 논평 | 론평 | 論評 | |
| 논평-하다 | 론평하다 | 論評-- | |
| 논-하다 | 론하다 | 論-- | |
| 논핵 | 론핵 | 論劾 | |
| 논핵-되다 | 론핵되다 | 論劾-- | |
| 논핵-소 | 론핵소 | 論劾疏 | |
| 논핵-하다 | 론핵하다 | 論劾-- | |
| 논훈 | 론훈 | 論訓 | |
| 논훈-하다 | 론훈하다 | 論訓-- | |
| 논힐 | 론힐 | 論詰 | |
| 논힐-하다 | 론힐하다 | 論詰-- | |
| 농[4] | 롱[1] | 弄 | |
| 농[5] | 롱[3] | 弄 | |
| 농가성진 | 롱가성진 | 弄假成眞 | |
| 농간 | 롱간 | 弄奸 | |
| 농간-질 | 롱간질 | 弄奸- | |
| 농간-하다 | 롱간하다 | 弄奸-- | |
| 농과성진 | 롱과성진 | 弄過成嗔 | |
| 농구[7] | 롱구[1] | 籠球 | |
| 농구-공 | 롱구공 | 籠球- | |
| 농구-대 | 롱구대 | 籠球臺 | |
| 농구-무 | 롱구무 | 弄毬舞 | |
| 농구-장 | 롱구장 | 籠球場 | |
| 농구-화 | 롱구화 | 籠球靴 | |
| 농권 | 롱권 | 弄權 | |
| 농권-하다 | 롱권하다 | 弄權-- | |
| 농기[1] | 롱기[2] | 弄技 | |
| 농-기[2] | 롱기[1] | 弄氣 | |
| 농기-하다 | 롱기하다 | 弄技-- | |
| 농-녹색 | 농록색 | 濃綠色 | |
| 농단 | 롱단 | 壟斷/隴斷 | (조)壟斷 |
| 농단지술 | 롱단지술 | 壟斷之術 | |
| 농단-하다 | 롱단하다 | 壟斷--/隴斷-- | |
| 농담[1] | 롱담 | 弄談 | |

| 《표대》 | 《조대》 | 원어 | 비고 |
| --- | --- | --- | --- |
| 농담-조 | 롱담조 | 弄談調 | |
| 농담-하다 | 롱담하다 | 弄談-- | |
| 농대-석 | 롱대석 | 籠臺石 | |
| 농락 | 롱락 | 籠絡 | |
| 농락-되다 | 롱락되다 | 籠絡-- | |
| 농락-물 | 롱락물 | 籠絡物 | |
| 농락-하다 | 롱락하다 | 籠絡-- | |
| 농-말 | 롱말 | 弄- | |
| 농말-하다 | 롱말하다 | 弄--- | |
| 농맹아 | 롱맹아 | 聾盲啞 | |
| 농변 | 롱변 | 弄辯 | |
| 농병[3] | 롱병 | 籠餠 | |
| 농불 | 롱불 | 籠佛 | |
| 농설[2] | 롱설 | 弄舌 | |
| 농성[1] | 롱성[2] | 弄聲 | |
| 농성[3] | 롱성[1] | 籠城 | |
| 농성-하다 | 롱성하다 | 籠城-- | |
| 농아[2] | 롱아[1] | 聾啞 | |
| 농아-사 | 롱아사 | 弄兒詞 | |
| 농아^학교 | 롱아학교 | 聾啞學校 | |
| 농언 | 롱언 | 弄言 | |
| 농와 | 롱와 | 弄瓦 | |
| 농와지경 | 롱와지경 | 弄瓦之慶 | |
| 농음[1] | 롱음 | 弄音 | |
| 농자[4] | 롱자 | 聾者 | |
| 농장[1] | 롱장[1] | 弄杖 | |
| 농장[2] | 롱장[2] | 弄璋 | |
| 농장지경 | 롱장지경 | 弄璋之慶 | |
| 농장-희 | 롱장희 | 弄杖戱 | |
| 농제[1] | 롱제 | 弄題 | |
| 농조[1] | 롱조[2] | 弄調 | |
| 농조[1] | 롱조[1] | 弄調 | |
| 농조[3] | 롱조[4] | 籠彫 | |
| 농조[4] | 롱조[3] | 籠鳥 | |
| 농주[1] | 롱주 | 弄珠 | |
| 농중-조 | 롱중조 | 籠中鳥 | |
| 농-지거리 | 롱지거리 | 弄--- | |
| 농지거리-하다 | 롱지거리하다 | 弄----- | |
| 농춘-화답 | 롱춘화답 | 弄春和答 | |

| 《표대》 | 《조대》 | 원어 | 비고 |
|---|---|---|---|
| 농탕[1] | 롱탕 | 弄蕩 | |
| 농탕-하다 | 롱탕하다 | 弄蕩-- | |
| 농태[2] | 롱태 | 弄胎 | |
| 농필 | 롱필 | 弄筆 | |
| 농필-하다 | 롱필하다 | 弄筆-- | |
| 농-하다[1] | 롱하다 | 弄-- | |
| 농현 | 롱현 | 弄絃 | |
| 농현-하다 | 롱현하다 | 弄絃-- | |
| 농환 | 롱환 | 弄丸 | (조)弄環 |
| 뇌[8] | 뢰 | 壘 | |
| 뇌각[1] | 뢰각 | 牢却 | |
| 뇌각-하다 | 뢰각하다 | 牢却-- | |
| 뇌거[1] | 뢰거 | 牢拒 | |
| 뇌거-하다[1] | 뢰거하다 | 牢拒-- | |
| 뇌격 | 뢰격 | 雷擊 | |
| 뇌격-되다 | 뢰격되다 | 雷擊-- | |
| 뇌격-하다 | 뢰격하다 | 雷擊-- | |
| 뇌고[1] | 뢰고[3] | 牢固 | |
| 뇌고[3] | 뢰고[1] | 雷鼓 | |
| 뇌고[4] | 뢰고[2] | 擂鼓 | (조)檑鼓. 擂鼓 |
| 뇌고-납함 | 뢰고납함 | 擂鼓吶喊 | (조)擂鼓吶喊 |
| 뇌고납함-하다 | 뢰고납함하다 | 擂鼓吶喊-- | |
| 뇌고-하다[1] | 뢰고하다 | 牢固-- | |
| 뇌고-하다[3] | 뢰고하다 | 擂鼓-- | |
| 뇌고-함성 | 뢰고함성 | 擂鼓喊聲 | (조)雷鼓喊聲 |
| 뇌공 | 뢰공 | 雷公 | |
| 뇌관 | 뢰관 | 雷管 | |
| 뇌금 | 뢰금 | 雷金 | |
| 뇌기 | 뢰기[1] | 牢記 | |
| 뇌기-하다 | 뢰기하다 | 牢記-- | |
| 뇌덕 | 뢰덕 | 賴德 | |
| 뇌덕-하다 | 뢰덕하다 | 賴德-- | |
| 뇌도 | 뢰도 | 雷鼗 | |
| 뇌동[1] | 뢰동 | 雷同 | |
| 뇌동-하다[1] | 뢰동하다 | 雷同-- | |
| 뇌-두풍 | 뢰두풍 | 雷頭風 | |
| 뇌락[2] | 뢰락 | 磊落 | |
| 뇌락-하다[2] | 뢰락하다 | 磊落-- | |
| 뇌려-풍비 | 뢰려풍비 | 雷厲風飛 | |

| 《표대》 | 《조대》 | 원어 | 비고 |
|---|---|---|---|
| 뇌려풍비-하다 | 뢰려풍비하다 | 雷厲風飛-- | |
| 뇌력[2] | 뢰력 | 賴力 | |
| 뇌력-하다 | 뢰력하다 | 賴力-- | |
| 뇌롱 | 뢰롱 | 牢籠 | |
| 뇌롱-하다 | 뢰롱하다 | 牢籠-- | |
| 뇌뢰낙락 | 뢰뢰락락 | 磊磊落落 | |
| 뇌뢰낙락-하다 | 뢰뢰락락하다 | 磊磊落落-- | |
| 뇌룡 | 뢰룡 | 雷龍 | |
| 뇌명[1] | 뢰명[1] | 雷名 | |
| 뇌명[2] | 뢰명[2] | 雷鳴 | |
| 뇌문 | 뢰문 | 雷紋 | |
| 뇌문^토기 | 뢰문토기 | 雷紋土器 | |
| 뇌물 | 뢰물 | 賂物 | |
| 뇌물-받이 | 뢰물받이 | 賂物-- | |
| 뇌물-죄 | 뢰물죄 | 賂物罪 | |
| 뇌봉-전별 | 뢰봉전별 | 雷逢電別 | |
| 뇌봉전별-하다 | 뢰봉전별하다 | 雷逢電別-- | |
| 뇌부 | 뢰부 | 雷斧 | |
| 뇌사[1] | 뢰사[3] | 耒耜 | |
| 뇌사[2] | 뢰사[2] | 牢死 | |
| 뇌사[7] | 뢰사[1] | 誄詞 | |
| 뇌사[10] | 뢰사[4] | 雷肆 | |
| 뇌사-하다[1] | 뢰사하다 | 牢死-- | |
| 뇌산 | 뢰산 | 雷酸 | |
| 뇌산-수은 | 뢰산수은 | 雷酸水銀 | |
| 뇌설 | 뢰설 | 雷楔 | |
| 뇌성 | 뢰성 | 雷聲 | |
| 뇌성-대명 | 뢰성대명 | 雷聲大名 | |
| 뇌성-벽력 | 뢰성벽력 | 雷聲霹靂 | |
| 뇌쇄[1] | 뢰쇄 | 牢鎖 | |
| 뇌쇄-하다[1] | 뢰쇄하다 | 牢鎖-- | |
| 뇌수[1] | 뢰수 | 牢囚 | |
| 뇌수-하다 | 뢰수하다 | 牢囚-- | |
| 뇌신[2] | 뢰신 | 雷神 | |
| 뇌약 | 뢰약 | 牢約 | |
| 뇌약-하다 | 뢰약하다 | 牢約-- | |
| 뇌옥 | 뢰옥 | 牢獄 | |
| 뇌우 | 뢰우 | 雷雨 | |
| 뇌자[1] | 뢰자 | 牢子 | |

| 《표대》 | 《조대》 | 원어 | 비고 |
|---|---|---|---|
| 뇌자-관 | 뢰자관 | 賚咨官 | |
| 뇌전[2] | 뢰전 | 雷電 | |
| 뇌정[1] | 뢰정[2] | 牢定 | |
| 뇌정[2] | 뢰정[1] | 雷霆 | |
| 뇌정-벽력 | 뢰정벽력 | 雷霆霹靂 | |
| 뇌정-하다 | 뢰정하다 | 牢定-- | |
| 뇌조[2] | 뢰조 | 雷鳥 | |
| 뇌주[2] | 뢰주 | 酹酒 | |
| 뇌주-하다 | 뢰주하다 | 酹酒-- | |
| 뇌지 | 뢰지 | 雷芝 | |
| 뇌진 | 뢰진 | 雷震 | |
| 뇌진-하다 | 뢰진하다 | 雷震-- | |
| 뇌형[1] | 뢰형 | 牢刑 | |
| 뇌홍 | 뢰홍 | 雷汞 | |
| 뇌화 | 뢰화 | 雷火 | |
| 뇌확 | 뢰확 | 牢確 | |
| 뇌확-하다 | 뢰확하다 | 牢確-- | |
| 뇌확-히 | 뢰확히 | 牢確- | |
| 뇌환 | 뢰환 | 雷丸 | |
| 누[5] | 루[2] | 累 | |
| 누[4] | 루[3] | 婁 | |
| 누[7] | 루[1] | 樓 | |
| 누각[1] | 루각[3] | 漏刻 | |
| 누각[2] | 루각[1] | 樓閣 | |
| 누각[3] | 루각[2] | 鏤刻 | |
| 누각-박사 | 루각박사 | 漏刻博士 | |
| 누각-전 | 루각전 | 漏刻典 | |
| 누각-하다 | 루각하다 | 鏤刻-- | |
| 누감 | 루감 | 累減 | |
| 누감-되다 | 루감되다 | 累減-- | |
| 누감-세 | 루감세 | 累減稅 | |
| 누감-하다 | 루감하다 | 累減-- | |
| 누-거만 | 루거만 | 累巨萬 | |
| 누거만-금 | 루거만금 | 累巨萬金 | |
| 누거만-년 | 루거만년 | 累巨萬年 | |
| 누거만-재 | 루거만재 | 累巨萬財 | |
| 누견 | 루견 | 陋見 | |
| 누계[1] | 루계 | 累計 | |
| 누계-하다[1] | 루계하다 | 累計-- | |

| 《표대》 | 《조대》 | 원어 | 비고 |
|---|---|---|---|
| 누고[1] | 루고[3] | 漏告 | |
| 누고[2] | 루고[2] | 漏鼓 | |
| 누고[4] | 루고[1] | 螻蛄 | |
| 누고-하다 | 루고하다 | 漏告-- | |
| 누골 | 루골 | 淚骨 | |
| 누공[1] | 루공[2] | 漏空 | |
| 누공[2] | 루공[1] | 瘻孔 | |
| 누공-하다 | 루공하다 | 漏空-- | |
| 누관[1] | 루관[3] | 淚管 | |
| 누관[2] | 루관[1] | 樓館 | |
| 누관[4] | 루관[2] | 瘻管 | |
| 누국 | 루국[2] | 漏局 | |
| 누금 | 루금 | 鏤金 | |
| 누금^세공 | 루금세공 | 鏤金細工 | |
| 누금-하다 | 루금하다 | 鏤金-- | |
| 누기[2] | 루기[2] | 淚器 | |
| 누기[4] | 루기[1] | 漏器 | |
| 누낭 | 루낭 | 淚囊 | |
| 누년 | 루년 | 累年 | (조)屢年 |
| 누-다락 | 루다락 | 樓-- | |
| 누당 | 루당[2] | 淚當 | (조)淚堂 |
| 누대[2] | 루대[1] | 累代 | (조)屢代 |
| 누대[3] | 루대[2] | 樓臺 | |
| 누대-봉사 | 루대봉사 | 累代奉祀 | (조)屢代奉祀 |
| 누대-분산 | 루대분산 | 累代墳山 | (조)屢代墳山 |
| 누덕 | 루덕[1] | 累德 | |
| 누도[1] | 루도[2] | 淚道 | |
| 누도[2] | 루도[1] | 累度 | (조)屢度 |
| 누두[2] | 루두[1] | 漏斗 | |
| 누두[3] | 루두[2] | 樓頭 | |
| 누두-상 | 루두상 | 漏斗狀 | |
| 누두상^화관 | 루두상화관 | 漏斗狀花冠 | |
| 누락 | 루락 | 漏落 | |
| 누락-되다 | 루락되다 | 漏落-- | |
| 누락-자 | 루락자 | 漏落者 | |
| 누락-하다 | 루락하다 | 漏落-- | |
| 누란[1] | 루란 | 累卵 | |
| 누란지세 | 루란지세 | 累卵之勢 | |
| 누란지위 | 루란지위 | 累卵之危 | |

| 《표대》 | 《조대》 | 원어 | 비고 |
|---|---|---|---|
| 누력 | 루력 | 漏瀝 | (조)漏歷 |
| 누로[2] | 루로 | 漏蘆 | |
| 누-마루 | 루마루 | 樓-- | |
| 누만[1] | 루만 | 累萬 | |
| 누만-금 | 루만금 | 累萬金 | |
| 누망[1] | 루망 | 漏網 | |
| 누망-하다 | 루망하다 | 漏網-- | |
| 누명[1] | 루명 | 陋名 | |
| 누문[1] | 루문 | 漏聞 | |
| 누문-하다 | 루문하다 | 漏聞-- | |
| 누백 | 루백 | 累百 | |
| 누범 | 루범 | 累犯 | |
| 누보[1] | 루보 | 屢報 | |
| 누보-하다 | 루보하다 | 屢報-- | |
| 누사[1] | 루사[1] | 陋舍 | |
| 누삭 | 루삭 | 累朔 | (조)屢朔 |
| 누상[1] | 루상 | 樓上 | |
| 누상-고 | 루상고 | 樓上庫 | |
| 누선[1] | 루선[1] | 淚腺 | |
| 누선[3] | 루선[2] | 樓船 | |
| 누설[2] | 루설[1] | 漏泄/漏洩 | |
| 누설[4] | 루설[3] | 縲絏 | |
| 누설-되다 | 루설되다 | 漏泄--/漏洩-- | |
| 누설-자 | 루설자 | 漏泄者 | |
| 누설^자속 | 루설자속 | 漏泄磁束 | (조)漏洩磁束 |
| 누설^전류 | 루설전류 | 漏泄電流 | |
| 누설지중 | 루설지중 | 縲絏之中 | (조)縷絏之中 |
| 누설-하다[1] | 루설하다 | 漏泄--/漏洩-- | |
| 누성[1] | 루성 | 婁星 | |
| 누세[1] | 루세 | 累世 | |
| 누속 | 루속 | 陋俗 | |
| 누수[2] | 루수[2] | 淚水 | |
| 누수[4] | 루수[1] | 漏水 | |
| 누수-기 | 루수기 | 漏水器 | |
| 누순공찬 | 루순공찬 | 屢巡空讚 | |
| 누순공찬-하다 | 루순공찬하다 | 屢巡空讚-- | |
| 누습[1] | 루습[1] | 陋習 | |
| 누습[2] | 루습[2] | 漏濕 | |
| 누승 | 루승 | 累乘 | |

| 《표대》 | 《조대》 | 원어 | 비고 |
|---|---|---|---|
| 누승-근 | 루승근 | 累乘根 | |
| 누시누험 | 루시루험 | 屢試屢驗 | |
| 누시누험-하다 | 루시루험하다 | 屢試屢驗-- | |
| 누실[1] | 루실[2] | 陋室 | |
| 누실[2] | 루실[1] | 漏失 | |
| 누실-되다 | 루실되다 | 漏失-- | |
| 누실-하다 | 루실하다 | 漏失-- | |
| 누안[1] | 루안 | 淚眼 | |
| 누액[1] | 루액[2] | 淚液 | |
| 누액[2] | 루액[1] | 漏液 | |
| 누언[1] | 루언 | 累言/屢言 | (조)屢言 |
| 누언-하다[1] | 루언하다 | 累言--/屢言-- | |
| 누옥[2] | 루옥 | 漏屋 | |
| 누월 | 루월 | 累月 | |
| 누의[2] | 루의 | 螻蟻 | |
| 누일 | 루일 | 累日 | (조)屢日 |
| 누적[1] | 루적[1] | 累積 | |
| 누적[2] | 루적[2] | 漏籍 | |
| 누적-되다[1] | 루적되다 | 累積-- | |
| 누적-되다[2] | 루적되다 | 漏籍-- | |
| 누적-하다[1] | 루적하다 | 累積-- | |
| 누적-하다[2] | 루적하다 | 漏籍-- | |
| 누전[3] | 루전[1] | 漏電 | |
| 누전[4] | 루전[2] | 漏箭 | |
| 누전-군읍 | 루전군읍 | 屢典郡邑 | |
| 누전군읍-하다 | 루전군읍하다 | 屢典郡邑-- | |
| 누전-되다 | 루전되다 | 漏電-- | |
| 누전-하다[2] | 루전하다 | 漏電-- | |
| 누점[2] | 루점 | 漏點 | |
| 누정[1] | 루정[4] | 漏丁 | |
| 누정[2] | 루정[3] | 漏睛 | |
| 누정[3] | 루정[2] | 漏精 | |
| 누정-창 | 루정창 | 漏睛瘡 | |
| 누정-하다[1] | 루정하다 | 漏丁-- | |
| 누주[1] | 루주[2] | 淚珠 | |
| 누증 | 루증 | 累增 | |
| 누증-되다 | 루증되다 | 累增-- | |
| 누증-하다 | 루증하다 | 累增-- | |
| 누지[1] | 루지 | 陋地 | |

| 《표대》 | 《조대》 | 원어 | 비고 |
|---|---|---|---|
| 누진[1] | 루진[1] | 累進 | |
| 누진[2] | 루진[2] | 漏盡 | |
| 누진[2] | 루진[4] | 漏盡 | |
| 누진-세 | 루진세 | 累進稅 | |
| 누진-적 | 루진적 | 累進的 | |
| 누진-하다[1] | 루진하다 | 累進-- | |
| 누진-하다[2] | 루진하다 | 漏盡-- | |
| 누진-하다[2] | 루진하다 | 漏盡-- | |
| 누차[1] | 루차[1] | 累次 | (조)屢次 |
| 누차[2] | 루차[2] | 累差 | |
| 누창[2] | 루창 | 漏瘡 | |
| 누책 | 루책 | 累責 | |
| 누천[3] | 루천[1] | 累千 | |
| 누천[4] | 루천[2] | 累遷 | |
| 누천-년 | 루천년 | 累千年 | |
| 누천-하다[3] | 루천하다 | 累遷-- | |
| 누최 | 루최 | 漏催 | |
| 누최-하다 | 루최하다 | 漏催-- | |
| 누추 | 루추 | 陋醜 | |
| 누추-하다 | 루추하다 | 陋醜-- | |
| 누출 | 루출 | 漏出 | |
| 누출-되다 | 루출되다 | 漏出-- | |
| 누출-하다 | 루출하다 | 漏出-- | |
| 누치[3] | 루치 | 瘻痔 | |
| 누탈 | 루탈 | 漏脫 | |
| 누탈-하다 | 루탈하다 | 漏脫-- | |
| 누태[2] | 루태 | 漏胎 | |
| 누토 | 루토 | 累土 | |
| 누토-하다 | 루토하다 | 累土-- | |
| 누퇴-세 | 루퇴세 | 累退稅 | |
| 누표 | 루표 | 漏杓 | |
| 누풍[1] | 루풍[1] | 陋風 | |
| 누풍[2] | 루풍[2] | 漏風 | |
| 누풍-증 | 루풍증 | 漏風症 | |
| 누하[1] | 루하[2] | 淚河 | |
| 누하[2] | 루하[1] | 樓下 | |
| 누한 | 루한 | 淚痕▼ | |
| 누항 | 루항 | 陋巷 | |
| 누항-단표 | 루항단표 | 陋巷簞瓢 | |

| 《표대》 | 《조대》 | 원어 | 비고 |
|---|---|---|---|
| 누항-사 | 루항사 | 陋巷詞 | |
| 누혈[2] | 루혈 | 漏血 | |
| 누호[2] | 루호[2] | 漏戶 | |
| 누호[3] | 루호[1] | 漏壺 | |
| 누호[4] | 루호[3] | 蔞蒿 | |
| 누화 | 루화 | 漏話 | |
| 누회 | 루회 | 累回 | (조)屢回 |
| 누흔 | 루흔 | 淚痕 | |
| 늑간 | 륵간 | 肋間 | |
| 늑간-근 | 륵간근 | 肋間筋 | |
| 늑간^신경 | 륵간신경 | 肋間神經 | |
| 늑간^신경통 | 륵간신경통 | 肋間神經痛 | |
| 늑골 | 륵골 | 肋骨 | |
| 늑골^골절 | 륵골골절 | 肋骨骨折 | |
| 늑굴 | 륵굴 | 勒掘 | |
| 늑굴-하다 | 륵굴하다 | 勒掘-- | |
| 늑막 | 륵막 | 肋膜 | |
| 늑막-강 | 륵막강 | 肋膜腔 | |
| 늑막-염 | 륵막염 | 肋膜炎 | |
| 늑막^천자 | 륵막천자 | 肋膜穿刺 | |
| 늑매[1] | 륵매[1] | 勒買 | |
| 늑매[2] | 륵매[2] | 勒賣 | |
| 늑매-하다[1] | 륵매하다 | 勒買-- | |
| 늑매-하다[2] | 륵매하다 | 勒賣-- | |
| 늑목 | 륵목 | 肋木 | |
| 늑백 | 륵백[1] | 勒帛 | |
| 늑병 | 륵병 | 勒兵 | |
| 늑병-하다 | 륵병하다 | 勒兵-- | |
| 늑봉 | 륵봉 | 勒捧 | |
| 늑봉-하다 | 륵봉하다 | 勒捧-- | |
| 늑삭 | 륵삭 | 勒削 | |
| 늑삭-하다 | 륵삭하다 | 勒削-- | |
| 늑설 | 륵설 | 勒紲 | |
| 늑-연골 | 륵연골 | 肋軟骨 | |
| 늑장[2] | 륵장 | 勒葬 | |
| 늑정[1] | 륵정[1] | 勒定 | |
| 늑정[2] | 륵정[2] | 勒停 | |
| 늑정-되다 | 륵정되다 | 勒定-- | |
| 늑정-하다[1] | 륵정하다 | 勒定-- | |

| 《표대》 | 《조대》 | 원어 | 비고 |
|---|---|---|---|
| 늑정-하다[2] | 륵정하다 | 勒停-- | |
| 늑주 | 륵주 | 勒住 | |
| 늑주-하다 | 륵주하다 | 勒住-- | |
| 늑징 | 륵징 | 勒徵 | (조)肋懲 |
| 늑징-하다 | 륵징하다 | 勒徵-- | |
| 늑추-관절 | 륵추관절 | 肋椎關節 | |
| 늑탈 | 륵탈 | 勒奪 | |
| 늑탈-하다 | 륵탈하다 | 勒奪-- | |
| 늑표 | 륵표 | 勒票 | |
| 늑한 | 륵한 | 勒限 | |
| 늑혼 | 륵혼 | 勒婚 | |
| 늑혼-하다 | 륵혼하다 | 勒婚-- | |
| 늑화 | 륵화 | 勒花 | |
| 늑흔 | 륵흔 | 勒痕 | |
| 늠렬 | 름렬 | 凜烈/凜冽 | |
| 늠렬-하다 | 름렬하다 | 凜烈--/凜冽-- | |
| 늠료 | 름료 | 廩料 | (조)凜料 |
| 늠름[1] | 름름[1] | 凜凜 | |
| 늠름[2] | 름름[2] | 懍懍 | |
| 늠름-하다[1] | 름름하다[1] | 凜凜-- | |
| 늠름-하다[2] | 름름하다[2] | 懍懍-- | |
| 늠름-히[1] | 름름히[1] | 凜凜- | |
| 늠름-히[2] | 름름히[2] | 懍懍- | |
| 늠봉 | 름봉 | 廩俸 | |
| 늠연 | 름연 | 凜然 | |
| 늠연-하다 | 름연하다 | 凜然-- | (조)廩然- |
| 늠연-히 | 름연히 | 凜然- | |
| 늠옹 | 름옹 | 廩翁 | |
| 늠육 | 름육 | 廩肉 | (조)凜肉 |
| 늠장 | 름장 | 廩藏 | |
| 늠장-하다 | 름장하다 | 廩藏-- | |
| 늠전[1] | 름전[1] | 廩田 | |
| 늠전[2] | 름전[2] | 廩典 | |
| 늠준 | 름준 | 懍遵 | |
| 늠준-하다 | 름준하다 | 懍遵-- | |
| 늠철 | 름철 | 凜綴 | |
| 늠철-하다 | 름철하다 | 凜綴-- | |
| 늠철-히 | 름철히 | 凜綴- | |
| 늠호 | 름호 | 凜乎 | |

| 《표대》 | 《조대》 | 원어 | 비고 |
|---|---|---|---|
| 늠호-하다 | 름호하다 | 凜乎-- | |
| 늠황 | 름황 | 廩況 | |
| 능[5] | 릉[1] | 陵 | |
| 능[6] | 릉[3] | 稜 | |
| 능[7] | 릉[2] | 綾 | |
| 능가 | 릉가 | 凌駕 | |
| 능가-하다 | 릉가하다 | 凌駕-- | |
| 능각 | 릉각 | 稜角 | |
| 능곡 | 릉곡 | 陵谷 | |
| 능곡지변 | 릉곡지변 | 陵谷之變 | |
| 능관[3] | 릉관 | 陵官 | |
| 능구 | 릉구 | 陵丘 | |
| 능군 | 릉군 | 陵軍 | |
| 능군-보 | 릉군보 | 陵軍保 | |
| 능긍 | 릉긍 | 凌兢 | |
| 능긍-하다 | 릉긍하다 | 凌兢-- | |
| 능뇌 | 릉뇌 | 오能腦 | 菱腦 |
| 능단 | 릉단 | 綾緞 | |
| 능답[1] | 릉답 | 陵畓 | |
| 능라 | 릉라 | 綾羅 | |
| 능라-금수 | 릉라금수 | 綾羅錦繡 | |
| 능라-금의 | 릉라금의 | 綾羅錦衣 | |
| 능라-장 | 릉라장 | 綾羅匠 | |
| 능랑 | 릉랑 | 陵郎 | |
| 능령 | 릉령 | 陵令 | |
| 능릉 | 릉릉 | 稜稜 | |
| 능리[2] | 릉리 | 鯪鯉 | |
| 능마아-겸낭청 | 능마아겸랑청 | 能麽兒兼郎廳 | (조)能麽兒兼郎廳 |
| 능멸 | 릉멸 | 凌蔑/陵蔑 | (조)凌蔑 |
| 능멸-하다 | 릉멸하다 | 凌蔑--/陵蔑-- | |
| 능모 | 릉모 | 凌侮/陵侮 | (조)凌侮 |
| 능모-하다 | 릉모하다 | 凌侮--/陵侮-- | |
| 능묘 | 릉묘 | 陵墓 | |
| 능복 | 릉복 | 陵復 | |
| 능-붙이 | 릉붙이 | 綾-- | |
| 능비 | 릉비 | 陵碑 | |
| 능사[4] | 릉사[1] | 綾紗 | |
| 능상[2] | 릉상 | 陵上 | |
| 능선[1] | 릉선 | 稜線 | |

| 《표대》 | 《조대》 | 원어 | 비고 |
|---|---|---|---|
| 능소[2] | 릉소[1] | 陵所 | |
| 능소-화 | 릉소화 | 凌霄花 | |
| 능속[1] | 릉속[2] | 陵屬 | |
| 능속[2] | 릉속[1] | 綾屬 | |
| 능실[2] | 릉실 | 菱實 | |
| 능실-죽 | 릉실죽 | 菱實粥 | |
| 능아연-광 | 릉아연광 | 菱亞鉛鑛 | |
| 능역[1] | 릉역 | 陵役 | |
| 능욕 | 릉욕 | 凌辱/陵辱 | (조)凌辱 |
| 능욕-죄 | 릉욕죄 | 凌辱罪 | |
| 능욕-하다 | 릉욕하다 | 凌辱--/陵辱-- | |
| 능운 | 릉운 | 凌雲/陵雲 | (조)凌雲 |
| 능원 | 릉원 | 陵園 | |
| 능원-묘소 | 릉원묘소 | 陵園墓所 | |
| 능위 | 릉위 | 稜威 | |
| 능-위전 | 릉위전 | 陵位田 | |
| 능음 | 릉음 | 凌陰 | |
| 능이[1] | 릉이 | 凌夷/陵夷 | (조)陵夷 |
| 능이-하다 | 릉이하다 | 凌夷--/陵夷-- | |
| 능장 | 릉장 | 稜杖 | |
| 능지[1] | 릉지 | 凌遲/陵遲 | (조)陵遲 |
| 능지[2] | 릉지 | 凌遲/陵遲 | (조)陵遲 |
| 능지-처사 | 릉지처사 | 凌遲處死 | (조)陵遲處死 |
| 능지-처참 | 릉지처참 | 陵遲處斬 | |
| 능지처참-하다 | 릉지처참하다 | 陵遲處斬-- | |
| 능직 | 릉직 | 綾織 | |
| 능-참봉 | 릉참봉 | 陵參奉 | |
| 능철 | 릉철 | 菱鐵/稜鐵 | (조)菱鐵 |
| 능철-광 | 릉철광 | 菱鐵鑛 | |
| 능침 | 릉침 | 陵寢 | |
| 능학 | 릉학 | 凌虐/陵虐 | (조)凌虐 |
| 능학-하다 | 릉학하다 | 凌虐--/陵虐-- | |
| 능-해자 | 릉해자 | 陵垓字 | (조)陵垓子 |
| 능행 | 릉행 | 陵幸 | |
| 능행-하다 | 릉행하다 | 陵幸-- | |
| 능형 | 릉형 | 菱形 | |
| 능호[2] | 릉호 | 陵號 | |
| 능화[3] | 릉화 | 菱花 | |
| 능화-지 | 릉화지 | 菱花紙 | |

| 《표대》 | 《조대》 | 원어 | 비고 |
|---|---|---|---|
| **능**화-판 | **릉**화판 | 菱花板 | |
| 다**유**화-물 | 다**류**화물 | 多硫化物 | |
| 단거리^**이**착륙기 | 단거리**리**착륙기 | 短距離離着陸機 | |
| 단백^**요**법 | 단백**료**법 | 蛋白療法 | |
| 단사-**율** | 단사**률** | 斷絲率 | (조)斷紗率 |
| 단순^**노**동 | 단순**로**동 | 單純勞動 | |
| 단-**여**의 | 단**녀**의 | 單女衣 | |
| 단**연**-체 | 단**련**체 | 短聯體 | (조)短聯体 |
| 담-**녹**색 | 담**록**색 | 淡綠色 | |
| 담산-**논**수 | 담산**론**수 | 談山論水 | |
| 담산**논**수-하다 | 담산**론**수하다 | 談山論水-- | |
| 당귀-**육**황탕 | 당귀**륙**황탕 | 當歸六黃湯 | |
| 대기^**요**법 | 대기**료**법 | 大氣療法 | |
| 대부^**이**자 | 대부**리**자 | 貸付利子 | |
| 대사^**녹**음 | 대사**록**음 | 臺詞錄音 | (조)臺詞綠音 |
| 대-선**율** | 대선**률** | 對旋律 | |
| 대**열**[4] | 대**렬** | 隊列 | |
| 대위^선**율** | 대위선**률** | 對位旋律 | |
| 대-**윤**도 | 대**륜**도 | 大輪圖 | |
| 대-**윤**차 | 대**륜**차 | 大輪次 | |
| 대전^**입**자 | 대전**립**자 | 帶電粒子 | |
| 대증^**요**법 | 대증**료**법 | 對症療法 | |
| 대통일^**이**론 | 대통일**리**론 | 大統一理論 | |
| 도성-**입**덕 | 도성**립**덕 | 道成立德 | |
| 도**열**[1] | 도**렬**[2] | 桃茢 | |
| 도**열**[3] | 도**렬**[1] | 堵列 | |
| 도**열**-하다[2] | 도**렬**하다 | 堵列-- | |
| 도-**염**문사 | 도**렴**문사 | 都廉問使 | |
| 도처-**낭**패 | 도처**랑**패 | 到處狼狽 | |
| 도체-**율** | 도체**률** | 屠體率 | |
| 독점^**이**윤 | 독점**리**윤 | 獨占利潤 | |
| 돌-**난**간 | 돌**란**간 | -欄干 | |
| 동국-**이**상국집 | 동국**리**상국집 | 東國李相國集 | |
| 동남아시아^국가^**연**합 | 동남아시아국가**련**합 | 東南Asia國家聯合 | |
| 동-**납**월 | 동**랍**월 | 冬臘月 | |
| 동면^**요**법 | 동면**료**법 | 冬眠療法 | |
| 동문-**유**해 | 동문**류**해 | 同文類解 | |
| 동방**예**의지국 | 동방**례**의지국 | 東方禮儀之國 | |
| 동방**예**의지방 | 동방**례**의지방 | 東方禮儀之邦 | |

| 《표대》 | 《조대》 | 원어 | 비고 |
|---|---|---|---|
| 동성-연애 | 동성련애 | 同性戀愛 | |
| 동시^녹음 | 동시록음 | 同時錄音 | |
| 동시^녹음^촬영 | 동시록음촬영 | 同時錄音撮影 | |
| 동-역학 | 동력학 | 動力學 | |
| 둔열 | 둔렬 | 鈍劣 | |
| 둔열-하다 | 둔렬하다 | 鈍劣-- | |
| 득표-율 | 득표률 | 得票率 | |
| 등비-수열 | 등비수렬 | 等比數列 | |
| 등산-임수 | 등산림수 | 登山臨水 | |
| 등산임수-하다 | 등산림수하다 | 登山臨水-- | |
| 등-용문 | 등룡문 | 登龍門 | |
| 등용문-하다 | 등룡문하다 | 登龍門-- | |
| 등차-수열 | 등차수렬 | 等差數列 | |
| 라인^연방 | 라인련방 | Rhein聯邦 | |
| 라틴^아메리카^자유^무역^연합 | 라틴아메리카자유무역련합 | Latin America自由貿易聯合 | |
| 마모-율 | 마모률 | 磨耗率 | |
| 막-노동 | 막로동 | -勞動 | |
| 막노동-판 | 막로동판 | -勞動- | |
| 막노동-하다 | 막로동하다 | -勞動-- | |
| 맞-남여 | 맞람여 | 오-藍輿 | -藍輿 |
| 맹-연습 | 맹련습 | 猛練習 | |
| 맹연습-하다 | 맹련습하다 | 猛練習-- | |
| 맹풍-열우 | 맹풍렬우 | 猛風烈雨 | |
| 먹이-양 | 먹이량 | --量 | |
| 메타-인산 | 메타린산 | meta燐酸 | |
| 면상-육갑 | 면상륙갑 | 面上六甲 | |
| 면역^요법 | 면역료법 | 免疫療法 | |
| 명문-이양 | 명문리양 | 名聞利養 | |
| 명제^논리학 | 명제론리학 | 命題論理學 | |
| 모몰-염치 | 모몰렴치 | 冒沒廉恥 | |
| 모몰염치-하다 | 모몰렴치하다 | 冒沒廉恥-- | |
| 목-낭청 | 목랑청 | 睦郎廳 | (조)睦郎廳 |
| 목낭청-조 | 목랑청조 | 睦郎廳調 | (조)睦郎廳調 |
| 몰^분율 | 몰분률 | mole分率 | (조)mol(영)分率 |
| 몰염치-하다 | 몰렴치하다 | 沒廉恥-- | |
| 몰-이해[2] | 몰리해 | 沒理解 | |
| 몰이해-하다[2] | 몰리해하다 | 沒理解-- | |
| 몽어-유해 | 몽어류해 | 蒙語類解 | |

| 《표대》 | 《조대》 | 원어 | 비고 |
|---|---|---|---|
| 묘법-연화경 | 묘법련화경 | 妙法蓮華經 | (조)妙法蓮花經 |
| 무-규율 | 무규률 | 無規律 | |
| 무규율-성 | 무규률성 | 無規律性 | |
| 무규율-적 | 무규률적 | 無規律的 | |
| 무문-농필 | 무문롱필 | 舞文弄筆 | |
| 무실-역행 | 무실력행 | 務實力行 | (조)懋實力行 |
| 무실역행-하다 | 무실력행하다 | 務實力行-- | |
| 무열[1] | 무렬[1] | 武列 | |
| 무열[2] | 무렬[2] | 武烈 | |
| 무-염치 | 무렴치 | 無廉恥 | |
| 무염치-하다 | 무렴치하다 | 無廉恥-- | |
| 무예-육기 | 무예륙기 | 武藝六技 | |
| 무-이식 | 무리식[2] | 無利息 | |
| 무-이자 | 무리자 | 無利子 | |
| 무전-여행 | 무전려행 | 無錢旅行 | |
| 무한^선율 | 무한선률 | 無限旋律 | |
| 무한-수열 | 무한수렬 | 無限數列 | |
| 묵색-임리 | 묵색림리 | 墨色淋漓 | |
| 묵색임리-하다 | 묵색림리하다 | 墨色淋漓-- | |
| 문사-낭청 | 문사랑청 | 問事郎廳 | (조)問事郞廳 |
| 문-염자 | 문렴자 | 門簾子 | |
| 문예^이론 | 문예리론 | 文藝理論 | |
| 문자-열 | 문자렬 | 文字列 | |
| 문하-녹사 | 문하록사 | 門下錄事 | |
| 문화^유형 | 문화류형 | 文化類型 | |
| 물-난리 | 물란리 | -亂離 | |
| 물리^요법 | 물리료법 | 物理療法 | |
| 물심-양면 | 물심량면 | 物心兩面 | |
| 뮤^입자 | 뮤립자 | [그]mu粒子 | |
| 미문-여구 | 미문려구 | 美文麗句 | |
| 미사-여구 | 미사려구 | 美辭麗句 | |
| 미풍-양속 | 미풍량속 | 美風良俗 | |
| 민간-요법 | 민간료법 | 民間療法 | |
| 밀월-여행 | 밀월려행 | 蜜月旅行 | |
| 바깥-노인 | 바깥로인 | --老人 | |
| 바깥-양반 | 바깥량반 | --兩班 | |
| 박면누질 | 박면루질 | 薄面陋質 | |
| 반-나체 | 반라체 | 半裸體 | |
| 반-농담조 | 반롱담조 | 半弄談調 | |

| 《표대》 | 《조대》 | 원어 | 비고 |
|---|---|---|---|
| 반-농조 | 반롱조 | 半弄調 | |
| 반사-율[1] | 반사률[1] | 反射律 | |
| 반사-율[2] | 반사률[2] | 反射率 | |
| 반상-낙하 | 반상락하 | 半上落下 | |
| 반상낙하-하다 | 반상락하하다 | 半上落下-- | |
| 반-역청탄 | 반력청탄 | 半瀝靑炭 | (조)半瀝菁炭 |
| 반열 | 반렬 | 班列 | |
| 반-유동체 | 반류동체 | 半流動體 | (조)半流動体 |
| 반-입자 | 반립자 | 反粒子 | |
| 반좌-율 | 반좌률 | 反坐律 | |
| 발아-율 | 발아률 | 發芽率 | |
| 발연^유산 | 발연류산 | 發煙硫酸 | |
| 발열^요법 | 발열료법 | 發熱療法 | |
| 방광^파열 | 방광파렬 | 膀胱破裂 | |
| 방반유철 | 방반류철 | 放飯流歠 | |
| 방반유철-하다 | 방반류철하다 | 放飯流歠-- | |
| 방사성^붕괴^계열 | 방사성붕괴계렬 | 放射性崩壞系列 | |
| 방사성^탄소^연대^측정법 | 방사성탄소년대측정법 | 放射性炭素年代測定法 | |
| 방석^예수 | 방석례수 | 方席禮數 | |
| 방울-난초 | 방울란초 | --蘭草 | |
| 방울새-난 | 방울새란 | ---蘭 | |
| 배산임수 | 배산림수 | 背山臨水 | |
| 배열[2] | 배렬 | 配列/排列 | (조)排列 |
| 배열-되다 | 배렬되다 | 配列--/排列-- | |
| 배열-하다 | 배렬하다 | 配列--/排列-- | |
| 배율[1] | 배률[1] | 倍率 | |
| 배율[2] | 배률[2] | 排律 | |
| 배자-예채 | 배자례채 | -子例債 | (조)←牌子例債 |
| 백발-노인 | 백발로인 | 白髮老人 | |
| 백분-율 | 백분률 | 百分率 | |
| 백수-양당 | 백수량당 | 白首兩堂 | |
| 백전-노장 | 백전로장 | 百戰老將 | |
| 백전-노졸 | 백전로졸 | 百戰老卒 | |
| 백팔^염주 | 백팔념주 | 百八念珠 | |
| 백화-난만 | 백화란만 | 百花爛漫 | |
| 백화난만-하다 | 백화란만하다 | 百花爛漫-- | |
| 번신-낙마 | 번신락마 | 飜身落馬 | (조)翻身落馬 |
| 번신낙마-하다 | 번신락마하다 | 飜身落馬-- | |
| 번역^녹음 | 번역록음 | 飜譯錄音 | |

| 《표대》 | 《조대》 | 원어 | 비고 |
|---|---|---|---|
| 베타^입자 | 베타립자 | [그]beta粒子 | |
| 변동^환율 | 변동환률 | 變動換率 | |
| 변증법적^논리학 | 변증법적론리학 | 辨證法的論理學 | |
| 변지^이력 | 변지리력 | 邊地履歷 | |
| 병렬-연결 | 병렬련결 | 竝列連結 | |
| 병불이신 | 병불리신 | 病不離身 | |
| 병불이신-하다 | 병불리신하다 | 病不離身-- | |
| 병정양족 | 병정량족 | 兵精糧足 | |
| 병정양족-하다 | 병정량족하다 | 兵精糧足-- | (조)兵整糧足- |
| 보사-양난 | 보사량난 | 補瀉兩難 | |
| 보통^열차 | 보통렬차 | 普通列車 | |
| 복사^냉각 | 복사랭각 | 輻射冷却 | |
| 복수^환율 | 복수환률 | 複數換率 | |
| 복잡-노동 | 복잡로동 | 複雜勞動 | |
| 복합^삼단^논법 | 복합삼단론법 | 複合三段論法 | |
| 봉건^영주 | 봉건령주 | 封建領主 | |
| 봉두-난발 | 봉두란발 | 蓬頭亂髮 | |
| 부-계열 | 부계렬 | 副系列 | |
| 부당^이득 | 부당리득 | 不當利得 | |
| 부생^유안 | 부생류안 | 副生硫安 | |
| 부언-유설 | 부언류설 | 浮言流說 | |
| 부-여과 | 부려과 | 副勵果 | |
| 부-여맹 | 부려맹 | 副勵猛 | |
| 부-여용 | 부려용 | 副勵勇 | |
| 부-여정 | 부려정 | 副勵正 | |
| 부-여직 | 부려직 | 副勵直 | |
| 부자-이중탕 | 부자리중탕 | 附子理中湯 | |
| 부자-이중환 | 부자리중환 | 附子理中丸 | |
| 부-전율 | 부전률 | 副典律 | |
| 부하-율 | 부하률 | 負荷率 | |
| 부화-뇌동 | 부화뢰동 | 附和雷同 | |
| 부화뇌동-하다 | 부화뢰동하다 | 附和雷同-- | |
| 분리^녹음 | 분리록음 | 分離錄音 | |
| 분문-열호 | 분문렬호 | 分門裂戶 | |
| 분열[1] | 분렬[1] | 分列 | |
| 분열[2] | 분렬[2] | 分裂 | |
| 분열-강 | 분렬강 | 分裂腔 | |
| 분열-되다 | 분렬되다 | 分裂-- | |
| 분열-병 | 분렬병 | 分裂病 | |

| 《표대》 | 《조대》 | 원어 | 비고 |
|---|---|---|---|
| 분열-성 | 분렬성 | 分裂性 | |
| 분열성^핵 | 분렬성핵 | 分裂性核 | |
| 분열-식 | 분렬식 | 分列式 | |
| 분열^장치 | 분렬장치 | 分裂裝置 | |
| 분열^조직 | 분렬조직 | 分裂組織 | |
| 분열-하다[1] | 분렬하다 | 分列-- | |
| 분열-하다[2] | 분렬하다 | 分裂-- | |
| 불고-염치 | 불고렴치 | 不顧廉恥 | |
| 불고염치-하다 | 불고렴치하다 | 不顧廉恥-- | |
| 불고-이해 | 불고리해 | 不顧利害 | |
| 불고이해-하다 | 불고리해하다 | 不顧利害-- | |
| 불-난리 | 불란리 | -亂離 | |
| 불문-율 | 불문률 | 不文律 | |
| 불성문-율 | 불성문률 | 不成文律 | |
| 불-연속 | 불련속 | 不連續 | |
| 불연속-면 | 불련속면 | 不連續面 | |
| 불연속^반응^계열 | 불련속반응계렬 | 不連續反應系列 | |
| 불연속-선 | 불련속선 | 不連續線 | |
| 불연속-성 | 불련속성 | 不連續性 | |
| 불연속-적 | 불련속적 | 不連續的 | |
| 불연속^함수 | 불련속함수 | 不連續函數 | |
| 붉은-인 | 붉은린 | --燐 | |
| 비-논리적 | 비론리적 | 非論理的 | |
| 비로-용담 | 비로룡담 | 毘盧龍膽 | (조)毗盧龍膽 |
| 비압축성^유체 | 비압축성류체 | 非壓縮性流體 | |
| 비-양심적 | 비량심적 | 非良心的 | |
| 비열[2] | 비렬 | 卑劣/鄙劣 | |
| 비열-성 | 비렬성 | 卑劣性 | |
| 비열-하다[1] | 비렬하다 | 卑劣--/鄙劣-- | (조)鄙劣- |
| 비열-한 | 비렬한 | 卑劣漢 | (조)卑劣漢. 鄙劣漢 |
| 비열홀-정 | 비렬홀정 | 比列忽停 | (조)比烈忽停 |
| 비유전-율 | 비유전률 | 比誘電率 | |
| 비율[2] | 비률 | 比率 | |
| 비율-계 | 비률계 | 比率計 | |
| 비이성-적 | 비리성적 | 非理性的 | |
| 비익-연리 | 비익련리 | 比翼連理 | |
| 비장^파열 | 비장파렬 | 脾臟破裂 | |
| 비효-율 | 비효률 | 肥效率 | |
| 빗평행^육면체 | 빗평행6면체 | -平行六面體 | |

| 《표대》 | 《조대》 | 원어 | 비고 |
|---|---|---|---|
| 빙식^**윤**회 | 빙식**륜**회 | 氷蝕輪廻 | |
| 사대-**육**신 | 사대**륙**신 | 四大六身 | |
| 사라-**능**단 | 사라**릉**단 | 紗羅綾緞 | |
| 사랑-**양**반 | 사랑**량**반 | 舍廊兩班 | |
| 사문-**난**적 | 사문**란**적 | 斯文亂賊 | |
| 사방^**연**속무늬 | 사방**련**속무늬 | 四方連續-- | |
| 사분-오**열** | 사분오**렬** | 四分五裂 | |
| 사산-**율** | 사산**률** | 死産率 | |
| 사상-**누**각 | 사상**루**각 | 沙上樓閣 | (조)砂上樓閣 |
| 사서**율**곡-언해 | 사서**률**곡언해 | 四書栗谷諺解 | |
| 사송^**이**력 | 사송**리**력 | 詞訟履歷 | |
| 사-**육**신 | 사**6**신 | 死六臣 | |
| 사**율**[1] | 사**률** | 四律 | |
| 사인-**남**여 | 사인**람**여 | 오四人籃輿 | 四人藍輿 |
| 사철-**난** | 사철**란** | 四-蘭 | |
| 사해-**용**왕 | 사해**룡**왕 | 四海龍王 | |
| 산소^**요**법 | 산소**료**법 | 酸素療法 | |
| 산-**용**담 | 산**룡**담 | 山龍膽 | |
| 산제비-**난** | 산제비**란** | 山--蘭 | |
| 산화적^**인**산화 | 산화적**린**산화 | 酸化的燐酸化 | |
| 삼각-**연**애 | 삼각**련**애 | 三角戀愛 | |
| 삼공-**육**경 | 삼공**륙**경 | 三公六卿 | |
| 삼-**노**두 | 삼**로**두 | 蔘蘆頭 | |
| 삼단^**논**법 | 삼단**론**법 | 三段論法 | |
| 삼도^**육**군통어사 | 삼도**륙**군통어사 | 三道陸軍統禦使 | |
| 삼두**육**비 | 삼두**륙**비 | 三頭六臂 | |
| 삼면**육**비 | 삼면**륙**비 | 三面六臂 | |
| 삼분-오**열** | 삼분오**렬** | 三分五裂 | |
| 삼색-**나**졸 | 삼색**라**졸 | 三色羅卒 | |
| 삼성^**육**부 | 3성**6**부 | 三省六部 | |
| 삼시^**염**불 | 삼시**념**불 | 三時念佛 | |
| 삼십**육**-계 | 삼십**륙**계 | 三十六計 | |
| 삼십**육**-금 | 삼십**륙**금 | 三十六禽 | |
| 삼-**연**음부 | 삼**련**음부 | 三連音符 | (조)三聯音符 |
| 삼염화-**인** | 삼염화**린** | 三鹽化燐 | |
| 삼원^일차^**연**립^방정식 | 삼원일차**련**립방정식 | 三元一次聯立方程式 | |
| 삼장-**육**재일 | 삼장**륙**재일 | 三長六齋日 | |
| 삼청-**냉**돌 | 삼청**랭**돌 | 三廳冷突 | |
| 삼태-**육**경 | 삼태**륙**경 | 三台六卿 | |

| 《표대》 | 《조대》 | 원어 | 비고 |
|---|---|---|---|
| 삼판-양승 | 삼판량승 | 三-兩勝 | |
| 삼현^육각 | 삼현륙각 | 三絃六角 | |
| 상경^용천부 | 상경룡천부 | 上京龍泉府 | (조)上京龍川府 |
| 상-노인 | 상로인 | 上老人 | |
| 상대성^이론 | 상대성리론 | 相對性理論 | |
| 상대^연대 | 상대년대 | 相對年代 | |
| 상무-이사 | 상무리사 | 常務理事 | |
| 상서-예부 | 상서례부 | 尙書禮部 | |
| 상서-육부 | 상서륙부 | 尙書六部 | |
| 상서-이부 | 상서리부 | 尙書吏部 | |
| 상업^이윤 | 상업리윤 | 商業利潤 | |
| 상유-양심 | 상유량심 | 尙有良心 | |
| 상품^유통 | 상품류통 | 商品流通 | |
| 상품-진열창 | 상품진렬창 | 商品陣列窓 | |
| 상하노소 | 상하로소 | 上下老少 | |
| 상한^육법 | 상한륙법 | 傷寒六法 | |
| 상한-이증 | 상한리증 | 傷寒裏症 | |
| 상한-전율 | 상한전률 | 傷寒戰慄 | |
| 상혼-낙담 | 상혼락담 | 喪魂落膽 | |
| 새발-육공 | 새발륙공 | --六空 | |
| 새우-난 | 새우란 | --蘭 | |
| 생-난리 | 생란리 | 生亂離 | |
| 생략^삼단^논법 | 생략삼단론법 | 省略三段論法 | |
| 생물^이학 | 생물리학 | 生物理學 | |
| 생사-유전 | 생사류전 | 生死流轉 | |
| 생사-윤회 | 생사륜회 | 生死輪廻 | |
| 생사-입판 | 생사립판 | 生死立判 | |
| 생산^녹지 | 생산록지 | 生産綠地 | |
| 생산적^노동 | 생산적로동 | 生産的勞動 | |
| 생-열녀문 | 생렬녀문 | 生烈女門 | |
| 생-육신 | 생6신 | 生六臣 | |
| 생-이별 | 생리별 | 生離別 | |
| 생이별-하다 | 생리별하다 | 生離別-- | |
| 생-이탄 | 생니탄 | 生泥炭 | |
| 서산-낙일 | 서산락일 | 西山落日 | |
| 서열[1] | 서렬 | 序列 | |
| 석-유황 | 석류황 | 石硫黃 | |
| 석-이두 | 석리두 | 石螭頭 | |
| 석회^유황^합제 | 석회류황합제 | 石灰硫黃合劑 | |

| 《표대》 | 《조대》 | 원어 | 비고 |
|---|---|---|---|
| 선-**연**리초 | 선**련**리초 | -連理草 | |
| 선**열**[1] | 선**렬** | 先烈 | |
| 선**율**[1] | 선**률**[1] | 旋律 | |
| 선**율**[2] | 선**률**[2] | 禪律 | |
| 선-**이**질풀 | 선**리**질풀 | 오 | -痢疾- |
| 선임^**영**사 | 선임**령**사 | 選任領事 | |
| 섬사철-**난** | 섬사철**란** | -四-蘭 | |
| 성문-**율** | 성문**률** | 成文律 | |
| 성인^반**열** | 성인반**렬** | 聖人班列 | |
| 세계-**열**강 | 세계**렬**강 | 世界列强 | |
| 세구-**연**심 | 세구**년**심 | 歲久年深 | |
| 세궁-**역**진 | 세궁**력**진 | 勢窮力盡 | |
| 세궁**역**진-하다 | 세궁**력**진하다 | 勢窮力盡-- | |
| 세균^**여**과기 | 세균**려**과기 | 細菌濾過器 | |
| 세균-**역**적 | 세균**력**적 | 勢均力敵 | |
| 세균**역**적-하다 | 세균**력**적하다 | 勢均力敵-- | (조)勢均力適- |
| 세불-**양**립 | 세불**량**립 | 勢不兩立 | |
| 세세-**연**년 | 세세**년**년 | 歲歲年年 | |
| 세습^**영**지 | 세습**령**지 | 世襲領地 | |
| 세**열** | 세**렬** | 細裂 | |
| 세**열**-되다 | 세**렬**되다 | 細裂-- | |
| 세**열**-하다 | 세**렬**하다 | 細裂-- | |
| 세**율**[2] | 세**률** | 稅率 | |
| 세포^분**열** | 세포분**렬** | 細胞分裂 | |
| 소경-**열**읍 | 소경**렬**읍 | 所經列邑 | |
| 소기^효**율** | 소기효**률** | 掃氣效率 | |
| 소년^**노**동 | 소년**로**동 | 少年勞動 | |
| 소-**논**문 | 소**론**문 | 小論文 | |
| 소리^**양**자 | 소리**량**자 | --量子 | |
| 소-**예**참 | 소**례**참 | 小禮懺 | |
| 소**예**참-하다 | 소**례**참하다 | 小禮懺-- | |
| 소집^**영**장 | 소집**령**장 | 召集令狀 | |
| 소풍-**농**월 | 소풍**롱**월 | 嘯風弄月 | |
| 소풍**농**월-하다 | 소풍**롱**월하다 | 嘯風弄月-- | |
| 소화-**율** | 소화**률** | 消化率 | |
| 소화^흡수**율** | 소화흡수**률** | 消化吸收率 | |
| 속-**여**의 | 속**녀**의 | -女衣 | |
| 속-**요**량 | 속**료**량 | -料量 | |
| 속**요**량-하다 | 속**료**량하다 | -料量-- | |

| 《표대》 | 《조대》 | 원어 | 비고 |
|---|---|---|---|
| 속-육전 | 속륙전 | 續六典 | |
| 손-노동 | 손로동 | -勞動 | |
| 손노동-하다 | 손로동하다 | -勞動-- | |
| 손바닥-난 | 손바닥란 | ---蘭 | |
| 손뿌리-난초 | 손뿌리란초 | ---蘭草 | |
| 손열 | 손렬 | 巽劣 | |
| 손열-하다 | 손렬하다 | 巽劣-- | |
| 손침^요법 | 손침료법 | -鍼療法 | |
| 솔잎-난 | 솔잎란 | --蘭 | |
| 송풍-나월 | 송풍라월 | 松風蘿月 | |
| 수륙^양용 | 수륙량용 | 水陸兩用 | |
| 수륙^양용^장갑차 | 수륙량용장갑차 | 水陸兩用裝甲車 | |
| 수리^논리학 | 수리론리학 | 數理論理學 | |
| 수색^영장 | 수색령장 | 搜索令狀 | |
| 수서-양단 | 수서량단 | 首鼠兩端 | |
| 수열[2] | 수렬 | 數列 | |
| 수율[1] | 수률 | 收率 | |
| 수학-여행 | 수학려행 | 修學旅行 | |
| 숙-녹피 | 숙록피 | 熟鹿皮 | |
| 숙련-노동 | 숙련로동 | 熟鍊勞動 | |
| 숙영낭자-전[1] | 숙영랑자전 | 淑英娘子傳 | |
| 순국-선열 | 순국선렬 | 殉國先烈 | |
| 순수^이성 | 순수리성 | 純粹理性 | |
| 순열[4] | 순렬[1] | 順列 | |
| 순-유통비 | 순류통비 | 純流通費 | |
| 순-이익 | 순리익 | 純利益 | |
| 순이익-금 | 순리익금 | 純利益金 | |
| 순환^논법 | 순환론법 | 循環論法 | |
| 술-난리 | 술란리 | -亂離 | |
| 습관성^유산 | 습관성류산 | 習慣性流産 | |
| 시율 | 시률 | 詩律 | |
| 시행^여기 | 시행려기 | 時行癘氣 | |
| 시화연풍 | 시화년풍 | 時和年豐 | (조)時和年豊 |
| 식사^요법 | 식사료법 | 食事療法 | |
| 신-낭만주의 | 신랑만주의 | 新浪漫主義 | |
| 신부-양난 | 신부량난 | 信否兩難 | |
| 신석-노걸대언해 | 신석로걸대언해 | 新釋老乞大諺解 | |
| 신-여성[1] | 신녀성 | 新女性 | |
| 신혼-여행 | 신혼려행 | 新婚旅行 | |

| 《표대》 | 《조대》 | 원어 | 비고 |
|---|---|---|---|
| 실망-낙담 | 실망락담 | 失望落膽 | |
| 실망낙담-하다 | 실망락담하다 | 失望落膽-- | |
| 실수-율 | 실수률 | 實收率 | |
| 실시^연성 | 실시련성 | 實視連星 | |
| 실제^유체 | 실제류체 | 오實際溜體 | 實際流體 |
| 실패-율 | 실패률 | 失敗率 | |
| 심-녹색 | 심록색 | 深綠色 | |
| 십육분-쉼표 | 십륙분쉼표 | 十六分-標 | |
| 십육분-음부 | 십륙분음부 | 十六分音符 | |
| 십육분-휴지부 | 십륙분휴지부 | 十六分休止符 | |
| 십이-율 | 십이률 | 十二律 | |
| 쌍봉-낙타 | 쌍봉락타 | 雙峯駱駝 | (조)雙峰駱駝 |
| 아기-능 | 아기릉 | --陵 | |
| 아데노신-삼인산 | 아데노신삼린산 | adenosine三燐酸 | |
| 아랍^연맹 | 아랍련맹 | Arab聯盟 | |
| 아르기닌^인산 | 아르기닌린산 | arginine燐酸 | |
| 아-유산염 | 아류산염 | 亞硫酸鹽 | |
| 아-인산 | 아린산 | 亞燐酸 | |
| 아인산-염 | 아린산염 | 亞燐酸鹽 | |
| 악성^임파종 | 악성림파종 | 惡性淋巴腫 | |
| 안거-낙업 | 안거락업 | 安居樂業 | |
| 안거낙업-하다 | 안거락업하다 | 安居樂業-- | |
| 안-노인 | 안로인 | -老人 | |
| 안마^요법 | 안마료법 | 按摩療法 | |
| 안빈-낙도 | 안빈락도 | 安貧樂道 | |
| 안빈낙도-하다 | 안빈락도하다 | 安貧樂道-- | |
| 안심-입명 | 안심립명 | 安心立命 | |
| 안전^보장^이사회 | 안전보장리사회 | 安全保障理事會 | |
| 안전-율 | 안전률 | 安全率 | |
| 안팎-노자 | 안팎로자 | --路資 | |
| 알레프^영 | 알레프령 | aleph零 | |
| 알파^나선 | 알파라선 | [그]alpha螺線 | |
| 알파^입자 | 알파립자 | [그]alpha粒子 | |
| 암-녹색 | 암록색 | 暗綠色 | |
| 암석^역학 | 암석력학 | 巖石力學 | |
| 암시^요법 | 암시료법 | 暗示療法 | |
| 암하-노불 | 암하로불 | 巖下老佛 | |
| 압밀^이론 | 압밀리론 | 壓密理論 | |
| 압축식^냉동기 | 압축식랭동기 | 壓縮式冷凍機 | |

| 《표대》 | 《조대》 | 원어 | 비고 |
|---|---|---|---|
| 애국-선**열** | 애국선**렬** | 愛國先烈 | |
| 애기-사철**난** | 애기사철**란** | --四-蘭 | |
| 액-**유**동성 | 액**류**동성 | 液流動性 | |
| 야기-**요**단 | 야기**뇨**단 | 惹起鬧端 | |
| 야기**요**단-하다 | 야기**뇨**단하다 | 惹起鬧端-- | |
| **약**[5] | **략** | 略 | |
| **약**기[4] | **략**기 | 略記 | |
| **약**기-하다[1] | **략**기하다 | 略記-- | |
| **약**도 | **략**도 | 略圖 | |
| **약**략[2] | **략**략 | 略略 | |
| **약**략-스럽다 | **략**략스럽다 | 略略--- | |
| **약**략스레 | **략**략스레 | 略略-- | |
| **약**략-하다 | **략**략하다 | 略略-- | |
| **약**략-히 | **략**략히 | 略略- | |
| **약**력[3] | **략**력 | 略歷 | |
| **약**록 | **략**록 | 略錄 | |
| 약물^**요**법 | 약물**료**법[2] | 藥物療法 | |
| **약**법[2] | **략**법 | 略法 | |
| **약**보[3] | **략**보 | 略譜 | |
| **약**사[2] | **략**사 | 略史 | |
| 약사**유**리광여래 | 약사**류**리광여래 | 藥師瑠璃光如來 | |
| **약**산[3] | **략**산 | 略算 | |
| **약**설[1] | **략**설[2] | 略設 | |
| **약**설-하다[1] | **략**설하다 | 略設-- | |
| **약**소[2] | **략**소 | 略少 | |
| **약**소-하다[2] | **략**소하다 | 略少-- | |
| **약**술[2] | **략**술 | 略述 | |
| **약**술-되다 | **략**술되다 | 略述-- | |
| **약**술-하다 | **략**술하다 | 略述-- | |
| **약**식[2] | **략**식 | 略式 | |
| **약**식^명령 | **략**식명령 | 略式命令 | |
| **약**식^재판 | **략**식재판 | 略式裁判 | |
| **약**어[1] | **략**어 | 略語 | |
| **약**언[2] | **략**언 | 略言 | |
| **약**언-하다[2] | **략**언하다 | 略言-- | |
| **약**인[1] | **략**인 | 略人 | |
| **약**인-하다[1] | **략**인하다 | 略人-- | |
| **약**자[3] | **략**자 | 略字 | |
| **약**장[4] | **략**장 | 略章 | |

| 《표대》 | 《조대》 | 원어 | 비고 |
|---|---|---|---|
| 약전[3] | 략전 | 略傳 | |
| 약찬 | 략찬 | 略饌 | |
| 약청 | 략청 | 略請 | |
| 약청-하다 | 략청하다 | 略請-- | |
| 약취[1] | 략취[1] | 掠取 | |
| 약취[2] | 략취[2] | 略取 | |
| 약취-되다[1] | 략취되다 | 掠取-- | |
| 약취-되다[2] | 략취되다 | 略取-- | |
| 약취-하다[1] | 략취하다 | 掠取-- | |
| 약취-하다[2] | 략취하다 | 略取-- | |
| 약측 | 략측 | 略測 | |
| 약치[1] | 략치 | 掠治 | |
| 약치-하다[1] | 략치하다 | 掠治-- | |
| 약칭[1] | 략칭 | 略稱 | |
| 약칭-하다 | 략칭하다 | 略稱-- | |
| 약탈 | 략탈 | 掠奪 | |
| 약탈-자 | 략탈자 | 掠奪者 | |
| 약탈-전 | 략탈전 | 掠奪戰 | |
| 약탈-하다 | 략탈하다 | 掠奪-- | |
| 약탈-혼 | 략탈혼 | 掠奪婚 | |
| 약표 | 략표 | 略表 | |
| 약-하다[2] | 략하다 | 略-- | |
| 약해[1] | 략해 | 略解 | |
| 약해-하다 | 략해하다 | 略解-- | |
| 약호 | 략호 | 略號 | |
| 약화[2] | 략화 | 略畫 | |
| 양[6] | 량[2] | 良 | |
| 양[12] | 량[3] | 梁 | |
| 양[20] | 량[1] | 量 | |
| 양가[1] | 량가[2] | 良家 | |
| 양가[2] | 량가[1] | 兩家 | |
| 양가-독자 | 량가독자 | 兩家獨子 | |
| 양각[2] | 량각 | 兩脚 | |
| 양각-규 | 량각규 | 兩脚規 | |
| 양간[4] | 량간 | 兩間 | |
| 양감[3] | 량감 | 量感 | |
| 양강 | 량강 | 良薑 | |
| 양견[2] | 량견 | 兩肩 | |
| 양계[3] | 량계 | 兩界 | |

| 《표대》 | 《조대》 | 원어 | 비고 |
|---|---|---|---|
| 양고1 | 량고 | 良賈 | |
| 양곡5 | 량곡 | 糧穀 | |
| 양공1 | 량공 | 良工 | |
| 양과분비 | 량과분비 | 兩寡分悲 | |
| 양관1 | 량관3 | 兩館 | |
| 양관4 | 량관1 | 梁冠 | |
| 양관^제학 | 량관제학 | 兩館提學 | |
| 양교2 | 량교 | 量交 | |
| 양구3 | 량구1 | 良久 | |
| 양구5 | 량구2 | 梁丘 | (조)梁丘 |
| 양구-하다 | 량구하다 | 良久-- | |
| 양구-히 | 량구히 | 良久- | |
| 양국1 | 량국1 | 兩國 | |
| 양국-대장 | 량국대장 | 兩局大將 | |
| 양군1 | 량군 | 兩軍 | |
| 양궁1 | 량궁3 | 良弓 | |
| 양궁3 | 량궁1 | 梁宮 | |
| 양궁-상합 | 량궁상합 | 兩窮相合 | |
| 양-귀마 | 량귀마 | 兩-馬 | |
| 양-귀상 | 량귀상 | 兩-象 | |
| 양-귀포 | 량귀포 | 兩-包 | |
| 양극1 | 량극 | 兩極 | |
| 양-극단 | 량극단 | 兩極端 | |
| 양극-화 | 량극화 | 兩極化 | |
| 양극화-되다 | 량극화되다 | 兩極化-- | |
| 양극화-하다 | 량극화하다 | 兩極化-- | |
| 양금2 | 량금 | 兩衾 | |
| 양금미옥 | 량금미옥 | 良金美玉 | |
| 양금-택목 | 량금택목 | 良禽擇木 | |
| 양기2 | 량기2 | 兩岐 | |
| 양기3 | 량기1 | 凉氣 | |
| 양-껏 | 량껏 | 量- | |
| 양난 | 량난 | 兩難 | |
| 양난-하다 | 량난하다 | 兩難-- | |
| 양날-톱 | 량날톱 | 兩-- | |
| 양남 | 량남 | 兩南 | |
| 양년2 | 량년 | 兩年 | |
| 양능 | 량능 | 良能 | |
| 양-다리 | 량다리 | 兩-- | |

| 《표대》 | 《조대》 | 원어 | 비고 |
|---|---|---|---|
| 양단[1] | 량단[3] | 兩短 | |
| 양단[2] | 량단[2] | 兩端 | |
| 양단[3] | 량단[1] | 兩斷 | |
| 양단-간 | 량단간 | 兩端間 | |
| 양단-되다 | 량단되다 | 兩斷-- | |
| 양-단수[1] | 량단수 | 兩單手 | |
| 양단-하다 | 량단하다 | 兩斷-- | |
| 양답 | 량답 | 良畓 | |
| 양당[1] | 량당[1] | 兩堂 | |
| 양당[2] | 량당[2] | 兩黨 | |
| 양당^정치 | 량당정치 | 兩黨政治 | |
| 양도[5] | 량도[3] | 兩都 | |
| 양도[10] | 량도[2] | 糧道 | |
| 양도^논법 | 량도론법 | 兩刀論法 | |
| 양-도목 | 량도목 | 兩都目 | |
| 양-도체 | 량도체 | 良導體 | |
| 양-돈사[1] | 냥돈사 | 兩-- | |
| 양두-마차 | 량두마차 | 兩頭馬車 | |
| 양두-사 | 량두사 | 兩頭蛇 | |
| 양두-필 | 량두필 | 兩頭筆 | |
| 양득 | 량득 | 兩得 | |
| 양득-하다 | 량득하다 | 兩得-- | |
| 양로[1] | 량로 | 凉爐 | |
| 양리 | 량리 | 良吏 | |
| 양립 | 량립 | 兩立 | |
| 양립-되다 | 량립되다 | 兩立-- | |
| 양립-하다 | 량립하다 | 兩立-- | |
| 양마[1] | 량마[1] | 良馬 | |
| 양말[2] | 량말 | 糧秣 | |
| 양말-고 | 량말고 | 糧秣庫 | (조)糧秣庫 |
| 양맥[1] | 량맥 | 兩麥 | |
| 양면 | 량면 | 兩面 | |
| 양면^볼록^렌즈 | 량면볼록렌즈 | 兩面--lens | |
| 양면-성 | 량면성 | 兩面性 | |
| 양면^인쇄 | 량면인쇄 | 兩面印刷 | |
| 양면^인쇄기 | 량면인쇄기 | 兩面印刷機 | |
| 양면^작전 | 량면작전 | 兩面作戰 | |
| 양명[2] | 량명 | 亮明 | |
| 양명-하다[2] | 량명하다 | 亮明-- | |

| 《표대》 | 《조대》 | 원어 | 비고 |
|---|---|---|---|
| 양명-히 | 량명히 | 亮明- | |
| 양묘-망 | 량묘망 | 兩錨網 | |
| 양미$^1$ | 량미$^2$ | 兩眉 | |
| 양미$^2$ | 량미$^3$ | 凉味 | |
| 양미$^3$ | 량미$^1$ | 糧米 | |
| 양미-간 | 량미간 | 兩眉間 | |
| 양민 | 량민 | 良民 | |
| 양민-오착 | 량민오착 | 良民誤捉 | |
| 양민오착-하다 | 량민오착하다 | 良民誤捉-- | |
| 양박 | 량박 | 凉薄 | |
| 양박-하다 | 량박하다 | 凉薄-- | |
| 양반$^3$ | 량반 | 兩班 | |
| 양반-걸음 | 량반걸음 | 兩班-- | |
| 양반-전 | 량반전 | 兩班傳 | |
| 양반-집 | 량반집 | 兩班- | |
| 양반-춤 | 량반춤 | 兩班- | |
| 양반-탈 | 량반탈 | 兩班- | |
| 양반-풀 | 량반풀 | 兩班- | |
| 양-발$^2$ | 량발 | 兩- | |
| 양방$^1$ | 량방$^2$ | 良方 | |
| 양방$^2$ | 량방$^1$ | 兩方 | |
| 양법$^1$ | 량법 | 良法 | |
| 양변$^2$ | 량변 | 兩邊 | |
| 양본위-제 | 량본위제 | 兩本位制 | |
| 양봉-타 | 량봉타 | 兩峯駝 | (조)兩峰駝 |
| 양부$^1$ | 량부$^1$ | 良否 | |
| 양부$^2$ | 량부$^2$ | 兩府 | |
| 양분$^1$ | 량분 | 兩分 | |
| 양분-되다 | 량분되다 | 兩分-- | |
| 양분-하다 | 량분하다 | 兩分-- | |
| 양붕 | 량붕 | 良朋 | |
| 양사$^8$ | 량사 | 兩司 | |
| 양사^제대 | 량사제대 | 兩司諸臺 | |
| 양상$^3$ | 량상$^2$ | 良相 | |
| 양상$^4$ | 량상$^1$ | 兩象 | |
| 양상$^7$ | 량상$^3$ | 梁上 | (조)樑上 |
| 양상-군자 | 량상군자 | 梁上君子 | (조)樑上君子 |
| 양상-도회 | 량상도회 | 梁上塗灰 | (조)樑上塗灰 |
| 양-상모 | 량상모 | 兩象毛 | |

| 《표대》 | 《조대》 | 원어 | 비고 |
|---|---|---|---|
| 양상-화매 | 량상화매 | 兩相和賣 | |
| 양상화매-하다 | 량상화매하다 | 兩相和賣-- | |
| 양색 | 량색 | 兩色 | |
| 양색-단 | 량색단 | 兩色緞 | |
| 양서[1] | 량서[3] | 良書 | |
| 양서[2] | 량서[4] | 兩西 | |
| 양서[3] | 량서[2] | 兩書 | |
| 양서[4] | 량서[1] | 兩棲 | |
| 양서-류 | 량서류 | 兩棲類 | |
| 양서-분명 | 량서분명 | 兩書分明 | |
| 양서분명-하다 | 량서분명하다 | 兩書分明-- | |
| 양서-하다[1] | 량서하다 | 兩棲-- | |
| 양석[2] | 량석 | 兩石 | |
| 양선[1] | 량선 | 良善 | |
| 양선-하다[1] | 량선하다 | 良善-- | |
| 양선-히 | 량선히 | 良善- | |
| 양설[1] | 량설[3] | 兩舌 | |
| 양성[3] | 량성[1] | 兩性 | |
| 양성[7] | 량성[2] | 凉性 | |
| 양성^산화물 | 량성산화물 | 兩性酸化物 | |
| 양성^생식 | 량성생식 | 兩性生殖 | |
| 양성-선 | 량성선 | 兩性腺 | |
| 양성^원소[1] | 량성원소 | 兩性元素 | |
| 양성^잡종 | 량성잡종 | 兩性雜種 | |
| 양성^전해질 | 량성전해질 | 兩性電解質 | |
| 양성^종양 | 량성종양 | 良性腫瘍 | |
| 양성-화[1] | 량성화 | 兩性花 | |
| 양성^화합물 | 량싱화합물 | 兩性化合物 | |
| 양소[1] | 량소 | 良宵 | |
| 양소매-책상 | 량소매책상 | 兩--冊床 | |
| 양속[1] | 량속 | 良俗 | |
| 양-손[1] | 량손 | 兩- | |
| 양손-잡이 | 량손잡이 | 兩--- | |
| 양수[4] | 량수[2] | 兩手 | |
| 양수[11] | 량수[1] | 量水 | |
| 양수-거지[1] | 량수거지[1] | 兩手-之 | (조)兩手擧止 |
| 양수-거지[2] | 량수거지[2] | 兩手据地 | |
| 양수거지-하다[1] | 량수거지하다 | 兩手-之-- | |
| 양수-걸이 | 량수걸이 | 兩手-- | |

| 《표대》 | 《조대》 | 원어 | 비고 |
|---|---|---|---|
| 양수-겸장 | 량수겸장 | 兩手兼將 | |
| 양수-계 | 량수계 | 量水計 | |
| 양수-궤 | 량수궤 | 兩袖机 | |
| 양수-기[2] | 량수기 | 量水器 | |
| 양수-잡이 | 량수잡이 | 兩手-- | |
| 양수잡이-하다 | 량수잡이하다 | 兩手---- | |
| 양수-집병 | 량수집병 | 兩手執餠 | |
| 양수-책상 | 량수책상 | 兩袖冊床 | |
| 양수-표 | 량수표 | 量水標 | |
| 양수-하다[3] | 량수하다 | 量水-- | |
| 양순 | 량순 | 良順 | |
| 양순-음 | 량순음 | 兩脣音 | (조)兩唇音 |
| 양순-하다 | 량순하다 | 良順-- | |
| 양순-히 | 량순히 | 良順- | |
| 양습 | 량습 | 良習 | |
| 양시-쌍비 | 량시쌍비 | 兩是雙非 | |
| 양식[6] | 량식 | 糧食 | |
| 양신[1] | 량신[2] | 良臣 | |
| 양신[2] | 량신[1] | 良辰 | |
| 양신[3] | 량신[3] | 兩身 | |
| 양실[2] | 량실[2] | 兩失 | |
| 양실[4] | 량실[1] | 凉室 | |
| 양실-하다 | 량실하다 | 兩失-- | |
| 양심[2] | 량심 | 良心 | |
| 양심-범 | 량심범 | 良心犯 | |
| 양심-선언 | 량심선언 | 良心宣言 | |
| 양심-수 | 량심수 | 良心囚 | |
| 양심-적 | 량심적 | 良心的 | |
| 양안[1] | 량안[2] | 良案 | |
| 양안[2] | 량안[1] | 兩岸 | |
| 양안[3] | 량안[5] | 兩案 | |
| 양안[4] | 량안[3] | 兩眼 | |
| 양안[6] | 량안[4] | 量案 | |
| 양암 | 량암 | 諒闇 | |
| 양야[1] | 량야[1] | 良夜 | |
| 양야[2] | 량야[2] | 凉夜 | |
| 양약[1] | 량약 | 良藥 | |
| 양-어깨 | 량어깨 | 兩-- | |
| 양역[1] | 량역[2] | 良役 | |

| 《표대》 | 《조대》 | 원어 | 비고 |
|---|---|---|---|
| 양역[2] | 량역[1] | 兩役 | |
| 양-옆 | 량옆 | 兩- | |
| 양온-서 | 량온서 | 良醞署 | |
| 양-요리 | 양료리 | 洋料理 | |
| 양용 | 량용 | 兩用 | |
| 양용-되다 | 량용되다 | 兩用-- | |
| 양용-하다 | 량용하다 | 兩用-- | |
| 양우[2] | 량우[1] | 良友 | |
| 양우[4] | 량우[2] | 凉雨 | |
| 양웅[1] | 량웅 | 兩雄 | |
| 양원[1] | 량원[2] | 良媛 | |
| 양원[3] | 량원[1] | 兩院 | |
| 양원-제 | 량원제 | 兩院制 | |
| 양위[1] | 량위 | 兩位 | |
| 양위-분 | 량위분 | 兩位- | |
| 양유[2] | 량유 | 良莠 | |
| 양음[4] | 량음 | 諒陰 | (조)諒陰. 亮陰 |
| 양의[1] | 량의[1] | 良醫 | |
| 양의[3] | 량의[3] | 兩儀 | |
| 양의[6] | 량의[2] | 量宜 | |
| 양-의사[1] | 량의사 | 兩醫司 | |
| 양의-하다 | 량의하다 | 量宜-- | |
| 양이[2] | 량이 | 量移 | |
| 양이-하다[1] | 량이하다 | 量移-- | |
| 양익 | 량익 | 兩翼 | |
| 양인[1] | 량인[2] | 良人 | |
| 양인[2] | 량인[1] | 兩人 | |
| 양일[2] | 량일 | 兩日 | |
| 양일-학 | 량일학 | 兩日瘧 | |
| 양입계출 | 량입계출 | 量入計出 | |
| 양입계출-하다 | 량입게출히디 | 量入計出-- | |
| 양자[1] | 량자[1] | 兩者 | |
| 양자[6] | 량자[2] | 量子 | |
| 양자^가설 | 량자가설 | 量子假設 | |
| 양자-론 | 량자론 | 量子論 | |
| 양자^마당론 | 량자마당론 | 量子--論 | |
| 양자^발진기 | 량자발진기 | 量子發進機 | |
| 양자^색역학 | 량자색력학 | 量子色力學 | |
| 양자^생물학 | 량자생물학 | 量子生物學 | |

| 《표대》 | 《조대》 | 원어 | 비고 |
|---|---|---|---|
| 양자^수 | 량자수 | 量子數 | |
| 양자^역학 | 량자력학 | 量子力學 | |
| 양자^전기^역학 | 량자전기력학 | 量子電氣力學 | |
| 양자^전자학 | 량자전자학 | 量子電子學 | |
| 양자^조건 | 량자조건 | 量子條件 | |
| 양자-택일 | 량자택일 | 兩者擇一 | (조)兩者澤一 |
| 양자택일-하다 | 량자택일하다 | 兩者擇一-- | |
| 양자^통계^역학 | 량자통계력학 | 量子統計力學 | |
| 양자-화 | 량자화 | 量子化 | |
| 양자^화학 | 량자화학 | 量子化學 | |
| 양장[2] | 량장[2] | 良匠 | |
| 양장[3] | 량장[1] | 良將 | |
| 양장^진사 | 량장진사 | 兩場進士 | |
| 양장^초시 | 량장초시 | 兩場初試 | |
| 양재[1] | 량재[1] | 良才 | |
| 양재[2] | 량재[2] | 良材 | |
| 양재[6] | 량재[3] | 凉材 | |
| 양-적[1] | 량적[1] | 量的 | |
| 양적[2] | 량적[2] | 良籍 | |
| 양전[1] | 량전[1] | 良田 | |
| 양전[2] | 량전[5] | 兩全 | |
| 양전[3] | 량전[4] | 兩殿 | |
| 양전[4] | 량전[2] | 兩銓 | |
| 양전[10] | 량전[3] | 量田 | |
| 양전-감관 | 량전감관 | 量田監官 | |
| 양전-옥답 | 량전옥답 | 良田沃畓 | |
| 양전-척 | 량전척 | 量田尺 | |
| 양전-청 | 량전청 | 量田廳 | |
| 양전-하다[1] | 량전하다 | 兩全-- | |
| 양전-하다[3] | 량전하다 | 量田-- | |
| 양전-화 | 량전화 | 兩全花 | |
| 양정[2] | 량정[2] | 良丁 | |
| 양정[12] | 량정[1] | 糧政 | |
| 양제[2] | 량제[3] | 良娣 | |
| 양제[3] | 량제[1] | 良劑 | |
| 양제[5] | 량제[2] | 凉劑 | |
| 양조[2] | 량조[2] | 兩朝 | |
| 양족 | 량족[1] | 兩足 | |
| 양종[1] | 량종[1] | 良種 | |

| 《표대》 | 《조대》 | 원어 | 비고 |
|---|---|---|---|
| 양종[2] | 량종[2] | 兩宗 | |
| 양주[3] | 량주 | 兩主 | |
| 양중[2] | 량중 | 兩中 | |
| 양지[11] | 량지[4] | 量地 | |
| 양지[14] | 량지[3] | 諒知 | |
| 양지[5] | 량지[2] | 良知 | |
| 양지[6] | 량지[1] | 兩地 | |
| 양지-아문 | 량지아문 | 量地衙門 | |
| 양지-창 | 량지창 | 兩枝槍 | |
| 양지-하다[1] | 량지하다 | 量地-- | |
| 양지-하다[3] | 량지하다 | 諒知-- | |
| 양직[1] | 량직 | 亮直 | |
| 양직-하다 | 량직하다 | 亮直-- | |
| 양직-히 | 량직히 | 亮直- | |
| 양진[1] | 량진 | 兩陣 | |
| 양질[1] | 량질 | 良質 | |
| 양-짝 | 량짝 | 兩- | |
| 양-쪽 | 량쪽 | 兩- | |
| 양차[1] | 량차[1] | 兩次 | |
| 양착 | 량착 | 量窄 | |
| 양착-하다 | 량착하다 | 量窄-- | |
| 양찬 | 량찬 | 糧饌 | |
| 양찰[1] | 량찰[1] | 亮察 | |
| 양찰[2] | 량찰[2] | 諒察 | |
| 양찰-하다[1] | 량찰하다 | 亮察-- | |
| 양창[2] | 량창 | 亮窓 | |
| 양책 | 량책 | 良策 | |
| 양처[1] | 량처[1] | 良妻 | |
| 양처[2] | 량처[2] | 兩處 | |
| 양척[1] | 량척 | 兩隻 | |
| 양천[1] | 량천[1] | 良賤 | |
| 양천[2] | 량천[2] | 凉天 | |
| 양첨 | 량첨 | 凉簷 | |
| 양첩[1] | 량첩 | 良妾 | |
| 양체^웅예 | 량체웅예 | 兩體雄蕊 | |
| 양초[2] | 냥초 | 兩草 | |
| 양초[7] | 량초 | 糧草 | |
| 양촉[2] | 량촉 | 諒燭 | |
| 양촉-하다 | 량촉하다 | 諒燭-- | |

| 《표대》 | 《조대》 | 원어 | 비고 |
|---|---|---|---|
| 양추[2] | 량추 | 凉秋 | |
| 양친[1] | 량친 | 兩親 | |
| 양태-머리 | 량태머리 | 兩--- | |
| 양통[2] | 량통 | 兩通 | |
| 양-팔 | 량팔 | 兩- | |
| 양편[1] | 량편[1] | 兩便 | |
| 양편[2] | 량편[2] | 兩便 | |
| 양편-공사 | 량편공사 | 兩便公事 | |
| 양-편짝 | 량편짝 | 兩便- | |
| 양편-쪽 | 량편쪽 | 兩便- | |
| 양편-하다 | 량편하다 | 兩便-- | |
| 양품[1] | 량품[2] | 良品 | |
| 양풍[1] | 량풍[1] | 良風 | |
| 양풍[3] | 량풍[2] | 凉風 | |
| 양풍-미속 | 량풍미속 | 良風美俗 | |
| 양피-화 | 량피화 | 兩被花 | |
| 양필[2] | 량필[2] | 良弼 | |
| 양필[3] | 량필[1] | 良筆 | |
| 양-하다[2] | 량하다 | 凉-- | |
| 양항 | 량항 | 良港 | |
| 양해[3] | 량해 | 諒解 | |
| 양해-되다 | 량해되다 | 諒解-- | |
| 양해-하다 | 량해하다 | 諒解-- | |
| 양향 | 량향 | 糧餉 | |
| 양향-청 | 량향청 | 糧餉廳 | |
| 양허[1] | 량허 | 亮許 | |
| 양허-하다[1] | 량허하다 | 亮許-- | |
| 양협[1] | 량협[2] | 兩頰 | |
| 양협[2] | 량협[1] | 量狹 | |
| 양협-하다 | 량협하다 | 量狹-- | |
| 양호[2] | 량호[1] | 良好 | |
| 양호[4] | 량호[2] | 兩湖 | |
| 양호-공투 | 량호공투 | 兩虎共鬪 | |
| 양호-하다[1] | 량호하다 | 良好-- | |
| 양화[1] | 량화[1] | 良貨 | |
| 양회[3] | 량회 | 諒會 | |
| 양화[6] | 량화[2] | 凉花 | |
| 양회-하다 | 량회하다 | 諒會-- | |
| 어리-연꽃 | 어리련꽃 | --蓮- | |

| 《표대》 | 《조대》 | 원어 | 비고 |
|---|---|---|---|
| 어무윤척 | 어무륜척 | 語無倫脊 | |
| 어무윤척-하다 | 어무륜척하다 | 語無倫脊-- | |
| 어획^이론 | 어획리론 | 漁獲理論 | |
| 언어^연대학 | 언어년대학 | 言語年代學 | |
| 언정이순 | 언정리순 | 言正理順 | |
| 언정이순-하다 | 언정리순하다 | 言正理順-- | |
| 엄성-노인 | 엄성로인 | 奄成老人 | |
| 엄핵-조율 | 엄핵조률 | 嚴覈照律 | |
| 엄핵조율-하다 | 엄핵조률하다 | 嚴覈照律-- | |
| 여[7] | 녀 | 女 | |
| 여[17] | 려[3] | 呂 | |
| 여[18] | 려[4] | 戾 | |
| 여[19] | 려[2] | 旅 | |
| 여[20] | 려[1] | 旅 | |
| 여-[26] | 녀 | 女 | |
| 여가[2] | 려가 | 閭家 | |
| 여가-탈입 | 려가탈입 | 閭家奪入 | |
| 여가탈입-하다 | 려가탈입하다 | 閭家奪入-- | |
| 여각[1] | 려각 | 旅閣 | |
| 여간-행장 | 려간행장 | 旅間行裝 | |
| 여감[1] | 녀감 | 女監 | |
| 여객[2] | 려객[1] | 旅客 | |
| 여객-기 | 려객기 | 旅客機 | |
| 여객-선 | 려객선 | 旅客船 | |
| 여객-실 | 려객실 | 旅客室 | |
| 여객^열차 | 려객렬차 | 旅客列車 | |
| 여객^전무 | 려객전무 | 旅客專務 | |
| 여객-차 | 려긱차 | 旅客車 | |
| 여객-항 | 려객항 | 旅客港 | |
| 여걸 | 녀걸 | 女傑 | |
| 여계[4] | 려계[2] | 厲階 | |
| 여계[5] | 려계[1] | 麗季 | |
| 여고[2] | 려고 | 旅苦 | |
| 여공[1] | 녀공[1] | 女工 | |
| 여공[2] | 녀공[2] | 女功/女紅 | (조)女工. 女功 |
| 여공지사 | 녀공지사 | 女功之事 | (조)女工之事. 女功之事 |
| 여과[3] | 려과[2] | 勵果 | |
| 여과[4] | 려과[1] | 濾過 | |
| 여과-기 | 려과기 | 濾過器 | |

| 《표대》 | 《조대》 | 원어 | 비고 |
|---|---|---|---|
| 여과-성 | 려과성 | 濾過性 | |
| 여과-지[1] | 려과지[1] | 濾過池 | |
| 여과-지[2] | 려과지[2] | 濾過紙 | |
| 여과-통 | 려과통 | 濾過桶 | |
| 여곽 | 려곽 | 蓼藿 | |
| 여관[1] | 녀관 | 女官 | |
| 여관[3] | 려관 | 旅館 | |
| 여관-방 | 려관방 | 旅館房 | |
| 여관-비 | 려관비 | 旅館費 | |
| 여관-업 | 려관업 | 旅館業 | |
| 여관-집 | 려관집 | 旅館- | |
| 여광-기 | 려광기 | 濾光器 | |
| 여-광대 | 녀광대 | 女-- | |
| 여괘 | 려괘 | 旅卦 | |
| 여-교장 | 녀교장 | 女校長 | |
| 여구[3] | 려구[1] | 旅具 | |
| 여국[1] | 녀국[1] | 女國 | |
| 여국[2] | 녀국[2] | 女麴 | |
| 여군[1] | 녀군 | 女君 | |
| 여권[1] | 녀권 | 女權 | |
| 여권[2] | 려권 | 旅券 | |
| 여권^운동 | 녀권운동 | 女權運動 | |
| 여귀 | 려귀 | 厲鬼 | |
| 여급 | 녀급 | 女給 | |
| 여기[3] | 녀기 | 女妓 | |
| 여기[5] | 려기[2] | 沴氣 | |
| 여기[6] | 려기[1] | 膂氣 | |
| 여기[10] | 려기[4] | 勵起 | |
| 여기[11] | 려기[3] | 癘氣/厲氣 | |
| 여기^상태 | 려기상태 | 勵起狀態 | |
| 여기-소종 | 려기소종 | 沴氣所鍾 | (조)沴氣所鐘 |
| 여단[1] | 려단[1] | 旅團 | |
| 여단[2] | 려단[2] | 厲壇 | |
| 여단-장 | 려단장 | 旅團長 | |
| 여-당혜 | 녀당혜 | 女唐鞋 | |
| 여대[4] | 려대 | 麗代 | |
| 여덕[1] | 녀덕 | 女德 | |
| 여도[1] | 녀도 | 女徒 | |
| 여독[1] | 려독 | 旅毒 | |

| 《표대》 | 《조대》 | 원어 | 비고 |
|---|---|---|---|
| 여동 | 녀동 | 女童 | |
| 여-동생 | 녀동생 | 女同生 | |
| 여두[1] | 려두[1] | 黎豆 | |
| 여두[3] | 려두[2] | 穭豆 | |
| 여라[1] | 녀라 | 女蘿 | |
| 여라의 | 녀라의 | 오如蘿衣 | 女蘿衣 |
| 여랑[1] | 녀랑[1] | 女娘 | |
| 여랑[2] | 녀랑[2] | 女郎 | |
| 여랑-화 | 녀랑화 | 女郎花 | |
| 여력[1] | 려력 | 膂力 | |
| 여력-과인 | 려력과인 | 膂力過人 | |
| 여력과인-하다 | 려력과인하다 | 膂力過人-- | |
| 여력-도위 | 려력도위 | 勵力徒尉 | (조)勵力都尉 |
| 여령[1] | 녀령 | 女伶 | |
| 여례[1] | 녀례 | 女禮 | |
| 여로[1] | 려로[1] | 旅路 | |
| 여로-달 | 녀로달 | 女勞疸 | |
| 여류[1] | 녀류 | 女流 | |
| 여름-냉면 | 여름랭면 | --冷麵 | |
| 여름-새우난 | 여름새우란 | ----蘭 | |
| 여리 | 려리 | 閭里 | |
| 여립-모 | 녀립모 | 女笠帽 | |
| 여마[4] | 려마 | 驪馬 | (조)驢馬 |
| 여막[1] | 려막[1] | 旅幕 | |
| 여막[2] | 려막[2] | 廬幕 | |
| 여말 | 려말 | 麗末 | |
| 여맹 | 려맹 | 勵猛 | |
| 여명[1] | 려명 | 黎明 | |
| 여명-기 | 려명기 | 黎明期 | |
| 여모[2] | 녀모 | 女帽 | |
| 여묘 | 려묘 | 廬墓 | |
| 여묘-하다 | 려묘하다 | 廬墓-- | |
| 여무[1] | 녀무[2] | 女巫 | |
| 여무[2] | 녀무[1] | 女舞 | |
| 여무-세 | 녀무세 | 女巫稅 | |
| 여문[3] | 려문 | 儷文 | |
| 여민[2] | 려민 | 黎民 | |
| 여발 | 려발 | 勵發 | |
| 여-배우 | 녀배우 | 女俳優 | |

| 《표대》 | 《조대》 | 원어 | 비고 |
|---|---|---|---|
| 여병[1] | 녀병 | 女兵 | |
| 여복[2] | 녀복[2] | 女卜 | |
| 여복[3] | 녀복[1] | 女服 | |
| 여복-하다 | 녀복하다 | 女服-- | |
| 여비[1] | 녀비 | 女婢 | |
| 여비[2] | 려비 | 旅費 | |
| 여사[3] | 녀사[2] | 女士 | |
| 여사[4] | 녀사[1] | 女史 | |
| 여사[8] | 려사[2] | 旅舍 | |
| 여사[15] | 려사[1] | 麗史 | |
| 여사-제강 | 려사제강 | 麗史提綱 | |
| 여상[1] | 녀상[1] | 女相 | |
| 여상[2] | 녀상[3] | 女桑 | |
| 여상[4] | 녀상[2] | 女喪 | |
| 여상[8] | 려상 | 旅商 | |
| 여-상전 | 녀상전 | 女上典 | |
| 여색[1] | 녀색 | 女色 | |
| 여색[2] | 려색 | 厲色 | |
| 여서[1] | 녀서 | 女壻 | (조)女婿 |
| 여석[3] | 려석 | 礪石 | |
| 여선 | 녀선 | 女仙 | |
| 여-선생 | 녀선생 | 女先生 | |
| 여성[1] | 녀성[1] | 女性 | |
| 여성[2] | 녀성[2] | 女星 | |
| 여성[3] | 녀성[3] | 女聲 | |
| 여성[5] | 려성 | 厲聲 | |
| 여성^고음 | 녀성고음 | 女聲高音 | |
| 여성-관 | 녀성관 | 女性觀 | |
| 여성-기 | 녀성기 | 女星旗 | |
| 여성^명사 | 녀성명사 | 女性名詞 | |
| 여성-미 | 녀성미 | 女性美 | |
| 여성^생식기 | 녀성생식기 | 女性生殖器 | |
| 여성-운 | 녀성운 | 女性韻 | |
| 여성^운동 | 녀성운동 | 女性運動 | |
| 여성^저음 | 녀성저음 | 女性低音 | |
| 여성-적 | 녀성적 | 女性的 | |
| 여성^중음 | 녀성중음 | 女性中音 | |
| 여성^중창 | 녀성중창 | 女性重唱 | |
| 여성-하다 | 려성하다 | 厲聲-- | |

| 《표대》 | 《조대》 | 원어 | 비고 |
|---|---|---|---|
| 여성^합창 | 녀성합창 | 女聲合唱 | |
| 여성^해방 | 녀성해방 | 女性解放 | |
| 여성^해방^운동 | 녀성해방운동 | 女性解放運動 | |
| 여손[2] | 녀손 | 女孫 | |
| 여송-연 | 려송연 | 呂宋煙 | |
| 여수[2] | 녀수 | 女囚 | |
| 여수[4] | 려수[2] | 旅帥 | |
| 여수[5] | 려수[1] | 旅愁 | |
| 여수-라 | 려수라 | 濾水羅 | |
| 여수-전 | 려수전 | 旅需錢 | |
| 여숙 | 려숙 | 旅宿 | |
| 여승[1] | 녀승 | 女僧 | |
| 여승-당 | 녀승당 | 女僧堂 | |
| 여승-방 | 녀승방 | 女僧房 | |
| 여시[3] | 녀시 | 女侍 | |
| 여식[1] | 녀식 | 女息 | |
| 여신[3] | 녀신 | 女神 | |
| 여신-대위 | 려신대위 | 勵信隊尉 | |
| 여씨향약-언해 | 려씨향약언해 | 呂氏鄕約諺解 | |
| 여아[1] | 녀아 | 女兒 | |
| 여아[2] | 려아 | 麗雅 | |
| 여아-하다 | 려아하다 | 麗雅-- | |
| 여악 | 녀악 | 女樂 | |
| 여알 | 녀알 | 女謁 | |
| 여액[3] | 려액 | 濾液 | |
| 여역 | 려역 | 癘疫 | |
| 여열[1] | 여렬 | 餘烈 | |
| 여열[3] | 려렬 | 臚列 | |
| 여열-되다 | 려렬되다 | 臚列-- | |
| 여열-하다 | 려렬하다 | 臚列-- | |
| 여염[1] | 려염[1] | 閭閻 | |
| 여염[3] | 려염[2] | 麗艶 | |
| 여염-가 | 려염가 | 閭閻家 | |
| 여염-집 | 려염집 | 閭閻- | |
| 여염-하다 | 려염하다 | 麗艶-- | |
| 여옹 | 려옹 | 癘癰 | (조)厲癰 |
| 여와[1] | 녀와 | 女瓦 | |
| 여왕 | 녀왕 | 女王 | |
| 여왕-벌 | 녀왕벌 | 女王- | |

| 《표대》 | 《조대》 | 원어 | 비고 |
|---|---|---|---|
| 여외 | 려외 | 慮外 | |
| 여용[2] | 려용[2] | 勵勇 | |
| 여용[3] | 려용[1] | 麗容 | |
| 여우[2] | 녀우 | 女優 | |
| 여우[4] | 려우 | 旅寓 | |
| 여우-하다 | 려우하다 | 旅寓-- | |
| 여율령-시행 | 여률령시행 | 如律令施行 | |
| 여율령시행-하다 | 여률령시행하다 | 如律令施行-- | |
| 여의[1] | 녀의 | 女醫 | |
| 여-의사[1] | 녀의사 | 女醫師 | |
| 여인[1] | 녀인 | 女人 | |
| 여인[2] | 려인[1] | 旅人 | |
| 여인[4] | 려인[2] | 麗人 | |
| 여인-국 | 녀인국 | 女人國 | |
| 여인-숙 | 려인숙 | 旅人宿 | |
| 여일[4] | 려일 | 麗日 | |
| 여자[2] | 녀자 | 女子 | |
| 여자[6] | 려자 | 勵磁 | |
| 여자-구실 | 녀자구실 | 女子-- | |
| 여자-기 | 려자기 | 勵磁機 | |
| 여자^전류 | 려자전류 | 勵磁電流 | |
| 여장[1] | 녀장[2] | 女將 | |
| 여장[2] | 녀장[1] | 女裝 | |
| 여장[3] | 녀장[3] | 女牆/女墻 | (조)女墻 |
| 여장[5] | 려장[1] | 旅裝 | |
| 여장[6] | 려장[3] | 藜杖 | |
| 여-장군 | 녀장군 | 女將軍 | |
| 여-장부 | 녀장부 | 女丈夫 | |
| 여장-하다 | 녀장하다 | 女裝-- | |
| 여재[3] | 려재 | 濾材 | |
| 여저-정 | 려저정 | 癘疽疔 | |
| 여적[2] | 녀적 | 女賊 | |
| 여절-교위 | 려절교위 | 勵節校尉 | |
| 여점 | 려점 | 旅店 | |
| 여-점원 | 녀점원 | 女店員 | |
| 여정[3] | 려정[2] | 旅情 | |
| 여정[4] | 려정[1] | 旅程 | |
| 여정[8] | 려정[4] | 勵正 | |
| 여정[9] | 려정[3] | 勵精 | |

| 《표대》 | 《조대》 | 원어 | 비고 |
|---|---|---|---|
| 여정-도치 | 려정도치 | 勵精圖治 | |
| 여정도치-하다 | 려정도치하다 | 勵精圖治-- | |
| 여정-목 | 녀정목 | 女貞木 | |
| 여정-실 | 녀정실 | 女貞實 | |
| 여정-자 | 녀정자 | 女貞子 | |
| 여정-하다[2] | 려정하다 | 勵精-- | |
| 여제[1] | 녀제[2] | 女弟 | |
| 여제[2] | 녀제[1] | 女帝 | |
| 여제[3] | 려제 | 厲祭 | |
| 여제-단 | 려제단 | 厲祭壇 | |
| 여조[4] | 려조[3] | 麗朝 | |
| 여조[5] | 려조[2] | 麗藻 | |
| 여존-남비 | 녀존남비 | 女尊男卑 | |
| 여-종[1] | 녀종 | 女- | |
| 여주[2] | 녀주 | 女主 | |
| 여-주인 | 녀주인 | 女主人 | |
| 여-주인공 | 녀주인공 | 女主人公 | |
| 여죽 | 녀죽 | 女竹 | |
| 여중[2] | 려중 | 旅中 | |
| 여중-군자 | 녀중군자 | 女中君子 | |
| 여중열협 | 녀중렬협 | 女中烈俠 | |
| 여중-호걸 | 녀중호걸 | 女中豪傑 | |
| 여지[3] | 려지[3] | 勵志 | (조)厲志 |
| 여지[5] | 려지[2] | 濾紙 | |
| 여지[6] | 려지[1] | 鑢紙 | (조)鑪紙 |
| 여지-금대 | 려지금대 | 茘枝金帶 | (조)荔枝金帶 |
| 여지-도[1] | 려지도 | 勵志圖 | |
| 여지-주 | 려지주 | 茘枝酒 | (조)荔枝酒 |
| 여직[3] | 려직[1] | 勵直 | |
| 여-직공 | 녀직공 | 女職工 | |
| 여직-랑 | 려직랑 | 勵直郎 | (조)勵職郎 |
| 여진[1] | 녀진 | 女眞 | |
| 여진[5] | 려진 | 勵振 | |
| 여진^글자 | 녀진글자 | 女眞-字 | |
| 여진여퇴 | 려진려퇴 | 旅進旅退 | |
| 여진여퇴-하다 | 려진려퇴하다 | 旅進旅退-- | |
| 여진-족 | 녀진족 | 女眞族 | |
| 여질[1] | 녀질 | 女姪 | |
| 여질[4] | 려질 | 麗質 | |

| 《표대》 | 《조대》 | 원어 | 비고 |
|---|---|---|---|
| 여차[4] | 려차[1] | 旅次 | |
| 여-차장 | 녀차장 | 女車掌 | |
| 여창[1] | 녀창 | 女唱 | |
| 여창[2] | 려창[1] | 旅窓 | |
| 여창[3] | 려창[4] | 癘瘡 | |
| 여창[4] | 려창[2] | 臚唱 | |
| 여창[5] | 려창[3] | 臚脹 | |
| 여창-가요록 | 녀창가요록 | 女唱歌謠錄 | |
| 여창-유취 | 녀창류취 | 女唱類聚 | |
| 여철 | 려철 | 藜鐵 | |
| 여-청[1] | 녀청[1] | 女- | |
| 여청[2] | 녀청[2] | 女靑 | (조)女淸 |
| 여체[2] | 려체 | 旅體 | |
| 여춘-화 | 려춘화 | 麗春花 | |
| 여출성^출혈 | 려출성출혈 | 濾出性出血 | |
| 여출-액 | 려출액 | 濾出液 | |
| 여충-대위 | 려충대위 | 勵忠隊尉 | |
| 여침 | 려침 | 旅寢 | |
| 여쾌 | 녀쾌 | 女儈 | |
| 여탕 | 녀탕 | 女湯 | |
| 여태[2] | 녀태 | 女態 | |
| 여태[3] | 려태 | 勵兌 | (조)厲兌 |
| 여-태혜 | 녀태혜 | 女太鞋 | |
| 여택[2] | 려택 | 麗澤 | |
| 여택-재 | 려택재 | 麗澤齋 | |
| 여파-기 | 려파기 | 濾波器 | |
| 여편-네 | 녀편네 | 女便- | |
| 여포[3] | 려포[1] | 濾布 | |
| 여포[4] | 려포[2] | 濾胞 | |
| 여포성^편도염 | 려포성편도염 | 濾胞性扁桃炎 | |
| 여포^호르몬 | 려포호르몬 | 濾胞hormone | |
| 여풍[2] | 려풍 | 麗風 | |
| 여필 | 녀필 | 女筆 | |
| 여필종부 | 녀필종부 | 女必從夫 | |
| 여-학교 | 녀학교 | 女學校 | |
| 여-학생 | 녀학생 | 女學生 | |
| 여항[1] | 려항 | 閭巷 | |
| 여항-간 | 려항간 | 閭巷間 | |
| 여항-인 | 려항인 | 閭巷人 | |

| 《표대》 | 《조대》 | 원어 | 비고 |
|---|---|---|---|
| 여행[2] | 려행[1] | 旅行 | |
| 여행[3] | 려행[3] | 厲行 | |
| 여행[4] | 려행[2] | 勵行 | |
| 여행-가 | 려행가 | 旅行家 | |
| 여행-객 | 려행객 | 旅行客 | |
| 여행-권 | 려행권 | 旅行券 | |
| 여행-기 | 려행기 | 旅行記 | |
| 여행-길 | 려행길 | 旅行- | |
| 여행-면장 | 려행면장 | 旅行免狀 | |
| 여행-사 | 려행사 | 旅行社 | |
| 여행-자 | 려행자 | 旅行者 | |
| 여행-지 | 려행지 | 旅行地 | |
| 여행-하다[1] | 려행하다 | 旅行-- | |
| 여행-하다[2] | 려행하다 | 厲行-- | |
| 여행-하다[3] | 려행하다 | 勵行-- | |
| 여형[1] | 녀형[1] | 女兄 | |
| 여형[2] | 녀형[2] | 女形 | |
| 여혜 | 녀혜 | 女鞋 | |
| 여혼[1] | 녀혼 | 女婚 | |
| 여혼[2] | 려혼 | 旅魂 | |
| 여화 | 녀화 | 女禍 | |
| 여황[1] | 녀황 | 女皇 | |
| 여황[2] | 려황 | 旅況 | |
| 여회[1] | 려회[1] | 旅懷 | |
| 여회[2] | 려회[3] | 藜灰 | |
| 여회[3] | 려회[2] | 蠣灰 | |
| 여희 | 려희 | 麗姬 | |
| 역[4] | 력[1] | 力 | |
| 역간[1] | 력간 | 力諫 | |
| 역간-하다[1] | 력간하다 | 力諫-- | |
| 역강[1] | 력강 | 力强 | |
| 역강-하다 | 력강하다 | 力强-- | |
| 역공[1] | 력공 | 力攻 | |
| 역공-하다[1] | 력공하다 | 力攻-- | |
| 역구[1] | 력구[1] | 力求 | |
| 역구[2] | 력구[2] | 力救 | |
| 역구-하다[1] | 력구하다 | 力求-- | |
| 역구-하다[2] | 력구하다 | 力救-- | |
| 역권[1] | 력권 | 力勸 | |

| 《표대》 | 《조대》 | 원어 | 비고 |
|---|---|---|---|
| 역권-하다 | 력권하다 | 力勸-- | |
| 역기[1] | 력기 | 力技 | |
| 역년[1] | 력년[2] | 曆年 | |
| 역년[2] | 력년[1] | 歷年 | |
| 역년-하다 | 력년하다 | 歷年-- | |
| 역농 | 력농 | 力農 | |
| 역농-가 | 력농가 | 力農家 | |
| 역농-하다 | 력농하다 | 力農-- | |
| 역대[2] | 력대 | 歷代 | |
| 역대-병요 | 력대병요 | 歷代兵要 | |
| 역도[1] | 력도[2] | 力道 | |
| 역두[1] | 력두 | 歷蠹 | (조)歷蠹 |
| 역람 | 력람 | 歷覽 | |
| 역람-하다 | 력람하다 | 歷覽-- | |
| 역량[1] | 력량 | 力量 | |
| 역력[1] | 력력 | 歷歷 | |
| 역력-하다 | 력력하다 | 歷歷-- | |
| 역력-히 | 력력히 | 歷歷- | |
| 역로[3] | 력로 | 歷路 | |
| 역률[1] | 력률 | 力率 | |
| 역률-계 | 력률계 | 力率計 | |
| 역림 | 력림 | 歷臨 | |
| 역림-하다 | 력림하다 | 歷臨-- | |
| 역면[2] | 력면 | 力綿 | |
| 역면-하다[2] | 력면하다 | 力綿-- | |
| 역목 | 력목 | 櫟木 | |
| 역-박사 | 력박사 | 曆博士 | |
| 역-발산 | 력발산 | 力拔山 | |
| 역방 | 력방 | 歷訪 | |
| 역방-하다 | 력방하다 | 歷訪-- | |
| 역법[1] | 력법 | 曆法 | |
| 역사[1] | 력사[2] | 力士 | |
| 역사[4] | 력사[1] | 歷史 | |
| 역사[5] | 력사[5] | 歷事/歷仕 | (조)歷事 |
| 역사[6] | 력사[4] | 歷辭 | |
| 역사[11] | 력사[3] | 轢死 | |
| 역사-가 | 력사가 | 歷史家 | |
| 역사^고고학 | 력사고고학 | 歷史考古學 | |
| 역사^과학 | 력사과학 | 歷史科學 | |

| 《표대》 | 《조대》 | 원어 | 비고 |
|---|---|---|---|
| 역사-관 | 력사관 | 歷史觀 | |
| 역사-극 | 력사극 | 歷史劇 | |
| 역사^문법 | 력사문법 | 歷史文法 | |
| 역사-물 | 력사물 | 歷史物 | |
| 역사-박물관 | 력사박물관 | 歷史博物館 | |
| 역사-성 | 력사성 | 歷史性 | |
| 역사^소설 | 력사소설 | 歷史小說 | |
| 역사^시대 | 력사시대 | 歷史時代 | |
| 역사^신학 | 력사신학 | 歷史神學 | |
| 역사^언어학 | 력사언어학 | 歷史言語學 | |
| 역사-적 | 력사적 | 歷史的 | |
| 역사적^유물론 | 력사적유물론 | 歷史的唯物論 | |
| 역사-주의 | 력사주의 | 歷史主義 | |
| 역사^지리학 | 력사지리학 | 歷史地理學 | |
| 역사-책 | 력사책 | 歷史冊 | |
| 역사^철학 | 력사철학 | 歷史哲學 | |
| 역사-하다[2] | 력사하다 | 歷事--/歷仕-- | |
| 역사-하다[3] | 력사하다 | 歷辭-- | |
| 역사-하다[4] | 력사하다 | 轢死-- | |
| 역사-학 | 력사학 | 歷史學 | |
| 역사학-파 | 력사학파 | 歷史學派 | |
| 역사-화 | 력사화 | 歷史畫 | |
| 역산[4] | 력산 | 曆算 | |
| 역살 | 력살 | 轢殺 | |
| 역살-되다 | 력살되다 | 轢殺-- | |
| 역살-하다 | 력살하다 | 轢殺-- | |
| 역상-가 | 력상가 | 曆象家 | |
| 역서[4] | 력서 | 曆書 | |
| 역설[1] | 력설 | 力說 | |
| 역설-되다 | 력설되다 | 力說-- | |
| 역설-하다[1] | 력설하다 | 力說-- | |
| 역세[2] | 력세 | 歷世 | |
| 역수[8] | 력수[1] | 曆數 | |
| 역수[9] | 력수[2] | 歷數 | |
| 역수-하다[2] | 력수하다 | 歷數-- | |
| 역순[2] | 력순 | 歷巡 | |
| 역순-하다 | 력순하다 | 歷巡-- | |
| 역식 | 력식 | 力食 | |
| 역식-하다 | 력식하다 | 力食-- | |

| 《표대》 | 《조대》 | 원어 | 비고 |
|---|---|---|---|
| 역암 | 력암 | 礫巖 | (조)礫岩 |
| 역약 | 력약 | 力弱 | |
| 역약-하다 | 력약하다 | 力弱-- | |
| 역양 | 력양 | 歷敭 | |
| 역양-하다 | 력양하다 | 歷敭-- | |
| 역연[3] | 력연 | 歷然 | |
| 역연-하다[2] | 력연하다 | 歷然-- | |
| 역연-히 | 력연히 | 歷然- | |
| 역유[2] | 력유 | 歷遊 | |
| 역유-하다 | 력유하다 | 歷遊-- | |
| 역-이용 | 역리용 | 逆利用 | |
| 역이용-되다 | 역리용되다 | 逆利用-- | |
| 역이용-하다 | 역리용하다 | 逆利用-- | |
| 역일 | 력일 | 曆日 | |
| 역임 | 력임 | 歷任 | |
| 역임-하다 | 력임하다 | 歷任-- | |
| 역작 | 력작 | 力作 | |
| 역작-하다 | 력작하다 | 力作-- | |
| 역쟁 | 력쟁 | 力爭 | |
| 역쟁-하다 | 력쟁하다 | 力爭-- | |
| 역저 | 력저 | 力著 | |
| 역적[1] | 력적 | 力積 | |
| 역전[1] | 력전[2] | 力田 | |
| 역전[2] | 력전[1] | 力戰 | |
| 역전-하다[1] | 력전하다 | 力田-- | |
| 역전-하다[2] | 력전하다 | 力戰-- | |
| 역절-풍 | 력절풍 | 歷節風 | |
| 역점[1] | 력점 | 力點 | |
| 역정[1] | 력정[2] | 力征 | |
| 역정[4] | 력정[1] | 歷程 | |
| 역정-하다 | 력정하다 | 力征-- | |
| 역조[4] | 력조 | 歷朝 | |
| 역주[1] | 력주 | 力走 | |
| 역주-하다[1] | 력주하다 | 力走-- | |
| 역직-기 | 력직기 | 力織機 | |
| 역진[1] | 력진 | 力盡 | |
| 역진-하다[1] | 력진하다 | 力盡-- | |
| 역천[1] | 력천 | 力薦 | |
| 역청 | 력청 | 瀝靑 | |

| 《표대》 | 《조대》 | 원어 | 비고 |
|---|---|---|---|
| 역청-석 | 력청석 | 瀝靑石 | |
| 역청^우란광 | 력청우란광 | 瀝靑[독]Uran鑛 | |
| 역청-탄 | 력청탄 | 瀝靑炭 | |
| 역토[1] | 력토 | 礫土 | |
| 역투[2] | 력투 | 力鬪 | |
| 역투-하다[2] | 력투하다 | 力鬪-- | |
| 역풍[2] | 력풍 | 瀝風 | |
| 역학[1] | 력학[3] | 力學 | |
| 역학[2] | 력학[1] | 力學 | |
| 역학[6] | 력학[2] | 曆學 | |
| 역학-적[1] | 력학적 | 力學的 | |
| 역학적^성질 | 력학적성질 | 力學的性質 | |
| 역학적^심리학 | 력학적심리학 | 力學的心理學 | |
| 역학-하다 | 력학하다 | 力學-- | |
| 역행[1] | 력행 | 力行 | |
| 역행-하다[1] | 력행하다 | 力行-- | |
| 역혈 | 력혈 | 瀝血 | (조)癧血 |
| 연[2] | 년[2] | 年 | |
| 연[6] | 련[4] | 連 | |
| 연[15] | 련[1] | 蓮 | |
| 연[16] | 련[3] | 輦 | |
| 연[20] | 련[2] | 聯 | |
| 연가[3] | 련가[2] | 連枷/連耞 | (조)連枷 |
| 연가[7] | 련가[1] | 戀歌 | |
| 연간[2] | 년간 | 年間 | |
| 연감[2] | 년감 | 年鑑 | |
| 연갑[1] | 년갑 | 年甲 | |
| 연갑-세 | 년갑세 | 年甲歲 | |
| 연거[1] | 년거 | 碾車 | |
| 연결[1] | 련결[1] | 連結 | |
| 연결[2] | 련결[2] | 戀結 | |
| 연결-곡 | 련결곡 | 連結曲 | |
| 연결-되다 | 련결되다 | 連結-- | |
| 연결-로 | 련결로 | 連結路 | |
| 연결-봉 | 련결봉 | 連結棒 | |
| 연결-부[1] | 련결부 | 連結符 | (조)連結部 |
| 연결-부[2] | 련결부 | 連結部 | |
| 연결-선 | 련결선 | 連結線 | |
| 연결-차 | 련결차 | 連結車 | |

| 《표대》 | 《조대》 | 원어 | 비고 |
|---|---|---|---|
| 연결-하다[1] | 련결하다 | 連結-- | |
| 연결-하다[2] | 련결하다 | 戀結-- | |
| 연경[5] | 련경 | 連境 | |
| 연경-되다 | 련경되다 | 連境-- | |
| 연경-하다 | 련경하다 | 連境-- | |
| 연계[3] | 련계[1] | 連繫/聯繫 | |
| 연계노해 | 련계로해 | 連鷄魯蟹 | |
| 연계-되다 | 련계되다 | 連繫--/聯繫-- | |
| 연계-성 | 련계성 | 連繫性 | |
| 연계-하다 | 련계하다 | 連繫--/聯繫-- | |
| 연고[1] | 년고 | 年高 | |
| 연고-덕소 | 년고덕소 | 年高德邵 | |
| 연고자-백 | 년고자백 | 年高者白 | |
| 연고-하다[1] | 년고하다 | 年高-- | |
| 연곡[1] | 련곡[1] | 連曲/聯曲 | (조)連曲 |
| 연곡[2] | 련곡[2] | 輦轂 | (조)輦轂 |
| 연곡지하 | 련곡지하 | 輦轂之下 | (조)輦轂之下 |
| 연곡-하 | 련곡하 | 輦轂下 | (조)輦轂下 |
| 연공[1] | 년공[1] | 年功 | |
| 연공[2] | 년공[2] | 年貢 | |
| 연공[4] | 련공[2] | 連笻/聯笻 | (조)聯笻 |
| 연공-가봉 | 년공가봉 | 年功加俸 | |
| 연공-임금 | 년공임금 | 年功賃金 | |
| 연관[2] | 련관[2] | 連貫 | |
| 연관[6] | 련관[1] | 聯關 | |
| 연관-성 | 련관성 | 聯關性 | |
| 연관-자 | 련관자 | 聯關者 | |
| 연관-하다[2] | 련관하다 | 連貫-- | |
| 연광[1] | 년광 | 年光 | |
| 연광-정 | 련광정 | 練光亭 | |
| 연교[1] | 련교 | 連翹 | |
| 연구[1] | 년구 | 年久 | |
| 연구[9] | 련구 | 聯句/連句 | (조)聯句 |
| 연구-세심 | 년구세심 | 年久歲深 | |
| 연구세심-하다 | 년구세심하다 | 年久歲深-- | |
| 연구-월심 | 년구월심 | 年久月深 | |
| 연구-하다[1] | 년구하다 | 年久-- | |
| 연군[3] | 련군[2] | 戀君 | |
| 연군-하다 | 련군하다 | 戀君-- | |

| 《표대》 | 《조대》 | 원어 | 비고 |
|---|---|---|---|
| 연근 | 련근[2] | 蓮根 | |
| 연금[1] | 년금 | 年金 | |
| 연금[6] | 련금[2] | 聯衾 | |
| 연금[7] | 련금[1] | 鍊金 | |
| 연금-사 | 련금사 | 鍊金師 | |
| 연금-술 | 련금술 | 鍊金術 | |
| 연금^증서 | 년금증서 | 年金證書 | |
| 연금-하다[2] | 련금하다 | 聯衾-- | |
| 연금-하다[3] | 련금하다 | 鍊金-- | |
| 연급[2] | 년급 | 年給 | |
| 연급[4] | 련급 | 攣急 | |
| 연기[2] | 년기[2] | 年紀 | (조)年記 |
| 연기[3] | 년기[1] | 年期 | |
| 연기[7] | 련기[1] | 連記 | |
| 연기[13] | 련기[2] | 聯騎 | |
| 연기-되다[2] | 련기되다 | 連記-- | |
| 연기^소작 | 년기소작 | 年期小作 | |
| 연기-하다[3] | 련기하다 | 連記-- | |
| 연기-하다[6] | 련기하다 | 聯騎-- | |
| 연-꽃 | 련꽃 | 蓮- | |
| 연꽃-끌 | 련꽃끌 | 蓮-- | |
| 연꽃-누룩 | 련꽃누룩 | 蓮--- | |
| 연꽃-등 | 련꽃등 | 蓮-燈 | |
| 연꽃-무늬 | 련꽃무늬 | 蓮--- | |
| 연내 | 년내 | 年內 | |
| 연년[1] | 년년 | 年年 | |
| 연년[3] | 련년 | 連年 | |
| 연년-생 | 년년생 | 年年生 | |
| 연년세세 | 년년세세 | 年年歲歲 | |
| 연년-이 | 년년이 | 年年- | |
| 연-녹색 | 연록색 | 軟綠色 | |
| 연단[2] | 련단[2] | 煉丹/鍊丹 | |
| 연단[6] | 련단[1] | 鍊鍛 | |
| 연단-되다[2] | 련단되다 | 鍊鍛-- | |
| 연단-하다[2] | 련단하다 | 鍊鍛-- | |
| 연달[2] | 련달 | 練達/鍊達 | |
| 연-달다 | 련달다 | 連-- | |
| 연달-되다 | 련달되다 | 練達--/鍊達-- | |
| 연달-하다 | 련달하다 | 練達--/鍊達-- | |

| 《표대》 | 《조대》 | 원어 | 비고 |
|---|---|---|---|
| 연당[2] | 련당[1] | 蓮堂 | |
| 연당[3] | 련당[2] | 蓮塘 | |
| 연-닿다 | 련닿다 | 連-- | |
| 연대[1] | 년대 | 年代 | |
| 연대[2] | 련대[1] | 連帶 | |
| 연대[12] | 련대[2] | 聯隊 | |
| 연대-감 | 련대감 | 連帶感 | |
| 연대-기 | 년대기 | 年代記 | |
| 연대기-극 | 년대기극 | 年代記劇 | |
| 연대^보증 | 련대보증 | 連帶保證 | |
| 연대-성 | 련대성 | 連帶性 | |
| 연대-순 | 년대순 | 年代順 | |
| 연대-장 | 련대장 | 聯隊長 | |
| 연대-적 | 련대적 | 連帶的 | |
| 연대^채무 | 련대채무 | 連帶債務 | |
| 연대^책임 | 련대책임 | 連帶責任 | |
| 연대-표 | 년대표 | 年代表 | |
| 연대-하다[1] | 련대하다 | 連帶-- | |
| 연대-학 | 년대학 | 年代學 | |
| 연도[1] | 년도 | 年度 | |
| 연독[2] | 련독 | 連讀 | |
| 연독-하다 | 련독하다 | 連讀-- | |
| 연동[3] | 련동[1] | 聯動/連動 | (조)聯動 |
| 연동[3] | 련동[2] | 聯動/連動 | (조)連動 |
| 연동[6] | 련동[3] | 戀童 | |
| 연동-기 | 련동기 | 聯動機 | (조)聯動器 |
| 연동^장치 | 련동장치 | 聯動裝置 | |
| 연동-하다[1] | 련동하다 | 聯動--/連動-- | |
| 연두[1] | 년두 | 年頭 | |
| 연두^교서 | 년두교서 | 年頭教書 | |
| 연두-법 | 년두법 | 年頭法 | |
| 연두-사 | 년두사 | 年頭辭 | |
| 연두-송 | 년두송 | 年頭頌 | |
| 연락[2] | 련락 | 連絡/聯絡 | (조)連絡 |
| 연락-기 | 련락기 | 連絡機 | |
| 연락-망 | 련락망 | 連絡網 | |
| 연락-병 | 련락병 | 連絡兵 | |
| 연락부절 | 련락부절 | 連絡不絕 | |
| 연락부절-하다 | 련락부절하다 | 連絡不絕-- | |

| 《표대》 | 《조대》 | 원어 | 비고 |
|---|---|---|---|
| 연락-선[1] | 련락선[2] | 連絡船 | |
| 연락-선[2] | 련락선[1] | 連絡線 | |
| 연락-소 | 련락소 | 連絡所 | |
| 연락-원 | 련락원 | 連絡員 | |
| 연락^장교 | 련락장교 | 連絡將校 | |
| 연락-처 | 련락처 | 連絡處 | |
| 연락-하다[2] | 련락하다 | 連絡--/聯絡-- | |
| 연래 | 년래 | 年來 | |
| 연력[1] | 년력[2] | 年力 | |
| 연령[1] | 년령 | 年齡 | |
| 연령-기 | 년령기 | 年齡期 | |
| 연례[1] | 년례 | 年例 | |
| 연례-행사 | 년례행사 | 年例行事 | |
| 연례-회 | 년례회 | 年例會 | |
| 연로[1] | 년로 | 年老 | |
| 연로[5] | 련로 | 輦路 | |
| 연로-하다 | 년로하다 | 年老-- | |
| 연료^소비율 | 연료소비률 | 燃料消費率 | |
| 연류[2] | 련류 | 連類 | |
| 연륙 | 련륙 | 連陸 | |
| 연륙-하다 | 련륙하다 | 連陸-- | |
| 연륜 | 년륜 | 年輪 | |
| 연리[1] | 년리 | 年利 | |
| 연리-지 | 련리지 | 連理枝 | |
| 연리-초 | 련리초 | 連理草 | |
| 연립 | 련립 | 聯立 | |
| 연립^내각 | 련립내각 | 聯立內閣 | |
| 연립^방정식 | 련립방정식 | 聯立方程式 | |
| 연립^부등식 | 련립부등식 | 聯立不等式 | |
| 연립^정부 | 련립정부 | 聯立政府 | |
| 연립-하다 | 련립하다 | 聯立-- | |
| 연마[2] | 련마[2] | 連馬 | |
| 연마[4] | 련마[3] | 練馬 | |
| 연마-장[2] | 련마장[2] | 練馬場 | |
| 연마-하다[2] | 련마하다 | 連馬-- | |
| 연마-하다[3] | 련마하다 | 練馬-- | |
| 연만[1] | 년만 | 年晩/年滿 | |
| 연만[2] | 련만 | 連巒 | |
| 연만-하다 | 년만하다 | 年晩--/年滿-- | |

| 《표대》 | 《조대》 | 원어 | 비고 |
|---|---|---|---|
| 연말[2] | 년말 | 年末 | |
| 연말-연시 | 년말년시 | 年末年始 | |
| 연맹 | 련맹 | 聯盟 | |
| 연맹-전 | 련맹전 | 聯盟戰 | |
| 연면[1] | 련면 | 連綿 | |
| 연면-하다 | 련면하다 | 連綿-- | |
| 연면-히 | 련면히 | 連綿- | |
| 연명[4] | 련명[1] | 連名/聯名 | |
| 연명^차자 | 련명차자 | 聯名箚子 | (조)連名箚子 |
| 연명-하다[3] | 련명하다 | 連名--/聯名-- | |
| 연모[3] | 년모 | 年暮 | |
| 연모[7] | 련모 | 戀慕 | |
| 연모-하다 | 련모하다 | 戀慕-- | |
| 연목어 | 련목어 | 蓮目魚 | |
| 연-못 | 련못 | 蓮- | |
| 연못-가 | 련못가 | 蓮-- | |
| 연무[8] | 련무 | 錬武 | |
| 연무-하다[4] | 련무하다 | 錬武-- | |
| 연문[7] | 련문 | 戀文 | |
| 연민 | 련민 | 憐憫/憐愍 | |
| 연민-하다 | 련민하다 | 憐憫--/憐愍-- | |
| 연밀 | 련밀 | 煉蜜 | |
| 연발[2] | 련발 | 連發 | |
| 연발[3] | 년발 | 碾鉢 | |
| 연발-되다 | 련발되다 | 連發-- | |
| 연발^장치 | 련발장치 | 連發裝置 | |
| 연발-총 | 련발총 | 連發銃 | |
| 연발-탄 | 련발탄 | 連發彈 | |
| 연발-하다[2] | 련발하다 | 連發-- | |
| 연-밥 | 련밥 | 蓮- | |
| 연밥-죽 | 련밥죽 | 蓮-粥 | |
| 연방[2] | 련방[6] | 連防 | |
| 연방[3] | 련방[2] | 連放 | |
| 연방[4] | 련방[4] | 連房 | |
| 연방[7] | 련방[3] | 蓮房 | |
| 연방[8] | 련방[5] | 蓮榜 | |
| 연방[9] | 련방[1] | 聯邦 | |
| 연방-제 | 련방제 | 聯邦制 | |
| 연배 | 년배 | 年輩 | |

| 《표대》 | 《조대》 | 원어 | 비고 |
|---|---|---|---|
| 연-백분 | 련백분 | 煉白粉 | (조)煉白紛 |
| 연번 | 련번 | 連番 | |
| 연벽[1] | 련벽 | 聯璧/連璧 | (조)聯壁 |
| 연변[1] | 년변 | 年邊 | |
| 연병[2] | 련병[2] | 練兵/鍊兵 | (조)練兵 |
| 연병-장 | 련병장 | 練兵場 | |
| 연병-하다 | 련병하다 | 練兵--/鍊兵-- | |
| 연보[1] | 년보[1] | 年報 | |
| 연보[2] | 년보[2] | 年譜 | |
| 연보[4] | 련보[1] | 蓮步 | |
| 연보[5] | 련보[2] | 聯步 | |
| 연복[2] | 련복[1] | 連服 | |
| 연복[3] | 련복[2] | 練服 | |
| 연복-초 | 련복초 | 連福草 | |
| 연복-하다[1] | 련복하다 | 連服-- | |
| 연-봉[1] | 련봉[2] | 蓮- | |
| 연봉[2] | 년봉 | 年俸 | |
| 연봉[4] | 련봉[1] | 連峯 | (조)連峰 |
| 연봉-발 | 련봉발 | 蓮蓬發 | |
| 연봉-잠 | 련봉잠 | 蓮-簪 | |
| 연부[1] | 년부 | 年賦 | |
| 연부-금 | 년부금 | 年賦金 | |
| 연-부년 | 년부년 | 年復年 | |
| 연부-역강 | 년부력강 | 年富力强 | |
| 연분[1] | 년분 | 年分 | |
| 연분[2] | 련분 | 連墳 | |
| 연-분수 | 련분수 | 連分數 | |
| 연불[1] | 년불 | 年拂 | |
| 연비[1] | 련비[2] | 連比 | |
| 연비[4] | 련비[1] | 聯臂 | |
| 연-비례 | 련비례 | 連比例 | |
| 연-뿌리 | 련뿌리 | 蓮-- | |
| 연사[1] | 년사 | 年事 | |
| 연사[5] | 련사[1] | 連査 | |
| 연사[7] | 련사[4] | 連辭 | |
| 연사[13] | 련사[2] | 練祀 | |
| 연사-간 | 련사간 | 連査間 | |
| 연사-장 | 련사장 | 練絲匠 | (조)鍊絲匠 |
| 연산[1] | 년산 | 年産 | |

| 《표대》 | 《조대》 | 원어 | 비고 |
|---|---|---|---|
| 연산[2] | 련산 | 連山 | (조)漣山 |
| 연산-연봉 | 련산련봉 | 連山連峯 | (조)連山連峰 |
| 연-산적 | 련산적 | 縺散炙 | (조)練散炙 |
| 연상[2] | 년상 | 年上 | |
| 연상[6] | 련상[2] | 連喪 | |
| 연상[11] | 련상[3] | 練祥 | |
| 연상[13] | 련상[1] | 聯想 | |
| 연상-되다 | 련상되다 | 聯想-- | |
| 연상^심리학 | 련상심리학 | 聯想心理學 | |
| 연상약 | 년상약 | 年相若 | |
| 연상약-하다 | 년상약하다 | 年相若-- | |
| 연상-하다[2] | 련상하다 | 聯想-- | |
| 연서[1] | 련서[3] | 連書 | |
| 연서[2] | 련서[1] | 連署 | |
| 연서[4] | 련서[2] | 戀書 | |
| 연서-되다 | 련서되다 | 連署-- | |
| 연서-하다[2] | 련서하다 | 連署-- | |
| 연석[5] | 련석[2] | 連席 | |
| 연석-회의 | 련석회의 | 連席會議 | |
| 연세[2] | 년세 | 年歲 | |
| 연소[2] | 년소 | 年少 | |
| 연소[4] | 련소 | 連宵 | |
| 연소-기예 | 년소기예 | 年少氣銳 | |
| 연소몰각 | 년소몰각 | 年少沒覺 | |
| 연소-배 | 년소배 | 年少輩 | |
| 연소-율 | 연소률 | 燃燒率 | |
| 연소-자 | 년소자 | 年少者 | (조)年小者 |
| 연소-하다[1] | 년소하다 | 年少-- | |
| 연소^효율 | 연소효률 | 燃燒效率 | |
| 연속[2] | 련속 | 連續 | |
| 연속^기초 | 련속기초 | 連續基礎 | |
| 연속-되다[2] | 련속되다 | 連續-- | |
| 연속^매질^역학 | 련속매질력학 | 連續媒質力學 | |
| 연속-무늬 | 련속무늬 | 連續-- | |
| 연속^방정식 | 련속방정식 | 連續方程式 | |
| 연속-범 | 련속범 | 連續犯 | |
| 연속-보 | 련속보 | 連續- | |
| 연속-부절 | 련속부절 | 連續不絕 | |
| 연속부절-하다 | 련속부절하다 | 連續不絕-- | |

| 《표대》 | 《조대》 | 원어 | 비고 |
|---|---|---|---|
| 연속^사상 | 련속사상 | 連續寫像 | |
| 연속^생산 | 련속생산 | 連續生産 | |
| 연속-성 | 련속성 | 連續性 | |
| 연속-적 | 련속적 | 連續的 | |
| 연속-체 | 련속체 | 連續體 | |
| 연속^촬영 | 련속촬영 | 連續撮影 | |
| 연속-하다2 | 련속하다 | 連續-- | |
| 연속^함수 | 련속함수 | 連續函數 | |
| 연송2 | 련송 | 連誦 | |
| 연송-하다 | 련송하다 | 連誦-- | |
| 연쇄1 | 련쇄 | 連鎖 | |
| 연쇄^구균 | 련쇄구균 | 連鎖球菌 | |
| 연쇄-극 | 련쇄극 | 連鎖劇 | |
| 연쇄-되다 | 련쇄되다 | 連鎖-- | |
| 연쇄^반응 | 련쇄반응 | 連鎖反應 | |
| 연쇄-상 | 련쇄상 | 連鎖狀 | |
| 연쇄-식 | 련쇄식 | 連鎖式 | |
| 연쇄-점 | 련쇄점2 | 連鎖店 | |
| 연쇄-하다1 | 련쇄하다 | 連鎖-- | |
| 연수1 | 년수3 | 年收 | |
| 연수2 | 년수1 | 年首 | |
| 연수3 | 년수2 | 年數 | |
| 연숙2 | 련숙 | 鍊熟 | |
| 연숙-하다 | 련숙하다 | 鍊熟-- | |
| 연습3 | 련습 | 練習/鍊習 | (조)練習 |
| 연습-곡 | 련습곡 | 練習曲 | |
| 연습-기 | 련습기 | 練習機 | |
| 연습-선 | 련습선 | 練習船 | |
| 연습-장2 | 련습장1 | 練習帳 | |
| 연습-하다3 | 련습하다 | 練習--/鍊習-- | |
| 연습-함 | 련습함 | 練習艦 | |
| 연승3 | 련승1 | 連勝 | |
| 연승-하다2 | 련승하다 | 連勝-- | |
| 연시2 | 년시 | 年始 | |
| 연-시조 | 련시조 | 聯時調 | (조)連詩調 |
| 연신3 | 련신1 | 連信 | |
| 연신-율 | 연신률 | 延伸率 | |
| 연신-하다2 | 련신하다 | 連信-- | |
| 연실6 | 련실 | 蓮實 | |

| 《표대》 | 《조대》 | 원어 | 비고 |
|---|---|---|---|
| 연실-갓끈 | 련실갓끈 | 蓮實-- | |
| 연실-돌쩌귀 | 련실돌쩌귀 | 蓮實--- | |
| 연실-죽 | 련실죽 | 蓮實竹 | |
| 연심[5] | 련심 | 戀心 | |
| 연심-세구 | 년심세구 | 年深歲久 | |
| 연-알 | 년알 | 碾- | |
| 연애[5] | 련애 | 戀愛 | |
| 연애-결혼 | 련애결혼 | 戀愛結婚 | |
| 연애-관 | 련애관 | 戀愛觀 | |
| 연애-병 | 련애병 | 戀愛病 | |
| 연애^소설 | 련애소설 | 戀愛小說 | |
| 연애-시 | 련애시 | 戀愛詩 | |
| 연애-쟁이 | 련애쟁이 | 戀愛-- | |
| 연애-질 | 련애질 | 戀愛- | |
| 연애질-하다 | 련애질하다 | 戀愛--- | |
| 연애-편지 | 련애편지 | 戀愛便紙 | |
| 연애-하다[2] | 련애하다 | 戀愛-- | |
| 연액 | 년액 | 年額 | |
| 연야 | 련야 | 連夜 | |
| 연야-하다 | 련야하다 | 連夜-- | |
| 연약[2] | 련약 | 煉藥 | |
| 연약-하다[2] | 련약하다 | 煉藥-- | |
| 연역적^논증 | 연역적론증 | 演繹的論證 | |
| 연연[4] | 련연 | 連延 | |
| 연연-하다[3] | 련연하다 | 連延-- | |
| 연엽[2] | 련엽 | 蓮葉 | |
| 연엽-관 | 련엽관 | 蓮葉冠 | |
| 연엽-대접 | 련엽대접 | 蓮葉-- | |
| 연엽-반상 | 련엽반상 | 蓮葉飯床 | |
| 연엽-양 | 련엽양 | 蓮葉釀 | |
| 연엽-주 | 련엽주 | 蓮葉酒 | |
| 연엽-주발 | 련엽주발 | 蓮葉周鉢 | |
| 연엽-채 | 련엽채 | 楝葉菜 | |
| 연엽-포[1] | 련엽포[2] | 楝葉包 | |
| 연엽-포[2] | 련엽포[1] | 蓮葉包 | |
| 연예[2] | 련예[1] | 蓮蕊 | (조)蓮蘂 |
| 연예[3] | 련예[2] | 錬銳 | |
| 연옥[2] | 련옥 | 煉獄 | |
| 연와[1] | 련와 | 煉瓦 | |

| 《표대》 | 《조대》 | 원어 | 비고 |
|---|---|---|---|
| 연우[3] | 련우[1] | 連雨 | |
| 연우[5] | 련우[2] | 蓮藕 | |
| 연운[1] | 년운 | 年運 | |
| 연월[1] | 련월 | 連月 | |
| 연월일 | 년월일 | 年月日 | |
| 연월일시 | 년월일시 | 年月日時 | |
| 연월-하다 | 련월하다 | 連月-- | |
| 연유[4] | 련유 | 煉乳 | |
| 연육[1] | 련육 | 蓮肉 | |
| 연음[3] | 련음[1] | 連音 | |
| 연음[4] | 련음[3] | 連陰 | |
| 연음[6] | 련음[2] | 漣音 | |
| 연음-부[1] | 련음부 | 連音符 | |
| 연의[3] | 련의[2] | 漣漪 | |
| 연의[4] | 련의[1] | 蓮薏 | |
| 연인[2] | 련인[2] | 連引 | |
| 연인[6] | 련인[1] | 戀人 | |
| 연인접족 | 련인접족 | 連姻接族 | |
| 연인-죽 | 련인죽 | 蓮仁粥 | |
| 연인-하다[2] | 련인하다 | 連引-- | |
| 연일[1] | 련일 | 連日 | |
| 연일-연야 | 련일련야 | 連日連夜 | |
| 연일-하다 | 련일하다 | 連日-- | |
| 연임 | 련임 | 連任 | |
| 연임-하다 | 련임하다 | 連任-- | |
| 연-잇다 | 련잇다 | 連-- | |
| 연-잎[2] | 련잎 | 蓮- | |
| 연자[7] | 련자 | 蓮子 | |
| 연자-육 | 련자육 | 蓮子肉 | |
| 연자-죽 | 련자죽 | 蓮子粥 | |
| 연작[1] | 련작[1] | 連作 | |
| 연작[2] | 련작[4] | 連雀 | |
| 연작[4] | 련작[3] | 練鵲 | |
| 연작[6] | 련작[2] | 聯作 | (조) 連作 |
| 연작^동환수 | 련작동환수 | 練鵲銅鐶綬 | (조) 連鵲銅丸綬 |
| 연작^소설 | 련작소설 | 聯作小說 | |
| 연작^은환수 | 련작은환수 | 練鵲銀鐶綬 | (조) 連鵲銀丸綬 |
| 연장[4] | 년장 | 年長 | |
| 연장[8] | 련장[1] | 連將 | |

| 《표대》 | 《조대》 | 원어 | 비고 |
|---|---|---|---|
| 연장[11] | 련장[2] | 連牆/連墻 | (조)連墻 |
| 연장[13] | 련장[3] | 鍊匠 | |
| 연-장군 | 련장군 | 連將軍 | |
| 연장-자 | 년장자 | 年長者 | |
| 연장-접옥 | 련장접옥 | 連牆接屋 | (조)連墻接屋 |
| 연장-하다[2] | 년장하다 | 年長-- | |
| 연장-하다[5] | 련장하다 | 連牆--/連墻-- | |
| 연재[4] | 련재 | 連載 | |
| 연재-되다 | 련재되다 | 連載-- | |
| 연재-물 | 련재물 | 連載物 | |
| 연재-소설 | 련재소설 | 連載小說 | |
| 연재-하다 | 련재하다 | 連載-- | |
| 연적[4] | 련적 | 戀敵 | |
| 연전[1] | 년전 | 年前 | |
| 연전[3] | 련전[1] | 連戰 | |
| 연전[4] | 련전[2] | 揀箭 | |
| 연전-길 | 련전길 | 揀箭- | |
| 연전-동 | 련전동 | 揀箭童 | |
| 연전-연승 | 련전련승 | 連戰連勝 | |
| 연전연승-하다 | 련전련승하다 | 連戰連勝-- | |
| 연전-연패 | 련전련패 | 連戰連敗 | |
| 연전연패-하다 | 련전련패하다 | 連戰連敗-- | |
| 연전-총 | 련전총 | 連錢驄 | |
| 연전-하다[2] | 련전하다 | 連戰-- | |
| 연접[2] | 련접 | 連接 | |
| 연접-되다 | 련접되다 | 連接-- | |
| 연접-하다[2] | 련접하다 | 連接-- | |
| 연정[4] | 련정[2] | 蓮亭 | |
| 연정[6] | 련정[3] | 鍊正 | |
| 연정[7] | 련정[1] | 戀情 | |
| 연제[2] | 련제[3] | 連梯 | |
| 연제[3] | 련제[2] | 煉臍 | |
| 연제[5] | 련제[1] | 練祭 | |
| 연제-법 | 련제법 | 連除法 | |
| 연제-복 | 련제복 | 練祭服 | |
| 연-제사 | 련제사 | 練祭祀 | |
| 연조[2] | 년조[2] | 年租 | |
| 연조[3] | 년조[1] | 年條 | |
| 연-존장 | 년존장 | 年尊長 | |

| 《표대》 | 《조대》 | 원어 | 비고 |
|---|---|---|---|
| 연종[1] | 년종 | 年終 | |
| 연종^방포 | 년종방포 | 年終放砲 | |
| 연종-제 | 년종제 | 年終祭 | |
| 연종-포 | 년종포 | 年終砲 | |
| 연좌[3] | 련좌[1] | 連坐 | |
| 연좌[5] | 련좌[2] | 蓮座 | |
| 연좌-되다[1] | 련좌되다 | 連坐-- | |
| 연좌-하다[1] | 련좌하다 | 連坐-- | |
| 연주[2] | 련주[1] | 連珠 | |
| 연주[7] | 련주[2] | 聯珠 | |
| 연주^광행차 | 년주광행차 | 年周光行差 | (조)年週光行差 |
| 연주^나력 | 련주라력 | 連珠瘰癧 | |
| 연주-시 | 련주시 | 聯珠詩 | |
| 연주^시차 | 년주시차 | 年周視差 | (조)年週視差 |
| 연주^운동 | 년주운동 | 年周運動 | (조)年週運動 |
| 연주-전 | 련주전 | 連珠箭 | |
| 연주-창 | 련주창 | 連珠瘡 | |
| 연주-체 | 련주체 | 聯珠體 | |
| 연중[1] | 년중 | 年中 | |
| 연중[3] | 련중 | 連中 | |
| 연중-되다 | 련중되다 | 連中-- | |
| 연중-무휴 | 년중무휴 | 年中無休 | |
| 연중-하다 | 련중하다 | 連中-- | |
| 연중-행사 | 년중행사 | 年中行事 | |
| 연증세가 | 년증세가 | 年增歲加 | |
| 연지[2] | 련지[1] | 連枝 | |
| 연지[6] | 련지[2] | 蓮池 | |
| 연지[7] | 련지[3] | 鍊紙 | |
| 연차[2] | 년차[2] | 年差 | |
| 연차[7] | 련차[2] | 聯箚 | |
| 연차[1] | 년차[1] | 年次 | |
| 연차[3] | 련차[3] | 連次 | |
| 연차[4] | 련차[1] | 連借 | (조)連借. 聯借 |
| 연차[6] | 련차[1] | 聯借 | (조)連借. 聯借 |
| 연차-적 | 년차적 | 年次的 | |
| 연차-하다[1] | 련차하다 | 連借-- | |
| 연차-하다[2] | 련차하다 | 聯借-- | |
| 연창[2] | 련창 | 連唱/聯唱 | |
| 연창-문 | 련창문 | 連窓門 | |

| 《표대》 | 《조대》 | 원어 | 비고 |
|---|---|---|---|
| 연천[1] | 년천 | 年淺 | |
| 연천몰각 | 년천몰각 | 年淺沒覺 | |
| 연천-하다[1] | 년천하다 | 年淺-- | |
| 연철[3] | 련철 | 煉鐵 | |
| 연첨 | 련첨 | 連簷 | (조)連檐 |
| 연첨-하다 | 련첨하다 | 連簷-- | |
| 연체^이자 | 연체리자 | 延滯利子 | |
| 연초[1] | 년초 | 年初 | |
| 연축 | 련축 | 攣縮 | |
| 연축-되다 | 련축되다 | 攣縮-- | |
| 연축-하다 | 련축하다 | 攣縮-- | |
| 연치[2] | 년치 | 年齒 | |
| 연탄[3] | 련탄 | 煉炭 | |
| 연통[1] | 련통[1] | 連通/聯通 | (조)連通 |
| 연통[3] | 련통[2] | 蓮筒 | |
| 연통-관[1] | 련통관 | 連通管 | |
| 연통-되다 | 련통되다 | 連通--/聯通-- | |
| 연통-하다 | 련통하다 | 連通--/聯通-- | |
| 연파[2] | 련파 | 連破 | |
| 연파-하다 | 련파하다 | 連破-- | |
| 연판[1] | 련판 | 連判 | |
| 연판-장 | 련판장 | 連判狀 | |
| 연판-하다 | 련판하다 | 連判-- | |
| 연패[1] | 련패[1] | 連敗 | |
| 연패[2] | 련패[2] | 連霸 | (조)連覇 |
| 연패-하다[1] | 련패하다 | 連敗-- | |
| 연패-하다[2] | 련패하다 | 連霸-- | |
| 연편 | 련편 | 聯翩 | |
| 연편-하다 | 련편하다 | 聯翩-- | |
| 연-평균 | 년평균 | 年平均 | |
| 연포[2] | 련포 | 練布 | |
| 연포지목 | 련포지목 | 連抱之木 | |
| 연폭[1] | 련폭 | 連幅 | |
| 연폭-하다[1] | 련폭하다 | 連幅-- | |
| 연표 | 년표 | 年表 | |
| 연풍[1] | 년풍 | 年豐 | (조)年豊 |
| 연풍[4] | 련풍 | 連豐 | (조)連豊 |
| 연풍-하다 | 년풍하다 | 年豐-- | |
| 연피[2] | 련피 | 攣跛 | |

| 《표대》 | 《조대》 | 원어 | 비고 |
|---|---|---|---|
| 연하[1] | 년하[1] | 年下 | |
| 연하[2] | 년하[2] | 年賀 | |
| 연하[9] | 련하 | 輦下 | |
| 연-하다[2] | 련하다[1] | 連-- | |
| 연-하다[3] | 련하다[2] | 練-- | |
| 연하-우편 | 년하우편 | 年賀郵便 | |
| 연하-장 | 년하장 | 年賀狀 | |
| 연한[1] | 년한 | 年限 | |
| 연합[1] | 련합[2] | 煉合 | |
| 연합[3] | 련합[1] | 聯合 | |
| 연합-국 | 련합국 | 聯合國 | |
| 연합-군 | 련합군 | 聯合軍 | |
| 연합^내각 | 련합내각 | 聯合內閣 | |
| 연합-되다 | 련합되다 | 聯合-- | |
| 연합^작전 | 련합작전 | 聯合作戰 | |
| 연합^중추 | 련합중추 | 聯合中樞 | |
| 연합-하다[1] | 련합하다 | 煉合-- | |
| 연합-하다[2] | 련합하다 | 聯合-- | |
| 연행[1] | 련행 | 連行 | |
| 연행-되다 | 련행되다 | 連行-- | |
| 연행-하다[1] | 련행하다 | 連行-- | |
| 연형 | 년형 | 年形 | |
| 연호[1] | 년호 | 年號 | |
| 연호[4] | 련호 | 連呼 | |
| 연호-하다[2] | 련호하다 | 連呼-- | |
| 연혼[1] | 련혼[2] | 連婚 | |
| 연혼[2] | 련혼[1] | 聯婚 | |
| 연혼-하다[1] | 련혼하다 | 連婚-- | |
| 연혼-하다[2] | 련혼하다 | 聯婚-- | |
| 연화[2] | 년화 | 年華 | |
| 연화[10] | 련화[2] | 蓮花 | |
| 연화-관 | 련화관 | 蓮花冠 | |
| 연화-국[2] | 련화국 | 蓮花麴 | |
| 연화-대 | 련화대 | 蓮花臺 | |
| 연화대-무 | 련화대무 | 蓮花臺舞 | |
| 연화-등 | 련화등 | 蓮花燈 | |
| 연화-보 | 련화보 | 蓮花步 | |
| 연화-세계 | 련화세계 | 蓮花世界 | |
| 연화-좌[1] | 련화좌 | 蓮花座 | |

| 《표대》 | 《조대》 | 원어 | 비고 |
|---|---|---|---|
| 연화-통 | 련화통 | 蓮花筒 | |
| 연화-항 | 련화항 | 蓮花缸 | |
| 연환[1] | 련환[2] | 連環 | |
| 연환-계[1] | 련환계 | 連環計 | |
| 연회[1] | 년회 | 年會 | |
| 연휼 | 련휼 | 憐恤 | (조) 燐恤 |
| 연휼-하다 | 련휼하다 | 憐恤-- | |
| 연흉 | 련흉 | 連凶 | |
| 연흔 | 련흔 | 漣痕 | (조) 連痕 |
| 열[6] | 렬 | 列 | |
| 열각 | 렬각 | 劣角 | |
| 열각-성 | 렬각성 | 裂脚聲 | |
| 열강[1] | 렬강 | 列强 | |
| 열개 | 렬개 | 裂開 | |
| 열개-되다 | 렬개되다 | 裂開-- | |
| 열개-하다 | 렬개하다 | 裂開-- | |
| 열거 | 렬거 | 列擧 | |
| 열거-되다 | 렬거되다 | 列擧-- | |
| 열거-법 | 렬거법 | 列擧法 | |
| 열거-하다 | 렬거하다 | 列擧-- | |
| 열결 | 렬결 | 列缺 | |
| 열과 | 렬과 | 裂果 | |
| 열광[1] | 렬광 | 烈光 | |
| 열국[1] | 렬국 | 列國 | |
| 열기[6] | 렬기 | 列記 | |
| 열녀 | 렬녀 | 烈女 | |
| 열녀-문 | 렬녀문 | 烈女門 | |
| 열녀-비 | 렬녀비 | 烈女碑 | |
| 열녀-전[2] | 렬녀전 | 烈女傳 | |
| 열도[1] | 렬도 | 列島 | |
| 열등 | 렬등 | 劣等 | |
| 열등-감 | 렬등감 | 劣等感 | |
| 열등^동물 | 렬등동물 | 劣等動物 | |
| 열등-생 | 렬등생 | 劣等生 | |
| 열등-하다 | 렬등하다 | 劣等-- | |
| 열록 | 렬록 | 列錄 | |
| 열립 | 렬립 | 列立 | |
| 열립-하다 | 렬립하다 | 列立-- | |
| 열명 | 렬명 | 列名 | |

| 《표대》 | 《조대》 | 원어 | 비고 |
|---|---|---|---|
| 열명^정장 | 렬명정장 | 列名呈狀 | |
| 열명-하다 | 렬명하다 | 列名-- | |
| 열문-무 | 렬문무 | 烈文舞 | |
| 열박-하다[2] | 렬박하다 | 劣薄-- | |
| 열반-종[2] | 녈반종[1] | 涅槃鍾 | (조)涅槃鐘 |
| 열부[2] | 렬부 | 烈婦 | |
| 열사[1] | 렬사 | 烈士 | |
| 열사-비 | 렬사비 | 烈士碑 | |
| 열서[1] | 렬서 | 列書 | |
| 열서-하다[1] | 렬서하다 | 列書-- | |
| 열석[2] | 렬석 | 列席 | |
| 열석-하다 | 렬석하다 | 列席-- | |
| 열성[2] | 렬성 | 列聖 | |
| 열성-조 | 렬성조 | 列聖朝 | |
| 열성^형질 | 렬성형질 | 劣性形質 | |
| 열세[2] | 렬세 | 劣勢 | |
| 열세-하다[1] | 렬세하다 | 劣勢-- | |
| 열씨온도-계 | 렬씨온도계 | 列氏溫度計 | |
| 열악 | 렬악 | 劣惡 | |
| 열악-하다 | 렬악하다 | 劣惡-- | |
| 열어 | 렬어 | 鮤魚 | |
| 열-역학 | 열력학 | 熱力學 | |
| 열역학-적 | 열력학적 | 熱力學的 | |
| 열역학^제삼^법칙 | 열력학제삼법칙 | 熱力學第三法則 | |
| 열역학^제영^법칙 | 열력학제령법칙 | 熱力學第零法則 | |
| 열역학^제이^법칙 | 열력학제이법칙 | 熱力學第二法則 | |
| 열역학^제일^법칙 | 열력학제일법칙 | 熱力學第一法則 | |
| 열위[1] | 렬위[1] | 列位 | |
| 열위[2] | 렬위[2] | 劣位 | |
| 열읍 | 렬읍 | 列邑 | |
| 열일 | 렬일 | 烈日 | |
| 열적 | 렬적 | 烈蹟 | |
| 열전[1] | 렬전 | 列傳 | (조)烈傳 |
| 열전대-열 | 열전대렬 | 熱電對列 | |
| 열전도-율 | 열전도률 | 熱傳導率 | |
| 열절 | 렬절 | 烈節 | |
| 열정[1] | 렬정 | 劣情 | |
| 열조[1] | 렬조[1] | 列朝 | |
| 열조[2] | 렬조[2] | 烈祖 | |

| 《표대》 | 《조대》 | 원어 | 비고 |
|---|---|---|---|
| 열종 | 렬종 | 劣種 | |
| 열좌[1] | 렬좌 | 列坐 | (조)列坐. 列座 |
| 열좌[2] | 렬좌 | 列座 | (조)列坐. 列座 |
| 열좌-하다[1] | 렬좌하다 | 列坐-- | |
| 열좌-하다[2] | 렬좌하다 | 列座-- | |
| 열지[1] | 렬지 | 裂指 | |
| 열지-하다 | 렬지하다 | 裂指-- | |
| 열진[1] | 렬진[2] | 列陣 | |
| 열진[2] | 렬진[1] | 烈震 | |
| 열진-하다 | 렬진하다 | 列陣-- | |
| 열차[1] | 렬차[2] | 列次 | |
| 열차[2] | 렬차[1] | 列車 | |
| 열차-원 | 렬차원 | 列車員 | |
| 열차-포 | 렬차포 | 列車砲 | |
| 열천[1] | 렬천 | 洌泉 | |
| 열치[5] | 렬치 | 裂痔 | |
| 열파[1] | 렬파 | 裂破 | |
| 열파-되다 | 렬파되다 | 裂破-- | |
| 열파-하다 | 렬파하다 | 裂破-- | |
| 열패 | 렬패 | 劣敗 | |
| 열패-하다 | 렬패하다 | 劣敗-- | |
| 열편 | 렬편 | 裂片 | |
| 열품 | 렬품 | 劣品 | |
| 열풍[1] | 렬풍 | 烈風 | |
| 열하[2] | 렬하 | 裂罅 | |
| 열하^분출 | 렬하분출 | 裂罅噴出 | |
| 열한[1] | 렬한 | 烈寒 | |
| 열행 | 렬행 | 烈行 | |
| 열화[1] | 렬화[1] | 烈火 | |
| 열-효율 | 열효률 | 熱效率 | |
| 열후[1] | 렬후 | 列侯 | (조)列候 |
| 염[3] | 념 | 念 | |
| 염[8] | 렴[2] | 殮 | |
| 염[9] | 렴[1] | 簾 | |
| 염가[2] | 렴가 | 廉價 | |
| 염가-노자 | 염가로자 | 閻家老子 | |
| 염가-품 | 렴가품 | 廉價品 | |
| 염간[1] | 념간 | 念間 | |
| 염개 | 렴개 | 廉介 | |

| 《표대》 | 《조대》 | 원어 | 비고 |
|---|---|---|---|
| 염개-하다 | 렴개하다 | 廉介-- | |
| 염객 | 렴객 | 廉客 | |
| 염검 | 렴검 | 廉儉 | |
| 염검-하다 | 렴검하다 | 廉儉-- | |
| 염결[2] | 렴결 | 廉潔 | |
| 염결-하다[2] | 렴결하다 | 廉潔-- | |
| 염결-히[2] | 렴결히 | 廉潔- | |
| 염경[1] | 념경 | 念經 | |
| 염경[2] | 렴경 | 廉勁 | |
| 염경-하다[1] | 념경하다 | 念經-- | |
| 염경-하다[2] | 렴경하다 | 廉勁-- | |
| 염관 | 렴관 | 廉官 | |
| 염구[2] | 렴구[3] | 奩具 | (조)奩具. 匳具 |
| 염구[3] | 렴구[2] | 殮具 | |
| 염구[4] | 렴구[1] | 簾鉤 | |
| 염근-리 | 렴근리 | 廉謹吏 | |
| 염금 | 렴금[1] | 斂襟 | |
| 염금-하다 | 렴금하다 | 斂襟-- | |
| 염내[2] | 념내 | 念內 | |
| 염념 | 념념 | 念念 | |
| 염념불망 | 념념불망 | 念念不忘 | |
| 염념재자 | 념념재자 | 念念在玆 | |
| 염담[1] | 념담 | 恬淡/恬澹 | |
| 염담-하다 | 념담하다 | 恬淡--/恬澹-- | (조)恬淡- |
| 염담-히 | 념담히 | 恬淡-/恬澹- | |
| 염두[1] | 념두 | 念頭 | |
| 염라-노자 | 염라로자 | 閻羅老子 | |
| 염려[1] | 념려 | 念慮 | |
| 염려-되다 | 념려되다 | 念慮-- | |
| 염려-스럽다 | 념려스럽다 | 念慮--- | |
| 염려스레 | 념려스레 | 念慮-- | |
| 염려-하다[1] | 념려하다 | 念慮-- | |
| 염력 | 념력 | 念力 | |
| 염리[1] | 렴리 | 廉吏 | |
| 염막[1] | 렴막 | 簾幕 | |
| 염막-병장 | 렴막병장 | 簾幕屛帳 | |
| 염매[2] | 렴매 | 廉賣 | |
| 염매-하다[2] | 렴매하다 | 廉賣-- | |
| 염명 | 렴명 | 廉明 | |

| 《표대》 | 《조대》 | 원어 | 비고 |
|---|---|---|---|
| 염명-하다 | 렴명하다 | 廉明-- | |
| 염명-히 | 렴명히 | 廉明- | |
| 염문[1] | 렴문 | 廉問 | |
| 염문-부사 | 렴문부사 | 廉問副使 | |
| 염문-사 | 렴문사 | 廉問使 | |
| 염문-하다 | 렴문하다 | 廉問-- | |
| 염발[4] | 렴발 | 斂髮 | |
| 염-발음 | 념발음 | 捻髮音 | |
| 염발-하다[2] | 렴발하다 | 斂髮-- | |
| 염방[2] | 렴방 | 廉防 | |
| 염백 | 렴백 | 廉白 | |
| 염백-하다 | 렴백하다 | 廉白-- | |
| 염백-히 | 렴백히 | 廉白- | |
| 염부[1] | 렴부 | 廉夫 | |
| 염불[2] | 념불 | 念佛 | |
| 염불급타 | 념불급타 | 念不及他 | |
| 염불-당 | 념불당 | 念佛堂 | |
| 염불-방 | 념불방 | 念佛房 | |
| 염불^삼매 | 념불삼매 | 念佛三昧 | |
| 염불-식 | 념불식 | 念佛式 | |
| 염불위괴 | 념불위괴 | 恬不爲愧 | |
| 염불-중 | 념불중 | 念佛- | |
| 염불-하다 | 념불하다 | 念佛-- | |
| 염빈 | 렴빈 | 殮殯 | |
| 염빈-하다 | 렴빈하다 | 殮殯-- | |
| 염사[4] | 렴사 | 廉士 | |
| 염산[1] | 렴산 | 斂散 | |
| 염산-하다 | 렴산하다 | 斂散-- | |
| 염석-문 | 렴석문 | 簾席門 | |
| 염섬 | 렴섬 | 廉纖 | |
| 염섬-하다 | 렴섬하다 | 廉纖-- | |
| 염슬-단좌 | 렴슬단좌 | 斂膝端坐 | |
| 염슬-위좌 | 렴슬위좌 | 斂膝危坐 | (조)斂膝威坐 |
| 염슬위좌-하다 | 렴슬위좌하다 | 斂膝危坐-- | |
| 염습[2] | 렴습 | 殮襲 | |
| 염습-하다 | 렴습하다 | 殮襲-- | |
| 염아 | 념아 | 恬雅 | |
| 염아-하다 | 념아하다 | 恬雅-- | |
| 염연 | 념연 | 恬然 | |

| 《표대》 | 《조대》 | 원어 | 비고 |
|---|---|---|---|
| 염연-하다 | 념연하다 | 恬然-- | |
| 염연-히 | 념연히 | 恬然- | |
| 염외 | 념외 | 念外 | |
| 염용[1] | 렴용 | 斂容 | |
| 염용-하다 | 렴용하다 | 斂容-- | |
| 염우 | 렴우 | 廉隅 | |
| 염원 | 념원 | 念願 | |
| 염원-하다 | 념원하다 | 念願-- | |
| 염의[2] | 념의 | 念意 | |
| 염의[5] | 렴의 | 廉義 | |
| 염일[1] | 념일 | 念日 | |
| 염임 | 렴임 | 斂衽 | (조)斂任 |
| 염임-하다 | 렴임하다 | 斂衽-- | |
| 염장[3] | 렴장[1] | 殮匠 | |
| 염장[4] | 렴장[2] | 殮葬 | |
| 염장[5] | 렴장[3] | 簾匠 | |
| 염장-하다[1] | 렴장하다 | 殮葬-- | |
| 염적[2] | 렴적 | 斂跡 | |
| 염적-하다[2] | 렴적하다 | 斂跡-- | |
| 염전[1] | 념전 | 念前 | |
| 염전[4] | 렴전 | 斂錢 | |
| 염전-하다[3] | 렴전하다 | 斂錢-- | |
| 염정[3] | 념정 | 恬靜 | |
| 염정[4] | 렴정 | 廉正 | |
| 염정-하다[1] | 념정하다 | 恬靜-- | |
| 염정-하다[2] | 렴정하다 | 廉正-- | |
| 염정-히[2] | 렴정히 | 廉正- | |
| 염좌 | 념좌 | 捻挫 | |
| 염주[3] | 념주[2] | 念珠 | |
| 염직[2] | 렴직 | 廉直 | |
| 염직-하다[2] | 렴직하다 | 廉直-- | |
| 염직-히 | 렴직히 | 廉直- | |
| 염찰 | 렴찰 | 廉察 | |
| 염찰-사 | 렴찰사 | 廉察使 | |
| 염찰-하다 | 렴찰하다 | 廉察-- | |
| 염창[2] | 렴창 | 簾窓 | |
| 염천[2] | 렴천 | 廉泉 | |
| 염출 | 념출 | 捻出 | |
| 염출-하다 | 념출하다 | 捻出-- | |

| 《표대》 | 《조대》 | 원어 | 비고 |
|---|---|---|---|
| 염치 | 렴치 | 廉恥 | |
| 염탐 | 렴탐 | 廉探 | |
| 염탐-질 | 렴탐질 | 廉探- | |
| 염탐질-하다 | 렴탐질하다 | 廉探--- | |
| 염탐-하다 | 렴탐하다 | 廉探-- | |
| 염퇴 | 념퇴 | 恬退 | |
| 염퇴-하다 | 념퇴하다 | 恬退-- | |
| 염파 | 렴파 | 簾波 | |
| 염평 | 렴평 | 廉平 | |
| 염평-하다 | 렴평하다 | 廉平-- | |
| 염평-히 | 렴평히 | 廉平- | |
| 염포[1] | 렴포 | 殮布 | |
| 염-하다[1] | 념하다 | 念-- | |
| 염-하다[2] | 렴하다 | 廉- | |
| 염-하다[3] | 렴하다 | 殮-- | |
| 염혼 | 렴혼 | 殮昏 | (조)斂昏 |
| 염화-유황 | 염화류황 | 鹽化硫黃 | |
| 염회-간 | 념회간 | 念晦間 | |
| 염후 | 념후 | 念後 | |
| 엽견 | 렵견 | 獵犬 | |
| 엽관[2] | 렵관 | 獵官 | |
| 엽관-하다 | 렵관하다 | 獵官-- | |
| 엽구[1] | 렵구[1] | 獵具 | |
| 엽구[2] | 렵구[2] | 獵狗 | |
| 엽궁 | 렵궁 | 獵弓 | |
| 엽기[3] | 렵기[2] | 獵奇 | |
| 엽기[4] | 렵기[1] | 獵期 | |
| 엽기-가 | 렵기가 | 獵奇家 | |
| 엽기-심 | 렵기심 | 獵奇心 | |
| 엽기-적 | 렵기적 | 獵奇的 | |
| 엽기-하다 | 렵기하다 | 獵奇-- | |
| 엽-납석 | 엽랍석 | 葉蠟石 | |
| 엽등 | 렵등 | 躐等 | |
| 엽등-하다 | 렵등하다 | 躐等-- | |
| 엽렵 | 렵렵 | 獵獵 | |
| 엽렵-하다 | 렵렵하다 | 獵獵-- | |
| 엽렵-히 | 렵렵히 | 獵獵- | |
| 엽복 | 렵복 | 獵服 | |
| 엽부 | 렵부 | 獵夫 | |

| 《표대》 | 《조대》 | 원어 | 비고 |
|---|---|---|---|
| 엽사 | 렵사 | 獵師 | |
| 엽술 | 렵술 | 獵術 | |
| 엽우 | 렵우 | 獵友 | |
| 엽인[2] | 렵인 | 獵人 | |
| 엽장 | 렵장 | 獵場 | |
| 엽조 | 렵조 | 獵鳥 | |
| 엽주 | 렵주 | 獵酒 | |
| 엽주-하다 | 렵주하다 | 獵酒-- | |
| 엽총 | 렵총 | 獵銃 | |
| 엽호 | 렵호 | 獵戶 | |
| 영[6] | 령[4] | 令 | |
| 영[6] | 령[3] | 令 | |
| 영[8] | 령[7] | 令 | |
| 영[14] | 령[2] | 零 | |
| 영[16] | 령[6] | 領 | |
| 영[19] | 령[1] | 嶺 | |
| 영[23] | 령[5] | 靈 | |
| 영가[5] | 령가 | 靈駕 | |
| 영각[7] | 령각 | 靈覺 | |
| 영감[1] | 령감[2] | 令監 | |
| 영감[3] | 령감[1] | 靈感 | |
| 영감[4] | 령감[3] | 靈鑑 | |
| 영감-님 | 령감님 | 令監- | |
| 영감-마님 | 령감마님 | 令監-- | |
| 영감-무 | 령감무 | 靈感巫 | |
| 영감-쟁이 | 령감쟁이 | 令監-- | |
| 영감-태기 | 령감태기 | 令監-- | |
| 영갑 | 령갑 | 令甲 | |
| 영객 | 령객 | 領客 | |
| 영객-부 | 령객부 | 領客府 | |
| 영객-전 | 령객전 | 領客典 | |
| 영거[3] | 령거[1] | 領去 | |
| 영거[4] | 령거[2] | 靈車 | |
| 영거-하다[3] | 령거하다 | 領去-- | |
| 영검[1] | 령검 | 靈- | (조)靈撿 |
| 영검-스럽다 | 령검스럽다 | 靈---- | |
| 영검스레 | 령검스레 | 靈--- | |
| 영검-하다 | 령검하다 | 靈--- | |
| 영견잔묵 | 령견잔묵 | 零絹殘墨 | |

| 《표대》 | 《조대》 | 원어 | 비고 |
|---|---|---|---|
| 영경[2] | 령경 | 靈境 | |
| 영-경연사 | 령경연사 | 領經筵事 | |
| 영계[3] | 령계 | 靈界 | |
| 영고[5] | 령고 | 靈鼓 | |
| 영공[1] | 령공[2] | 令公 | |
| 영공[3] | 령공[1] | 領空 | |
| 영공-권 | 령공권 | 領空權 | |
| 영관[5] | 령관 | 領官 | |
| 영-관사 | 령관사 | 領館事 | |
| 영-관상감사 | 령관상감사 | 領觀象監事 | |
| 영교[1] | 령교 | 令嬌 | |
| 영구[5] | 령구 | 靈柩 | |
| 영구-차 | 령구차 | 靈柩車 | |
| 영국-공신 | 녕국공신 | 寧國功臣 | |
| 영군 | 령군 | 領軍 | |
| 영군-하다 | 령군하다 | 領軍-- | |
| 영궤 | 령궤 | 靈几 | |
| 영귀-접 | 령귀접 | 靈鬼接 | |
| 영규[2] | 령규 | 領揆 | |
| 영기[2] | 령기[2] | 令旗 | |
| 영기[8] | 령기[1] | 靈氣 | |
| 영남 | 령남 | 嶺南 | |
| 영남^방언 | 령남방언 | 嶺南方言 | |
| 영내[2] | 령내 | 領內 | |
| 영녀 | 령녀 | 令女 | |
| 영념 | 령념 | 另念 | |
| 영념-하다 | 령념하다 | 另念-- | |
| 영단[4] | 령단 | 靈壇 | |
| 영당[1] | 령당 | 令堂 | |
| 영대[4] | 령대[1] | 靈臺 | |
| 영대-랑 | 령대랑 | 靈臺郎 | |
| 영덕[1] | 령덕[2] | 令德 | |
| 영덕[3] | 령덕[1] | 靈德 | |
| 영도[2] | 령도[2] | 零度 | |
| 영도[3] | 령도[1] | 領導 | |
| 영도[6] | 령도[4] | 靈都 | |
| 영도[7] | 령도[3] | 靈鼗 | |
| 영도-권 | 령도권 | 領導權 | |
| 영도-되다 | 령도되다 | 領導-- | |

| 《표대》 | 《조대》 | 원어 | 비고 |
|---|---|---|---|
| 영도-력 | 령도력 | 領導力 | |
| 영도-음 | 령도음 | 零度音 | |
| 영도-자 | 령도자 | 領導者 | |
| 영도-적 | 령도적 | 領導的 | |
| 영-도첨의 | 령도첨의 | 領都僉議 | |
| 영도-하다 | 령도하다 | 領導-- | |
| 영독-하다 | 녕독하다 | 獰毒-- | |
| 영독-히 | 녕독히 | 獰毒- | |
| 영동[3] | 령동 | 嶺東 | |
| 영동^팔경 | 령동팔경 | 嶺東八景 | |
| 영락[2] | 령락 | 零落 | |
| 영락-되다 | 령락되다 | 零落-- | |
| 영락-하다[1] | 령락하다 | 零落-- | |
| 영랑[2] | 령랑 | 令郎 | |
| 영략[2] | 령략 | 領略 | |
| 영략-하다 | 령략하다 | 領略-- | |
| 영력[1] | 령력[1] | 另力 | |
| 영력-하다 | 령력하다 | 另力-- | |
| 영령[1] | 령령 | 泠泠 | |
| 영령쇄쇄[2] | 령령쇄쇄 | 零零瑣瑣 | |
| 영령쇄쇄-하다[2] | 령령쇄쇄하다 | 零零瑣瑣-- | |
| 영령쇄쇄-히 | 령령쇄쇄히 | 零零瑣瑣- | |
| 영령-하다[1] | 령령하다 | 泠泠-- | |
| 영령-히 | 령령히 | 泠泠- | |
| 영롱 | 령롱 | 玲瓏 | |
| 영롱-박탁 | 령롱박탁 | 玲瓏餺飥 | |
| 영롱-발어 | 령롱발어 | 玲瓏撥魚 | |
| 영롱-하다 | 령롱하다 | 玲瓏-- | |
| 영롱-히 | 령롱히 | 玲瓏- | |
| 영리[1] | 령리 | 怜悧/伶俐 | |
| 영리-하다[1] | 령리하다 | 怜悧--/伶俐-- | (조)怜悧- |
| 영-마루 | 령마루 | 嶺-- | |
| 영망 | 령망 | 令望 | |
| 영매[1] | 령매 | 令妹 | |
| 영맹[2] | 녕맹 | 獰猛 | |
| 영맹-하다[2] | 녕맹하다 | 獰猛-- | |
| 영맹-히[2] | 녕맹히 | 獰猛- | |
| 영명[1] | 령명 | 令名 | |
| 영모[4] | 령모 | 翎毛 | |

| 《표대》 | 《조대》 | 원어 | 비고 |
|---|---|---|---|
| 영목[1] | 령목 | 嶺木 | |
| 영몽[2] | 령몽 | 靈夢 | |
| 영묘[2] | 령묘 | 靈妙 | |
| 영묘-사 | 령묘사 | 靈廟寺 | |
| 영묘사^성전 | 령묘사성전 | 靈廟寺成典 | |
| 영묘-하다[2] | 령묘하다 | 靈妙-- | |
| 영묘-히 | 령묘히 | 靈妙- | |
| 영문[2] | 령문 | 令聞 | |
| 영-문하 | 령문하 | 領門下 | |
| 영-문하부사 | 령문하부사 | 領門下府事 | |
| 영물[3] | 령물 | 靈物 | |
| 영반 | 령반 | 靈飯 | |
| 영백[1] | 령백[1] | 嶺伯 | |
| 영백[2] | 령백[2] | 靈魄 | |
| 영법[3] | 녕법 | 擰法 | |
| 영변[2] | 녕변 | 寧邊 | |
| 영변-가 | 녕변가 | 寧邊歌 | |
| 영별[1] | 령별 | 另別 | |
| 영별-하다[1] | 령별하다 | 另別-- | |
| 영별-히 | 령별히 | 另別- | |
| 영병[1] | 령병 | [오]秢竮 | 竛竮 |
| 영병-하다 | 령병하다 | [오]秢竮-- | 竛竮-- |
| 영봉[2] | 령봉 | 靈峯 | (조)靈峰 |
| 영부[4] | 령부[1] | 靈府 | |
| 영부[5] | 령부[2] | 靈符 | |
| 영-부사 | 령부사 | 領府事 | |
| 영-부인 | 령부인 | 令夫人 | |
| 영분[2] | 령분 | 領分 | |
| 영사[1] | 령사[5] | 令士 | |
| 영사[2] | 령사[4] | 令史 | |
| 영사[9] | 령사[3] | 領事 | (조)令事 |
| 영사[10] | 령사[1] | 領事 | |
| 영사[16] | 령사[2] | 靈沙/靈砂 | (조)靈砂 |
| 영사-공신 | 녕사공신 | 寧社功臣 | |
| 영사-관[2] | 령사관 | 領事館 | |
| 영사^구역 | 령사구역 | 領事區域 | |
| 영사^송장 | 령사송장 | 領事送狀 | |
| 영사-언정 | 녕사언정 | 寧死-- | |
| 영사^재판권 | 령사재판권 | 領事裁判權 | |

| 《표대》 | 《조대》 | 원어 | 비고 |
|---|---|---|---|
| 영산[1] | 령산[2] | 零散 | |
| 영산[3] | 령산[1] | 靈山 | |
| 영산-놀이 | 령산놀이 | 靈山-- | |
| 영산-상 | 령산상 | 靈山床 | |
| 영산-하다 | 령산하다 | 零散-- | |
| 영산-회 | 령산회 | 靈山會 | |
| 영산-회상 | 령산회상 | 靈山會上 | (조)靈山會相 |
| 영-삼사사 | 령삼사사 | 領三司事 | |
| 영상[3] | 령상[1] | 零上 | |
| 영상[4] | 령상[3] | 領相 | |
| 영상[6] | 령상[4] | 嶺上 | |
| 영상[7] | 령상[2] | 靈牀 | |
| 영색 | 령색 | 令色 | |
| 영서[1] | 령서[3] | 令書 | |
| 영서[2] | 령서[2] | 令壻 | (조)令婿 |
| 영서[5] | 령서[1] | 嶺西 | |
| 영서[6] | 령서[4] | 靈犀 | |
| 영서-고원 | 령서고원 | 嶺西高原 | |
| 영선[2] | 령선[4] | 領船 | |
| 영선[4] | 령선[3] | 嶺扇 | |
| 영선[7] | 령선[2] | 靈仙 | |
| 영선-감관 | 령선감관 | 領船監官 | |
| 영-선공사사 | 령선공사사 | 領繕工司事 | |
| 영선-사[1] | 령선사 | 領選使 | |
| 영성[3] | 령성[2] | 笭箵 | |
| 영성[5] | 령성[3] | 零星 | |
| 영성[7] | 령성[1] | 靈性 | |
| 영성[8] | 령성[4] | 靈星 | |
| 영성[9] | 령성[5] | 欞星 | |
| 영-성체 | 령성체 | 領聖體 | |
| 영성-하다[3] | 령성하다 | 零星-- | |
| 영성-히 | 령성히 | 零星- | |
| 영세[4] | 령세 | 零細 | |
| 영세[5] | 녕세 | 寧歲 | |
| 영세^기업 | 령세기업 | 零細企業 | |
| 영세-농 | 령세농 | 零細農 | |
| 영세^농민 | 령세농민 | 零細農民 | |
| 영세-민 | 령세민 | 零細民 | |
| 영세-성 | 령세성 | 零細性 | |

| 《표대》 | 《조대》 | 원어 | 비고 |
|---|---|---|---|
| 영세업-자 | 령세업자 | 零細業者 | |
| 영세-하다[3] | 령세하다 | 零細-- | |
| 영소[1] | 령소 | 領所 | |
| 영손[1] | 령손 | 令孫 | |
| 영솔 | 령솔 | 領率 | |
| 영솔-자 | 령솔자 | 領率者 | |
| 영솔-하다 | 령솔하다 | 領率-- | |
| 영쇄[2] | 령쇄 | 零瑣 | |
| 영쇄-하다[2] | 령쇄하다 | 零瑣-- | |
| 영수[5] | 령수[5] | 零數 | |
| 영수[7] | 령수[2] | 領收/領受 | |
| 영수[8] | 령수[1] | 領袖 | |
| 영수[12] | 령수[4] | 靈水 | |
| 영수[15] | 령수[3] | 靈獸 | |
| 영수-원 | 령수원 | 領收員 | (조)領受員 |
| 영수-인[1] | 령수인 | 領收人 | |
| 영수-증 | 령수증 | 領收證 | (조)領受證 |
| 영수-하다[3] | 령수하다 | 領收--/領受-- | |
| 영시[4] | 령시 | 零時 | |
| 영식[1] | 령식 | 令息 | |
| 영신[2] | 령신[2] | 令辰 | |
| 영신[3] | 녕신 | 佞臣 | |
| 영신[8] | 령신[1] | 靈神 | |
| 영신-초 | 령신초 | 靈神草 | |
| 영신-환 | 령신환 | 靈神丸 | |
| 영실[1] | 령실[2] | 令室 | |
| 영실[5] | 령실[1] | 靈室 | |
| 영악[2] | 녕악 | 獰惡 | |
| 영악[4] | 령악[1] | 靈嶽 | (조)靈岳 |
| 영악-하다[1] | 녕악하다 | 獰惡-- | |
| 영악-히 | 녕악히 | 獰惡- | |
| 영안상간 | 령안상간 | 另眼相看 | |
| 영안상간-하다 | 령안상간하다 | 另眼相看-- | |
| 영애[1] | 령애[1] | 令愛 | |
| 영액 | 령액 | 靈液 | |
| 영약 | 령약 | 靈藥 | |
| 영양[1] | 령양[1] | 令孃 | |
| 영양[3] | 령양[2] | 羚羊 | |
| 영양-각 | 령양각 | 羚羊角 | |

| 《표대》 | 《조대》 | 원어 | 비고 |
|---|---|---|---|
| 영어[1] | 령어 | 囹圄 | |
| 영여[1] | 령여[2] | 零餘 | |
| 영여[3] | 령여[1] | 靈輿 | |
| 영역[3] | 령역[1] | 領域 | |
| 영역[5] | 령역[2] | 靈域 | |
| 영연[2] | 령연 | 靈筵 | |
| 영영[3] | 령영 | 嶺營 | |
| 영예[1] | 령예 | 令譽 | |
| 영-예문관사 | 령예문관사 | 領藝文館事 | |
| 영오[2] | 령오 | 領悟 | |
| 영오-하다[2] | 령오하다 | 領悟-- | |
| 영우[3] | 령우[2] | 零雨 | |
| 영우[7] | 령우[1] | 靈雨 | |
| 영우[6] | 령우[3] | 靈羽 | |
| 영원-장군 | 녕원장군 | 寧遠將軍 | |
| 영월[1] | 령월 | 令月 | |
| 영위[3] | 령위[3] | 領位 | |
| 영위[6] | 령위[2] | 靈位 | |
| 영위-법 | 령위법 | 零位法 | |
| 영유[3] | 령유[1] | 領有 | |
| 영유[4] | 령유[2] | 嶺儒 | |
| 영유-하다[3] | 령유하다 | 領有-- | |
| 영육 | 령육 | 靈肉 | |
| 영윤[1] | 령윤[2] | 令尹 | |
| 영윤[2] | 령윤[1] | 令胤 | |
| 영-의정 | 령의정 | 領議政 | |
| 영이[3] | 령이 | 靈異 | |
| 영-이별 | 영리별 | 永離別 | |
| 영이별-하다 | 영리별하다 | 永離別-- | |
| 영이-하다[2] | 령이하다 | 靈異-- | |
| 영인[1] | 령인[1] | 令人 | (조)伶人 |
| 영인[2] | 령인[2] | 伶人 | (조)令人 |
| 영일[2] | 령일 | 另日 | |
| 영일[5] | 녕일 | 寧日 | |
| 영자[2] | 령자[1] | 令姊 | (조)令姉 |
| 영자-기 | 령자기 | 令字旗 | |
| 영장[2] | 령장[4] | 令狀 | |
| 영장[10] | 령장[3] | 靈長 | |
| 영장[11] | 령장[1] | 靈將 | |

| 《표대》 | 《조대》 | 원어 | 비고 |
|---|---|---|---|
| 영재[4] | 령재[2] | 零在 | |
| 영저[2] | 령저 | 嶺底 | |
| 영-적[1] | 령적[2] | 靈的 | |
| 영적[4] | 령적[1] | 靈跡/靈蹟 | (조)靈蹟 |
| 영전[1] | 령전[2] | 令前 | |
| 영전[2] | 령전[4] | 令箭 | |
| 영전[5] | 령전[3] | 零錢 | |
| 영전[10] | 령전[1] | 靈前 | |
| 영-전사 | 령전사 | 領殿事 | |
| 영-전위 | 령전위 | 零電位 | |
| 영전위-선 | 령전위선 | 零電位線 | |
| 영-전의시사 | 령전의시사 | 領典儀寺事 | (조)領典儀寺司 |
| 영절[1] | 령절[1] | 令節 | |
| 영점 | 령점 | 零點 | |
| 영점^진동 | 령점진동 | 零點振動 | |
| 영정[3] | 령정[3] | 零丁 | |
| 영정[7] | 령정[2] | 鶺鴒 | |
| 영정-하다[1] | 령정하다 | 零丁-- | |
| 영정-히 | 령정히 | 零丁- | |
| 영제[1] | 령제 | 令弟 | |
| 영조[4] | 령조[2] | 零條 | |
| 영조[5] | 령조[3] | 嶺調 | |
| 영조[7] | 령조[1] | 靈鳥 | |
| 영존[1] | 령존 | 令尊 | |
| 영종[1] | 령종 | 令終 | |
| 영-종정경 | 령종정경 | 領宗正卿 | (조)令宗正卿 |
| 영좌[2] | 령좌[2] | 靈座 | |
| 영주[5] | 령주 | 領主 | |
| 영-중추 | 령중추 | 領中樞 | |
| 영-중추부사 | 령중추부사 | 領中樞府事 | |
| 영-증병 | 령증병 | 鈴蒸餅 | |
| 영지[1] | 령지[6] | 令旨 | |
| 영지[4] | 령지[1] | 領地 | |
| 영지[8] | 령지[4] | 嶺紙 | |
| 영지[9] | 령지[5] | 靈地 | |
| 영지[11] | 령지[3] | 靈芝 | |
| 영지[12] | 령지[2] | 靈智 | |
| 영지-버섯 | 령지버섯 | 靈芝-- | |
| 영직[2] | 령직[2] | 領職 | |

| 《표대》 | 《조대》 | 원어 | 비고 |
|---|---|---|---|
| 영직$^{4}$ | 령직$^{1}$ | 嶺直 | |
| 영질 | 령질 | 令姪 | |
| 영-집현전사 | 령집현전사 | 領集賢殿事 | |
| 영차-반응 | 령차반응 | 零次反應 | |
| 영찰$^{2}$ | 녕찰 | 寧察 | |
| 영채$^{3}$ | 령채 | 靈彩 | |
| 영천$^{2}$ | 령천 | 靈泉 | |
| 영체$^{1}$ | 령체$^{2}$ | 零替 | |
| 영체$^{2}$ | 령체$^{1}$ | 靈體 | |
| 영체-하다 | 령체하다 | 零替-- | |
| 영초$^{5}$ | 령초 | 靈草 | |
| 영총$^{1}$ | 령총 | 令寵 | |
| 영축$^{2}$ | 령축 | 零縮 | |
| 영축-하다 | 령축하다 | 零縮-- | |
| 영-춘추관사 | 령춘추관사 | 領春秋館事 | |
| 영출-다문 | 령출다문 | 令出多門 | |
| 영충 | 령충 | 靈蟲 | |
| 영치$^{2}$ | 령치 | 領置 | |
| 영치-금 | 령치금 | 領置金 | |
| 영칙$^{1}$ | 령칙 | 令飭 | |
| 영칙-하다$^{1}$ | 령칙하다 | 令飭-- | |
| 영침 | 령침 | 靈寢 | |
| 영토$^{3}$ | 령토$^{1}$ | 領土 | |
| 영토-권 | 령토권 | 領土權 | |
| 영통$^{1}$ | 령통$^{1}$ | 領統 | |
| 영통$^{2}$ | 령통$^{2}$ | 靈通 | |
| 영통-하다$^{1}$ | 령통하다 | 領統-- | |
| 영통-하다$^{2}$ | 령통하다 | 靈通-- | |
| 영특$^{2}$ | 녕특 | 獰慝 | |
| 영특-하다$^{2}$ | 녕특하다 | 獰慝-- | |
| 영판$^{4}$ | 령판$^{2}$ | 嶺版 | (조)嶺板 |
| 영패 | 령패 | 零敗 | |
| 영패-하다 | 령패하다 | 零敗-- | |
| 영포$^{1}$ | 령포$^{1}$ | 令抱 | |
| 영포$^{2}$ | 령포$^{2}$ | 嶺布 | |
| 영필 | 령필 | 靈筆 | |
| 영하 | 령하 | 零下 | |
| 영-하다$^{2}$ | 령하다 | 靈-- | |
| 영합$^{2}$ | 령합 | 領閤 | |

| 《표대》 | 《조대》 | 원어 | 비고 |
|---|---|---|---|
| 영해[1] | 령해 | 領海 | |
| 영해-권 | 령해권 | 領海權 | |
| 영행금지 | 령행금지 | 令行禁止 | |
| 영험 | 령험 | 靈驗 | |
| 영험-하다 | 령험하다 | 靈驗-- | |
| 영형 | 령형 | 令兄 | |
| 영혜[3] | 령혜 | 靈慧 | |
| 영혜-하다[3] | 령혜하다 | 靈慧-- | |
| 영혹 | 녕혹 | 佞惑 | |
| 영혹-하다 | 녕혹하다 | 佞惑-- | |
| 영혼[2] | 령혼 | 靈魂 | |
| 영혼-설 | 령혼설 | 靈魂說 | |
| 영-홍문관사 | 령홍문관사 | 領弘文館事 | |
| 영화[7] | 령화 | 靈化 | |
| 영화^녹음 | 영화록음 | 映畫錄音 | |
| 영화-되다 | 령화되다 | 靈化-- | |
| 영화-하다 | 령화하다 | 靈化-- | |
| 영활 | 령활 | 靈活 | |
| 영활-하다 | 령활하다 | 靈活-- | |
| 영회[3] | 령회 | 領會 | |
| 영회-하다[3] | 령회하다 | 領會-- | |
| 영효[2] | 령효 | 靈效 | |
| 영후 | 령후 | 令後 | |
| 예[8] | 례[2] | 例 | |
| 예[15] | 례[1] | 禮 | |
| 예가[2] | 례가 | 禮家 | |
| 예거 | 례거 | 例擧 | |
| 예거-하다 | 례거하다 | 例擧-- | |
| 예건 | 례건 | 例件 | |
| 예격 | 례격 | 例格 | |
| 예겸 | 례겸 | 例兼 | |
| 예경 | 례경 | 禮敬 | |
| 예경-하다 | 례경하다 | 禮敬-- | |
| 예관[1] | 례관[2] | 禮官 | |
| 예관[2] | 례관[1] | 禮冠 | |
| 예구[1] | 례구 | 例句 | |
| 예궁[2] | 례궁 | 禮弓 | |
| 예규[1] | 례규 | 例規 | |
| 예금^이자 | 예금리자 | 預金利子 | |

| 《표대》 | 《조대》 | 원어 | 비고 |
|---|---|---|---|
| 예기[7] | 례기[2] | 禮記 | |
| 예기[8] | 례기[1] | 禮器 | |
| 예납[1] | 례납 | 例納 | |
| 예납-하다[1] | 례납하다 | 例納-- | |
| 예년 | 례년 | 例年 | |
| 예단[3] | 례단[1] | 禮單 | |
| 예단[4] | 례단[2] | 禮緞 | |
| 예담 | 례담 | 例談 | |
| 예-답다 | 례답다 | 禮-- | |
| 예당 | 례당 | 禮堂 | |
| 예대[2] | 례대 | 禮待 | |
| 예대-하다 | 례대하다 | 禮待-- | |
| 예도[2] | 례도 | 禮度 | |
| 예랑 | 례랑 | 禮郎 | |
| 예론[2] | 례론 | 禮論 | |
| 예리[3] | 례리 | 禮吏 | |
| 예모[2] | 례모[1] | 禮帽 | |
| 예모[3] | 례모[2] | 禮貌 | |
| 예모-관 | 례모관 | 禮貌官 | |
| 예모-답다 | 례모답다 | 禮貌-- | |
| 예문[1] | 례문[1] | 例文 | |
| 예문[3] | 례문[3] | 例問 | |
| 예문[6] | 례문[2] | 禮文 | |
| 예문-가 | 례문가 | 禮文家 | |
| 예문-하다[1] | 례문하다 | 例問-- | |
| 예물[1] | 례물 | 禮物 | |
| 예-바르다 | 례바르다 | 禮--- | |
| 예방[3] | 례방[2] | 禮防 | |
| 예방[4] | 례방[1] | 禮房 | |
| 예방-승지 | 례방승지 | 禮房承旨 | (조)禮房承知 |
| 예방-아전 | 례방아전 | 禮房衙前 | |
| 예빙-하다[2] | 례방하다 | 禮防-- | |
| 예배 | 례배 | 禮拜 | |
| 예배-당 | 례배당 | 禮拜堂 | |
| 예배-소 | 례배소 | 禮拜所 | |
| 예배-일 | 례배일 | 禮拜日 | |
| 예배-하다 | 례배하다 | 禮拜-- | |
| 예배-학 | 례배학 | 禮拜學 | |
| 예백[2] | 례백 | 禮帛 | |

| 《표대》 | 《조대》 | 원어 | 비고 |
|---|---|---|---|
| 예법[2] | 례법 | 禮法 | |
| 예복[3] | 례복 | 禮服 | |
| 예봉[1] | 례봉 | 例封 | |
| 예봉-하다 | 례봉하다 | 例封-- | |
| 예부[2] | 례부 | 禮部 | |
| 예불 | 례불 | 禮佛 | |
| 예불-하다 | 례불하다 | 禮佛-- | |
| 예비[1] | 례비 | 例批 | |
| 예빈-성 | 례빈성 | 禮賓省 | |
| 예빈-시 | 례빈시 | 禮賓寺 | |
| 예빙 | 례빙 | 禮聘 | |
| 예빙-하다 | 례빙하다 | 禮聘-- | |
| 예사[1] | 례사[1] | 例事 | |
| 예사[2] | 례사[4] | 例賜 | |
| 예사[6] | 례사[3] | 禮斜 | |
| 예사[8] | 례사[2] | 禮謝 | (조)例謝 |
| 예사로이 | 례사로이 | 例事-- | |
| 예사-롭다 | 례사롭다 | 例事-- | |
| 예사-하다[1] | 례사하다 | 例賜-- | |
| 예산^연도 | 예산년도 | 豫算年度 | |
| 예상-사 | 례상사 | 例常事 | |
| 예상-일 | 례상일 | 例常- | |
| 예서[3] | 례서[1] | 禮書 | |
| 예설[2] | 례설 | 禮說 | |
| 예송[1] | 례송[2] | 例送 | |
| 예송[2] | 례송[1] | 禮訟 | |
| 예송-하다 | 례송하다 | 例送-- | |
| 예수[5] | 례수 | 禮數 | |
| 예수-하다[3] | 례수하다 | 禮數-- | |
| 예승 | 례승 | 例陞 | |
| 예승-하다 | 례승하다 | 例陞-- | |
| 예시[1] | 례시 | 例示 | |
| 예시-되다[1] | 례시되다 | 例示-- | |
| 예시-하다[1] | 례시하다 | 例示-- | |
| 예식[1] | 례식[2] | 例式 | |
| 예식[2] | 례식[1] | 禮式 | |
| 예식-원 | 례식원 | 禮式院 | |
| 예신[3] | 례신 | 禮臣 | |
| 예악[1] | 례악 | 禮樂 | |

| 《표대》 | 《조대》 | 원어 | 비고 |
|---|---|---|---|
| 예양[2] | 례양 | 禮讓 | |
| 예양-하다 | 례양하다 | 禮讓-- | |
| 예어[5] | 례어 | 鱧魚 | |
| 예언[1] | 례언 | 例言 | |
| 예외 | 례외 | 例外 | |
| 예외-적 | 례외적 | 例外- | |
| 예용[2] | 례용 | 禮容 | |
| 예우 | 례우 | 禮遇 | |
| 예우-하다 | 례우하다 | 禮遇-- | |
| 예월[2] | 례월 | 禮月 | |
| 예의[4] | 례의[4] | 禮意 | |
| 예의[5] | 례의[3] | 禮義 | |
| 예의[6] | 례의[1] | 禮儀 | |
| 예-의관 | 례의관 | 禮衣冠 | |
| 예의관-하다 | 례의관하다 | 禮衣冠-- | |
| 예의-범절 | 례의범절 | 禮儀凡節 | |
| 예의-사 | 례의사 | 禮儀司 | |
| 예의지국 | 례의지국 | 禮儀之國 | |
| 예의지방 | 례의지방 | 禮儀之邦 | |
| 예의-판서 | 례의판서 | 禮儀判書 | |
| 예작-부 | 례작부 | 例作府 | |
| 예작-전 | 례작전 | 例作典 | |
| 예장[3] | 례장[3] | 禮狀 | |
| 예장[4] | 례장[2] | 禮葬 | |
| 예장[5] | 례장[1] | 禮裝 | |
| 예장-지 | 례장지 | 禮狀紙 | |
| 예장-하다[1] | 례장하다 | 禮葬-- | |
| 예장-하다[2] | 례장하다 | 禮裝-- | |
| 예장-함 | 례장함 | 禮狀函 | |
| 예전[4] | 례전[1] | 禮典 | |
| 예전[5] | 례전[3] | 禮奠 | |
| 예전[7] | 례전[2] | 禮箭 | |
| 예절 | 례절 | 禮節 | |
| 예접 | 례접 | 禮接 | |
| 예접-하다 | 례접하다 | 禮接-- | |
| 예제[2] | 례제[3] | 例祭 | |
| 예제[3] | 례제[1] | 例題 | |
| 예제[6] | 례제[2] | 禮制 | |
| 예조[4] | 례조 | 禮曹 | |

| 《표대》 | 《조대》 | 원어 | 비고 |
|---|---|---|---|
| 예조^판서 | 례조판서 | 禮曹判書 | |
| 예주[4] | 례주 | 醴酒 | (조)禮酒 |
| 예증[1] | 례증[2] | 例症 | |
| 예증[2] | 례증[1] | 例證 | |
| 예증-하다 | 례증하다 | 例證-- | |
| 예찬[2] | 례찬[2] | 禮饌 | |
| 예찬[3] | 례찬[1] | 禮讚 | |
| 예찬-자 | 례찬자 | 禮讚者 | |
| 예찬-하다 | 례찬하다 | 禮讚-- | |
| 예참[1] | 례참[1] | 禮參 | |
| 예참[2] | 례참[2] | 禮懺 | |
| 예참-하다[1] | 례참하다 | 禮參-- | |
| 예척 | 례척 | 禮陟 | |
| 예척-하다 | 례척하다 | 禮陟-- | |
| 예총 | 례총 | 禮銃 | |
| 예칙[1] | 례칙 | 例飭 | (조)例勅 |
| 예컨-대 | 례컨대 | 例-- | |
| 예탁[4] | 례탁 | 禮卓 | |
| 예투 | 례투 | 例套 | |
| 예판 | 례판 | 禮判 | |
| 예포[2] | 례포 | 禮砲 | |
| 예필[2] | 례필 | 禮畢 | |
| 예하[1] | 례하 | 例下 | |
| 예-하다 | 례하다[1] | 禮-- | |
| 예하-하다[1] | 례하하다 | 例下-- | |
| 예학[2] | 례학 | 禮學 | |
| 예해 | 례해 | 例解 | |
| 예해-하다 | 례해하다 | 例解-- | |
| 예화[2] | 례화 | 禮化 | |
| 예회 | 례회 | 例會 | |
| 오교^양종 | 오교량종 | 五教兩宗 | |
| 오늘-내일 | 오늘래일 | --來日 | |
| 오늘내일-하다 | 오늘래일하다 | --來日-- | |
| 오도^양계 | 오도량계 | 五道兩界 | (조)五都兩界 |
| 오르토-인산 | 오르토린산 | ortho燐酸 | |
| 오백^나한 | 오백라한 | 五百羅漢 | |
| 오비이락 | 오비리락 | 烏飛梨落 | |
| 오서-낙자 | 오서락자 | 誤書落字 | |
| 오언^율시 | 오언률시 | 五言律詩 | |

| 《표대》 | 《조대》 | 원어 | 비고 |
|---|---|---|---|
| 오염화-인 | 오염화린 | 五鹽化燐 | |
| 오율 | 오률 | 五律 | |
| 오음^약보 | 오음략보 | 五音略譜 | |
| 오이-냉국 | 오이랭국 | --冷- | |
| 오자-낙서 | 오자락서 | 誤字落書 | |
| 오자낙서-하다 | 오자락서하다 | 誤字落書-- | |
| 오장^육부 | 오장륙부 | 五臟六腑 | |
| 오호^십육국 | 오호십륙국 | 五胡十六國 | |
| 올-내년 | 올래년 | -來年 | |
| 와부-뇌명 | 와부뢰명 | 瓦釜雷鳴 | |
| 완급-열차 | 완급렬차 | 緩急列車 | |
| 완행-열차 | 완행렬차 | 緩行列車 | |
| 왕고-내금 | 왕고래금 | 往古來今 | |
| 왜어-유해 | 왜어류해 | 倭語類解 | |
| 외율[2] | 외률[2] | 煨栗 | |
| 외-임파 | 외림파 | 外淋巴 | |
| 외적^연관 | 외적련관 | 外的聯關 | |
| 요[7] | 뇨[1] | 尿 | |
| 요[10] | 료 | 料 | |
| 요감[1] | 료감 | 了勘 | |
| 요감-하다[1] | 료감하다 | 了勘-- | |
| 요결[1] | 료결 | 了結 | |
| 요결-하다 | 료결하다 | 了結-- | |
| 요관 | 뇨관 | 尿管 | |
| 요관^결석 | 뇨관결석 | 尿管結石 | |
| 요교 | 료교 | 撩跤 | |
| 요국 | 료국 | 蓼麴 | |
| 요금[1] | 료금 | 料金 | |
| 요급 | 료급 | 料給 | |
| 요급-하다 | 료급하다 | 料給-- | |
| 요-나라 | 료나라 | 遼-- | |
| 요도[3] | 뇨도 | 尿道 | |
| 요도-경 | 뇨도경 | 尿道鏡 | |
| 요도-염 | 뇨도염 | 尿道炎 | |
| 요도^협착 | 뇨도협착 | 尿道狹窄 | |
| 요독-증 | 뇨독증 | 尿毒症 | |
| 요동-시 | 료동시 | 遼東豕 | |
| 요득[1] | 료득 | 了得 | |
| 요득-하다[1] | 료득하다 | 了得-- | |

| 《표대》 | 《조대》 | 원어 | 비고 |
|---|---|---|---|
| 요람[3] | 료람 | 오蓼藍 | 蓼藍 |
| 요량[1] | 료량[1] | 料量 | |
| 요량[2] | 료량[2] | 嘹喨 | |
| 요량-미정 | 료량미정 | 料量未精 | |
| 요량미정-하다 | 료량미정하다 | 料量未精-- | |
| 요량-하다[1] | 료량하다 | 料量-- | |
| 요량-하다[2] | 료량하다 | 嘹喨-- | |
| 요량-히 | 료량히 | 嘹喨- | |
| 요로[1] | 뇨로 | 尿路 | |
| 요뢰 | 료뢰 | 聊賴 | |
| 요뢰-하다 | 료뢰하다 | 聊賴-- | |
| 요루 | 뇨루 | 尿瘻 | |
| 요리[5] | 료리 | 料理 | |
| 요리-되다[2] | 료리되다 | 料理-- | |
| 요리-법 | 료리법 | 料理法 | |
| 요리-사 | 료리사 | 料理師 | |
| 요리-점 | 료리점 | 料理店 | |
| 요리-하다[2] | 료리하다 | 料理-- | |
| 요막[1] | 뇨막 | 尿膜 | |
| 요망[4] | 료망 | 瞭望 | |
| 요망-군 | 료망군 | 瞭望軍 | |
| 요망-하다[4] | 료망하다 | 瞭望-- | |
| 요물-고 | 료물고 | 料物庫 | |
| 요미[2] | 료미 | 料米 | |
| 요배[1] | 료배 | 僚輩 | |
| 요법[1] | 료법[2] | 料法 | |
| 요법[3] | 료법[1] | 療法 | |
| 요붕-증 | 뇨붕증 | 尿崩症 | |
| 요사[6] | 료사[2] | 寮舍 | |
| 요사[7] | 료사[3] | 遼史 | |
| 요산 | 뇨산 | 尿酸 | |
| 요상[4] | 료상 | 僚相 | |
| 요석[2] | 뇨석 | 尿石 | |
| 요선[3] | 료선 | 僚船 | |
| 요소[2] | 뇨소 | 尿素 | |
| 요소^비료 | 뇨소비료 | 尿素肥料 | |
| 요소^수지 | 뇨소수지 | 尿素樹脂 | |
| 요속[2] | 료속 | 僚屬 | |
| 요수[6] | 료수 | 潦水 | |

| 《표대》 | 《조대》 | 원어 | 비고 |
|---|---|---|---|
| 요식[2] | 료식 | 料食 | |
| 요-실금 | 뇨실금 | 尿失禁 | |
| 요실금-증 | 뇨실금증 | 尿失禁症 | |
| 요양[2] | 료양 | 療養 | |
| 요양-소 | 료양소 | 療養所 | |
| 요양-지 | 료양지 | 療養地 | |
| 요역[1] | 료역 | 了役 | |
| 요역-하다[1] | 료역하다 | 了役-- | |
| 요연[1] | 료연 | 了然/瞭然 | |
| 요연-하다[1] | 료연하다 | 了然--/瞭然-- | (조)瞭然- |
| 요연-히[1] | 료연히 | 了然-/瞭然- | |
| 요열[2] | 료열 | 潦熱 | |
| 요염[2] | 료염 | 潦炎 | |
| 요오[2] | 료오 | 了悟 | |
| 요오-하다 | 료오하다 | 了悟-- | |
| 요외 | 료외 | 料外 | |
| 요우 | 료우 | 僚友 | |
| 요원[5] | 료원[1] | 燎原 | |
| 요원지화 | 료원지화 | 燎原之火 | |
| 요의[3] | 료의[1] | 了義 | |
| 요의[7] | 료의[2] | 僚誼 | |
| 요의-경 | 료의경 | 了義經 | |
| 요의-빈삭 | 뇨의빈삭 | 尿意頻數 | |
| 요적[2] | 료적 | 寥寂 | |
| 요적-하다 | 료적하다 | 寥寂-- | |
| 요정[1] | 료정[2] | 了定 | |
| 요정[3] | 뇨정 | 尿精 | |
| 요정[4] | 료정[1] | 料亭 | |
| 요정[5] | 료정[3] | 僚艇 | |
| 요조-화단 | 뇨조화단 | 尿竈火丹 | |
| 요채 | 료채 | 了債 | |
| 요채-하다 | 료채하다 | 了債-- | |
| 요초[2] | 료초 | 料峭 | |
| 요-침윤 | 뇨침윤 | 尿浸潤 | |
| 요탁[1] | 뇨탁 | 尿濁 | |
| 요탁[2] | 료탁 | 料度 | |
| 요탁-하다[1] | 료탁하다 | 料度-- | |
| 요포[2] | 료포 | 料布 | |
| 요해[1] | 료해 | 了解 | |

| 《표대》 | 《조대》 | 원어 | 비고 |
|---|---|---|---|
| 요해-도 | 료해도 | 了解度 | |
| 요해^심리학 | 료해심리학 | 了解心理學 | |
| 요해-하다 | 료해하다 | 了解-- | |
| 요혈 | 뇨혈 | 尿血 | |
| 요화[4] | 료화[2] | 蓼花 | |
| 요화[5] | 료화[1] | 燎火 | |
| 용[9] | 룡 | 龍 | |
| 용가 | 룡가 | 龍駕 | |
| 용가봉생 | 룡가봉생 | [오]龍茄鳳笙 | 龍笳鳳笙 |
| 용-갈이 | 룡갈이 | 龍-- | |
| 용강[2] | 룡강 | 龍岡 | |
| 용거 | 룡거 | 龍車 | |
| 용고 | 룡고 | 龍鼓 | |
| 용곤 | 룡곤 | 龍衮 | |
| 용골 | 룡골 | 龍骨 | |
| 용골^돌기 | 룡골돌기 | 龍骨突起 | |
| 용-교의 | 룡교의 | 龍交椅 | |
| 용궁 | 룡궁 | 龍宮 | |
| 용궁-당 | 룡궁당 | 龍宮堂 | |
| 용규 | 룡규 | 龍葵 | |
| 용기[6] | 룡기 | 龍旗 | |
| 용기-순위사 | 룡기순위사 | 龍騎巡衛司 | |
| 용-꿈 | 룡꿈 | 龍- | |
| 용-날 | 룡날 | 龍- | |
| 용녀[2] | 룡녀 | 龍女 | |
| 용뇌 | 룡뇌 | 龍腦 | |
| 용뇌-향 | 룡뇌향 | 龍腦香 | |
| 용담[4] | 룡담[2] | 龍膽 | |
| 용담-유사 | 룡담유사 | 龍潭遺詞 | |
| 용-대기 | 룡대기 | 龍大旗 | |
| 용두[3] | 룡두[2] | 龍頭 | |
| 용두[3] | 룡두[1] | 龍頭 | |
| 용두[3] | 룡두[3] | 龍頭 | |
| 용두-머리 | 룡두머리 | 龍頭-- | |
| 용두-사미 | 룡두사미 | 龍頭蛇尾 | |
| 용두-회 | 룡두회 | 龍頭會 | |
| 용등 | 룡등 | 龍燈 | |
| 용-띠 | 룡띠 | 龍- | |
| 용루[1] | 룡루[1] | 龍淚 | |

| 《표대》 | 《조대》 | 원어 | 비고 |
|---|---|---|---|
| 용루[2] | 룡루[2] | 龍樓 | |
| 용루-봉궐 | 룡루봉궐 | 龍樓鳳闕 | |
| 용린 | 룡린 | 龍鱗 | |
| 용린-갑 | 룡린갑 | 龍鱗甲 | |
| 용린-벽려 | 룡린벽려 | 龍鱗薜荔 | |
| 용마[2] | 룡마 | 龍馬 | |
| 용-머리[1] | 룡머리 | 龍-- | |
| 용몽 | 룡몽 | 龍夢 | |
| 용-무늬 | 룡무늬 | 龍-- | |
| 용무-순위사 | 룡무순위사 | 龍武巡衛司 | |
| 용문[2] | 룡문[2] | 龍門 | |
| 용문[4] | 룡문[1] | 龍紋 | |
| 용문-산[1] | 룡문산 | 龍門山 | |
| 용문-석 | 룡문석 | 龍紋席 | |
| 용미[1] | 룡미 | 龍尾 | |
| 용미봉탕 | 룡미봉탕 | 龍味鳳湯 | |
| 용반-호거 | 룡반호거 | 龍蟠虎踞 | (조)龍盤虎踞 |
| 용-방망이 | 룡방망이 | 龍--- | |
| 용보 | 룡보 | 龍補 | |
| 용봉 | 룡봉 | 龍鳳 | |
| 용봉-대막 | 룡봉대막 | 龍鳳大幕 | |
| 용봉^시전지 | 룡봉시전지 | 龍鳳詩箋紙 | |
| 용봉^쌍학^투구 | 룡봉쌍학투구 | 龍鳳雙鶴-- | |
| 용봉^장전 | 룡봉장전 | 龍鳳帳殿 | |
| 용봉-탕 | 룡봉탕 | 龍鳳湯 | |
| 용비[3] | 룡비 | 龍飛 | |
| 용-비녀 | 룡비녀 | 龍-- | |
| 용비-봉무 | 룡비봉무 | 龍飛鳳舞 | |
| 용비어천가 | 룡비어천가 | 龍飛御天歌 | |
| 용사-비등 | 룡사비등 | 龍蛇飛騰 | |
| 용상[3] | 룡상[1] | 龍床 | |
| 용상[5] | 룡상[3] | 龍象 | |
| 용상-방 | 룡상방 | 龍象榜 | |
| 용선[4] | 룡선 | 龍扇 | |
| 용설-란 | 룡설란 | 龍舌蘭 | |
| 용소 | 룡소 | 龍沼 | |
| 용수[8] | 룡수 | 龍鬚 | |
| 용수-석 | 룡수석 | 龍鬚席 | |
| 용수-초 | 룡수초 | 龍鬚草 | |

| 《표대》 | 《조대》 | 원어 | 비고 |
|---|---|---|---|
| 용신[2] | 룡신 | 龍神 | |
| 용신-경 | 룡신경 | 龍神經 | |
| 용신-굿 | 룡신굿 | 龍神- | |
| 용신-당 | 룡신당 | 龍神堂 | |
| 용신-제 | 룡신제 | 龍神祭 | |
| 용심[4] | 룡심 | 龍心 | |
| 용아-초 | 룡아초 | 龍牙草 | |
| 용안[3] | 룡안[1] | 龍顔 | |
| 용안[2] | 룡안[2] | 龍眼 | |
| 용안[3] | 룡안[1] | 龍顔 | |
| 용안-육 | 룡안육 | 龍眼肉 | |
| 용알-뜨기 | 룡알뜨기 | 龍--- | |
| 용약-원 | 룡약원 | 龍躍驕 | |
| 용양-순위사 | 룡양순위사 | 龍驤巡衛司 | |
| 용양-위 | 룡양위 | 龍驤衛 | |
| 용양호박 | 룡양호박 | 龍攘虎搏 | (조)龍驤虎搏 |
| 용양호박-하다 | 룡양호박하다 | 龍攘虎搏-- | |
| 용양호시 | 룡양호시 | 龍驤虎視 | |
| 용양호시-하다 | 룡양호시하다 | 龍驤虎視-- | |
| 용연[2] | 룡연[2] | 龍涎 | |
| 용연[5] | 룡연[1] | 龍硯 | |
| 용연-향 | 룡연향 | 龍涎香 | |
| 용-올림 | 룡올림 | 龍-- | |
| 용왕[3] | 룡왕 | 龍王 | |
| 용왕-경 | 룡왕경 | 龍王經 | |
| 용왕-제 | 룡왕제 | 龍王祭 | |
| 용-울음 | 룡울음 | 龍-- | |
| 용의^알 | 룡의알 | 龍-- | |
| 용자[5] | 룡자[1] | 龍子 | |
| 용자[6] | 룡자[2] | 龍姿 | |
| 용자-일표 | 룡자일표 | 龍姿逸飄 | |
| 용작[2] | 룡작 | 龍勺 | |
| 용잠[1] | 룡잠[2] | 龍潛 | |
| 용잠[2] | 룡잠[1] | 龍簪 | |
| 용장[8] | 룡장 | 龍欌 | |
| 용절 | 룡절 | 龍節 | |
| 용정-자 | 룡정자 | 龍亭子 | |
| 용제[2] | 룡제 | 龍祭 | |
| 용족 | 룡족 | 龍族 | |

| 《표대》 | 《조대》 | 원어 | 비고 |
|---|---|---|---|
| 용종[1] | 룡종[1] | 龍種 | |
| 용종[2] | 룡종[2] | 龍鐘 | |
| 용좌 | 룡좌 | 龍座 | |
| 용주[2] | 룡주 | 龍舟 | |
| 용준 | 룡준 | 龍樽/龍罇 | (조)龍罇 |
| 용지-연 | 룡지연 | 龍池硯 | |
| 용차 | 룡차 | 龍車 | |
| 용천-검 | 룡천검 | 龍泉劍 | |
| 용체[3] | 룡체 | 龍體 | |
| 용총[2] | 룡총 | 龍驄 | |
| 용추[2] | 룡추 | 龍湫 | |
| 용-춤[2] | 룡춤 | 龍- | |
| 용탑[2] | 룡탑 | 龍榻 | |
| 용-트림 | 룡트림 | 龍-- | |
| 용트림-하다 | 룡트림하다 | 龍---- | |
| 용-틀임 | 룡틀임 | 龍-- | |
| 용-평상 | 룡평상 | 龍平床 | (조)龍平牀. 龍平床 |
| 용포 | 룡포 | 龍袍 | |
| 용-해[1] | 룡해 | 龍- | |
| 용향 | 룡향 | 龍香 | |
| 용혈-수 | 룡혈수 | 龍血樹 | |
| 용호[1] | 룡호 | 龍虎 | |
| 용호-군 | 룡호군 | 龍虎軍 | |
| 용호-방 | 룡호방 | 龍虎榜 | |
| 용호-상박 | 룡호상박 | 龍虎相搏 | |
| 용호상박-하다 | 룡호상박하다 | 龍虎相搏-- | |
| 용호-영 | 룡호영 | 龍虎營 | |
| 용후 | 룡후 | 龍喉 | |
| 용흥지상 | 룡흥지상 | 龍興之相 | |
| 우두-나찰 | 우두라찰 | 牛頭羅刹 | |
| 우-사낭중 | 우사랑중 | 右司郎中 | (조)右司郞中 |
| 우승-열패 | 우승렬패 | 優勝劣敗 | |
| 우열[2] | 우렬[2] | 右列 | |
| 우열[6] | 우렬[1] | 優劣 | |
| 우열^전환 | 우렬전환 | 優劣轉換 | |
| 우우양량 | 우우량량 | 踽踽凉凉 | |
| 우우양량-하다 | 우우량량하다 | 踽踽凉凉-- | |
| 우율 | 우률 | 芋栗 | |
| 우-이방부 | 우리방부 | 右理方府 | |

| 《표대》 | 《조대》 | 원어 | 비고 |
|---|---|---|---|
| 운율 | 운률 | 韻律 | |
| 운율-적 | 운률적 | 韻律的 | |
| 운율-학 | 운률학 | 韻律學 | |
| 원단-누화 | 원단루화 | 遠端漏話 | |
| 원둘레-율 | 원둘레률 | 圓--率 | |
| 원뿔^나선 | 원뿔라선 | 圓-螺線 | |
| 원소^주기율 | 원소주기률 | 元素週期律 | |
| 원주-율 | 원주률 | 圓周率 | |
| 원형이정 | 원형리정 | 元亨利貞 | (조)元亨利貞 |
| 월하-노인 | 월하로인 | 月下老人 | |
| 위여누란 | 위여루란 | 危如累卵 | |
| 위열[3] | 위렬 | 偉烈 | |
| 유[6] | 류[2] | 柳 | |
| 유[17] | 류[1] | 類 | |
| 유개[3] | 류개 | 流丐 | |
| 유-개념 | 류개념 | 類概念 | |
| 유객[2] | 류객 | 留客 | |
| 유객-주 | 류객주 | 留客珠 | |
| 유객-하다[1] | 류객하다 | 留客-- | |
| 유객-환 | 류객환 | 留客環 | |
| 유거[3] | 류거 | 柳車 | |
| 유-건선 | 류건선 | 類乾癬 | |
| 유걸 | 류걸 | 流乞 | |
| 유경[6] | 류경[1] | 柳京 | |
| 유경[9] | 류경[2] | 留京 | |
| 유경-살이 | 류경살이 | 留京-- | |
| 유경-풍 | 류경풍 | 類驚風 | |
| 유경-하다 | 류경하다 | 留京-- | |
| 유관[7] | 류관 | 流管 | |
| 유광[2] | 류광 | 流光 | |
| 유구[3] | 류구[1] | 流寇 | |
| 유구[6] | 류구[3] | 類句 | |
| 유규[2] | 류규 | 類規 | |
| 유급[2] | 류급[1] | 留級 | |
| 유급-하다 | 류급하다 | 留級-- | |
| 유기[6] | 류기 | 柳器 | |
| 유기-장[1] | 류기장 | 柳器匠 | |
| 유년[4] | 류년 | 流年 | |
| 유년-사주 | 류년사주 | 流年四柱 | |

| 《표대》 | 《조대》 | 원어 | 비고 |
|---|---|---|---|
| 유념 | 류념 | 留念 | |
| 유념-성 | 류념성 | 留念性 | |
| 유념-하다 | 류념하다 | 留念-- | |
| 유-다르다 | 류다르다 | 類--- | |
| 유-단독 | 류단독 | 類丹毒 | |
| 유-달리 | 류달리 | 類-- | |
| 유대[2] | 뉴대 | 紐帶 | |
| 유도[7] | 류도 | 留都 | |
| 유도-대신 | 류도대신 | 留都大臣 | |
| 유도-대장 | 류도대장 | 留都大將 | |
| 유도-하다[2] | 류도하다 | 留都-- | |
| 유독[3] | 류독 | 流毒 | |
| 유독-하다[3] | 류독하다 | 流毒-- | |
| 유동[2] | 류동 | 流動 | |
| 유동-도 | 류동도 | 流動度 | |
| 유동-량 | 류동량 | 流動量 | |
| 유동-물 | 류동물 | 流動物 | |
| 유동-성 | 류동성 | 流動性 | |
| 유동-식 | 류동식 | 流動食 | |
| 유동^자금 | 류동자금 | 流動資金 | |
| 유동^자본 | 류동자본 | 流動資本 | |
| 유동-적 | 류동적 | 流動的 | |
| 유동-점 | 류동점 | 流動點 | |
| 유동-체 | 류동체 | 流動體 | |
| 유동^파라핀 | 류동파라핀 | 流動paraffin | |
| 유동-하다[1] | 류동하다 | 流動-- | |
| 유두[4] | 류두 | 流頭 | |
| 유두-벼 | 류두벼 | 流頭- | |
| 유두-연 | 류두연 | 流頭宴 | |
| 유두-잔치 | 류두잔치 | 流頭-- | |
| 유두-충 | 류두충 | 柳蠹蟲 | |
| 유둔[2] | 류둔 | 留屯 | |
| 유락[2] | 류락 | 流落 | |
| 유락-하다[1] | 류락하다 | 流落-- | |
| 유랑[1] | 류랑 | 流浪 | |
| 유랑-객 | 류랑객 | 流浪客 | |
| 유랑-민 | 류랑민 | 流浪民 | |
| 유랑-아 | 류랑아 | 流浪兒 | |
| 유랑-자 | 류랑자 | 流浪者 | |

| 《표대》 | 《조대》 | 원어 | 비고 |
|---|---|---|---|
| 유랑-하다 | 류랑하다 | 流浪-- | |
| 유량[3] | 류량[1] | 流量 | |
| 유량[4] | 류량[2] | 留糧 | |
| 유량[5] | 류량[3] | 嚠喨 | |
| 유량-계 | 류량계 | 流量計 | |
| 유량-하다 | 류량하다 | 嚠喨-- | |
| 유량-히 | 류량히 | 嚠喨- | |
| 유려[1] | 류려 | 流麗 | |
| 유려-하다 | 류려하다 | 流麗-- | |
| 유려-히 | 류려히 | 流麗- | |
| 유련[2] | 류련 | 留連 | |
| 유련-비 | 류련비 | 留連費 | |
| 유련-하다[2] | 류련하다 | 留連-- | |
| 유련-황락 | 류련황락 | 流連荒樂 | |
| 유련황락-하다 | 류련황락하다 | 流連荒樂-- | |
| 유련-황망 | 류련황망 | 流連荒亡 | |
| 유례[3] | 류례 | 類例 | |
| 유로[3] | 류로[1] | 流路 | |
| 유로[4] | 류로[2] | 流露 | |
| 유로-하다 | 류로하다 | 流露-- | |
| 유록[1] | 류록 | 柳綠 | |
| 유록-빛 | 류록빛 | 柳綠- | |
| 유록-색 | 류록색 | 柳綠色 | |
| 유록-장 | 류록장 | 柳綠帳 | |
| 유록-화홍 | 류록화홍 | 柳綠花紅 | |
| 유루-증[2] | 류루증 | 流淚症 | |
| 유리[9] | 류리[1] | 流離 | |
| 유리[13] | 류리[2] | 藟梩/虆梩 | (조)虆梩 |
| 유리-개걸 | 류리개걸 | 流離丐乞 | |
| 유리개걸-하다 | 류리개걸하다 | 流離丐乞-- | |
| 유리-걸식 | 류리걸식 | 流離乞食 | |
| 유리걸식-하다 | 류리걸식하다 | 流離乞食-- | |
| 유리-방황 | 류리방황 | 流離彷徨 | |
| 유리방황-하다 | 류리방황하다 | 流離彷徨-- | |
| 유리-표박 | 류리표박 | 流離漂泊 | |
| 유리표박-하다 | 류리표박하다 | 流離漂泊-- | |
| 유리-하다[3] | 류리하다 | 流離-- | |
| 유리^핵분열 | 유리핵분렬 | 遊離核分裂 | |
| 유마[4] | 류마 | 留馬 | |

| 《표대》 | 《조대》 | 원어 | 비고 |
|---|---|---|---|
| 유마-하다 | 류마하다 | 留馬-- | |
| 유막[2] | 류막 | 柳幕 | |
| 유만부동 | 류만부동 | 類萬不同 | |
| 유맥[1] | 류맥 | 流脈 | |
| 유맹 | 류맹 | 流氓 | |
| 유문[3] | 류문 | 留門 | |
| 유문-암 | 류문암 | 流紋巖 | (조)流紋岩 |
| 유문-하다 | 류문하다 | 留門-- | |
| 유물[2] | 류물 | 留物 | |
| 유미[2] | 류미 | 柳眉 | |
| 유미-도안 | 류미도안 | 柳眉桃顔 | |
| 유민[1] | 류민[1] | 流民 | |
| 유밀 | 류밀 | 流蜜 | |
| 유밀-기 | 류밀기 | 流蜜期 | |
| 유방[4] | 류방[2] | 流芳 | |
| 유방[5] | 류방[1] | 留防 | |
| 유방-군 | 류방군 | 留防軍 | |
| 유방백세 | 류방백세 | 流芳百世 | |
| 유방-정병 | 류방정병 | 留防正兵 | |
| 유방-하다[1] | 류방하다 | 留防-- | |
| 유배[3] | 류배 | 流配 | |
| 유배-지 | 류배지 | 流配地 | |
| 유배-하다[2] | 류배하다 | 流配-- | |
| 유배-형 | 류배형 | 流配刑 | |
| 유벌[2] | 류벌 | 流筏 | |
| 유벌-로 | 류벌로 | 流筏路 | |
| 유별[2] | 류별[2] | 留別 | |
| 유별[3] | 류별[1] | 類別 | |
| 유별-되다 | 류별되다 | 類別-- | |
| 유별-하다[2] | 류별하다 | 留別-- | |
| 유별-하다[3] | 류별하다 | 類別-- | |
| 유분[2] | 류분 | 留分/溜分 | (조)溜分 |
| 유비[4] | 류비 | 類比 | |
| 유비-되다 | 류비되다 | 類比-- | |
| 유비철-광 | 류비철광 | 硫砒鐵鑛 | |
| 유비-하다[2] | 류비하다 | 類比-- | |
| 유비혈 | 류비혈 | 流鼻血 | |
| 유빙 | 류빙 | 流氷 | |
| 유사[7] | 류사[2] | 柳絲 | |

| 《표대》 | 《조대》 | 원어 | 비고 |
|---|---|---|---|
| 유사[8] | 류사[1] | 流沙/流砂 | (조)流砂 |
| 유사[18] | 류사[3] | 類似 | |
| 유사^분열 | 유사분렬 | 有絲分裂 | |
| 유사-성 | 류사성 | 類似性 | |
| 유사-점 | 류사점 | 類似點 | |
| 유사^종교 | 류사종교 | 類似宗教 | |
| 유사-하다[3] | 류사하다 | 類似-- | |
| 유산[4] | 류산[2] | 流産 | |
| 유산[5] | 류산[1] | 硫酸 | |
| 유산^내각 | 류산내각 | 流産內閣 | |
| 유산-동 | 류산동 | 硫酸銅 | |
| 유산-되다 | 류산되다 | 流産-- | |
| 유산-아연 | 류산아연 | 硫酸亞鉛 | |
| 유산-염 | 류산염 | 硫酸鹽 | (조)硫酸塩 |
| 유산^제일철 | 류산제일철 | 硫酸第一鐵 | |
| 유산-지 | 류산지 | 硫酸紙 | |
| 유산-철 | 류산철 | 硫酸鐵 | |
| 유산-탄 | 류산탄 | 榴散彈 | |
| 유산-하다[1] | 류산하다 | 流産-- | |
| 유상-곡수 | 류상곡수 | 流觴曲水 | |
| 유상-물 | 류상물 | 瘤狀物 | |
| 유서[4] | 류서[2] | 柳絮 | |
| 유서[9] | 류서[1] | 類書 | |
| 유선[5] | 류선 | 流線 | (조)柳線 |
| 유선-형 | 류선형 | 流線型 | |
| 유설[3] | 류설[1] | 流泄 | |
| 유설[4] | 류설[2] | 流說 | (조)流設 |
| 유성[4] | 류성[2] | 柳星 | |
| 유성[5] | 류성[1] | 流星 | |
| 유성-기[2] | 류성기 | 留聲機 | (조)留聲器 |
| 유성-우 | 류성우 | 流星雨 | |
| 유성-체 | 류성체 | 流星體 | |
| 유소[3] | 류소[2] | 流蘇 | |
| 유소[5] | 류소[1] | 類燒 | |
| 유소-성 | 류소성 | 留巢性 | |
| 유소-하다[2] | 류소하다 | 類燒-- | |
| 유속[1] | 류속[2] | 流俗 | |
| 유속[2] | 류속[1] | 流速 | |
| 유속-계 | 류속계 | 流速計 | |

| 《표대》 | 《조대》 | 원어 | 비고 |
|---|---|---|---|
| 유수$^{9}$ | 류수$^{1}$ | 流水 | |
| 유수$^{10}$ | 류수$^{2}$ | 留守 | |
| 유수$^{11}$ | 류수$^{3}$ | 留數 | |
| 유수-간 | 류수간 | 留水干 | |
| 유수-관 | 류수관 | 留守官 | |
| 유수-광음 | 류수광음 | 流水光陰 | |
| 유수-도 | 류수도 | 留守都 | |
| 유수-식 | 류수식 | 流水式 | |
| 유수-영 | 류수영 | 留守營 | |
| 유수-필 | 류수필 | 流水筆 | (조)留水筆 |
| 유숙$^{3}$ | 류숙 | 留宿 | |
| 유숙-하다 | 류숙하다 | 留宿-- | |
| 유시$^{4}$ | 류시 | 流矢 | |
| 유실$^{3}$ | 류실 | 流失 | |
| 유실-되다$^{1}$ | 류실되다 | 流失-- | |
| 유실-하다$^{2}$ | 류실하다 | 流失-- | |
| 유심$^{3}$ | 류심 | 留心 | |
| 유심-하다$^{3}$ | 류심하다 | 留心-- | |
| 유안$^{1}$ | 류안$^{2}$ | 留案 | |
| 유안$^{2}$ | 류안$^{1}$ | 硫安 | |
| 유안^비료 | 류안비료 | 硫安肥料 | |
| 유안-하다 | 류안하다 | 留案-- | |
| 유압-차 | 류압차 | 流壓差 | |
| 유약$^{3}$ | 류약$^{2}$ | 留約 | |
| 유약$^{5}$ | 류약$^{1}$ | 類藥 | |
| 유약-하다$^{3}$ | 류약하다 | 留約-- | |
| 유어$^{5}$ | 류어$^{1}$ | 類語 | |
| 유언$^{3}$ | 류언 | 流言 | |
| 유언-비어 | 류언비어 | 流言蜚語 | |
| 유엔^안전^보장^이사회 | 유엔안전부장리사회 | UN安全保障理事會 | |
| 유역$^{2}$ | 류역 | 流域 | |
| 유연-노장 | 유연로장 | 幽燕老將 | |
| 유엽-갑 | 류엽갑 | 柳葉甲 | |
| 유엽-전 | 류엽전 | 柳葉箭 | |
| 유요$^{2}$ | 류요 | 柳腰 | |
| 유용$^{2}$ | 류용 | 流用 | |
| 유용-되다 | 류용되다 | 流用-- | |
| 유용-하다$^{2}$ | 류용하다 | 流用-- | |
| 유우$^{5}$ | 류우 | 流寓 | |

| 《표대》 | 《조대》 | 원어 | 비고 |
|---|---|---|---|
| 유우-하다[1] | 류우하다 | 流寓-- | |
| 유원-관 | 류원관 | 留院官 | |
| 유월[5] | 류월[2] | 流月 | |
| 유월[8] | 류월[3] | 榴月 | |
| 유은-광 | 류은광 | 硫銀鑛 | |
| 유음[5] | 류음[2] | 流音 | |
| 유음[7] | 류음[1] | 溜飮 | |
| 유의[4] | 류의 | 留意 | |
| 유의-어 | 류의어 | 類義語 | (조)類意語 |
| 유의-하다[2] | 류의하다 | 留意-- | |
| 유인-원 | 류인원 | 類人猿 | |
| 유인-후 | 류인후 | 類人猴 | |
| 유임[4] | 류임 | 留任 | |
| 유임-되다 | 류임되다 | 留任-- | |
| 유임-하다 | 류임하다 | 留任-- | |
| 유입[1] | 류입 | 流入 | |
| 유입-되다[1] | 류입되다 | 流入-- | |
| 유입-량 | 류입량 | 流入量 | |
| 유입-하다[1] | 류입하다 | 流入-- | |
| 유자-망 | 류자망 | 流刺網 | |
| 유재[2] | 류재[2] | 留在 | |
| 유재[3] | 류재[1] | 留財 | |
| 유재-하다[1] | 류재하다 | 留在-- | |
| 유적[4] | 류적[1] | 流賊 | |
| 유적[5] | 류적[2] | 流謫 | |
| 유적-되다 | 류적되다 | 流謫-- | |
| 유적-하다[2] | 류적하다 | 流謫-- | |
| 유전[5] | 류전[2] | 流傳 | |
| 유전[7] | 류전[1] | 流箭 | |
| 유전[8] | 류전[3] | 流轉 | |
| 유전-되다[2] | 류전되다 | 流傳-- | |
| 유전분-증 | 류전분증 | 類澱粉症 | |
| 유전-율 | 유전률 | 誘電率 | |
| 유전-하다[2] | 류전하다 | 流傳-- | |
| 유전-하다[3] | 류전하다 | 流轉-- | |
| 유제[12] | 류제 | 類題 | |
| 유조[6] | 류조[1] | 留鳥 | |
| 유조[7] | 류조[2] | 溜槽 | |
| 유조-지 | 류조지 | 留潮地 | (조)流潮地 |

| 《표대》 | 《조대》 | 원어 | 비고 |
|---|---|---|---|
| 유조-항법 | 류조항법 | 流潮航法 | |
| 유-종신 | 류종신 | 流終身 | |
| 유종신-하다 | 류종신하다 | 流終身-- | |
| 유죄[3] | 류죄 | 流罪 | |
| 유주[6] | 류주 | 流注 | |
| 유주^골저 | 류주골저 | 流注骨疽 | |
| 유주-담 | 류주담 | 流注痰 | |
| 유주-력 | 류주력 | 流注癧 | |
| 유중불하 | 류중불하 | 留中不下 | |
| 유-중풍 | 류중풍 | 類中風 | |
| 유-지질 | 류지질 | 類脂質 | |
| 유진[2] | 류진 | 留陣 | |
| 유진-장 | 류진장 | 留陣將 | (조)留鎭將 |
| 유진-하다[1] | 류진하다 | 留陣-- | |
| 유질[3] | 류질[2] | 流質 | |
| 유질[4] | 류질[3] | 留質 | |
| 유질[5] | 류질[1] | 類質 | |
| 유질-동상 | 류질동상 | 類質同像 | |
| 유질-하다[1] | 류질하다 | 流質-- | |
| 유찬[2] | 류찬 | 流竄 | |
| 유찬-되다 | 류찬되다 | 流竄-- | |
| 유찬-하다[2] | 류찬하다 | 流竄-- | |
| 유창[3] | 류창 | 流暢 | |
| 유창-하다 | 류창하다 | 流暢-- | |
| 유창-히 | 류창히 | 流暢- | |
| 유천-간 | 류천간 | 留天干 | |
| 유체[3] | 류체[2] | 流涕 | |
| 유체[5] | 류체[1] | 流體 | |
| 유체^동역학 | 류체동력학 | 流體動力學 | |
| 유체^소자 | 류체소자 | 流體素子 | |
| 유체^역학 | 류체력학 | 流體力學 | |
| 유체^정역학 | 류체정력학 | 流體靜力學 | |
| 유체-하다[1] | 류체하다 | 流涕-- | |
| 유추[2] | 류추[1] | 類推 | |
| 유출[1] | 류출 | 流出 | |
| 유출-공 | 류출공 | 流出孔 | |
| 유출-되다[1] | 류출되다 | 流出-- | |
| 유출-물 | 류출물 | 溜出物 | |
| 유출-하다[1] | 류출하다 | 流出-- | |

| 《표대》 | 《조대》 | 원어 | 비고 |
|---|---|---|---|
| 유취[7] | 류취 | 類聚 | |
| 유취-되다 | 류취되다 | 類聚-- | |
| 유취-하다[2] | 류취하다 | 類聚-- | |
| 유치[7] | 류치 | 留置 | |
| 유치-되다[1] | 류치되다 | 留置-- | |
| 유치-선 | 류치선 | 留置線 | |
| 유치-수 | 류치수 | 留置囚 | |
| 유치^우편 | 류치우편 | 留置郵便 | |
| 유치-인 | 류치인 | 留置人 | |
| 유치-장 | 류치장 | 留置場 | |
| 유치-하다[2] | 류치하다 | 留置-- | |
| 유탄[1] | 류탄[3] | 柳炭 | |
| 유탄[2] | 류탄[1] | 流彈 | |
| 유탄[3] | 류탄[2] | 榴彈 | |
| 유탄-포 | 류탄포 | 榴彈砲 | |
| 유통[4] | 류통 | 流通 | |
| 유통-고 | 류통고 | 流通高 | |
| 유통^기간 | 류통기간 | 流通期間 | |
| 유통-되다 | 류통되다 | 流通-- | |
| 유통-망 | 류통망 | 流通網 | |
| 유통-비 | 류통비 | 流通費 | |
| 유통-세 | 류통세 | 流通稅 | |
| 유통^수단 | 류통수단 | 流通手段 | |
| 유통-액 | 류통액 | 流通額 | |
| 유통^자본 | 류통자본 | 流通資本 | |
| 유통-하다 | 류통하다 | 流通-- | |
| 유파[1] | 류파 | 流派 | |
| 유포[2] | 류포[1] | 流布 | |
| 유포[3] | 류포[2] | 流逋 | |
| 유포-되다 | 류포되다 | 流布-- | |
| 유포-하다[1] | 류포하다 | 流布-- | |
| 유포-하다[2] | 류포하다 | 流逋-- | |
| 유품[1] | 류품 | 流品 | |
| 유풍[3] | 류풍 | 流風 | |
| 유-하다[3] | 류하다 | 留-- | |
| 유하-량 | 류하량 | 流下量 | |
| 유하-주 | 류하주 | 流霞酒 | (조)瀏霞酒 |
| 유학[4] | 류학 | 留學 | |
| 유학-생[1] | 류학생 | 留學生 | |

| 《표대》 | 《조대》 | 원어 | 비고 |
|---|---|---|---|
| 유학-하다[1] | 류학하다 | 留學-- | |
| 유한[6] | 류한 | 流汗 | |
| 유행[2] | 류행 | 流行 | |
| 유행-가 | 류행가 | 流行歌 | |
| 유행-되다 | 류행되다 | 流行-- | |
| 유행-병 | 류행병 | 流行病 | |
| 유행-성 | 류행성 | 流行性 | |
| 유행성^간염 | 류행성간염 | 流行性肝炎 | |
| 유행성^감기 | 류행성감기 | 流行性感氣 | |
| 유행성^뇌척수막염 | 류행성뇌척수막염 | 流行性腦脊髓膜炎 | |
| 유행성^출혈열 | 류행성출혈열 | 流行性出血熱 | |
| 유행-어 | 류행어 | 流行語 | |
| 유행-품 | 류행품 | 流行品 | |
| 유행-풍 | 류행풍 | 流行風 | |
| 유행-하다[1] | 류행하다 | 流行-- | |
| 유향[3] | 류향 | 留鄕 | |
| 유향-소 | 류향소 | 留鄕所 | |
| 유향-품관 | 류향품관 | 留鄕品官 | |
| 유혈 | 류혈 | 流血 | |
| 유혈-극 | 류혈극 | 流血劇 | |
| 유혈-적 | 류혈적 | 流血的 | |
| 유형[4] | 류형[2] | 流刑 | |
| 유형[7] | 류형[1] | 類型 | |
| 유형-객 | 류형객 | 流刑客 | |
| 유형-동물 | 뉴형동물 | 紐形動物 | |
| 유형-살이 | 류형살이 | 流刑-- | |
| 유형살이-하다 | 류형살이하다 | 流刑---- | |
| 유형-성 | 류형성 | 類型性 | (조)流型性 |
| 유형-수 | 류형수 | 流刑囚 | |
| 유형-적[2] | 류힝적 | [오]有形的 | 類型的 |
| 유형-지 | 류형지 | 流刑地 | |
| 유형-학 | 류형학 | 類型學 | |
| 유화[5] | 류화[5] | 柳花 | |
| 유화[7] | 류화[4] | 流火 | |
| 유화[8] | 류화[2] | 硫化 | |
| 유화[11] | 류화[3] | 榴花 | |
| 유화[13] | 류화[1] | 類化 | |
| 유화^광물 | 류화광물 | 硫化鑛物 | |
| 유화-동 | 류화동 | 硫化銅 | |

| 《표대》 | 《조대》 | 원어 | 비고 |
|---|---|---|---|
| 유화-물 | 류화물 | 硫化物 | |
| 유화^물감 | 류화물감 | 硫化-- | |
| 유화-소다 | 류화소다 | 硫化soda | |
| 유화-수소 | 류화수소 | 硫化水素 | |
| 유화수소-수 | 류화수소수 | 硫化水素水 | |
| 유화-아연 | 류화아연 | 硫化亞鉛 | |
| 유화^염료 | 류화염료 | 硫化染料 | |
| 유화-철 | 류화철 | 硫化鐵 | |
| 유환[2] | 류환 | 流丸 | |
| 유황 | 류황 | 硫黃 | |
| 유황-빛 | 류황빛 | 硫黃- | |
| 유황-색 | 류황색 | 硫黃色 | |
| 유황^연고 | 류황연고 | 硫黃軟膏 | |
| 유황-점[2] | 류황점 | 硫黃點 | |
| 유황-천 | 류황천 | 硫黃泉 | |
| 유황-화 | 류황화 | 硫黃華 | |
| 유효-율 | 유효률 | 有效率 | |
| 유휴^노력 | 유휴로력 | 遊休勞力 | |
| 육[2] | 륙 | 六 | |
| 육^가야 | 륙가야 | 六伽倻 | (조)六伽耶 |
| 육각[1] | 6각[1] | 六角 | |
| 육각[1] | 륙각[2] | 六角 | |
| 육각-기둥 | 6각기둥 | 六角-- | |
| 육각-형 | 6각형 | 六角形 | |
| 육간-대청 | 륙간대청 | 六間大廳 | |
| 육감[1] | 륙감 | 六感 | |
| 육감-적[1] | 륙감적 | 六感的 | |
| 육갑 | 륙갑 | 六甲 | |
| 육경[2] | 륙경[1] | 六卿 | |
| 육경[3] | 륙경[2] | 六經 | |
| 육경[4] | 륙경[3] | 六境 | |
| 육계[1] | 륙계 | 六界 | |
| 육계-도 | 륙계도 | 陸繫島 | (조)陸繼島 |
| 육과[2] | 륙과 | 六窠 | |
| 육교[2] | 륙교 | 陸橋 | |
| 육군[2] | 륙군 | 陸軍 | |
| 육군^법원 | 륙군법원 | 陸軍法院 | |
| 육군^유년^학교 | 륙군유년학교 | 陸軍幼年學校 | |
| 육군자-탕 | 륙군자탕 | 六君子湯 | |

| 《표대》 | 《조대》 | 원어 | 비고 |
|---|---|---|---|
| 육권 | 륙권 | 陸圈 | |
| 육근 | 륙근 | 六根 | |
| 육기[1] | 륙기 | 六氣 | |
| 육기-정 | 륙기정 | 六畿停 | |
| 육대 | 륙대[1] | 六大 | |
| 육-대주 | 6대주 | 六大洲 | |
| 육덕[1] | 륙덕 | 六德 | |
| 육도[2] | 륙도[3] | 六道 | |
| 육도[5] | 륙도[2] | 陸島 | |
| 육도[8] | 륙도[1] | 陸稻 | |
| 육도^윤회 | 륙도룬회 | 六道輪廻 | (조)六道輪回 |
| 육-두품 | 6두품 | 六頭品 | |
| 육랍 | 륙랍 | 六臘 | |
| 육랍^도정 | 륙랍도정 | 六臘都政 | |
| 육랍^전최 | 륙랍전최 | 六臘殿最 | |
| 육려 | 륙려 | 六呂 | |
| 육력 | 륙력 | 戮力 | |
| 육력-하다 | 륙력하다 | 戮力-- | |
| 육례 | 6례 | 六禮 | |
| 육로 | 륙로 | 陸路 | |
| 육률[1] | 6률 | 六律 | |
| 육리[2] | 륙리 | 陸離 | |
| 육리-하다 | 륙리하다 | 陸離-- | |
| 육면-체 | 6면체 | 六面體 | (조)六面体 |
| 육-모[1] | 륙모[2] | 六- | |
| 육모-등 | 륙모등 | 六-燈 | |
| 육모^방망이 | 륙모방망이 | 六---- | |
| 육모-얼레 | 륙모얼레 | 六--- | |
| 육모-정 | 륙모정 | 六-亭 | |
| 육목 | 륙목 | 六目 | |
| 육물 | 륙물 | 六物 | |
| 육미[2] | 륙미 | 六味 | |
| 육미-고 | 륙미고 | 六味膏 | |
| 육미-지황원 | 륙미지황원 | 六味地黃元 | |
| 육미-지황탕 | 륙미지황탕 | 六味地黃湯 | |
| 육미-탕 | 륙미탕 | 六味湯 | |
| 육미-환 | 륙미환 | 六味丸 | |
| 육-바라기 | 륙바라기 | 六波羅- | |
| 육-반구 | 륙반구 | 陸半球 | |

| 《표대》 | 《조대》 | 원어 | 비고 |
|---|---|---|---|
| 육발-이 | 륙발이 | 六-- | |
| 육방[2] | 륙방 | 六房 | |
| 육방^관속 | 륙방관속 | 六房官屬 | |
| 육-방망이 | 륙방망이 | 六--- | |
| 육방^승지 | 륙방승지 | 六房承旨 | |
| 육방^정계 | 륙방정계 | 六方晶系 | |
| 육법 | 륙법[2] | 六法 | |
| 육법 | 륙법[1] | 六法 | |
| 육부[2] | 륙부[1] | 六部 | |
| 육부[3] | 륙부[2] | 六腑 | |
| 육분의[1] | 륙분의 | 六分儀 | |
| 육붕 | 륙붕 | 陸棚 | |
| 육붕-대 | 륙붕대 | 陸棚帶 | |
| 육붕-애 | 륙붕애 | 陸棚崖 | |
| 육붕-파 | 륙붕파 | 陸棚波 | |
| 육사[2] | 륙사 | 六邪 | |
| 육산[2] | 륙산 | 陸産 | |
| 육산-물 | 륙산물 | 陸産物 | |
| 육살 | 륙살 | 戮殺 | |
| 육살-되다 | 륙살되다 | 戮殺-- | |
| 육살-하다 | 륙살하다 | 戮殺-- | |
| 육상[2] | 륙상 | 陸上 | |
| 육상^경기 | 륙상경기 | 陸上競技 | |
| 육상-기 | 륙상기 | 陸上機 | |
| 육상^비행기 | 륙상비행기 | 陸上飛行機 | |
| 육생[2] | 륙생 | 陸生 | |
| 육서[1] | 륙서[2] | 六書 | |
| 육서[2] | 륙서[1] | 陸棲 | |
| 육서-하다 | 륙서하다 | 陸棲-- | |
| 육성-층 | 륙성층 | 陸成層 | |
| 육소[2] | 륙소 | 戮笑 | |
| 육속[2] | 륙속 | 陸續 | |
| 육속-하다 | 륙속하다 | 陸續-- | |
| 육손-이 | 륙손이 | 六-- | |
| 육송[1] | 륙송 | 陸松 | |
| 육수[5] | 륙수 | 陸水 | |
| 육수-학 | 륙수학 | 陸水學 | |
| 육순[1] | 륙순 | 六旬 | |
| 육승지^방^단자 | 륙승지방단자 | 六承旨房單子 | |

| 《표대》 | 《조대》 | 원어 | 비고 |
| --- | --- | --- | --- |
| 육시$^{4}$ | 륙시 | 戮屍 | |
| 육시-하다 | 륙시하다 | 戮屍-- | |
| 육식$^{1}$ | 륙식 | 六識 | |
| 육신$^{2}$ | 륙신$^{1}$ | 六身 | |
| 육신$^{3}$ | 륙신$^{2}$ | 六神 | |
| 육신-통 | 륙신통 | 六神通 | |
| 육신-환 | 륙신환 | 六神丸 | |
| 육십 | 륙십$^{1}$ | 六十 | |
| 육십-갑자 | 륙십갑자 | 六十甲子 | |
| 육십사-괘 | 륙십사괘 | 六十四卦 | |
| 육십사분-쉼표 | 륙십사분쉼표 | 六十四分-標 | |
| 육양$^{2}$ | 륙양 | 陸揚 | |
| 육-연풍 | 륙연풍 | 陸軟風 | |
| 육예 | 륙예 | 六藝 | |
| 육욕$^{3}$ | 륙욕 | 戮辱 | |
| 육운 | 륙운 | 陸運 | |
| 육-원덕 | 륙원덕 | 六元德 | |
| 육위$^{1}$ | 륙위$^{1}$ | 六位 | |
| 육위$^{2}$ | 륙위$^{2}$ | 六衛 | |
| 육음$^{1}$ | 륙음 | 六淫 | |
| 육의-전 | 륙의전 | 六矣廛 | |
| 육임$^{1}$ | 륙임$^{1}$ | 六壬 | |
| 육임$^{2}$ | 륙임$^{2}$ | 六任 | |
| 육입 | 륙입 | 六入 | |
| 육자-배기$^{1}$ | 륙자배기$^{2}$ | 六字-- | |
| 육자-배기$^{2}$ | 륙자배기$^{1}$ | 六字-- | |
| 육자-복 | 륙자복 | 六字服 | |
| 육장$^{1}$ | 륙장$^{1}$ | 六場 | |
| 육장$^{2}$ | 륙장$^{2}$ | 六臟 | |
| 육적$^{2}$ | 륙적 | 六賊 | |
| 육전$^{1}$ | 륙전$^{2}$ | 六典 | |
| 육전$^{4}$ | 륙전$^{3}$ | 陸田 | |
| 육전$^{5}$ | 륙전$^{1}$ | 陸戰 | |
| 육전-대 | 륙전대 | 陸戰隊 | |
| 육전^법규 | 륙전법규 | 陸戰法規 | |
| 육전-조례 | 륙전조례 | 六典條例 | |
| 육정$^{1}$ | 륙정$^{2}$ | 六正 | |
| 육정$^{2}$ | 6정$^{3}$ | 六停 | |
| 육정$^{3}$ | 륙정$^{1}$ | 六情 | |

| 《표대》 | 《조대》 | 원어 | 비고 |
|---|---|---|---|
| 육정육갑 | 륙정륙갑 | 六丁六甲 | |
| 육조[1] | 륙조 | 六曹 | |
| 육조^직계 | 륙조직계 | 六曹直啓 | |
| 육조^판서 | 륙조판서 | 六曹判書 | |
| 육족 | 륙족 | 六足 | |
| 육-좌평 | 륙좌평 | 六佐平 | |
| 육-주비전 | 륙주비전 | 六注比廛 | |
| 육주-산 | 륙주산 | 六柱散 | |
| 육지[2] | 륙지 | 陸地 | |
| 육지-꽃버들 | 륙지꽃버들 | 陸地--- | |
| 육지-면[2] | 륙지면 | 陸地綿 | |
| 육지-섬 | 륙지섬 | 陸地- | |
| 육진[1] | 륙진[2] | 六塵 | |
| 육진[3] | 륙진[1] | 六鎭 | |
| 육진-장 | 륙진장 | 陸鎭將 | |
| 육진-장포 | 륙진장포 | 六鎭長布 | |
| 육진-포 | 륙진포 | 六鎭布 | |
| 육쪽-마늘 | 륙쪽마늘 | 六--- | |
| 육체[1] | 륙체 | 六體 | |
| 육체-노동 | 육체로동 | 肉體勞動 | |
| 육촌[1] | 륙촌 | 六寸 | |
| 육축 | 륙축 | 六畜 | |
| 육출-화 | 륙출화 | 六出花 | |
| 육취 | 륙취 | 六趣 | |
| 육친[1] | 륙친 | 六親 | |
| 육칠 | 륙칠 | 六七 | |
| 육칠-월 | 륙칠월 | 六七月 | |
| 육침[3] | 륙침 | 陸沈 | |
| 육태 | 륙태 | 陸駄 | |
| 육태-질 | 륙태질 | 陸駄- | |
| 육통 | 륙통 | 六通 | |
| 육-판서 | 륙판서 | 六判書 | |
| 육표 | 륙표 | 陸標 | |
| 육품 | 륙품 | 六品 | |
| 육풍 | 륙풍 | 陸風 | |
| 육합 | 륙합 | 六合 | |
| 육합-혈 | 륙합혈 | 六合穴 | |
| 육항-단자 | 륙항단자 | 六行單子 | |
| 육해공-군 | 륙해공군 | 陸海空軍 | |

| 《표대》 | 《조대》 | 원어 | 비고 |
|---|---|---|---|
| 육-해군 | 륙해군 | 陸海軍 | |
| 육행[3] | 륙행[2] | 陸行 | |
| 육행-하다 | 륙행하다 | 陸行-- | |
| 육혈[2] | 뉵혈 | 衄血 | |
| 육혈-포 | 륙혈포 | 六穴砲 | |
| 육호^활자 | 륙호활자 | 六號活字 | |
| 육화[1] | 륙화 | 六花 | |
| 육화대-무 | 륙화대무 | 六花隊舞 | |
| 육-화음 | 륙화음 | 六和音 | |
| 육화진-법 | 륙화진법 | 六花陣法 | |
| 육환-장 | 륙환장 | 六環杖 | |
| 육효 | 륙효 | 六爻 | |
| 윤간 | 륜간 | 輪姦 | |
| 윤간-하다 | 륜간하다 | 輪姦-- | |
| 윤감[2] | 륜감 | 輪感 | |
| 윤거 | 륜거 | 輪車 | |
| 윤곽 | 륜곽 | 輪廓 | (조)輪廓. 輪郭 |
| 윤곽-선 | 륜곽선 | 輪廓線 | (조)輪郭線 |
| 윤관[3] | 륜관 | 輪關 | |
| 윤기[1] | 륜기 | 倫紀 | |
| 윤납[2] | 륜납 | 輪納 | |
| 윤납-하다[2] | 륜납하다 | 輪納-- | |
| 윤대[1] | 륜대[1] | 輪對 | |
| 윤대[2] | 륜대[2] | 輪臺 | |
| 윤대-하다 | 륜대하다 | 輪對-- | |
| 윤도[1] | 륜도[1] | 輪道 | |
| 윤도[2] | 륜도[2] | 輪圖 | |
| 윤독 | 륜독 | 輪讀 | |
| 윤독-하다 | 륜독하다 | 輪讀-- | |
| 윤락 | 륜락 | 淪落 | (조)倫落 |
| 윤락-가 | 륜락가 | 淪落街 | |
| 윤락-하다 | 륜락하다 | 淪落-- | |
| 윤리 | 륜리 | 倫理 | |
| 윤리-관 | 륜리관 | 倫理觀 | |
| 윤리-적 | 륜리적 | 倫理的 | |
| 윤리-학 | 륜리학 | 倫理學 | |
| 윤리학-사 | 륜리학사 | 倫理學史 | |
| 윤몰 | 륜몰 | 淪沒 | |
| 윤몰-되다 | 륜몰되다 | 淪沒-- | |

| 《표대》 | 《조대》 | 원어 | 비고 |
|---|---|---|---|
| 윤몰-하다 | 륜몰하다 | 淪沒-- | |
| 윤무[2] | 륜무 | 輪舞 | |
| 윤무-곡 | 륜무곡 | 輪舞曲 | |
| 윤발 | 륜발 | 綸綍 | |
| 윤발-서리 | 륜발서리 | 綸綍書吏 | |
| 윤번 | 륜번 | 輪番 | |
| 윤번-제 | 륜번제 | 輪番制 | |
| 윤번-하다 | 륜번하다 | 輪番-- | |
| 윤벌-기 | 륜벌기 | 輪伐期 | |
| 윤상[1] | 륜상[2] | 倫常 | |
| 윤상[3] | 륜상[1] | 輪狀 | |
| 윤생[2] | 륜생 | 輪生 | |
| 윤생-엽 | 륜생엽 | 輪生葉 | |
| 윤서[2] | 륜서 | 倫序 | |
| 윤선[2] | 륜선[2] | 輪旋 | |
| 윤선[3] | 륜선[1] | 輪船 | |
| 윤선-하다 | 륜선하다 | 輪旋-- | |
| 윤습[2] | 륜습 | 輪襲 | |
| 윤습-하다[2] | 륜습하다 | 輪襲-- | |
| 윤시 | 륜시 | 輪示 | |
| 윤시-하다 | 륜시하다 | 輪示-- | |
| 윤음 | 륜음 | 綸音 | |
| 윤작 | 륜작 | 輪作 | |
| 윤작-물 | 륜작물 | 輪作物 | |
| 윤작-법 | 륜작법 | 輪作法 | |
| 윤작-제 | 륜작제 | 輪作制 | |
| 윤재[2] | 륜재 | 輪栽 | |
| 윤적-법 | 륜적법 | 輪積法 | |
| 윤전 | 륜전 | 輪轉 | |
| 윤전-기 | 륜전기 | 輪轉機 | |
| 윤전^인쇄 | 륜전인쇄 | 輪轉印刷 | |
| 윤전^인쇄기 | 륜전인쇄기 | 輪轉印刷機 | |
| 윤전-하다 | 륜전하다 | 輪轉-- | |
| 윤증[2] | 륜증 | 輪症 | |
| 윤지 | 륜지 | 綸旨 | |
| 윤직 | 륜직 | 輪直 | |
| 윤질 | 륜질 | 輪疾 | |
| 윤차[2] | 륜차[1] | 輪次 | |
| 윤차[3] | 륜차[2] | 輪差 | |

| 《표대》 | 《조대》 | 원어 | 비고 |
|---|---|---|---|
| 윤차-하다 | 륜차하다 | 輪差-- | |
| 윤창 | 륜창 | 輪唱 | |
| 윤채[2] | 륜채[2] | 輪彩 | |
| 윤채[3] | 륜채[1] | 輪採 | |
| 윤채-하다 | 륜채하다 | 輪採-- | |
| 윤척 | 륜척[1] | 輪尺 | |
| 윤첩 | 륜첩 | 輪牒 | |
| 윤함 | 륜함 | 輪銜 | |
| 윤함-하다 | 륜함하다 | 輪銜-- | |
| 윤형[3] | 륜형[1] | 輪刑 | |
| 윤형[4] | 륜형[2] | 輪形 | |
| 윤환[1] | 륜환[3] | 輪奐 | |
| 윤환[2] | 륜환[2] | 輪換 | |
| 윤환[3] | 륜환[1] | 輪環 | |
| 윤환-하다[2] | 륜환하다 | 輪換-- | |
| 윤환-하다[3] | 륜환하다 | 輪環-- | |
| 윤회[2] | 륜회 | 輪廻 | |
| 윤회-설 | 륜회설 | 輪廻說 | |
| 윤회-시운 | 륜회시운 | 輪廻時運 | (조)輪回時運 |
| 윤회-하다 | 륜회하다 | 輪廻-- | |
| 율[1] | 률[2] | 律 | |
| 율[2] | 률[1] | 率 | |
| 율객 | 률객 | 律客 | |
| 율곡-전서 | 률곡전서 | 栗谷全書 | |
| 율과 | 률과 | 律科 | |
| 율관[1] | 률관[1] | 律官 | |
| 율관[2] | 률관[2] | 律管 | |
| 율기[1] | 률기[1] | 律己 | |
| 율기[2] | 률기[2] | 律紀 | |
| 율기-제행 | 률기제행 | 律己制行 | |
| 율기-하다 | 률기하다 | 律己-- | |
| 율당[1] | 률당 | 栗糖 | |
| 율동 | 률동 | 律動 | |
| 율동-성 | 률동성 | 律動性 | |
| 율동-적 | 률동적 | 律動的 | |
| 율동^체조 | 률동체조 | 律動體操 | |
| 율려 | 률려 | 律呂 | |
| 율렬 | 률렬 | 栗烈/溧烈 | |
| 율렬-하다 | 률렬하다 | 栗烈--/溧烈-- | (조)溧烈- |

| 《표대》 | 《조대》 | 원어 | 비고 |
|---|---|---|---|
| 율렬-히 | 률렬히 | 栗烈-/溧烈- | |
| 율령 | 률령 | 律令 | |
| 율령격식 | 률령격식 | 律令格式 | |
| 율례 | 률례 | 律例 | |
| 율목 | 률목 | 栗木 | |
| 율목-봉산 | 률목봉산 | 栗木封山 | |
| 율문 | 률문[1] | 律文 | |
| 율문 | 률문[2] | 律文 | |
| 율방[2] | 률방 | 栗房 | |
| 율법 | 률법 | 律法 | |
| 율부 | 률부 | 律賦 | |
| 율서[1] | 률서 | 律書 | |
| 율석 | 률석 | 栗石 | |
| 율시 | 률시 | 律詩 | |
| 율신 | 률신 | 律身 | |
| 율신-하다 | 률신하다 | 律身-- | |
| 율원[1] | 률원[2] | 律員 | |
| 율원[3] | 률원[1] | 栗園 | |
| 율자[1] | 률자 | 栗子 | |
| 율자-보 | 률자보 | 律字譜 | |
| 율자-죽 | 률자죽 | 栗子粥 | |
| 율자-치 | 률자치 | 栗子痔 | |
| 율장 | 률장 | 律藏 | |
| 율절 | 률절 | 律絶 | |
| 율조 | 률조 | 律調 | |
| 율종 | 률종 | 律宗 | |
| 율초 | 률초 | 葎草 | |
| 율학 | 률학 | 律學 | |
| 율학-교수 | 률학교수 | 律學敎授 | |
| 율학-청 | 률학청 | 律學廳 | |
| 율학-훈도 | 률학훈도 | 律學訓導 | |
| 율황 | 률황 | 栗黃 | |
| 융기[2] | 륭기 | 隆起 | |
| 융기-도 | 륭기도 | 隆起島 | |
| 융기^준평원 | 륭기준평원 | 隆起準平原 | |
| 융기-하다 | 륭기하다 | 隆起-- | |
| 융기^해안 | 륭기해안 | 隆起海岸 | |
| 융-노인 | 륭로인 | 隆老人 | |
| 융동 | 륭동 | 隆冬 | |

| 《표대》 | 《조대》 | 원어 | 비고 |
|---|---|---|---|
| 융동-설한 | 륭동설한 | 隆冬雪寒 | |
| 융로[2] | 륭로 | 隆老 | |
| 융병[2] | 륭병 | 癃病 | |
| 융비[2] | 륭비[1] | 隆鼻 | |
| 융비[3] | 륭비[2] | 癃祕 | (조)癃痞 |
| 융비-술 | 륭비술 | 隆鼻術 | |
| 융서 | 륭서 | 隆暑 | |
| 융성 | 륭성 | 隆盛 | |
| 융성-기 | 륭성기 | 隆盛期 | |
| 융성-하다 | 륭성하다 | 隆盛-- | |
| 융숭 | 륭숭 | 隆崇 | |
| 융숭-하다 | 륭숭하다 | 隆崇-- | |
| 융안-악 | 륭안악 | 隆安樂 | (조)隆顔樂 |
| 융운 | 륭운 | 隆運 | |
| 융은 | 륭은 | 隆恩 | |
| 융준 | 륭준 | 隆準 | |
| 융창 | 륭창 | 隆昌 | |
| 융창-하다 | 륭창하다 | 隆昌-- | |
| 융체[1] | 륭체 | 隆替 | |
| 융한 | 륭한 | 隆寒 | |
| 융흥 | 륭흥 | 隆興 | |
| 융흥-기 | 륭흥기 | 隆興期 | |
| 융흥-하다 | 륭흥하다 | 隆興-- | |
| 융희 | 륭희 | 隆熙 | |
| 은-난초 | 은란초 | 銀蘭草 | |
| 은대-난 | 은대란 | 銀-蘭 | |
| 음수-율 | 음수률 | 音數律 | |
| 음풍-농월 | 음풍롱월 | 吟風弄月 | |
| 음풍농월-하다 | 음풍롱월하다 | 吟風弄月-- | |
| 응용^역학 | 응용력학 | 應用力學 | |
| 의관-열파 | 의관렬파 | 衣冠裂破 | |
| 의관열파-하다 | 의관렬파하다 | 衣冠裂破-- | |
| 의방-유취 | 의방류취 | 醫方類聚 | |
| 의열 | 의렬[1] | 義烈 | |
| 의열-단 | 의렬단 | 義烈團 | |
| 의열-하다 | 의렬하다[1] | 義烈-- | |
| 의율 | 의률 | 擬律 | |
| 이[12] | 리[2] | 利 | |
| 이[14] | 리[1] | 里 | |

| 《표대》 | 《조대》 | 원어 | 비고 |
|---|---|---|---|
| 이[15] | 리[4] | 离/離 | (조)離 |
| 이[16] | 리[3] | 理 | |
| 이[20] | 리[5] | 履 | |
| 이가[3] | 리가[1] | 俚歌 | |
| 이가[5] | 리가[2] | 離家 | |
| 이가-하다[2] | 리가하다 | 離家-- | |
| 이각[3] | 리각[2] | 離却 | |
| 이각[4] | 리각[1] | 離角 | |
| 이각-하다 | 리각하다 | 離却-- | |
| 이간[7] | 리간 | 離間 | |
| 이간-질 | 리간질 | 離間- | |
| 이간질-하다 | 리간질하다 | 離間--- | |
| 이간-책 | 리간책 | 離間策 | |
| 이강[2] | 니강 | 尼講 | |
| 이강-고 | 리강고 | 梨薑膏 | |
| 이강-하다 | 니강하다 | 尼講-- | |
| 이거[3] | 리거[2] | 里居 | |
| 이거[4] | 리거[3] | 理據 | |
| 이거[8] | 리거[1] | 離居 | |
| 이거-하다[4] | 리거하다 | 離居-- | |
| 이검 | 리검 | 利劍 | (조)利劒 |
| 이-경맥 | 리경맥 | 離經脈 | |
| 이고[1] | 니고 | 尼姑 | |
| 이고[4] | 리고 | 離苦 | |
| 이고-하다 | 리고하다 | 離苦-- | |
| 이곡[3] | 리곡 | 理曲 | |
| 이곡-하다 | 리곡하다 | 理曲-- | |
| 이과[5] | 리과 | 理科 | |
| 이과^대학 | 리과대학 | 理科大學 | |
| 이-괄 | 리괄 | 李适 | |
| 이괘[1] | 리괘[1] | 离卦/離卦 | (조)離卦 |
| 이괘[2] | 리괘[2] | 履卦 | |
| 이교[3] | 리교[1] | 吏校 | |
| 이교[6] | 리교[2] | 利交 | |
| 이교-노령 | 리교노령 | 吏校奴令 | |
| 이-교회 | 리교회 | 離教會 | |
| 이구[5] | 니구[1] | 泥丘 | |
| 이구[6] | 니구[2] | 泥溝 | |
| 이국[2] | 리국 | 理國 | |

| 《표대》 | 《조대》 | 원어 | 비고 |
|---|---|---|---|
| 이국-편민 | 리국편민 | 利國便民 | |
| 이국편민-하다 | 리국편민하다 | 利國便民-- | |
| 이군[2] | 리군 | 離群 | |
| 이군-삭거 | 리군삭거 | 離群索居 | |
| 이군^육위 | 이군륙위 | 二軍六衛 | |
| 이군-절속 | 리군절속 | 離群絶俗 | |
| 이군-하다 | 리군하다 | 離群-- | |
| 이굴 | 리굴 | 理屈 | |
| 이굴-하다 | 리굴하다 | 理屈-- | |
| 이궁[4] | 리궁[2] | 理窮 | |
| 이궁[5] | 리궁[1] | 離宮 | |
| 이궁-하다 | 리궁하다 | 理窮-- | |
| 이권 | 리권 | 利權 | |
| 이극구당 | 리극구당 | 履屐俱當 | |
| 이금[3] | 리금 | 利金 | |
| 이금[4] | 니금 | 泥金 | |
| 이급[2] | 리급[2] | 裏急 | (조)裡急 |
| 이급-증 | 리급증 | 裏急症 | |
| 이급-후중 | 리급후중 | 裏急後重 | (조)裡急後重 |
| 이기[5] | 리기[2] | 利己 | |
| 이기[6] | 리기[1] | 利器 | |
| 이기[9] | 리기[3] | 理氣 | |
| 이기[10] | 리기[4] | 理驥 | |
| 이기-설[2] | 리기설 | 理氣說 | |
| 이기-심 | 리기심 | 利己心 | |
| 이기^이원론 | 리기이원론 | 理氣二元論 | |
| 이기-적 | 리기적 | 利己的 | |
| 이기-주의 | 리기주의 | 利己主義 | |
| 이기주의-자 | 리기주의자 | 利己主義者 | |
| 이기주의-적 | 리기주의적 | 利己主義的 | |
| 이기-한 | 리기한 | 利己漢 | |
| 이-끗 | 리끗 | 利- | |
| 이남[3] | 니남 | 呢喃 | |
| 이내정 | 리내정 | 裏內庭 | |
| 이념 | 리념 | 理念 | |
| 이녕 | 니녕 | 泥濘 | |
| 이노작대 | 리노작대 | 吏奴作隊 | |
| 이농 | 리농 | 離農 | |
| 이농-가 | 리농가 | 離農家 | |

| 《표대》 | 《조대》 | 원어 | 비고 |
|---|---|---|---|
| 이농-민 | 리농민 | 離農民 | |
| 이뇨 | 리뇨 | 利尿 | |
| 이뇨-제 | 리뇨제 | 利尿劑 | |
| 이뇨-하다 | 리뇨하다 | 利尿-- | |
| 이담-제 | 리담제 | 利膽劑 | |
| 이도[2] | 리도[2] | 吏道 | |
| 이도[2] | 리도[3] | 吏道 | |
| 이도[3] | 리도[1] | 利刀 | |
| 이두[2] | 리두[1] | 吏讀/吏頭 | (조)吏讀 |
| 이두[3] | 리두[2] | 利竇 | |
| 이두[5] | 리두[3] | 螭頭 | |
| 이두-온 | 리두온 | 貍頭瘟 | |
| 이둔 | 리둔 | 利鈍 | |
| 이득 | 리득 | 利得 | |
| 이락[5] | 리락 | 籬落 | |
| 이력[3] | 리력 | 履歷 | |
| 이력-서 | 리력서 | 履歷書 | |
| 이력-현상 | 리력현상 | 履歷現象 | |
| 이로[4] | 리로 | 理路 | |
| 이론[1] | 리론 | 理論 | |
| 이론-가[1] | 리론가 | 理論家 | |
| 이론^물리학 | 리론물리학 | 理論物理學 | |
| 이론-적 | 리론적 | 理論的 | |
| 이론^천문학 | 리론천문학 | 理論天文學 | |
| 이론-화 | 리론화 | 理論化 | |
| 이론화-되다 | 리론화되다 | 理論化-- | |
| 이론화-하다 | 리론화하다 | 理論化-- | |
| 이-롭다[2] | 리롭다 | 利-- | |
| 이룡[2] | 리룡 | 驪龍 | |
| 이루지명 | 리루지명 | 離婁之明 | |
| 이류[2] | 니류 | 泥流 | |
| 이륙[2] | 리륙 | 離陸 | |
| 이륙^거리 | 리륙거리 | 離陸距離 | |
| 이륙^속도 | 리륙속도 | 離陸速度 | |
| 이륙-하다 | 리륙하다 | 離陸-- | |
| 이륙^활주 | 리륙활주 | 離陸滑走 | |
| 이리[8] | 니리 | 泥犁 | (조)泥梨 |
| 이리[11] | 리리 | 離離 | |
| 이리-하다[2] | 리리하다 | 離離-- | |

| 《표대》 | 《조대》 | 원어 | 비고 |
|---|---|---|---|
| 이마[2] | 리마[2] | 理馬 | |
| 이만[5] | 니만 | 泥鏝 | |
| 이매[5] | 리매 | 魑魅 | |
| 이매-망량 | 리매망량 | 魑魅魍魎 | |
| 이면[1] | 리면 | 裏面 | |
| 이면-경계 | 리면경계 | 裏面境界 | (조)裡面經界 |
| 이면-공작 | 리면공작 | 裏面工作 | (조)裡面工作 |
| 이면부지 | 리면부지 | 裏面不知 | (조)裡面不知 |
| 이면-불한당 | 리면불한당 | 裏面不汗黨 | |
| 이면-사 | 리면사 | 裏面史 | (조)裡面史 |
| 이목[6] | 리목 | 梨木 | |
| 이문[4] | 리문[1] | 吏文 | |
| 이문[6] | 리문[3] | 利文 | |
| 이문[7] | 리문[2] | 里門 | |
| 이문-원 | 리문원 | 摛文院 | |
| 이문^정시 | 리문정시 | 吏文庭試 | |
| 이문-학관 | 리문학관 | 吏文學官 | |
| 이민[1] | 리민[2] | 吏民 | |
| 이민[2] | 리민[1] | 里民 | |
| 이반[2] | 리반 | 離叛/離反 | |
| 이발[3] | 리발[1] | 理髮 | |
| 이발[4] | 리발[2] | 離發 | |
| 이발-관 | 리발관 | 理髮館 | |
| 이발-기[2] | 리발기 | 理髮器 | (조)理髮機 |
| 이발-료 | 리발료 | 理髮料 | |
| 이발-사 | 리발사 | 理髮師 | |
| 이발-소 | 리발소 | 理髮所 | |
| 이발-업 | 리발업 | 理髮業 | |
| 이발-쟁이 | 리발쟁이 | 理髮-- | |
| 이발-하다[1] | 리발하다 | 理髮-- | |
| 이발-하다[2] | 리발하다 | 離發-- | |
| 이방[3] | 리방[1] | 吏房 | |
| 이방[6] | 리방[3] | 离方 | (조)離方 |
| 이방-부 | 리방부 | 理方府 | |
| 이방^아전 | 리방아전 | 吏房衙前 | |
| 이방^연속^무늬 | 이방련속무늬 | 二方連續-- | |
| 이배[1] | 리배 | 吏輩 | (조)吏裴 |
| 이배-치 | 리배치 | 吏輩- | |
| 이법[1] | 리법 | 理法 | |

| 《표대》 | 《조대》 | 원어 | 비고 |
|---|---|---|---|
| 이-법사 | 니법사 | 尼法師 | |
| 이별 | 리별 | 離別 | |
| 이별-가[1] | 리별가 | 離別歌 | |
| 이별-고 | 리별고 | 離別苦 | |
| 이별-시 | 리별시 | 離別詩 | |
| 이별-주 | 리별주 | 離別酒 | |
| 이별-하다 | 리별하다 | 離別-- | |
| 이병[3] | 리병[2] | 利病 | |
| 이병[5] | 리병[1] | 罹病 | |
| 이병-률 | 리병률 | 罹病率 | |
| 이-병비 | 리병비 | 吏兵批 | |
| 이-병판 | 리병판 | 吏兵判 | |
| 이부[2] | 리부[1] | 吏部 | |
| 이부[6] | 리부[2] | 理部 | |
| 이부[9] | 리부[3] | 嫠婦 | |
| 이부^상서 | 리부상서 | 吏部尙書 | |
| 이-분열 | 이분렬 | 二分裂 | |
| 이분열-법 | 이분렬법 | 二分裂法 | |
| 이불리-간 | 리불리간 | 利不利間 | |
| 이붕-고 | 리붕고 | 梨硼膏 | (조)梨棚膏 |
| 이비[1] | 리비[2] | 吏批 | |
| 이비[4] | 리비[1] | 理非 | |
| 이사[5] | 니사 | 尼寺 | |
| 이사[11] | 리사 | 理事 | |
| 이사-관 | 리사관 | 理事官 | |
| 이사-국 | 리사국 | 理事國 | |
| 이사금 | 니사금 | 尼斯今 | (조)尼師今 |
| 이사-장 | 리사장 | 理事長 | |
| 이사-회 | 리사회 | 理事會 | |
| 이산[2] | 리산 | 離散 | |
| 이산-되다 | 리산되다 | 離散-- | |
| 이산^집합 | 리산집합 | 離散集合 | |
| 이산-하다[2] | 리산하다 | 離散-- | |
| 이산화-유황 | 이산화류황 | 二酸化硫黃 | |
| 이상[9] | 리상 | 理想 | |
| 이상가리 | 리상가리 | 利上加利 | |
| 이상^결정 | 리상결정 | 理想結晶 | |
| 이상-국 | 리상국 | 理想國 | |
| 이상^기체 | 리상기체 | 理想氣體 | |

| 《표대》 | 《조대》 | 원어 | 비고 |
|---|---|---|---|
| 이상-론 | 리상론 | 理想論 | |
| 이상생리 | 리상생리 | 利上生利 | |
| 이상생리-하다 | 리상생리하다 | 利上生利-- | |
| 이상^용액 | 리상용액 | 理想溶液 | |
| 이상^유체 | 리상류체 | 理想流體 | (조)理想流体 |
| 이상-적[1] | 리상적 | 理想的 | |
| 이상-주의 | 리상주의 | 理想主義 | |
| 이상-촌 | 리상촌 | 理想村 | |
| 이상-파 | 리상파 | 理想派 | |
| 이상-향 | 리상향 | 理想鄕 | |
| 이상-화[2] | 리상화 | 理想化 | |
| 이상화-되다 | 리상화되다 | 理想化-- | |
| 이상화-하다 | 리상화하다 | 理想化-- | |
| 이생^웅예 | 리생웅예 | 離生雄蕊 | (조)離生雄蘂 |
| 이생^자예 | 리생자예 | 離生雌蕊 | (조)離生雌蘂 |
| 이생-지 | 니생지 | 泥生地 | |
| 이서[4] | 리서[1] | 吏胥 | |
| 이서[5] | 리서[2] | 吏書 | |
| 이서[9] | 리서[3] | 犁鼠 | |
| 이석추호 | 리석추호 | 利析秋毫 | |
| 이석추호-하다 | 리석추호하다 | 利析秋毫-- | |
| 이선-악 | 리선악 | 離船樂 | |
| 이선악-곡 | 리선악곡 | 離船樂曲 | |
| 이설[1] | 리설 | 梨雪 | |
| 이성[8] | 리성[1] | 理性 | |
| 이성[14] | 리성[2] | 離城 | |
| 이성-론 | 리성론 | 理性論 | |
| 이성-적 | 리성적 | 理性的 | |
| 이성적^인식 | 리성적인식 | 理性的認識 | |
| 이성-주의 | 리성주의 | 理性主義 | |
| 이성주의-자 | 리성주의자 | 理性主義者 | |
| 이성-하다[2] | 리성하다 | 離城-- | |
| 이세[3] | 리세 | 理勢 | |
| 이소고연 | 리소고연 | 理所固然 | |
| 이소고연-하다 | 리소고연하다 | 理所固然-- | |
| 이소능장 | 이소릉장 | 以少凌長 | |
| 이소능장-하다 | 이소릉장하다 | 以少凌長-- | |
| 이소당연 | 리소당연 | 理所當然 | |
| 이소당연-하다 | 리소당연하다 | 理所當然-- | |

| 《표대》 | 《조대》 | 원어 | 비고 |
|---|---|---|---|
| 이소-성[2] | 리소성 | 離巢性 | |
| 이속[3] | 리속[2] | 吏屬 | |
| 이속[6] | 리속[3] | 俚俗 | |
| 이속-하다[1] | 리속하다 | 俚俗-- | |
| 이수[4] | 리수[4] | 利水 | |
| 이수[5] | 리수[5] | 利藪 | |
| 이수[7] | 리수[1] | 里數 | |
| 이수[8] | 니수 | 泥水 | |
| 이수[14] | 리수[3] | 裡水 | |
| 이수[15] | 리수[6] | 履修 | |
| 이수[16] | 리수[2] | 螭首 | |
| 이수[17] | 리수[7] | 離水 | |
| 이수[18] | 리수[8] | 離愁 | |
| 이수-하다[1] | 리수하다 | 利水-- | |
| 이수-하다[3] | 리수하다 | 履修-- | |
| 이수-하다[4] | 리수하다 | 離水-- | |
| 이수^활주 | 리수활주 | 離水滑走 | |
| 이숙[3] | 리숙 | 梨熟 | |
| 이순[3] | 리순 | 理順 | |
| 이순-하다 | 리순하다 | 理順-- | |
| 이습[1] | 리습 | 吏習 | |
| 이승[5] | 리승 | 理勝 | |
| 이승양석 | 이승량석 | 以升量石 | |
| 이식[6] | 리식[1] | 利息 | |
| 이식[7] | 리식[2] | 利殖 | |
| 이식-산 | 리식산 | 利息算 | |
| 이신-론 | 리신론 | 理神論 | |
| 이실-증 | 리실증 | 裏實證 | (조)裏實症 |
| 이심-률 | 리심률 | 離心率 | |
| 이씨^조선 | 리씨조선 | 李氏朝鮮 | |
| 이안[1] | 리안 | 吏案 | |
| 이암[3] | 니암 | 泥巖 | (조)泥岩 |
| 이액 | 리액 | 吏額 | |
| 이어[5] | 리어[1] | 俚語 | |
| 이어[8] | 리어[2] | 鯉魚 | |
| 이어-등 | 리어등 | 鯉魚燈 | |
| 이언[4] | 리언[2] | 俚言 | |
| 이언[5] | 리언[1] | 俚諺 | |
| 이역[3] | 리역 | 吏役 | |

| 《표대》 | 《조대》 | 원어 | 비고 |
|---|---|---|---|
| 이연[3] | 리연[2] | 离筵 | (조)逨筵 |
| 이연[6] | 리연[3] | 犂然 | |
| 이연[9] | 리연[1] | 離緣 | |
| 이연-장 | 리연장 | 離緣狀 | |
| 이연-하다[3] | 리연하다 | 犂然-- | (조)犁然- |
| 이연-하다[4] | 리연하다 | 離緣-- | |
| 이연-히[2] | 리연히 | 犂然- | |
| 이열-증 | 리열증 | 裏熱症 | |
| 이-왕가 | 리왕가 | 李王家 | |
| 이왕-직 | 리왕직 | 李王職 | |
| 이외[2] | 리외 | 理外 | |
| 이요[2] | 리요 | 俚謠 | |
| 이욕 | 리욕 | 利慾 | |
| 이용[1] | 리용[1] | 利用 | |
| 이용[2] | 리용[2] | 理容 | |
| 이용-되다 | 리용되다 | 利用-- | |
| 이용-률 | 리용률 | 利用率 | |
| 이용-물 | 리용물 | 利用物 | |
| 이용-법 | 리용법 | 利用法 | |
| 이용-성 | 리용성 | 利用性 | |
| 이용-하다[1] | 리용하다 | 利用-- | |
| 이용-후생 | 리용후생 | 利用厚生 | |
| 이원[3] | 니원 | 尼院 | |
| 이원[4] | 리원[1] | 吏員 | |
| 이원[6] | 리원[2] | 利源 | |
| 이원[8] | 리원[3] | 梨園 | |
| 이위[2] | 리위 | 離闈 | |
| 이위-하다 | 리위하다 | 離闈-- | |
| 이유[4] | 리유[1] | 理由 | |
| 이유[5] | 리유[2] | 離乳 | |
| 이유-기 | 리유기 | 離乳期 | |
| 이유화-탄소 | 이류화탄소 | 二硫化炭素 | |
| 이윤[2] | 리윤 | 利潤 | |
| 이윤-율 | 리윤률 | 利潤率 | |
| 이율[2] | 리률 | 利率 | |
| 이율-배반 | 이률배반 | 二律背反 | |
| 이의[2] | 리의[2] | 吏議 | |
| 이의[3] | 리의[1] | 理義 | |
| 이이[6] | 리이 | 離異 | |

| 《표대》 | 《조대》 | 원어 | 비고 |
|---|---|---|---|
| 이익[2] | 리익 | 利益 | |
| 이익-금 | 리익금 | 利益金 | |
| 이익^배당금 | 리익배당금 | 利益配當金 | |
| 이-인좌 | 리린좌 | 李麟佐 | |
| 이-일원론 | 리일원론 | 理一元論 | |
| 이임[2] | 리임[1] | 里任 | |
| 이임[5] | 리임[2] | 離任 | |
| 이임-하다[3] | 리임하다 | 離任-- | |
| 이자[5] | 리자[1] | 利子 | |
| 이자[8] | 리자[2] | 梨子 | |
| 이-자겸 | 리자겸 | 李資謙 | |
| 이자-병 | 리자병 | 李子餠 | |
| 이자-율 | 리자률 | 利子率 | |
| 이자-조 | 리자조 | 利子條 | |
| 이자-주 | 리자주 | 梨子酒 | |
| 이자-피 | 리자피 | 貍子皮 | (조)狸子皮 |
| 이장[5] | 리장 | 里長 | |
| 이장[6] | 니장[1] | 泥匠 | |
| 이재[2] | 리재[3] | 吏才 | |
| 이재[7] | 리재[2] | 理財 | |
| 이재[11] | 리재[1] | 罹災 | |
| 이재-민 | 리재민 | 罹災民 | |
| 이재-지 | 리재지 | 罹災地 | |
| 이재-하다[2] | 리재하다 | 理財-- | |
| 이재-하다[5] | 리재하다 | 罹災-- | |
| 이적[3] | 리적[1] | 利敵 | |
| 이적[11] | 리적[3] | 離籍 | |
| 이적-하다[1] | 리적하다 | 利敵-- | |
| 이적-되다[3] | 리적되다 | 離籍-- | |
| 이적-하다[4] | 리적하다 | 離籍-- | |
| 이전[4] | 리전[1] | 吏典 | |
| 이전[6] | 리전[2] | 利錢 | |
| 이전[9] | 리전[3] | 離箭 | |
| 이전-투구 | 니전투구 | 泥田鬪狗 | |
| 이전-하다[2] | 리전하다 | 離箭-- | |
| 이점[1] | 리점[1] | 利點 | |
| 이점[2] | 리점[2] | 痢漸 | |
| 이정[6] | 리정[3] | 里丁 | |
| 이정[7] | 리정[2] | 里正 | |

| 《표대》 | 《조대》 | 원어 | 비고 |
|---|---|---|---|
| 이정[8] | 리정[1] | 오里正 | 里程 |
| 이정[12] | 리정[4] | 釐正 | (조)釐正. 理正 |
| 이정-되다[2] | 리정되다 | 釐正-- | |
| 이정-청 | 리정청 | 釐正廳 | (조)釐政廳 |
| 이정-표[1] | 리정표[2] | 里程表 | |
| 이정-표[2] | 리정표[1] | 里程標 | |
| 이정-하다[2] | 리정하다 | 釐正-- | |
| 이제[4] | 리제 | 裏題 | (조)裡題 |
| 이제-부 | 리제부 | 利濟府 | |
| 이조[2] | 리조[2] | 吏曹 | |
| 이조[3] | 리조[3] | 利條 | |
| 이조[4] | 리조[1] | 李朝 | |
| 이조-실록 | 리조실록 | 李朝實錄 | (조)李祖實錄 |
| 이조^참의 | 리조참의 | 吏曹參議 | |
| 이조^참판 | 리조참판 | 吏曹參判 | (조)吏書參判 |
| 이조^판서 | 리조판서 | 吏曹判書 | |
| 이주[9] | 리주 | 驪珠 | |
| 이중[5] | 리중 | 里中 | |
| 이중-계 | 리중계 | 里中契 | |
| 이중^노출 | 이중로출 | 二重露出 | |
| 이중-탕 | 리중탕 | 理中湯 | |
| 이중-환[2] | 리중환 | 理中丸 | |
| 이지[8] | 리지 | 理智 | |
| 이지-력 | 리지력 | 理智力 | |
| 이지소재 | 리지소재 | 利之所在 | |
| 이지이 | 리지리 | 利之利 | |
| 이지-적 | 리지적 | 理智的 | |
| 이직[4] | 리직[2] | 理直 | |
| 이직[6] | 리직[1] | 離職 | |
| 이직-하다[1] | 리직하다 | 理直-- | |
| 이직-하다[3] | 리직하다 | 離職-- | |
| 이질[3] | 리질 | 痢疾 | |
| 이질-풀 | 리질풀 | 痢疾- | |
| 이징[2] | 리징 | 里徵 | (조)里微 |
| 이징-하다 | 리징하다 | 里徵-- | |
| 이-착륙 | 리착륙 | 離着陸 | |
| 이착륙-하다 | 리착륙하다 | 離着陸-- | |
| 이찰 | 리찰 | 吏札 | |
| 이-창포 | 니창포 | 泥菖蒲 | |

| 《표대》 | 《조대》 | 원어 | 비고 |
|---|---|---|---|
| 이채[1] | 리채 | 吏債 | |
| 이천[6] | 리천 | 履踐 | |
| 이천-하다[2] | 리천하다 | 履踐-- | |
| 이청-음 | 리청음 | 梨菁飮 | |
| 이추 | 니추 | 泥鰍 | |
| 이추저 | 니추저 | 泥鰍疽 | |
| 이출[1] | 리출 | 利出 | |
| 이충무공-전서 | 리충무공전서 | 李忠武公全書 | |
| 이취[1] | 니취 | 泥醉 | |
| 이취-하다 | 니취하다 | 泥醉-- | |
| 이측 | 리측 | 離側 | |
| 이측-하다 | 리측하다 | 離側-- | |
| 이층[1] | 리층 | 離層 | |
| 이치[5] | 리치[2] | 吏治 | |
| 이치[6] | 리치[1] | 理致 | |
| 이타[3] | 리타 | 利他 | |
| 이타-설 | 리타설 | 利他說 | |
| 이타-주의 | 리타주의 | 利他主義 | |
| 이탄 | 니탄 | 泥炭 | |
| 이탈 | 리탈 | 離脫 | |
| 이탈-되다 | 리탈되다 | 離脫-- | |
| 이탈-하다 | 리탈하다 | 離脫-- | |
| 이토[1] | 리토 | 吏吐 | |
| 이토[2] | 니토 | 泥土 | |
| 이투 | 리투 | 吏套 | |
| 이판[1] | 리판[2] | 吏判 | |
| 이판[2] | 리판[3] | 理判 | |
| 이판-암 | 니판암 | 泥板巖 | (조)泥板岩 |
| 이판-화 | 리판화 | 離瓣花 | |
| 이판화-관 | 리판화관 | 離瓣花冠 | |
| 이판화^식물 | 리판화식물 | 離瓣花植物 | |
| 이포[1] | 리포 | 吏逋 | |
| 이피-니 | 리피니 | 梨皮泥 | |
| 이피-문 | 리피문 | 梨皮紋 | |
| 이필[1] | 리필 | 吏筆 | |
| 이-하다 | 리하다 | 利-- | |
| 이학[2] | 리학 | 理學 | |
| 이학-자 | 리학자 | 理學者 | |
| 이한-증[2] | 리한증 | 裏寒症 | |

| 《표대》 | 《조대》 | 원어 | 비고 |
|---|---|---|---|
| 이합 | 리합 | 離合 | |
| 이합-집산 | 리합집산 | 離合集散 | |
| 이합-하다 | 리합하다 | 離合-- | |
| 이해3 | 리해2 | 利害 | |
| 이해4 | 니해 | 泥海 | |
| 이해6 | 리해1 | 理解 | |
| 이해9 | 리해3 | 裏醢 | (조)裡醢 |
| 이해-관계 | 리해관계 | 利害關係 | |
| 이해-관두 | 리해관두 | 利害關頭 | |
| 이해-되다 | 리해되다 | 理解-- | |
| 이해-득실 | 리해득실 | 利害得失 | |
| 이해-력 | 리해력 | 理解力 | |
| 이해-불계 | 리해불계 | 利害不計 | |
| 이해불계-하다 | 리해불계하다 | 利害不計-- | |
| 이해-상반2 | 리해상반 | 利害相半 | |
| 이해-성 | 리해성 | 理解性 | |
| 이해-심 | 리해심 | 理解心 | |
| 이해-타산 | 리해타산 | 利害打算 | |
| 이해-하다2 | 리해하다 | 理解-- | |
| 이핵 | 리핵 | 離核 | |
| 이행8 | 리행 | 履行 | |
| 이행-되다2 | 리행되다 | 履行-- | |
| 이행-하다4 | 리행하다 | 履行-- | |
| 이향1 | 리향2 | 吏鄕 | |
| 이향4 | 리향1 | 離鄕 | |
| 이향-하다 | 리향하다 | 離鄕-- | |
| 이허2 | 리허2 | 裏虛 | |
| 이허3 | 리허1 | 裏許 | |
| 이허-증 | 리허증 | 裏虛症 | |
| 이혁 | 리혁 | 釐革 | |
| 이혁-되다 | 리혁되다 | 釐革-- | |
| 이혁-하다 | 리혁하다 | 釐革-- | |
| 이혜 | 니혜 | 泥鞋 | |
| 이호3 | 리호1 | 吏戶 | |
| 이호4 | 리호2 | 犁鶘 | (조)梨鶘 |
| 이혼3 | 리혼 | 離婚 | |
| 이혼-하다 | 리혼하다 | 離婚-- | |
| 이화2 | 리화3 | 李花 | |
| 이화4 | 리화2 | 梨花 | |

| 《표대》 | 《조대》 | 원어 | 비고 |
|---|---|---|---|
| 이화[5] | 리화[4] | 理化 | |
| 이화[8] | 리화[1] | 罹禍 | |
| 이-화산 | 니화산 | 泥火山 | |
| 이화-주 | 리화주 | 梨花酒 | |
| 이화-하다[3] | 리화하다 | 罹禍-- | |
| 이-화학 | 리화학 | 理化學 | |
| 이화^학당 | 리화학당 | 梨花學堂 | |
| 이환-율 | 리환률 | 罹患率 | |
| 이회[1] | 리회[1] | 里會 | |
| 이회[2] | 니회 | 泥灰 | |
| 이회[3] | 리회[2] | 理會 | |
| 이회-력 | 리회력 | 理會力 | |
| 이회-암 | 니회암 | 泥灰巖 | (조)泥灰岩 |
| 이회-하다 | 리회하다 | 理會-- | |
| 익명 | 닉명 | 匿名 | |
| 익명-서 | 닉명서 | 匿名書 | |
| 익명^투표 | 닉명투표 | 匿名投票 | |
| 익명-하다 | 닉명하다 | 匿名-- | |
| 익몰 | 닉몰 | 溺沒 | |
| 익몰-하다 | 닉몰하다 | 溺沒-- | |
| 익비[2] | 닉비 | 齆鼻 | |
| 익애 | 닉애 | 溺愛 | |
| 익애-하다 | 닉애하다 | 溺愛-- | |
| 익음[2] | 닉음 | 溺音 | |
| 익직 | 닉직 | 溺職 | |
| 익직-하다 | 닉직하다 | 溺職-- | |
| 인[15] | 린 | 燐 | |
| 인가[6] | 린가 | 隣家 | |
| 인각[3] | 린각 | 麟閣 | |
| 인갑[2] | 린갑 | 鱗甲 | |
| 인개 | 린개 | 鱗介 | |
| 인개-도 | 린개도 | 鱗介圖 | |
| 인경[5] | 린경[1] | 隣境 | |
| 인경[6] | 린경[2] | 鱗莖 | |
| 인곡 | 린곡 | 隣曲 | |
| 인공^기흉^요법 | 인공기흉료법 | 人工氣胸療法 | |
| 인공^유산 | 인공류산 | 人工流産 | |
| 인과-율 | 인과률 | 因果律 | |
| 인광[1] | 린광[1] | 燐光 | |

| 《표대》 | 《조대》 | 원어 | 비고 |
|---|---|---|---|
| 인광[2] | 린광[2] | 燐鑛 | |
| 인광^분석 | 린광분석 | 燐光分析 | |
| 인광-체 | 린광체 | 燐光體 | |
| 인교[5] | 린교 | 隣交 | |
| 인국 | 린국 | 隣國 | (조)隣国 |
| 인군[3] | 린군 | 隣郡 | |
| 인-규석 | 린규석 | 燐硅石 | |
| 인근 | 린근 | 隣近 | |
| 인근-동 | 린근동 | 隣近洞 | |
| 인근-처 | 린근처 | 隣近處 | |
| 인-단백질 | 린단백질 | 燐蛋白質 | |
| 인동[2] | 린동 | 隣洞 | |
| 인리[5] | 린리 | 隣里 | |
| 인리-징 | 린리징 | 隣里徵 | |
| 인린[1] | 린린[1] | 燐燐 | |
| 인린[2] | 린린[2] | 轔轔 | |
| 인린-하다[1] | 린린하다 | 燐燐-- | |
| 인린-하다[2] | 린린하다 | 轔轔-- | |
| 인모[4] | 린모 | 鱗毛 | |
| 인목[3] | 린목 | 鱗木 | |
| 인방[3] | 린방 | 隣邦 | |
| 인보[2] | 린보 | 鄰保 | (조)隣保 |
| 인분[2] | 린분[1] | 燐分 | |
| 인분[3] | 린분[2] | 鱗粉 | |
| 인비[4] | 린비[2] | 鄰比 | (조)隣比 |
| 인비[6] | 린비[1] | 鱗比 | |
| 인산[3] | 린산 | 燐酸 | |
| 인산^무수물 | 린산무수물 | 燐酸無水物 | |
| 인산-염 | 린산염 | 燐酸鹽 | |
| 인산-철 | 린산철 | 燐酸鐵 | |
| 인산^코데인 | 린산코데인 | 燐酸codeine | |
| 인산-화 | 린산화 | 燐酸化 | |
| 인상[7] | 린상 | 鱗狀 | |
| 인색 | 린색 | 吝嗇 | |
| 인색-하다 | 린색하다 | 吝嗇-- | |
| 인색-한 | 린색한 | 吝嗇漢 | |
| 인색-히 | 린색히 | 吝嗇- | |
| 인설 | 린설 | 鱗屑 | |
| 인성-염불 | 인성념불 | 引聲念佛 | |

| 《표대》 | 《조대》 | 원어 | 비고 |
|---|---|---|---|
| 인아[4] | 린아[2] | 隣兒 | |
| 인아[5] | 린아[1] | 鱗芽 | |
| 인엽 | 린엽 | 鱗葉 | |
| 인우[2] | 린우 | 隣友 | |
| 인읍 | 린읍 | 隣邑 | |
| 인의[8] | 린의 | 隣誼 | |
| 인의예지 | 인의례지 | 仁義禮智 | |
| 인접[2] | 린접 | 隣接 | |
| 인접-국 | 린접국 | 隣接國 | |
| 인접-하다[2] | 린접하다 | 隣接-- | |
| 인제[6] | 린제 | 鄰提 | (조)隣提 |
| 인족[2] | 린족 | 鱗族 | |
| 인^중독 | 린중독 | 燐中毒 | |
| 인지[9] | 린지 | 隣地 | |
| 인-지질 | 린지질 | 燐脂質 | |
| 인징 | 린징 | 隣徵 | |
| 인차[3] | 린차 | 鱗次 | |
| 인차-하다 | 린차하다 | 鱗次-- | |
| 인착 | 린착 | 鱗着 | |
| 인착-하다 | 린착하다 | 鱗着-- | |
| 인촌[3] | 린촌[1] | 隣村 | |
| 인충 | 린충 | 鱗蟲 | (조)鱗虫 |
| 인편[2] | 린편 | 鱗片 | |
| 인편-상 | 린편상 | 鱗片狀 | |
| 인피[4] | 린피 | 鱗被 | (조)鱗皮 |
| 인-하다[2] | 린하다 | 吝-- | |
| 인호[4] | 린호 | 隣好 | |
| 인화[6] | 린화 | 燐火 | |
| 인화-물[2] | 린화물 | 燐化物 | |
| 인회-석 | 린회석 | 燐灰石 | |
| 일거-양득 | 일거량득 | 一擧兩得 | |
| 일거양득-하다 | 일거량득하다 | 一擧兩得-- | |
| 일거-양실 | 일거량실 | 一擧兩失 | |
| 일거양실-하다 | 일거량실하다 | 一擧兩失-- | |
| 일광^요법 | 일광료법 | 日光療法 | |
| 일구-양설 | 일구량설 | 一口兩舌 | |
| 일구양설-하다 | 일구량설하다 | 一口兩舌-- | |
| 일도-양단 | 일도량단 | 一刀兩斷 | |
| 일목요연 | 일목료연 | 一目瞭然 | |

| 《표대》 | 《조대》 | 원어 | 비고 |
|---|---|---|---|
| 일목**요**연-하다 | 일목**료**연하다 | 一目瞭然-- | |
| 일반^상대성^**이**론 | 일반상대성**리**론 | 一般相對性理論 | |
| 일부-**양**처 | 일부**량**처 | 一夫兩妻 | |
| 일수-**양**반 | 일수**량**반 | 日守兩班 | |
| 일신-**양**역 | 일신**량**역 | 一身兩役 | |
| 일양-**내**복 | 일양**래**복 | 一陽來復 | (조)一陽來複 |
| 일조-**율** | 일조**률** | 日照率 | |
| **임**[8] | **림**[2] | 臨 | |
| **임**간 | **림**간 | 林間 | |
| **임**간^묘포 | **림**간묘포 | 林間苗圃 | |
| **임**간^학교 | **림**간학교 | 林間學校 | |
| **임**갈굴정 | **림**갈굴정 | 臨渴掘井 | |
| **임**검 | **림**검 | 臨檢 | |
| **임**검-하다 | **림**검하다 | 臨檢-- | |
| **임**경-굴정 | **림**경굴정 | 臨耕掘井 | |
| **임**계[2] | **림**계 | 臨界 | |
| **임**계-각 | **림**계각 | 臨界角 | |
| **임**계^상태 | **림**계상태 | 臨界狀態 | |
| **임**계^속도 | **림**계속도 | 臨界速度 | |
| **임**계^압력 | **림**계압력 | 臨界壓力 | |
| **임**계^온도 | **림**계온도 | 臨界溫度 | |
| **임**계^전류 | **림**계전류 | 臨界電流 | |
| **임**계-점 | **림**계점 | 臨界點 | |
| **임**계^주파수 | **림**계주파수 | 臨界周波數 | |
| **임**계^질량 | **림**계질량 | 臨界質量 | |
| **임**계^현상 | **림**계현상 | 臨界現象 | |
| **임**괘 | **림**괘 | 臨卦 | (조)臨掛 |
| **임**균 | **림**균 | 淋菌/痳菌 | (조)痳菌 |
| **임**금[2] | **림**금 | 林檎 | |
| 임금^**노**동 | 임금**로**동 | 賃金勞動 | |
| 임금^**노**동자 | 임금**로**동자 | 賃金勞動者 | |
| **임**기[3] | **림**기 | 臨機 | |
| **임**기-응변 | **림**기응변 | 臨機應變 | |
| **임**기응변-하다 | **림**기응변하다 | 臨機應變-- | |
| **임**기-하다[2] | **림**기하다 | 臨機-- | |
| **임**농 | **림**농 | 臨農 | |
| **임**농-기 | **림**농기 | 臨農期 | |
| **임**농-탈경 | **림**농탈경 | 臨農奪耕 | |
| **임**독 | **림**독 | 淋毒/痳毒 | (조)淋毒 |

| 《표대》 | 《조대》 | 원어 | 비고 |
|---|---|---|---|
| 임력[2] | 림력 | 淋瀝/痲瀝 | (조)淋瀝 |
| 임령 | 림령 | 林齡 | |
| 임리 | 림리 | 淋漓 | |
| 임리-하다 | 림리하다 | 淋漓-- | |
| 임림총총 | 림림총총 | 林林叢叢 | |
| 임림총총-하다 | 림림총총하다 | 林林叢叢-- | |
| 임림총총-히 | 림림총총히 | 林林叢叢- | |
| 임립 | 림립 | 林立 | |
| 임립-하다 | 림립하다 | 林立-- | |
| 임목 | 림목 | 林木 | |
| 임문 | 림문 | 臨文 | |
| 임문-하다 | 림문하다 | 臨文-- | |
| 임민 | 림민 | 臨民 | |
| 임민-하다 | 림민하다 | 臨民-- | |
| 임박[2] | 림박 | 臨迫 | |
| 임박-하다 | 림박하다 | 臨迫-- | |
| 임분 | 림분 | 林分 | |
| 임비 | 림비 | 淋祕/痲祕 | (조)淋祕 |
| 임사[3] | 림사[1] | 臨死 | |
| 임사[4] | 림사[2] | 臨事 | |
| 임사-하다[3] | 림사하다 | 臨死-- | |
| 임사-하다[4] | 림사하다 | 臨事-- | |
| 임삭 | 림삭 | 臨朔 | |
| 임삭-하다 | 림삭하다 | 臨朔-- | |
| 임산[3] | 림산[1] | 林産 | |
| 임산[4] | 림산[2] | 臨産 | |
| 임산-물 | 림산물 | 林産物 | |
| 임산^철도 | 림산철도 | 林産鐵道 | |
| 임산-하다 | 림산하다 | 臨産-- | |
| 임상[1] | 림상[2] | 林相 | |
| 임상[2] | 림상[1] | 臨床 | |
| 임상-도 | 림상도 | 林相圖 | |
| 임상^병리학 | 림상병리학 | 臨床病理學 | |
| 임상^약리학 | 림상약리학 | 臨床藥理學 | |
| 임상^유전학 | 림상유전학 | 臨床遺傳學 | |
| 임상^의학 | 림상의학 | 臨床醫學 | |
| 임상-하다 | 림상하다 | 臨床-- | |
| 임석[2] | 림석 | 臨席 | |
| 임석-하다 | 림석하다 | 臨席-- | |

| 《표대》 | 《조대》 | 원어 | 비고 |
|---|---|---|---|
| 임세 | 림세 | 臨歲 | |
| 임세-하다 | 림세하다 | 臨歲-- | |
| 임습 | 림습 | 霖濕 | |
| 임시[2] | 림시[1] | 臨時 | |
| 임시[3] | 림시[2] | 臨視 | |
| 임시^국회 | 림시국회 | 臨時國會 | |
| 임시^기호 | 림시기호 | 臨時記號 | |
| 임시-낭패 | 림시랑패 | 臨時狼狽 | |
| 임시-방편 | 림시방편 | 臨時方便 | (조)臨時防便 |
| 임시-변통 | 림시변통 | 臨時變通 | |
| 임시변통-하다 | 림시변통하다 | 臨時變通-- | |
| 임시-비 | 림시비 | 臨時費 | |
| 임시-응변 | 림시응변 | 臨時應變 | |
| 임시-적 | 림시적 | 臨時的 | |
| 임시^정부 | 림시정부 | 臨時政府 | |
| 임시-졸판 | 림시졸판 | 臨時猝辦 | |
| 임시-처변 | 림시처변 | 臨時處變 | |
| 임시처변-하다 | 림시처변하다 | 臨時處變-- | |
| 임시-표 | 림시표 | 臨時標 | |
| 임시-하다[2] | 림시하다 | 臨視-- | |
| 임야 | 림야 | 林野 | |
| 임어 | 림어 | 臨御 | |
| 임어-하다 | 림어하다 | 臨御-- | |
| 임업 | 림업 | 林業 | |
| 임와복 | 림와복 | 臨臥服 | |
| 임와복-하다 | 림와복하다 | 臨臥服-- | |
| 임욕 | 림욕 | 臨褥/臨蓐 | (조)臨褥 |
| 임우 | 림우 | 霖雨 | |
| 임원[3] | 림원 | 林源 | |
| 임월[2] | 림월 | 臨月 | |
| 임읍 | 림읍 | 臨泣 | |
| 임장[3] | 림장 | 臨場 | |
| 임장-감 | 림장감 | 臨場感 | |
| 임장-하다 | 림장하다 | 臨場-- | |
| 임전[3] | 림전 | 臨戰 | |
| 임전-무퇴 | 림전무퇴 | 臨戰無退 | |
| 임전-하다 | 림전하다 | 臨戰-- | |
| 임정[2] | 림정[2] | 臨政 | |
| 임종[2] | 림종 | 臨終 | |

| 《표대》 | 《조대》 | 원어 | 비고 |
|---|---|---|---|
| 임종-하다 | 림종하다 | 臨終-- | |
| 임증 | 림증 | 淋症/痳症 | (조)淋症 |
| 임지[2] | 림지 | 林地 | |
| 임진[2] | 림진 | 臨陣 | |
| 임진-대적 | 림진대적 | 臨陣對敵 | |
| 임진-역장 | 림진역장 | 臨陣易將 | |
| 임진-하다 | 림진하다 | 臨陣-- | |
| 임질[2] | 림질 | 淋疾/痳疾 | (조)淋疾 |
| 임천[2] | 림천 | 林泉 | |
| 임첩 | 림첩 | 臨帖 | |
| 임첩-하다 | 림첩하다 | 臨帖-- | |
| 임파 | 림파 | 淋巴 | |
| 임파^결절 | 림파결절 | 淋巴結節 | |
| 임파-관 | 림파관 | 淋巴管 | |
| 임파-구 | 림파구 | 淋巴球 | |
| 임파^심장 | 림파심장 | 淋巴心臟 | |
| 임파-액 | 림파액 | 淋巴液 | |
| 임파-절 | 림파절 | 淋巴節 | |
| 임-하다[2] | 림하다 | 臨-- | |
| 임하-부인 | 림하부인 | 林下夫人 | |
| 임학 | 림학 | 林學 | |
| 임해[1] | 림해[2] | 林海 | |
| 임해[2] | 림해[1] | 臨海 | |
| 임해-하다 | 림해하다 | 臨海-- | |
| 임행 | 림행 | 臨幸 | |
| 임행-하다 | 림행하다 | 臨幸-- | |
| 임화[2] | 림화 | 臨畫 | (조)臨畵 |
| 임화-하다 | 림화하다 | 臨畫-- | |
| 입각[2] | 립각[1] | 立脚 | |
| 입각-점 | 립각점 | 立脚點 | |
| 입각-지 | 립각지 | 立脚地 | |
| 입각-착래 | 립각착래 | 立刻捉來 | |
| 입각착래-하다 | 립각착래하다 | 立刻捉來-- | |
| 입각-하다[2] | 립각하다 | 立脚-- | |
| 입건 | 립건 | 立件 | |
| 입건-하다 | 립건하다 | 立件-- | |
| 입경[3] | 립경 | 粒徑 | |
| 입경^분석 | 립경분석 | 粒徑分析 | |
| 입계[2] | 립계 | 粒界 | |

| 《표대》 | 《조대》 | 원어 | 비고 |
|---|---|---|---|
| 입-고도 | 립고도 | 立高跳 | |
| 입고-병 | 립고병 | 立枯病 | |
| 입근[2] | 립근 | 立慬 | (조)立僅 |
| 입근-하다[2] | 립근하다 | 立慬-- | |
| 입낙 | 립낙 | 立諾 | |
| 입낙-하다 | 립낙하다 | 立諾-- | |
| 입담-간 | 립담간 | 立談間 | |
| 입도[2] | 립도[1] | 立稻 | |
| 입도[3] | 립도[2] | 粒度 | |
| 입도^분석 | 립도분석 | 粒度分析 | |
| 입도-선매 | 립도선매 | 立稻先賣 | |
| 입동 | 립동 | 立冬 | |
| 입례[1] | 립례 | 立禮 | |
| 입례-하다 | 립례하다 | 立禮-- | |
| 입론 | 립론 | 立論 | |
| 입마 | 립마 | 立馬 | |
| 입맥-선매 | 립맥선매 | 立麥先賣 | (조)立麥先買 |
| 입면-도 | 립면도 | 立面圖 | |
| 입모 | 립모 | 笠帽 | |
| 입모-근 | 립모근 | 立毛筋 | |
| 입목[2] | 립목 | 立木 | |
| 입미 | 립미 | 粒米 | |
| 입방[1] | 립방[1] | 立方 | |
| 입방[3] | 립방[2] | 笠房 | |
| 입방-근 | 립방근 | 立方根 | |
| 입방^정계 | 립방정계 | 立方晶系 | |
| 입방-체 | 립방체 | 立方體 | |
| 입법 | 립법 | 立法 | |
| 입법-권 | 립법권 | 立法權 | |
| 입법^기관 | 립법기관 | 立法機關 | |
| 입법^처방 | 립법처방 | 立法處方 | |
| 입보[2] | 립보 | 立保 | |
| 입보-하다[2] | 립보하다 | 立保-- | |
| 입본 | 립본 | 立本 | |
| 입본-하다 | 립본하다 | 立本-- | |
| 입비[2] | 립비 | 立碑 | |
| 입비-하다 | 립비하다 | 立碑-- | |
| 입사[8] | 립사[1] | 立射 | |
| 입사[9] | 립사[3] | 立嗣 | |

| 《표대》 | 《조대》 | 원어 | 비고 |
|---|---|---|---|
| 입사-하다[7] | 립사하다 | 立射-- | |
| 입사-하다[8] | 립사하다 | 立嗣-- | |
| 입사-호 | 립사호 | 立射壕 | |
| 입상[3] | 립상[1] | 立像 | |
| 입상[4] | 립상[2] | 粒狀 | |
| 입상-도 | 립상도 | 粒狀度 | |
| 입상-반 | 립상반 | 粒狀斑 | |
| 입석[1] | 립석 | 立石 | |
| 입석-기공 | 립석기공 | 立石紀功 | |
| 입석-하다 | 립석하다 | 立石-- | |
| 입식[3] | 립식[2] | 立食 | |
| 입식[6] | 립식[1] | 笠飾 | |
| 입식-하다[2] | 립식하다 | 立食-- | |
| 입신[2] | 립신 | 立身 | |
| 입신-양명 | 립신양명 | 立身揚名 | |
| 입신양명-하다 | 립신양명하다 | 立身揚名-- | |
| 입신-출세 | 립신출세 | 立身出世 | |
| 입신출세-하다 | 립신출세하다 | 立身出世-- | |
| 입신-하다[2] | 립신하다 | 立身-- | |
| 입심[2] | 립심[1] | 立心 | |
| 입심-하다 | 립심하다 | 立心-- | |
| 입안[2] | 립안 | 立案 | |
| 입안-하다[2] | 립안하다 | 立案-- | |
| 입언 | 립언 | 立言 | |
| 입언-하다 | 립언하다 | 立言-- | |
| 입영[2] | 립영[2] | 立泳 | |
| 입영[3] | 립영[1] | 笠纓 | |
| 입이[1] | 립이[1] | 立異 | |
| 입이[2] | 립이[2] | 粒餌 | |
| 입이-하다 | 립이하다 | 立異-- | |
| 입자[2] | 립자[1] | 粒子 | |
| 입자[3] | 립자[2] | 笠子 | |
| 입자^가속기 | 립자가속기 | 粒子加速器 | |
| 입자-선 | 립자선 | 粒子線 | |
| 입장[4] | 립장 | 立場 | |
| 입절 | 립절 | 立節 | |
| 입절-하다 | 립절하다 | 立節-- | |
| 입정[5] | 립정 | 立庭 | |
| 입조[3] | 립조 | 立朝 | |

| 《표대》 | 《조대》 | 원어 | 비고 |
|---|---|---|---|
| 입조-하다[3] | 립조하다 | 立朝-- | |
| 입종 | 립종 | 立種 | |
| 입주[4] | 립주 | 立柱 | |
| 입주-하다[3] | 립주하다 | 立柱-- | |
| 입즉-착래 | 립즉착래 | 立卽捉來 | |
| 입증[2] | 립증 | 立證 | |
| 입증-되다 | 립증되다 | 立證-- | |
| 입증-하다 | 립증하다 | 立證-- | |
| 입지[1] | 립지[1] | 立地 | |
| 입지[2] | 립지[4] | 立旨 | |
| 입지[3] | 립지[2] | 立志 | |
| 입지[4] | 립지[3] | 立遲 | |
| 입지-전 | 립지전 | 立志傳 | |
| 입지-하다 | 립지하다 | 立志-- | |
| 입창[3] | 립창 | 立唱 | |
| 입철[2] | 립철 | 粒鐵 | |
| 입첨 | 립첨 | 笠檐 | |
| 입체[2] | 립체 | 立體 | |
| 입체-각 | 립체각 | 立體角 | |
| 입체-감 | 립체감 | 立體感 | |
| 입체^거울 | 립체거울 | 立體-- | |
| 입체-경 | 립체경 | 立體鏡 | |
| 입체^교차 | 립체교차 | 立體交叉 | |
| 입체^구조 | 립체구조 | 立體構造 | |
| 입체^기하학 | 립체기하학 | 立體幾何學 | |
| 입체^녹음 | 립체록음 | 立體錄音 | |
| 입체^도안 | 립체도안 | 立體圖案 | |
| 입체-미 | 립체미 | 立體美 | |
| 입체^방송 | 립체방송 | 立體放送 | |
| 입체^배치 | 립체배치 | 立體配置 | |
| 입체^사진 | 립체사진 | 立體寫眞 | |
| 입체-시 | 립체시 | 立體視 | |
| 입체식^양식 | 립체식양식 | 立體式養殖 | |
| 입체^양어 | 립체양어 | 立體養魚 | |
| 입체^양어장 | 립체양어장 | 立體養魚場 | |
| 입체^영화 | 립체영화 | 立體映畫 | |
| 입체-음 | 립체음 | 立體音 | |
| 입체^이성 | 립체이성 | 立體異性 | (조)立体異性 |
| 입체^이성체 | 립체이성체 | 立體異性體 | |

| 《표대》 | 《조대》 | 원어 | 비고 |
|---|---|---|---|
| 입체^인쇄 | 립체인쇄 | 立體印刷 | |
| 입체^장애 | 립체장애 | 立體障礙 | |
| 입체^재단 | 립체재단 | 立體裁斷 | |
| 입체-적 | 립체적 | 立體的 | |
| 입체-전 | 립체전 | 立體戰 | |
| 입체-주의 | 립체주의 | 立體主義 | |
| 입체^지도 | 립체지도 | 立體地圖 | |
| 입체-파 | 립체파 | 立體派 | |
| 입체^현미경 | 립체현미경 | 立體顯微鏡 | |
| 입체^화학 | 립체화학 | 立體化學 | |
| 입체^회로 | 립체회로 | 立體回路 | |
| 입체^효과 | 립체효과 | 立體效果 | |
| 입초[2] | 립초 | 立哨 | |
| 입추[1] | 립추[1] | 立秋 | |
| 입추[3] | 립추[2] | 立錐 | |
| 입추지지 | 립추지지 | 立錐之地 | |
| 입춘 | 립춘 | 立春 | |
| 입춘-대길 | 립춘대길 | 立春大吉 | |
| 입춘-방 | 립춘방 | 立春榜 | |
| 입춘-서 | 립춘서 | 立春書 | |
| 입평 | 립평 | 立坪 | |
| 입표 | 립표 | 立標 | |
| 입표-하다 | 립표하다 | 立標-- | |
| 입하[2] | 립하 | 立夏 | |
| 입하-책자 | 립하책자 | 立下冊子 | |
| 입헌 | 립헌 | 立憲 | |
| 입헌-국 | 립헌국 | 立憲國 | |
| 입헌^군주국 | 립헌군주국 | 立憲君主國 | |
| 입헌^군주제 | 립헌군주제 | 立憲君主制 | |
| 입헌^정체 | 립헌정체 | 立憲政體 | (조)立憲政体 |
| 입헌-제 | 립헌제 | 立憲制 | |
| 입헌-하다 | 립헌하다 | 立憲-- | |
| 입-화면 | 립화면 | 立畫面 | (조)立畵面 |
| 입황 | 립황 | 立黃 | |
| 입회[2] | 립회 | 立會 | |
| 입회-인 | 립회인 | 立會人 | |
| 입회-하다[2] | 립회하다 | 立會-- | |
| 입후[3] | 립후[1] | 立后 | |
| 입후[4] | 립후[2] | 立後 | |

| 《표대》 | 《조대》 | 원어 | 비고 |
|---|---|---|---|
| 입-후보 | 립후보 | 立候補 | (조)立後補 |
| 입후보-되다 | 립후보되다 | 立候補-- | |
| 입후보-자 | 립후보자 | 立候補者 | |
| 입후보-하다 | 립후보하다 | 立候補-- | |
| 입후-하다[3] | 립후하다 | 立后-- | |
| 입후-하다[4] | 립후하다 | 立後-- | |
| 잉여^가치율 | 잉여가치률 | 剩餘價值率 | |
| 잉여^노동 | 잉여로동 | 剩餘勞動 | |
| 잉크^전이율 | 잉크전이률 | ink轉移率 | |
| 자궁^염전 | 자궁념전 | 子宮捻轉 | |
| 자궁^파열 | 자궁파렬 | 子宮破裂 | |
| 자극^요법 | 자극료법 | 刺戟療法 | |
| 자기^나침의 | 자기라침의 | 磁氣羅針儀 | |
| 자기^녹음 | 자기록음 | 磁氣錄音 | |
| 자기^녹음기 | 자기록음기 | 磁氣錄音器 | |
| 자기^유체^역학 | 자기류체력학 | 磁氣流體力學 | |
| 자기^이력 | 자기리력 | 磁氣履歷 | |
| 자-녹색 | 자록색 | 紫綠色 | |
| 자동^연결기 | 자동련결기 | 自動連結器 | |
| 자리-이타 | 자리리타 | 自利利他 | |
| 자발^핵분열 | 자발핵분렬 | 自發核分裂 | |
| 자본^유동 | 자본류동 | 資本流動 | |
| 자본^유통 | 자본류통 | 資本流通 | |
| 자연-낙차 | 자연락차 | 自然落差 | |
| 자연수-열 | 자연수렬 | 自然數列 | |
| 자연^증가율 | 자연증가률 | 自然增加率 | |
| 자유^낙하 | 자유락하 | 自由落下 | |
| 자유-노동 | 자유로동 | 自由勞動 | |
| 자유-노동자 | 자유로동자 | 自由勞動者 | |
| 자유-연애 | 자유련애 | 自由戀愛 | |
| 자유^입자 | 자유립자 | 自由粒子 | |
| 자율 | 자률 | 自律 | |
| 자율-성 | 자률성 | 自律性 | |
| 자율^신경 | 자률신경 | 自律神經 | |
| 자율-적 | 자률적 | 自律的 | |
| 자장이분 | 자장리분 | 滋長利分 | |
| 자화-율 | 자화률 | 磁化率 | |
| 작금-양년 | 작금량년 | 昨今兩年 | |
| 작금-양일 | 작금량일 | 昨今兩日 | |

| 《표대》 | 《조대》 | 원어 | 비고 |
|---|---|---|---|
| 잔배-**냉**갱 | 잔배**랭**갱 | 殘杯冷羹 | |
| 잔배-**냉**적 | 잔배**랭**적 | 殘杯冷炙 | |
| 잔**열**[1] | 잔**렬** | 孱劣 | |
| 잔**열**-하다 | 잔**렬**하다 | 孱劣-- | |
| 장갑^**열**차 | 장갑**렬**차 | 裝甲列車 | |
| 장국-**냉**면 | 장국**랭**면 | 醬-冷麵 | |
| 장삼-**이**사 | 장삼**리**사 | 張三李四 | |
| 장**염**전-증 | 장**념**전증 | 腸捻轉症 | |
| 장해형^**냉**해 | 장해형**랭**해 | 障害型冷害 | |
| 재료^**역**학 | 재료**력**학 | 材料力學 | |
| 재**열**[2] | 재**렬** | 宰列 | |
| 저속**열**악-하다 | 저속**렬**악하다 | 低俗劣惡-- | |
| 저역^**여**파기 | 저역**려**파기 | 低域濾波器 | |
| 저**열**[1] | 저**렬** | 低劣 | |
| 저**열**-하다 | 저**렬**하다 | 低劣-- | |
| 저**율** | 저**률** | 低率 | |
| 저작^**인**접권 | 저작**린**접권 | 著作隣接權 | |
| 적과-**율** | 적과**률** | 賊科律 | |
| 적**나**라 | 적**라**라 | 赤裸裸 | |
| 적**나**라-하다 | 적**라**라하다 | 赤裸裸-- | |
| 적년-**누**월 | 적년**루**월 | 積年累月 | |
| 적덕-**누**인 | 적덕**루**인 | 積德累仁 | |
| 적외선^**여**광기 | 적외선**려**광기 | 赤外線濾光器 | |
| 적외선^**요**법 | 적외선**료**법 | 赤外線療法 | |
| 적재-**율** | 적재**률** | 積載率 | |
| 전광^**요**법 | 전광**료**법 | 電光療法 | |
| 전기^**뇌**관 | 전기**뢰**관 | 電氣雷管 | |
| 전기^**역**학 | 전기**력**학 | 電氣力學 | |
| 전기^**요**법 | 전기**료**법 | 電氣療法 | |
| 전-**난**분 | 전**란**분 | 全卵粉 | |
| 전도-**율** | 전도**률** | 傳導率 | |
| 전돈-**낭**패 | 전돈**랑**패 | 顚頓狼狽 | |
| 전류^효**율** | 전류효**률** | 電流效率 | |
| 전시-**녹**음 | 전시**록**음 | 前時錄音 | |
| 전시**녹**음^촬영 | 전시**록**음촬영 | 前時錄音撮影 | |
| 전신^**요**법 | 전신**료**법 | 全身療法 | |
| 전**열**[1] | 전**렬**[4] | 全裂 | |
| 전**열**[2] | 전**렬**[1] | 前列 | |
| 전**열**[3] | 전**렬**[3] | 前烈 | |

| 《표대》 | 《조대》 | 원어 | 비고 |
|---|---|---|---|
| 전열[8] | 전렬[2] | 戰列 | |
| 전열-하다[1] | 전렬하다 | 全裂-- | |
| 전율[1] | 전률[2] | 典律 | |
| 전율[2] | 전률[1] | 戰慄 | |
| 전율-통보 | 전률통보 | 典律通補 | |
| 전율-하다 | 전률하다 | 戰慄-- | |
| 전자^유량계 | 전자류량계 | 電磁流量計 | |
| 전전-율률 | 전전률률 | 戰戰慄慄 | |
| 전전율률-하다 | 전전률률하다 | 戰戰慄慄-- | |
| 전지^요법 | 전지료법 | 轉地療法 | |
| 전지^요양 | 전지료양 | 轉地療養 | |
| 전통^논리학 | 전통론리학 | 傳統論理學 | |
| 전투^서열 | 전투서렬 | 戰鬪序列 | |
| 절대^연대 | 절대년대 | 絶對年代 | |
| 절대^영도 | 절대령도 | 絶對零度 | |
| 절대^이념 | 절대리념 | 絶對理念 | |
| 절박-유산 | 절박류산 | 切迫流産 | |
| 점성^유체 | 점성류체 | 粘性流體 | |
| 정금-양옥 | 정금량옥 | 精金良玉 | |
| 정보^이론 | 정보리론 | 情報理論 | |
| 정수^역학 | 정수력학 | 靜水力學 | |
| 정신-노동 | 정신로동 | 精神勞動 | |
| 정신^분열병 | 정신분렬병 | 精神分裂病 | |
| 정신^분열증 | 정신분렬증 | 精神分裂症 | |
| 정신^요법 | 정신료법 | 精神療法 | |
| 정-역학 | 정력학 | 靜力學 | |
| 정-육면체 | 정6면체 | 正六面體 | |
| 정-육품 | 정6품 | 正六品 | |
| 정천이지 | 정천리지 | 頂天履地 | |
| 정천이지-하다 | 정천리지하다 | 頂天履地-- | |
| 정토-낙원 | 정토락원 | 淨土樂園 | |
| 제동^낙하산 | 제동락하산 | 制動落下傘 | |
| 제비-난 | 제비란 | --蘭 | |
| 제서유위-율 | 제서유위률 | 制書有違律 | |
| 제육-감 | 제륙감 | 第六感 | |
| 제이^분열 | 제이분렬 | 第二分裂 | |
| 제일^분열 | 제일분렬 | 第一分裂 | |
| 조동율서 | 조동률서 | 棗東栗西 | |
| 조석^예불 | 조석례불 | 朝夕禮佛 | |

| 《표대》 | 《조대》 | 원어 | 비고 |
|---|---|---|---|
| 조심-누골 | 조심루골 | 彫心鏤骨 | (조)操心鏤骨 |
| 조열[1] | 조렬 | 朝列 | |
| 조열-대부 | 조렬대부 | 朝列大夫 | |
| 조율[1] | 조률[3] | 棗栗 | |
| 조율[2] | 조률[2] | 照律 | |
| 조율[3] | 조률[1] | 調律 | |
| 조율-공 | 조률공 | 調律工 | |
| 조율-미음 | 조률미음 | 棗栗米飮 | |
| 조율-사 | 조률사 | 調律師 | |
| 조율이시 | 조률리시 | 棗栗梨柹 | (조)棗栗梨柿 |
| 조율^징판 | 조률징판 | 照律懲判 | |
| 조율-하다[2] | 조률하다 | 調律-- | |
| 졸업^논문 | 졸업론문 | 卒業論文 | |
| 졸졸-요당 | 졸졸료당 | 猝猝了當 | |
| 좀-낭아초 | 좀랑아초 | -狼牙草 | |
| 좀-어리연꽃 | 좀어리련꽃 | ---蓮- | |
| 좁쌀-영감 | 좁쌀령감 | --令監 | |
| 종명-누진 | 종명루진 | 鐘鳴漏盡 | |
| 종신^연금 | 종신년금 | 終身年金 | |
| 종-육품 | 종륙품 | 從六品 | |
| 좌사-낭중 | 좌사랑중 | 左司郎中 | |
| 좌열 | 좌렬 | 左列 | |
| 좌-육사 | 좌륙사 | 左六司 | |
| 좌-이방부 | 좌리방부 | 左理方府 | |
| 주기-율 | 주기률 | 週期律 | |
| 주름-제비난 | 주름제비란 | ----蘭 | |
| 주양자^수 | 주량자수 | 主量子數 | |
| 주열[2] | 주렬 | 柱列 | |
| 주일^예배 | 주일례배 | 主日禮拜 | |
| 주장-낙토 | 주장락토 | 走獐落兎 | |
| 준열 | 준렬 | 峻烈 | |
| 준열-성 | 준렬성 | 峻烈性 | |
| 준열-하다 | 준렬하다 | 峻烈-- | |
| 준열-히 | 준렬히 | 峻烈- | |
| 준-입자 | 준립자 | 準粒子 | |
| 중간-낭설 | 중간랑설 | 中間浪說 | |
| 중간-노걸대 | 중간로걸대 | 重刊老乞大 | |
| 중간노걸대-언해 | 중간로걸대언해 | 重刊老乞大諺解 | |
| 중과인산-석회 | 중과린산석회 | 重過燐酸石灰 | |

| 《표대》 | 《조대》 | 원어 | 비고 |
|---|---|---|---|
| 중-노동 | 중로동 | 重勞動 | |
| 중-노인 | 중로인 | 中老人 | |
| 중-역학 | 중력학 | 重力學 | |
| 중-입자 | 중립자 | 重粒子 | |
| 즉심-염불 | 즉심념불 | 卽心念佛 | |
| 증가-수열 | 증가수렬 | 增加數列 | |
| 증가-율 | 증가률 | 增加率 | |
| 증체-율 | 증체률 | 增體率 | |
| 지네발-난 | 지네발란 | ---蘭 | |
| 지마-냉탕 | 지마랭탕 | 芝麻冷湯 | |
| 지봉-유설 | 지봉류설 | 芝峯類說 | |
| 지불^준비율 | 지불준비률 | 支拂準備率 | |
| 지상^낙원[2] | 지상락원 | 地上樂園 | |
| 지압^요법 | 지압료법 | 指壓療法 | |
| 지어-농조 | 지어롱조 | 池魚籠鳥 | |
| 지연형^냉해 | 지연형랭해 | 遲延型冷害 | |
| 지지-율 | 지지률 | 支持率 | |
| 지질^연대 | 지질년대 | 地質年代 | |
| 지하수^유출 | 지하수류출 | 地下水流出 | |
| 직권^남용 | 직권람용 | 職權濫用 | |
| 직권^남용죄 | 직권람용죄 | 職權濫用罪 | |
| 직렬-연결 | 직렬련결 | 直列連結 | |
| 직업-여성 | 직업녀성 | 職業女性 | |
| 직-육면체 | 직륙면체 | 直六面體 | |
| 직접^노동 | 직접로동 | 直接勞動 | |
| 직통^열차 | 직통렬차 | 直通列車 | |
| 직행^열차 | 직행렬차 | 直行列車 | |
| 진공^여과기 | 진공려과기 | 오 眞空濾過機 | 眞空濾過器 |
| 진-녹색 | 진록색 | 津綠色 | |
| 진-늑골 | 진륵골 | 眞肋骨 | |
| 진담-누설[1] | 진담루설 | 陳談陋說 | |
| 진열[2] | 진렬 | 陳列 | |
| 진열-관 | 진렬관 | 陳列館 | |
| 진열-대 | 진렬대 | 陳列臺 | |
| 진열-되다 | 진렬되다 | 陳列-- | |
| 진열-실 | 진렬실 | 陳列室 | |
| 진열-장[2] | 진렬장 | 陳列欌 | |
| 진열-창 | 진렬창 | 陳列窓 | |
| 진열-품 | 진렬품 | 陳列品 | |

| 《표대》 | 《조대》 | 원어 | 비고 |
|---|---|---|---|
| 진열-하다[1] | 진렬하다 | 陳列-- | |
| 진율 | 진률[1] | 震慄/振慄 | (조)震慄 |
| 진율-하다 | 진률하다 | 震慄--/振慄-- | |
| 진퇴-양난 | 진퇴량난 | 進退兩難 | |
| 질산-요소 | 질산뇨소 | 窒酸尿素 | |
| 질점^역학 | 질점력학 | 質點力學 | |
| 징일-여백 | 징일려백 | 懲一勵百 | |
| 징일여백-하다 | 징일려백하다 | 懲一勵百-- | |
| 징집-영장 | 징집령장 | 徵集令狀 | |
| 차사-예채 | 차사례채 | 差使例債 | |
| 차아-인산 | 차아린산 | 次亞燐酸 | |
| 차율 | 차률 | 次律 | |
| 찬-요리 | 찬료리 | -料理 | |
| 참가-율 | 참가률 | 參加率 | |
| 참-이질풀 | 참리질풀 | -痢疾- | |
| 창송-녹죽 | 창송록죽 | 蒼松綠竹 | |
| 창업자^이득 | 창업자리득 | 創業者利得 | |
| 책상-양반 | 책상량반 | 冊床兩班 | |
| 척사-윤음 | 척사륜음 | 斥邪綸音 | |
| 천기-누설 | 천기루설 | 天機漏洩 | |
| 천-녹색 | 천록색 | 淺綠色 | |
| 천상열차분야지도 | 천상렬차분야지도 | 天象列次分野之圖 | |
| 천생-여질 | 천생려질 | 天生麗質 | |
| 천열[2] | 천렬 | 賤劣 | |
| 천열-하다 | 천렬하다 | 賤劣-- | |
| 천진-난만 | 천진란만 | 天眞爛漫 | |
| 천진난만-하다 | 천진란만하다 | 天眞爛漫-- | |
| 천체^역학 | 천체력학 | 天體力學 | |
| 철-연가 | 철련가 | 鐵連枷 | |
| 첨서^낙점 | 첨서락점 | 添書落點 | (조)添書落點 |
| 첩모-난생 | 첩모란생 | 睫毛亂生 | |
| 첩첩-이구 | 첩첩리구 | 喋喋利口 | |
| 청-낭간 | 청랑간 | 靑琅玕 | |
| 청-낭자 | 청랑자 | 靑娘子 | |
| 청사-양인도 | 청사량인도 | 靑蛇兩刃刀 | |
| 청산-녹수 | 청산록수 | 靑山綠水 | |
| 청산-유수 | 청산류수 | 靑山流水 | |
| 청송-녹죽 | 청송록죽 | 靑松綠竹 | |
| 청-요리 | 청료리 | 淸料理 | |

| 《표대》 | 《조대》 | 원어 | 비고 |
|---|---|---|---|
| 청의-여동 | 청의녀동 | 靑衣女童 | (조)靑衣女董 |
| 체아^양도목 | 체아량도목 | 遞兒兩都目 | |
| 초과^이윤 | 초과리윤 | 超過利潤 | |
| 초두-난액 | 초두란액 | 焦頭爛額 | |
| 초두난액-하다 | 초두란액하다 | 焦頭爛額-- | |
| 초-용담 | 초룡담 | 草龍膽 | |
| 초-유동 | 초류동 | 超流動 | |
| 초-육일 | 초륙일 | 初六日 | |
| 촌열 | 촌렬 | 寸裂 | |
| 촌열-되다 | 촌렬되다 | 寸裂-- | |
| 촌열-하다 | 촌렬하다 | 寸裂-- | |
| 총-역량 | 총력량 | 總力量 | |
| 총-연습 | 총련습 | 總練習 | |
| 총-영사 | 총령사 | 總領事 | |
| 총영사-관 | 총령사관 | 總領事館 | |
| 총-유탄 | 총류탄 | 銃榴彈 | |
| 최고-납후 | 최고랍후 | 摧枯拉朽 | |
| 최고납후-하다 | 최고랍후하다 | 摧枯拉朽-- | |
| 최대^이각 | 최대리각 | 最大離角 | |
| 최면^요법 | 최면료법 | 催眠療法 | |
| 추상-열일 | 추상렬일 | 秋霜烈日 | |
| 추수-양안 | 추수량안 | 秋水兩眼 | |
| 추율 | 추률 | 追律 | |
| 추율-하다 | 추률하다 | 追律-- | |
| 추풍-낙엽 | 추풍락엽 | 秋風落葉 | |
| 축소-율 | 축소률 | 縮小率 | |
| 춘한-노건 | 춘한로건 | 春寒老健 | |
| 출천-열녀 | 출천렬녀 | 出天烈女 | |
| 충격^요법 | 충격료법 | 衝擊療法 | |
| 충효열 | 충효렬 | 忠孝烈 | |
| 췌췌-율률 | 췌췌률률 | 惴惴慄慄 | |
| 췌췌율률-하다 | 췌췌률률하다 | 惴惴慄慄-- | (조)悴悴慄慄- |
| 치마-양반 | 치마량반 | --兩班 | |
| 치사-율 | 치사률 | 致死率 | |
| 치열[3] | 치렬[2] | 齒列 | |
| 치열[4] | 치렬[1] | 熾烈 | |
| 치열-하다[2] | 치렬하다 | 熾烈-- | |
| 치열-히[1] | 치렬히 | 熾烈- | |
| 칠언^율시 | 칠언률시 | 七言律詩 | |

| 《표대》 | 《조대》 | 원어 | 비고 |
|---|---|---|---|
| 침식^**윤**회 | 침식**륜**회 | 浸蝕輪廻 | |
| 침어**낙**안 | 침어**락**안 | 沈魚落雁 | |
| 칼잎-**용**담 | 칼잎**룡**담 | --龍膽 | |
| 콩짜개-**난** | 콩짜개**란** | ---蘭 | |
| 쾌도-**난**마 | 쾌도**란**마 | 快刀亂麻 | |
| 큰-방울새**난** | 큰방울새**란** | ----蘭 | |
| 큰-**용**담 | 큰**룡**담 | -龍膽 | |
| 큰-제비**난** | 큰제비**란** | ---蘭 | |
| 타원-**율** | 타원**률** | 楕圓率 | |
| 타**율**[1] | 타**률** | 他律 | |
| 타**율**-적 | 타**률**적 | 他律的 | |
| 탁덕**양**력 | 탁덕**량**력 | 度德量力 | |
| 탁덕**양**력-하다 | 탁덕**량**력하다 | 度德量力-- | |
| 탄성^**역**학 | 탄성**력**학 | 彈性力學 | |
| 탄소-**율** | 탄소**률** | 炭素率 | |
| 탐권-**낙**세 | 탐권**락**세 | 貪權樂勢 | |
| 탐권**낙**세-하다 | 탐권**락**세하다 | 貪權樂勢-- | |
| 털-사철**난** | 털사철**란** | -四-蘭 | |
| 털-**연**리초 | 털**련**리초 | -連理草 | |
| 토양^**입**자 | 토양**립**자 | 土壤粒子 | |
| 토지^**이**용률 | 토지**리**용률 | 土地利用率 | |
| 토질^**역**학 | 토질**력**학 | 土質力學 | |
| 통계^계**열** | 통계계**렬** | 統計系列 | |
| 통계^**역**학 | 통계**력**학 | 統計力學 | |
| 통상-**예**복 | 통상**례**복 | 通常禮服 | |
| 투과-**율** | 투과**률** | 透過率 | |
| 투자-**율** | 투자**률** | 透磁率 | (조)投資率 |
| 투표-**율** | 투표**률** | 投票率 | |
| 특별^**열**차 | 특별**렬**차 | 特別列車 | |
| 티오-**요**소 | 티오**뇨**소 | thio尿素 | |
| 파견^**영**사 | 파견**령**사 | 派遣領事 | |
| 파동^**역**학 | 파동**력**학 | 波動力學 | |
| 파라핀-**납** | 파라핀**랍** | paraffin蠟 | |
| 파란-**여**로 | 파란**려**로 | [오]--黎蘆 | --藜蘆 |
| 파**열** | 파**렬** | 破裂 | |
| 파**열**-되다 | 파**렬**되다 | 破裂-- | |
| 파**열**-음 | 파**렬**음 | 破裂音 | |
| 파**열**-탄 | 파**렬**탄 | 破裂彈 | |
| 파**열**-파 | 파**렬**파 | 破裂波 | |

| 《표대》 | 《조대》 | 원어 | 비고 |
|---|---|---|---|
| 파열-하다 | 파렬하다 | 破裂-- | |
| 파파-노인 | 파파로인 | 皤皤老人 | |
| 판열 | 판렬 | 瓣裂 | |
| 판열-되다 | 판렬되다 | 瓣裂-- | |
| 판열-하다 | 판렬하다 | 瓣裂-- | |
| 팔면-영롱 | 팔면령롱 | 八面玲瓏 | |
| 팔면-육비 | 팔면륙비 | 八面六臂 | |
| 팔십-연철 | 팔십련철 | 八十鍊鐵 | |
| 평균-율[1] | 평균률 | 平均律 | (조)平均率 |
| 평균-율[2] | 평균률 | 平均率 | |
| 평균^이윤 | 평균리윤 | 平均利潤 | |
| 평균^이윤율 | 평균리윤률 | 平均利潤率 | |
| 평사-낙안 | 평사락안 | 平沙落雁 | |
| 평양-냉면 | 평양랭면 | 平壤冷麵 | |
| 평행^육면체 | 평행륙면체 | 平行六面體 | |
| 포열[2] | 포렬 | 布列 | |
| 포열-되다 | 포렬되다 | 布列-- | |
| 포열-하다[1] | 포렬하다 | 布列-- | |
| 표사유피 | 표사류피 | 豹死留皮 | |
| 푼전-입미 | 푼전립미 | -錢粒米 | |
| 풍정낭식 | 풍정랑식 | 風定浪息 | |
| 풍정낭식-하다 | 풍정랑식하다 | 風定浪息-- | |
| 풍찬-노숙 | 풍찬로숙 | 風餐露宿 | |
| 풍타낭타 | 풍타랑타 | 風打浪打 | |
| 풍타죽낭타죽 | 풍타죽랑타죽 | 風打竹浪打竹 | |
| 피로-인산 | 피로린산 | pyro燐酸 | |
| 피율 | 피률 | 皮栗 | |
| 피해-율 | 피해률 | 被害率 | |
| 필요^노동 | 필요로동 | 必要勞動 | |
| 하님-여령 | 하님녀령 | --女伶 | |
| 하열[1] | 히렬[2] | 下劣 | |
| 하열-하다 | 하렬하다 | 下劣-- | |
| 학습^연도 | 학습년도 | 學習年度 | |
| 학위^논문 | 학위론문 | 學位論文 | |
| 할인-율 | 할인률 | 割引率 | |
| 함수-율 | 함수률 | 含水率 | |
| 합종-연횡 | 합종련횡 | 合從連橫 | (조)合縱漣橫 |
| 항공^역학 | 항공력학 | 航空力學 | |
| 항행^서열 | 항행서렬 | 航行序列 | |

| 《표대》 | 《조대》 | 원어 | 비고 |
|---|---|---|---|
| 해군^육전대 | 해군륙전대 | 海軍陸戰隊 | |
| 해류^불연속면 | 해류불련속면 | 海流不連續面 | |
| 해석^역학 | 해석력학 | 解析力學 | |
| 해수^엽선 | 해수렵선 | 海獸獵船 | |
| 해탈-영산 | 해탈령산 | 解脫靈散 | |
| 해파리-냉채 | 해파리랭채 | ---冷菜 | |
| 핵-분열 | 핵분렬 | 核分裂 | |
| 핵분열^반응 | 핵분렬반응 | 核分裂反應 | |
| 핵-입자 | 핵립자 | 核粒子 | |
| 행운-유수 | 행운류수 | 行雲流水 | |
| 허탈^요법 | 허탈료법 | 虛脫療法 | |
| 허희-유체 | 허희류체 | 歔欷流涕 | |
| 허희유체-하다 | 허희류체하다 | 歔欷流涕-- | |
| 현모-양처 | 현모량처 | 賢母良妻 | |
| 현상-양좌 | 현상량좌 | 賢相良佐 | (조) 現相良佐 |
| 혈-임파 | 혈림파 | 血淋巴 | |
| 혈청^요법 | 혈청료법 | 血清療法 | |
| 협정^세율 | 협정세률 | 協定稅率 | |
| 형식^논리학 | 형식론리학 | 形式論理學 | |
| 형한-양사 | 형한량사 | 刑漢兩司 | |
| 혜분난비 | 혜분란비 | 蕙焚蘭悲 | |
| 호거-용반 | 호거룡반 | 虎踞龍盤 | |
| 호-나복 | 호라복 | 胡蘿蔔 | |
| 호르몬^요법 | 호르몬료법 | hormone療法 | |
| 호분누석 | 호분루석 | 毫分縷析 | |
| 호분누석-하다 | 호분루석하다 | 毫分縷析-- | |
| 호사-난량 | 호사란량 | 胡思亂量 | |
| 호사-난상 | 호사란상 | 胡思亂想 | |
| 호상^열도 | 호상렬도 | 弧狀列島 | |
| 호언난설 | 호언란설 | 胡言亂說 | |
| 호열자 | 호렬자 | 虎列刺 | |
| 호행-난주 | 호행란주 | 胡行亂走 | |
| 호행난주-하다 | 호행란주하다 | 胡行亂走-- | |
| 혼성^여단 | 혼성려단 | 混成旅團 | |
| 혼합^열차 | 혼합렬차 | 混合列車 | |
| 홀-순열 | 홀순렬 | -順列 | |
| 홍-나복 | 홍라복 | 紅蘿蔔 | |
| 홍-낭자 | 홍랑자 | 紅娘子 | |
| 홍등-녹주 | 홍등록주 | 紅燈綠酒 | |

| 《표대》 | 《조대》 | 원어 | 비고 |
|---|---|---|---|
| 홍반성^**낭**창 | 홍반성**랑**창 | 紅斑性狼瘡 | |
| 홍-**영**기 | 홍**령**기 | 紅令旗 | |
| 화면^**입**자 | 화면**립**자 | 畫面粒子 | |
| 화물^**열**차 | 화물**렬**차 | 貨物列車 | |
| 화산^**열**도 | 화산**렬**도 | 火山列島 | |
| 화학^열**역**학 | 화학열**력**학 | 化學熱力學 | |
| 화학^**요**법 | 화학**료**법 | 化學療法 | |
| 확대-**율** | 확대**률** | 擴大率 | |
| 환류^**냉**각기 | 환류**랭**각기 | 還流冷却器 | |
| 환산-**율** | 환산**률** | 換算率 | |
| 환**율** | 환**률** | 換率 | |
| 황건-**역**사 | 황건**력**사 | 黃巾力士 | |
| 회계^**연**도 | 회계**년**도 | 會計年度 | |
| 회귀-**율** | 회귀**률** | 回歸率 | |
| 회-**녹**색 | 회**록**색 | 灰綠色 | |
| 회음^**열**상 | 회음**렬**상 | 會陰裂傷 | |
| 회전-**율** | 회전**률** | 回轉率 | |
| 효과^**녹**음 | 효과**록**음 | 效果錄音 | |
| 효과-**율** | 효과**률** | 效果率 | |
| 효**열** | 효**렬** | 孝烈 | |
| 효**율** | 효**률** | 效率 | |
| 효**율**-적 | 효**률**적 | 效率的 | |
| 후시^**녹**음 | 후시**록**음 | 後時錄音 | |
| 후**열**[1] | 후**렬** | 後列 | |
| 흐름-**양** | 흐름**량** | --量 | |
| 흔흔-**낙**락 | 흔흔**락**락 | 欣欣樂樂 | |
| 흔흔**낙**락-하다 | 흔흔**락**락하다 | 欣欣樂樂-- | |
| 흡수-**율** | 흡수**률** | 吸收率 | |
| 흡입^**요**법 | 흡입**료**법 | 吸入療法 | |
| 희-**인**산 | 희**린**산 | 稀燐酸 | |
| 희희-**낙**락 | 희희**락**락 | 喜喜樂樂 | |
| 희희**낙**락-거리다 | 희희**락**락거리다 | 喜喜樂樂--- | |
| 희희**낙**락-대다 | 희희**락**락대다 | 喜喜樂樂-- | |
| 희희**낙**락-하다 | 희희**락**락하다 | 喜喜樂樂-- | |
| 흰-그늘**용**담 | 흰그늘**룡**담 | ---龍膽 | |
| 흰-**인** | 흰**린** | -燐 | |
| 흰-제비**난** | 흰제비**란** | ---蘭 | |

## 4.2. 사이시옷 표기 차이 올림말 목록

사이시옷 표기 차이 올림말 목록은 '《표대》', '《조대》', '원어' 난으로 구분하고, 사이시옷 표기 여부는 사잇소리의 발음과 관련이 있으므로 '《표대》', '《조대》'에서 올림말과 함께 발음도 제시하였다.

| 《표대》 | 《조대》 | 원어 |
|---|---|---|
| 가겟-방 [가:게빵/가:겓빵] | 가게방 [-빵] | --房 |
| 가겟-집 [가:게찝/가:겓찝] | 가게집 [-찝] | |
| 가락짓-벌 [--찌뻘/--찓뻘] | 가락지벌 [-뻘] | |
| 가랫-날 [-랜-] | 가래날 [-랜-] | |
| 가랫-노 [-랜-] | 가래노 [-랜-] | --櫓 |
| 가랫-밥 [-래빱/-랟빱] | 가래밥 [-빱] | |
| 가랫-자루 [-래짜-/-랟짜-] | 가래자루 [-짜-] | |
| 가랫-장부 [-래짱-/-랟짱-] | 가래장부 [-짱-] | |
| 가랫-줄 [-래쭐/-랟쭐] | 가래줄 [-쭐] | |
| 가룻-국 [-루꾹/-룯꾹] | 가루국 [-꾹] | |
| 가마닛-동 [--니똥/--닏똥] | 가마니동 | ---垌 |
| 가맛-바가지 [-마빠--/-맏빠--] | 가마바가지 | |
| 가맛-바람 [가:마빠-/가:맏빠-] | 가마바람 [-빠-] | |
| 가맛-바탕 [가:마빠-/가:맏빠-] | 가마바탕 | |
| 가맛-밥 [-마빱/-맏빱] | 가마밥 | |
| 가맛-방석 [가:마빵-/가:맏빵-] | 가마방석 | --方席 |
| 가맛-전 [-마쩐/-맏쩐] | 가마전 [-쩐] | |
| 가물칫-국 [--치꾹/--칟꾹] | 가물치국 [-꾹] | |
| 가삿-대 [-사때/-삳때] | 가사대 [-때] | 袈裟- |
| 가오릿-국 [--리꾹/--릳꾹] | 가오리국 [-꾹] | |
| 가욋-사람 [-외싸-/-웯싸-] | 가외사람 [-싸-] | 加外-- |
| 가운뎃-마디 [--덴--] | 가운데마디 | |
| 가운뎃-소리 [--데쏘-/--덷쏘-] | 가운데소리 [-쏘-] | |
| 가운뎃-손가락 [--데쏜까-/--덷쏜까-] | 가운데손가락 [-까-] | |
| 가운뎃-점 [--데쩜/--덷쩜] | 가운데점 [-쩜] | ---點 |
| 가운뎃-줄 [--데쭐/--덷쭐] | 가운데줄 [-쭐] | |
| 가윗-날[1] [-윈-] | 가위날 [-윈-] | |
| 가윗-밥 [-위빱/-윋빱] | 가위밥 [-빱] | |
| 가짓-빛 [-지삗/-짇삗] | 가지빛 [-삗] | |

| 《표대》 | 《조대》 | 원어 |
|---|---|---|
| 가짓-수 [-지쑤/-짇쑤] | 가지수 | --數 |
| 가짓잎-괭이 [-진닙꽹-] | 가지잎괭이 | |
| 간짓-대 [-지때/-짇때] | 간지대 [-때] | |
| 갈깃-머리 [-긴--] | 갈기머리 | |
| 갈댓-잎 [-땐닙] | 갈대잎 [-때-] | |
| 갈맷-빛 [-매삗/-맫삗] | 갈매빛 [-삧] | |
| 갈빗-국 [-비꾹/-빋꾹] | 갈비국 [-꾹] | |
| 갈빗-대 [-비때/-빋때] | 갈비대 [-때] | |
| 갈퀫-밑 [-퀸믿] | 갈퀴밑 | |
| 갈퀫-발 [-퀴빨/-퀻빨] | 갈퀴발 | |
| 감잣-국 [-자꾹/-잗꾹] | 감자국 [-꾹] | |
| 강밋-돈 [강:미똔/강:믿똔] | 강미돈 [-똔] | 講米- |
| 개숫-물 [-순-] | 개수물 [-순-] | |
| 객줏-집 [-쭈찝/-쭏찝] | 객주집 [-찝] | 客主- |
| 객짓-밥 [-찌빱/-찓빱] | 객지밥 | 客地- |
| 갯-가 [개까/갣까] | 개가[1] [-까] | |
| 갯-돌 [개똘/갣똘] | 개돌 [-똘] | |
| 갯-마을 [갠--] | 개마을 [갠-] | |
| 갯-머리 [갠--] | 개머리[2] [갠-] | |
| 갯-물 [갠-] | 개물[1] [갠-] | |
| 갯-바닥 [개빠-/갣빠-] | 개바닥 [-빠-] | |
| 갯-바람 [개빠-/갣빠-] | 개바람 [-빠-] | |
| 갯-밭[1] [개빧/갣빧] | 개밭[1] | |
| 갯-밭[2] [개빧/갣빧] | 개밭[2] | |
| 갯-벌 [개뻘/갣뻘] | 개벌[1] [-뻘] | |
| 거룻-배 [-루빼/-룯빼] | 거루배 [-빼] | |
| 거릿-집 [-리찝/-릳찝] | 거리집 [-찝] | |
| 건넛-마을 [건:넌--] | 건너마을 | |
| 건넛-방 [건:너빵/건:넏빵] | 건너방 | --房 |
| 건넛-산 [건:너싼/건:넏싼] | 건너산 | --山 |
| 건넛-집 [건:너찝/건:넏찝] | 건너집 | |
| 건-못자리 [-모짜-/-몯짜-] | 건모자리 [-짜-] | 乾--- |
| 걸챗-불 [걸:채뿔/걸:챋뿔] | 걸채불 [-뿔] | |
| 검은-멧새 [--메쌔/--멛쌔] | 검은메새 | |
| 검자줏-빛 [검:-주삗/검:-줃삗] | 검자주빛 [-삧] | -紫朱- |
| 겟-가루 [게:까-/겓:까-] | 게가루 [-까-] | |
| 겟-국 [게:꾹/겓:꾹] | 게국 [-꾹] | |
| 겨릿-소 [-리쏘/-릳쏘] | 겨리소 | |
| 겨잣-가루 [-자까-/-잗까-] | 겨자가루 [-까-] | |

| 《표대》 | 《조대》 | 원어 |
|---|---|---|
| 겻-불 [겨뿔/겯뿔] | 겨불 [-뿔] | |
| 겻불-내 [겨뿔래/겯뿔래] | 겨불내 [-뿔래] | |
| 겻-섬 [겨썸/겯썸] | 겨섬 [-썸] | |
| 경곗값^문제 | 경계값문제 [-깝-] | 境界-問題 |
| 경삿-날 [경:산-] | 경사날 | 慶事- |
| 계숫-잇 [계순닏/게순닏] | 계수잇 [-순닏] | |
| 계핏-가루 [계:피까-/게:핃까-] | 계피가루 [-까-] | 桂皮-- |
| 곗-날 [곈:-/겐:-] | 계날 [겐-] | 契- |
| 곗-돈 [계:똔/겓:똔] | 계돈[1] [-똔] | 契- |
| 곗-술 [계:쑬/겓:쑬] | 계술[1] [-쑬] | 契- |
| 고갯-길 [-개낄/-갣낄] | 고개길 [-낄] | |
| 고갯-놀이 [-갠--] | 고개놀이 [-갠-] | |
| 고갯-마루 [-갠--] | 고개마루 [-갠-] | |
| 고갯-방아 [-개빵-/-갣빵-] | 고개방아 [-빵-] | |
| 고갯-짓 [-개찓/-갣찓] | 고개짓 [-찟] | |
| 고갯짓-하다 [-개찌타-/-갣찌타-] | 고개짓하다 [-찟-] | |
| 고깃-가루 [-기까-/-긷까-] | 고기가루 [-까-] | |
| 고깃-국 [-기꾹/-긷꾹] | 고기국 [-꾹] | |
| 고깃-길 [-기낄/-긷낄] | 고기길 [-낄] | |
| 고깃-깃 [-기낃/-긷낃] | 고기깃 [-낏] | |
| 고깃-덩어리 [-기떵--/-긷떵--] | 고기덩어리 [-떵-] | |
| 고깃-덩이 [-기떵-/-긷떵-] | 고기덩이 [-떵-] | |
| 고깃-배 [-기빼/-긷빼] | 고기배 [-빼] | |
| 고깃-점 [-기쩜/-긷쩜] | 고기점 [-쩜] | --點 |
| 고드랫-돌 [--래똘/--랟똘] | 고드래돌 [-똘] | |
| 고랫-당그래 [-래땅--/-랟땅--] | 고래당그래 [-땅-] | |
| 고랫-등 [-래뜽/-랟뜽] | 고래등[2] [-뜽] | |
| 고랫-재 [-래째/-랟째] | 고래재 [-째] | |
| 고빗-국 [-비꾹/-빋꾹] | 고비국 [-꾹] | |
| 고빗-사위 [-비싸-/-빋싸-] | 고비사위 [-싸-] | |
| 고사릿-국 [--리꾹/--릳꾹] | 고사리국 [-꾹] | |
| 고삿-고기 [고:사꼬-/고:삳꼬-] | 고사고기 [-꼬-] | 告祀-- |
| 고윳-값 [-유깝/-윧깝] | 고유값 [-깝(깝시)] | 固有- |
| 고춧-가루 [-추까-/-춛까-] | 고추가루 [-까-] | |
| 고춧-물 [-춘-] | 고추물 | |
| 고춧-잎 [-춘닙] | 고추잎 | |
| 고춧잎-나물 [-춘님--] | 고추잎나물 [-임-] | |
| 고춧잎-장아찌 [-춘닙짱--] | 고추잎장아찌 | |
| 고팻-줄 [-패쭐/-팯쭐] | 고패줄 [-쭐] | |

| 《표대》 | 《조대》 | 원어 |
|---|---|---|
| 곤**댓**-짓 [-대찓/-댇찓] | 곤**대**짓 | |
| 곤**댓**짓-하다 [-대찌타-/-댇찌타-] | 곤**대**짓하다 | |
| 곤**폿**-국 [-포꾹/-폳꾹] | 곤**포**국 [-꾹] | 昆布- |
| 골**뭇**-감 [-무깜/-묻깜] | 골**무**감 [-깜] | |
| 골**칫**-거리 [-치꺼-/-칟꺼-] | 골**치**거리 [-꺼-] | |
| 골**칫**-덩어리 [-치떵--/-칟떵--] | 골**치**덩어리 [-떵-] | |
| 골**칫**-덩이 [-치떵-/-칟떵-] | 골**치**덩이 [-떵-] | |
| 곰방-담**뱃**대 [---배때/---밷때] | 곰방담**배**대 [-때] | |
| 곰**봇**-대 [-보때/-볻때] | 곰**보**대 [-때] | |
| 곰**칫**-과 [-치꽈/-칟꽈] | 곰**치**과 | --科 |
| **곳**-간 [고깐/곧깐] | **고**간[1] [-깐] | 庫間 |
| **곳**간-차 [고깐-/곧깐-] | **고**간차 [-깐-] | 庫間車 |
| **곳**-짐 [고찜/곧찜] | **고**짐[2] [-찜] | 庫- |
| **곳**-집 [고찝/곧찝] | **고**집[2] [-찝] | 庫- |
| 공**깃**-돌 [공:기똘/공:긷똘] | 공**기**돌 [-똘] | |
| 과**붓**-집 [과:부찝/과:붇찝] | 과**부**집 [-찝] | 寡婦- |
| 괭**잇**-날 [-인-] | 괭**이**날 | |
| 괴나리-**봇**짐 [괴--보찜/궤--볻찜] | 괴나리**보**짐 [-찜] | ---褓- |
| 구**둣**-대 [구:두때/구:둗때] | 구**두**대 [-때] | |
| 구**둣**-발 [-두빨/-둗빨] | 구**두**발 [-빨] | |
| 구**둣**-발길 [-두빨낄/-둗빨낄] | 구**두**발길 [-빨낄] | |
| 구**둣**-방 [-두빵/-둗빵] | 구**두**방 [-빵] | --房 |
| 구**둣**-솔 [-두쏠/-둗쏠] | 구**두**솔 [-쏠] | |
| 구**둣**-주걱 [-두쭈-/-둗쭈-] | 구**두**주걱 | |
| 구**릿**-빛 [-리삗/-릳삗] | 구**리**빛 [-삧] | |
| 국**숫**-발 [-쑤빨/-쑫빨] | 국**수**발[1] [-빨] | |
| 국**숫**-분 [-쑤뿐/-쑫뿐] | 국**수**분 | --粉 |
| 국**숫**-분통 [-쑤뿐-/-쑫뿐-] | 국**수**분통 | --粉桶 |
| 국**숫**-집 [-쑤찝/-쑫찝] | 국**수**집 [-찝] | |
| 군**둣**-구멍 [-두꾸-/-둗꾸-] | 군**두**구멍 [-꾸-] | |
| 군**홧**-발 [-화빨/-홛빨] | 군**화**발 [-빨] | 軍靴- |
| 굽**잇**-길 [구비낄/구빋낄] | 굽**이**길 [-낄] | |
| 궁둥**잇**-바람 [--이빠-/--읻빠-] | 궁둥**이**바람 [-빠-] | |
| 궁둥**잇**-짓 [--이찓/--읻찓] | 궁둥**이**짓 | |
| 궁둥**잇**짓-하다 [--이찌타-/--읻찌타-] | 궁둥**이**짓하다 | |
| **귓**-가 [귀까/귇까] | **귀**가[1] [-까] | |
| **귓**-결 [귀껼/귇껼] | **귀**결[1] [-껼] | |
| **귓**-구멍 [귀꾸-/귇꾸-] | **귀**구멍 [-꾸-] | |
| **귓**-기스락 [귀끼--/귇끼--] | **귀**기스락 [-끼-] | |

| 《표대》 | 《조대》 | 원어 |
|---|---|---|
| 귓-기슭 [귀끼슥/귇끼슥] | 귀기슭 [-끼슥(슬기)] | |
| 귓-달 [귀딸/귇딸] | 귀달 [-딸] | |
| 귓-돈[2] [귀똔/귇똔] | 귀돈 [-똔] | |
| 귓-돌[2] [귀똘/귇똘] | 귀돌 [-똘] | |
| 귓-등 [귀뜽/귇뜽] | 귀등[1] [-뜽] | |
| 귓-문 [귄-] | 귀문[1] | -門 |
| 귓-바퀴 [귀빠-/귇빠-] | 귀바퀴 [-빠-] | |
| 귓-밥 [귀빱/귇빱] | 귀밥 [-빱] | |
| 귓-병 [귀뼝/귇뼝] | 귀병 [-뼝] | -病 |
| 귓-불[1] [귀뿔/귇뿔] | 귀불 [-뿔] | |
| 귓-속 [귀쏙/귇쏙] | 귀속[1] [-쏙] | |
| 귓속-다짐 [귀쏙따-/귇쏙따-] | 귀속다짐 [-쏙-] | |
| 귓속다짐-하다 [귀쏙따---/귇쏙따---] | 귀속다짐하다 [-쏙-] | |
| 귓속-말 [귀쏭-/귇쏭-] | 귀속말 [-쏭-] | |
| 귓속-뼈 [귀쏙-/귇쏙-] | 귀속뼈 [-쏙-] | |
| 귓-쇠 [귀쐬/귇쒜] | 귀쇠 [-쐬] | |
| 귓-전 [귀쩐/귇쩐] | 귀전 [-쩐] | |
| 귓-집 [귀찝/귇찝] | 귀집 | |
| 그넷-줄 [그:네쭐/그:넫쭐] | 그네줄 [-쭐] | |
| 극댓-값 [-때깝/-땓깝] | 극대값 [-깝(깝시)] | 極大- |
| 극솟-값 [-쏘깝/-쏟깝] | 극소값 [-깝(깝시)] | 極小- |
| 근댓-국 [-대꾹/-댇꾹] | 근대국 [-꾹] | |
| 근삿-값 [근:사깝/근:삳깝] | 근사값 [-깝(깝시)] | 近似- |
| 기곳-날 [-곤-] | 기고날 | 忌故- |
| 기왓-가마 [-와까-/-왇까-] | 기와가마 [-까-] | |
| 기왓-고랑 [-와꼬-/-왇꼬-] | 기와고랑 [-꼬-] | |
| 기왓-골 [-와꼴/-왇꼴] | 기와골 [-꼴] | |
| 기왓-장 [-와짱/-왇짱] | 기와장 [-짱] | --張 |
| 기찻-길 [-차낄/-찯낄] | 기차길 [-낄] | 汽車- |
| 긴발톱-멧새 [긴:-톱메쌔/긴:-톱멛쌔] | 긴발톱메새 [-쌔] | |
| 길갓-집 [-까찝/-깓찝] | 길가집 [-까찝] | |
| 길맛-가지 [-마까-/-맏까-] | 길마가지 [-까-] | |
| 길맛가지-나무 [-마까---/-맏까---] | 길마가지나무 [-까-] | |
| 길-봇짐 [-보찜/-볻찜] | 길보짐 [-찜] | -褓- |
| 김칫-거리 [-치꺼-/-칟꺼-] | 김치거리 [-꺼-] | |
| 김칫-국 [-치꾹/-칟꾹] | 김치국 [-꾹] | |
| 김칫-독 [-치똑/-칟똑] | 김치독 [-똑] | |
| 김칫-돌 [-치똘/-칟똘] | 김치돌 [-똘] | |
| 김칫-보 [-치뽀/-칟뽀] | 김치보 [-뽀] | |

| 《표대》 | 《조대》 | 원어 |
|---|---|---|
| 김칫-소 [-치쏘/-칟쏘] | 김치소 | |
| 깃-대[2] [기때/긷때] | 기대[4] [-때] | 旗- |
| 깃-대강이 [기때--/긷때--] | 기대강이 [-때-] | 旗--- |
| 깃대-춤 [기때-/긷때-] | 기대춤 [-때-] | 旗-- |
| 깃-발[2] [기빨/긷빨] | 기발[1] [-빨] | 旗- |
| 까끗-밥 [까:꾸빱/까:꾿빱] | 까꾸밥 | |
| 깍짓-동 [-찌똥/-찓똥] | 깍지동 | |
| 깍짓-손 [-찌쏜/-찓쏜] | 깍지손 | |
| 깔갯-짚 [-개찝/-갣찝] | 깔개짚 [-찝] | |
| 깜부깃-병 [--기뼝/--긷뼝] | 깜부기병 [-뼝] | ---病 |
| 깻-가루 [깨까-/깯까-] | 깨가루 [-까-] | |
| 깻-국 [깨꾹/깯꾹] | 깨국 [-꾹] | |
| 깻-묵 [깬-] | 깨묵 | |
| 깻-송이 [깨쏭-/깯쏭-] | 깨송이 [-쏭-] | |
| 깻-잎 [깬닙] | 깨잎 [깬닢] | |
| 깻잎-나물 [깬님--] | 깨잎나물 [깬닢-] | |
| 깻잎-쌈 [깬닙-] | 깨잎쌈 [깬닢-] | |
| 꺽짓-손 [-찌쏜/-찓쏜] | 꺽지손 | |
| 꼭짓-집 [-찌찝/-찓찝] | 꼭지집 | |
| 꽁숫-구멍 [-수꾸-/-숟꾸-] | 꽁수구멍 [-꾸-] | |
| 꽁숫-달 [-수딸/-숟딸] | 꽁수달 | |
| 꽁숫-줄 [-수쭐/-숟쭐] | 꽁수줄 | |
| 꽈릿-빛 [꽈:리삗/꽈:릳삗] | 꽈리빛 [-삗] | |
| 끼닛-거리 [-니꺼-/-닏꺼-] | 끼니거리 [-꺼-] | |
| 낫-값 [나:깝/낟:깝] | 나값 [-깝(깝시)] | |
| 낫-살 [나:쌀/낟:쌀] | 나살 [-쌀] | |
| 냇-가 [내:까/낻:까] | 내가 [-까] | |
| 냇-내 [낸-] | 내내[1] [낸-] | |
| 냇-물 [낸:-] | 내물 [낸-] | |
| 냇-바닥 [내:빠-/낻:빠-] | 내바닥 [-빠-] | |
| 냇-버들 [내:뻐-/낻:뻐-] | 내버들 [-뻐-] | |
| 놋-구멍 [노꾸-/녿꾸-] | 노구멍 [-꾸-] | 櫓-- |
| 놋-날 [논-] | 노날 [논-] | |
| 뇟-보 [뇌뽀/뇓뽀] | 뇌보 [-뽀] | |
| 다듬잇-감 [-드미깜/-드믿깜] | 다듬이감 [-깜] | |
| 다듬잇-돌 [-드미똘/-드믿똘] | 다듬이돌 [-똘] | |
| 다듬잇-방망이 [-드미빵--/-드믿빵--] | 다듬이방망이 | |
| 다듬잇-방석 [-드미빵-/-드믿빵-] | 다듬이방석 | ---方席 |
| 다듬잇-살 [-드미쌀/-드믿쌀] | 다듬이살 [-쌀] | |

| 《표대》 | 《조대》 | 원어 |
|---|---|---|
| 다리아랫-소리 [---래쏘-/---랟쏘-] | 다리아래소리 [-쏘-] | |
| 다릿-골 [-리꼴/-릳꼴] | 다리골 [-꼴] | |
| 다릿골-독 [-리꼴똑/-릳꼴똑] | 다리골독 [-꼴똑] | |
| 다릿-기둥 [-리끼-/-릳끼-] | 다리기둥 | |
| 다릿-돌 [-리똘/-릳똘] | 다리돌 [-똘] | |
| 다릿-마댕이 [-린---] | 다리마댕이 | |
| 다릿-마디 [-린--] | 다리마디 | |
| 다릿-발 [-리빨/-릳빨] | 다리발 [-빨] | |
| 다릿-짓 [-리찓/-릳찓] | 다리짓 | |
| 다릿짓-하다 [-리찌타-/-릳찌타-] | 다리짓하다 | |
| 다시맛-국 [--마꾹/--맏꾹] | 다시마국 [-꾹] | |
| 단-봇짐 [-보찜/-볻찜] | 단보짐 [-찜] | 單褓- |
| 단춧-고리 [-추꼬-/-춛꼬-] | 단추고리 | |
| 단춧-구멍 [-추꾸-/-춛꾸-] | 단추구멍 [-꾸-] | |
| 달굿-대 [-구때/-굳때] | 달구대 [-때] | |
| 담뱃-갑 [담:배깝/담:밷깝] | 담배갑 [-깝] | --匣 |
| 담뱃-값 [담:배깝/담:밷깝] | 담배값 [-깝(깝시)] | |
| 담뱃-귀 [담:배뀌/담:밷뀌] | 담배귀 [-뀌] | |
| 담뱃-대 [담:배때/담:밷때] | 담배대 [-때] | |
| 담뱃-불 [담:배뿔/담:밷뿔] | 담배불 [-뿔] | |
| 담뱃-서랍 [담:배써-/담:밷써-] | 담배서랍 | |
| 담뱃-순 [담:배쑨/담:밷쑨] | 담배순 | --筍 |
| 담뱃-잎 [담:밴닙] | 담배잎 [-밴닢] | |
| 담뱃-재 [담:배째/담:밷째] | 담배재 [-째] | |
| 담뱃-진 [담:배찐/담:밷찐] | 담배진 [-찐] | --津 |
| 답삿-길 [-싸낄/-싿낄] | 답사길 [-낄] | 踏査- |
| 닷샛-날 [닫쌘-] | 닷새날 [-샌-] | |
| 대갓-집 [대:가찝/대:갇찝] | 대가집 [-찝] | 大家- |
| 대굿-국 [-구꾹/-굳꾹] | 대구국 [-꾹] | 大口- |
| 대렛-술 [대:레쑬/대:렏쑬] | 대례술 [-쑬] | 大禮- |
| 대-젓가락 [-저까-/-젇까-] | 대저가락 [-까-] | |
| 대팻-날 [대:팬-] | 대패날 [-팬-] | |
| 대팻-밥 [대:패빱/대:팯빱] | 대패밥 [-빱] | |
| 대팻밥-모자 [대:패빰--/대:팯빰--] | 대패밥모자 [-빱-] | ---帽子 |
| 대팻-손 [대:패쏜/대:팯쏜] | 대패손 [-쏜] | |
| 대팻-집 [대:패찝/대:팯찝] | 대패집 [-찝] | |
| 대팻집-나무 [대:패찜--/대:팯찜--] | 대패집나무 [-찜-] | |
| 대폿-술 [대:포쑬/대:폳쑬] | 대포술 [-쑬] | |
| 대폿-집 [대:포찝/대:폳찝] | 대포집 [-찝] | |

| 《표대》 | 《조대》 | 원어 |
|---|---|---|
| 댓-가지 [대까-/댇까-] | 대가지[1] [-까-] | |
| 댓-개비 [대깨-/댇깨-] | 대개비 [-깨-] | |
| 댓-구멍 [대꾸-/댇꾸-] | 대구멍 [-꾸-] | |
| 댓-돌 [대똘/댇똘] | 대돌 [-똘] | 臺- |
| 댓-바람 [대빠-/댇빠-] | 대바람 [-빠-] | |
| 댓-속 [대쏙/댇쏙] | 대속[1] [-쏙] | |
| 댓-잎 [댄닙] | 대잎 [댄닙] | |
| 댓잎-술 [댄닙쑬] | 대잎술 [댄닙-] | |
| 댓잎-현호색 [댄니편--] | 대잎현호색 [댄닙-] | --玄胡索 |
| 댓-줄기 [대쭐-/댇쭐-] | 대줄기[1] [-쭐-] | |
| 댓-진[1] [대찐/댇찐] | 대진[1] [-찐] | -津 |
| 댓진^구새 | 대진구새 [-찐-] | -津-- |
| 댓-집 [대찝/댇찝] | 대집 [-찝] | |
| 덜밋-대문 [-미때-/-믿때-] | 덜미대문 | --大門 |
| 덩칫-값 [-치깝/-칟깝] | 덩치값 [-깝(깝시)] | |
| 데릴사윗-감 [--싸위깜/--싸윋깜] | 데릴사위감 [-싸-깜] | |
| 도갓-집 [-가찝/-갇찝] | 도가집 [-찝] | 都家- |
| 도낏-밥 [도:끼빱/도:낃빱] | 도끼밥 [-빱] | |
| 도낏-자루 [도:끼짜-/도:낃짜-] | 도끼자루 [-짜-] | |
| 도랫-굽이 [-래꾸비/-랟꾸비] | 도래굽이 [-꿉-] | |
| 도리깻-열 [--깬녈] | 도리깨열 | |
| 도리깻-장부 [--깨짱-/--깯짱-] | 도리깨장부 | |
| 도릿-감 [-리깜/-릳깜] | 도리감 [-깜] | |
| 도맛-밥 [-마빱/-맏빱] | 도마밥 [-빱] | |
| 도맛-소리 [-마쏘-/-맏쏘-] | 도마소리 [-쏘-] | |
| 도맷-값 [-매깝/-맫깝] | 도매값 [-깝(깝시)] | 都賣- |
| 도밋-국 [도:미꾹/도:믿꾹] | 도미국 [-꾹] | |
| 도붓-길 [도:부낄/도:붇낄] | 도부길 [-낄] | 到付- |
| 도붓-장사 [도:부짱-/도:붇짱-] | 도부장사 | 到付-- |
| 도붓-장수 [도:부짱-/도:붇짱-] | 도부장수 | 到付-- |
| 도짓-논 [-진-] | 도지논 | 賭地- |
| 도짓-돈 [-지똔/-짇똔] | 도지돈 [-똔] | 賭地- |
| 도짓-밭 [-지빧/-짇빧] | 도지밭 | 賭地- |
| 도짓-소 [-지쏘/-짇쏘] | 도지소 [-쏘] | 賭地- |
| 도홧-빛 [-화삗/-활삗] | 도화빛 [-삧] | 桃花- |
| 독챗-집 [-채찝/-챋찝] | 독채집 [-찝] | 獨-- |
| 돌마낫-적 [--나쩍/--낟쩍] | 돌마나적 [-쩍] | |
| 돗-가락 [도까-/돋까-] | 도가락 [-까-] | |
| 돗-밭 [도빧/돋빧] | 도밭 | |

| 《표대》 | 《조대》 | 원어 |
| --- | --- | --- |
| 동넷-집 [동:네찝/동:넫찝] | 동네집 [-찝] | 洞-- |
| 동짓-날 [-진-] | 동지날 [-진-] | 冬至- |
| 동짓-달 [-지딸/-짇딸] | 동지달 [-딸] | 冬至- |
| 동챗-방 [-채빵/-챋빵] | 동채방 [-빵] | 東-房 |
| 동치밋-국 [동:-미꾹/동:-믿꾹] | 동치미국 [-꾹] | |
| 동탯-국 [동:태꾹/동:탣꾹] | 동태국 [-꾹] | 凍太- |
| 동-횃불 [-홰뿔/-홷뿔] | 동홰불 [-뿔] | |
| 되들잇-병 [되드리뼝/뒈드릳뼝] | 되들이병 [-뼝] | ---甁 |
| 되풀잇-법 [되푸리뻡/뒈푸릳뻡] | 되풀이법 [-뻡] | |
| 됫-밑 [된믿/뒌믿] | 되밑 | |
| 됫-박 [되빡/뒏빡] | 되박 [-빡] | |
| 됫박-이마 [되빵니-/뒏빵니-] | 되박이마 [-빡-] | |
| 됫박-질 [되빡찔/뒏빡찔] | 되박질 [-빡-] | |
| 됫박질-하다 [되빡찔--/뒏빡찔--] | 되박질하다 [-빡-] | |
| 됫-밥 [되빱/뒏빱] | 되밥 [-빱] | |
| 됫-병 [되뼝/뒏뼝] | 되병 [-뼝] | -甁 |
| 됫-수 [되쑤/뒏쑤] | 되수 [-쑤] | -數 |
| 됫-술 [되쑬/뒏쑬] | 되술 [-쑬] | |
| 두렛-날 [-렌-] | 두레날 [-렌-] | |
| 두렛-논 [-렌-] | 두레논 | |
| 두렛-일 [-렌닐] | 두레일 | |
| 두렛일-하다 [-렌닐--] | 두레일하다 | |
| 두멧-골 [-메꼴/-멛꼴] | 두메골 [-꼴] | |
| 두멧-구석 [-메꾸-/-멛꾸-] | 두메구석 [-꾸-] | |
| 두멧-길 [-메낄/-멛낄] | 두메길 [-낄] | |
| 두멧-놈 [-멘-] | 두메놈 [-멘-] | |
| 두멧-사람 [-메싸-/-멛싸-] | 두메사람 [-싸-] | |
| 두붓-국 [-부꾹/-붇꾹] | 두부국 [-꾹] | 豆腐- |
| 두붓-물 [-분-] | 두부물 | 豆腐- |
| 두붓-발 [-부빨/-붇빨] | 두부발 [-빨] | 豆腐- |
| 둘쨋-집 [둘:째찝/둘:짿찝] | 둘째집 | |
| 뒷-가슴 [뒤:까-/뒫:까-] | 뒤가슴 [-까-] | |
| 뒷-가지[1] [뒤:까-/뒫:까-] | 뒤가지 [-까-] | |
| 뒷-간 [뒤:깐/뒫:깐] | 뒤간 [-깐] | -間 |
| 뒷간-질 [뒤:깐-/뒫:깐-] | 뒤간질 [-깐-] | -間- |
| 뒷-갈망 [뒤:깔-/뒫:깔-] | 뒤갈망 [-깔-] | |
| 뒷갈망-하다 [뒤:깔---/뒫:깔---] | 뒤갈망하다 [-깔-] | |
| 뒷-갈이 [뒤:까리/뒫:까리] | 뒤갈이 [-깔-] | |
| 뒷갈이-하다 [뒤:까리--/뒫:까리--] | 뒤갈이하다 [-깔-] | |

| 《표대》 | 《조대》 | 원어 |
|---|---|---|
| 뒷-감당 [뒤:깜-/뒫:깜-] | 뒤감당 [-깜-] | -堪當 |
| 뒷감당-하다 [뒤:깜---/뒫:깜---] | 뒤감당하다 [-깜-] | -堪當-- |
| 뒷-개[1] [뒤:깨/뒫:깨] | 뒤개 [-깨] | |
| 뒷-갱기 [뒤:깽-/뒫:깽-] | 뒤갱기 [-깽-] | |
| 뒷갱기-하다 [뒤:깽---/뒫:깽---] | 뒤갱기하다 [-깽-] | |
| 뒷-거둠 [뒤:꺼-/뒫:꺼-] | 뒤거둠 [-꺼-] | |
| 뒷거둠-하다 [뒤:꺼---/뒫:꺼---] | 뒤거둠하다 [-꺼-] | |
| 뒷-거래 [뒤:꺼-/뒫:꺼-] | 뒤거래 [-꺼-] | -去來 |
| 뒷거래-하다 [뒤:꺼---/뒫:꺼---] | 뒤거래하다 [-꺼-] | -去來-- |
| 뒷-거리 [뒤:꺼-/뒫:꺼-] | 뒤거리 [-꺼-] | |
| 뒷-거울 [뒤:꺼-/뒫:꺼-] | 뒤거울 [-꺼-] | |
| 뒷-걱정 [뒤:꺽쩡/뒫:꺽쩡] | 뒤걱정 [-꺽-] | |
| 뒷걱정-하다 [뒤:꺽쩡--/뒫:꺽쩡--] | 뒤걱정하다 [-꺽-] | |
| 뒷-걸 [뒤:껄/뒫:껄] | 뒤걸 [-껄] | |
| 뒷-걸음 [뒤:꺼름/뒫:꺼름] | 뒤걸음 [-껄-] | |
| 뒷걸음-질 [뒤:꺼름-/뒫:꺼름-] | 뒤걸음질 [-껄-] | |
| 뒷걸음질-하다 [뒤:꺼름---/뒫:꺼름---] | 뒤걸음질하다 [-껄-] | |
| 뒷걸음-하다 [뒤:꺼름--/뒫:꺼름--] | 뒤걸음하다 [-껄-] | |
| 뒷-겨드랑이 [뒤:껴---/뒫:껴---] | 뒤겨드랑이 [-껴-] | |
| 뒷-결박 [뒤:껼-/뒫:껼-] | 뒤결박 [-껼-] | -結縛 |
| 뒷결박-되다 [뒤:껼-뙤-/뒫:껼-뛔-] | 뒤결박되다 [-껼-] | -結縛-- |
| 뒷결박-하다 [뒤:껼바카-/뒫:껼바카-] | 뒤결박하다 [-껼-] | -結縛-- |
| 뒷-경과 [뒤:꼉-/뒫:꼉-] | 뒤경과 | -經過 |
| 뒷-고대 [뒤:꼬-/뒫:꼬-] | 뒤고대 [-꼬-] | |
| 뒷-고샅 [뒤:꼬-/뒫:꼬-] | 뒤고샅 [-꼬-] | |
| 뒷-고생 [뒤:꼬-/뒫:꼬-] | 뒤고생 [-꼬-] | -苦生 |
| 뒷-골 [뒤:꼴/뒫:꼴] | 뒤골[2] [-꼴] | |
| 뒷-골목 [뒤:꼴-/뒫:꼴-] | 뒤골목 [-꼴-] | |
| 뒷-골방 [뒤:꼴-/뒫:꼴-] | 뒤골방 [-꼴-] | --房 |
| 뒷-공론 [뒤:꽁논/뒫:꽁논] | 뒤공론 [-꽁-] | -公論 |
| 뒷공론-하다 [뒤:꽁논--/뒫:꽁논--] | 뒤공론하다 [-꽁-] | -公論-- |
| 뒷-괴춤 [뒤:꾀-/뒫:꿰-] | 뒤괴춤 [-꾀-] | |
| 뒷-구멍 [뒤:꾸-/뒫:꾸-] | 뒤구멍 [-꾸-] | |
| 뒷-귀 [뒤:뀌/뒫:뀌] | 뒤귀 [-뀌] | |
| 뒷-그루 [뒤:끄-/뒫:끄-] | 뒤그루 [-끄-] | |
| 뒷-그림자 [뒤:끄--/뒫:끄--] | 뒤그림자 [-끄-] | |
| 뒷-근심 [뒤:끈-/뒫:끈-] | 뒤근심 [-끈-] | |
| 뒷-글[1] [뒤:끌/뒫:끌] | 뒤글 [-끌] | |
| 뒷-기약 [뒤:끼-/뒫:끼-] | 뒤기약 [-끼-] | -期約 |

| 《표대》 | 《조대》 | 원어 |
|---|---|---|
| 뒷-길[1] [뒤:낄/뒫:낄] | 뒤길[1] [-낄] | |
| 뒷-길[3] [뒤:낄/뒫:낄] | 뒤길[2] [-낄] | |
| 뒷-깃 [뒤:낃/뒫:낃] | 뒤깃 [-낏] | |
| 뒷깃-선 [뒤:낃썬/뒫:낃썬] | 뒤깃선 [-낏-] | --線 |
| 뒷-날 [뒨:-] | 뒤날 [뒨-] | |
| 뒷-날개 [뒨:--] | 뒤날개 [뒨-] | |
| 뒷-내 [뒨:-] | 뒤내 [뒨-] | |
| 뒷-논 [뒨:-] | 뒤논 [뒨-] | |
| 뒷-눈 [뒨:-] | 뒤눈 [뒨-] | |
| 뒷눈-질 [뒨:--] | 뒤눈질 [뒨-] | |
| 뒷눈질-하다 [뒨:----] | 뒤눈질하다 [뒨-] | |
| 뒷-다리 [뒤:따-/뒫:따-] | 뒤다리 [-따-] | |
| 뒷-단속 [뒤:딴-/뒫:딴-] | 뒤단속 [-딴-] | -團束 |
| 뒷-단장 [뒤:딴-/뒫:딴-] | 뒤단장 [-딴-] | -丹粧 |
| 뒷-담 [뒤:땀/뒫:땀] | 뒤담 [-땀] | |
| 뒷-담당 [뒤:땀-/뒫:땀-] | 뒤담당 [-땀-] | -擔當 |
| 뒷담당-하다 [뒤:땀---/뒫:땀---] | 뒤담당하다 [-땀-] | -擔當-- |
| 뒷-대문 [뒤:때-/뒫:때-] | 뒤대문 [-때-] | -大門 |
| 뒷-덜미 [뒤:떨-/뒫:떨-] | 뒤덜미 [-떨-] | |
| 뒷-도 [뒤:또/뒫:또] | 뒤도 [-또] | |
| 뒷-도랑 [뒤:또-/뒫:또-] | 뒤도랑 [-또-] | |
| 뒷-도련 [뒤:또-/뒫:또-] | 뒤도련 [-또-] | |
| 뒷-도장 [뒤:또-/뒫:또-] | 뒤도장 [-또-] | -圖章 |
| 뒷-돈[1] [뒤:똔/뒫:똔] | 뒤돈 [-똔] | |
| 뒷-동 [뒤:똥/뒫:똥] | 뒤동 [-똥] | |
| 뒷-동산 [뒤:똥-/뒫:똥-] | 뒤동산 [-똥-] | |
| 뒷-등[1] [뒤:뜽/뒫:뜽] | 뒤등[1] [-뜽] | |
| 뒷-등[2] [뒤:뜽/뒫:뜽] | 뒤등[2] [-뜽] | -燈 |
| 뒷-등성이 [뒤:뜽--/뒫:뜽--] | 뒤등성이 [-뜽-] | |
| 뒷-마감 [뒨:--] | 뒤마감 [뒨-] | |
| 뒷-마구리 [뒨:---] | 뒤마구리 [뒨-] | |
| 뒷-마당 [뒨:--] | 뒤마당 [뒨-] | |
| 뒷-마디 [뒨:--] | 뒤마디 [뒨-] | |
| 뒷-마루 [뒨:--] | 뒤마루 [뒨-] | |
| 뒷-마무리 [뒨:---] | 뒤마무리 [뒨-] | |
| 뒷-마무새 [뒨:---] | 뒤마무새 [뒨-] | |
| 뒷-마을 [뒨:--] | 뒤마을 [뒨-] | |
| 뒷-막 [뒨:-] | 뒤막 [뒨-] | -幕 |
| 뒷-막이 [뒨:--] | 뒤막이 [뒨-] | |

| 《표대》 | 《조대》 | 원어 |
|---|---|---|
| **뒷**-말[1] [뒨:-] | **뒤**말 [뒨-] | |
| **뒷**말-하다 [뒨:---] | **뒤**말하다 [뒨-] | |
| **뒷**-맛 [뒨:맏] | **뒤**맛 [뒨-] | |
| **뒷**-맵시 [뒨:-씨] | **뒤**맵시 [뒨-] | |
| **뒷**-머리 [뒨:--] | **뒤**머리 [뒨-] | |
| **뒷**머리-뼈 [뒨:---] | **뒤**머리뼈 [뒨-] | |
| **뒷**-면 [뒨:-] | **뒤**면 [뒨-] | -面 |
| **뒷**-면도 [뒨:--] | **뒤**면도 [뒨-] | -面刀 |
| **뒷**면도-하다 [뒨:----] | **뒤**면도하다 [뒨-] | -面刀-- |
| **뒷**면^영사기 | **뒤**면영사기 [뒨-] | -面映寫機 |
| **뒷**-모 [뒨:-] | **뒤**모 [뒨-] | |
| **뒷**-모개 [뒨:--] | **뒤**모개 [뒨-] | |
| **뒷**-모도 [뒨:--] | **뒤**모도 [뒨-] | |
| **뒷**-모습 [뒨:--] | **뒤**모습 [뒨-] | |
| **뒷**-모양 [뒨:--] | **뒤**모양 [뒨-] | -模樣 |
| **뒷**-목[1] [뒨:-] | **뒤**목[2] [뒨-] | |
| **뒷**-몸 [뒨:-] | **뒤**몸 [뒨-] | |
| **뒷**-문 [뒨:-] | **뒤**문 [뒨-] | -門 |
| **뒷**문-거래 [뒨:---] | **뒤**문거래 [뒨-] | -門去來 |
| **뒷**-밀이 [뒨:--] | **뒤**밀이 [뒨-] | |
| **뒷**밀이-하다 [뒨:----] | **뒤**밀이하다 [뒨-] | |
| **뒷**-바닥 [뒤:빠-/뒫:빠-] | **뒤**바닥 [-빠-] | |
| **뒷**-바라지[1] [뒤:빠--/뒫:빠--] | **뒤**바라지[1] [-빠-] | |
| **뒷**-바라지[2] [뒤:빠--/뒫:빠--] | **뒤**바라지[2] [-빠-] | |
| **뒷**바라지-하다 [뒤:빠----/뒫:빠----] | **뒤**비라지하다 [-빠-] | |
| **뒷**-바퀴 [뒤:빠-/뒫:빠-] | **뒤**바퀴 [-빠-] | |
| **뒷**-받침 [뒤:빧-/뒫:빧-] | **뒤**받침 [-빠-] | |
| **뒷**받침-하다 [뒤:빧---/뒫:빧---] | **뒤**받침하다 [-빠-] | |
| **뒷**-발 [뒤:빨/뒫:빨] | **뒤**발 [-빨] | |
| **뒷**발-굽 [뒤:빨-/뒫:빨-] | **뒤**발굽 [-빨꿉] | |
| **뒷**-발길 [뒤:빨낄/뒫:빨낄] | **뒤**발길 [-빨낄] | |
| **뒷**발-서기 [뒤:빨--/뒫:빨--] | **뒤**발서기 [-빨-] | |
| **뒷**발-질 [뒤:빨-/뒫:빨-] | **뒤**발질 [-빨-] | |
| **뒷**발질-하다 [뒤:빨---/뒫:빨---] | **뒤**발질하다 [-빨-] | |
| **뒷**발-차기 [뒤:빨--/뒫:빨--] | **뒤**발차기 [-빨-] | |
| **뒷**-발치 [뒤:빨-/뒫:빨-] | **뒤**발치 [-빨-] | |
| **뒷**-방 [뒤:빵/뒫:빵] | **뒤**방 [-빵] | -房 |
| **뒷**방-마누라 [뒤:빵---/뒫:빵---] | **뒤**방마누라 [-빵-] | -房--- |
| **뒷**방-살이 [뒤:빵--/뒫:빵--] | **뒤**방살이 [-빵-] | -房-- |

| 《표대》 | 《조대》 | 원어 |
|---|---|---|
| 뒷-밭 [뒤:빧/뒫:빧] | 뒤밭 | |
| 뒷-배 [뒤:빼/뒫:빼] | 뒤배[4] | |
| 뒷-배포 [뒤:빼-/뒫:빼-] | 뒤배포 [-빼-] | -排布 |
| 뒷-벽 [뒤:뼉/뒫:뼉] | 뒤벽 [-뼉] | -壁 |
| 뒷-볼 [뒤:뽈/뒫:뽈] | 뒤볼 [-뽈] | |
| 뒷-불 [뒤:뿔/뒫:뿔] | 뒤불 [-뿔] | |
| 뒷-사람 [뒤:싸-/뒫:싸-] | 뒤사람 [-싸-] | |
| 뒷-산 [뒤:싼/뒫:싼] | 뒤산 [-싼] | -山 |
| 뒷-생각 [뒤:쌩-/뒫:쌩-] | 뒤생각 [-쌩-] | |
| 뒷생각-하다 [뒤:쌩가카-/뒫:쌩가카-] | 뒤생각하다 [-쌩-] | |
| 뒷-세상 [뒤:쎄-/뒫:쎄-] | 뒤세상 [-쎄-] | -世上 |
| 뒷-셈 [뒤:쎔/뒫:쎔] | 뒤셈 [-쎔] | |
| 뒷셈-하다 [뒤:쎔--/뒫:쎔--] | 뒤셈하다 [-쎔-] | |
| 뒷-소리 [뒤:쏘-/뒫:쏘-] | 뒤소리 [-쏘-] | |
| 뒷소리-하다 [뒤:쏘---/뒫:쏘---] | 뒤소리하다 [-쏘-] | |
| 뒷-소문 [뒤:쏘-/뒫:쏘-] | 뒤소문 [-쏘-] | -所聞 |
| 뒷-손[1] [뒤:쏜/뒫:쏜] | 뒤손 [-쏜] | |
| 뒷-손[2] [뒤:쏜/뒫:쏜] | 뒤손 [-쏜] | |
| 뒷손가락-질 [뒤:쏜까-찔/뒫:쏜까-찔] | 뒤손가락질 [-쏜까-] | |
| 뒷손가락질-하다 [뒤:쏜까-찔--/뒫:쏜까-찔--] | 뒤손가락질하다 [-쏜까-] | |
| 뒷손-질[1] [뒤:쏜-/뒫:쏜-] | 뒤손질 [-쏜-] | |
| 뒷손-질[2] [뒤:쏜-/뒫:쏜-] | 뒤손질 [-쏜-] | |
| 뒷손질-하다[1] [뒤:쏜---/뒫:쏜---] | 뒤손질하다 [-쏜-] | |
| 뒷손질-하다[2] [뒤:쏜---/뒫:쏜---] | 뒤손질하다 [-쏜-] | |
| 뒷-수쇄 [뒤:쑤-/뒫:쑤-] | 뒤수쇄 [-쑤-] | -收刷 |
| 뒷수쇄-하다 [뒤:쑤---/뒫:쑤---] | 뒤수쇄하다 [-쑤-] | -收刷-- |
| 뒷-수습 [뒤:쑤-/뒫:쑤-] | 뒤수습 [-쑤-] | -收拾 |
| 뒷수습-하다 [뒤:쑤스파-/뒫:쑤스파-] | 뒤수습하다 [-쑤-] | -收拾-- |
| 뒷-시세 [뒤:씨-/뒫:씨-] | 뒤시세[1] [-씨-] | -時勢 |
| 뒷-시중 [뒤:씨-/뒫:씨-] | 뒤시중 [-씨-] | |
| 뒷시중-하다 [뒤:씨---/뒫:씨---] | 뒤시중하다 [-씨-] | |
| 뒷-심[1] [뒤:씸/뒫:씸] | 뒤심 [-씸] | |
| 뒷-엿 [뒨:녇] | 뒤엿 | |
| 뒷-욕 [뒨:뇩] | 뒤욕 [뒨-] | -辱 |
| 뒷욕-질 [뒨:뇩찔] | 뒤욕질 [뒨-] | -辱- |
| 뒷욕질-하다 [뒨:뇩찔--] | 뒤욕질하다 [뒨-] | -辱--- |
| 뒷욕-하다 [뒨:뇨카-] | 뒤욕하다 [뒨-] | -辱-- |
| 뒷-윷 [뒨:뉻] | 뒤윷 | |
| 뒷-이야기 [뒨:니--] | 뒤이야기 [뒨-] | |

| 《표대》 | 《조대》 | 원어 |
|---|---|---|
| **뒷**-일[1] [뒨:닐] | **뒤**일 [뒨닐] | |
| **뒷**-입맛 [뒨:님맏] | **뒤**입맛 [뒨임-] | |
| **뒷**-자금 [뒤:짜-/뒫:짜-] | **뒤**자금 [-짜-] | -資金 |
| **뒷**-자락 [뒤:짜-/뒫:짜-] | **뒤**자락 [-짜-] | |
| **뒷**-자리 [뒤:짜-/뒫:짜-] | **뒤**자리 [-짜-] | |
| **뒷**-장[2] [뒤:짱/뒫:짱] | **뒤**장[1] [-짱] | -張 |
| **뒷**-장[3] [뒤:짱/뒫:짱] | **뒤**장[2] [-짱] | -場 |
| **뒷**-전[1] [뒤:쩐/뒫:쩐] | **뒤**전[1] [-쩐] | |
| **뒷**-전[2] [뒤:쩐/뒫:쩐] | **뒤**전[2] [-쩐] | -殿 |
| **뒷**전-놀이 [뒤:쩐--/뒫:쩐--] | **뒤**전놀이 [-쩐-] | |
| **뒷**전-풀이 [뒤:쩐--/뒫:쩐--] | **뒤**전풀이 [-쩐-] | |
| **뒷**-정리 [뒤:쩡니/뒫:쩡니] | **뒤**정리 [-쩡-] | -整理 |
| **뒷**정리-하다 [뒤:쩡니--/뒫:쩡니--] | **뒤**정리하다 [-쩡-] | -整理-- |
| **뒷**-정신 [뒤:쩡-/뒫:쩡-] | **뒤**정신 [-쩡-] | -精神 |
| **뒷**-조사 [뒤:쪼-/뒫:쪼-] | **뒤**조사 [-쪼-] | -調査 |
| **뒷**조사-하다 [뒤:쪼---/뒫:쪼---] | **뒤**조사하다 [-쪼-] | -調査-- |
| **뒷**-조처 [뒤:쪼-/뒫:쪼-] | **뒤**조처 | -措處 |
| **뒷**-주머니 [뒤:쭈--/뒫:쭈--] | **뒤**주머니 [-쭈-] | |
| **뒷**-줄 [뒤:쭐/뒫:쭐] | **뒤**줄 [-쭐] | |
| **뒷**-지느러미 [뒤:찌---/뒫:찌---] | **뒤**지느러미 [-찌-] | |
| **뒷**-짐 [뒤:찜/뒫:찜] | **뒤**짐 [-찜] | |
| **뒷**짐-질 [뒤:찜-/뒫:찜-] | **뒤**짐질 [-찜-] | |
| **뒷**짐질-하다 [뒤:찜---/뒫:찜---] | **뒤**짐질하다 [-찜-] | |
| **뒷**-집 [뒤:찝/뒫:찝] | **뒤**집 [-찝] | |
| 들**깻**-묵 [-깬-] | 들**깨**묵 | |
| 들**깻**-잎 [-깬닙] | 들**깨**잎 [-깬닢] | |
| 등**겻**-섬 [-겨썸/-겯썸] | 등**겨**섬 [-썸] | |
| 등**굣**-길 [-교낄/-굗낄] | 등**교**길 [-낄] | 登校- |
| 등굽**잇**-길 [-구비낄/-구빋낄] | 등굽**이**길 [-낄] | |
| 등**댓**-불 [-대뿔/-댇뿔] | 등**대**불 [-뿔] | 燈臺- |
| **땟**-거리 [때꺼-/땓꺼-] | **때**거리 [-꺼-] | |
| **땟**-국 [때꾹/땓꾹] | **때**국 [-꾹] | |
| **땟**-물[1] [땐-] | **때**물 [땐-] | |
| 떠**릿**-보 [-리뽀/-릳뽀] | 떠**리**보 | |
| **뗏**-길 [떼낄/뗃낄] | **떼**길 [-낄] | |
| **뗏**-말 [뗀-] | **떼**말 | |
| **뗏**-목 [뗀-] | **떼**목 [뗀-] | -木 |
| **뗏**목-다리 [뗀-따-] | **떼**목다리 [뗀-] | -木-- |
| **뗏**-밥 [떼빱/뗃빱] | **떼**밥 [-빱] | |

| 《표대》 | 《조대》 | 원어 |
|---|---|---|
| 뗏-일 [뗀닐] | 떼일[2] | |
| 뗏-장 [떼짱/뗃짱] | 떼장[1] [-짱] | |
| 뜨갯-것 [-개껃/-갣껃] | 뜨개것 [-껏] | |
| 뜰아랫-방 [--래빵/--랟빵] | 뜰아래방 [-빵] | ---房 |
| 띳-과 [띠꽈/띧꽈] | 띠과 | -銙 |
| 띳-돈 [띠똔/띧똔] | 띠돈 | |
| 띳-술 [띠쑬/띧쑬] | 띠술 | |
| 띳-장 [띠짱/띧짱] | 띠장 [-짱] | |
| 로마^숫자 | 로마수자 [-짜] | Roma數字 |
| 마겟-말 [마:겐-/마:겐-] | 마계말 | 馬契- |
| 마룻-구멍[1] [-루꾸-/-룯꾸-] | 마루구멍[1] [-꾸-] | |
| 마룻-구멍[2] [-루꾸-/-룯꾸-] | 마루구멍[2] | |
| 마룻-귀틀 [-루뀌-/-룯뀌-] | 마루귀틀 | |
| 마룻-널 [-룬-] | 마루널 | |
| 마룻-대 [-루때/-룯때] | 마루대 [-때] | |
| 마룻-도리 [-루또-/-룯또-] | 마루도리 | |
| 마룻-바닥 [-루빠-/-룯빠-] | 마루바닥 | |
| 마룻-보 [-루뽀/-룯뽀] | 마루보 | |
| 마룻-장 [-루짱/-룯짱] | 마루장 | |
| 마룻-전 [-루쩐/-룯쩐] | 마루전 [-쩐] | |
| 마룻-줄 [-루쭐/-룯쭐] | 마루줄 [-쭐] | |
| 마릿-수 [-리쑤/-릳쑤] | 마리수 [-쑤] | --數 |
| 마맛-자국 [마:마짜-/마:맏짜-] | 마마자국 [-짜-] | 媽媽-- |
| 마윗-논 [마:윈-] | 마위논 | 馬位- |
| 마찻-길 [마:차낄/마:찯낄] | 마차길 [-낄] | 馬車- |
| 막-고춧가루 [-꼬추까-/-꼬춛까-] | 막고추가루 [-까-] | |
| 막냇-누이 [망낸--] | 막내누이 [망-] | |
| 막냇-동생 [망내똥-/망낻똥-] | 막내동생 [망-] | --同生 |
| 막냇-사위 [망내싸-/망낻싸-] | 막내사위 [망-] | |
| 막냇-삼촌 [망내쌈-/망낻쌈-] | 막내삼촌 [망-] | --三寸 |
| 막냇-손자 [망내쏜-/망낻쏜-] | 막내손자 [망-] | --孫子 |
| 막냇-자식 [망내짜-/망낻짜-] | 막내자식 [망-] | --子息 |
| 막댓-가지 [-때까-/-땓까-] | 막대가지 [-까-] | |
| 만둣-국 [-두꾹/-둗꾹] | 만두국 [-꾹] | 饅頭- |
| 말밋-집 [-미찝/-믿찝] | 말미집 | 末尾- |
| 망곳-살 [-고쌀/-곧쌀] | 망고살 | |
| 매갈잇-간 [매:가리깐/매:가릳깐] | 매갈이간 [-깐] | ---間 |
| 매-방앗간 [--아깐/--앋깐] | 매방아간 [-깐] | ---間 |
| 맥줏-집 [-쭈찝/-쭏찝] | 맥주집 [-찝] | 麥酒- |

| 《표대》 | 《조대》 | 원어 |
|---|---|---|
| 맨머릿-바람 [--리빠-/--릳빠-] | 맨머리바람 [-빠-] | |
| 맷-고기 [매꼬-/맫꼬-] | 매고기 | |
| 맷-단 [매딴/맫딴] | 매단 [-딴] | |
| 맷-담배 [매땀-/맫땀-] | 매담배 | |
| 맷-독 [매똑/맫똑] | 매독[1] [-똑] | -毒 |
| 맷-돌 [매똘/맫똘] | 매돌 [-똘] | |
| 맷돌-다리 [매똘--/맫똘--] | 매돌다리 [-똘-] | |
| 맷돌-중쇠 [매똘-쇠/맫똘-쉐] | 매돌중쇠 [-똘-] | --中- |
| 맷돌-질 [매똘-/맫똘-] | 매돌질 [-똘-] | |
| 맷돌질-하다 [매똘---/맫똘---] | 매돌질하다 [-똘-] | |
| 맷-방석 [매빵-/맫빵-] | 매방석 [-빵-] | -方席 |
| 맷-손[1] [매쏜/맫쏜] | 매손[1] [-쏜] | |
| 맷-손[2] [매쏜/맫쏜] | 매손[2] [-쏜] | |
| 맷-수쇠 [매쑤쇠/맫쑤쉐] | 매수쇠 [-쐬] | |
| 맷-중쇠 [매쭝쇠/맫쭝쉐] | 매중쇠 [-쐬] | -中- |
| 맷-집 [매찝/맫찝] | 매집[1] [-찝] | |
| 머릿-골[1] [-리꼴/-릳꼴] | 머리골[2] [-꼴] | |
| 머릿-골[2] [-리꼴/-릳꼴] | 머리골[1] [-꼴] | |
| 머릿-그림 [-리끄-/-릳끄-] | 머리그림 | |
| 머릿-기름 [-리끼-/-릳끼-] | 머리기름 [-끼-] | |
| 머릿-달 [-리딸/-릳딸] | 머리달 [-딸] | |
| 머릿-밑 [-린믿] | 머리밑 [-린-] | |
| 머릿-방 [-리빵/-릳빵] | 머리방 [-빵] | --房 |
| 머릿-병풍 [-리뼝-/-릳뼝-] | 머리병풍 | --屛風 |
| 머릿-살 [-리쌀/-릳쌀] | 머리살[1] [-쌀] | |
| 머릿-속 [-리쏙/-릳쏙] | 머리속 [-쏙] | |
| 머릿-수 [-리쑤/-릳쑤] | 머리수 [-쑤] | --數 |
| 머릿-수건 [-리쑤-/-릳쑤-] | 머리수건 | --手巾 |
| 머릿-장 [-리짱/-릳짱] | 머리장 [-짱] | --欌 |
| 머릿-줄[1] [-리쭐/-릳쭐] | 머리줄 [-쭐] | |
| 머릿-짓 [-리찓/-릳찓] | 머리짓 | |
| 먹잇-감 [머기깜/머긷깜] | 먹이감 [-깜] | |
| 먼가랫-밥[1] [먼:-래빱/먼:-랟빱] | 먼가래밥 [-빱] | |
| 먼뎃-손 [먼:데쏜/먼:덷쏜] | 먼데손 [-쏜] | |
| 먼젓-번 [-저뻔/-젇뻔] | 먼저번 [-뻔] | --番 |
| 먼짓-길 [-지낄/-짇낄] | 먼지길 [-낄] | |
| 멍엣-상처 [-에쌍-/-엗쌍-] | 멍에상처 | --傷處 |
| 멍엣-집 [-에찝/-엗찝] | 멍에집 | |
| 메줏-가루 [-주까-/-줃까-] | 메주가루 [-까-] | |

사이시옷

| 《표대》 | 《조대》 | 원어 |
|---|---|---|
| 물레방앗-간 [---아깐/---앋깐] | 물레방아간 [-깐] | ----間 |
| 물렛-가락 [-레까-/-렏까-] | 물레가락 [-까-] | |
| 물렛-돌 [-레똘/-렏똘] | 물레돌 [-똘] | |
| 물렛-줄 [-레쭐/-렏쭐] | 물레줄 [-쭐] | |
| 물막잇-감 [-마기깜/-마긷깜] | 물막이감 [-깜] | |
| 물-못자리 [-모짜-/-몯짜-] | 물모자리 [-짜-] | |
| 물방앗-간 [--아깐/--앋깐] | 물방아간 [-깐] | ---間 |
| 뭇-국 [무:꾹/묻:꾹] | 무국 [-꾹] | |
| 뭉칫-돈 [-치똔/-칟똔] | 뭉치돈 | |
| 미꾸라짓-국 [---지꾹/---짇꾹] | 미꾸라지국 [-꾹] | |
| 미친갯-병 [--개뼝/--갣뼝] | 미친개병 [-뼝] | ---病 |
| 민엇-국 [미너꾹/미넏꾹] | 민어국 [-꾹] | 民魚- |
| 밀-보릿짚 [--리찝/--릳찝] | 밀보리짚 | |
| 밀줏-집 [-쭈찝/-쭏찝] | 밀주집 [-쭈찝] | 密酒- |
| 바닷-가 [-다까/-닫까] | 바다가 [-까] | |
| 바닷-개 [-다깨/-닫깨] | 바다개 [-깨] | |
| 바닷-고기 [-다꼬-/-닫꼬-] | 바다고기 [-꼬-] | |
| 바닷-길 [-다낄/-닫낄] | 바다길 [-낄] | |
| 바닷-모래 [-단--] | 바다모래 | |
| 바닷-목 [-단-] | 바다목 | |
| 바닷-물 [-단-] | 바다물 | |
| 바닷-물고기 [-단-꼬-] | 바다물고기 [-꼬-] | |
| 바닷-바람 [-다빠-/-닫빠-] | 바다바람 [-빠-] | |
| 바닷-사람 [-다싸-/-닫싸-] | 바다사람 [-싸-] | |
| 바닷-새 [-다쌔/-닫쌔] | 바다새 [-쌔] | |
| 바닷-소금 [-다쏘-/-닫쏘-] | 바다소금 | |
| 바닷-소리 [-다쏘-/-닫쏘-] | 바다소리 [-쏘-] | |
| 바닷-장어 [-다짱-/-닫짱-] | 바다장어 | --長魚 |
| 바닷-조개 [-다쪼-/-닫쪼-] | 바다조개 | |
| 바릿-밥 [-리빱/-릳빱] | 바리밥 [-빱] | |
| 바윗-돌 [-위똘/-윋똘] | 바위돌 [-똘] | |
| 바윗-등 [-위뜽/-윋뜽] | 바위등 [-뜽] | |
| 바윗-장 [-위짱/-윋짱] | 바위장 [-짱] | |
| 바잣-문 [-잔-] | 바자문 | --門 |
| 바짓-가랑이 [-지까--/-짇까--] | 바지가랑이 [-까-] | |
| 바짓-단 [-지딴/-짇딴] | 바지단 | |
| 바짓-부리 [-지뿌-/-짇뿌-] | 바지부리 | |
| 반깃-반 [-기빤/-긷빤] | 반기반 [-빤] | --盤 |
| 반딧-벌레 [-디뻘-/-딛뻘-] | 반디벌레 | |

| 《표대》 | 《조대》 | 원어 |
|---|---|---|
| 반딧-불 [-디뿔/-딛뿔] | 반디불 [-뿔] | |
| 반딧불-게르치 [-디뿔---/-딛뿔---] | 반디불게르치 [-뿔-] | |
| 반-뱃짐 [반:배찜/반:밷찜] | 반배짐 [-찜] | 半-- |
| 반-봇짐 [반:보찜/반:볻찜] | 반보짐 [-찜] | 半褓- |
| 반-잇소리 [반:니쏘-/반:닏쏘-] | 반이소리 [-쏘-] | 半--- |
| 반잣-대 [-자때/-잗때] | 반자대 [-때] | |
| 반잣대-받이 [-자때바지/-잗때바지] | 반자대받이 [-때바지] | |
| 반-혓소리 [반:혀쏘-/반:혇쏘-] | 반혀소리 [-쏘-] | 半--- |
| 발칫-잠 [-치짬/-칟짬] | 발치잠 | |
| 밧-줄 [바쭐/받쭐] | 바줄 [-쭐] | |
| 방앗-간 [-아깐/-앋깐] | 방아간 [-깐] | --間 |
| 방앗-공이 [-아꽁-/-앋꽁-] | 방아공이 [-꽁-] | |
| 밭-뒷그루 [받뛰끄-/받뛷끄-] | 밭뒤그루 [-끄-] | |
| 밭머릿-길 [반-리낄/반-릳낄] | 밭머리길 [반-낄] | |
| 밭-못자리 [반모짜-/반몯짜-] | 밭모자리 [반-짜-] | |
| 배나무-진딧물 [----딘-] | 배나무진디물 | |
| 배냇-냄새 [배:낸--] | 배내냄새 | |
| 배냇-닭 [-내딱/-낻딱] | 배내닭 [-딱(딸기)] | |
| 배냇-돼지 [-내뙈-/-낻뙈-] | 배내돼지 [-뙈-] | |
| 배냇-머리 [배:낸--] | 배내머리 [-낸-] | |
| 배냇-버릇 [배:내뻐륻/배:낻뻐륻] | 배내버릇 [-뻐-] | |
| 배냇-병신 [배:내뼝-/배:낻뼝-] | 배내병신 | --病身 |
| 배냇-소 [-내쏘/-낻쏘] | 배내소 [-쏘] | |
| 배냇-저고리 [배:내쩌--/배:낻쩌--] | 배내저고리 [-쩌-] | |
| 배냇-짓 [배:내찓/배:낻찓] | 배내짓 [-찟] | |
| 배냇짓-하다 [배:내찌타-/배:낻찌타-] | 배내짓하다 [-찟-] | |
| 배메깃-논 [--긴-] | 배메기논 | |
| 배뱅잇-굿 [--이꾿/--읻꾿] | 배뱅이굿 | |
| 배빗-대 [-비때/-빋때] | 배비대 [-때] | |
| 배추속댓-국 [배:--때꾹/배:--땓꾹] | 배추속대국 [-꾹] | |
| 배춧-국 [배:추꾹/배:춛꾹] | 배추국 [-꾹] | |
| 배춧-속 [배:추쏙/배:춛쏙] | 배추속 | |
| 배콧-자리 [-코짜-/-콛짜-] | 배코자리 [-짜-] | |
| 백홋-날 [배콘-] | 백호날 [-코-] | 白虎- |
| 뱃-가죽 [배까-/밷까-] | 배가죽 [-까-] | |
| 뱃-간 [배깐/밷깐] | 배간 [-깐] | -間 |
| 뱃-고동 [배꼬-/밷꼬-] | 배고동 [-꼬-] | |
| 뱃-고물 [배꼬-/밷꼬-] | 배고물 | |
| 뱃-구레 [배꾸-/밷꾸-] | 배구레 [-꾸-] | |

| 《표대》 | 《조대》 | 원어 |
|---|---|---|
| 뱃-길 [배낄/밷낄] | 배길 [-낄] | |
| 뱃-노래 [밴--] | 배노래 [밴-] | |
| 뱃-놀이[1] [밴--] | 배놀이 [밴-] | |
| 뱃놀이-하다 [밴----] | 배놀이하다 [밴-] | |
| 뱃-놈 [밴-] | 배놈 [밴-] | |
| 뱃-덧 [배떧/밷떧] | 배덧 [-떳] | |
| 뱃-머리 [밴--] | 배머리 [밴-] | |
| 뱃-멀미 [밴--] | 배멀미 | |
| 뱃멀미-하다 [밴----] | 배멀미하다 | |
| 뱃-바람 [배빠-/밷빠-] | 배바람 [-빠-] | |
| 뱃-밥 [배빱/밷빱] | 배밥 [-빱] | |
| 뱃-방 [배빵/밷빵] | 배방 [-빵] | -房 |
| 뱃-벌 [배:뻘/밷:뻘] | 배벌 [-뻘] | 倍- |
| 뱃-병 [배뼝/밷뼝] | 배병[1] [-뼝] | -病 |
| 뱃-사공 [배싸-/밷싸-] | 배사공 [-싸-] | -沙工 |
| 뱃-사람 [배싸-/밷싸-] | 배사람 [-싸-] | |
| 뱃-삯 [배싹/밷싹] | 배삯 [-싹(싹시)] | |
| 뱃-살 [배쌀/밷쌀] | 배살 [-쌀] | |
| 뱃-소리 [배쏘-/밷쏘-] | 배소리 [-쏘-] | |
| 뱃-속 [배쏙/밷쏙] | 배속[1] [-쏙] | |
| 뱃-숨 [배쑴/밷쑴] | 배숨 | |
| 뱃-심 [배씸/밷씸] | 배심[1] [-씸] | |
| 뱃-일 [밴닐] | 배일[1] [밴닐] | |
| 뱃일-하다 [밴닐--] | 배일하다 [밴닐-] | |
| 뱃-자반 [배짜-/밷짜-] | 배자반 [-짜-] | |
| 뱃-장 [배짱/밷짱] | 배장 [-짱] | |
| 뱃-장사 [배짱-/밷짱-] | 배장사 | |
| 뱃-장작 [배짱-/밷짱-] | 배장작 | -長斫 |
| 뱃-전 [배쩐/밷쩐] | 배전[1] [-쩐] | |
| 뱃-줄 [배쭐/밷쭐] | 배줄[1] [-쭐] | |
| 뱃-지게 [배찌-/밷찌-] | 배지게[1] [-찌-] | |
| 뱃-짐 [배찜/밷찜] | 배짐 [-찜] | |
| 뱃-집[1] [배찝/밷찝] | 배집[2] [-찝] | |
| 뱃-집[2] [배찝/밷찝] | 배집[1] [-찝] | |
| 뱃집-지붕 [배찝찌-/밷찝찌-] | 배집지붕 [-찝-] | |
| 번갯-불 [-개뿔/-갣뿔] | 번개불 [-뿔] | |
| 벌잇-길 [버:리낄/버:릳낄] | 벌이길 [-낄] | |
| 벌잇-속 [버:리쏙/버:릳쏙] | 벌이속 [-쏙] | |
| 벌잇-자리 [버:리짜-/버:릳짜-] | 벌이자리 [-짜-] | |

| 《표대》 | 《조대》 | 원어 |
| --- | --- | --- |
| 벌잇-줄 [버:리쭐/버:릳쭐] | 벌이줄[2] [-쭐] | |
| 벙거짓-골 [--지꼴/--짇꼴] | 벙거지골 | |
| 베갯-동서 [-개똥-/-갣똥-] | 베개동서 | --同壻 |
| 베갯-머리 [-갠--] | 베개머리 [-갠-] | |
| 베갯머리-송사 [-갠----] | 베개머리송사 [-갠-] | ----訟事 |
| 베갯-모 [-갠-] | 베개모 [-갠-] | |
| 베갯밑-송사 [-갠믿쏭-] | 베개밑송사 [-갠-] | ---訟事 |
| 베갯-속 [-개쏙/-갣쏙] | 베개속 [-쏙] | |
| 베갯-잇 [-갠닏] | 베개잇 [-갠닛] | |
| 벼룻-길 [-루낄/-룯낄] | 벼루길 [-낄] | |
| 벼룻-돌 [-루똘/-룯똘] | 벼루돌 [-똘] | |
| 벼룻-물 [-룬-] | 벼루물 [-룬-] | |
| 벼룻-집 [-루찝/-룯찝] | 벼루집 [-찝] | |
| 벼릿-줄 [-리쭐/-릳쭐] | 벼리줄 [-쭐] | |
| 별챗-집 [-채찝/-챋찝] | 별채집 [-찝] | 別-- |
| 볏-가리[1] [벼까-/볃까-] | 벼가리 [-까-] | |
| 볏가릿-대 [벼까리때/볃까릳때] | 벼가리대 [-까-때] | |
| 볏-가을 [벼까-/볃까-] | 벼가을 | |
| 볏가을-하다 [벼까---/볃까---] | 벼가을하다 | |
| 볏-갈 [벼깔/볃깔] | 벼갈 | |
| 볏갈-하다 [벼깔--/볃깔--] | 벼갈하다 | |
| 볏-겨 [벼껴/볃껴] | 벼겨 [-껴] | |
| 볏-논 [변-] | 벼논 [변-] | |
| 볏-단 [벼딴/볃딴] | 벼단 [-딴] | |
| 볏-담불 [벼땀-/볃땀-] | 벼담불 [-땀-] | |
| 볏-모 [변-] | 벼모 [변-] | |
| 볏-술 [벼쑬/볃쑬] | 벼술 [-쑬] | |
| 볏-짐 [벼찜/볃찜] | 벼짐 [-찜] | |
| 볏-짚 [벼찝/볃찝] | 벼짚 [-찝] | |
| 보랏-빛 [-라삗/-랃삗] | 보라빛 [-삧] | |
| 보릿-가루 [-리까-/-릳까-] | 보리가루 [-까-] | |
| 보릿-가을 [-리까-/-릳까-] | 보리가을 | |
| 보릿-거름 [-리꺼-/-릳꺼-] | 보리거름 [-꺼-] | |
| 보릿-겨 [-리껴/-릳껴] | 보리겨 [-껴] | |
| 보릿-고개 [-리꼬-/-릳꼬-] | 보리고개 [-꼬-] | |
| 보릿-단 [-리딴/-릳딴] | 보리단 [-딴] | |
| 보릿-대 [-리때/-릳때] | 보리대 [-때] | |
| 보릿-동 [-리똥/-릳똥] | 보리동 [-똥] | |
| 보릿-자루 [-리짜-/-릳짜-] | 보리자루 [-짜-] | |

| 《표대》 | 《조대》 | 원어 |
|---|---|---|
| 보릿-재 [-리째/-릳째] | 보리재 [-째] | |
| 보릿-짚 [-리찝/-릳찝] | 보리짚 [-찝] | |
| 보춧-가지 [-초까-/-촏까-] | 보초가지 [-까-] | |
| 복대깃-간 [-때기깐/-때긷깐] | 복대기간 [-깐] | ---間 |
| 복숭앗-빛 [-쑹아삗/-쑹앋삗] | 복숭아빛 [-삗] | |
| 복찻-다리 [-차따-/-찯따-] | 복차다리 [-따-] | |
| 볼깃-살 [볼:기쌀/볼:긷쌀] | 볼기살 | |
| 봇-논 [본-] | 보논 [본-] | 洑- |
| 봇-도랑 [보또-/볻또-] | 보도랑 [-또-] | 洑-- |
| 봇-돌[1] [보똘/볻똘] | 보돌[1] [-똘] | |
| 봇-돌[3] [보똘/볻똘] | 보돌[2] [-똘] | 洑- |
| 봇-물 [본-] | 보물[2] [본-] | 洑- |
| 봇-일 [본닐] | 보일[1] [본-] | 洑- |
| 봇-줄 [보쭐/볻쭐] | 보줄 [-쭐] | |
| 봇-짐 [보찜/볻찜] | 보짐 [-찜] | 褓- |
| 봇짐-장사 [보찜--/볻찜--] | 보짐장사 [-찜-] | 褓--- |
| 봉놋-방 [-노빵/-녿빵] | 봉노방 [-빵] | --房 |
| 봉칫-시루 [-치씨-/-칟씨-] | 봉치시루 | |
| 봉홧-불 [-화뿔/-홛뿔] | 봉화불 [-뿔] | 烽火- |
| 부둣-가 [-두까/-둗까] | 부두가 [-까] | 埠頭- |
| 부룻-동 [-루똥/-룯똥] | 부루동 [-똥] | |
| 부싯-깃 [-시낃/-싣낃] | 부시깃 [-낃] | |
| 부싯깃-고사리 [-시낃꼬--/-싣낃꼬--] | 부시깃고사리 [-낃-] | |
| 부싯-돌 [-시똘/-싣똘] | 부시돌 [-똘] | |
| 부싯-불 [-시뿔/-싣뿔] | 부시불 [-뿔] | |
| 부앗-김 [-아낌/-앋낌] | 부아김 [-낌] | |
| 부잣-집 [부:자찝/부:잗찝] | 부자집 [-찝] | 富者- |
| 부-젓가락 [-저까-/-젇까-] | 부저가락 [-까-] | |
| 부좃-술 [-조쑬/-졷쑬] | 부조술 [-쑬] | 扶助- |
| 부좃-일 [-존닐] | 부조일 | 扶助- |
| 부줏-술 [-주쑬/-줃쑬] | 부주술[2] [-쑬] | 父祖▼- |
| 부챗-말 [-챈-] | 부채말 | |
| 부챗-살 [-채쌀/-챋쌀] | 부채살 [-쌀] | |
| 북엇-국 [부거꾹/부걷꾹] | 북어국 [-꾹] | 北魚- |
| 분핫-돈 [-하똔/-핟똔] | 분하돈 [-똔] | 分下- |
| 붉은빰-멧새 [---메쌔/---멛쌔] | 붉은빰메새 [-쌔] | |
| 비누홧-갑 [--화깝/--홛깝] | 비누화갑 [-깝(깝시)] | --化- |
| 비눗-갑 [-누깝/-눋깝] | 비누갑 [-깝] | --匣 |
| 비눗-기 [-누끼/-눋끼] | 비누기 [-끼] | |

| 《표대》 | 《조대》 | 원어 |
|---|---|---|
| 비눗-물 [-눈-] | 비누물 [-눈-] | |
| 비솟-거리 [-소꺼-/-솓꺼-] | 비소거리 [-꺼-] | 誹笑-- |
| 비윗-살 [-위쌀/-윋쌀] | 비위살 [-쌀] | |
| 비짓-국 [-지꾹/-짇꾹] | 비지국 [-꾹] | |
| 비췻-빛 [비:취삗/비:췯삗] | 비취빛 [-삧] | 翡翠- |
| 빗-돌 [비똘/빋똘] | 비돌 [-똘] | 碑- |
| 빗-물 [빈-] | 비물 [빈-] | |
| 빗물-받이 [빈-바지] | 비물받이 [빈-바지] | |
| 빗-밑 [빈믿] | 비밑 | |
| 빗-발 [비빨/빋빨] | 비발[1] [-빨] | |
| 빗발-치다 [비빨--/빋빨--] | 비발치다 [-빨-] | |
| 빗-방울 [비빵-/빋빵-] | 비방울 [-빵-] | |
| 빗-소리 [비쏘-/빋쏘-] | 비소리 [-쏘-] | |
| 빗-자루 [비짜-/빋짜-] | 비자루[1] [-짜-] | |
| 빗-줄[1] [비쭐/빋쭐] | 비줄 [-쭐] | |
| 빗-줄기 [비쭐-/빋쭐-] | 비줄기 [-쭐-] | |
| 빨랫-간 [-래깐/-랟깐] | 빨래간 [-깐] | --間 |
| 빨랫-감 [-래깜/-랟깜] | 빨래감 [-깜] | |
| 빨랫-대야 [-래때-/-랟때-] | 빨래대야 | |
| 빨랫-돌 [-래똘/-랟똘] | 빨래돌 [-똘] | |
| 빨랫-말미 [-랜--] | 빨래말미 | |
| 빨랫-방망이 [-래빵--/-랟빵--] | 빨래방망이 | |
| 빨랫-보 [-래뽀/-랟뽀] | 빨래보 [-뽀] | --褓 |
| 빨랫-비누 [-래삐-/-랟삐-] | 빨래비누 [-삐-] | |
| 빨랫-솔 [-래쏠/-랟쏠] | 빨래솔 | |
| 빨랫-줄 [-래쭐/-랟쭐] | 빨래줄 [-쭐] | |
| 뺑댓-집 [뺑:때찝/뺑:땓찝] | 뺑대집 [-때찝] | |
| 뼈다귓-국 [--귀꾹/--귇꾹] | 뼈다귀국 [-꾹] | |
| 뼛-가루 [뼈까-/뼏까-] | 뼈가루 [-까-] | |
| 뼛-골 [뼈꼴/뼏꼴] | 뼈골 | -骨 |
| 뼛-국 [뼈꾹/뼏꾹] | 뼈국 [-꾹] | |
| 뼛-성 [뼈썽/뼏썽] | 뼈성 [-썽] | |
| 뼛-속 [뼈쏙/뼏쏙] | 뼈속 [-쏙] | |
| 뼛-심 [뼈씸/뼏씸] | 뼈심 [-씸] | |
| 사갓-집[1] [-가찝/-갇찝] | 사가집[1] [-찝] | 私家- |
| 사과혹-진딧물 [---찐딘-] | 사과혹진디물 | 沙果---- |
| 사글셋-방 [--쎄빵/--쎋빵] | 사글세방 [-빵] | --貰房 |
| 사깃-물 [-긴-] | 사기물 [-긴-] | 沙器- |
| 사발막걸릿-집 [---껄리찝/---껄릳찝] | 사발막걸리집 [-찝] | 沙鉢---- |

| 《표대》 | 《조대》 | 원어 |
|---|---|---|
| 사붓-집 [사:부찝/사:붇찝] | 사부집 [-찝] | 士夫- |
| 사삿-사람 [-사싸-/-삳싸-] | 사사사람 | 私私-- |
| 사삿-일 [-산닐] | 사사일 | 私私- |
| 사삿-집 [-사찝/-삳찝] | 사사집 [-찝] | 私私- |
| 사윗-감 [-위깜/-윋깜] | 사위감 [-깜] | |
| 사잇-가락 [-이까-/-읻까-] | 사이가락 [-까-] | |
| 사잇-골목 [-이꼴-/-읻꼴-] | 사이골목 | |
| 사잇-기둥 [-이끼-/-읻끼-] | 사이기둥 | |
| 사잇-문 [-인-] | 사이문 | --門 |
| 사잇-소리 [-이쏘-/-읻쏘-] | 사이소리 [-쏘-] | |
| 사잣-밥 [사:자빱/사:잗빱] | 사자밥 [-빱] | 使者- |
| 사잣-짚신 [사:자찝씬/사:잗찝씬] | 사자짚신 | 使者-- |
| 사첫-방 [-처빵/-첟빵] | 사처방 [-빵] | --房 |
| 사홧-술 [-화쑬/-홛쑬] | 사화술 [-쑬] | 私和- |
| 산솟-불 [-소뿔/-솓뿔] | 산소불 [-뿔] | 酸素- |
| 산잣-감 [산:자깜/산:잗깜] | 산자감 [-깜] | 糤子- |
| 산젯-밥 [-제빱/-젣빱] | 산제밥 [-빱] | 山祭- |
| 산챗-국 [-채꾹/-챋꾹] | 산채국 [-꾹] | 山菜- |
| 산홋-가지 [-호까-/-혿까-] | 산호가지 | 珊瑚-- |
| 산홋-빛 [-호삧/-혿삧] | 산호빛 [-삧] | 珊瑚- |
| 삼-밧줄 [-바쭐/-받쭐] | 삼바줄 [-쭐] | |
| 삼탯-국 [-태꾹/-탣꾹] | 삼태국 [-꾹] | 三太- |
| 상갓-집 [-가찝/-갇찝] | 상가집 [-찝] | 喪家- |
| 상대^유짓값 | 상대유지값 [-깝(깝시)] | 相對維持- |
| 상두받잇-집 [--바지찝/--바짇찝] | 상두받이집 [-바지찝] | 喪---- |
| 상둣-도가 [-두또-/-둗또-] | 상두도가 [-또-] | 喪-都家 |
| 상둣-술 [-두쑬/-둗쑬] | 상두술 | 喪-- |
| 상엿-소리 [-여쏘-/-엳쏘-] | 상여소리 [-쏘-] | 喪輿-- |
| 상엿-집 [-여찝/-엳찝] | 상여집 [-찝] | 喪輿- |
| 상투-고 [-투꼬/-툳꼬] | 상투고 [-꼬] | |
| 상툿-바람 [-투빠-/-툳빠-] | 상투바람 [-빠-] | |
| 색싯-감 [색:씨깜/색:씯깜] | 색시감 [-깜] | |
| 색싯-집 [색:씨찝/색:씯찝] | 색시집 | |
| 샛-간 [새:깐/샏:깐] | 새간 [-깐] | |
| 샛-강 [새:깡/샏:깡] | 새강 [-깡] | -江 |
| 샛-검불 [새껌-/샏껌-] | 새검불 | |
| 샛-길 [새:낄/샏:낄] | 새길 [-낄] | |
| 샛-문[1] [샌:-] | 새문 [샌-] | -門 |
| 샛-바리 [새빠-/샏빠-] | 새바리 [-빠-] | |

| 《표대》 | 《조대》 | 원어 |
|---|---|---|
| 샛-방 [새:빵/샏:빵] | 새방[2] [-빵] | -房 |
| 샛-벽 [새:뼉/샏:뼉] | 새벽[3] [-뼉] | -壁 |
| 샛-장지 [새:짱-/샏:짱-] | 새장지 [-짱-] | |
| 생맥줏-집 [--쭈찝/--줃찝] | 생맥주집 [-찝] | 生麥酒- |
| 서까랫-감 [--래깜/--랟깜] | 서까래감 [-깜] | |
| 서릿-김 [-리낌/-릳낌] | 서리김 [-낌] | |
| 서릿-바람 [-리빠-/-릳빠-] | 서리바람 [-빠-] | |
| 서릿-발 [-리빨/-릳빨] | 서리발 [-빨] | |
| 선짓-국 [-지꾹/-짇꾹] | 선지국 [-꾹] | |
| 선짓-덩이 [-지떵-/-짇떵-] | 선지덩이 [-떵-] | |
| 성엣-장 [-에짱/-엗짱] | 성에장 [-짱] | |
| 성줏-상 [-주쌍/-줃쌍] | 성주상 [-쌍] | --床 |
| 세돗-집 [세:도찝/세:돋찝] | 세도집 [-찝] | 勢道- |
| 세뱃-값 [세:배깝/세:밷깝] | 세배값 [-깝(깝시)] | 歲拜- |
| 세뱃-돈 [세:배똔/세:밷똔] | 세배돈 [-똔] | 歲拜- |
| 셋-돈 [세:똔/섿:똔] | 세돈 [-똔] | 貰- |
| 셋-말 [섿:-] | 세말[1] [섿-] | 貰- |
| 셋-방 [세:빵/섿:빵] | 세방 [-빵] | 貰房 |
| 셋방-살이 [세:빵--/섿:빵--] | 세방살이 [-빵-] | 貰房-- |
| 셋방살이-하다 [세:빵----/섿:빵----] | 세방살이하다 [-빵-] | 貰房---- |
| 셋-소 [세:쏘/섿:쏘] | 세소[1] | 貰- |
| 셋-줄 [세:쭐/섿:쭐] | 세줄 [-쭐] | 勢- |
| 셋-집 [세:찝/섿:찝] | 세집 [-찝] | 貰- |
| 소릿-구멍 [-리꾸-/-릳꾸-] | 소리구멍 [-꾸-] | |
| 소맷-값 [소:매깝/소:맫깝] | 소매값 [-깝(깝시)] | 小賣- |
| 소맷-귀 [-매뀌/-맫뀌] | 소매귀 | |
| 소맷-길 [-매낄/-맫낄] | 소매길 [-낄] | |
| 소맷-동 [-매똥/-맫똥] | 소매동 [-똥] | |
| 소맷-동냥 [-매똥-/-맫똥-] | 소매동냥 | |
| 소맷동냥-하다 [-매똥---/-맫똥---] | 소매동냥하다 | |
| 소맷-배래기 [-매빼--/-맫빼--] | 소매배래기 [-빼-] | |
| 소맷-부리 [-매뿌-/-맫뿌-] | 소매부리 [-뿌-] | |
| 소맷-자락 [-매짜-/-맫짜-] | 소매자락 [-짜-] | |
| 소싯-적 [소:시쩍/소:싣쩍] | 소시적 [-쩍] | 少時- |
| 소줏-고리 [-주꼬-/-줃꼬-] | 소주고리 [-꼬-] | 燒酒-- |
| 소줏-불 [-주뿔/-줃뿔] | 소주불 [-뿔] | 燒酒- |
| 속댓-국 [속:때꾹/속:땓꾹] | 속대국 [-꾹] | |
| 솎음배춧-국 [---추꾹/---춛꾹] | 솎음배추국 [-꾹] | |
| 손사랫-짓 [-싸래찓/-싸랟찓] | 손사래짓 [-싸-] | |

| 《표대》 | 《조대》 | 원어 |
|---|---|---|
| 손사랫짓-하다 [-싸래찌타-/-싸랟찌타-] | 손사래짓하다 [-싸-] | |
| 손숫-물 [-순-] | 손수물 | |
| 손아랫-사람 [--래싸-/--랟싸-] | 손아래사람 [-싸-] | |
| 솟-거리 [소꺼-/솓꺼-] | 소거리 [-꺼-] | |
| 솟-국 [소:꾹/솓:꾹] | 소국[1] [-꾹] | 素- |
| 송잇-국 [-이꾹/-읻꾹] | 송이국 [-꾹] | 松耳- |
| 송홧-가루 [-화까-/-홛까-] | 송화가루 [-까-] | 松花-- |
| 쇠-밧줄 [쇠바쭐/쉐받쭐] | 쇠바줄 [-쭐] | |
| 쇠-붉은뺨멧새 [쇠---메쌔/쉐---멛쌔] | 쇠붉은뺨메새 [-쌔] | |
| 쇳-가루 [쇠까-/쉗까-] | 쇠가루 [-까-] | |
| 쇳-기 [쇠끼/쉗끼] | 쇠기 [-끼] | |
| 쇳-내 [쇤-/쉔-] | 쇠내 [쇤-] | |
| 쇳-냥 [쇤-/쉔-] | 쇠냥 [쇤-] | -兩 |
| 쇳-녹 [쇤-/쉔-] | 쇠녹 [쇤-] | -綠 |
| 쇳-덩어리 [쇠떵--/쉗떵--] | 쇠덩어리 [-떵-] | |
| 쇳-덩이 [쇠떵-/쉗떵-] | 쇠덩이 [-떵-] | |
| 쇳-독 [쇠똑/쉗똑] | 쇠독 [-똑] | -毒 |
| 쇳-돌[1] [쇠똘/쉗똘] | 쇠돌 [-똘] | |
| 쇳-몸 [쇤-/쉔-] | 쇠몸 [쇤-] | |
| 쇳-물 [쇤-/쉔-] | 쇠물[1] [쇤-] | |
| 쇳-물 [쇤-/쉔-] | 쇠물[2] [쇤-] | |
| 쇳-밥 [쇠빱/쉗빱] | 쇠밥 [-빱] | |
| 쇳-빛 [쇠삗/쉗삗] | 쇠빛 [-삧] | |
| 쇳-소리 [쇠쏘-/쉗쏘-] | 쇠소리 [-쏘-] | |
| 쇳-줄 [쇠쭐/쉗쭐] | 쇠줄[2] [-쭐] | |
| 수냇-소 [-내쏘/-낻쏘] | 수내소 | |
| 수돗-물 [-돈-] | 수도물 | 水道- |
| 수릿-날 [-린-] | 수리날 | |
| 수숫-겨 [-수껴/-숟껴] | 수수겨 [-껴] | |
| 수숫-대 [-수때/-숟때] | 수수대 [-때] | |
| 수젓-집 [-저찝/-젇찝] | 수저집 | |
| 수챗-구멍 [-채꾸-/-챋꾸-] | 수채구멍 [-꾸-] | |
| 순댓-국 [-대꾹/-댇꾹] | 순대국 [-꾹] | |
| 순챗-국 [-채꾹/-챋꾹] | 순채국 [-꾹] | 蓴菜- |
| 숫-값 [수:깝/숟:깝] | 수값 [-깝(깝시)] | 數- |
| 숫대-집 [수:때-/숟:때-] | 수대집 [-때-] | 數-- |
| 숫자 [수:짜/숟:짜] | 수자[1] [-짜] | 數字 |
| 숫자-기 [수:짜-/숟:짜-] | 수자기[2] [-짜-] | 數字旗 |
| 숫자^악보 | 수자악보 [-짜-] | 數字樂譜 |

| 《표대》 | 《조대》 | 원어 |
|---|---|---|
| 숫자-적 [수:짜-/숟:짜-] | 수자적 [-짜-] | 數字的 |
| 숫자-풀이 [수:짜--/숟:짜--] | 수자풀이 [-짜-] | 數字-- |
| 숫자풀이-하다 [수:짜----/숟:짜----] | 수자풀이하다 [-짜-] | 數字---- |
| 시겟-금 [-게끔/-겓끔] | 시게금 [-끔] | |
| 시겟-돈 [-게똔/-겓똔] | 시게돈 [-똔] | |
| 시겟-바리 [-게빠-/-겓빠-] | 시게바리 [-빠-] | |
| 시겟-박 [-게빡/-겓빡] | 시게박 [-빡] | |
| 시곗-바늘 [-계빠-/-겓빠-] | 시계바늘 [-빠-] | 時計-- |
| 시곗-줄 [-계쭐/-겓쭐] | 시계줄 [-쭐] | 時計- |
| 시금칫-국 [--치꾹/--칟꾹] | 시금치국 [-꾹] | |
| 시냇-가 [시:내까/시:낻까] | 시내가 [-까] | |
| 시냇-물 [시:낸-] | 시내물 [-낸-] | |
| 시래깃-국 [--기꾹/--긷꾹] | 시래기국 [-꾹] | |
| 시룻-밑 [-룬믿] | 시루밑 | |
| 시룻-방석 [-루빵-/-룯빵-] | 시루방석 | --方席 |
| 시룻-번 [-루뻔/-룯뻔] | 시루번 [-뻔] | |
| 시빗-거리 [시:비꺼-/시:빋꺼-] | 시비거리 [-꺼-] | 是非-- |
| 시빗-주비 [시:비쭈-/시:빋쭈-] | 시비주비 | 是非-- |
| 시쟀-돈 [-재똔/-잳똔] | 시재돈 [-똔] | 時在- |
| 시쳇-말 [-첸-] | 시체말 | 時體- |
| 식혯-밥 [시케빱/시켇빱] | 식혜밥 [-켸빱] | 食醯- |
| 신붓-감 [-부깜/-붇깜] | 신부감 [-깜] | 新婦- |
| 신줏-단지 [-주딴-/-줃딴-] | 신주단지 | 神主-- |
| 신홋-불 [신:호뿔/신:혿뿔] | 신호불 [-뿔] | 信號- |
| 실-핏줄 [실:피쭐/실:핃쭐] | 실피줄 [-쭐] | |
| 싯-발 [시빨/싣빨] | 시발[2] [-빨] | 詩- |
| 싯-줄 [시쭐/싣쭐] | 시줄 [-쭐] | 詩- |
| 싸릿-가지 [-리까-/-릳까-] | 싸리가지 [-까-] | |
| 싸릿-개비 [-리깨-/-릳깨-] | 싸리개비 [-깨-] | |
| 싸릿-대 [-리때/-릳때] | 싸리대 [-때] | |
| 쌈짓-돈 [-지똔/-짇똔] | 쌈지돈 [-똔] | |
| 쌍갈랫-길 [--래낄/--랟낄] | 쌍갈래길 [-낄] | 雙--- |
| 써렛-발 [써:레빨/써:렏빨] | 써레발 [-빨] | |
| 씨앗-귀 [-아뀌/-앋뀌] | 씨아귀 | |
| 아라비아^숫자 | 아라비아수자 [-짜] | Arabia數字 |
| 아랫-간 [-래깐/-랟깐] | 아래간 [-깐] | --間 |
| 아랫-것 [-래껃/-랟껃] | 아래것 [-껏] | |
| 아랫-길 [-래낄/-랟낄] | 아래길[1] [-낄] | |
| 아랫-길 [-래낄/-랟낄] | 아래길[2] [-낄] | |

사이시옷

| 《표대》 | 《조대》 | 원어 |
|---|---|---|
| 아랫-녘 [-랜녁] | 아래녘 [-랜-] | |
| 아랫-눈시울 [-랜-씨-] | 아래눈시울 [-랜-씨-] | |
| 아랫-다리 [-래따-/-랟따-] | 아래다리 [-따-] | |
| 아랫-대 [-래때/-랟때] | 아래대[2] [-때] | --代 |
| 아랫-도리[1] [-래또-/-랟또-] | 아래도리 [-또-] | |
| 아랫도리-옷 [-래또-옫/-랟또-옫] | 아래도리옷 [-또-] | |
| 아랫-돌 [-래똘/-랟똘] | 아래돌 [-똘] | |
| 아랫-동 [-래똥/-랟똥] | 아래동 [-똥] | |
| 아랫-동아리 [-래똥--/-랟똥--] | 아래동아리 [-똥-] | |
| 아랫-마구리 [-랜---] | 아래마구리 [-랜-] | |
| 아랫-마을 [-랜--] | 아래마을 [-랜-] | |
| 아랫-막이 [-랜--] | 아래막이 [-랜-] | |
| 아랫-말 [-랜-] | 아래말 [-랜-] | |
| 아랫-머리 [-랜--] | 아래머리 [-랜-] | |
| 아랫-목 [-랜-] | 아래목 [-랜-] | |
| 아랫-몸 [-랜-] | 아래몸 [-랜-] | |
| 아랫-물 [-랜-] | 아래물 [-랜-] | |
| 아랫-바닥 [-래빠-/-랟빠-] | 아래바닥 [-빠-] | |
| 아랫-바람 [-래빠-/-랟빠-] | 아래바람 [-빠-] | |
| 아랫-바지 [-래빠-/-랟빠-] | 아래바지 [-빠-] | |
| 아랫-반 [-래빤/-랟빤] | 아래반 [-빤] | --班 |
| 아랫-방 [-래빵/-랟빵] | 아래방 [-빵] | --房 |
| 아랫-배 [-래빼/-랟빼] | 아래배[1] [-빼] | |
| 아랫-벌 [-래뻘/-랟뻘] | 아래벌[1] [-뻘] | |
| 아랫-변 [-래뼌/-랟뼌] | 아래변 [-뼌] | --邊 |
| 아랫-볼 [-래뽈/-랟뽈] | 아래볼 [-뽈] | |
| 아랫-사람 [-래싸-/-랟싸-] | 아래사람 [-싸-] | |
| 아랫-사랑 [-래싸-/-랟싸-] | 아래사랑[1] [-싸-] | --舍廊 |
| 아랫-소리 [-래쏘-/-랟쏘-] | 아래소리 [-쏘-] | |
| 아랫-수 [-래쑤/-랟쑤] | 아래수 [-쑤] | --手 |
| 아랫-수염 [-래쑤-/-랟쑤-] | 아래수염 [-쑤-] | --鬚髯 |
| 아랫-심 [-래씸/-랟씸] | 아래심 [-씸] | |
| 아랫-입술 [-랜닙쑬] | 아래입술 | |
| 아랫-잇몸 [-랜닌-] | 아래이몸 [-랜닌-] | |
| 아랫-자리 [-래짜-/-랟짜-] | 아래자리 [-짜-] | |
| 아랫-중방 [-래쭝-/-랟쭝-] | 아래중방[1] [-쭝-] | --中枋 |
| 아랫-집 [-래찝/-랟찝] | 아래집 [-찝] | |
| 아흐렛-날 [--렌-] | 아흐레날 [-렌-] | |
| 악짓-손 [-찌쏜/-찓쏜] | 악지손 | |

| 《표대》 | 《조대》 | 원어 |
|---|---|---|
| 안-뒷간 [-뛰깐/-뛷깐] | 안뒤간 [-깐] | --間 |
| 앞-뒷문 [압뛴-] | 앞뒤문 [-뒨-] | --門 |
| 앞-뒷일 [압뛴닐] | 앞뒤일 [-뒨닐] | |
| 앞-뒷집 [압뛰찝/압뛷찝] | 앞뒤집 [-찝] | |
| 야거릿-대 [--리때/--릳때] | 야거리대 [-때] | |
| 야바윗-속 [야:-위쏙/야:-윋쏙] | 야바위속 [-쏙] | |
| 양갓-집[2] [양:가찝/양:갇찝] | 양가집 [-찝] | 養家- |
| 양-잿물 [-잰-] | 양재물 [-잰-] | 洋-- |
| 양칫-대야 [-치때-/-칟때-] | 양치대야 | |
| 양칫-물 [-친-] | 양치물 | |
| 양칫-소금 [-치쏘-/-칟쏘-] | 양치소금 | |
| 얘깃-거리 [얘:기꺼-/얘:긷꺼-] | 얘기거리 [-꺼-] | |
| 얘깃-주머니 [얘:기쭈--/얘:긷쭈--] | 얘기주머니 [-쭈-] | |
| 어깨너멋-글 [---머끌/---먿끌] | 어깨너머글 [-끌] | |
| 어깻-등 [-깨뜽/-깯뜽] | 어깨등 | |
| 어깻-바대 [-깨빠-/-깯빠-] | 어깨바대 [-빠-] | |
| 어깻-바람 [-깨빠-/-깯빠-] | 어깨바람 [-빠-] | |
| 어깻-부들기 [-깨뿌--/-깯뿌--] | 어깨부들기 | |
| 어깻-숨 [-깨쑴/-깯쑴] | 어깨숨 | |
| 어깻-죽지 [-깨쭉찌/-깯쭉찌] | 어깨죽지 | |
| 어깻-집 [-깨찝/-깯찝] | 어깨집 [-찝] | |
| 어깻-짓 [-깨찓/-깯찓] | 어깨짓 [-찓] | |
| 어깻짓-하다 [-깨찌타-/-깯찌타-] | 어깨짓하다 [-찓-] | |
| 어릿-간 [-리깐/-릳깐] | 어리간 [-깐] | --間 |
| 어젯-밤 [-제빰/-젣빰] | 어제밤 | |
| 억짓-손 [-찌쏜/-찓쏜] | 억지손 | |
| 얼레짓-가루 [--지까-/--짇까-] | 얼레지가루 [-까-] | |
| 엉너릿-손 [--리쏜/--릳쏜] | 엉너리손 [-쏜] | |
| 엉덩잇-바람 [엉:-이빠-/엉:-읻빠-] | 엉덩이바람 [-빠-] | |
| 엉덩잇-짓 [엉:-이찓/엉:-읻찓] | 엉덩이짓 | |
| 여드렛-날 [--렌-] | 여드레날 [-렌-] | |
| 연둣-빛 [연:두삗/연:둗삗] | 연두빛 [-삗] | 軟豆- |
| 연-보랏빛 [연:-라삗/연:-랃삗] | 연보라빛 [-삗] | 軟--- |
| 연자맷-간 [연:-매깐/연:-맫깐] | 연자매간 [-깐] | 研子-間 |
| 연자방앗-간 [연:--아깐/연:--앋깐] | 연자방아간 [-깐] | 研子--間 |
| 연-자줏빛 [연:-주삗/연:-줃삗] | 연자주빛 [-삗] | 軟紫朱- |
| 연춧-대[1] [-추때/-춛때] | 연추대 [-때] | |
| 연푯-국 [연:포꾹/연:폳꾹] | 연포국 [-꾹] | 軟泡- |
| 엿샛-날 [엳쌘-] | 엿새날 [-샌-] | |

| 《표대》 | 《조대》 | 원어 |
|---|---|---|
| 옆머릿-살 [염-리쌀/염-릳쌀] | 옆머리살 [염-] | |
| 오랏-바람 [오:라빠-/오:랃빠-] | 오라바람 [-빠-] | |
| 오랏-줄 [오:라쭐/오:랃쭐] | 오라줄 [-쭐] | |
| 오랫-동안 [-래똥-/-랟똥-] | 오래동안 [-똥-] | |
| 오미잣-국 [오:-자꾹/오:-잗꾹] | 오미자국 [-꾹] | 五味子- |
| 오미잣-물 [오:-잔-] | 오미자물 | 五味子- |
| 오짓-물 [-진-] | 오지물 | |
| 온챗-집 [온:채찝/온:챋찝] | 온채집 [-찝] | |
| 옷-셋집 [옫쎄찝/옫쎋찝] | 옷세집 [-찝] | -貰- |
| 와룡-촛대 [와:-초때/와:-촏때] | 와룡초대 [-때] | 臥龍-臺 |
| 완곳-덩이 [-고떵-/-곧떵-] | 완고덩이 [-떵-] | 頑固-- |
| 외갓-집 [외:가찝/웨:갇찝] | 외가집 [-찝] | 外家- |
| 외챗-집 [외채찝/웨챋찝] | 외채집 [-찝] | |
| 욋-가지 [외까-/웯까-] | 외가지[2] [-까-] | 椳-- |
| 요깃-거리 [-기꺼-/-긷꺼-] | 요기거리 [-꺼-] | 療飢-- |
| 요샛-말 [-샌-] | 요새말 | |
| 욧-속 [요쏙/욛쏙] | 요속 [-쏙] | |
| 욧-잇 [욘닏] | 요잇 | |
| 우거짓-국 [--지꾹/--짇꾹] | 우거지국 [-꾹] | |
| 우귓-날 [-귄-] | 우귀날 [-귄-] | 于歸- |
| 우릿-간 [-리깐/-릳깐] | 우리간 [-깐] | --間 |
| 우뭇-가사리 [-무까--/-묻까--] | 우무가사리 | |
| 우스갯-말 [--갠-] | 우스개말 | |
| 우스갯-소리 [--개쏘-/--갣쏘-] | 우스개소리 [-쏘-] | |
| 우스갯-짓 [--개찓/--갣찓] | 우스개짓 [-찓] | |
| 우윳-빛 [-유삗/-윧삗] | 우유빛 [-삗] | 牛乳- |
| 울홧-술 [-화쑬/-활쑬] | 울화술 | 鬱火- |
| 원잣-값 [-자깝/-잗깝] | 원자값 [-깝(깝시)] | 原子- |
| 월숫-돈 [-쑤똔/-쑫똔] | 월수돈 [-쑤똔] | 月收- |
| 유경-촛대 [--초때/--촏때] | 유경초대 [-때] | 鍮檠-臺 |
| 유효^숫자 | 유효수자 [-짜] | 有效數字 |
| 윤-동짓달 [윤:-지딸/윤:-짇딸] | 윤동지달 [-딸] | 閏冬至- |
| 이렛-날 [-렌-] | 이레날 [-렌-] | |
| 이맛-돌 [-마똘/-맏똘] | 이마돌[1] [-똘] | |
| 이맛-머리 [-만--] | 이마머리 | |
| 이맛-살 [-마쌀/-맏쌀] | 이마살 [-쌀] | |
| 이맛-전 [-마쩐/-맏쩐] | 이마전 [-쩐] | |
| 이삿-짐 [-사찜/-삳찜] | 이사짐 [-찜] | 移徙- |
| 이야깃-거리 [--기꺼-/--긷꺼-] | 이야기거리 [-꺼-] | |

| 《표대》 | 《조대》 | 원어 |
|---|---|---|
| 이야깃-주머니 [--기쭈--/--긷쭈--] | 이야기주머니 [-쭈-] | |
| 인둣-불 [-두뿔/-둗뿔] | 인두불 | |
| 일갓-집 [-가찝/-갇찝] | 일가집 [-찝] | 一家- |
| 일숫-돈 [-쑤똔/-쑫똔] | 일수돈 [-쑤-] | 日收- |
| 입맷-상 [임매쌍/임맫쌍] | 입매상 [임-쌍] | --床 |
| 잇-돌 [이똘/읻똘] | 이돌 [-똘] | |
| 잇-몸 [인-] | 이몸 [인-] | |
| 잇몸-소리 [인---] | 이몸소리 [인-쏘-] | |
| 잇-살 [이쌀/읻쌀] | 이살 [-쌀] | |
| 잇-새 [이쌔/읻쌔] | 이새[2] [-쌔] | |
| 잇-소리 [이쏘-/읻쏘-] | 이소리 [-쏘-] | |
| 잇-속[1] [이쏙/읻쏙] | 이속[2] [-쏙] | |
| 잇-속[2] [이쏙/읻쏙] | 이속[1] [-쏙] | |
| 잇-자국 [이짜-/읻짜-] | 이자국 [-짜-] | |
| 잇-집 [이찝/읻찝] | 이집 [-찝] | |
| 잉앗-대 [-아때/-앋때] | 잉아대 [-때] | |
| 잉엇-국 [잉:어꾹/잉:얻꾹] | 잉어국 [-꾹] | |
| 자귓-밥 [-귀빱/-귇빱] | 자귀밥 [-빱] | |
| 자릿-날 [-린-] | 자리날 [-린-] | |
| 자릿-내 [-린-] | 자리내 [-린-] | |
| 자릿-상 [-리쌍/-릳쌍] | 자리상 [-쌍] | --床 |
| 자릿-쇠 [-리쐬/-릳쒜] | 자리쇠 [-쐬] | |
| 자릿-수 [-리쑤/-릳쑤] | 자리수 | --數 |
| 자릿-장 [-리짱/-릳짱] | 자리장 [-짱] | --欌 |
| 자릿-저고리 [-리쩌--/-릳쩌--] | 자리저고리 | |
| 자릿-조반 [-리쪼-/-릳쪼-] | 자리조반 | --早飯 |
| 자빗-간 [-비깐/-빋깐] | 자비간 [-깐] | --間 |
| 자줏-물 [자:준-] | 자주물 | 紫朱- |
| 자줏-빛 [자:주삗/자:줃삗] | 자주빛 [-삧] | 紫朱- |
| 자채볏-논 [자:-변-] | 자채벼논 | 紫彩-- |
| 작둣-간 [-뚜깐/-뚣깐] | 작두간 [-깐] | --間 |
| 잔칫-날 [-친-] | 잔치날 [-친-] | |
| 잔칫-상 [-치쌍/-칟쌍] | 잔치상 [-쌍] | --床 |
| 잔칫-집 [-치찝/-칟찝] | 잔치집 [-찝] | |
| 잣-눈[1] [잔-] | 자눈[1] | |
| 잣-눈[2] [잔-] | 자눈[2] | |
| 잣-대 [자때/잗때] | 자대[1] [-때] | |
| 장릿-벼 [장:니뼈/장:닏뼈] | 장리벼 [-뼈] | 長利- |
| 장맛-날 [-만-] | 장마날 | |

| 《표대》 | 《조대》 | 원어 |
|---|---|---|
| 장맛-비 [-마삐/-맏삐] | 장마비 [-삐] | |
| 장밋-빛 [-미삗/-믿삗] | 장미빛 [-삗] | 薔薇- |
| 장붓-구멍 [-부꾸-/-붇꾸-] | 장부구멍 [-꾸-] | |
| 장삿-길 [-사낄/-삳낄] | 장사길 [-낄] | |
| 장삿-날 [장:산-] | 장사날 | 葬事- |
| 장삿-배 [-사빼/-삳빼] | 장사배 [-빼] | |
| 장삿-속 [-사쏙/-삳쏙] | 장사속 [-쏙] | |
| 장짓-가락 [-지까-/-짇까-] | 장지가락 [-까-] | 長指-- |
| 재밋-거리 [-미꺼-/-믿꺼-] | 재미거리 [-꺼-] | |
| 재숫-머리 [-순--] | 재수머리 | 財數-- |
| 잿-간 [재깐/잳깐] | 재간[2] [-깐] | -間 |
| 잿-골 [재꼴/잳꼴] | 재골[1] [-꼴] | |
| 잿-길 [재낄/잳낄] | 재길 [-낄] | |
| 잿-더미 [재떠-/잳떠-] | 재더미 [-떠-] | |
| 잿-독 [재똑/잳똑] | 재독[1] [-똑] | |
| 잿-돈 [재똔/잳똔] | 재돈 [-똔] | 齋- |
| 잿-마루 [잰--] | 재마루 [잰-] | |
| 잿-모 [잰-] | 재모[1] [잰-] | |
| 잿-물 [잰-] | 재물[1] [잰-] | |
| 잿-박 [재빡/잳빡] | 재박 [-빡] | |
| 잿-밥 [재빱/잳빱] | 재밥 [-빱] | 齋- |
| 잿-밭 [재빧/잳빧] | 재밭[1] | |
| 잿-불 [재뿔/잳뿔] | 재불 [-뿔] | |
| 잿-비 [재삐/잳삐] | 재비[1] [-삐] | |
| 잿-빛 [재삗/잳삗] | 재빛 [-삗] | |
| 쟁깃-밥 [-기빱/-긷빱] | 쟁기밥 [-빱] | |
| 저고릿-감 [--리깜/--릳깜] | 저고리감 [-깜] | |
| 저잣-거리 [-자꺼-/-잗꺼-] | 저자거리[1] [-꺼-] | |
| 적쇳-가락 [-쐬까-/-쉗까-] | 적쇠가락 [-까-] | 炙--- |
| 전깃-불 [전:기뿔/전:긷뿔] | 전기불 [-뿔] | 電氣- |
| 전깃-줄 [전:기쭐/전:긷쭐] | 전기줄 [-쭐] | 電氣- |
| 전냇-마누라 [전:낸---] | 전내마누라 | 殿內--- |
| 전냇-집 [전:내찝/전:낻찝] | 전내집 [-찝] | 殿內- |
| 전봇-대 [전:보때/전:볻때] | 전보대 [-때] | 電報- |
| 전봇-줄 [전:보쭐/전:볻쭐] | 전보줄 [-쭐] | 電報- |
| 전셋-돈 [-세똔/-섿똔] | 전세돈 [-똔] | 傳貰- |
| 전셋-집 [-세찝/-섿찝] | 전세집 [-찝] | 傳貰- |
| 전짓-다리 [-지따-/-짇따-] | 전지다리 [-따-] | |
| 전짓-대 [-지때/-짇때] | 전지대 [-때] | |

| 《표대》 | 《조대》 | 원어 |
|---|---|---|
| 전짓-불 [전:지뿔/전:짇뿔] | 전지불 [-뿔] | 電池- |
| 전찻-길 [전:차낄/전:찯낄] | 전차길 [-낄] | 電車- |
| 전찻-삯 [전:차싹/전:찯싹] | 전차삯 [-삭(삭시)] | 電車- |
| 절굿-공이 [-구꽁-/-굳꽁-] | 절구공이 [-꽁-] | |
| 절굿-대[1] [-구때/-굳때] | 절구대 [-때] | |
| 절댓-값 [-때깝/-땓깝] | 절대값 [-때깝(깝시)] | 絶對- |
| 젓-가락 [저까-/젇까-] | 저가락 [-까-] | |
| 젓가락-질 [저까-찔/젇까-찔] | 저가락질 [-까-] | |
| 젓가락질-하다 [저까-찔--/젇까-찔--] | 저가락질하다 [-까-] | |
| 젓가락-풀 [저까--/젇까--] | 저가락풀 [-까-] | |
| 젓-갈[2] [저깔/젇깔] | 저갈 [-깔] | |
| 젓-대 [저때/젇때] | 저대[1] [-때] | |
| 정겻-대 [-거때/-걷때] | 정거대 [-때] | 停車- |
| 제깃-물 [-긴-] | 제기물 [-긴-] | |
| 제삿-감 [제:사깜/제:삳깜] | 제사감 [-깜] | 祭祀- |
| 제삿-날 [제:산-] | 제사날 [-산-] | 祭祀- |
| 제삿-밥 [제:사빱/제:삳빱] | 제사밥 [-빱] | 祭祀- |
| 제삿-술 [제:사쑬/제:삳쑬] | 제사술 [-쑬] | 祭祀- |
| 젯-날 [젠:-] | 제날[3] [젠-] | 祭- |
| 젯-메 [젠:-] | 제메 [젠-] | 祭- |
| 젯메-쌀 [젠:--] | 제메쌀 [젠-] | 祭-- |
| 젯-밥 [제:빱/젣:빱] | 제밥[2] [-빱] | 祭- |
| 젯-술 [제:쑬/젣:쑬] | 제술[1] [-쑬] | 祭- |
| 조갯-국 [-개꾹/-갣꾹] | 조개국 [-꾹] | |
| 조갯-살 [-개쌀/-갣쌀] | 조개살 [-쌀] | |
| 조갯속-게 [-개쏙께/-갣쏙께] | 조개속게 [-쏙-] | |
| 조깃-국 [-기꾹/-긷꾹] | 조기국 [-꾹] | |
| 조깃-배 [-기빼/-긷빼] | 조기배 [-빼] | |
| 조칫-보 [-치뽀/-칟뽀] | 조치보 [-뽀] | |
| 조핏-가루 [-피까-/-핃까-] | 조피가루 [-까-] | |
| 조홧-속 [조:화쏙/조:활쏙] | 조화속 [-쏙] | 造化- |
| 좀쳇-것 [좀:체껃/좀:첻껃] | 좀체것 [-껏] | |
| 좀쳇-놈 [좀:첸-] | 좀체놈 | |
| 좃-겨 [조껴/졷껴] | 조겨 | |
| 종갓-집 [-가찝/-갇찝] | 종가집 [-찝] | 宗家- |
| 종잇-장 [-이짱/-읻짱] | 종이장 | --張 |
| 종짓-굽[2] [-지꿉/-짇꿉] | 종지굽[1] [-꿉] | |
| 주릿-대 [-리때/-릳때] | 주리대 [-때] | |
| 주릿대-경 [-리때-/-릳때-] | 주리대경 [-때-] | ---黥 |

| 《표대》 | 《조대》 | 원어 |
|---|---|---|
| 주릿대-질 [-리때-/-릳때-] | 주리대질 [-때-] | |
| 주릿대질-하다 [-리때---/-릳때---] | 주리대질하다 [-때-] | |
| 주머닛-돈 [--니똔/--닏똔] | 주머니돈 [-똔] | |
| 주삿-바늘 [주:사빠-/주:삳빠-] | 주사바늘 [-빠-] | 注射-- |
| 주쳇-덩어리 [-체떵--/-첻떵--] | 주체덩어리 [-떵-] | |
| 주춧-돌 [-추똘/-춛똘] | 주추돌 [-똘] | |
| 주톳-빛 [-토삗/-톧삗] | 주토빛 [-삗] | 朱土- |
| 줏-대[3] [주때/줃때] | 주대[2] [-때] | 主- |
| 중홧-값 [-화깝/-홛깝] | 중화값 [-깝(깝시)] | 中和- |
| 쥣-병 [쥐뼝/쥗뼝] | 쥐병 [-뼝] | -病 |
| 쥣-빛 [쥐삗/쥗삗] | 쥐빛 [-삗] | |
| 증것-거리 [-거꺼-/-걷꺼-] | 증거거리 [-꺼-] | 證據-- |
| 증깃-밥 [-기빱/-긷빱] | 증기밥 | 蒸氣- |
| 지겟-가지 [-게까-/-겓까-] | 지게가지 [-까-] | |
| 지겟-다리 [-게따-/-겓따-] | 지게다리 [-따-] | |
| 지겟-등태 [-게뜽-/-겓뜽-] | 지게등태 [-뜽-] | |
| 지겟-작대기 [-게짝때-/-겓짝때-] | 지게작대기 | |
| 지댓-돌 [-대똘/-댇똘] | 지대돌 [-똘] | 址臺- |
| 지렛-대 [-레때/-렏때] | 지레대 [-때] | |
| 진돗-개 [-도깨/-돋깨] | 진도개 | 珍島- |
| 진딧-물 [-딘-] | 진디물 | |
| 진릿-값 [질리깝/질릳깝] | 진리값 [질-깝(깝시)] | 眞理- |
| 진-자줏빛 [--주삗/--줃삗] | 진자주빛 [-삗] | 津紫朱- |
| 진짓-상 [진:지쌍/진:짇쌍] | 진지상 [-쌍] | --床 |
| 짠짓-국 [-지꾹/-짇꾹] | 짠지국 [-꾹] | |
| 차롓-걸음 [-례꺼름/-롇꺼름] | 차례걸음 | 次例-- |
| 차붓-소 [-부쏘/-붇쏘] | 차부소 | 車夫- |
| 참깻-묵 [-깬-] | 참깨묵 | |
| 참댓-개비 [-대깨-/-댇깨-] | 참대개비 [-깨-] | |
| 찻-간 [차깐/찯깐] | 차간[1] [-깐] | 車間 |
| 찻-그릇 [차끄륻/찯끄륻] | 차그릇 [-끄-] | 茶-- |
| 찻-길 [차낄/찯낄] | 차길[1] [-낄] | 車- |
| 찻-물 [찬-] | 차물 | 茶- |
| 찻-방 [차빵/찯빵] | 차방[2] | 茶房 |
| 찻-삯 [차싹/찯싹] | 차삯 [-삭(삭시)] | 車- |
| 찻-숟가락 [차쑫까-/찯쑫까-] | 차숟가락 | 茶--- |
| 찻-숟갈 [차쑫깔/찯쑫깔] | 차숟갈 | 茶-- |
| 찻-잎 [찬닙] | 차잎 | 茶- |
| 찻-잔 [차짠/찯짠] | 차잔 [-짠] | 茶盞 |

| 《표대》 | 《조대》 | 원어 |
| --- | --- | --- |
| 찻-장 [차짱/찯짱] | 차장[3] [-짱] | 茶欌 |
| 찻-종 [차쫑/찯쫑] | 차종[1] [-쫑] | 茶鍾 |
| 찻-종지 [차쫑-/찯쫑-] | 차종지 | 茶-- |
| 찻-주전자 [차쭈--/찯쭈--] | 차주전자 | 茶酒煎子 |
| 찻-집 [차찝/찯찝] | 차집[2] [-찝] | 茶- |
| 책상^못자리 | 책상모자리 [-짜-] | 柵狀--- |
| 챗-국 [채:꾹/챋:꾹] | 채국 [-꾹] | |
| 챗-돌 [채똘/챋똘] | 채돌 [-똘] | |
| 챗-열 [챈녈] | 채열 | |
| 처갓-집 [-가찝/-갇찝] | 처가집 [-찝] | 妻家- |
| 처갓집-살이 [-가찝싸리/-갇찝싸리] | 처가집살이 [-찝-] | 妻家--- |
| 처갓집살이-하다 [-가찝싸리--/-갇찝싸리--] | 처가집살이하다 [-찝-] | 妻家----- |
| 처맛-기슭 [-마끼슥/-맏끼슥] | 처마기슭 [-슥(슬기)] | |
| 첨곗-돌 [-계똘/-겓똘] | 첨계돌 [-똘] | 檐階- |
| 청잣-빛 [-자삗/-잗삗] | 청자빛 [-삧] | 靑瓷- |
| 체곗-돈 [-계똔/-겓똔] | 체계돈 [-똔] | 遞計- |
| 체곗-집 [-계찝/-겓찝] | 체계집 [-찝] | 遞計- |
| 쳇-것 [체껃/첻껃] | 체것 [-껏] | |
| 쳇-발 [체빨/첻빨] | 체발[1] [-빨] | |
| 쳇-병 [체뼝/첻뼝] | 체병[1] [-뼝] | -病 |
| 쳇-줄 [체쭐/첻쭐] | 체줄 [-쭐] | 體- |
| 초-닷샛날 [-닫쌘-] | 초닷새날 [-샌-] | 初--- |
| 초-아흐렛날 [---렌-] | 초아흐레날 [-렌-] | 初---- |
| 조-여드렛날 [---렌-] | 초어드레날 [-렌-] | 初 |
| 초-엿샛날 [-엳쌘-] | 초엿새날 [-샌-] | 初--- |
| 초-이렛날 [--렌-] | 초이레날 [-렌-] | 初--- |
| 초-하룻날 [--룬-] | 초하루날 [-룬-] | 初--- |
| 촛-가지 [초까-/촏까-] | 초가지 [-까-] | |
| 촛-국 [초꾹/촏꾹] | 초국 | 醋- |
| 촛-농 [촌-] | 초농 [촌-] | -膿 |
| 촛-대[2] [초때/촏때] | 초대[1] [-때] | -臺 |
| 촛대-승마 [초때--/촏때--] | 초대승마 [-때-] | -臺升麻 |
| 촛-밑 [촌믿] | 초밑 | 醋- |
| 촛-불 [초뿔/촏뿔] | 초불[1] [-뿔] | |
| 최댓-값 [최:대깝/췌:댇깝] | 최대값 [-깝(깝시)] | 最大- |
| 최댓값^원리 | 최대값원리 [-깝월-] | 最大-原理 |
| 최솟-값 [최:소깝/췌:솓깝] | 최소값 [-깝(깝시)] | 最小- |
| 추깃-물 [-긴-] | 추기물 [-긴-] | |
| 출셋-길 [-쎄낄/-쎋낄] | 출세길 [-낄] | 出世- |

| 《표대》 | 《조대》 | 원어 |
|---|---|---|
| 층댓-돌 [-대똘/-댇똘] | 층대돌 [-똘] | 層臺- |
| 층샛-돌 [-새똘/-샏똘] | 층새돌 [-똘] | 層-- |
| 치렛-감 [-레깜/-렏깜] | 치레감 [-깜] | |
| 치렛-거리 [-레꺼-/-렏꺼-] | 치레거리 [-꺼-] | |
| 치렛-말 [-렌-] | 치레말 | |
| 치맛-감 [-마깜/-맏깜] | 치마감 [-깜] | |
| 치맛-귀 [-마뀌/-맏뀌] | 치마귀 [-뀌] | |
| 치맛-단 [-마딴/-맏딴] | 치마단 [-딴] | |
| 치맛-말기 [-만--] | 치마말기 | |
| 치맛-바람 [-마빠-/-맏빠-] | 치마바람 [-빠-] | |
| 치맛-자락 [-마짜-/-맏짜-] | 치마자락 [-짜-] | |
| 치맛-주름 [-마쭈-/-맏쭈-] | 치마주름 | |
| 칫-솔 [치쏠/칟쏠] | 치솔 | 齒- |
| 칫솔-갑 [치쏠-/칟쏠-] | 치솔갑 | 齒-匣 |
| 칫솔-대 [치쏠때/칟쏠때] | 치솔대 [-때] | 齒-- |
| 칫솔-질 [치쏠-/칟쏠-] | 치솔질 | 齒-- |
| 칫솔질-하다 [치쏠---/칟쏠---] | 치솔질하다 | 齒---- |
| 켯-속 [켜쏙/켣쏙] | 켜속 [-쏙] | |
| 콧-구멍 [코꾸-/콛꾸-] | 코구멍 [-꾸-] | |
| 콧-기름 [코끼-/콛끼-] | 코기름 [-끼-] | |
| 콧-김 [코낌/콛낌] | 코김 [-낌] | |
| 콧-날 [콘-] | 코날 [콘-] | |
| 콧-노래 [콘--] | 코노래 [콘-] | |
| 콧-대 [코때/콛때] | 코대 [-때] | |
| 콧-등 [코뜽/콛뜽] | 코등 [-뜽] | |
| 콧-마루 [콘--] | 코마루 [콘-] | |
| 콧-물 [콘-] | 코물 [콘-] | |
| 콧-바람 [코빠-/콛빠-] | 코바람 [-빠-] | |
| 콧-방귀 [코빵-/콛빵-] | 코방귀 [-빵-] | |
| 콧-방울 [코빵-/콛빵-] | 코방울 [-빵-] | |
| 콧벽-쟁이 [코뼉쨍-/콛뼉쨍-] | 코벽쟁이 [-뼉-] | -壁-- |
| 콧-병 [코뼝/콛뼝] | 코병 [-뼝] | -病 |
| 콧-부리 [코뿌-/콛뿌-] | 코부리 [-뿌-] | |
| 콧-사등이 [코싸--/콛싸--] | 코사등이 [-싸-] | |
| 콧-사배기 [코싸--/콛싸--] | 코사배기 [-싸-] | |
| 콧-살 [코쌀/콛쌀] | 코살 [-쌀] | |
| 콧-소리 [코쏘-/콛쏘-] | 코소리 [-쏘-] | |
| 콧-수염 [코쑤-/콛쑤-] | 코수염 [-쑤-] | -鬚髥 |
| 콧-숨 [코쑴/콛쑴] | 코숨 [-쑴] | |

| 《표대》 | 《조대》 | 원어 |
|---|---|---|
| 콧-잔등 [코짠-/콛짠-] | 코잔등 [-짠-] | |
| 콧-장단 [코짱-/콛짱-] | 코장단 [-짱-] | |
| 콩-깻묵 [-깬-] | 콩깨묵 | |
| 쾟돈 [쾌똔/쾓똔] | 쾌돈 | |
| 킷-값 [키깝/킫깝] | 키값 [-깝(깝시)] | |
| 탁잣-밥 [-짜빱/-짣빱] | 탁자밥 [-빱] | 卓子- |
| 탁잣-손 [-짜쏜/-짣쏜] | 탁자손 | 卓子- |
| 탕갯-줄 [-개쭐/-갣쭐] | 탕개줄 [-쭐] | |
| 태곳-적 [-고쩍/-곧쩍] | 태고적 [-쩍] | 太古- |
| 탯-덩이 [태떵-/탣떵-] | 태덩이 [-떵-] | 胎-- |
| 탯-돌 [태똘/탣똘] | 태돌 [-똘] | |
| 탯-자리개 [태짜--/탣짜--] | 태자리개 [-짜-] | |
| 탯-줄 [태쭐/탣쭐] | 태줄 [-쭐] | 胎- |
| 터줏-자리 [-주짜-/-줃짜-] | 터주자리 [-짜-] | -主-- |
| 텃-고사 [터꼬-/턷꼬-] | 터고사 [-꼬-] | -告祀 |
| 텃-구실 [터꾸-/턷꾸-] | 터구실 [-꾸-] | |
| 텃-논 [턴-] | 터논 [턴-] | |
| 텃-도지 [터또-/턷또-] | 터도지 [-또-] | -賭地 |
| 텃-마당 [턴--] | 터마당 [턴-] | |
| 텃-밭 [터빧/턷빧] | 터밭 | |
| 텃-새 [터쌔/턷쌔] | 터새 [-쌔] | |
| 텃-세[1] [터쎄/턷쎄] | 터세[1] [-쎄] | -貰 |
| 텃-세[2] [터쎄/턷쎄] | 터세[2] [-쎄] | -勢 |
| 텃세-하다 [터쎄--/턷쎄--] | 터세하다 [-쎄-] | -勢-- |
| 톳날-구기 [톤---] | 토날구기 | 兎-拘忌 |
| 톳-실 [토씰/톧씰] | 토실[1] [-씰] | 兎- |
| 퇴줏-그릇 [퇴:주끄릇/퉤:줃끄릇] | 퇴주그릇 [-끄-] | 退酒-- |
| 툇-간 [퇴:깐/퉫:깐] | 퇴간 | 退間 |
| 툇-기둥 [퇴:끼-/퉫:끼-] | 퇴기둥 | 退-- |
| 툇-도리 [퇴:또-/퉫:또-] | 퇴도리 [-또-] | 退-- |
| 툇-돌 [퇴:똘/퉫:똘] | 퇴돌 [-똘] | |
| 툇-마루 [퇸:--/퉨:--] | 퇴마루 [퇸-] | 退-- |
| 툇-보 [퇴:뽀/퉫:뽀] | 퇴보[2] [-뽀] | 退- |
| 팃-검불 [티껌-/틷껌-] | 티검불 | |
| 파랫-국 [-래꾹/-랟꾹] | 파래국 [-꾹] | |
| 파제삿-날 [파:-산-] | 파제사날 [-산-] | 罷祭祀- |
| 파젯-날 [파:젠-] | 파제날 [-젠-] | 罷祭- |
| 판잣-집 [-자찝/-잗찝] | 판자집 [-찝] | 板子- |
| 팔맷-돌 [-매똘/-맫똘] | 팔매돌 [-똘] | |

| 《표대》 | 《조대》 | 원어 |
|---|---|---|
| 팟-국 [파꾹/팓꾹] | 파국[1] [-꾹] | |
| 팟-종 [파쫑/팓쫑] | 파종[2] [-쫑] | |
| 팻-말 [팬-] | 패말 | 牌- |
| 팻-술 [패쑬/팯쑬] | 패술 | 牌- |
| 포돗-빛 [-도삗/-돋삗] | 포도빛 [-삧] | 葡萄- |
| 퐃-소리 [포쏘-/폳쏘-] | 포소리 [-쏘-] | 砲-- |
| 퐃-집 [포찝/폳찝] | 포집[1] [-찝] | 包- |
| 푯-대[2] [표때/푣때] | 표대[1] [-때] | 標- |
| 푯-돌 [표똘/푣똘] | 표돌 [-똘] | 標- |
| 푯-말 [푠-] | 표말 | 標- |
| 푸줏-간 [-주깐/-줃깐] | 푸주간 [-깐] | --間 |
| 풀잇-법 [푸리뻡/푸릳뻡] | 풀이법 [-뻡] | |
| 핏-겨 [피껴/핃껴] | 피겨 [-껴] | |
| 핏골-집 [피꼴찝/핃꼴찝] | 피골집 [-꼴찝] | |
| 핏-기 [피끼/핃끼] | 피기 [-끼] | |
| 핏-대[1] [피때/핃때] | 피대[1] [-때] | |
| 핏-대[2] [피때/핃때] | 피대[2] [-때] | |
| 핏-덩어리 [피떵--/핃떵--] | 피덩어리 [-떵-] | |
| 핏-덩이 [피떵-/핃떵-] | 피덩이 [-떵-] | |
| 핏-물 [핀-] | 피물[1] [핀-] | |
| 핏-발 [피빨/핃빨] | 피발[1] [-빨] | |
| 핏-방울 [피빵-/핃빵-] | 피방울 [-빵-] | |
| 핏-빛 [피삗/핃삗] | 피빛 [-삧] | |
| 핏-자국 [피짜-/핃짜-] | 피자국 [-짜-] | |
| 핏-줄 [피쭐/핃쭐] | 피줄 [-쭐] | |
| 핏-줄기 [피쭐-/핃쭐-] | 피줄기 [-쭐-] | |
| 하룻-강아지 [-루깡--/-룯깡--] | 하루강아지 [-깡-] | |
| 하룻-길 [-루낄/-룯낄] | 하루길 [-낄] | |
| 하룻-날 [-룬-] | 하루날 [-룬-] | |
| 하룻-망아지 [-룬---] | 하루망아지 | |
| 하룻-밤 [-루빰/-룯빰] | 하루밤 [-빰] | |
| 하룻-볕 [-루뼏/-룯뼏] | 하루볕 | |
| 하룻-비둘기 [-루삐--/-룯삐--] | 하루비둘기 [-삐-] | |
| 하윗-술 [-위쑬/-윋쑬] | 하위술 | |
| 하짓-날 [하:진-] | 하지날 [-진-] | 夏至- |
| 하짓-머리 [하:진--] | 하지머리 [-진-] | 夏至-- |
| 한-가윗날 [--윈-] | 한가위날 [-윈-] | |
| 한뎃-가마 [한:데까-/한:덷까-] | 한데가마 | |
| 한뎃-뒷간 [한:데뛰깐/한:덷뛷깐] | 한데뒤간 [-깐] | ---間 |

| 《표대》 | 《조대》 | 원어 |
| --- | --- | --- |
| 한**뎃**-부엌 [한:데뿌억/한:덴뿌억] | 한**데**부엌 | |
| 한**뎃**-솥 [한:데쏟/한:덴쏟] | 한**데**솥 | |
| 한**뎃**-잠 [한:데짬/한:덴짬] | 한**데**잠 | |
| 함**숫**-값 [함:쑤깝/함:쑫깝] | 함**수**값 [-깝(깝시)] | 函數- |
| **핫**-길 [하:낄/핟:낄] | **하**길 [-낄] | 下- |
| 해**웃**-값 [-우깝/-욷깝] | 해**우**값 [-깝(깝시)] | |
| 해**웃**-돈 [-우똔/-욷똔] | 해**우**돈 [-똔] | |
| **햇**-귀 [해뀌/핻뀌] | **해**귀[1] [-뀌] | |
| **햇**-덧 [해떧/핻떧] | **해**덧 | |
| **햇**-무리 [핸--] | **해**무리 | |
| **햇**-발 [해빨/핻빨] | **해**발[1] [-빨] | |
| **햇**-볕 [해뼏/핻뼏] | **해**볕 [-뼏] | |
| **햇**-빛 [해삗/핻삗] | **해**빛 [-삧] | |
| **햇**-살 [해쌀/핻쌀] | **해**살[1] [-쌀] | |
| **햇**-수 [해쑤/핻쑤] | **해**수[1] [-쑤] | -數 |
| 행랑-**뒷**골 [-낭뒤꼴/-낭뒫꼴] | 행랑**뒤**골 [-꼴] | 行廊-- |
| 행**셋**-거리 [-세꺼-/-섿꺼-] | 행**세**거리 [-꺼-] | 行世-- |
| 행**줏**-감 [-주깜/-줃깜] | 행**주**감 [-깜] | |
| 허드**렛**-물 [--렌-] | 허드**레**물 | |
| 허드**렛**-일 [--렌닐] | 허드**레**일 | |
| 허**릿**-단 [-리딴/-릳딴] | 허**리**단 [-딴] | |
| 허**릿**-달 [-리딸/-릳딸] | 허**리**달 [-딸] | |
| 허**릿**-매 [-린-] | 허**리**매 | |
| 허**릿**-심 [-리씸/-릳씸] | 허**리**심 | |
| 허**줏**-굿 [-주꾿/-줃꾿] | 허**주**굿 [-꿋] | |
| 혀아**랫**-소리 [--래쏘-/--랟쏘-] | 혀아**래**소리 [-쏘-] | |
| **혓**-바늘 [혀빠-/혇빠-] | **혀**바늘[2] [-빠-] | |
| **혓**-바닥 [혀빠-/혇빠-] | **혀**바닥 [-빠-] | |
| **혓**바닥-소리 [혀빠-쏘-/혇빠-쏘-] | **혀**바닥소리 [-빠-] | |
| **혓**-소리 [혀쏘-/혇쏘-] | **혀**소리 [-쏘-] | |
| **혓**-줄기 [혀쭐-/혇쭐-] | **혀**줄기 [-쭐-] | |
| **혓**-줄때기 [혀쭐--/혇쭐--] | **혀**줄때기 [-쭐-] | |
| 호**둣**-속 [-두쏙/-둗쏙] | 호**두**속 [-쏙] | |
| 호**숫**-가 [-수까/-숟까] | 호**수**가 [-까] | 湖水- |
| 혹-**멧**돼지 [홍메뙈-/홍멘뙈-] | 혹**메**돼지 [홍-] | |
| 혼**삿**-말 [-산-] | 혼**사**말 | 婚事- |
| 혼**숫**-감 [-수깜/-숟깜] | 혼**수**감 [-깜] | 婚需- |
| 혼**잣**-말 [-잔-] | 혼**자**말 | |
| 혼**잣**말-하다 [-잔---] | 혼**자**말하다 | |

| 《표대》 | 《조대》 | 원어 |
|---|---|---|
| 혼잣-소리 [-자쏘-/-잗쏘-] | 혼자소리 [-쏘-] | |
| 혼잣소리-하다 [-자쏘---/-잗쏘---] | 혼자소리하다 [-쏘-] | |
| 혼잣-손 [-자쏜/-잗쏜] | 혼자손 [-쏜] | |
| 홍두깻-감 [--깨깜/--깯깜] | 홍두깨감 [-깜] | |
| 홍엇-국 [-어꾹/-얻꾹] | 홍어국 [-꾹] | 洪魚- |
| 화롯-가 [화:로까/화:롣까] | 화로가 [-까] | 火爐- |
| 화롯-불 [화:로뿔/화:롣뿔] | 화로불 [-뿔] | 火爐- |
| 화롯-전 [화:로쩐/화:롣쩐] | 화로전 [-쩐] | 火爐- |
| 화젯-거리 [-제꺼-/-젣꺼-] | 화제거리 [-꺼-] | 話題-- |
| 화톳-불 [-토뿔/-톧뿔] | 화토불 [-뿔] | |
| 화툿-목 [-툰-] | 화투목 | 花鬪- |
| 화햇-술 [-해쑬/-핻쑬] | 화해술 [-쑬] | 和解- |
| 환돗-집 [-도찝/-돋찝] | 환도집 | 環刀- |
| 활갯-짓 [-개찓/-갣찓] | 활개짓 | |
| 활갯짓-하다 [-개찌타-/-갣찌타-] | 활개짓하다 | |
| 홧-김 [화:낌/홛:낌] | 화김 [-낌] | 火- |
| 홧-담배 [화:땀-/홛:땀-] | 화담배 [-땀-] | 火-- |
| 홧담배-질 [화:땀--/홛:땀--] | 화담배질 [-땀-] | 火--- |
| 홧담배질-하다 [화:땀----/홛:땀----] | 화담배질하다 [-땀-] | 火----- |
| 홧-술 [화:쑬/홛:쑬] | 화술[3] [-쑬] | 火- |
| 횃-대 [홰때/홷때] | 홰대[1] [-때] | |
| 횃대-뿔 [홰때-/홷때-] | 홰대뿔 [-때-] | |
| 횃댓-보 [홰때뽀/홷땓뽀] | 홰대보 [-때뽀] | --褓 |
| 횃댓-줄 [홰때쭐/홷땓쭐] | 홰대줄 [-때쭐] | |
| 횃-보 [홰뽀/홷뽀] | 홰보 [-뽀] | -褓 |
| 횃-불 [홰뿔/홷뿔] | 홰불 [-뿔] | |
| 횃불-싸움 [홰뿔--/홷뿔--] | 홰불싸움 [-뿔-] | |
| 횃불-잡이 [홰뿔--/홷뿔--] | 홰불잡이 [-뿔-] | |
| 횃-줄 [홰쭐/홷쭐] | 홰줄 [-쭐] | |
| 횟-가루 [회까-/휃까-] | 회가루 [-까-] | 灰-- |
| 횟-감 [회:깜/휃:깜] | 회감[1] [-깜] | 膾- |
| 횟-돌 [회똘/휃똘] | 회돌 [-똘] | 灰- |
| 횟-물 [휜-/휀-] | 회물 | 灰- |
| 횟-배 [회빼/휃빼] | 회배 [-빼] | 蛔- |
| 횟배-앓이 [회빼아리/휃빼아리] | 회배앓이 [-빼아리] | 蛔--- |
| 횟수 [회쑤/휃쑤] | 회수[2] [-쑤] | 回數 |
| 후릿-가래질 [-리까--/-릳까--] | 후리가래질 [-까-] | |
| 후릿가래질-하다 [-리까----/-릳까----] | 후리가래질하다 [-까-] | |
| 후릿-고삐 [-리꼬-/-릳꼬-] | 후리고삐 [-꼬-] | |

| 《표대》 | 《조대》 | 원어 |
|---|---|---|
| 후릿-그물 [-리끄-/-릳끄-] | 후리그물 [-끄-] | |
| 후밋-길 [-미낄/-믿낄] | 후미길 [-낄] | |
| 후줏-국 [후:주꾹/후:줃꾹] | 후주국 [-꾹] | 後酒- |
| 후춧-가루 [-추까-/-춛까-] | 후추가루 [-까-] | |
| 훗-국 [후:꾹/훋:꾹] | 후국[1] [-꾹] | 後- |
| 훗-날 [훈:-] | 후날 [훈-] | 後- |
| 훗-달 [후:딸/훋:딸] | 후달 [-딸] | 後- |
| 훗-배앓이 [후:빼아리/훋:빼아리] | 후배앓이 [-빼아리] | 後--- |
| 훗-사람 [후:싸-/훋:싸-] | 후사람 [-싸-] | 後-- |
| 흉갓-집 [-가찝/-갇찝] | 흉가집 [-찝] | 凶家- |
| 흥밋-거리 [흥:미꺼-/흥:믿꺼-] | 흥미거리 [-꺼-] | 興味-- |
| 흰가룻-병 [흰-루뼝/흰-룯뼝] | 흰가루병 [-뼝] | ---病 |
| 흰머리-멧새 [흰--메쌔/흰--멛쌔] | 흰머리메새 [-쌔] | |
| 흰배-멧새 [흰-메쌔/흰-멛쌔] | 흰배메새 [-쌔] | |

사이시옷

## 4.3. 외래어 표기 차이 올림말 목록

외래어 표기 차이 올림말 목록은 '《표대》', '《조대》', '관련 조항' 난으로 구분하고, '《표대》'와 '《조대》'에서는 올림말과 함께 원어도 제시하였다. 그리고 '관련 조항'에서는 해당 올림말 표기와 관련이 있는 외래어 표기법 세부 조항을 제시하였는데, 편의상 영어권 외래어로 한정지어 제시하였다. 남측의 《외래어 표기법》은 '남외'로, 북측의 《조선어 외래어 표기법》은 '북외'로 줄여서 제시하였다.

| 《표대》 | 《조대》 | 관련 조항 |
|---|---|---|
| 가**닛** (garnet) | 가**네트** (garnet(영)) | 남외1 |
| 가돌리**늄** (gadolinium) | 가돌리**니움** (Gadolinium(도)) | |
| 가라**테** ([일]karate[唐手]) | 가라**데** (karate(일)) | |
| 가마**쿠**라^막부 (Kamakura[鎌倉]幕府) | 가마**꾸**라막부 (gamakura(일)幕府) | |
| 가**믈**란 ([말]gamelan) | 가**메**란 | |
| 가부**키** ([일]kabuki[歌舞伎]) | 가부**끼** (gabuki(일)) | |
| 가**브**리엘 (Gabriel) | 가**부**리엘 (Gabriel(라)) | |
| 가성^알**칼**리 (苛性alkali) | 가성알**카**리 (苛性←alkali(영)) | |
| 가성^**칼**리 (苛性[라]kali) | 가성**카**리 | |
| 가스-**램**프 (gas lamp) | 가스**람**프 | 북외101 |
| 가스-**탱**크 (gas tank) | 가스**탕**크 (gas tank(영)) | 북외101 |
| 가스^**터**빈 (gas turbine) | 가스**타**빈 (gas turbine(영)) | |
| 가스^**터**빈^기관차 (gas turbine機關車) | 가스**타**빈기관차 | |
| 가죽-**점퍼** (--jumper) | 가죽**잠바** | 북외101 |
| **가**톨릭 (Catholic) | **카**톨릭 (Catholic(영)) | |
| **가**톨릭-교 (Catholic教) | **카**톨릭교 (Catholic(영)教) | |
| **가**톨릭-교도 (Catholic教徒) | **카**톨릭교도 | |
| **가**톨릭교-회 (Catholic教會) | **카**톨릭교회 | |
| **간데**라 (←[일]kandera) | **칸델**라 (candela(영)) | |
| 간-**디**스토마 (肝distoma) | 간**지**스토마 (肝distoma(라)) | |
| 간염^**바이러**스 (肝炎virus) | 간염**비루**스 | |
| 간**토**^대지진 (Kantô[關東]大地震) | 간**또**대지진 (kanto(일)大地震) | |
| 갈락토**오스** (galactose) | 갈락토**즈** (galactose(영)) | |
| 갈락토**오스**^혈증 (galactose血症) | 갈락토**즈**혈증 | |
| 갈**륨** (gallium) | 갈**리움** (gallium(영)) | |
| 갈**륨**-비소 (gallium砒素) | 갈**리움**비소 | |
| 감시^프로그**램** (監視program) | 감시프로그**람** | 북외101 |

| 《표대》 | 《조대》 | 관련 조항 |
|---|---|---|
| 개버딘 (gaberdine) | 카바진 (←gaberdine(영)) | 북외101 |
| 개인용 컴퓨터 (個人用computer) | 개인용콤퓨터 | |
| 갤런 (gallon) | 갈론 (gallon(영)) | 북외101 |
| 갤리[3] (galley) | 게라 (galley(영)) | |
| 갤리-지 (galley紙) | 게라지 | |
| 갱[4] (gang) | 깽[1] (←gang(영)) | 북외101 |
| 갱-단 (gang團) | 깽단 | 북외101 |
| 갱^영화 (gang映畫) | 깽영화 (←gang(영)映畫) | 북외101 |
| 거즈 (gauze) | 가제[3] (Gaze(도)) | |
| 거푸집^콘크리트 (--concrete) | 거푸집콩크리트 | |
| 건-독[2] (乾dock) | 건도크 (乾dock(영)) | 남외1 |
| 건터^체인 (←Gunter's chain) | 군터체인 (Gunterchain(영)) | |
| 건터^측쇄 (Gunter測鎖) | 군터측쇄 (Gunter(영)測鎖) | |
| 건^효과 (Gunn效果) | 간효과 (gunne(영)效果) | 북외101 |
| 게르마늄 ([독]Germanium) | 게르마니움 (Germanium(도)) | |
| 게르마늄^정류기 ([독]Germanium整流器) | 게르마니움정류기 | |
| 게슈타포 ([독]Gestapo) | 게스타포 (Gestapo(도)) | |
| 게이지 (gauge) | 게지 (←gauge(영)) | 북외101 |
| 게페우 ([러]GPU) | 게.뻬.우 (ГПУ(로)) | |
| 겐타마이신 (gentamycin) | 겐타미찐 (Gentamycinum(라)) | |
| 결합^에너지 (結合energy) | 결합에네르기 | |
| 경량^블록 (輕量block) | 경량블로크 | 남외1 |
| 경량^콘크리트 (輕量concrete) | 경량콩크리트 | |
| 경제^블록 (經濟bloc) | 경제쁠럭 | 북외101 |
| 고감도^필름 (高感度film) | 고감도필림 | |
| 고급^알코올 (高級alcohol) | 고급알콜 | |
| 고농축^우라늄 (高濃縮uranium) | 고농축우라니움 (高濃縮uranium(영)) | |
| 고니오미터 (goniometer) | 고니오메터 (goniometer(영)) | |
| 고데 ([일]kote[鏝]) | 고대[4] (kote(일)) | |
| 고데-하다 ([일]kote[鏝]--) | 고대하다 (kote(일)-) | |
| 고로케 (←[일]korokke) | 고로께 (←croquette(프)) | |
| 고무-보트 (--boat) | 고무뽀트 | 북외101 |
| 고무-테이프 | 고무테프 | 북외101 |
| 고뿌 (←[일]koppu) | 컵 (cup(영)) | |
| 고셰-병 (Gaucher病) | 고쉐병 (Gaucher(프)病) | |
| 고압^보일러 (高壓boiler) | 고압보이라 | 북외101 |
| 고압^산소^탱크 (高壓酸素tank) | 고압산소탕크 | 북외101 |
| 고에너지^결합 (高energy結合) | 고에네르기결합 | |
| 고에너지^물리학 (高energy物理學) | 고에네르기물리학 | |

외래어

| 《표대》 | 《조대》 | 관련 조항 |
|---|---|---|
| 고열-시멘트 (高熱cement) | 고열세멘트 | |
| 고유^벡터 (固有vector) | 고유벡토르 | |
| 고전^소나타 (古典[이]sonata) | 고전쏘나타 (古典Sonata(이)) | |
| 고주파^케이블 (高周波cable) | 고주파케블 | 북외101 |
| 고체^레이저 (固體laser) | 고체레이자 | 북외101 |
| 고체^플라스마 (固體plasma) | 고체플라즈마 | |
| 고칼로리^영양법 (高calorie營養法) | 고카로리영양법 (高calorie(영)營養法) | |
| 고칼륨^혈증 (高[독]Kalium血症) | 고칼리움혈증 (高kalium(도)血症) | |
| 고칼슘^혈증 (高calcium血症) | 고칼시움혈증 (高calcium(영)血症) | |
| 고파크 ([러]gopak) | 고빠크 (копак(로)) | |
| 고품위^텔레비전 (高品位television) | 고품위텔레비존 | 남외3 |
| 골[14] (goal) | 꼴[4] (←goal(영)) | 북외101 |
| 골-대 (goal-) | 꼴대 | 북외101 |
| 골-문 (goal門) | 꼴문 | 북외101 |
| 골인[2] (▼goal in) | 꼴인 (goal-in(영)) | 북외101 |
| 골트슈미트-법 (Goldschmidt法) | 골드슈미트법 (Goldschmidt(도)法) | |
| 공기^마이크로미터 (空氣micrometer) | 공기마이크로메터 (空氣micrometer(영)) | |
| 공기^베어링 (空氣bearing) | 공기베아링 | 북외101 |
| 공기^샤워 (空氣shower) | 공기샤와 | 북외101 |
| 공기^컨베이어 (空氣conveyer) | 공기콘베아 | 북외101 |
| 공기^타이어 (空氣tire) | 공기다이야 | 북외100 |
| 공기^터빈 (空氣turbine) | 공기타빈 | |
| 공기^펌프 (空氣pump) | 공기뽐프 | 북외100 |
| 공기^해머 (空氣hammer) | 공기함마 | 북외70, 북외101 |
| 공대공^미사일 (空對空missile) | 공대공미싸일 (空對空missile(영)) | 북외101 |
| 공대수중^미사일 (空對水中missile) | 공대수중미싸일 (空對水中missile(영)) | 북외101 |
| 공대위성^미사일 (空對衛星missile) | 공대위성미싸일 (空對衛星missile(영)) | 북외101 |
| 공대지^미사일 (空對地missile) | 공대지미싸일 (空對地missile(영)) | 북외101 |
| 공명^에너지 (共鳴energy) | 공명에네르기 | |
| 공업용 텔레비전 (工業用television) | 공업용텔레비존 | 남외3 |
| 과나코 ([에]guanaco) | 구아나코 | |
| 과망간산-칼륨 (過[독]Mangan酸[독]Kalium) | 과망간산칼리움 | |
| 과산화-나트륨 (過酸化[독]Natrium) | 과산화나트리움 | |
| 과산화-바륨 (過酸化barium) | 과산화바리움 | |
| 과염소산-칼륨 (過鹽素酸[독]Kalium) | 과염소산칼리움 | |
| 관광-버스 (觀光bus) | 관광뻐스 | 북외101 |
| 관류^보일러 (貫流boiler) | 관류보이라 (管類boiler(영)) | 북외101 |
| 관리^프로그램 (管理program) | 관리프로그람 | 북외101 |

| 《표대》 | 《조대》 | 관련 조항 |
|---|---|---|
| 광재^시멘트 (鑛滓cement) | 광재세멘트 | |
| 구명-보트 (救命boat) | 구명뽀트 | 북외101 |
| 구아네티딘 (guanethidine) | 구안에티딘 (Guanethidinum(라)) | |
| 구아슈 ([프]gouache) | 괏슈 (gouache(프)) | |
| 구타페르카 (gutta-percha) | 굿타페르카 (Guttapercha(영)) | |
| 국제-암페어 (國際ampere) | 국제암페아 | 북외101 |
| 국제^트러스트 (國際trust) | 국제트레스트 | |
| 규산-나트륨 (硅酸[독]Natrium) | 규산나트리움 | |
| 규산-마그네슘 (硅酸magnesium) | 규산마그네시움 | |
| 규산-알루미늄 (硅酸aluminium) | 규산알루미니움 | |
| 규산-칼슘 (硅酸calcium) | 규산칼시움 | |
| 그라탱 ([프]gratin) | 그라땡 (gratin(프)) | |
| 그래프 (graph) | 그라프 (graph(영)) | 북외101 |
| 그래픽 (graphic) | 그라휘크 (graphic(영)) | 남외1,<br>북외100,<br>북외101 |
| 그램 (gram) | 그람 (gramme(영)) | 북외101 |
| 그램-당량 (gram當量) | 그람당량 | 북외101 |
| 그램-분자 (gram分子) | 그람분자 | 북외101 |
| 그램-원자 (gram原子) | 그람원자 | 북외101 |
| 그램-이온 (gram ion) | 그람이온 (grammeion(영)) | 북외101 |
| 그램-중 (gram重) | 그람중 | 북외101 |
| 그램-칼로리 (gram calorie) | 그람카로리 (Grammkalorie(도)) | 북외101 |
| 그레고리오^성가 (←Gregorius聖歌) | 그레고리우스성가 (Gregorius(영)聖歌) | |
| 그레이디언트^방법 (gradient方法) | 그라디엔트방법 | |
| 그레이엄[1] (Graham, Thomas) | 그레암 (Graham(영)) | 북외101 |
| 그레이엄의 법칙 (Graham-法則) | 그레암의 법칙 | 북외101 |
| 그룹[1] (group) | 그루빠 (группа(로)) | |
| 그리스^펌프 (grease pump) | 그리스뽐프 | 북외100 |
| 극초단파^텔레비전 (極超短波television) | 극초단파텔레비죤 | 남외3 |
| 글라디올러스 (gladiolus) | 글라디올라스 (gladiolus(영)) | 북외101 |
| 글루코시다아제 ([독]Glukosidase) | 글루코시다제 (glucosidase(영)) | |
| 글루코오스 (glucose) | 글루코즈 (glucose(영)) | |
| 글루타미나아제 ([독]Glutaminase) | 글루타미나제 (glutaminase(영)) | |
| 글루탐-산 (←glutamic酸) | 글루타민산 | |
| 글리산도 ([이]glissando) | 글리싼도 (glissando(이)) | |
| 글리신 (glycine) | 그리신 (glycine(영)) | |
| 기계적 에너지 (機械的energy) | 기계적에네르기 | |
| 기계^펄프 (機械pulp) | 기계팔프 | 북외101 |

| 《표대》 | 《조대》 | 관련 조항 |
|---|---|---|
| 기**어**[7] (gear) | 기**야** (gear(영)) | |
| 기**요**틴 ([프]guillotine) | **길로**틴 (guillotine(프)) | |
| 기체^레이**저** (氣體laser) | 기체레이**자** | 북외101 |
| 기포^**콘**크리트 (氣泡concrete) | 기포**콩**크리트 | |
| **깁**스 ([독]Gips) | **기프**스 (Gips(도)) | |
| 나노-**미**터 (nanometer) | 나노**메**터 (nanometre(영)) | |
| 나도-**사**프란 (--[네]saffraan) | 나도**샤**프란 | |
| 나르**키소**스 (Narcissos) | 나르**시쏘**스 (Narcissos(그)) | |
| 나비-**너**트 (--nut) | 나비**나**트 | 북외101 |
| 나사^**컨**베**이어** (螺絲conveyor) | 나사**콘**베**아** | 북외101 |
| 나사^**펌**프 (螺絲pump) | 나사**뽐**프 | 북외100 |
| **나이저** 강 (Niger江) | **니제르**강 (Niger(영)江) | |
| **나일** 강 (Nile江) | **닐**강 (Nilus(라)江) | |
| 나**일**론 (nylon) | 나**이**론 (nylon(영)) | |
| **나일**-악어 (Nile鰐魚) | **닐**악어 | |
| 나트**륨** ([독]Natrium) | 나트**리움** (Natrium(라)) | |
| 나트**륨**-등 ([독]Natrium燈) | 나트**리움**등 | |
| 나트**륨**^비누 ([독]Natrium--) | 나트**리움**비누 | |
| 나**폴**레옹^법전 (Napoléon法典) | 나**뽈**레옹법전 (Napoleon(프)法典) | |
| 나**폴**레옹^전쟁 (Napoléon戰爭) | 나**뽈**레옹전쟁 | |
| 나프**타** (naphtha) | 나프**사** (Naphtha(영)) | |
| 나프탈**렌** (naphthalene) | 나프탈**린** (Naphthalin(도)) | |
| **난**센스 (nonsense) | **넌**센스 (nonsense(영)) | |
| 남방-샤**쓰** (南方←shirts) | 남방샤**쯔** | |
| 남방-**셔츠** (南方←shirts) | 남방**샤쯔** | |
| 내부^에**너지** (內部energy) | 내부에**네르기** | |
| 내장^**리**슈마니아증 (內臟[라]leishmania症) | 내장**레**슈마니아증 (內臟leismania(라)症) | |
| 내재성^**바이러**스 (內在性virus) | 내재성**비루**스 | |
| 내**추**럴 (natural) | 내**츄**럴 (natural(영)) | |
| 내화^**모르타르** (耐火mortar) | 내화**몰탈** (耐火←mortar(영)) | |
| 내화^**시**멘트 (耐火cement) | 내화**세**멘트 (耐火cement(영)) | |
| **너**트 (nut) | **나**트 (nut(영)) | 북외101 |
| 네**거**-필**름** (←negative film) | 네**가**필**림** (negafilm(영)) | |
| 네**덜**란드^어 (Netherlands語) | 네**데를**란드어 | |
| 네오**디뮴** (neodymium) | 네오**딤** (Neodym(도)) | |
| 네오**마이신** (neomycin) | 네오**미찐** (neomycin(라)) | |
| 네온-**사**인 (neon sign) | 네온**싸**인 (neonsign(영)) | 북외101 |
| **네이**팜 (napalm) | **나**팜 (naparm(영)) | |
| **네이**팜-탄 (napalm彈) | **나**팜탄 | |

| 《표대》 | 《조대》 | 관련 조항 |
|---|---|---|
| 네트^**터**치 (net touch) | 네트**타**치 (net touch(영)) | 북외101 |
| 넵투**늄** (neptunium) | 넵투**니움** (neptunium(영)) | |
| 노벨**륨** (nobelium) | 노벨**리움** (Nobelium(영)) | |
| 노보비오**신** (novobiocin) | 노보비오**찐** (novobiocin(라)) | |
| 노이만형 **컴**퓨터 (Neumann型computer) | 노이만형**콤**퓨터 (Neumann(영)形Computer(영)) | |
| 노타이-**셔츠** (▼←no tie shirt) | 노타이**샤쯔** (notieshirts(영)) | |
| **녹**-다운 (knockdown) | **노크**다운 (knock down(영)) | 남외1 |
| **녹-아웃** (knockout) | **노카우드** (knock out(영)) | |
| 녹**턴** (nocturne) | 녹**츄른** (nocturne(프)) | |
| 농축^우라**늄** (濃縮uranium) | 농축우라**니움** | |
| **누**가-복음 (←Luke福音) | **루**가복음 (luke(영)) | |
| 누클**라**인-산 ([독]Nuklein酸) | 누클**레**인산 (nuclein(영)酸) | |
| 뉘른베르**크**^공판 (Nürnberg公判) | 뉘른베르**그**공판 (Nürnberg(도)公判) | |
| **뉘**앙스 ([프]nuance) | **뉴**앙스 (nuance(프)) | |
| **뉴**클레오시드 (nucleoside) | **누**클레오시드 (nucleoside(영)) | |
| **뉴**클레오티드 (nucleotide) | **누**클레오티드 (nucleotide(영)) | |
| 뉴**턴**[1] (newton) | 뉴**톤**[1] (Newton(영)) | |
| 뉴**턴**[2] (Newton, Sir Isaac) | 뉴**톤**[2] (Newton(영)) | |
| 뉴**턴**^고리 (Newton--) | 뉴**톤**고리 | |
| 니만·**피크**-병 (Niemann-Pick病) | 니만**픽**크병 (Niemann-Pick(도)病) | |
| 니알라**마이**드 (nialamide) | 니알라**미**드 (nialamidum(라)) | |
| 니오**븀** ([독]Niobium) | 니오**비움** (Niobium(영)) | |
| 니오**브** ([독]Niob) | 니오**비움** (Niobium(영)) | |
| 니케**서마이**드 (nikethamide) | 니케**타미**드 (nikethamidum(라)) | |
| 니트로-나프탈**렌** (nitronaphthalene) | 니트로나프탈**린** (nitro(영)naphthalin(도)) | |
| 니트로-살리**실**산 (←nitrosalicylic酸) | 니트로살리**칠**산 (nitrosalicyl(영)酸) | |
| 다가^알**코올** (多價alcohol) | 다가알**콜** | |
| **다**스[1] ([일]dâsu) | **타**스 (←dozen(영)) | |
| 다이**너**마이트 (dynamite) | 다이**나**마이트 (dynamite(영)) | 북외101 |
| 다이**아**몬드혼-식 (diamond婚式) | 다이**야**몬드혼식 (diamond(영)婚式) | |
| **다이**아지논 (diazinone) | **디**아지논 (diazinon(영)) | |
| **다이애**나 (Diana) | **디아**나 (Diana(그)) | |
| 다이**얼** (dial) | 다이**알** (dial(영)) | |
| 단축^마라**톤** (短縮marathon) | 단축마라**손** | |
| **달러** (dollar) | **딸라** (←dollar(영)) | 북외101 |
| **달러**^지역 (dollar地域) | **딸라**지역 (←dollar(영)地域) | 북외101 |
| 달-로**켓** (-rocket) | 달로**케트** | 남외1 |
| **달**리아 (dahlia) | **다**리아 (dahlia(영)) | |
| 달마**티아**식 해안 (Dalmatia式海岸) | 달마**찌아**식해안 (Dalmacija(영)式海岸) | |

| 《표대》 | 《조대》 | 관련 조항 |
|---|---|---|
| 달^**세뇨** ([이]dal segno) | 달**쎄니오** (dalsegno(이)) | |
| 담배^모자이크^**바이러**스 (--mosaic virus) | 담배모자이크**비루**스 (-mosaicvirus(영)) | |
| 대상^스펙트**럼** (帶狀spectrum) | 대상스펙트**르** (帶狀spectrum(영)) | 북외100 |
| **댐**[2] (dam) | **땜**[2] (dam(영)) | 북외101 |
| **댐퍼** (damper) | **담파**[2] (damper(영)) | 북외101 |
| **댐퍼** (damper) | **담파**[1] (damper(영)) | 북외101 |
| **더**블 (double) | **다**블 (double(영)) | 북외101 |
| **더**블^파울 (double foul) | **다**블파울 (double foul(영)) | 북외101 |
| **덤덤**-탄 (dumdum彈) | **담담**탄 (dumdum(영)彈) | 북외101 |
| 덤**버턴**^**오크**스^회의 (Dumbarton Oaks會議) | 덤**바튼** **옥**스회의 (Dumbarton Oaks(영)會議) | |
| 데**니어** (denier) | 데**닐** (denier(프)) | |
| 데**릭** (derrick) | 데**리크** (derrick(영)) | 남외1 |
| 데**릭**^기중기 (derrick起重機) | 데**리크**기중기 | 남외1 |
| 데**뷔** ([프]début) | 데**뷰** (debut(프)) | |
| 데**생** ([프]dessin) | 데**쌍** (dessin(프)) | |
| 데시-그**램** (decigram) | 데시그**람** (decigramme(영)) | 북외101 |
| 데시-**미**터 (decimeter) | 데시**메**터 | |
| 데시**미**터-파 (decimeter波) | 데시**메**터파 (decimetre(영)波) | |
| 데시케**이**터 (desiccator) | 데시케터 (desiccator(영)) | 북외101 |
| 데이비**스**^해협 (Davis海峽) | 데이비**쓰**해협 (Davis(영)海峽) | 북외101 |
| 데**이**터 (data) | 데터 (deta(영)) | |
| 데카-그**램** (decagram) | 데카그**람** (decagramme(영)) | 북외101 |
| 데**카**당 ([프]décadent) | 데**까**당 (décadent(프)) | |
| 데**카**당스 ([프]décadence) | 데**까**당스 (décadence(프)) | |
| 데**카**당-파 ([프]décadent派) | 데**까**당파 | |
| 데카-**미**터 (decameter) | 데카**메**터 (decametre(영)) | |
| 데크레**셴**도 ([이]decrescendo) | 데크레**쎈**도 (decrescendo(이)) | |
| 데타**셰** ([프]détaché) | 데타**쉐** (detache(프)) | |
| 덱사메타**손** (dexamethasone) | 덱사메타**존** (dexamethasone(라)) | |
| 덴시토**미**터 (densitometer) | 덴시토**메**터 (densitometre(영)) | |
| **덴푸**라 ([일]tenpura[天婦羅]) | **뎀뿌**라 (tempora(뽀)) | |
| 뎅**기**-열 (dengue熱) | 뎅**구**열 (Dengue(영)熱) | |
| 도**넛** (doughnut) | 도**나트** (doughnut(영)) | 남외1 |
| 도**라무**-통 ([일]doramu桶) | 도**람**통 (←drum(영)筒) | |
| 도**란**[3] ([독]Dohran) | 도**랑**[2] (Dohran(영)) | |
| 도미**넌트** (dominant) | 도미**난테** (Dominante(도)) | |
| 도**쿄**^재판 (Tokyo[東京]裁判) | 도**꾜**재판 | |
| **독**[10] (dock) | **도크** (dock(영)) | 남외1 |
| 돈**키**호**테**-형 (Don Quixote型) | 돈**끼**호**떼**형 (DonQuijote(에)型) | |

| 《표대》 | 《조대》 | 관련 조항 |
|---|---|---|
| 돌로로**소** ([이]doloroso) | 돌로로**쏘** (doloroso(이)) | |
| 돌치**시**모 ([이]dolcissimo) | 돌치**씨**모 (dolcissimo(이)) | |
| 동압^베**어**링 (動壓bearing) | 동압베**아**링 (動壓bearing(영)) | 북외101 |
| 동축^케**이**블 (同軸cable) | 동축케블 (同軸cable(영)) | 북외101 |
| **두**랄루민 (duralumin) | **듀**랄루민 (duralumin(영)) | |
| 듀**어**-병 (Dewar瓶) | 듀**와**병 (Dewar(프)瓶) | |
| **듀엣** (duet) | **두에토** (duetto(이)) | |
| 듀테**륨** (deuterium) | 듀테**리움** (deuterium(영)) | |
| 드라마**투**르기 ([독]Dramaturgie) | 드라마**뚜**르기**야** (драматургия(로)) | |
| **드**라이**버** (driver) | **도**라이**바** (←driver(영)) | 북외101 |
| 드래**그**라인 (dragline) | 드래**글**라인 (dragline(영)) | |
| 드**램** (dram) | 드**람** (dram(영)) | 북외101 |
| **드럼**-통 (drum桶) | **도람**통 (←drum(영)筒) | 북외101 |
| **드**레스 (dress) | **도**레스 (←dress(영)) | 북외100 |
| 드리오피**테**쿠**스** (Dryopithecus) | 드리오피**헤**쿠**쓰** (←drys pthekos(그)) | |
| 디메틸글리옥**심** (dimethyl-glyoxime) | 디메틸글리옥**신** (dimethylglyoxine(영)) | |
| 디^몰**토** ([이]di molto) | 디몰**또** (dimolto(이)) | |
| **디**스토마 (distoma) | **지**스토마 (←distoma(라)) | |
| 디스프로**슘** (dysprosium) | 디스프로**시움** (dysprosium(영)) | |
| 디아세톤-알**코올** (diacetone alcohol) | 디아세톤알**콜** (diacetonealcohol(영)) | |
| 디아스타**아**제 ([독]Diastase) | 디아스타제 (diastase(영)) | |
| 디아조**늄**-염 (diazonium鹽) | 디아조**니움**염 (diazonium(영)鹽) | |
| 디오**스** (diose) | 디오**즈** (diose(영)) | |
| **디**옥시리보**뉴**클레아제 (deoxyribonuclease) | **데**옥시리보**누**클레아제 (Deoxyribonuclease(영)) | |
| **디**옥시리보**오스** (deoxyribose) | **데**옥시리보**즈** (deoxyribose(영)) | |
| **디**옥시리보^핵산 (deoxyribo核酸) | **데**옥시리보핵산 | |
| 디옵**터** (diopter) | 디옵**트리** (dioptrie(영)) | |
| **디**자인 (design) | **데**자인 (design(영)) | |
| **디저**트 (dessert) | **데자**트 (dessert(영)) | |
| 디쿠마**롤** (dicumarol) | 디쿠마**린** (Dicumarinum(라)) | |
| 디펜**히**드라민 ([라]diphenhydramine) | 디펜**히**드리민 (Diphenhadraminum(라)) | |
| **디**플레 (←deflation) | **데**플레 | |
| **디**플레이**션** (deflation) | **데**플레이**숀** (deflation(영)) | |
| 딜**레**마 (dilemma) | 딜**렘**마 (dilemma(영)) | 북외70 |
| 띠^스펙트**럼** (-spectrum) | 띠스펙트**르** | 북외100 |
| 라**듐** (radium) | 라**디움** (radium(영)) | |
| 라**디**에**이**터 (radiator) | 라**지**에터 (radiator(영)) | 북외101 |
| 라**디**오 (radio) | 라**지**오 (radio(영)) | |
| 라**디**오^공학 (radio工學) | 라**지**오공학 (radio(영)工學) | |

| 《표대》 | 《조대》 | 관련 조항 |
|---|---|---|
| 라**디**오그**래**프 (radiograph) | 라**지**오그**라**프 (radiograph(영)) | 북외101 |
| 라**디**오^드라마 (radio drama) | 라**지**오드라마 (radiodrama(영)) | |
| 라**디**오**미**터 (radiometer) | 라**지**오**메**터 (radiometer(영)) | |
| 라**디**오^방송 (radio放送) | 라**지**오방송 (radio(영)放送) | |
| 라**디**오^별 (radio-) | 라**지**오별 (radio(영)-) | |
| 라**디**오^부이 (radio buoy) | 라**지**오부이 (radiobuoy(영)) | |
| 라**디**오존데 ([독]Radiosonde) | 라**지**오존데 (Radiosonde(도)) | |
| 라**디**오-파 (radio波) | 라**지**오파 (radio(영)波) | |
| 라멘**토소** ([이]lamentoso) | 라멘**또** (lamento(이)) | |
| 라벤**더** (lavender) | 라벤**다** (lavender(영)) | 북외101 |
| 라**사**-열 (Lassa熱) | 라**싸**열 (Lassa(라)熱) | |
| 라**셀** ([독]Rassel) | 라**쎌** (Rassel(도)) | |
| 라오**주** ([중]laojiu[老酒]) | 라오**쥬** | |
| 라우**월**피**아** (rauwolfia) | 라우**볼**피**야** (rauwolfia(영)) | |
| **라이**노**타이**프 (linotype) | **리**노**찌**프 (линотип(로)) | |
| **라이소자임** (lysozyme) | **리조짐** (lysozyme(영)) | |
| 라이스-페**이**퍼 (rice paper) | 라이스페퍼 (ricepaper(영)) | 북외101 |
| 라이**어** (lyre) | 라이**아** (lyre(영)) | 북외101 |
| 라이프**치**히^전투 (Leipzig戰鬪) | 라이프**찌**히전투 | |
| 라지에**타** ([일]rajiêtâ) | 라지에**터** (radiator(영)) | |
| 라**지**푸트^회화 (Rājpūt繪畫) | 라**쥐**푸트회화 (Rajput(영)繪畵) | |
| 라**켓** (racket) | 라**케트** (rakett(도)) | |
| 라**트비아**^어 (Latvia語) | 라**띄쉬**어 (латыш(로)語) | |
| **락**슈미 ([산]Lak mi) | **라크**슈미 | |
| 락타**아**제 (lactase) | 락타제 (lactase(영)) | |
| 락토**오스** (lactose) | 락토**즈** (lactose(영)) | |
| 람다^파**지** (lambda phage) | 람다파**쥐** (lambdaphage(라)) | |
| **래**글**런** (raglan) | **라**글**란** (raglan(영)) | 북외101 |
| **래**드 (rad) | **라**드 (rad(영)) | 북외101 |
| **래**치 (latch) | **랏**치 (latch(영)) | 북외101 |
| **래핑** (lapping) | **라삥** (lapping(영)) | 북외101 |
| **랙**[1] (lac) | **라크**[1] (lac(영)) | 남외1, 북외101 |
| **랙**[2] (rack) | **라크**[2] (rack(영)) | 남외1, 북외101 |
| **랙**-벌레 (lac--) | **라크**벌레 (lac(영)-) | 남외1, 북외101 |
| **랙**-칠 (lac漆) | **라크**칠 (lac(영)-) | 남외1, 북외101 |

| 《표대》 | 《조대》 | 관련 조항 |
|---|---|---|
| 랙칠-하다 (lac漆--) | 라크칠하다 (lac(영)-) | 남외1, 북외101 |
| 램[5] (RAM) | 람[2] (RAM(영)) | 북외101 |
| 랩소디 (rhapsody) | 라프쏘디 (Rhapsodie(도)) | |
| 랩^타임 (lap time) | 랍타임 (laptime(영)) | 북외101 |
| 러닝 (running) | 런닝 (running(영)) | 북외70 |
| 러닝 (running) | 런닝그 (running(영)) | 북외70 |
| 러닝-샤쓰 (▼←running shirt) | 런닝샤쯔 (running shirt(영)) | 북외70 |
| 러닝-셔츠 (▼←running shirt) | 런닝샤쯔 (running shirt(영)) | 북외70 |
| 러다이트^운동 (Luddite運動) | 루디트운동 (Luddite(영)運動) | |
| 러더퍼드[1] (rutherford) | 라더퍼드 (rutherford(영)) | 북외101 |
| 러브-파 (love波) | 라브파 (love(영)波) | 북외101 |
| 러시아^어 (Russia語) | 로씨야어 | |
| 러시아^정교회 (Russia正教會) | 로씨야정교회 | |
| 러시아・터키^전쟁 (Russia-Turkey戰爭) | 로씨야-뛰르끼예전쟁 | |
| 럭스 (lux) | 룩스 (lux(영)) | |
| 럼[2] (rum) | 람[1] | 북외101 |
| 럼-주 (rum酒) | 람주 (rum(영)酒) | 북외101 |
| 레노그램 (renogram) | 레노그람 (renogram(영)) | 북외101 |
| 레늄 (rhenium) | 레니움 (rhenium(영)) | |
| 레닌[3] (rennin) | 렌닌 (rennin(영)) | 북외70 |
| 레세르핀 (reserpine) | 레제르핀 (recerpin(도)) | |
| 레슬링 (wrestling) | 레스링 (wrestling(영)) | |
| 레시터티브 (recitative) | 레시타티브 (recitative(영)) | 북외101 |
| 레이더 (radar) | 레이다 (radar(영)) | |
| 레이더^기상학 (radar氣象學) | 레이다기상학 | |
| 레이더-망 (radar網) | 레이다망 (radar(영)網) | |
| 레이스[1] (lace) | 레스 (lace(영)) | 북외101 |
| 레이온 (rayon) | 레욘 (rayon(영)) | 북외101 |
| 레이저 (laser) | 레이자 (laser(영)) | 북외101 |
| 레이저^가공 (laser加工) | 레이자가공 | 북외101 |
| 레이저^무기 (laser武器) | 레이자무기 | 북외101 |
| 레이저^분광학 (laser分光學) | 레이자분광학 | 북외101 |
| 레이저^용접 (laser鎔接) | 레이자용접 | 북외101 |
| 레이저^통신 (laser通信) | 레이자통신 | 북외101 |
| 레이저^핵융합 (laser核融合) | 레이자핵융합 | 북외101 |
| 레이크[2] (rake) | 레끼 (rake(영)) | 북외101 |
| 레인[1] (lane) | 렌 (lane(영)) | 북외101 |
| 레인코트 (raincoat) | 레인코드 (raincoat(영)) | |

외래어

| 《표대》 | 《조대》 | 관련 조항 |
|---|---|---|
| 레일 (rail) | 레루 (rail(영)) | |
| 레트로바이러스 (retrovirus) | 레트로비루스 (retrovirus(영)) | |
| 렘 (rem) | 램 (lam(영)) | |
| 로듐 ([독]Rhodium) | 로디움 (rhodium(영)) | |
| 로렌슘 (lawrencium) | 로렌시움 (Lawrencium(영)) | |
| 로렌츠^변환 (Lorentz變換) | 로렌쯔변환 (Lorentz(영)變換) | |
| 로렌츠^힘 (Lorentz-) | 로렌쯔힘 (Lorentz(영)-) | |
| 로마^가톨릭교 (Roma Catholic敎) | 로마카톨릭교 | |
| 로맨티시즘 (romanticism) | 로만찌즘 (романтизм(로)) | |
| 로바체프스키^기하학 (Lobachevskii幾何學) | 로바쳅스끼기하학 (Ловачевский(로)幾何學) | |
| 로봇 (robot) | 로보트 (robot(영)) | 남외1 |
| 로셸-염 ([프]Rochelle鹽) | 로쎌염 (rochelle(프)鹽) | |
| 로스 해 (Ross海) | 로쓰해 (Ross(영)海) | 북외101 |
| 로스[1] (←roast) | 로스트 (roasst(영)) | |
| 로스터 (roaster) | 로스똘 (roastor(영)) | |
| 로손^조건 (Lawson條件) | 로우손조건 (lauson(영)條件) | |
| 로켓[2] (rocket) | 로케트 (rocket(영)) | 남외1 |
| 로켓^무기 (rocket武器) | 로케트무기 | 남외1 |
| 로켓^발사대 (rocket發射臺) | 로케트발사대 | 남외1 |
| 로켓^연료 (rocket燃料) | 로케트연료 | 남외1 |
| 로켓^천문학 (rocket天文學) | 로케트천문학 | 남외1 |
| 로켓^추진제 (rocket推進劑) | 로케트추진제 | 남외1 |
| 로켓-탄 (rocket彈) | 로케트탄 | 남외1 |
| 로켓-포 (rocket砲) | 로케트포 | 남외1 |
| 로코코 ([프]rococo) | 로꼬꼬 (rococo(프)) | |
| 로코코^미술 ([프]rococo美術) | 로꼬꼬미술 | |
| 로터리 (rotary) | 로타리 (rotary(영)) | 북외101 |
| 록[3] (rock) | 로크 (rock(영)) | 남외1 |
| 롤러 (roller) | 로라 (←roller(영)) | 북외101 |
| 롤러^베어링 (roller bearing) | 로라베아링 | 북외101 |
| 롤러-스케이트 (roller skate) | 로라스케트 | 북외101 |
| 롤러^컨베이어 (roller conveyer) | 로라콘베아 | 북외101 |
| 롬보크^해협 (Lombok海峽) | 롬복해협 (Lombok(영)海峽) | |
| 뢴트겐[1] ([독]Röntgen) | 렌트겐 (röntgen(도)) | |
| 뢴트겐-선 ([독]Röntgen線) | 렌트겐선 | |
| 뢴트겐^촬영 ([독]Röntgen撮影) | 렌트겐촬영 | |
| 루마니아^어 (Rumania語) | 로므니아어 (Romania(영)語) | |
| 루바슈카 ([러]rubashka) | 루바슈까 (рубашка(로)) | |
| 루바토 ([이]rubato) | 루바또 (ruvato(이)) | |

| 《표대》 | 《조대》 | 관련 조항 |
|---|---|---|
| 루비듐 (rubidium) | 루비디움 (Rubidium(영)) | |
| 루지 (luge) | 류쥬 (luge(영)) | 남외4 |
| 루츠^압축기 (Roots壓縮機) | 루쯔압축기 (roots(영)壓縮機) | |
| 루터^교회 (Luther敎會) | 루테르교회 (Luther(도)敎會) | |
| 루테늄 (ruthenium) | 루테니움 (Ruthenium(영)) | |
| 루테튬 (lutetium) | 루테티움 (lutetium(영)) | |
| 룸펜^프롤레타리아트 ([독] Lumpen Proletariat) | 룸펜프로레타리아트 (Lumpenproletariat(도)) | |
| 류머티즘 (rheumatism) | 로이마치스 (Rheumatismus(도)) | |
| 류머티즘 (rheumatism) | 류마치스 (Rheumatismus(도)) | |
| 류머티즘-열 (rheumatism熱) | 류마치스열 | |
| 르네상스 ([프] Renaissance) | 르네쌍스 (renaissance(프)) | |
| 리가아제 (ligase) | 리가제 (ligase(영)) | |
| 리골레토[1] ([이] rigoletto) | 리고레트 (liqolette(이)) | |
| 리날로올 (linalool) | 리날롤 (linalool(영)) | |
| 리넨[1] (linen) | 린넬 (liniere(프)) | |
| 리노바이러스 (rhinovirus) | 리노비루스 (rhinovirus(영)) | |
| 리노바이러스^감염증 (rhinovirus感染症) | 리노비루스감염증 | |
| 리놀륨 (linoleum) | 리놀리움 (linoleum(영)) | |
| 리놀륨^판화 (linoleum版畫) | 리놀리움판화 | |
| 리니먼트 (liniment) | 리니멘트 (liniment(영)) | |
| 리머 (reamer) | 리마[1] (←reamer(영)) | 북외101 |
| 리모넨 (limonene) | 리모닌 (limonene(라)) | |
| 리벳 (rivet) | 리베트 (rivet(영)) | 남외1 |
| 리보뉴클레아제 (ribonuclease) | 리보누클레아제 (ribonuclease(영)) | |
| 리보오스 (ribose) | 리보즈 (ribose(영)) | |
| 리보플래빈 (riboflavin) | 리보플라빈 (riboflavin(영)) | |
| 리본 (ribbon) | 리봉 (ribbon(영)) | |
| 리빙스턴^폭포 (Livingstone瀑布) | 리빙스토운폭포 (Livingstone(영)瀑布) | |
| 리사주^도형 (Lissajous圖形) | 리사쥬도형 (lissajou(영)圖形) | |
| 리소좀 (lysosome) | 리조솜 (lysosome(영)) | |
| 리솔루토 ([이] risoluto) | 리쏠루또 (risoluto(이)) | |
| 리시놀레-산 (←ricinoleic酸) | 리시놀산 (ricinole(영)酸) | |
| 리시버 (receiver) | 레씨버 (receiver(영)) | 북외101 |
| 리시브 (receive) | 리써버 (receiver(영)) | |
| 리신 (lysine) | 리진 (lysine(영)) | |
| 리액터 (reacter) | 레악토르 (reaktor(도)) | |
| 리어-카 (▼rear car) | 리야까 (rear-car(영)) | |
| 리얼리스트 (realist) | 레알리스트 (realiste(프)) | |
| 리얼리즘 (realism) | 레알리즘 (realisme(프)) | |

외래어

| 《표대》 | 《조대》 | 관련 조항 |
|---|---|---|
| 리케**차** (rickettsia) | 리케**치아** (rickettsia(영)) | |
| 리케**차**-증 (rickettsia症) | 리케**치아**증 | |
| 리**투아니아**^어 (Lithuania語) | 리**뜨바**어 (Литва(로)語) | |
| 리**튬** (lithium) | 리**티움** (lithium(영)) | |
| 리**튬**^전지 (lithium電池) | 리**티움**전지 (lithium(영)電池) | |
| 리**트** ([독]Lied) | 리**드**[1] | |
| 리파**마이신** (rifamycin) | 리파**미찐** (rifamycin(라)) | |
| 리파**아**제 ([독]Lipase) | 리파제 (lipase(영)) | |
| 리팜피**신** (rifampicin) | 리팜피**찐** (rifampicinum(라)) | |
| 리프레**서** (repressor) | 리프레**써** (repressor(영)) | 북외101 |
| 린**터** (linter) | 린**타** (←linter(영)) | 북외101 |
| **릴**레**이** (relay) | **리**레 (relay(영)) | 북외101 |
| 링**거** (Ringer) | 링**게르** (ringer(영)) | |
| 링**거**-액 (Ringer液) | 링**게르**액 | |
| 링**거**^주사 (Ringer注射) | 링**게르**주사 | |
| 마**거리**트 (marguerite) | 마**가레**트 (←marquerite(프)) | |
| 마그날**륨** (magnalium) | 마그날**리움** (magnalium(영)) | |
| 마그네**슘** (magnesium) | 마그네**시움** (Magnesium(영)) | |
| 마그네**슘**^전지 (magnesium電池) | 마그네**시움**전지 | |
| 마그네**시아** (magnesia) | 마그네**샤** (magnesia(영)) | |
| 마그네**시아**^벽돌 (magnesia甓-) | 마그네**샤**벽돌 | |
| 마그네**시아**^**시**멘트 (magnesia cement) | 마그네**샤세**멘트 (magnesiacement(영)) | |
| 마그네**시아**^**클**링**커** (magnesia clincer) | 마그네**샤크**링**카** (magnesiaclincar(영)) | 북외101 |
| 마그**넷** (magnet) | 마그**네트** (magnet(영)) | 남외1 |
| 마**그립** ([아]maghrib) | 마**구라브** | |
| 마네**킹** (mannequin) | 마네**킨** (mannequin(영)) | |
| 마**도**로스-파이프 (←[네]matroos[영]pipe) | 마**트**로스파이프 (matroos(네)pipe(영)) | |
| 마라**톤** (marathon) | 마라**손** (←marathon(영)) | |
| 마롱-글라**세** ([프]marrons glacés) | 마롱글라**쎄** (Marrons glacés(프)) | |
| 마르부르**크**-병 (Marburg病) | 마르부르**그**병 (Marburg(도)病) | |
| 마르부르**크**-학파 (Marburg學派) | 마르부르**그**학파 (Marburg(도)學派) | |
| 마르**코**^복음 (←Marcus福音) | 마르**꼬**복음 (marco(이)福音) | |
| 마르**코프**^과정 (Markov過程) | 마르**꼬브**과정 (марков(로)過程) | |
| **마르크**스·레닌-주의 (Marx-Lenin主義) | **맑**스-레닌주의 (Marx(도)-Ленин(로)主義) | |
| **마르크**스·레닌주의-당 (Marx-Lenin主義黨) | **맑**스-레닌주의당 | |
| **마르크**스·레닌주의철학 (Marx-Lenin主義哲學) | **맑**스-레닌주의철학 | |
| **마르크**스주의^유물^변증법 (Marx主義唯物辨證法) | **맑**스주의유물변증법 | |
| **마르크**스주의-자 (Marx主義者) | **맑**스주의자 | |
| 마**사**지 (massage) | 마**싸**지 (massage(영)) | 북외101 |

| 《표대》 | 《조대》 | 관련 조항 |
|---|---|---|
| 마스크^효과 (mask效果) | 마스킹효과 (masking(영)效果) | |
| 마요네즈 ([프]mayonnaise) | 마요내즈 (mayonnaise(프)) | |
| 마이너스 (minus) | 미누스 (минус(로)) | |
| 마이너스 (minus) | 마이나스 (minus(영)) | 북외101 |
| 마이신 (mycin) | 마이싱 (mycin(영)) | |
| 마이신 (mycin) | 미찐 (mycinum(라)) | |
| 마이실린 (mycillin) | 미찔린 (mycillin(영)) | |
| 마이어^백과사전 (Meyer百科事典) | 《마이에르백과사전》 (Meyer(도)百科事典) | |
| 마이코-플라스마 (mycoplasma) | 미코플라즈마 (Mycoplasma(라)) | |
| 마이크로-미터 (micrometer) | 마이크로메터 (micrometer(영)) | |
| 마이크로-미터 (micrometer) | 미크로메터 | |
| 마이크로-폰 (microphone) | 미크로폰 | |
| 마이크로-프로그램 (microprogram) | 미크로프로그람 | 북외101 |
| 마이크로-프로그램 (microprogram) | 마이크로프로그람 (microprogramm(영)) | 북외101 |
| 마이크로-필름 (microfilm) | 마이크로필림 (microfilim(영)) | |
| 마이크로-필름 (microfilm) | 미크로필림 | |
| 마자르^어 (Magyar語) | 마쟈르어 | |
| 마주르카 (mazurka) | 마주르까 (mazurka(뽈)) | |
| 마찰^클러치 (摩擦clutch) | 마찰크라치 | 북외101 |
| 마카로니 ([이]macaroni) | 마까로니 (maccaroni(이)) | |
| 마텐자이트 (martensite) | 마르텐씨트 (martensite(영)) | |
| 마헤 ([독]Mache) | 마헤[1] (Macne(도)) | |
| 마흐-주의 (Mach主義) | 마하주의 (Mach(도)主義) | |
| 만능^프레이즈반 (萬能fraise盤) | 만능후라이스반 | 북외100 |
| 말라리아 (malaria) | 마라리아 (←malaria(영)) | |
| 말라카^해협 (Malacca海峽) | 말라까해협 (Malacca(영)海峽) | |
| 말레이^반도 (Malay半島) | 말라이반도 | |
| 말레이^어 (Malay語) | 말라이어 (Malay(영)語) | |
| 말레이^제도 (Malay諸島) | 말라이제도 | |
| 말타아제 ([독]Maltase) | 말타제 (maltase(영)) | |
| 말토오스 (maltose) | 말토즈 (maltose(영)) | |
| 말피기-관 (Malpighi管) | 말삐기관 | |
| 망토 ([프]manteau) | 만또 (←manteau(프)) | |
| 매너리즘 (mannerism) | 만네리즘 (mannerism(영)) | |
| 매뉴팩처 (manufacture) | 마누팍뚜라 (мануфактура(로)) | |
| 매머드 (mammoth) | 맘모스 (mammoth(프)) | |
| 매스 (mass) | 마쓰 (mass(영)) | 북외101 |
| 매스-컴 (←mass communication) | 매스콤 (Masscom(영)) | |
| 매크로 (macro) | 마크로[2] (macro(영)) | 북외101 |

| 《표대》 | 《조대》 | 관련 조항 |
|---|---|---|
| 매크로^명령 (macro命令) | 마크로명령 | 북외101 |
| 매트[1] (mat) | 마뜨 (←mat(영)) | 북외101 |
| 매트리스 (mattress) | 마다라스 (←матрас(로)) | |
| 맥스웰·볼츠만^분포 (Maxwell-Boltzmann分布) | 막스웰-볼쯔만분포 (Maxwell-Boltzman(영)分布) | |
| 맥스웰[1] (maxwell) | 막스웰 (Maxwell(영)) | 북외101 |
| 맨홀 (manhole) | 망홀 (manhole(영)) | 북외101 |
| 맬서스-주의 (Malthus主義) | 말사스주의 (Malthus(영)主義) | 북외101 |
| 머서^가공 (Mercer加工) | 마셀가공 | |
| 머신-유 (machine油) | 마신유 | 북외101 |
| 머캐덤 (macadam) | 마가담 (←macadam(영)) | 북외101 |
| 머캐덤^포장 (macadam鋪裝) | 마가담포장 | 북외101 |
| 머플러 (muffler) | 마후라 (muffler(영)) | 북외100, 북외101 |
| 머플-로 (muffle爐) | 마플로 | 북외101 |
| 메가-사이클 (megacycle) | 메가싸이클 (mega cycle(영)) | 북외101 |
| 메가-헤르츠 (megahertz) | 메가헤르쯔 (mega(영) Hertz(도)) | |
| 메노^모소 ([이]meno mosso) | 메노못쏘 (meno mosso(이)) | |
| 메디나 (Medina) | 마디나 | |
| 메소솜 (mesosome) | 메조솜 (mesosome(영)) | |
| 메소-토륨 (mesothorium) | 메조토리움 (mesothorium(영)) | |
| 메손 (meson) | 메존 (meson(영)) | |
| 메시 (mesh) | 메쉬 (mesh(영)) | 남외3 |
| 메시아[1] (Messiah) | 메씨아 (Messiah(헤)) | |
| 메시지 (message) | 메쎄지 (message(영)) | 북외101 |
| 메이-데이 (May Day) | 메데 (MayDay(영)) | 북외101 |
| 메이저[2] (maser) | 메이자 (maser(영)) | 북외101 |
| 메조[2] ([이]mezzo) | 메쪼 (mezzo(이)) | |
| 메조^레가토 ([이]mezzo legato) | 메쪼레가또 (mezzolegato(이)) | |
| 메조-소프라노 ([이]mezzo-soprano) | 메쪼쏘프라노 (mezzosoprano(이)) | |
| 메조^스타카토 ([이]mezzo staccato) | 메쪼스타까또 (mezzostaccato(이)) | |
| 메조토륨 ([독]Mesothorium) | 메조토리움 (mesothorium(영)) | |
| 메조^포르테 ([이]mezzo forte) | 메쪼포르테 (mezzoforte(이)) | |
| 메조^피아노 ([이]mezzo piano) | 메쪼피아노 (mezzopiano(이)) | |
| 메커니즘 (mechanism) | 메카니즘 (mechanism(영)) | 북외101 |
| 메탄올 (methanol) | 메타놀 (Methanol(도)) | |
| 메틸-알코올 (methyl alcohol) | 메틸알콜 (methyl alcohol(영)) | |
| 메틸알코올^중독 (methyl alcohol中毒) | 메틸알콜중독 | |
| 멘델레붐 (mendelevium) | 멘델레비움 (mendelevium(영)) | |
| 면-비로드 (綿←(포)veludo) | 면비로도 | |

| 《표대》 | 《조대》 | 관련 조항 |
|---|---|---|
| 면-**플**란넬 (綿flannel) | 면**후**란넬 (綿flannel(영)) | 북외100 |
| 모나**자이트** (monazite) | 모나**즈** | |
| 모노**타이**프 (monotype) | 모노**찌**프 (монотип(로)) | |
| 모라토리**엄** (moratorium) | 모라토리**움** (moratorium(영)) | |
| **모르타르** (mortar) | **몰탈** (←mortar(영)) | |
| **모르타르**^분배기 (mortar分配機) | **몰탈**분배기 | |
| **모르타르**^분사기 (mortar噴射機) | **몰탈**분사기 | |
| **모르타르**-통 (mortar桶) | **몰탈**통 | |
| **모르타르**-판 (mortar板) | **몰탈**판 | |
| **모르타르**^**펌**프 (mortar pump) | **몰탈뽐**프 | 북외100 |
| **모르타르**^혼합기 (mortar混合機) | **몰탈**혼합기 | |
| **모르타르**^흙손 (mortar--) | **몰탈**흙손 | |
| 모**션** (motion) | 모**숀** (motion(영)) | |
| 모스-기 (Morse機) | 모**르**스기 (←Morse(영)機) | 북외100 |
| 모스^부호 (Morse符號) | 모**르**스부호 | |
| 모아이인^상 (Moais人像) | 모아이**스**인상 (Moais(영)人象) | |
| 모**에**라이 (Moerai) | 모**이**라이 (Moirai(그)) | |
| 모**제르**-총 (Mauser銃) | 모**젤**총 | |
| 모터-**보**트 (motorboat) | 모터**뽀**트 (motorboat(영)) | 북외101 |
| 모터**보**트^경기 (motorboat競技) | 모터**뽀**트경기 | 북외101 |
| 모터**사이**클 (motorcycle) | 모터**찌**클 (Мотоцикл(로)) | |
| 모**티프** ([프]motif) | 모**찌브** (мотив(로)) | |
| 모헨**조**다로^유적 (Mohenjo-Daro遺跡) | 모헨**죠**다로유적 (Mohenjo-Daro(영)遺蹟) | |
| 목재^**펄**프 (木材pulp) | 목재**팔**프 | 북외101 |
| 목적^프로그**램** (目的program) | 목적프로그**람** | 북외101 |
| **몬**·크메르^어 (Mon-Khmer語) | **몽**-크메르어 | |
| **몰**타-열 (Malta熱) | **말**타열 (malta(영)熱) | |
| 몽**타주** ([프]montage) | 몽**따쥬** (Montage(프)) | |
| 무**굴**^제국 (Mughul帝國) | 무**갈**제국 (Mughal(영)帝國) | |
| 무근^**콘**크리트 (無筋concrete) | 무근**콩**크리트 | |
| 무색^**필**터 (無色filter) | 무색**휠**터 | 북외100 |
| 무수^알**코올** (無水alcohol) | 무수알**콜** (無水alcohol(영)) | |
| 무지^필**름** (無地film) | 무지필**림** | |
| 무한^**카**논 (無限[독]Kanon) | 무한**까**논 (無限canon(영)) | |
| 물**시**멘트-비 (-cement比) | 물**세**멘트비 | |
| 물-**탱**크 (-tank) | 물**땅**크 | 북외100 |
| 물-**탱**크 (-tank) | 물**탕**크 | 북외101 |
| **뮤신** (mucin) | **무친** (Mucin(도)) | |
| **뮤**코이드 (mucoid) | **무**코이드 (mucoid(영)) | |

외래어

| 《표대》 | 《조대》 | 관련 조항 |
|---|---|---|
| 미끄럼^베어링 (---bearing) | 미끄럼베아링 | 북외101 |
| 미너렛 (minaret) | 미나레트 (minaret(영)) | 남외1, 북외101 |
| 미뉴에트 (minuet) | 메누에트 (menuetto(이)) | |
| 미니미터 (minimeter) | 미니메터 (minimetre(영)) | |
| 미라[1] ([포]mirra) | 미이라 (mirra(뽀)) | |
| 미량^피펫 (微量pipette) | 미량피페트 | 남외1 |
| 미리스트-산 (←myristic酸) | 미리스틴산 (myristic(영)酸) | |
| 미사일 (missile) | 미싸일 (missile(영)) | 북외101 |
| 미셀 (micelle) | 미셀 (micelle(영)) | 북외101 |
| 미쓰야^협정 (Mitsuya[三矢]協定) | 《미쯔야협정》 | |
| 미코플라스마 (mycoplasma) | 미코플라즈마 (Mycoplasma(라)) | |
| 미터[2] (meter) | 메터 (meter(영)) | |
| 미터-나사 (meter螺絲) | 메터나사 | |
| 미터-법 (meter法) | 메터법 | |
| 미터-자 (meter-) | 메터자 | |
| 미터-촉광 (meter燭光) | 메터촉광 | |
| 미터-파 (meter波) | 메터파 | |
| 미토마이신 (mitomycin) | 미토미찐 (←mitomycinum(라)) | |
| 미토마이신 (mitomycin) | 마이토미찐 (mitomycin(라)) | |
| 믹서 (mixer) | 미끼샤 (mixer(영)) | |
| 밀레투스-학파 (Miletus學派) | 밀레토스학파 (Miletos(영)學派) | |
| 밀롱^반응 (Millon反應) | 밀론반응 (Millon(프)反應) | |
| 밀롱^시약 (Millon試藥) | 밀론시약 (Millon(프)試藥) | |
| 밀리 (←millimeter) | 미리[1] | |
| 밀리그램 (milligram) | 미리그람 (milligramme(영)) | 북외101 |
| 밀리리터 (milliliter) | 미리리터 (millilitre(영)) | |
| 밀리미크론 (millimicron) | 미리미크론 (millimicron(영)) | |
| 밀리미터 (millimeter) | 미리메터 (millimetre(영)) | |
| 밀리미터-파 (millimeter波) | 미리메터파 | |
| 밀리-바 (millibar) | 미리바르 (millibar(영)) | |
| 밀리-파 (←millimeter波) | 미리파 | |
| 밀리파^통신 (←millimeter波通信) | 미리파통신 | |
| 밀-펌프 (-pump) | 밀뽐프 | 북외100 |
| 바[4] (bar) | 빠 (←bar(영)) | 북외101 |
| 바[5] (bar) | 바르 (bar(영)) | |
| 바[6] (var) | 바르 (bar(영)) | |
| 바께쓰 ([일]byaketsu) | 바께쯔 (←bucket(영)) | |
| 바나듐 (vanadium) | 바나디움 (vanadium(영)) | |

| 《표대》 | 《조대》 | 관련 조항 |
|---|---|---|
| 바나듐-강 (vanadium鋼) | 바나디움강 | |
| 바니시 (varnish) | 와니스 (←varnish(영)) | 북외100 |
| 바니안-나무 (banyan--) | 반얀나무 | |
| 바닐린 (vanillin) | 와닐린 (vanillin(영)) | |
| 바렌츠 해 (Barrents海) | 바렌쯔해 (Barrents(영)海) | |
| 바로미터 (barometer) | 바로메터 (barometer(영)) | |
| 바로크 ([프]baroque) | 바로끄 (barogque(프)) | |
| 바로크^미술 ([프]baroque美術) | 바로끄미술 | |
| 바륨 (barium) | 바리움 (barium(영)) | |
| 바르샤바^조약 (Warszawa條約) | 와르샤와조약 (Warszawa(뽈)條約) | |
| 바르샤바^조약^기구 (Warszawa條約機構) | 와르샤와조약기구 | |
| 바르카롤 ([프]barcarolle) | 발카로라 (barcarola(이)) | |
| 바리새-교 (←Pharisee敎) | 파리세교 (Pharisee(영)敎) | |
| 바리새-인 (←Pharisee人) | 파리세인 (Pharisee(영)人) | |
| 바리캉 ([프]bariquant) | 바리칸 (Bariquant(프)) | |
| 바리케이드 (barricade) | 바리케드 (barricade(영)) | 북외101 |
| 바리타-수 (baryta水) | 바리트수 (baryta(영)水) | |
| 바버리-양 (Barbary羊) | 바바리양 (barbary(영)-) | 북외101 |
| 바버리-원숭이 (Barbary---) | 바바리원숭이 (barbary(영)-) | 북외101 |
| 바벨-탑 (Babel塔) | 바빌론탑 (Babylone(그)塔) | |
| 바셀린 (vaseline) | 와셀린 (vaseline(영)) | |
| 바소프레신 (vasopressin) | 바조프레씬 (vasopressinum(라)) | |
| 바스켓 (basket) | 바스케트 (basket(영)) | 남외1 |
| 바알세불 (←Baalzeboul) | 바알제불 (←Beelzeboul(그)) | |
| 바이러스 (virus) | 비루스 (Virus(라)) | |
| 바이러스^간섭 (virus干涉) | 비루스간섭 | |
| 바이러스-학 (virus學) | 비루스학 | |
| 바이로이드 (viroid) | 비로이드 (viroid(영)) | |
| 바이오마이신 (viomycin) | 비오미찐 (Biomycinum(라)) | |
| 바이오트론 (biotron) | 비오트론 (biotron(영)) | |
| 바이칼 호 (Baikal湖) | 바이깔호 (Байкал(로)湖) | |
| 바제도-병 (Basedow病) | 바세도병 (Basedow(도)病) | |
| 바커스 (Bacchus) | 박카스 (Bacchus(그)) | |
| 바쿠스 (Bacchus) | 박카스 (Bacchus(그)) | |
| 바쿠^유전 (Baku油田) | 바꾸유전 (Баку(로)油田) | |
| 박손^문화 (Bac-son文化) | 박썬문화 (Baksen(웰)文化) | |
| 박테리오파지 (bacteriophage) | 박테리오파쥐 (bacteriophage(영)) | 남외4 |
| 반[14] (barn) | 바안 (barn(영)) | |
| 반경^게이지 (半徑gauge) | 반경게지 (半經←gauge(영)) | 북외101 |

| 《표대》 | 《조대》 | 관련 조항 |
|---|---|---|
| 반도체^레이**저** (半導體laser) | 반도체레이**자** | 북외101 |
| 반동^**터**빈 (反動turbine) | 반동**타**빈 | |
| 반**뒤**링-론 (反[독]Dühring論) | 《반**듀**링론》 | |
| 반성-**코크**스 (半成cokes) | 반성**콕**스 (半成Koks(도)) | |
| 반전^필**름** (反轉film) | 반전필**림** | |
| 반**트**호프 (van't Hoff, Jacobus Henricus) | 반**뜨**호프 | |
| 반화학^**펄**프 (半化學pulp) | 반화학**팔**프 (半化學pulp(영)) | 북외101 |
| 발광^스펙트**럼** (發光spectrum) | 발광스펙트**르** | 북외100 |
| 발라**드** ([프]ballade) | 발라**다** (баллада(로)) | |
| 발랄라이**카** (balalaika) | 발랄라이**까** (Балалаика(로)) | |
| 발진^티**푸**스 (發疹typhus) | 발진티**브**스 (發疹Typhus(라)) | |
| 발**코니** (balcony) | 발**콘** | |
| 발**트** 해 (Balt海) | 발**뜨**해 (Балт(로)海) | |
| **밧**데리 ([일]patteri) | **바테**리 (battery(영)) | |
| 방수^**모르타르** (防水mortar) | 방수**몰탈** (防水mortar(영)) | |
| 방수^**콘**크리트 (防水concrete) | 방수**콩**크리트 (防水concrete(영)) | |
| 방출^스펙트**럼** (放出spectrum) | 방출스펙트**르** | 북외100 |
| 방향^코**사인** (方向cosine) | 방향코**시누스** | |
| 배기^**터**빈 (排氣turbine) | 배기**타**빈 | |
| **배**드민**턴** (badminton) | **바**드민**톤** (badminton(영)) | 북외101 |
| **배럴** (barrel) | **바렐** (barrel(영)) | 북외101 |
| **배빗**[1] (Babbitt) | **바비트** (Babbitt(영)) | 남외1 |
| 배압^**터**빈 (背壓turbine) | 배압**타**빈 (背壓turbine(영)) | |
| **배지**[7] (badge) | **빼찌** (←badge(영)) | 북외101 |
| **배터**리[1] (battery) | **바테**리 (battery(영)) | 북외101 |
| **배턴** (baton) | **바통** (baton(프)) | |
| **배**트[2] (vat) | **바**트 (vat(영)) | 북외101 |
| **백**[7] (back) | **빽**[1] (back(영)) | 북외101 |
| 백색^**시**멘트 (白色cement) | 백색**세**멘트 | |
| 백색^테**러** (白色terror) | 백색테**로** (白色terror(영)) | |
| **백신**[2] (vaccine) | **왁찐** (Vakzine(도)) | |
| **밴**슬라이크-법 (Van Slyke法) | **반**슬라이크법 | |
| **밴조** (banjo) | **반죠** (banjo(영)) | 남외4,<br>북외101 |
| **밸러**스트 (ballast) | **발라**스트 (ballast(영)) | 북외101 |
| **밸런**스 (balance) | **바란**스 (←balance(영)) | 북외101 |
| **밸**브 (valve) | **발**브 (valve(영)) | 북외101 |
| **버**스[2] (bus) | **뻐**스 (←bus(영)) | 북외101 |
| **버**스-표 (bus票) | **뻐**스표 | 북외101 |

| 《표대》 | 《조대》 | 관련 조항 |
|---|---|---|
| 버클륨 (berkelium) | 베르켈리움 (Berkelium(영)) | |
| 버터 (butter) | 빠다 (←butter(영)) | 북외101 |
| 버터-밀크 (buttermilk) | 빠다밀크 (←buttermilk(영)) | 북외101 |
| 범용^컴퓨터 (汎用computer) | 범용콤퓨터 (凡用computer(영)) | |
| 베네치아-파 (Venezia派) | 베네찌아파 (Venezia(이)派) | |
| 베누스 (Venus) | 비너스 (Venus(영)) | |
| 베르사유^궁전 (Versailles宮殿) | 베르사이유궁전 (Versailles(프)宮殿) | |
| 베릴륨 (beryllium) | 베릴리움 (beryllium(영)) | |
| 베어링 (bearing) | 베아링 (bearing(영)) | 북외101 |
| 베어링-강 (bearing鋼) | 베아링강 (bearing(영)鋼) | 북외101 |
| 베어링^합금 (bearing合金) | 베아링합금 | 북외101 |
| 베이스[3] (bass) | 바스 (bass(영)) | |
| 베이스[3] (bass) | 빠스 (basse(프)) | |
| 베이스^클라리넷 (bass clarinet) | 바스클라리네트 (Bass clarinetto(이)) | |
| 베이스^튜바 (bass tuba) | 바스튜바 (bass tuba(영)) | |
| 베이식 (BASIC) | 베이씨크 (BASIC(영)) | 남외1,<br>북외101 |
| 베이컨[1] (bacon) | 베콘 (bacon(영)) | 북외101 |
| 베이클라이트 (bakelite) | 베클라이트 (bakelite(영)) | 북외101 |
| 베타-메타손 (betamethasone) | 베타메타존 (betamethasone(그)) | |
| 베트남^어 (Vietnam語) | 웰남어 (Vietnam語) | |
| 벡터[1] (vector) | 벡토르 (vector(영)) | |
| 벡터^마당 (vector--) | 벡토르마당 | |
| 벡터스코프 (vectorscope) | 벡토르스코프 (vectorscope(영)) | |
| 벡터-적 (vector積) | 벡토르적 (vector(영)積) | |
| 벤조나테이트 (Benzonatate) | 벤조나타트 (Benzonatatum(라)) | |
| 벤조-알데히드 (benzaldehyde) | 벤즈알데히드 (benzaldehyde(영)) | |
| 벤조-퀴논 (benzoquinone) | 벤조키논 (benzoquinone(영)) | |
| 벤질^알코올 (benzyl alcohol) | 벤질알콜 | |
| 벤치 (bench) | 벤취 (bench(영)) | 남외4 |
| 벤투리-관 (Venturi管) | 벤츄리관 (Venturi(이)管) | |
| 벨벳 (velvet) | 벨베트 (velvet(영)) | 남외1 |
| 벨트^컨베이어 (belt conveyer) | 벨트콘베아 (belt conveyer(영)) | 북외101 |
| 벵골^어 (Bengal語) | 벵갈어 (Bengal(영)語) | |
| 변성^알코올 (變性alcohol) | 변성알콜 (變性alcohol(영)) | |
| 변형^에너지 (變形energy) | 변형에네르기 | |
| 보[21] ([프]baud) | 보드 (baud(영)) | |
| 보닛 (bonnet) | 본네트 (bonnet(영)) | 남외1,<br>북외70 |

외래어

| 《표대》 | 《조대》 | 관련 조항 |
|---|---|---|
| 보도-블록 (步道block) | 보도블로크 (步道block(영)) | 남외1 |
| 보드-지 (board紙) | 보루지 (←board(영)紙) | 북외100 |
| 보드카 ([러]vodka) | 워드까 (водка(로)) | |
| 보르-반 ([네]boor盤) | 볼반 (←Bohrmaschine(도)盤) | |
| 보르시치 ([러]borshch) | 보르슈 (Борщ(로)) | |
| 보스턴-백 (Boston bag) | 보스톤빽 (Boston bag(영)) | 북외101 |
| 보스^통계 (Bose統計) | 보즈통계 (Bose(영)統計) | |
| 보엔-병 (Bowen病) | 보웬병 | |
| 보이[2] (boy) | 뽀이 (←boy(영)) | 북외101 |
| 보이콧^운동 (Boycott運動) | 보이코트운동 (Boycott(영)運動) | 남외1 |
| 보이콧-하다 (boycott--) | 보이코트하다 (boycott(영)-) | 남외1 |
| 보일·마리오트의 법칙 (Boyle-Mariotte-法則) | 보일마리오뜨의법칙 | |
| 보일러 (boiler) | 보이라 (boiler(영)) | 북외101 |
| 보일러-공 (boiler工) | 보이라공 | 북외101 |
| 보일러-실 (boiler室) | 보이라실 | 북외101 |
| 보통^콘크리트 (普通concrete) | 보통콩크리트 | |
| 보트 (boat) | 뽀트 (←boat(영)) | 북외101 |
| 복사^에너지 (輻射energy) | 복사에네르기 (輻射Energie(도)) | |
| 복수^터빈 (復水turbine) | 복수타빈 (復水turbine(영)) | |
| 볼링 (bowling) | 보링[2] (bowling(영)) | |
| 볼링-공 (bowling-) | 보링공[2] (bowling(영)-) | |
| 볼링-장 (bowling場) | 보링장 (bowling(영)場) | |
| 볼셰비키 ([러]Bol'sheviki) | 볼쉐비크 (большевик(로)) | |
| 볼츠만^상수 (Boltzmann常數) | 볼쯔만상수 (Boltzmann(도)常數) | |
| 볼타^전지 (Volta電池) | 볼따전지 (Volta(이)電池) | |
| 볼트-암페어 (voltampere) | 볼트암페아 (volt ampere(영)) | 북외101 |
| 볼프람 ([독]Wolfram) | 월프람 (Wolfram(도)) | |
| 볼프-수 (Wolf數) | 월프수 (Wolf(도)數) | |
| 부다-가야 (Buddha - Gayā) | 부타가야 (BudbhaGaya(싼)) | |
| 부르주아[1] ([프]bourgeois) | 부르죠아 (bourgeois(프)) | |
| 부르주아^국가 ([프]bourgeois國家) | 부르죠아국가 | |
| 부르주아^민주주의^혁명 ([프]bourgeois民主主義革命) | 부르죠아민주주의혁명 | |
| 부르주아지 ([프]bourgeoisie) | 부르죠아지 (bourgeoisie(프)) | |
| 부르주아^혁명 ([프]bourgeois革命) | 부르죠아혁명 | |
| 부싱 (bushing) | 붓싱 (bushing(영)) | |
| 부탄올 (butanol) | 부타놀 (butanol(영)) | |
| 부틸-알코올 (butyl alcohol) | 부틸알콜 | |
| 부팅 (booting) | 부트 (boot(영)) | |

| 《표대》 | 《조대》 | 관련 조항 |
|---|---|---|
| 분배^크로마토그**래피**법 (分配chromatography法) | 분배크로마토그**라프**법 | |
| 분사^**펌**프 (噴射pump) | 분사**뽐**프 | 북외100 |
| 분자^스펙트**럼** (分子spectrum) | 분자스펙트**르** | 북외100 |
| 분자^**펌**프 (分子pump) | 분자**뽐**프 | 북외100 |
| **불**가리아^어 (Bulgaria語) | **벌**가리아어 (България(벌)語) | |
| **불**^대수 (Boole代數) | **부울**대수 | |
| 불**도그** (bulldog) | 불**독**[2] (bulldog(영)) | 남외2 |
| 불도**저** (bulldozer) | 불도**젤** (бульдозер(로)) | |
| 불화-칼**슘** (弗化calcium) | 불화칼**시움** | |
| 붕괴^에**너지** (崩壞energy) | 붕괴에**네르기** | |
| **뷔**페 ([프]buffet) | **부**페**트** (buffet(영)) | |
| 뷰**렛** (burette) | 뷰**레트** (burette(영)) | 남외1 |
| 브라운^세**카**르^증후군 (Brown Séquard症候群) | 브라운-세**까**르증후군 (Brown-séquard(프)症候群) | |
| 브라**흐마나** ([산]Brāhmana) | 브라**만** (Brāhmana(싼)) | |
| 브**랜**디 (brandy) | 브**란**디 (brandy(영)) | 북외101 |
| 브로**커** (broker) | 브로**카** (←broker(영)) | 북외101 |
| 브롬산-칼**륨** ([독]Brom酸[독]Kalium) | 브롬산칼**리움** | |
| 브롬화-나트**륨** ([독]Brom化[독]Natrium) | 브롬화나트**리움** | |
| 브롬화-암모**늄** ([독]Brom化ammonium) | 브롬화암모**니움** | |
| 브롬화-칼**륨** ([독]Brom化[독]Kalium) | 브롬화칼**리움** | |
| 브롬화-칼**슘** ([독]Brom化[영]calcium) | 브롬화칼**시움** | |
| 브루**셀**라-병 (Brucella病) | 브루**쩰**라병 (brucella(라)病) | |
| 브루**셀**라-증 (Brucella症) | 브루**쩰**라증 | |
| 브리**지** (bridge) | 브리**찌** (bridge(영)) | |
| **블**라우스 (blouse) | **브**라우스 (←blouse(영)) | |
| **블록**[1] (bloc) | **쁠럭** (←bloc(영)) | 북외101 |
| 블**록**[2] (block) | 블**로크** (block(영)) | 남외1 |
| 블**록**^**게이**지 (block gauge) | 블**로크게**지 (block gauge(영)) | 남외1, 북외101 |
| **블록**^경제 (bloc經濟) | **쁠럭**경제 | 북외101 |
| 비노이만형 **컴**퓨터 (非Neumann型computer) | 비노이만형**콤**퓨터 (非Neumann(영)刑computer(영)) | |
| 비닐-알**코올** (vinyl alcohol) | 비닐알**콜** (vinyl alcohol(영)) | |
| 비**디**오 (video) | 비**데**오 (video(영)) | |
| 비**디**오-디스크 (videodisk) | 비**데**오디스크 (videodisk(영)) | |
| 비**디**오-테**이**프 (video tape) | 비**데**오테프 (video tape(영)) | 북외101 |
| 비례^**컴퍼**스 (比例compass) | 비례**콤파**스 (比例compass(이)) | |
| 비로**드** (←(포)veludo) | 비로**도** (veludo(뽀)) | |
| 비스**크** ([프]bisque) | 비스**끼** (visgue(프)) | |

| 《표대》 | 《조대》 | 관련 조항 |
|---|---|---|
| 비스**킷** (biscuit) | 비스**케트** (biscuit(영)) | 남외1 |
| 비**시**[3] (BC) | 비**씨**[2] (B.C.(영)) | 북외101 |
| 비**어**[7] (beer) | 비**루**[5] (beer(영)) | |
| 비-에**너지** (非energy) | 비에**네르기** | |
| 비타민^**시** (vitamin C) | 비타민**씨** (vitamin C(영)) | 북외101 |
| 비타민^**시**^결핍증 (vitamin C缺乏症) | 비타민**씨**결핍증 | 북외101 |
| 빛-스펙트**럼** (-spectrum) | 빛스펙트**르** (-←spectrum(영)) | 북외100 |
| 빤**쓰** (←[일]pansu) | 빤**쯔** (←pants(영)) | |
| 빨**치**산 (←[러]partizan) | 빨**찌**산 (partisan(프)) | |
| 빨-**펌**프 (-pump) | 빨**뽐**프 | 북외100 |
| 빵**꾸** (←[일]panku) | 빵**크** (←puncture(영)) | |
| **뼁끼** (←[일]penki) | **페인트** (paint(영)) | |
| 사**단**[13] (←Satan) | 사**탄**[3] (Satan(영)) | |
| **사**라반드 (saraband) | **싸**라반드 (saraband(에)) | |
| **사**라예보^사건 (Sarajevo事件) | **싸**라예보사건 (Sarajevo(영)事件) | 북외101 |
| **사**라판 ([러]sarafan) | **싸**라판 (сарафан(로)) | |
| 사르코**마이신** (sarcomycin) | 사르코**미찐** (Sarkormycinum(라)) | |
| 사마**륨** (samarium) | 사마**리움** (samarium(영)) | |
| **사**모**바**르 ([러]samovar) | **싸**모**와**르 (самовар(로)) | |
| **사**모**예**드^어 (Samoyed語) | **싸**모**에**드어 (Самоед(로)語) | |
| **사**우나 (sauna) | **싸**우나 (sauna(영)) | 북외101 |
| **사**이드-카 (sidecar) | **싸**이드카 (sidecar(영)) | 북외101 |
| **사**이렌[1] (siren) | **싸**이렌 (siren(영)) | 북외101 |
| **사**이버^공간 (cyber空間) | **싸**이버공간 (cyber(영)空間) | 북외101 |
| **사**이즈[1] (size) | **싸**이즈 (size(영)) | 북외101 |
| **사**이클 (cycle) | **싸**이클 (cycle(영)) | 북외101 |
| **사**이클로트론 (cyclotron) | **싸**이클로트론 (cyclotron(영)) | 북외101 |
| **사**이클론[1] (cyclone) | **싸**이클론[1] (cyclone(영)) | 북외101 |
| **사**이클론[2] (cyclone) | **싸**이클론[2] (cyclone(영)) | 북외101 |
| **사이**토**카인** (cytokine) | **시**토**킨** | |
| **사**이**펀** (siphon) | **싸**이**폰** (siphon(영)) | 북외101 |
| **사**인[14] (sign) | **싸**인[1] (sign(영)) | 북외101 |
| **사인**[15] (sine) | **시누스** (sinus(라)) | |
| **사인**^정리 (sine定理) | **시누스**정리 | |
| **사일**로 (silo) | **싸이**로 (silo(영)) | 북외101 |
| 사진^필**름** (寫眞film) | 사진필**림** | |
| 사카라**아**제 ([독]Saccharase) | 사카라제 (Saccharase(도)) | |
| **사**파리 (safari) | **싸**파리 (safari(영)) | 북외101 |
| 사**프**란 ([네]saffraan) | 사**후**란 | |

| 《표대》 | 《조대》 | 관련 조항 |
|---|---|---|
| 산성^슬**래그** (酸性slag) | 산성슬**라크** | 북외101 |
| 산성^탄산나트**륨** (酸性炭酸[독]Natrium) | 산성탄산나트**리움** | |
| 산성^탄산칼**륨** (酸性炭酸[독]Kalium) | 산성탄산칼**리움** | |
| **산**스크리트^어 (Sanskrit語) | **싼**스크리트어 (sanskrit(영)語) | 북외101 |
| 산화-나트**륨** (酸化[독]Natrium) | 산화나트**리움** | |
| 산화-마그네**슘** (酸化magnesium) | 산화마그네**시움** (酸化magnesium(영)) | |
| 산화-바**륨** (酸化barium) | 산화바**리움** | |
| 산화-베릴**륨** (酸化beryllium) | 산화베릴**리움** | |
| 산화-알루미**늄** (酸化aluminium) | 산화알루미**니움** | |
| 산화-지르코**늄** (酸化zirconium) | 산화지르코**니움** | |
| 산화-칼**슘** (酸化calcium) | 산화칼**시움** | |
| 살리**실**-산 (salicyl酸) | 살리**칠**산 (salicyl(영)酸) | |
| 살리**실**산-나트**륨** (salicyl酸[독]Natrium) | 살리**칠**산나트**리움** | |
| 살리**실**산-메틸 (salicyl酸methyl) | 살리**칠**산메틸 | |
| **삼**보[6] ([러]sambo) | **쌈**보[1] (самбо(로)) | |
| **삼**키**아**-학파 ([산]Sāmkhya學派) | **쌈**키**야**학파 (sāmkhya(싼)學派) | |
| **삼**키**아**-학파 ([산]Sāmkhya學派) | **싼**키**야**학파 (sāmkhya(싼)學派) | |
| 상사형 **컴**퓨터 (相似形computer) | 상사형**콤**퓨터 | |
| 상태^벡**터** (狀態vector) | 상태벡**토르** (狀態vector(영)) | |
| **새**틴 (satin) | **샤**틴 (satin(영)) | |
| **새틴** (satin) | **샤뗑** | |
| 색**소**폰 (saxophone) | 색**스**폰 (saxhorn(영)) | |
| **샌들** (sandal) | **싼달** (sandal(이)) | |
| **샌**프**란시**스코^강화^조약 (San Francisco講和條約) | **쌘**프**런씨**스코강화조약 (san Francisco(영)講和條約) | 북외101 |
| **샐**러드 (salad) | **쌜**러드 (salad(프)) | |
| **샐**비**어** (salvia) | **쌀**비**아** | 북외101 |
| **샐**비**어** (salvia) | **사루**비**아** (←salvia(영)) | 북외101 |
| **생디**칼리**슴** ([프]syndicalisme) | **산데**칼리**즘** (syndicalisme(프)) | |
| 생-필**름** (生film) | 생필**림** (生film(영)) | |
| 샤**머**니즘 (shamanism) | 샤**마**니즘 (shamanism(영)) | 북외101 |
| 샤**쓰** (←shirts) | 샤**쯔** (←shirt(영)) | |
| 샤**워** (shower) | 샤**와** (shower(영)) | 북외101 |
| **샤**포 ([프]chapeau) | **사**포[3] (chapeau(프)) | |
| 샴**페인** (champagne) | 샴**팡** (champagne(프)) | |
| **샹들**리**에** ([프]chandelier) | **샨데**리**야** (chandelier(영)) | |
| **서**보^기구 (servo機構) | **사**보기구 (servo(영)機構) | |
| **서**브 (serve) | **써**브 (serve(영)) | 북외101 |
| **서**브도미**넌**트 (subdominant) | **수**브도미**난**트 (subdominant(영)) | 북외101 |

외래어

| 《표대》 | 《조대》 | 관련 조항 |
|---|---|---|
| **서**비스 (service) | **써**비스 (service(영)) | 북외101 |
| **서**치라이트 (search-light) | **싸**치라이트 (search light(영)) | 북외101 |
| **서**클 (circle) | **써**클 (circle(영)) | 북외101 |
| 석유^**코크**스 (石油cokes) | 석유**콕**스 | |
| 석회^**모르타르** (石灰mortar) | 석회**몰탈** | |
| 선^스펙트**럼** (線spectrum) | 선스펙트**르** (線←spectrum(영)) | 북외100 |
| 섬광^스펙트**럼** (閃光spectrum) | 섬광스펙트**르** | 북외100 |
| 성형^**코크**스 (成形cokes) | 성형**콕**스 (成型Koks(도)) | |
| **세**기**디야** ([에]seguidilla) | **쎄**기**딜랴** (seguidilla(에)) | |
| 세**륨** (cerium) | 세**리움** (cerium(영)) | |
| **세**미나 (seminar) | **쎄**미나**르** (семинар(로)) | |
| 세**슘** (cesium) | 세**시움** (cesium(영)) | |
| 세**일러**-복 (sailor服) | 세**라**복 (←sailor(영)服) | 북외101 |
| **세**트 (set) | **쎄**트 (set(영)) | 북외101 |
| 세틸-알**코올** (cetyl alcohol) | 세틸알**콜** (cetyl alcohol(영)) | |
| **섹**트-주의 (sect主義) | **쎅**트주의 (Sect(영)主義) | 북외101 |
| **센**터[2] (center) | **쎈**터 (center(영)) | 북외101 |
| **센**터링 (centering) | **쎈**터링 (centering(영)) | 북외101 |
| **센**트로이드 (centroid) | **쩬**트로이드 | |
| 센**티** (←centimeter) | 센**치**[1] (←centimetre(영)) | |
| 센**티**-그**램** (centigram) | 센**치**그**람** (centigramme(영)) | 북외101 |
| 센**티**멘**털**리즘 (sentimentalism) | 센**치**멘**탈**리즘 (sentimentalism(영)) | 북외101 |
| 센**티**-**미**터 (centimeter) | 센**치메**터 (centimetre(영)) | |
| 센**티미**터-파 (centimeter波) | 센**치메**터파 | |
| **셀러**리 (celery) | **세루**리 (←celery(영)) | 북외100 |
| 셀룰라**아**제 (cellulase) | 셀룰라제 (cellulase(영)) | |
| **셀룰**로**오스** (cellulose) | **쎌루**로**즈** (cellulose(영)) | |
| **셀룰**로이드 (celluloid) | **쎌를**로이드 (Celluloid(라)) | |
| **셔벗** (sherbet) | **샤베트** (sherbet(영)) | 남외1 |
| **셔츠** (←shirt) | **샤쯔** (←shirt(영)) | |
| **셔터** (shutter) | **샤타** (shutter(영)) | 북외101 |
| **셰이퍼** (shaper) | **쎄빠** (←shrpev(영)) | 북외101 |
| **셰**퍼드 (shepherd) | **세**퍼드 (shepherd(영)) | |
| **셸락** (shellac) | **쉘라크** (shellac(영)) | 남외1, 남외3 |
| **소**나타 ([이]sonata) | **쏘**나타 (sonata(이)) | |
| **소**나타^형식 ([이]sonata形式) | **쏘**나타형식 | |
| **소**나티**나** ([이]sonatina) | **쏘**나티**네** (sonatine(이)) | |
| **소**나티네 ([독]Sonatine) | **쏘**나티네 (sonatine(이)) | |
| 소다^**펄**프 (soda pulp) | 소다**팔**프 | 북외101 |

| 《표대》 | 《조대》 | 관련 조항 |
|---|---|---|
| 소**듐** (sodium) | 소**디움** (sodium(영)) | |
| **소**르디노 ([이]sordino) | **쏘**르디노 (sordino(이)) | |
| 소르**바이트** (sorbite) | 소르**비톨** (sorbitol(영)) | |
| 소르**브**-산 (←sorbic酸) | 소르**빈**산 | |
| 소-부르**주**아 (小[프]bourgeois) | 소부르**죠**아 (小bourgeois(프)) | |
| **소비에**트 (Soviet) | **쏘베**트 (совет(로)) | |
| **소시**지 (sausage) | **쏘세**지 (sausage(영)) | 북외101 |
| 소**켓** (socket) | 소**케트** (socket(영)) | 남외1 |
| **소**파[6] (sofa) | **쏘**파 (sofa(영)) | 북외101 |
| **소**프라노 ([이]soprano) | **쏘**프라노 (soprano(이)) | |
| **소**프라노^기호 ([이]soprano記號) | **쏘**프라노기호 | |
| **소**프트웨어 (software) | **쏘**프트웨어 (software(영)) | 북외101 |
| **소프**호**스** ([러]sovkhoz) | **쏩**호**즈** (совхоз(로)) | |
| **소**피스트 (sophist) | **쏘**피스트 (Sophist(영)) | 북외101 |
| 소형^**컴**퓨터 (小型computer) | 소형**콤**퓨터 (小型computer(영)) | |
| 속-샤**쓰** (-←shirt) | 속샤**쯔** (-shirt(영)) | |
| 속-**셔츠** (-←shirts) | 속**샤쯔** (-shirt(영)) | |
| **솔**[9] ([이]sol) | **쏠**[1] (sol(이)) | |
| **솔**로[1] ([이]solo) | **쏠**로 (solo(이)) | |
| **솔뤼트**레^문화 (Solutré文化) | **쏠류뜨**레문화 (Solutré(프)文化) | |
| **솔**리스트 ([프]soliste) | **쏠**리스트 (Solist(도)) | |
| **솔**페지오 ([이]solfeggio) | **쏠**페지오 (solfeggio(이)) | |
| **솜**브레로 ([에]sombrero) | **쏨**브레로 (Sombrero(영)) | |
| 쇄목-**펄**프 (碎木pulp) | 쇄목**팔**프 | 북외101 |
| **수**니-파 ([아]Sunni派) | **순**니파 (sunni(아)派) | |
| 수력^**터**빈 (水力turbine) | 수력**타**빈 (水力turbine(영)) | |
| 수류^**펌**프 (水流pump) | 수류**뽐**프 | 북외100 |
| **수**메르 (Sumer) | **슈**메르 (Sumer(영)) | |
| 수산화-나트**륨** (水酸化[독]Natrium) | 수산화나트**리움** | |
| 수산화-마그네**슘** (水酸化magnesium) | 수산화마그네**시움** | |
| 수산화-바**륨** (水酸化barium) | 수산화바**리움** | |
| 수산화-알루미**늄** (水酸化aluminium) | 수산화알루미**니움** | |
| 수산화-칼**륨** (水酸化[독]Kalium) | 수산화칼**리움** | |
| 수산화-칼**슘** (水酸化calcium) | 수산화칼**시움** | |
| 수소화-나트**륨** (水素化[독]Natrium) | 수소화나트**리움** | |
| 수소화-리**튬** (水素化lithium) | 수소화리**티움** | |
| 수소화-칼**슘** (水素化calcium) | 수소화칼**시움** | |
| 수은주-**밀**리**미**터 (水銀柱millimeter) | 수은주**미**리**메**터 | |
| **수**자-폰 (sousaphone) | **스**자폰 (sousaphone(영)) | |

외래어

| 《표대》 | 《조대》 | 관련 조항 |
|---|---|---|
| 수중^텔레비**전** (水中television) | 수중텔레비**죤** (水中television(영)) | 남외3 |
| 순항^미**사**일 (巡航missile) | 순항미**싸**일 | 북외101 |
| 술파**다이**아진 (sulfadiazine) | 술파**디**아진 (sulfadiazine(영)) | |
| 술파**다이어**졸 (sulfathiazole) | 술파**티아**졸 (sulfathiazole(영)) | |
| 술파타**아**제 ([독]Sulfatase) | 술파타제 (Sulphatase(도)) | |
| 술**포**-기 (sulfo基) | 술**폰**기 (sulfone(영)基) | |
| 슈퍼**컴**퓨터 (supercomputer) | 슈퍼**콤**퓨터 (super computer(영)) | |
| 스로인 (throw-in) | 스로**우**인 (throw-in(영)) | |
| 스에**키** ([일]sueki[須惠器]) | 스에**끼** (sueki(일)) | |
| 스웨**덴**^어 (Sweden語) | 스웨**리예**어 (Sverige(스)語) | |
| **스웨터** (sweater) | **세타** (sweater(영)) | 북외101 |
| 스칸**듐** (scandium) | 스칸**디움** (scandium(영)) | |
| 스**커**트 (skirt) | 스**카**트 (skirt(영)) | |
| 스**컹**크 (skunk) | 스**캉**크 (skunk(영)) | 북외101 |
| 스케**이**트 (skate) | 스케트 (skate(영)) | 북외101 |
| 스케**이**트-장 (skate場) | 스케트장 | 북외101 |
| 스코**어** (score) | 스코**아** (score(영)) | |
| 스코**어**-판 (score板) | 스코**아**판 (score(영)板) | |
| 스**콸**렌 (squalene) | 스**쿠알**렌 (squalene(영)) | |
| 스크**랩** (scrap) | 스크**래프** (scrap(영)) | 남외1 |
| 스크**랩북** (scrapbook) | 스크**래프부크** (scrapbook(영)) | 남외1 |
| 스크**럼** (scrum) | 스크**람** (scrum(영)) | 북외101 |
| 스크레**이**퍼 (scraper) | 스크레퍼 (scraper(영)) | 북외101 |
| 스크**루** (screw) | 스크**류** (screw(영)) | |
| 스키^마라**톤** (ski marathon) | 스키마라**손** | |
| 스키**타이**^어 (Scythai語) | 스키**프**어 (Скиф(로)語) | |
| 스**타**킹 (stocking) | 스**토**킹 (stocking(영)) | |
| **스탈**린그라드^전투 (Stalingrad戰鬪) | **쓰딸**린그라드전투 (Сталинград(로)戰鬪) | |
| 스**태**프 (staff) | 스**타**프 (staff(영)) | |
| 스테**롤** (sterol) | 스테**린** (sterin(도)) | |
| 스테아**르**-산 (←stearic酸) | 스테아**린**산 | |
| 스테**이**지 (stage) | 스테지 (stage(영)) | 북외101 |
| 스**텝**[1] (step) | 스**테프**[1] (step(영)) | 남외1 |
| 스**텝**[2] (steppe) | 스**테프**[2] (steppe(영)) | 남외1 |
| 스톤^**서**클 (stone circle) | 스톤**써**클 (stone circle(영)) | 북외101 |
| 스**튜**디오 (studio) | 스**타**디오 (studio(영)) | |
| 스트렙토**마이신** (streptomycin) | 스트렙토**미찐** (Streptomycinum(라)) | |
| 스트론**튬** (strontium) | 스트론**티움** (strontium(영)) | |
| 스**틱** (stick) | 스**티크** (stick(영)) | 남외1 |

| 《표대》 | 《조대》 | 관련 조항 |
|---|---|---|
| 스**패너** (spanner) | 스**파나** (spanner(영)) | 북외101 |
| 스**펀**지^고무 (sponge--) | 스**폰**지고무 (sponge gum(영)) | |
| 스페**이**드 (spade) | 스페드 (spade(영)) | 북외101 |
| 스펙**터**클^영화 (spectacle映畫) | 스펙**타**클영화 (spectacle(영)映畫) | 북외101 |
| 스펙트**럼** (spectrum) | 스펙트**르** (spectrum(영)) | 북외100 |
| 스펙트**럼**^분석 (spectrum分析) | 스펙트**르**분석 | 북외100 |
| 스펙트**럼**-선 (spectrum線) | 스펙트**르**선 | 북외100 |
| 스풀**링** (spooling) | 스풀 (spool(영)) | |
| 스**플**라인 (spline) | 스**프**라인 (spline(영)) | |
| 슬**래그** (slag) | 슬**라크** (←slag(영)) | 북외101 |
| 슬**래그**^벽돌 (slag甓-) | 슬**라크**벽돌 | 북외101 |
| 슬**래그**^**시**멘트 (slag cement) | 슬**라크세**멘트 | 북외101 |
| **슬**레**이**트 (slate) | **스**레트 (slate(영)) | 북외101 |
| 슬로**건** (slogan) | 슬로**간** (slogan(영)) | 북외101 |
| 슬로**바키아**^어 (Slovakia語) | 슬로**벤스끄**어 (Slovensko(영)語) | |
| **시**[22] ([이]si) | **씨**[4] (si(이)) | |
| 시그**널** (signal) | 시그**날** (signal(영)) | 북외101 |
| **시**나리오 (scenario) | **씨**나리오 (scenario(이)) | |
| 시내-**버**스 (市內bus) | 시내**뻐**스 (市內←bus(영)) | 북외101 |
| 시**냅**스 (synapse) | 시**납**스 (synapse(영)) | 북외101 |
| **시너** (thinner) | **신나** (thinner(영)) | 북외70, 북외101 |
| **시누**스-선 (sinus線) | **사이나**스선 (sinus(영)線) | |
| **시**디[1] (CD) | **씨**디 (CD(영)) | 북외101 |
| **시**디-롬 (CD-ROM) | **씨**디롬 (CD-ROM) | 북외101 |
| **시**멘타이트 (cementite) | **세**멘타이트 (cementite(영)) | |
| **시**멘**트** (cement) | **세**멘 (←cement(영)) | |
| **시**멘트 (cement) | **세**멘트 (cement(영)) | |
| **시**멘**트**^기와 (cement--) | **세**멘기와 | |
| **시**멘트^**모르타르** (cement mortar) | **세**멘트**몰탈** (cement mortar(영)) | |
| **시**멘**트**^**모르타르** (cement mortar) | **세**멘**몰탈** | |
| **시**멘트^벽돌 (cement甓-) | **세**멘트벽돌 (cement(영)-) | |
| **시**멘트-질 (cement質) | **세**멘트질 | |
| **시**멘트^**콘**크리트 (cement concrete) | **세**멘트**콩**크리트 | |
| **시**멘**트**^**콘**크리트 (cement concrete) | **세**멘**콩**크리트 (←cement concrete(영)) | |
| **시**멘트^타일 (cement tile) | **세**멘트타일 | |
| **시버**트 (sivert) | **지베르**트 (sievert(도)) | |
| **시베**리**아** (Siberia) | **씨비**리 (Сибирь(로)) | |
| **시베**리**아**^고기압 (Siberia高氣壓) | **씨비**리고기압 | |

| 《표대》 | 《조대》 | 관련 조항 |
|---|---|---|
| **시베리아**^기단 (Siberia氣團) | **씨비**리기단 (Сибирь(로)氣團) | |
| **시**스틴 (cystine) | **찌**스틴 (Cystine(라)) | |
| **시아**나이**드** (cyanide) | **싸**이나 (←cyanide(영)) | 북외101 |
| 시안화-나트**륨** ([네]cyaan化[독]Natrium) | 시안화나트**리움** | |
| 시안화-칼**륨** ([네]cyaan化[독]Kalium) | 시안화칼**리움** | |
| **시**엠**시** (CMC) | **씨**엠**씨** (CMC(영)) | 북외101 |
| 시외-**버**스 (市外bus) | 시외**뻐**스 | 북외101 |
| 시외^케**이**블 (市外cable) | 시외케블 | 북외101 |
| **시추에이션** (situation) | **씨뚜아찌야** (ситуация(로)) | |
| **시컨트** (secant) | **세칸스** (secans(라)) | |
| **시**클로프로판 (cyclopropane) | **찌**클로프로판 (Cyclopropane(라)) | |
| **시**토크롬 (cytochrome) | **찌**토크롬 (Cytochrome(라)) | |
| **시**토**키**닌 (cytokinin) | **사이**토**카이**닌 (cytokinin(영)) | |
| **시**토키닌 (cytokinin) | **찌**토키닌 (Cytokinin(라)) | |
| **시**티$^2$ (CT) | **씨**티 (CT(영)) | 북외101 |
| **시**폰 (chiffon) | **씨**폰 (chiffon(영)) | |
| **시**프^시약 (Schiff試藥) | **쉬**프시약 (Schiff(도)試藥) | |
| **시**피유 (CPU) | **씨**피유 (CPU(영)) | 북외101 |
| 시험^필**름** (試驗film) | 시험필**림** | |
| **신**$^{14}$ (scene) | **씬** (scene(영)) | 북외101 |
| 신-**맬서**스주의 (新Malthus主義) | 신**말사**스주의 (新Malthus(영)主義) | 북외101 |
| 신**시**사이**저** (synthesizer) | 신**세**사이**자** (synthesizer(영)) | 북외101 |
| 신호^필**름** (信號film) | 신호필**림** | |
| 실내^**소**나타 (室內[이]sonata) | 실내**쏘**나타 | |
| **실**루**리아**-기 (←Silurian紀) | **씰**루**르**기 | 북외101 |
| **실**루민 (silumin) | **씰**루민 (silumin(영)) | 북외101 |
| 실루**엣** ([프]silhouette) | 실루**에트** (silhouette(프)) | |
| **실**리카 (silica) | **씰**리카 (silica(영)) | 북외101 |
| 심**벌** (symbol) | 심**볼** (symbol(영)) | |
| 심**벌**리즘 (symbolism) | 심**볼**리즘 (symbolism(영)) | |
| **심벌즈** (cymbals) | **씸발** (cymbals(영)) | 북외101 |
| 심스크**립**트 (SIMSCRIPT) | 심스크**리프**트 (SIMSCRIPT(영)) | 남외1 |
| 심포**지엄** (symposium) | 심포**즘** (symposium(영)) | |
| **싱커**페이**션** (syncopation) | **신코**페이**숀** (syncopation(영)) | |
| **싱**크로-**사**이**클**로트론 (synchro-cyclotron) | **씽**크로**싸**이**크**로트론 (synchrocyclotron(영)) | 북외101 |
| **싱**크로트론 (synchrotron) | **신**크로트론 (синкротрон(로)) | |
| **싱**크로트론^복사 (synchrotron輻射) | **신**크로트론복사 | |
| 쌍-소**켓** (雙socket) | 쌍소**케트** | 남외1 |
| 아굴**라**스^해류 (Agulhas海流) | 아굴**랴**스해류 (Agulhas(영)海流) | |

| 《표대》 | 《조대》 | 관련 조항 |
|---|---|---|
| 아나필락시스 (anaphylaxis) | 아나필락시아 (Anaphylaxie(도)) | |
| 아니솔 (anisole) | 아니졸 (Anisol(도)) | |
| 아데노바이러스 (adenovirus) | 아데노비루스 (adeno-virus(영)) | |
| 아드^리비툼 ([라]ad libitum) | 아드리비뚬 (Adlibitum(라)) | |
| 아디프-산 (←adipic酸) | 아디핀산 (←Adipinsäure(도)酸) | |
| 아르기나아제 (arginase) | 아르기나제 (arginase(영)) | |
| 아르보바이러스 (arbovirus) | 아르보비루스 (arbovirus(라)) | |
| 아르크투루스 (Arcturus) | 아르크투르스 (Arcturus(라)) | |
| 아르파 ([이]arpa) | 알파[1] (←arpa(에)) | |
| 아르헨티나^탱고 (Argentina tango) | 아르헨띠나탕고 (Argentina(에)tango(영)) | 북외101 |
| 아리에타 ([이]arietta) | 아리에따 (arietta(이)) | |
| 아리오소 ([이]arioso) | 아리오조 (arioso(이)) | |
| 아마겟돈 (←Harmagedon) | 아르마게돈 (Armageddon(영)) | |
| 아마존 강 (Amazon江) | 아마조나스강 (Amazonas(영)江) | |
| 아마추어[1] (amateur) | 아마츄어 (amateur(영)) | 남외4 |
| 아메리슘 (americium) | 아메리시움 (americium(영)) | |
| 아메리칸^인디언 (American Indian) | 아메리카인디안 (AmericaIndian(영)) | 북외101 |
| 아미다아제 ([독]Amidase) | 아미다제 (Amidase(도)) | |
| 아밀라아제 ([독]Amylase) | 아밀라제 (amylase(영)) | |
| 아밀로오스 (amylose) | 아밀로즈 (amylose(영)) | |
| 아밀-알코올 (amyl alcohol) | 아밀알콜 (amylalcohol(영)) | |
| 아비산-나트륨 (亞砒酸[독]Natrium) | 아비산나트리움 | |
| 아비산-칼륨 (亞砒酸[독]Kalium) | 아비산칼리움 | |
| 아비산-칼슘 (亞砒酸calcium) | 아비산칼시움 | |
| 아삼^어 (Assam語) | 아쌈어 (Assam(영)語) | |
| 아세톤^부탄올균 (acetone butanol菌) | 아세톤부타놀균 (acetonbutanol(영)菌) | |
| 아세틸살리실-산 (←acetylsalicylic酸) | 아세틸살리칠산 (←acetylsalicylic(영)酸) | |
| 아스베스토스 (asbestos) | 아스베스트 (Asbest(도)) | |
| 아스카^문화 (Asuka[飛鳥]文化) | 아스까문화 (Asuka(일)文化) | |
| 아스코르브-산 (←ascorbic酸) | 아스코르빈산 (Ascorbin(도)酸) | |
| 아스트롤라베 ([라]astrolabe) | 아스트로라브 (astrolabe(영)) | |
| 아스파라거스 (asparagus) | 아스파라가스 (asparagus(영)) | 북외101 |
| 아스파라기나아제 ([독]Asparaginase) | 아스파라기나제 (Asparaginase(라)) | |
| 아스팍 (ASPAC) | 아스파크 (ASPAC(영)) | 남외1 |
| 아스팔트^콘크리트 (asphalt concrete) | 아스팔트콩크리트 | |
| 아이러니 (irony) | 아이로니 (irony(영)) | |
| 아이젠멩거^증후군 (Eisenmenger症候群) | 아이젠멘게르증후군 (Eisenmenger(도)症候群) | |
| 아인시타이늄 (einsteinium) | 아인슈타이니움 (einsteinium(영)) | |
| 아제르바이잔^어 (Azerbaijan語) | 아제르바이쟌어 (Азербайджан(로)語) | |

외래어

| 《표대》 | 《조대》 | 관련 조항 |
|---|---|---|
| 아질산-나트**륨** (亞窒酸[독]Natrium) | 아질산나트**리움** | |
| 아질산-칼**륨** (亞窒酸[독]Kalium) | 아질산칼**리움** | |
| 아**카**데미즘 (academism) | 아**까**데미즘 (академизм(로)) | |
| 아칸**서**스 (acanthus) | 아칸**투**스 (Acanthus(드)) | |
| 아코디**언** (accordion) | 아코디**온** (accordion(영)) | |
| 아콩카**과**산 (Aconcagua山) | 아콩카**구아**산 (Aconcagua(영)山) | |
| 아크로테리**온** ([그]acroterion) | 아크로테리**움** (acroterium(라)) | |
| 아크릴**로**-니트릴 (acrylonitrile) | 아크릴니트**릴** (acryl nitril(영)) | |
| 아킬레**우**스 (Achilleus) | 아킬레스 (Achilles(영)) | |
| 아^**템포** ([이]a tempo) | 아**뗌뽀** (a tempo(이)) | |
| 아^**템포**^**프**리모 ([이]a tempo primo) | 아**뗌뽀쁘**리모 (a tempo primo(이)) | |
| 아**파**트 (←apartment) | 아**빠**트 (←apartment(영)) | 북외100 |
| 아편^알**칼**로이드 (阿片alkaloid) | 아편알**카**로이드 | |
| 악티노**마이신** (actinomycin) | 악티노**미찐** (actinomycinum(라)) | |
| 악티**늄** (actinium) | 악티**니움** (actinium(영)) | |
| 안트라**퀴**논 (anthraquinone) | 안트라**키**논 (anthraquinone(영)) | |
| 알고리**즘** (algorism) | 알고리**듬** (algorithm(영)) | |
| 알도**오스** (aldose) | 알도**즈** (aldose(영)) | |
| 알루미나^**시**멘트 (alumina cement) | 알루미나**세**멘트 | |
| 알루미**늄** (aluminium) | 알루미**니움** (aluminium(영)) | |
| 알루미**늄**^가루 (aluminium--) | 알루미**니움**가루 | |
| 알루미**늄**-박 (aluminium箔) | 알루미**니움**박 (aluminium(영)箔) | |
| 알루미**늄**^청동 (aluminium靑銅) | 알루미**니움**청동 | |
| 알리**숨** (alyssum) | 알리**쑴** (alyssum(영)) | 북외101 |
| 알릴-알**코올** (allyl alcohol) | 알릴알**콜** (allylalcohol(영)) | |
| 알**칼**로이드 (alkaloid) | 알**카**로이드 (alkaloid(영)) | |
| 알**칼**리 (alkali) | 알**카**리 (alkali(영)) | |
| 알**칼**리^공업 (alkali工業) | 알**카**리공업 | |
| 알**칼**리^금속 (alkali金屬) | 알**카**리금속 | |
| 알**칼**리-도 (alkali度) | 알**카**리도 (alkali(영)度) | |
| 알**칼**리^섬유소 (alkali纖維素) | 알**카**리섬유소 | |
| 알**칼**리-성 (alkali性) | 알**카**리성 (alkali(영)性) | |
| 알**칼**리성^비료 (alkali性肥料) | 알**카**리성비료 | |
| 알**칼**리성^식품 (alkali性食品) | 알**카**리성식품 | |
| 알**칼**리성^토양 (alkali性土壤) | 알**카**리성토양 | |
| 알**칼**리^식물 (alkali植物) | 알**카**리식물 (alkali(영)植物) | |
| 알**칼**리-암 (alkali巖) | 알**카**리암 (alkali(영)巖) | |
| 알**칼**리-염 (alkali鹽) | 알**카**리염 | |
| 알**칼**리^용융 (alkali鎔融) | 알**카**리용융 | |

| 《표대》 | 《조대》 | 관련 조항 |
|---|---|---|
| 알**칼**리^중독 (alkali中毒) | 알**카**리중독 | |
| 알**칼**리^축전지 (alkali蓄電池) | 알**카**리축전지 | |
| 알**칼**리^토류^금속 (alkali土類金屬) | 알**카**리토류금속 | |
| 알**칼**리^혈증 (alkali血症) | 알**카**리혈증 | |
| 알**코올** (alcohol) | 알**콜** (alcohol(영)) | |
| 알**코올**-계 (alcohol計) | 알**콜**계 (alcohol(영)系) | |
| 알**코올**-**램**프 (alcohol lamp) | 알**콜람**프 (alcohol lamp(영)) | 북외101 |
| 알**코올**^발효 (alcohol醱酵) | 알**콜**발효 | |
| 알**코올**-성 (alcohol性) | 알**콜**성 | |
| 알**코올**^온도계 (alcohol溫度計) | 알**콜**온도계 | |
| 알**코올**^중독 (alcohol中毒) | 알**콜**중독 | |
| **알토** ([이]alto) | **앨트** (alt(영)) | |
| 알파**벳** (alphabet) | 알파**베트** (alphabet(영)) | 남외1 |
| 암-**달러** (暗dollar) | 암**딸라** (暗←dollar(영)) | 북외101 |
| 암모**나이**트 (ammonite) | 암모**니**트 (ammonite(영)) | |
| 암모**늄** (ammonium) | 암모**니움** (ammonium(영)) | |
| 암모**늄**-염 (ammonium鹽) | 암모**니움**염 | |
| 암모**늄**^이온 (ammonium ion) | 암모**니움**이온 | |
| 암^**바이러**스 (癌virus) | 암**비루**스 | |
| **암코**-철 (Armco鐵) | **아름꼬**철 (Armco(영)-) | |
| 암페**어** (ampere) | 암페**아** (ampere(영)) | 북외101 |
| 암페**어**-시 (ampere時) | 암페**아**시 (ampere(영)時) | 북외101 |
| **앙상**블 ([프]ensemble) | **안삼**블 (ensemble(프)) | |
| **애**니미즘 (animism) | **아**니미즘 (animism(영)) | 북외101 |
| **애덤자이**트 (adamsite) | **아담시**트 (адамсит(로)) | |
| **애**디**슨**-병 (Addison病) | **아**디**손**병 (Addison(영)病) | |
| **애미**시스트 (amethyst) | **아메**시스트 (amethyst(영)) | 북외101 |
| **애틱** (attic) | **아티크** (attic(라)) | |
| **애**프스 (apse) | **아**프스 (apse(영)) | 북외101 |
| **액세**스 (access) | **악쎄**스 (access(영)) | 북외101 |
| **액**셀**러**레**이**터 (accelerator) | **악**셀레터 (←accelerator(영)) | 북외101 |
| 액정^텔레비**전** (液晶television) | 액정텔레비**죤** | 남외3 |
| **액**토미오신 (actomyosin) | **악**토미오신 (actomyosin(영)) | 북외101 |
| **앤섬** (anthem) | **안셈** (anthem(영)) | 북외101 |
| **앤슈**리**엄** (anthurium) | **안투**리**움** (anthurium(라)) | |
| **앤**티노킹-제 (antiknocking劑) | **안**티노킹제 (antiknocking(도)劑) | |
| **앰**풀 (ampoule) | **암**풀 (ampoule(영)) | 북외101 |
| **앵**글 (angle) | **앙**글 (angle(영)) | 북외101 |
| 앵글로·색**슨** (Anglo-Saxon) | 앵글로색**손** (Anglo-Saxon(영)) | |

| 《표대》 | 《조대》 | 관련 조항 |
|---|---|---|
| **앵커**[1] (anchor) | **앙카** (←anchor(영)) | 북외101 |
| **앵커**^볼트 (anchor bolt) | **앙카**볼트 (←anchor bolt(영)) | 북외101 |
| 야로비자**치**야 ([러]yarovizatsiya) | 야로비자**찌**야 (яровизация(로)) | |
| 야**쿠**트^어 (Yakut語) | 야**꾸**트어 (Якут(로)語) | |
| 야**훼** (Yahweh) | 야**웨** (Yahveh(헤)) | |
| 얄**타**^협정 (Yalta協定) | 얄**따**협정 (Ялъта(로)協定) | |
| 양화^필**름** (陽畫film) | 양화필**림** | |
| **어셈블리**^언어 (assembly言語) | **아셈**언어 (←assembler(영)言語) | |
| **어**스 (earth) | **아**스[2] (←earth(영)) | 북외100 |
| **어택** (attack) | **아타크** (attack(영)) | 남외1, 북외101 |
| **어**틀**랜티즈** (atlantes) | **아**틀**란테스** (Atlantes(라)) | |
| **어퍼컷** (uppercut) | **아빠카트** (←uppercut(영)) | 남외1 |
| 언어^처리^프로그**램** (言語處理program) | 언어처리프로그**람** | 북외101 |
| 언**코**크 (UNCOK) | 《언**커**크》 (UNCOK(영)) | |
| **엄**버 (umber) | **암**버 (umber(영)) | 북외101 |
| 에**너지** (energy) | 에**네르기** (Energie(도)) | |
| 에**너지**^대사 (energy代謝) | 에**네르기**대사 | |
| 에**너지**-띠 (energy-) | 에**네르기**띠 | |
| 에**너지**-론 (energy論) | 에**네르기**론 | |
| 에**너지**-법 (energy法) | 에**네르기**법 | |
| 에**너지**^산업 (energy産業) | 에**네르기**산업 | |
| 에**너지**^준위 (energy準位) | 에**네르기**준위 | |
| 에르**븀** (erbium) | 에르**비움** (erbium(영)) | |
| 에르스**텟** (oersted) | 에르스**테드** (oersted(프)) | |
| 에리트로**마이신** (erythromycin) | 에리트로**미찐** (erythromycinum(라)) | |
| 에리트로포**이에**틴 (erythropoietin) | 에리트로포**에**틴 (erythropoietin(영)) | |
| 에스**키**스 ([프]esquisse) | 에스**끼**스 (esquisse(프)) | |
| 에스테라**아**제 ([독]Esterase) | 에스테라제 (Esterase(도)) | |
| 에스**토**니**아**^어 (Estonia語) | 에스**또**니**야**어 (Estonia(라)語) | |
| 에스**파**냐^어 (España語) | 에스**빠**냐어 (España(에)語) | |
| 에**어**^포**켓** (air pocket) | 에**아**포**케트** (air pocket(영)) | 남외1, 북외101 |
| **에이**다[3] (ADA) | **아**다 (Ada(영)) | |
| 에이비**시**^무기 (ABC武器) | 에이비**씨**무기 (ABC(영)武器) | 북외101 |
| 에**이**프**런** (apron) | 에프**론** (apron(영)) | 북외101 |
| 에**탄올** (ethanol) | 에**타놀** (ethanol(영)) | |
| 에**투알**^개선문 (Etoile凱旋門) | 에**뜨왈**개선문 (Etoile(프)凱旋門) | |
| 에**튀**드 ([프]étude) | 에**쮸**드 (этюд(로)) | |

| 《표대》 | 《조대》 | 관련 조항 |
| --- | --- | --- |
| 에틸-알**코올** (ethyl alcohol) | 에틸알**콜** (ethyl alcohol(영)) | |
| 에피칸투**스** (Epicantus) | 에피칸투**쓰** (Epicantus(라)) | |
| 엑**기**스 (←[일]ekisu) | 엑스 (←extractus(라)) | |
| 엑스**커베이터** (excavator) | 엑스**까와또르** (экскаватор(로)) | |
| 엑스**트랙트** (extract) | 엑스 (←extractus(라)) | |
| 엘**롤**라^석굴 (Ellōla石窟) | 엘**로**라석굴 (Ellora(힌)石窟) | |
| 엘**리**베**이**터 (elevator) | 엘**레**베터 (elevator(영)) | 북외101 |
| 엘리**트**[1] ([프]élite) | 엘리**뜨** (élite(프)) | |
| 엠**펙** (MPEG) | 엠**페그** (MPEG(영)) | 남외2 |
| **엡슈**타인^기형 (Ebstein畸形) | **에브쉬**타인기형 (Ebstein(도)畸形) | |
| **엥**케^혜성 (Encke彗星) | **엔**케혜성 (Encke(도)彗星) | |
| **여호와** (←[히]Jehovah) | **에호바** (Jehovah(헤)) | |
| **여**호와 (←[히]Jehovah) | **예**호와 (Jehovah(헤)) | |
| 역상^크로마토그**래피**법 (逆相chromatography法) | 역상크로마토그**라프**법 | |
| 역추진^로**켓** (逆推進rocket) | 역추진로**케트** | 남외1 |
| 연관^보**일러** (煙管boiler) | 연관**식**보**이라** | 북외101 |
| 열-에**너지** (熱energy) | 열에**네르기** | |
| 열-**펌**프 (熱pump) | 열**뽐**프 | 북외100 |
| 염기성^슬**래그** (鹽基性slag) | 염기성슬**라크** | 북외101 |
| 염소산-**칼륨** (鹽素酸[독]Kalium) | 염소산**카리움** | |
| 염소^**펄**프 (鹽素pulp) | 염소**팔**프 | 북외101 |
| 염화-나트**륨** (鹽化[독]Natrium) | 염화나트**리움** | |
| 염화-마그네**슘** (鹽化magnesium) | 염화마그네**시움** | |
| 염화-바**륨** (鹽化barium) | 염화바**리움** | |
| 염화-아세**토페**논 (鹽化acetophenone) | 염화아세**트훼**논 (鹽化acetphenone(영)) | 북외100 |
| 염화-암모**늄** (鹽化ammonium) | 염화암모**니움** | |
| 염화-칼**륨** (鹽化[독]Kalium) | 염화칼**리움** | |
| 염화-칼**슘** (鹽化calcium) | 염화칼**시움** | |
| 염화칼**슘**-관 (鹽化calcium管) | 염화칼**시움**관 | |
| **영**-률 (Young率) | **양그**률 (Young(영)率) | |
| **영**-안[2] (Young案) | 《**양그**안》 (Young(영)案) | |
| 영화^필**름** (映畫film) | 영화필**림** | |
| 예니**세**이 강 (Enisei江) | 예니**쎄**이강 (Енисей(로)江) | |
| 오**늄**^화합물 (onium化合物) | 오**니움**화합물 (onium(영)化合物) | |
| 오**디세**이아 ([그]Odysseia) | 《오**듀쎄**이아》 (Odysseia(그)) | |
| **오므**라이스 (▼←omelet rice) | **옴**라이스 (←omelette rice(영)) | |
| **오믈렛** (omelet) | **옴레트** (omelette(영)) | 남외1 |
| 오**버**로크 (overlock) | 오**바**로크 (←overlock(영)) | 북외101 |
| 오**버블**라우스 (overblouse) | 오**바브**라우스 (←over-blouse(영)) | 북외101 |

외래어

| 《표대》 | 《조대》 | 관련 조항 |
|---|---|---|
| 오**브알**부민 (ovalbumin) | 오**발**부민 (ovalbumin(영)) | |
| 오블라**토** ([포]oblato) | 오블라**트** (Oblate(도)) | |
| 오스**뮴** (osmium) | 오스**미움** (osmium(영)) | |
| 오스트**레일**리아 (Australia) | 오스트**랄**리아 (Australia(영)) | |
| 오스트**레일**리아-구 (Australia區) | 오스트**랄**리아구 | |
| 오**실**로그**래**프 (oscillograph) | 오**씰**로그**라**프 (oscillograph(영)) | 북외101 |
| 오**실**로스코프 (oscilloscope) | 오**씰**로스코프 (oscilloscope(영)) | 북외101 |
| 오일**러**^방정식 (Euler方程式) | 오일**레르**방정식 (Euler(도)方程式) | |
| 오**제**^전자^분광법 (Auger電子分光法) | 오**줴**전자분광법 (Auger(영)電子分光法) | |
| 오토**자**이로 (autogyro) | 오토**쟈**이로 (autogyro(영)) | 남외4 |
| 오**팔**[2] (opal) | 오**빠루** (←opal(영)) | |
| 오**팔**^가공 (opal加工) | 오**빠루**가공 | |
| 오페레**타** ([이]operetta) | 오페레**따** (operetta(이)) | |
| **오프**사이드 (offside) | **옵**사이드 (offside(영)) | |
| **오프셋**[2] (offset) | **옵세트** (offset(영)) | 남외1 |
| **오프셋**^인쇄 (offset印刷) | **옵세트**인쇄 | 남외1 |
| **오프셋**^인쇄기 (offset印刷機) | **옵세트**인쇄기 | 남외1 |
| 오호**츠**크 해 기단 (Okhotsk海氣團) | 오호**쯔**크해기단 (Охотск(로)海氣團) | |
| 옥소**늄**^화합물 (oxonium化合物) | 옥소**니움**화합물 (oxonium(영)化合物) | |
| 옥시다**아**제 ([독]Oxydase) | 옥시다제 (Oxydase(도)) | |
| 옥시테트라**사이**클린 (oxytetracycline) | 옥시테트라**찌**클린 (oxytetracyclnum(라)) | |
| 옥시토**신** (oxytocin) | 옥시토**겐** (oxytogen(영)) | |
| **옥**신[2] (auxin) | **아욱**신 | |
| 올레안도**마이신** (oleandomycin) | 올레안도**미찐** (oleandomycinum(라)) | |
| 올림**포**스 산 (Olympos山) | 올림**푸**스산 (Olympus(영)山) | |
| 올림**포**스^십이^신 (Olympos十二神) | 올림**푸**스십이신 | |
| 올-**백** (▼all back) | 올**빽** (allback(영)) | 북외101 |
| 옵**서**버 (observer) | 옵**써**버 (observer(영)) | |
| 옵티-**미**터 (opti-meter) | 옵티**메**터 (opti-meter(영)) | |
| 옷-**핀** (-pin) | 옷**삔** (-pin(영)) | |
| 옹스트롬 (angstrom) | 옹**그**스트롬 (angstrom(영)) | |
| 와**셔** (washer) | 와**샤** (washer(영)) | 북외101 |
| 와이-샤**쓰** (▼←white shirts) | 와이샤**쯔** (←white-shirt(영)) | |
| 와이-**셔츠** (▼←white shirts) | 와이**샤쯔** (←white-shirt(영)) | |
| 와이**어** (wire) | 와이**야** | 북외100 |
| 와이**어**-로프 (wire rope) | 와이**야**로프 (←wirerope(영)) | 북외100 |
| 왈**츠** (waltz) | 왈**쯔** (waltz(영)) | |
| 왕복^**펌**프 (往復pump) | 왕복**뽐**프 | 북외100 |
| 요격^미**사**일 (邀擊missile) | 요격미**싸**일 | 북외101 |

| 《표대》 | 《조대》 | 관련 조항 |
|---|---|---|
| 요**구**르트 (yogurt) | 요**그**르트 (yogurt(영)) | |
| 요단강 (←Jordan江) | 요**르**단강 (Jordan(영)江) | |
| 요**오**드 ([독]Jod) | 요드 (Jod(도)) | |
| 요**오**드-가 ([독]Jod價) | 요드가 (Jod(도)價) | |
| 요**오**드-값 ([독]Jod-) | 요드값 (Jod(도)-) | |
| 요**오**드-산 ([독]Jod酸) | 요드산 (Jod(도)酸) | |
| 요**오드산-칼륨** ([독]Jod酸[독]Kalium) | 요**드산칼리움** | |
| 요**오**드-수 ([독]Jod數) | 요드수 (Jod(도)數) | |
| 요**오**드-팅크 (←[독]Jodtinktur) | 요드팅크 (Jod(도)←tincture(영)) | |
| 요**오드**-포름 ([독]Jodform) | 요**도**포름 (Jodoform(도)) | |
| 요**오**드-화 ([독]Jod化) | 요드화 (Jod(도)化) | |
| 요**오드화-나트륨** ([독]Jod化[독]Natrium) | 요**드화나트리움** | |
| 요**오**드화-되다 ([독]Jod化--) | 요드화되다 (Jod(도)化-) | |
| 요**오**드화-물 ([독]Jod化物) | 요드화물 (Jod(도)化物) | |
| 요**오**드화물-법 ([독]Jod化物法) | 요드화물법 | |
| 요**오**드화-수소 ([독]Jod化水素) | 요드화수소 | |
| 요**오**드화-수은 ([독]Jod化水銀) | 요드화수은 | |
| 요**오**드화-은 ([독]Jod化銀) | 요드화은 | |
| 요**오드화-카드뮴** ([독]Jod化cadmium) | 요**드화카드미움** | |
| 요**오드화-칼륨** ([독]Jod化[독]Kalium) | 요**드화칼리움** | |
| 요**오**드화-하다 ([독]Jod化--) | 요드화하다 (Jod(도)化-) | |
| 요크**셔** (Yorkshire) | 요크**샤** (←Yorkshire(영)) | 북외101 |
| 용융^**시**멘트 (鎔融cement) | 용융**세**멘트 | |
| 우라**늄** (uranium) | 우라**니움** (uranium(영)) | |
| 우로키나**아**제 ([독]Urokinase) | 우로키나제 (urokinase(영)) | |
| 우**수**리 강 (Ussuri江) | 우**쑤**리강 (Уссурь(로)江) | |
| 우주^로**켓** (宇宙rocket) | 우주로**케트** | 남외1 |
| 운동^에**너지** (運動energy) | 운동에**네르기** | |
| 워싱**턴**^회의 (Washington會議) | 워싱**톤**회의 (Washington(영)會議) | |
| **워털루**^전투 (Waterloo戰鬪) | **와떼를로**전투 (Waterloo(프)戰鬪) | |
| 원-그**래**프 (圓graph) | 원그**라**프 | 북외101 |
| 원시^프로그**램** (原始program) | 원시프로그**람** | 북외101 |
| 원심^**펌**프 (遠心pump) | 원심**뽐**프 | 북외100 |
| 원자^스펙트**럼** (原子spectrum) | 원자스펙트**르** | 북외100 |
| 원자^에**너지** (原子energy) | 원자에**네르기** | |
| 원자핵^에**너지** (原子核energy) | 원자핵에**네르기** | |
| 원판^**클러**치 (圓板clutch) | 원판**크라**치 | 북외101 |
| 웜**뱃** (wombat) | 웜**바트** | 남외1,<br>북외101 |

외래어

| 《표대》 | 《조대》 | 관련 조항 |
|---|---|---|
| **웹** (web) | **웨브** (web(영)) | |
| **위**나니미**슴** ([프]unanimisme) | **유**나니미**즘** (unanimisme(프)) | |
| 위성^**컴**퓨터 (衛星computer) | 위성**콤**퓨터 | |
| 위치^벡**터** (位置vector) | 위치벡**토르** | |
| 위치^에**너지** (位置energy) | 위치에**네르기** | |
| 위-폴**립** (胃polyp) | 위폴**리프** (胃polyp(영)) | 남외1 |
| 유니테리**언**-주의 (Unitarian主義) | 유니테리**안**주의 (Unitarian(영)主義) | 북외101 |
| 유로**퓸** (europium) | 유로**피움** (europium(영)) | |
| 유르**트** (yurt) | 유르**따** (юрта(로)) | |
| 유리-블**록** (琉璃block) | 유리블**로크** | 남외1 |
| 유**머** (humor) | 유**모아** (humour(영)) | |
| 유선^텔레비**전** (有線television) | 유선텔레비**죤** (有線television(영)) | 남외3 |
| 유성^**바**니**시** (油性varnish) | 유성**와**니**스** (油性←varnish(영)) | 북외100 |
| 유압-**잭** (油壓jack) | 유압**쟈끼** | 남외4 |
| 유압^**펌**프 (油壓pump) | 유압**뽐**프 | 북외100 |
| 유입^케**이**블 (油入cable) | 유입케블 (油入cable(영)) | 북외101 |
| 유정^**시**멘트 (油井cement) | 유정**세**멘트 (油井cement(영)) | |
| 유**칼**리-나무 (←eucalyptus--) | 유**카**리나무 (←eucalyptus(영)-) | |
| 융**커** ([독]Junker) | 융**케르** (Junker(도)) | |
| 응용^프로그**램** (應用program) | 응용프로그**람** (應用programme(영)) | 북외101 |
| **이**[26] (E) | **에**[2] (E(도)) | |
| 이그**나이**트론 (ignitron) | 이그**니**트론 (ignitron(영)) | |
| 이동^로**봇** (移動robot) | 이동로**보트** (移動robot(영)) | 남외1 |
| 이리**듐** (iridium) | 이리**디움** (Iridium(도)) | |
| 이**미**지 (image) | 이**메**지 (image(영)) | |
| 이소**류**신 (isoleucine) | 이소**로이**신 (Isoleucine(영)) | |
| 이**솝**^우화 (Aesop寓話) | 이**소프**우화 (Esop(그)寓話) | |
| 이오**늄** (ionium) | 이오**니움** (ionium(영)) | |
| 이온^로**켓** (ion rocket) | 이온로**케트** (ion(그)rocket(영)) | 남외1 |
| 이온^**펌**프 (ion pump) | 이온**뽐**프 | 북외100 |
| 이온화 에**너지** (ion化energy) | 이온화에**네르기** | |
| 이온화 **퍼**텐**셜** (ion化potential) | 이온화**포**텐**샬** | |
| 이**탈**리아^어 (Italia語) | 이**딸**리아어 (Italia(이)語) | |
| 이**탤릭**-체 (Italic體) | 이**탈리크**체 (italic(이)體) | |
| 이테르**븀** (ytterbium) | 이테르**비움** (ytterbium(영)) | |
| 이트**륨** (yttrium) | 이트**리움** (yttriumm(영)) | |
| **익스팬더** (expander) | **엑스반드** (←expande(영)) | 북외100 |
| 인**더**스 강 (Indus江) | 인**다**스강 (Indus(영)江) | 북외101 |
| 인**더**스^문화 (Indus文化) | 인**다**스문화 | 북외101 |

| 《표대》 | 《조대》 | 관련 조항 |
|---|---|---|
| 인도메타**신** ([라]indometacinum) | 인도메타**찐** (←indometacinum(라)) | |
| 인**듐** (indium) | 인**디움** (Indium(영)) | |
| 인디고^카민 (indigo carmine) | 인디고카**르**민 (indigocarmine(영)) | |
| 인디**언** (Indian) | 인디**안** (Indian(영)) | 북외101 |
| 인디케**이**터 (indicator) | 인디케터 (indicator(영)) | 북외101 |
| 인바 (invar) | 인바**르** (invar(영)) | |
| 인**벌**류트 (involute) | 인**볼**류트 (involute(영)) | |
| 인**벌**류트^곡선 (involute曲線) | 인**볼**류트곡선 | |
| 인조-**버터** (人造butter) | 인조**빠다** | 북외101 |
| 인터**내셔널** (International) | 인터**나쇼날** (international(영)) | |
| 인터**넷** (internet) | 인터**네트** (internet(영)) | 남외1 |
| 인**테**르 (←interline) | 인**떼**르 (←inter line(영)) | |
| 인**텔**리 (←[러]intelligentsia) | 인**테**리 (←интемигенция(로)) | |
| 인**텔**리겐**치아** ([러]intelligentsia) | 인**테**리겐**찌야** (интеллигенция(로)) | |
| 인트라**넷** (intranet) | 인트라**네트** (intranet(영)) | 남외1 |
| 인플레이**션** (inflation) | 인플레이**숀** (inflation(영)) | |
| 일본^뇌염^**바이러**스 (日本腦炎virus) | 일본뇌염**비루**스 | |
| 임**펄**스 (impulse) | 임**풀**스 (impulse(영)) | |
| 잉글리**시**^호른 (English horn) | 잉글리**쉬**호른 (English horn(영)) | 남외3 |
| **잉카**^문화 (Inca文化) | **인까**문화 (Inca(에)文化) | |
| **잉카**^제국 (Inca帝國) | **인까**제국 (Inca(에)帝國) | |
| 자기^베**어**링 (磁氣bearing) | 자기베**아**링 (磁氣bearing(영)) | 북외101 |
| 자기^에**너지** (磁氣energy) | 자기에**네르기** | |
| 자기^테**이**프 (磁氣tape) | 자기테프 (磁氣tape(영)) | 북외101 |
| 자기^테**이**프^장치 (磁氣tape裝置) | 자기테프장치 | 북외101 |
| 자기^**퍼**텐**셜** (磁氣potential) | 자기**포**텐**샬** (磁氣potential(영)) | |
| 자동^뷰**렛** (自動burette) | 자동뷰**레트** (自動burette(영)) | 남외1 |
| **자**바 (Java) | **쟈**바 (Java(영)) | 남외4 |
| **자바**^원인 (Java猿人) | **쟈와**원인 (←Java(영)猿人) | 남외4 |
| **자바**^폭동 (Java暴動) | **쟈와**폭동 (←Java(영)暴動) | 남외4 |
| 자유^에**너지** (自由energy) | 자유에**네르기** | |
| **자**이나-교 (Jaina教) | **쟈**이나교 (jaina(싼)教) | |
| **자**장면 (←[중]Zhajiangmian[炸醬麵]) | **짜**장면 | |
| 자전거-**펌**프 (自轉車pump) | 자전거**뽐**프 | 북외100 |
| **자카르**[1] (Jacquard) | **쟈카드** (Jacquard(프)) | |
| **자코**뱅-파 (Jacobin派) | **쟈꼬**뱅파 (jacobin(프)派) | |
| 장내^**바이러**스 (腸內virus) | 장내**비루**스 (腸內virus(라)) | |
| **장**르 ([프]genre) | **쟝**르 (genre(프)) | |
| 장-티**푸**스 (腸typhus) | 장티**브**스 (腸typhus(라)) | |

외래어

| 《표대》 | 《조대》 | 관련 조항 |
|---|---|---|
| 장티**푸**스-균 (腸typhus菌) | 장티**브**스균 | |
| 장하^케**이**블 (裝荷cable) | 장하케블 (裝荷cable(영)) | 북외101 |
| **재**즈 (jazz) | **쟈**즈 (jazz(영)) | 남외4 |
| **재킷** (jacket) | **쟈케트** (jacket(영)) | 남외1, 남외4 |
| **잭** (jack) | **쟈끼** (←jack(영)) | 남외4 |
| 저감도^필**름** (低感度film) | 저감도필**림** (低感度film(영)) | |
| 저급^알**코올** (低級alcohol) | 저급알**콜** | |
| **저**널리스트 (journalist) | **져**널리스트 (journalist(영)) | 남외4 |
| **저**널리즘 (journalism) | **져**널리즘 (journalism(영)) | 남외4 |
| 저농축^우라**늄** (低濃縮uranium) | 저농축우라**니움** (低濃縮uranium(영)) | |
| 저수-**탱**크 (貯水tank) | 저수**탕**크 | 북외101 |
| 저온^**코크**스 (低溫cokes) | 저온**콕**스 | |
| 저유^**탱**크 (貯油tank) | 저유**탕**크 | 북외101 |
| **저**지[5] (jersey) | **쟈**지 | 남외4 |
| 저칼**륨**^혈증 (低[독]Kalium血症) | 저칼**리움**혈증 | |
| 저칼**슘**^혈증 (低calcium血症) | 저칼**시움**혈증 | |
| 적외선^필**름** (赤外線film) | 적외선필**림** | |
| 적외선^흡수^스펙트**럼** (赤外線吸收spectrum) | 적외선흡수스펙트**르** | 북외100 |
| 전기^마이크로**미**터 (電氣micrometer) | 전기마이크로**메**터 | |
| 전기-보**일러** (電氣boiler) | 전기보**이라** | 북외101 |
| 전기^에**너지** (電氣energy) | 전기에**네르기** | |
| 전력^케**이**블 (電力cable) | 전력케블 | 북외101 |
| 절연^**바**니**시** (絶緣varnish) | 절연**와**니**스** | 북외100 |
| 절연^테**이**프 (絶緣tape) | 절연테프 (絶緣tape(영)) | 북외101 |
| **점퍼** (jumper) | **잠바** (←jumper(영)) | 북외101 |
| 접착-테**이**프 (接着tape) | 접착테프 (接着tape(영)) | 북외101 |
| **정**글 (jungle) | **쟝**글 (jungle(영)) | 남외4 |
| 정색성^필**름** (整色性film) | 정색성필**림** (整色性film(영)) | |
| 정압^베**어**링 (靜壓bearing) | 정압베**아**링 | 북외101 |
| 정지^에**너지** (靜止energy) | 정지에**네르기** | |
| 제라**늄** (geranium) | 제라**니움** (geranium(영)) | |
| 제스**처** (gesture) | 제스**츄어** (gesture(영)) | 남외4 |
| 조명^**필**터 (照明filter) | 조명**휠**터 | 북외100 |
| **조젯** (Georgette) | **죠세트** (←georgette(프)) | |
| **조지프**슨^소자 (Josephson素子) | **죠쎕**슨소자 (Josephson(영)素子) | |
| **조지프**슨^효과 (Josephson效果) | **죠쎕**슨효과 (Josephson(영)效果) | |
| **조**커 (joker) | **죠**커 (joker(영)) | 남외4 |
| **존**스턴^기관 (Johnston器官) | **죤**스턴기관 (Jonston(영)器管) | 남외4 |

| 《표대》 | 《조대》 | 관련 조항 |
|---|---|---|
| 좀-나도우드풀 | 좀나도우두풀 | |
| 종이-컵 (--cup) | 종이고뿌 | |
| 종이-테이프 (--tape) | 종이테프 | 북외101 |
| 주니어 (junior) | 쥬니어 (junior(영)) | 남외4 |
| 주니어^라이트급 (junior light級) | 쥬니어라이트급 (junior light(영)級) | 남외4 |
| 주니어^미들급 (junior middle級) | 쥬니어미들급 (junior middle(영)級) | 남외4 |
| 주니어^밴텀급 (junior bantam級) | 쥬니어반탐급 (junior bantam(영)級) | 남외4, 북외101 |
| 주니어^웰터급 (junior welter級) | 쥬니어웰터급 (junior welter(영)級) | 남외4 |
| 주니어^플라이급 (junior fly級) | 쥬니어플라이급 (junior fly(영)級) | 남외4 |
| 주니어^헤비급 (junior heavy級) | 쥬니어해비급 (junior heavy(영)級) | 남외4 |
| 주피터 (Jupiter) | 쥬피터 (Jupiter(영)) | 남외4 |
| 줄[9] (joule) | 쥴[1] (joule(영)) | 남외4 |
| 줄리안-력 (Julian曆) | 쥴리안력 (Julian(영)曆) | 남외4 |
| 줄무늬-하이에나 (---hyena) | 줄무늬히에나 | |
| 줄^열 (Joule熱) | 쥴열 (Joule(영)熱) | 남외4 |
| 중거리^탄도^미사일 (中距離彈道missile) | 중거리탄도미싸일 | 북외101 |
| 중량^콘크리트 (重量concrete) | 중량콩크리트 | |
| 중층^트롤 (中層trawl) | 중층뜨랄 | |
| 중크롬산-칼륨 (重[독]Chrom酸[독]Kalium) | 중크롬산칼리움 | |
| 중탄산-나트륨 (重炭酸[독]Natrium) | 중탄산나트리움 | |
| 쥐라-기 (Jura紀) | 유라기 (Jura(도)紀) | |
| 즈크 (←[네]doek) | 즈꾸 (←doek(네)) | |
| 증기^터빈 (蒸氣turbine) | 증기타빈 | |
| 증기^펌프 (蒸氣pump) | 증기뽐프 (蒸氣←pump(영)) | 북외100 |
| 증기^해머 (蒸氣hammer) | 증기함마 (蒸氣hammer(영)) | 북외70, 북외101 |
| 지그[3] (jig) | 지구[7] (←jig(영)) | 북외100 |
| 지그재그 (zigzag) | 지그자그 (zigzag(영)) | 북외101 |
| 지능^로봇 (知能robot) | 지능로보트 (知能robot(영)) | 남외1 |
| 지대공^미사일 (地對空missile) | 지대공미싸일 (地對空missile(영)) | 북외101 |
| 지대수중^미사일 (地對水中missile) | 지대수중미싸일 (地對水中missile(영)) | 북외101 |
| 지대지^미사일 (地對地missile) | 지대지미싸일 (地對地missile(영)) | 북외101 |
| 지르코늄 (zirconium) | 지르코니움 (zirconium(영)) | |
| 지멘스[3] (siemens) | 시멘스 (siemens(영)) | |
| 지베렐린 (gibberellin) | 기베렐린 (gibberellin(영)) | |
| 지브롤터^해협 (Gibraltar海峽) | 지브랄타르해협 (Gibraltar(영)海峽) | |
| 지오이드 (geoid) | 게오이드 (geoid(영)) | |
| 지크프리트-선 (Siegfried線) | 지그프리트선 (Siegfried(도)線) | |

외래어

| 《표대》 | 《조대》 | 관련 조항 |
|---|---|---|
| **지**탈린 (Gitalin) | **기**탈린 (Gitalin(도)) | |
| **지퍼** (zipper) | **쟈크** (chuck(영)) | |
| **지**프 (jeep) | **찌**프[1] (jeep(영)) | |
| **지**프-차 (jeep車) | **찌**프차 (jeep(영)車) | |
| **지프**-차 (jeep車) | **찦**차 | |
| 지하^케**이**블 (地下cable) | 지하케블 | 북외101 |
| 직장^폴**립** (直腸polyp) | 직장폴**리프** | 남외1 |
| 직통^**버**스 (直通bus) | 직통**뻐**스 | 북외101 |
| 진공^**펌**프 (眞空pump) | 진공**뽐**프 | 북외100 |
| 진단^프로그**램** (診斷program) | 진단프로그**람** | 북외101 |
| 진동^**컨**베**이어** (振動conveyer) | 진동**콘**베**아** | 북외101 |
| 진동^회전^스펙트**럼** (振動回轉spectrum) | 진동회전스펙트**르** | 북외100 |
| 질량^스펙트**럼** (質量spectrum) | 질량스펙트**르** | 북외100 |
| 질산-나트**륨** (窒酸[독]Natrium) | 질산나트**리움** | |
| 질산-마그네**슘** (窒酸magnesium) | 질산마그네**시움** | |
| 질산-바**륨** (窒酸barium) | 질산바**리움** | |
| 질산-스트론**튬** (窒酸strontium) | 질산스트론**티움** | |
| 질산-알루미**늄** (窒酸aluminium) | 질산알루미**니움** | |
| 질산-암모**늄** (窒酸ammonium) | 질산암모**니움** | |
| 질산-칼**륨** (窒酸[독]Kalium) | 질산칼**리움** | |
| 질산-칼**슘** (窒酸calcium) | 질산칼**시움** | |
| 질화-마그네**슘** (窒化magnesium) | 질화마그네**시움** | |
| 질화-알루미**늄** (窒化aluminium) | 질화알루미**니움** | |
| 집**시**[2] (Gypsy) | 집**씨** (Gypsy(영)) | 북외101 |
| 집**시**^어 (Gypsy語) | 집**씨**어 (Gypsy(영)語) | 북외101 |
| 집**시**^음악 (Gypsy音樂) | 집**씨**음악 (Gypsy(영)音樂) | 북외101 |
| **차르** (←[러]tsar') | **짜리** (Царь(로)) | |
| **차**르다**시** ([헝]csárdás) | **챠**르다**쉬** (csárdás(마)) | |
| **차**티스트^문학 (Chartist文學) | **챠**티스트문학 (Chartist(영)文學) | 남외4 |
| **차**티스트^운동 (Chartist運動) | **챠**티스트운동 (Chartist(영)運動) | 남외4 |
| **찬**스 (chance) | **챤**스 (chance(영)) | 남외4 |
| 처리^프로그**램** (處理program) | 처리프로그**람** (處理programme(영)) | 북외101 |
| 천연색^영화^필**름** (天然色映畫film) | 천연색영화필**림** | |
| 천연색^음화^필**름** (天然色陰畫film) | 천연색음화필**림** | |
| 천연색-텔레비**전** (天然色television) | 천연색텔레비**죤** | 남외3 |
| 천연색^필**름** (天然色film) | 천연색필**림** | |
| 천연^**슬**레**이**트 (天然slate) | 천연**스**레트 (天然slate(영)) | 북외101 |
| 천연^**코크**스 (天然cokes) | 천연**콕**스 (天然Koks(도)) | |
| 철근^**콘**크리트 (鐵筋concrete) | 철근**콩**크리트 | |

| 《표대》 | 《조대》 | 관련 조항 |
|---|---|---|
| 철-**시**멘트 (鐵cement) | 철**세**멘트 | |
| 청산-칼**륨** (靑酸[독]Kalium) | 청산칼**리움** | |
| 청산-**칼**리 (靑酸[라]kali) | 청산**카**리 | |
| 체인^블**록** (chain block) | 체인블**로크** (chain block(영)) | 남외1 |
| 체인^**컨**베**이어** (chain conveyer) | 체인**콘**베**아** (chain conveyer(영)) | 북외101 |
| 초산-나트**륨** (醋酸[독]Natrium) | 초산나트**리움** | |
| 초산-알루미**늄** (醋酸aluminium) | 초산알루미**니움** | |
| 초산-암모**늄**[2] (醋酸ammonium) | 초산암모**니움** | |
| 초산-칼**륨** (硝酸[독]Kalium) | 초산칼**리움** | |
| 초산-칼**슘** (醋酸calcium) | 초산칼**시움** | |
| 초우라**늄**^원소 (超uranium元素) | 초우라**니움**원소 (超uranium(영)原素) | |
| **초**콜**릿** (chocolate) | **쵸**콜**레트** (chocolate(영)) | 남외1, 남외4 |
| **추크치**^어 (Chukchi語) | **츄꼬트**어 (чукот(로)語) | |
| 축류^**터**빈 (軸流turbine) | 축류**타**빈 (軸流turbine(영)) | |
| 축류^**펌**프 (軸流pump) | 축류**뽐**프 | 북외100 |
| 충동^증기^**터**빈 (衝動蒸氣turbine) | 충동증기**타**빈 (衝動蒸氣turbine(영)) | |
| 충동^**터**빈 (衝動turbine) | 충동**타**빈 (衝動turbine(영)) | |
| 취화-나트**륨** (臭化[독]Natrium) | 취화나트**리움** | |
| 취화-칼**륨** (臭化[독]Kalium) | 취화칼**리움** | |
| **치**글러^촉매 (Ziegler觸媒) | **찌**글러촉매 (zigler(영)觸媒) | |
| **치**마**아**제 ([독]Zymase) | **지**마제 (zymase(영)) | |
| 치첸이**트사**^천문대 (Chichén Itza天文臺) | 치첸이**짜**천문대 (Chichén Itza(에)天文臺) | |
| **치터** ([독]Zither) | **찌타** (Zither(도)) | |
| 침**벌롬** ([헝]cimbalom) | 침**발로** (cymbalo(라)) | |
| 침**팬**지 (chimpanzee) | 침**판**지 (chimpanzee(영)) | 북외101 |
| 카나**마이신** (kanamycin) | 카나**미찐** (Kanamycinum(라)) | |
| **카**나**페** ([프]canapé) | **까**나**뻬** (canapé(프)) | |
| 카네**이션** (carnation) | 카네**숀** (carnation(영)) | 북외101 |
| **카**논 (canon) | **까**논 (Kanon(도)) | |
| **카**농-포 ([프]canon砲) | **가**농포 (canon(프)砲) | |
| **카누** (canoe) | **까노에** (←canoe(영)) | 북외100 |
| **카**누 (canoe) | **커**누 (canoe(영)) | |
| **카**누^경기 (canoe競技) | **커**누경기 | |
| 카덴**차** ([이]cadenza) | 카덴**짜** (cadenza(이)) | |
| 카드**뮴** (cadmium) | 카드**미움** (cadmium(영)) | |
| 카드**뮴**-황 (cadmium黃) | 카드**미움**황 (cadmium(영)黃) | |
| **카**라**쿰**^사막 (Kara Kum沙漠) | **까**라**꿈**사막 (каракчм(로)砂漠) | |
| 카로티나**아**제 (carotinase) | 카로티나제 (carotinase(영)) | |
| 카르보**늄**^이온 (carbonium ion) | 카르보**니움**이온 (carbonium ion(영)) | |

| 《표대》 | 《조대》 | 관련 조항 |
|---|---|---|
| 카르복시-산 (carboxy酸) | 카르복실산 (carboxyl(영)酸) | |
| 카르복실라아제 (carboxylase) | 카르복실라제 (carboxylase(영)) | |
| 카를·피셔^시약 (Karl-Fischer試藥) | 칼피셔시약 (Karlfischer(도)試藥) | |
| 카리브 해 (Carib海) | 까리브해 | |
| 카리브^공동체 (Carib共同體) | 까리브공동체 (carib(에)共同體) | |
| 카리아티드 (caryatid) | 카리아찌드 (caryatid(라)) | |
| 카무플라주 ([프]camouflage) | 캄프라지 (←camouflage(프)) | |
| 카바레 ([프]cabaret) | 캬바레 (cabaret(프)) | |
| 카보마이신 (carbomycin) | 카르보미찐 (Carbomycinum(라)) | |
| 카세인 (casein) | 카제인 (casein(영)) | |
| 카세인^접착제 (casein接着劑) | 카제인접착제 | |
| 카세트-테이프 (cassette tape) | 카세트테프 | 북외101 |
| 카스텔라 ([포]castella) | 카스테라 (Castella(뽀)) | |
| 카스피 해 (Caspie海) | 까스삐해 (Каспий(로)海) | |
| 카약 (kayak) | 까야크 (каяк(로)) | |
| 카올리나이트 (kaolinite) | 카올리니트 (kaolinite(영)) | |
| 카이로^선언 (Cairo宣言) | 까히라선언 (Каира(로)宣言) | |
| 카자흐^어 (Kazakh語) | 까자흐어 (казах(로)語) | |
| 카타스트로프 ([프]catastrophe) | 카타스트로피 (catastrophe(영)) | |
| 카타콤 (←catacomb) | 카타콤브 (catacomb(영)) | |
| 카탈라아제 ([독]Katalase) | 카탈라제 (katalase(도)) | |
| 카탈로그 (catalog) | 까딸로그 (каталог(로)) | |
| 카프레오마이신 (capreomycin) | 카프레오미찐 (Capreomycinum(라)) | |
| 카프카스^산맥 (Kavkaz山脈) | 깝까즈산맥 (Кавказ(로)山脈) | |
| 카피 (copy) | 꼬삐 (←copy(영)) | 북외100 |
| 칸나에^전투 (Cannae戰鬪) | 깐네전투 (Cannae(이)戰鬪) | |
| 칸델라[2] ([네]kandelaar) | 간데라 (candela(에)) | |
| 칸초네 ([이]canzone) | 깐쪼나 (canzone(이)) | |
| 칸초네타 ([이]canzonetta) | 깐쪼넷따 (canzonetta(이)) | |
| 칸타타 ([이]cantata) | 깐따따 (cantata(이)) | |
| 칼로리 (calorie) | 카로리 (calorie(영)) | |
| 칼륨 ([독]Kalium) | 칼리움 (Kalium(도)) | |
| 칼륨^비누 ([독]Kalium--) | 칼리움비누 | |
| 칼륨^비료 ([독]Kalium肥料) | 칼리움비료 | |
| 칼륨^유리 ([독]Kalium琉璃) | 칼리움유리 | |
| 칼리[2] ([라]kali) | 카리 (Kali(도)) | |
| 칼리^비료 ([라]kali肥料) | 카리비료 | |
| 칼리-장석 ([라]kali長石) | 카리장석 | |
| 칼리포르늄 (californium) | 칼리포르니움 (californium(영)) | |

| 《표대》 | 《조대》 | 관련 조항 |
|---|---|---|
| 칼뱅-주의 (Calvin主義) | 칼빈주의 (Calvin(영)主義) | |
| 칼슘 (calcium) | 칼시움 (calcium(영)) | |
| 칼슘-시안아미드 (calcium cyanamide) | 칼시움시안아미드 (calcium cyanamide(영)) | |
| 캄파니아 ([러]kampaniya) | 깜빠니야 (кампания(로)) | |
| 캐넌-포 (cannon砲) | 가농포 (canon(프)砲) | |
| 캐러멜 (caramel) | 캬라멜 (caramel(영)) | 북외101 |
| 캐럿 (carat) | 카라트 (carat(영)) | 남외1,<br>북외101 |
| 캐리커처 (caricature) | 카리카츄어 (caricature(영)) | 남외4 |
| 캐비닛 (cabinet) | 까비네트 (кабинет(로)) | |
| 캐스터네츠 (castanets) | 카스타네트 (castanet(영)) | 북외101 |
| 캐처 (catcher) | 캐쳐 (catcher(영)) | 남외4 |
| 캔버스[1] (canvas) | 칸바스 (canvas(영)) | 북외101 |
| 캘린더[2] (calender) | 칼렌더 (calender(영)) | 북외101 |
| 캠[1] (cam) | 캄 (cam(영)) | 북외101 |
| 캠-축 (cam軸) | 캄축 | 북외101 |
| 캠-축 (cam軸) | 캄축 | 북외101 |
| 캠퍼 (camphor) | 캄파 (camphor(영)) | 북외101 |
| 캠퍼^기름 (camphor--) | 캄파기름 | 북외101 |
| 캠퍼페놀 (camphorphenol) | 캄파페놀 (camphorphenol(영)) | 북외101 |
| 캠페인 (campaign) | 깜빠니야 (кампания(로)) | |
| 캡소미어 (capsomere) | 캅소메르 (capsomere(영)) | 북외101 |
| 캡슐 (capsule) | 카프셀 (Kapsel(도)) | |
| 캡시드 (capsid) | 캅시드 (capsid(영)) | 북외101 |
| 캥거루 (kangaroo) | 캉가루 (kangaroo(영)) | 북외101 |
| 커낼-선 (canal線) | 까날선 (канал(로)線) | |
| 커닝 (cunning) | 컨닝 (cunning(영)) | 북외70 |
| 커닝-하다 (cunning--) | 컨닝하다 (cunning(영)-) | 북외70 |
| 커버 (cover) | 카바 (cover(영)) | 북외101 |
| 커브 (curve) | 카브 (curve(영)) | |
| 커트 (cut) | 카트 (cut(영)) | 북외101 |
| 커트-하다 (cut--) | 카트하다 (cut(영)-) | 북외101 |
| 커튼 (curtain) | 카텐 (curtain(영)) | |
| 커프스 (cuffs) | 카후스 (cuffs(영)) | 북외101 |
| 커플링 (coupling) | 카프링 (coupling(영)) | 북외101 |
| 커^효과 (Kerr效果) | 카효과 (Kerr(영)效果) | |
| 컨디션 (condition) | 컨디숀 (condition(영)) | |
| 컨베이어 (conveyor) | 콘베아 (conveyer(영)) | 북외101 |
| 컬레이저 (chalaza) | 칼라자 (chalaza(영)) | 북외101 |

| 《표대》 | 《조대》 | 관련 조항 |
|---|---|---|
| 컬링 (curling) | 카링 | |
| 컴퍼스 (compass) | 콤파스 (compass(이)) | |
| 컴퓨터 (computer) | 콤퓨터 (computer(영)) | |
| 컴퓨터^단층^촬영 (computer斷層撮影) | 콤퓨터단층촬영 | |
| 컴퓨터^바이러스 (computer virus) | 콤퓨터비루스 (computer virus(영)) | |
| 컴퓨터^음악 (computer音樂) | 콤퓨터음악 (computer(영)音樂) | |
| 컴프레서 (compressor) | 콤프레싸 (←compressor(영)) | 북외100 |
| 컴프리 (comfrey) | 콤프레 (comfrey(영)) | |
| 컵 (cup) | 고뿌 (cup(영)) | |
| 컷 (cut) | 카트 (cut(영)) | 남외1, 북외101 |
| 케이블 (cable) | 케블 (cable(영)) | 북외101 |
| 케이블-카 (cable car) | 케블카 (cable car(영)) | 북외101 |
| 케이스[1] (case) | 케스 (case(영)) | 북외101 |
| 케이지[1] (cage) | 케지 (cage(영)) | 북외101 |
| 케이크 (cake) | 케키 (cake(영)) | 북외101 |
| 케첩 (ketchup) | 케챠프 (ketchup(영)) | 남외1 |
| 케토오스 (ketose) | 케토즈 (ketose(영)) | |
| 켈밋 (Kelmet) | 켈메트 (kelmet(영)) | 남외1 |
| 코냑 (←[프]cognac) | 꼬냐크 (cognac(프)) | |
| 코너^스로 (corner throw) | 코너쓰로우 (corner throw(영)) | |
| 코넷 (cornet) | 코르네트 (cornet(영)) | 남외1 |
| 코도반 (cordovan) | 고르도반 (cordovan(영)) | |
| 코딩 (coding) | 코드[2] (code(영)) | |
| 코러스 (chorus) | 코라스 (chorus(영)) | 북외101 |
| 코르네토 ([이]cornetto) | 코르네트 (cornet(영)) | |
| 코르덴 (←corded velveteen) | 골덴 (←corduroy(영)) | |
| 코르셋 (corset) | 코르세트 (corset(영)) | 남외1 |
| 코르티손 (cortisone) | 코르티존 (cortisone(영)) | |
| 코르티솔 (cortisol) | 코르티졸 (cortisol(영)) | |
| 코마-수차 (coma收差) | 꼬마수차 | |
| 코뮈니케 ([프]communiqué) | 콤뮤니케 (communiqué(프)) | |
| 코뮌 ([프]commune) | 꼼뮨 (commune(프)) | |
| 코미디 (comedy) | 코메디 (comedy(영)) | |
| 코사인 (cosine) | 코시누스 (Cosinus(라)) | |
| 코시컨트 (cosecant) | 코세칸스 (Cosecans(라)) | |
| 코즈모폴리터니즘 (cosmopolitanism) | 꼬스모뽈리찌즘 (космополитизм(로)) | |
| 코크스 (cokes) | 콕스 (Koks(도)) | |
| 코크스-로 (cokes爐) | 콕스로 (Koks(도)爐) | |

| 《표대》 | 《조대》 | 관련 조항 |
|---|---|---|
| **코크**스-화 (cokes化) | **콕**스화 | |
| **코크**스화-하다 (cokes化--) | **콕**스화하다 | |
| 코**탄젠트** (cotangent) | 코**탕겐스** (Cotangens(라)) | |
| 코**펄**^수지 (copal樹脂) | 코**팔**수지 (copal(영)樹脂) | 북외101 |
| 코**퓰러** (copula) | 코**플라** (copula(영)) | 북외101 |
| 코플**릭**^반점 (Koplik斑點) | 코플**리크**반점 (Koplik(라)斑點) | |
| **콕**[2] (cock) | **코크** (cock(영)) | 남외1 |
| 콕**사키**^**바이러**스 (Coxsackie virus) | 콕**스사키비루**스 (Coxsackievirus(라)) | |
| 콕시**듐** (coccidium) | 콕시**디움** (Coxidium(라)) | |
| **콘**크리트 (concrete) | **콩**크리트 (concrete(영)) | |
| **콘**크리트^기초 (concrete基礎) | **콩**크리트기초 | |
| **콘**크리트^말뚝 (concrete--) | **콩**크리트말뚝 | |
| **콘**크리트^블**록** (concrete block) | **콩**크리트블**로크** | 남외1 |
| **콘**크리트^치기 (concrete--) | **콩**크리트치기 | |
| **콘**크리트^침목 (concrete枕木) | **콩**크리트침목 | |
| **콘**크리트^**펌**프 (concrete pump) | **콩**크리트**뽐**프 | 북외100 |
| **콘**크리트^포장 (concrete鋪裝) | **콩**크리트포장 | |
| **콘**크리트^혼합기 (concrete混合機) | **콩**크리트혼합기 | |
| 콘트라**베이**스 (contrabass) | 콘트라**바**스 (contrabass(영)) | |
| 콘트라**파고토** ([이]contrafagotto) | 콘트라**화고트** (Kontra-fagott(도)) | |
| 콘트**랄**토 ([이]contralto) | 콘트**라알**토 (contra-alto(영)) | |
| **콘티**넨**털**^**탱**고 (continental tango) | **꼰띠**넨**따르탕**고 (←continental tango(영)) | 북외101 |
| 콜**럼버**스[1] (Columbus, Christopher) | 콜**룸부**스 | |
| 콜레**키**스토키닌 (cholecystokinin) | 콜레**시**스토키닌 (cholecystokinin(영)) | |
| 콜로**세**움 ([라]Colosseum) | 콜로**쎄**움 (Colosseum(라)) | |
| 콜로포**늄** (colophonium) | 콜로포**니움** (Kolophonium(도)) | |
| 콜리메**이**터 (collimator) | 콜리메터 (collimator(영)) | 북외101 |
| 콜리**신** (colicin) | 콜리**찐** (colicine(라)) | |
| 콜-**픽** (coal pick) | 콜**피크** (coal pick(영)) | 남외1 |
| **콜호스** ([러]kolkhoz) | **꼴호즈** (колхоз(로)) | |
| 콜**히친** (Colchicine) | 콜**키신** (colchicine(영)) | |
| **콤**바인 (combine) | **꼼**바인 (комбайн(로)) | |
| **콤**비나트 ([러]kombinat) | **꼼**비나트 (комбинат(로)) | |
| **콤소**몰 ([러]Komsomol) | **꼼쏘**몰 (комсомол(로)) | |
| 콤**팩**트 (compact) | 콤**팍**트 (compact(영)) | 북외101 |
| 콤**팩**트-디스크 (compact disk) | 콤**팍**트디스크 (compact disk(영)) | 북외101 |
| 콤프**턴**^효과 (Compton效果) | 콤프**톤**효과 (compton(영)效果) | |
| **콩**가 ([에]conga) | **콘**가 | |
| **콩**고 강 (Congo江) | **꽁**고강 (Congo江) | |

| 《표대》 | 《조대》 | 관련 조항 |
|---|---|---|
| 콩테 ([프]conté) | 꽁떼 (conté(프)) | |
| 콩트[1] ([프]conte) | 꽁뜨 (conte(프)) | |
| 콰르텟 ([이]quartette) | 콰르테트 (quartette(이)) | |
| 쿠랑트 ([프]courante) | 꾸란다 (courant(프)) | |
| 쿠션 (cushion) | 쿠숀 (cushion(영)) | |
| 쿨롬 (coulomb) | 꿀롱 (coulomb(프)) | |
| 쿨리[1] (coolie) | 쿠리 (kuli(중)) | |
| 퀴논 (quinone) | 키논 (quinone(영)) | |
| 퀴놀린 (quinoline) | 키놀린 (quinoline(영)) | |
| 퀴니딘 (quinidine) | 키니딘 (quinidine(영)) | |
| 퀴닌 (quinine) | 키닌 (quinine(영)) | |
| 퀴륨 (curium) | 큐리움 (Curium(프)) | |
| 퀴리[1] ([프]curie) | 큐리 (Curie(프)) | |
| 퀴리^온도 (Curie溫度) | 큐리온도 | |
| 퀴리-점 (Curie點) | 큐리점 (Curie(프)點) | |
| 큐벳 (cuvette) | 큐베트 (cuvette(프)) | |
| 큐티쿨라 (cuticula) | 쿠티쿨라 (Kutikula(도)) | |
| 큐틴 (cutin) | 쿠틴 (cutin(영)) | |
| 크노소스^궁전 (Cnossos宮殿) | 크노쏘스궁전 (cnossos(그)宮殿) | |
| 크라프트^펄프 (kraft pulp) | 크라프트팔프 | 북외101 |
| 크래커[2] (cracker) | 크랙커 (cracker(영)) | |
| 크래킹 (cracking) | 크라킹 (cracking(영)) | 북외101 |
| 크랭크 (crank) | 크랑크 (crank(영)) | 북외101 |
| 크랭크-축 (crank軸) | 크랑크축 | 북외101 |
| 크러셔 (crusher) | 크라셔 (crusher(영)) | 북외101 |
| 크레셴도 ([이]crescendo) | 크레쎈도 (crescendo(이)) | |
| 크레이프 (crepe) | 크레프 (crêpe(프)) | |
| 크레프^드^신 ([프]crêpe de Chine) | 크레프데신 | |
| 크렘린 (Kremlin) | 크레믈리 (Кремль(로)) | |
| 크로마토그래프 (chromatograph) | 크로마토그라프 (chromatograph(영)) | 북외101 |
| 크로마토그램 (chromatogram) | 크로마토그람 (chromatogram(영)) | 북외101 |
| 크로모마이신 (chromomycin) | 크로모미찐 (Chromomycinum(라)) | |
| 크로켓[2] ([프]croquette) | 고로께 (←croquette(프)) | |
| 크롬마그네시아^벽돌 ([독]Chrom[영]magnesia甓-) | 크롬마그네샤벽돌 | |
| 크롬산-나트륨 ([독]Chrom酸[독]Natrium) | 크롬산나트리움 | |
| 크롬산-칼륨 ([독]Chrom酸[독]Kalium) | 크롬산칼리움 | |
| 크리스천 (Christian) | 크리스챤 (Christian(영)) | 남외4 |
| 크리켓 (cricket) | 크리케트 (cricket(영)) | 남외1 |
| 크바스 ([러]kvas) | 크와스 (квас(로)) | |

| 《표대》 | 《조대》 | 관련 조항 |
|---|---|---|
| 크실로오스 (xylose) | 크실로즈 (Xylose(도)) | |
| 클라리넷 (clarinet) | 클라리네트 (clarinetto(이)) | |
| 클라미디아 (chlamydia) | 콜라마디아 (colamydia(라)) | |
| 클라브생 ([프]clavecin) | 클라브쌩 (clavecin(프)) | |
| 클라이맥스[1] (climax) | 클라이막스 (climax(영)) | 북외101 |
| 클래식 (classic) | 클라씨크 (classic(영)) | 남외1, 북외101 |
| 클랙슨 (klaxon) | 클락숀 (klaxon(영)) | 북외101 |
| 클램프 (clamp) | 클람프 (clamp(영)) | 북외101 |
| 클러치 (clutch) | 크라치 (clutch(영)) | 북외101 |
| 클로로퀸 (chloroquine) | 클로로킨 | |
| 클로로피크린 (chloropicrin) | 클로르피크린 (chlorpicrin(영)) | |
| 클로로필라아제 (chlorophylase) | 클로로필라제 (chlorophylase(영)) | |
| 클로로히드린 (chlorohydrin) | 클로르히드린 | |
| 클로르데인 (chlordane) | 클로르단 (chlordane(영)) | |
| 클로버 (clover) | 크로바 (clover(영)) | |
| 클리어스토리 (clear story) | 클레아스토리 (clearstory(영)) | 북외101 |
| 클릭 (click) | 클릭크 (click(영)) | 남외1 |
| 클린다마이신 (clindamycin) | 클린다미찐 | |
| 클립 (clip) | 클리프 (clip(영)) | 남외1 |
| 클링커[1] (clinker) | 크링카 (←clinker(영)) | 북외101 |
| 키나아제 ([독]Kinase) | 키나제 (kinase(영)) | |
| 키니코스-학파 ([그]Cynicos學派) | 키니크학파 | |
| 키르기스^어 (Kirgiz語) | 끼르기즈어 (Киргиз(로)語) | |
| 키릴^글자 (Cyrill-字) | 끼릴글자 (Кирил(로)-) | |
| 키모신 (chymosin) | 키모진 (chymosin(영)) | |
| 키아스마 ([라]chiasma) | 키아즈마 (chiasma(라)) | |
| 키톤 ([그]chiton) | 히톤 | |
| 킬레이트^시약 (chelate試藥) | 킬레트시약 (←chelating(영)試藥) | |
| 킬로 (kilo) | 키로 (kilo(영)) | |
| 킬로그램 (kilogram) | 키로그람 (kilogramme(영)) | 북외101 |
| 킬로그램미터 (kilogrammeter) | 키로그람메터 (kilogram-meter(영)) | 북외101 |
| 킬로그램-중 (kilogram重) | 키로그람중 (kilogramme(영)重) | 북외101 |
| 킬로미터 (kilometer) | 키로메터 (kilometer(영)) | |
| 킬로볼트 (kilovolt) | 키로볼트 (kilovolt(영)) | |
| 킬로볼트-암페어 (kilovolt-ampere) | 키로볼트암페아 (kilovolt-ampere(영)) | 북외101 |
| 킬로와트 (kilowatt) | 키로와트 (kilowatt(영)) | |
| 킬로와트-시 (kilowatt時) | 키로와트시 (kilowatt(영)時) | |
| 킬로칼로리 (kilocalorie) | 키로카로리 (kilocalorie(영)) | |

| 《표대》 | 《조대》 | 관련 조항 |
|---|---|---|
| 킬로톤 (kiloton) | 키로톤 (kiloton(영)) | |
| 킬로헤르츠 (kilohertz) | 키로헤르쯔 (kilohertz(도)) | |
| 타날빈 ([독]Tannalbin) | 탄날빈 (Tannalbin(도)) | |
| 타닌 (tannin) | 탄닌 (tannin(영)) | 북외70 |
| 타닌-산 (tannin酸) | 탄닌산 (tannin(영)酸) | 북외70 |
| 타닌-질 (tannin質) | 탄닌질 (tannin(영)質) | 북외70 |
| 타란텔라 ([이]tarantella) | 따란뗄라 (tarantella(이)) | |
| 타르드누아^문화 (Tardenois文化) | 따르드노아문화 (Tardenois(프)文化) | |
| 타월 (towel) | 타올 (←towel(영)) | 북외100 |
| 타이어[2] (tire) | 다이야[1] (←tire(영)) | 북외100 |
| 타이탄 (Titan) | 티탄[2] (titan(영)) | |
| 타입[2] (type) | 타이프 (type(영)) | 남외1 |
| 타타르^어 (Tatar語) | 따따르어 (Татар(로)語) | |
| 타타르^해협 (Tatar海峽) | 따따르해협 (Татар(로)海峽) | |
| 탄도^로켓 (彈道rocket) | 탄도로케트 (彈道rocket(영)) | 남외1 |
| 탄도^미사일 (彈道missile) | 탄도미싸일 | 북외101 |
| 탄산-나트륨 (炭酸[독]Natrium) | 탄산나트리움 | |
| 탄산-마그네슘 (炭酸magnesium) | 탄산마그네시움 | |
| 탄산-바륨 (炭酸barium) | 탄산바리움 | |
| 탄산-암모늄 (炭酸ammonium) | 탄산암모니움 | |
| 탄산-칼륨 (炭酸[독]Kalium) | 탄산칼리움 | |
| 탄산-칼슘 (炭酸calcium) | 탄산칼시움 | |
| 탄젠트 (tangent) | 탕겐스 (Tangens(라)) | |
| 탄화-칼슘 (炭化calcium) | 탄화칼시움 | |
| 탈륨 ([독]Thallium) | 탈리움 (thallium(영)) | |
| 탐탐[3] (tam-tam) | 땀땀 (tam. tam(영)) | |
| 태양^스펙트럼 (太陽spectrum) | 태양스펙트르 | 북외100 |
| 태양^에너지 (太陽energy) | 태양에네르기 | |
| 태팅 (tatting) | 타팅 (tatting(영)) | 북외101 |
| 태피터 (taffeta) | 다후다 (taffetas(프)) | |
| 탤크 (talc) | 탈크 (talc(영)) | 북외101 |
| 탬버린 (tambourine) | 탐부린 (tambourine(영)) | 북외101 |
| 탱고[2] (tango) | 탕고 (tango(영)) | 북외101 |
| 탱크 (tank) | 땅크 (←tank(영)) | 북외100 |
| 탱크 (tank) | 탕크 (tank(영)) | 북외101 |
| 탱크-차 (tank車) | 탕크차 (tank(영)車) | 북외101 |
| 터널 (tunnel) | 턴넬 (tunnel(영)) | 북외70 |
| 터릿^선반 (turret旋盤) | 타레트선반 (turret(영)旋盤) | 남외1,<br>북외101 |

| 《표대》 | 《조대》 | 관련 조항 |
|---|---|---|
| 터번 (turban) | 타반 (turban(영)) | |
| 터보건 (toboggan) | 토보간 (toboggan(영)) | 북외101 |
| 터보^송풍기 (turbo送風機) | 타보송풍기 | 북외101 |
| 터보^압축기 (turbo壓縮機) | 타보압축기 | 북외101 |
| 터부 (taboo) | 타부 (tabu(영)) | 북외101 |
| 터빈 (turbine) | 타빈 (turbine(영)) | |
| 터빈^날개 (turbine--) | 타빈날개 | |
| 터빈^노즐 (turbine nozzle) | 타빈노즐 (turbine nozzle(영)) | |
| 터빈-유 (turbine油) | 타빈유 (turbine(영)油) | |
| 터빈^펌프 (turbine pump) | 타빈뽐프 | 북외100 |
| 터치 (touch) | 타치 (touch(영)) | 북외101 |
| 터키^어 (Turkey語) | 뛰르끼예어 | |
| 텅스텐 (tungsten) | 탕그스텐 (tungsten(영)) | 북외101 |
| 테너 (tenor) | 테노르 (tenor(이)) | |
| 테너^기호 (tenor記號) | 테노르기호 | |
| 테라마이신 (Terramycin) | 테라미찐 (terramycinum(라)) | |
| 테라초 ([이]terrazzo) | 테라조 (terrazzo(영)) | |
| 테러 (terror) | 테로 (terror(영)) | |
| 테러-단 (terror團) | 테로단 (terror(영)團) | |
| 테러리스트 (terrorist) | 테로리스트 (terrorist(영)) | |
| 테러리즘 (terrorism) | 테로리즘 (terrorism(영)) | |
| 테르밋 (thermit) | 테르미트 (thermit(영)) | 남외1 |
| 테르밋-법 (thermit法) | 테르미트법 | 남외1 |
| 테르밋^용접 (thermit鎔接) | 테르미트용접 | 남외1 |
| 테르븀 (terbium) | 테르비움 (terbium(영)) | |
| 테이블 (table) | 테블 (table(영)) | 북외101 |
| 테이프 (tape) | 테프 (tape(영)) | 북외101 |
| 테이프^천 (tape-) | 테프천 | 북외101 |
| 테크네튬 (technetium) | 테크네티움 (technetium(영)) | |
| 테크닉 (technic) | 테크니크 (technique(프)) | |
| 테트라시클린 (tetracycline) | 테트라찌클린 (Tetracyclinum(라)) | |
| 텐서 (tensor) | 텐소르 (tensor(영)) | |
| 텔레비전 (television) | 텔레비죤 (television(영)) | 남외3 |
| 텔레비전^영화 (television映畫) | 텔레비죤영화 | 남외3 |
| 텔레비전^전화 (television電話) | 텔레비죤전화 | 남외3 |
| 텔레비전^중계 (television中繼) | 텔레비죤중계 | 남외3 |
| 텔레비전^중계차 (television中繼車) | 텔레비죤중계차 | 남외3 |
| 텔레비전^카메라 (television camera) | 텔레비죤카메라 | 남외3 |
| 텔레비전^회의 (television會議) | 텔레비죤회의 | 남외3 |

| 《표대》 | 《조대》 | 관련 조항 |
|---|---|---|
| 텔레팩스 (telefax) | 텔레팍스 (←telefacsimile(영)) | 북외101 |
| 템페라 ([이]tempera) | 뗌뻬라 (tempera(이)) | |
| 토너먼트 (tournament) | 토나멘트 (tournament(영)) | |
| 토닉 (tonic) | 토니크 (tonic(영)) | 남외1 |
| 토륨 (thorium) | 토리움 (thorium(영)) | |
| 토마토 (tomato) | 도마도 (tomato(영)) | |
| 토치카 ([러]tochka) | 또치까 (точка(로)) | |
| 토카타 ([이]toccata) | 또까따 (toccata(이)) | |
| 토크[1] (toque) | 토쿠 (toque(영)) | |
| 토픽 (topic) | 토피크 (topic(영)) | 남외1 |
| 톡소플라스마 (toxoplasma) | 톡소플라즈마 (toxoplasma(영)) | |
| 톤[2] (tone) | 똔 (tonos(그)) | |
| 톤-킬로 (ton-kilo) | 톤키로 | |
| 톤-킬로미터 (ton-kilometer) | 톤키로메터 (ton-kilometre(영)) | |
| 톱[4] (top) | 토프 (top(영)) | 남외1 |
| 톱-뉴스 (▼top news) | 토프뉴스 (topnews(영)) | 남외1 |
| 통신^케이블 (通信cable) | 통신케블 | 북외101 |
| 투르크멘^어 (Turkmen語) | 뚜르크메니아어 (Трkмения(로)語) | |
| 툴륨 (thulium) | 툴리움 (thulium(영)) | |
| 튜브 (tube) | 쥬브 (←tube(영)) | 북외100 |
| 트라이앵글 (triangle) | 트라이앙글 (triangle(영)) | 북외101 |
| 트랙터 (tractor) | 뜨락또르 (трактор(로)) | |
| 트랜셉트 (transept) | 트란셉트 (transept(영)) | 북외101 |
| 트랜스[2] (←transformer) | 도란스 (←transformer(영)) | 북외100 |
| 트랜스포존 (transposon) | 트란스포존 (transposon(영)) | 북외101 |
| 트랜지스터 (transistor) | 트란지스터 (transistor(영)) | 북외101 |
| 트랩[1] (trap) | 타라프 (←trap(영)) | 남외1 |
| 트러스 (truss) | 트라스 (truss(영)) | 북외101 |
| 트러스트 (trust) | 트레스트 (Трест(로)) | |
| 트럼펫 (trumpet) | 트럼베트 (←trumpet(영)) | 남외1 |
| 트로이[2] (Troy) | 트로야 (Troja(라)) | |
| 트로이^전쟁 (Troy戰爭) | 트로야전쟁 (Troja(라)戰爭) | |
| 트로이카 ([러]troika) | 뜨로이까 (тройка(로)) | |
| 트로츠키-주의 (Trotskii主義) | 뜨로쯔끼주의 (Троцкий(로)主義) | |
| 트로포 ([이]troppo) | 뜨롬뽀 (troppo(이)) | |
| 트롤 (trawl) | 뜨랄 (трал(로)) | |
| 트롤리 (trolley) | 추로리 (←trolley(영)) | 북외100 |
| 트롤-선 (trawl船) | 뜨랄선 (-船) | |
| 트롤^어업 (trawl漁業) | 뜨랄어업 | |

| 《표대》 | 《조대》 | 관련 조항 |
|---|---|---|
| 트**롯** (trot) | 트**로트** (trot(영)) | 남외1 |
| 트루**먼**-주의 (Truman主義) | 《트루**맨**주의》 | |
| 트루바**두**르 ([프]troubadour) | 트루바**뚜**르 (troubadour(프)) | |
| 트**루**스**타이**트 (troostite) | 트**로**스**티**트 (troostite(영)) | |
| 트리암**시**놀론 (triamcinolone) | 트리암**찌**놀론 | |
| **트**리**코** ([프]tricot) | **뜨**리**꼬** (tricot(프)) | |
| 트리코**마이신** (trichomycin) | 트리코**미찐** (Trichomycinum(라)) | |
| 트리**튬** (tritium) | 트리**티움** (tritium(영)) | |
| 트리플^**점**프 (triple jump) | 트리플**쟘**프 (triplejump(영)) | 남외4 |
| 특수^필**름** (特殊film) | 특수필**림** | |
| 티로시나**아**제 (tyrosinase) | 티로시나제 (tyrosinase(영)) | |
| 티**비온** ([독]Tibion) | 티**본** (Tibon(도)) | |
| 티오시안산-칼**륨** (←thiocyanic酸[독]Kalium) | 티오시안산칼**리움** | |
| 티오알**코올** (thioalcohol) | 티오알**콜** (thioalcohol(영)) | |
| **티**케 (Tyche) | **디**케 | |
| 티탄산-바**륨** ([독]Titan酸[영]barium) | 티탄산바**리움** (Titan(도)酸barium(영)) | |
| 티**푸**스 (typhus) | 티**브**스 (Typhus(도)) | |
| 틴**들**^현상 (Tyndall現象) | 틴**달**현상 (Tyndall(영)現象) | |
| **파**$^{8}$ ([이]fa) | **화**$^{7}$ (fa(이)) | |
| **파**나마^운하 (Panama運河) | **빠**나마운하 (Panama(에)運河) | |
| **파**라과이^전쟁 (Paraguay戰爭) | **빠**라과이전쟁 (Paraguay(영)戰爭) | |
| 파라아미노-살리**실**산 (←para-amino salicylic酸) | 파라아미노살리**칠**산 (←para-aminosalicylic(영)酸) | |
| 파라티**푸**스 ([독]Paratyphus) | 파라티**브**스 (Paratyphus(도)) | |
| 파라티**푸**스-균 ([독]Paratyphus菌) | 파라티**브**스균 | |
| 파**랄**림픽 (Paralympics) | 파**라**림픽 (Paralympic(영)) | |
| **파르티잔** (←[프]partisan) | **빨찌산** (partisan(프)) | |
| **파**리^강화^조약 (Paris講和條約) | **빠**리강화조약 | |
| **파**리^강화^회의 (Paris講和會議) | **빠**리강화회의 | |
| **파**리^**코뮌** (Paris Commune) | **빠**리**콤뮨** (Paris Commune(프)) | |
| 파마**퀸** (pamaquine) | 파마**킨** (pamaquine(영)) | |
| 파**섹** (parsec) | 파**세크** (parsec(영)) | 남외1 |
| 파**쇼** ([이]fascio) | 파**쑈** (fascio(이)) | |
| 파스$^{2}$ (farce) | 파**르**스 (farce(프)) | |
| 파스$^{5}$ (←[독]Pasta) | 파스**타** (Pasta(도)) | |
| 파스**큘**라 (PASKYULA) | 《파스**큐**라》 (←PASKYULA(영)) | |
| 파**슬**리 (parsley) | 파**세**리 (←parsley(영)) | 북외100 |
| **파운**드$^{1}$ (pound) | **폰**드$^{2}$ (pond(그)) | |
| **파울러**-수 (Fowler水) | **포울레르**수 (powler(영)水) | |

| 《표대》 | 《조대》 | 관련 조항 |
|---|---|---|
| 파이톤사이드 (phytoncide) | 피톤시드 (phytoncide(영)) | |
| 파인애플 (pineapple) | 파이내플 (pineapple(영)) | |
| 파일럿 (pilot) | 파일로트 (pilot(영)) | 남외1 |
| 파일론 (pylon) | 필론 (pylon(라)) | |
| 판초 (poncho) | 뽄쵸 (poncho(에)) | |
| 판타지아 ([이]fantasia) | 환따지아 (fantasia(이)) | |
| 판화^롤러 (版畫roller) | 판화로라 | 북외101 |
| 팔라듐 (palladium) | 팔라디움 (palladium(영)) | |
| 팔라초 ([이]palazzo) | 팔라쪼 (palazzo(이)) | |
| 팔미트-산 (←palmitic酸) | 팔미틴산 (palmitin(영)酸) | |
| 팔세토 ([이]falsetto) | 팔쎄토 (falsetto(영)) | |
| 패널 (panel) | 빠넬 (панель(로)) | |
| 패러데이^효과 (Faraday效果) | 파라데이효과 (Faraday(영)效果) | 북외101 |
| 패럿 (farad) | 파라드 (farad(영)) | 북외101 |
| 패스 (pass) | 파스[2] (pass(영)) | |
| 패스-하다 (pass--) | 파스하다 (pass(영)-) | |
| 패시지 (passage) | 파쎄이지 (passage(영)) | 북외101 |
| 패킹 (packing) | 바킹 | 북외101 |
| 팩스 (fax) | 팍스 (fax(영)) | 북외101 |
| 팬츠 (pants) | 빤쯔 (←pants(영)) | 북외101 |
| 팬터그래프 (pantagraph) | 판토그라프 (pantograph(영)) | 북외101 |
| 팬티 (←panties) | 판티스 (panties(영)) | |
| 팸플릿 (pamphlet) | 팜플레트 (pamphlet(영)) | 남외1,<br>북외101 |
| 팽창^시멘트 (膨脹cement) | 팽창세멘트 | |
| 퍼멀로이 (permalloy) | 퍼말로이 (Permalloy(영)) | 북외101 |
| 퍼센트 (percent) | 프로쎈트 (←procento(뽀)) | |
| 퍼센티지 (percentage) | 퍼센테지 (percentage(영)) | |
| 퍼텐셜 (potential) | 포텐샬 (potential(영)) | |
| 퍼텐셜^에너지 (potential energy) | 포텐샬에네르기 | |
| 퍼트[1] (PERT) | 파트[2] (PERT(영)) | |
| 퍼티 (putty) | 빠데 (←putty(영)) | 북외100 |
| 퍽[3] (puck) | 팍[1] (puck(영)) | 북외101 |
| 펀드 (fund) | 폰드[1] (фонд(로)) | |
| 펀치[1] (punch) | 뽄찌 (←punch(영)) | 북외100 |
| 펀치[2] (punch) | 뽄찌 (←punch(영)) | 북외100 |
| 펀칭 (punching) | 판칭 (punching(영)) | 북외101 |
| 펄서 (pulsar) | 풀사르 (Pulsar(도)) | |
| 펄프 (pulp) | 팔프 (pulp(영)) | 북외101 |

| 《표대》 | 《조대》 | 관련 조항 |
|---|---|---|
| 펌프 (pump) | 뽐프 (pomp(네)) | 북외100 |
| 펑크 (←puncture) | 빵크 (←puncture(영)) | 북외100 |
| 페놀-에테르 (phenol ether) | 페닐에테르 (phenylether(영)) | |
| 페달 (pedal) | 베달 (pedal(영)) | |
| 페로시안화-칼륨 (←ferrocyanide化[독]Kalium) | 페로시안화칼리움 | |
| 페로체 ([이]feroce) | 페로쩨 (feroce(이)) | |
| 페르뮴 (fermium) | 페르미움 (fermium(영)) | |
| 페르시아^국가 (Persia國家) | 페르샤국가 (Persia(영)國家) | |
| 페르시아^미술 (Persia美術) | 페르샤미술 | |
| 페르시아^어 (Persia語) | 페르샤어 (Persia(영)語) | |
| 페름-기 (←Permian紀) | 뻬름기 (перм(로)期) | |
| 페리시안화-칼륨 (←ferrycianide化[독]Kalium) | 페리시안화칼리움 (←ferricyan(영)化Kalium(도)) | |
| 페리틴 (ferritin) | 훼리틴 (ferritin(영)) | 북외100 |
| 페이지 (page) | 페지[3] (page(영)) | 북외101 |
| 페인트-칠 (paint漆) | 뼁끼칠 | |
| 페인트칠-하다 (paint漆--) | 뼁끼칠하다 | |
| 페치카 ([러]pechka) | 뻬치까 (печка(로)) | |
| 펜더 (fender) | 후엔다 (fender(영)) | 북외100, 북외101 |
| 펜던트 (pendant) | 펜단트 (pendant(영)) | 북외101 |
| 펜치 (←pincers) | 뻰찌 (←pincers(영)) | |
| 펠로폰네소스^전쟁 (Peloponnesos戰爭) | 뻴로뽄니스전쟁 (Peloponesos(그)戰爭) | |
| 펠리컨 (pelican) | 펠리칸 (pelican(영)) | 북외101 |
| 펩티도글리칸 (Peptidoglycan) | 펩티드글리칸 (peptidoglycan(영)) | |
| 펭귄 (penguin) | 펭긴 (penguin(영)) | |
| 편광^필터 (偏光filter) | 편광휠터 | 북외100 |
| 평-리벳 (平rivet) | 평리베트 (平rivet(영)) | 남외1 |
| 평방-미터 (平方meter) | 평방메터 | |
| 포럴 (poral) | 뽀라 (←poral(영)) | 북외100 |
| 포럼 (forum) | 포룸 (forum(라)) | |
| 포르투갈^어 (Portugal語) | 뽀르뚜갈어 (Portugal(뽀)語) | |
| 포르티시모 ([이]fortissimo) | 포르티씨모 (fortissimo(이)) | |
| 포르티시시모 ([이]fortississimo) | 포르티씨씨모 (fortississimo(이)) | |
| 포마드 (pomade) | 뽀마도 (←pomade(영)) | 북외100 |
| 포마토 (pomato) | 포마도 (pomato(영)) | |
| 포맷 (format) | 포마트 (format(영)) | 남외1, 북외101 |
| 포스터-컬러 (poster color) | 포스터카라 (poster colour(영)) | 북외101 |

외래어

| 《표대》 | 《조대》 | 관련 조항 |
|---|---|---|
| 포스파타아제 ([독] Phosphatase) | 포스파타제 (Phosphatase(도)) | |
| 포인팅^벡터 (Poynting vector) | 포인팅벡토르 (Poynting vector(영)) | |
| 포지트로늄 (positronium) | 포지트로니움 (positronium(영)) | |
| 포켓 (pocket) | 포케트 (pocket(영)) | 남외1 |
| 포타슘 (potassium) | 포타시움 (potassium(영)) | |
| 포탈라 궁 (Potala宮) | 푸따라궁 | |
| 포틀랜드^시멘트 (Portland cement) | 포틀랜드세멘트 (Portland cement(영)) | |
| 포플러 (poplar) | 뽀뿌라 (←popular(영)) | 북외100 |
| 폭스트롯 (foxtrot) | 폭스트로트 (foxtrot(영)) | 남외1 |
| 폴란드^계승^전쟁 (Poland繼承戰爭) | 뽈스까계승전쟁 (Polska(뽈)繼承戰爭) | |
| 폴란드^분할 (Poland分割) | 뽈스까분할 | |
| 폴란드^어 (Poland語) | 뽈스까어 (Polska(뽈)語) | |
| 폴로네즈 ([프] polonaise) | 뽈로네즈 (полонез(로)) | |
| 폴로늄 (polonium) | 폴로니움 (polonium(영)) | |
| 폴리비닐^알코올 (polyvinyl alcohol) | 폴리비닐알콜 (polyvinylalcohol(영)) | |
| 폴리오바이러스 (poliovirus) | 폴리오비루스 (polyovirus(영)) | |
| 폴리카보네이트 (polycarbonate) | 폴리카르보나트 (polycarbonate(영)) | |
| 폴립 (polyp) | 폴리프 (polyp(영)) | 남외1 |
| 폴링[2] (polling) | 포링 (polling(영)) | |
| 폴카 (polka) | 뽈까 (polka(체)) | |
| 폴하르트-법 (Volhard法) | 폴하르드법 (Volhard(도)法) | |
| 폼[2] (←platform) | 홈[2] (←platform(영)) | 북외100 |
| 푄 ([독] Föhn) | 휀 (Föhn(도)) | |
| 푸가 ([이] fuga) | 후가[4] (fuga(영)) | |
| 푸드 (pud) | 뿌드 (пуд(로)) | |
| 푸르푸랄 (furfural) | 푸르푸롤 (furfurol(영)) | |
| 푸아즈 ([프] poise) | 뽀아즈 (poise(프)) | |
| 푸크시아 (fuchsia) | 후크시아 | 북외100 |
| 풋라이트 (footlight) | 푸트라이트 (footlights(영)) | 남외1 |
| 풋-촉 (foot燭) | 푸트촉 (foot(영)燭) | 남외1 |
| 퓌레 ([프] purée) | 쀼레 (purēe(프)) | |
| 퓨젤-유 (fusel油) | 푸젤유 (fusel(영)油) | |
| 퓨즈 (fuse) | 휴즈 (fuse(영)) | 북외100 |
| 프라세오디뮴 (praseodymium) | 프라세오딤 (Praseodym(도)) | |
| 프라이온 (prion) | 프리온 (prion(영)) | |
| 프라이팬 (frypan) | 후라이판 (frying pan(영)) | 북외100, 북외101 |
| 프락치 (←[러] fraktsiya) | 프락찌야 (фракция(로)) | |
| 프랑슘 (francium) | 프란시움 (francium(영)) | |

| 《표대》 | 《조대》 | 관련 조항 |
|---|---|---|
| 프래그머티즘 (pragmatism) | 프라그마티즘 (pragmatism(영)) | 북외101 |
| 프레드니솔론 (prednisolon) | 프레드니졸론 (Prednisolonum(라)) | |
| 프레스코[1] ([이] fresco) | 프레스꼬 (fresco(이)) | |
| 프레이즈 (fraise) | 후라이스 (fraise(영)) | 북외100 |
| 프레이즈-반 (fraise盤) | 후라이스반 | 북외100 |
| 프레임 (frame) | 흐렘 (frame(영)) | 북외100, 북외101 |
| 프로그래밍^언어 (programming言語) | 프로그람언어 | |
| 프로그램 (program) | 프로그람 (programme(영)) | 북외101 |
| 프로락틴 (prolactin) | 프롤락틴 (Prolactinum(라)) | |
| 프로^레슬링 (←professional wrestling) | 프로레스링 (←professional wrestling(영)) | |
| 프로메튬 (promethium) | 프로메티움 (promethium(영)) | |
| 프로미넌스 (prominence) | 프로미넨스 (prominence(영)) | |
| 프로방스^어 (Provence語) | 프로방쌀어 (Provençal(프)語) | |
| 프로시아^국가 (Prossia國家) | 프로씨아국가 (Prossia(라)國家) | |
| 프로이트-주의 (Freud主義) | 프로이드주의 (Freud(도)主義) | |
| 프로트악티늄 (protactinium) | 프로트악티니움 (protactinium(영)) | |
| 프로판올 (propanol) | 프로파놀 (propanol(영)) | |
| 프로필-알코올 (propyl alcohol) | 프로필알콜 (propylalcohol(영)) | |
| 프록-코트 (frock coat) | 후록코트 (frockcoat(영)) | 북외100 |
| 프롤레타리아 ([프] prolétariat) | 프로레타리아 (Prolétaria(프)) | |
| 프롤레타리아^국제주의 ([프] prolétariat國際主義) | 프로레타리아국제주의 | |
| 프롤레타리아^독재 ([프] prolétariat獨裁) | 프로레타리아독재 | |
| 프롤레타리아트 ([독] Proletariat) | 프로레타리아트 (Proletariat(도)) | |
| 프롤레타리아^혁명 ([프] prolétariat革命) | 프로레타리아혁명 | |
| 프롬프터 (prompter) | 프럼프터 (prompter(영)) | |
| 프리깃-함 (frigate艦) | 프리게트함 (frigate(영)艦) | 남외1 |
| 프리델・크라프츠^반응 (Friedel-Crafts反應) | 프리댈-크라프츠반응 (Fridel-Crafts(영)反應) | |
| 프리즈 (frieze) | 후리즈 (frieze(영)) | 북외100 |
| 프리지어 (freesia) | 프리지아 (freesia(영)) | 북외101 |
| 플라스마 (plasma) | 플라즈마 (plasma(영)) | |
| 플라스마^진동 (plasma振動) | 플라즈마진동 | |
| 플라스미드 (plasmid) | 플라즈미드 (plasmid(영)) | |
| 플라스민 (plasmin) | 플라즈민 (plasmin(영)) | |
| 플라타너스 (platanus) | 플라타나스 (Platanus(라)) | |
| 플란넬 (flannel) | 후란넬 (flannel(영)) | 북외100 |
| 플래빈 (flavin) | 플라빈 (flavin(영)) | |
| 플래빈^효소 (flavin酵素) | 플라빈효소 | |

| 《표대》 | 《조대》 | 관련 조항 |
|---|---|---|
| 플래시 (flash) | 플라쉬 (flash(영)) | 남외3, 북외101 |
| 플래카드 (placard) | 프랑카드 (placard(영)) | |
| 플랜지 (flange) | 후란지 (flange(영)) | 북외100, 북외101 |
| 플랫폼 (platform) | 플래트홈 (platform(영)) | 남외1, 북외100 |
| 플러그 (plug) | 플라그 (plug(영)) | 북외101 |
| 플러스 (plus) | 플루스 (Plus(라)) | |
| 플런저 (plunger) | 플란쟈 (plunger(영)) | 남외4, 북외101 |
| 플런저^펌프 (plunger pump) | 플란쟈뽐프 | 남외4, 북외100, 북외101 |
| 플럼비콘 (plumbicon) | 플람비콘 (plumbicon(영)) | 북외101 |
| 플레이너 (planer) | 프레나 (←planer(영)) | 북외101 |
| 플레이아데스-성단 (Pleiades星團) | 플레아데스성단 | |
| 플루토늄 (plutonium) | 플루토니움 (plutonium(영)) | |
| 플루트 (flute) | 플류트 (flute(영)) | |
| 피겨[2] (figure) | 휘거 (←figure(영)) | 북외100 |
| 피날레 ([이]finale) | 휘날레 (finale(이)) | |
| 피날레 ([이]finale) | 피날[2] (финал(로)) | |
| 피너클 (pinnacle) | 피나클리 (Pinnacle(라)) | |
| 피네 ([이]fine) | 휘네 (fine(이)) | |
| 피라지나마이드 (pyrazinamide) | 피라진아미드 (Pyrazinamidum(라)) | |
| 피루브-산 (←pyruvic酸) | 피루빈산 (pyruvic(영)酸) | |
| 피브리노겐 (fibrinogen) | 피부리노겐 (Fibrinogen(라)) | |
| 피사[2] (Pisa) | 삐사 | |
| 피사의 사탑 (Pisa-斜塔) | 삐사의 사탑 | |
| 피스톤^펌프 (piston pump) | 피스톤뽐프 | 북외100 |
| 피시피 (PCP) | 피씨피 (P.C.P(영)) | 북외101 |
| 피아니시모 ([이]pianissimo) | 피아니씨모 (pianissimo(이)) | |
| 피치^게이지 (pitch gauge) | 피치게지 (pitch gauge(영)) | 북외101 |
| 피치-코크스 (pitch cokes) | 피치콕스 (pitch(영)Koks(도)) | |
| 피콜로 (piccolo) | 픽콜로 (piccolo(이)) | |
| 피콜로-플루트 (piccolo-flute) | 픽콜로플류트 (piccolo flute(이)) | |
| 피크르-산 (←picric酸) | 피크린산 (←picric(영)酸) | |
| 피타고라스 (Pythagoras) | 피다고라스 (Pythagoras(그)) | |
| 피타고라스-학파 (Pythagoras學派) | 피다고라스학파 | |
| 피톤치드 (phytoncide) | 피톤시드 (phytoncide(영)) | |

| 《표대》 | 《조대》 | 관련 조항 |
| --- | --- | --- |
| **피튜**니아 (petunia) | **페투**니아 | |
| 피**튜**이트린 (pituitrin) | 피**투**이트린 (pituitrinum(라)) | |
| 피**펫** (pipette) | 피**페트** (pipette(영)) | 남외1 |
| 픽[2] (pick) | 픽**크** (pick(영)) | 남외1 |
| 핀**셋** (pincette) | 핀**세트** (pincette(프)) | |
| 핀치**콕** (pinchcock) | 핀치**코크** (pinchcock(영)) | 남외1 |
| 필**름** (film) | 필**림** (фильм(로)) | |
| 필**름**^감색법 (film減色法) | 필**림**감색법 | |
| 필**름**^**배지** (film badge) | 필**림빠찌** (←filmbage(영)) | 북외101 |
| 필**름**^송상 (film送像) | 필**림**송상 | |
| 하디·**바**인베르**크**의 법칙 (Hardy-Weinberg-法則) | 하디-**와**인베르**그**의 법칙 | |
| 하이델베르**크**-인 (Heidelberg人) | 하이델베르**그**인 (Heidelberg(도)人) | |
| **하이**드로^방향족^화합물 (hydro芳香族化合物) | **히**드로방향족화합물 | |
| 하이-비**전** (▼←high television) | 하이비**죤** (Highvision(영)) | 남외3 |
| **하이**에나 (hyena) | **히**에나 (hyena(영)) | |
| **하키** (hockey) | **호케이** (hockey(영)) | |
| 하프**늄** (hafnium) | 하프**니움** (Hafnium(영)) | |
| 하프시코**드** (harpsichord) | 하프시코**트** (harpsichord(영)) | |
| 한**티**^어 (Khanty語) | 한**띄**어 (ханты(로)語) | |
| 할**렐**루야 ([히] hallelujah) | 할**레**루야 (hallelujah(헤)) | |
| 합성^**펄**프 (合成pulp) | 합성**팔**프 | 북외101 |
| 항균^스펙트**럼** (抗菌spectrum) | 항균스펙트**르** | 북외100 |
| **해머** (hammer) | **함마** (hammer(영)) | 북외70, 북외101 |
| 해양^로**봇** (海洋robot) | 해양로**보트** (海洋robot(영)) | 남외1 |
| 해저^케**이**블 (海底cable) | 해저케블 | 북외101 |
| 해저^**터널** (海底tunnel) | 해저**턴넬** | 북외70 |
| 핵결합^에**너지** (核結合energy) | 핵결합에**네르기** | |
| 핵-미**사**일 (核missile) | 핵미**싸**일 | 북외101 |
| 핵-에**너지** (核energy) | 핵에**네르기** | |
| 핸드**백** (handbag) | 핸드**빽** (handbag(영)) | 북외101 |
| 헤르**츠**[3] (Hertz) | 헤르**쯔** (Hertz(도)) | |
| 헤모**지**데린 (hemosiderin) | 헤모**시**데린 (hemosiderin(영)) | |
| 헤**이**그^밀사^사건 (Hague密使事件) | 헤그밀사사건 (Hague(영)密使事件) | 북외101 |
| 헥사메틸렌테트라민 (hexamethylenetetramine) | 헥사메틸렌테트라**아**민 (hexamethylenetetramine(영)) | |
| 헥**산알** (hexanal) | 헥**사날** (hexanal(영)) | |
| 헥소**오스** (hexose) | 헥소**즈** (hexose(영)) | |
| 헥**토**-그**램** (hectogram) | 헥**터**그**람** (hectogram(영)) | 북외101 |

| 《표대》 | 《조대》 | 관련 조항 |
|---|---|---|
| 헥토-리터 (hectoliter) | 헥터리터 (hectolitre(영)) | |
| 헥토-미터 (hectometer) | 헥터메터 (hectometre(영)) | |
| 헥토파스칼 (hectopascal) | 헥터파스칼 (hectopascal(영)) | |
| 헬륨 (helium) | 헬리움 (Helium(영)) | |
| 헬륨^온도 (helium溫度) | 헬리움온도 | |
| 헬멧 (helmet) | 헬메트 (helmet(영)) | 남외1 |
| 호도그래프 (hodograph) | 호도그라프 (hodograph(영)) | 북외101 |
| 호몰로지 (homology) | 호모로지 | |
| 호브 (hob) | 호쁘 (←hob(영)) | 북외101 |
| 호지킨-병 (Hodgkin病) | 호드킨병 (Hodkine(영)病) | |
| 호퍼[2] (hopper) | 호빠 (←hopper(영)) | 북외101 |
| 혼[3] (horn) | 호른 (horn(영)) | |
| 혼성^컴퓨터 (混成computer) | 혼성콤퓨터 | |
| 혼합^시멘트 (混合cement) | 혼합세멘트 | |
| 홀로그래피 (holography) | 홀로그라프 (holograph(영)) | |
| 홀로그램 (hologram) | 홀로그람 (hologram(영)) | 북외101 |
| 홀뮴 (holmium) | 홀미움 (Holmium(영)) | |
| 홈스펀 (homespun) | 홈스판 (homespun(영)) | 북외101 |
| 홉[2] (hop) | 호프[1] (hop(영)) | 남외1 |
| 화학^에너지 (化學energy) | 화학에네르기 | |
| 화학^퍼텐셜 (化學potential) | 화학포텐샬 | |
| 화학^펄프 (化學pulp) | 화학팔프 | 북외101 |
| 확산^펌프 (擴散pump) | 확산뽐프 | 북외100 |
| 활성화 에너지 (活性化energy) | 활성화에네르기 | |
| 회전^펌프 (回轉pump) | 회전뽐프 | 북외100 |
| 효과^필터 (效果filter) | 효과휠터 (效果filter(영)) | 북외100 |
| 휴머니스트 (humanist) | 휴마니스트 (humanist(영)) | 북외101 |
| 휴머니즘 (humanism) | 휴마니즘 (humanism(영)) | 북외101 |
| 흡수^스펙트럼 (吸收spectrum) | 흡수스펙트르 | 북외100 |
| 히드로늄^이온 (hydronium ion) | 히드로니움이온 (hydronium(영)ion(그)) | |
| 히드로코르티손 (hydrocortisone) | 히드로코르티존 (hydrocortisone(영)) | |
| 히드로퀴논 (hydroquinone) | 히드로키논 (hydroquinone(영)) | |
| 히드롤라아제 (hydrolase) | 히드롤라제 (hydrolase(영)) | |
| 히스토그램 (histogram) | 히스토그람 (histogram(영)) | 북외101 |
| 히아신스 (Hyacinth) | 히야신스 (←hyacinth(영)) | |
| 히알루로니다아 ([독]Hyaluronidase) | 히알루로니다제 (Hyaluronidase(라)) | |
| 히푸르-산 (←hippuric酸) | 힙푸린산 (Hippurin(라)酸) | |

## 4.4. 기타 표기 차이 올림말 목록

기타 표기 차이 올림말 목록은 '《표대》', '《조대》', '관련 조항' 난으로 구분하고 '《표대》'와 '《조대》'에서는 사전 올림말과 함께 원어도 제시하였다. '관련 조항'에는 해당 표기와 관련이 있는 《한글 맞춤법》과 《표준어 규정》(표준어 사정 원칙)을 제시하였다. 《한글 맞춤법》은 '맞'으로 《표준어 규정》(표준어 사정 원칙)은 '표'로 제시하였다. 덧붙여, '관련 조항'이 《표준어 규정》(표준어 사정 원칙)의 제14~16항인 올림말은 《표대》의 규범어를 기준으로 분류하였다.

| 《표대》 | 《조대》 | 관련 조항 |
|---|---|---|
| 가감-**판** (加減瓣) | 가감**변** | |
| 가**구**[1] (佳句) | 가**귀**[2] (佳句) | 맞52 |
| 가구-**장**이 (家具--) | 가구**쟁**이 | 표9 |
| 가꾸러-**트**리다 | 가꾸러**뜨**리다 | |
| 가-**녘** | 가**녘** | |
| 가느-**닿**다 | 가느다**랗**다 | 표16 |
| 가는-**체** | 가는**채** | |
| 가대기-**꾼** | 가대기**군** | 맞54 |
| 가**댁**-질 | 가**닥**질 | |
| **가댁**-질 | **개닥**질 | |
| **가댁**질-하다 | **개닥**질하다 | |
| 가든그-**트**리다 | 가든그**뜨**리다 | |
| 가뜩가뜩-**이** | 가뜩가뜩**히** | 맞51 |
| 가뜩-**이**[1] | 가뜩**히** | 맞51 |
| 가락-가락 | 가락가락**이** | |
| 가랑-**니** | 가랑**이**[1] | 맞27 |
| 가랑-무 | 가랑무**우** | 표14 |
| 가**랑**이[1] | 가**랭**이 | 표9 |
| 가**랖** | 가**라지**[1] | |
| 가래-**꾼** | 가래**군** | 맞54 |
| 가래질-**꾼** | 가래질**군** | 맞54 |
| 가**려움**-증 (---症) | 가**렴**증 | 표15 |
| 가로-**둑** | 가로**뚝** | |
| 가루-**체** | 가루**채** | |
| 가**르**마 | 가**리**마[1] | |

| 《표대》 | 《조대》 | 관련 조항 |
|---|---|---|
| 가리[3] | 까리[1] | |
| 가리마[1] | 가니마 | |
| 가마-꾼 | 가마군 | 맞54 |
| 가멸다 | 가멸하다 | |
| 가무라기 | 가무레기 | |
| 가무스레-하다 | 감스레하다 | 표15 |
| 가무스름-하다 | 가무스럼하다 | |
| 가무스름-하다 | 감스름하다 | 표15 |
| 가무잡잡-하다 | 가마잡잡하다 | |
| 가무총총-하다 | 가무충충하다 | |
| 가무트름-하다 | 가마무트름하다 | 표16 |
| 가무트름-히 | 가마무트름히 | 표16 |
| 가무-트리다 | 가무뜨리다 | |
| 가물[1] | 가물음 | |
| 가사리[2] | 가사이 | |
| 가살-꾼 | 가살군 | 맞54 |
| 가-선[1] (-縇) | 가손 | |
| 가스^한란계 (gas寒暖▼計) | 가스한난계 | 맞52 |
| 가슴-놀이 | 가슴노리 | 맞19 |
| 가시-가자미 | 가시가재미 | 표9 |
| 가시-아비 | 가시애비 | 표9 |
| 가시-어미 | 가시에미 | 표9 |
| 가을-무 | 가을무우 | 표14 |
| 가자미 | 가재미 | 표9 |
| 가자미-눈 | 가재미눈 | 표9 |
| 가자미-식해 (---食醢) | 가재미식혜 | 표9 |
| 가자미-저냐 | 가재미저냐 | 표9 |
| 가자미-젓 | 가재미젓 | 표9 |
| 가자미-조림 | 가재미졸임 | 맞22, 표9 |
| 가자미-회 (---膾) | 가재미회 | 표9 |
| 가장이 | 가쟁이 | 표9 |
| 가재-무릇 | 가제무릇 | |
| 가제[6] (假諦) | 가체[3] (假諦) | 맞52 |
| 가져다-주다 | 갖다주다 | 표15 |
| 가죽-나무 | 가중나무 | |
| 가지기 | 가직이[2] (家直-) | 맞20 |
| 가지-꽂이 | 가지꽂기 | |
| 가지런-하다 | 그즈런하다 | |
| 가지런-히 | 그즈런히 | |

| 《표대》 | 《조대》 | 관련 조항 |
|---|---|---|
| 각성-바지 (各姓--) | 각성받이 | 맞19 |
| 각수-장이 (刻手--) | 각수쟁이 | 표9 |
| 각시-가자미 | 각시가재미 | 표9 |
| 간-거리 (間--) | 간걸이 (間-) | 맞19 |
| 간거리-장사 (間----) | 간걸이장사 | 맞19 |
| 간거리-하다 (間----) | 간걸이하다 (間-) | 맞19 |
| 간-니 | 간이[2] | 맞27 |
| 간락 (乾酪) | 건락 (乾酪) | 맞52 |
| 간성-유 (乾性油) | 건성유 (乾性油) | 맞52 |
| 간습 (乾濕) | 건습 (乾濕) | 맞52 |
| 간식[1] (旰食) | 한식 (旰食) | 맞52 |
| 간유[3] (乾油) | 건유 (乾油) | 맞52 |
| 간자미 | 간재미 | 표9 |
| 간조[2] (乾燥) | 건조[1] (乾燥) | 맞52 |
| 간조-하다[1] (乾燥--) | 건조하다 (乾燥-) | 맞52 |
| 간조-하다[1] (乾燥--) | 건조하다 (乾燥-) | 맞52 |
| 간질성^폐렴 (肝蛭性肺炎▼) | 간질성폐염 (肝蛭性肺炎) | 맞52, 맞8 |
| 간초[1] (乾草) | 건초 (乾草) | 맞52 |
| 간축[1] (乾縮) | 건축[2] (乾縮) | 맞52 |
| 간판[3] (乾板) | 건판 (乾板) | 맞52 |
| 간판-장이 (看板--) | 간판쟁이 | 표9 |
| 간포[2] (乾脯) | 건포[2] (乾脯) | 맞52 |
| 간학[1] (乾涸) | 건확 (乾涸) | 맞52 |
| 갈[3] | 가을[2] | 표16 |
| 갈-가자미 (褐---) | 갈가재미 | 표9 |
| 갈개-꾼 | 갈개군 | 맞54 |
| 갈고랑-이 | 갈구랑 | |
| 갈고랑-이 | 갈구렁 | |
| 갈고리 | 갈구리 | |
| 갈고리-꽃마리 | 갈구리꽃마리 | |
| 갈고리-낚시 | 갈구리낚시 | |
| 갈고리-눈 | 갈구리눈 | |
| 갈고리-달 | 갈구리달 | |
| 갈고리-질 | 갈구리질 | |
| 갈고리질-하다 | 갈구리질하다 | |
| 갈-까마귀 | 갈가마귀 | |
| 갈모[4] (-帽) | 갓모 | 맞21 |
| 갈이-장이 | 갈이쟁이 | 표9 |
| 갈-일 | 가을일[2] | 표16 |

| 《표대》 | 《조대》 | 관련 조항 |
|---|---|---|
| 갈-잎[1] | 가랑잎 | 표16 |
| 갈치 | 칼치 | |
| 갈치-구이 | 칼치구이 | |
| 갈치다 | 가르치다 | 표16 |
| 갈치-자반 | 칼치자반 | |
| 감[2] | 가음[1] | 표14 |
| 감실[2] (芡實) | 검실 (←芡實) | 맞52 |
| 감압-판 (減壓瓣) | 감압변 | |
| 감인[1] (芡▼仁) | 검인[2] (←芡仁) | 맞52 |
| 감자-녹말 (--綠末) | 감자농마 | |
| 감자-조림 | 감자졸임 | 맞22 |
| 감자-튀김 | 감자튀기 | |
| 감장-강아지 | 깜장강아지 | |
| 감장-콩알 | 깜장콩알 | |
| 갑자기 | 갑작[2] | 표15 |
| 갓난-아기 | 간난애기 | 맞27, 표9 |
| 갓난-아기 | 갓난애기 | 표9 |
| 갓-무 | 갓무우 | 표14 |
| 갓-장이 | 갓쟁이 | 표9 |
| 강강-술래 | 강강수월래 | |
| 강경-꾼 (講經-) | 강경군 | 맞54 |
| 강-기슭 (江--) | 강슭 | 표15 |
| 강낭-콩 | 강남콩 | 맞27 |
| 강냉이-튀김 | 강냉이튀기 | |
| 강달 | 강다리[1] | 표16 |
| 강-도끼장이 (江----) | 강도끼쟁이 | 표9 |
| 강동-강동 | 강둥강둥 | |
| 강동강동-하다 | 강둥강둥하다 | |
| 강동-거리다 | 강둥거리다 | |
| 강동-대다 | 강둥대다 | |
| 강-둑 (江-) | 강뚝 | |
| 강둑-길 (江--) | 강뚝길 | |
| 강-샘 | 강새암 | 표14 |
| 강-어귀 (江--) | 강어구 | |
| 강-조밥 | 깡조밥 | |
| 강중-강중 | 강종강종 | |
| 강중강중-하다 | 강종강종하다 | |
| 강중-거리다 | 강종거리다 | |
| 강중-대다 | 강종대다 | |

| 《표대》 | 《조대》 | 관련 조항 |
|---|---|---|
| 강-**펄** (江-) | 강**벌**[1] | |
| 강**활** (羌活) | 강**호리** | |
| 강**활**-채 (羌活菜) | 강**호리**채 | |
| **갖-갖** | **가지가지**[2] | 표16 |
| 개**고**마리 | 개**구**마리 | |
| 개**골**-창 | 개**울**창 | |
| 개구리-**첩**지 | 개구리**첨**지 | |
| 개다[1] | 개**이**다[1] | |
| 개**밋**-**둑** | 개**미뚝** | |
| 개밥-바라**기** | 개밥바라**지** | |
| 개-백**장** | 개백**정** | |
| 개-**뼈**다귀 | 개**뼉**다귀 | |
| 개**씹**-단추 | 개**십**단추 | 맞27 |
| **개암**-나무 | **갬**나무 | 표15 |
| **개암**-버섯 | **갬**버섯 | 표15 |
| 개-어**귀** | 개어**구** | |
| 개-올리다 | 개**여**올리다 | |
| 개**울** | 개**굴**[2] | |
| 개**울**-녘 | 개녘 | 표15 |
| **개**으르다 | **게**으르다 | |
| **개**으름 | **게**으름 | |
| **개**으름-뱅이 | **게**으름뱅이[1] | |
| **개**으름-쟁이 | **게**으름쟁이 | |
| **개**을러-빠지다 | **게**을러빠지다 | |
| **개**을리 | **게**을리 | |
| 개**전**[1] (改悛) | 개**준** (改悛) | 맞52 |
| 개**전**-자 (改悛者) | 개**준**자 | 맞52 |
| 개**전**-하다[1] (改悛--) | 개**준**하다 (改悛-) | 맞52 |
| 개**체**[3] (開剃) | 개**제**[2] (開剃) | 맞52 |
| 개**체**-하다[2] (開剃--) | 개**제**하다 (開剃-) | 맞52 |
| 개초-**장**이 (蓋草--) | 개초**쟁**이 | 표9 |
| 개**컬**-뜨기 | 개**걸**뜨기 | 맞31 |
| 개-**키**버들 | 개**피**버들 | |
| 개털-**니** | 개털**이** | 맞27 |
| 개평-**꾼** | 개평**군** | 맞54 |
| 개**폐**[1] (改廢) | 개**페**[2] (改廢) | 맞8 |
| 개**폐**[2] (開閉) | 개**페**[1] (開閉) | 맞8 |
| 개**폐**-교 (開閉橋) | 개**페**교 (開閉橋) | 맞8 |
| 개**폐**-기 (開閉器) | 개**페**기 (開閉器) | 맞8 |

기타

| 《표대》 | 《조대》 | 관련 조항 |
|---|---|---|
| 개폐-되다[1] (改廢--) | 개페되다 (改廢-) | 맞8 |
| 개폐-문 (開閉門) | 개페문 (開閉門) | 맞8 |
| 개폐문-하다 (開閉門--) | 개페문하다 (開閉門-) | 맞8 |
| 개폐-소 (開閉所) | 개페소 (開閉所) | 맞8 |
| 개폐-식 (開閉式) | 개페식 | 맞8 |
| 개폐-하다[1] (改廢--) | 개페하다 (改廢-) | 맞8 |
| 개폐-하다[2] (開閉--) | 개페하다 (開閉-) | 맞8 |
| 개피[3] (蓋皮) | 개비[1] | |
| 개-헤엄 | 개헤염 | |
| 개화-꾼 (開化-) | 개화군 | 맞54 |
| 객담[2] (喀痰) | 각담[2] (咯痰) | |
| 객담-하다[2] (喀痰--) | 각담하다 (咯痰-) | |
| 객-쩍다 (客--) | 객적다 (客-) | 맞54 |
| 객쩍-이 (客----) | 객적이 | 맞54 |
| 갤리[1] | 겔리 | |
| 갱-엿 | 강엿 | |
| 갱-지미 (羹--) | 갱기미 | |
| 갱충-쩍다 | 갱충적다 | 맞54 |
| 갸우스름-하다 | 갸웃드름하다 | |
| 갸우스름-히 | 갸웃드름히 | |
| 갸울어-트리다 | 갸울어뜨리다 | |
| 갹금 (醵金) | 거금[1] (醵金) | 맞52 |
| 갹금-하다 (醵金--) | 거금하다 (醵金-) | 맞52 |
| 갹출 (醵出) | 거출 (醵出) | 맞52 |
| 갹출-하다 (醵出--) | 거출하다 (醵出-) | 맞52 |
| 갸쯤-이 | 갸쯤히 | 맞51 |
| 걔 | 갸[1] | |
| 거간-꾼 (居間-) | 거간군 | 맞54 |
| 거거 (車渠/硨磲) | 차거[1] (硨磲) | 맞52 |
| 거꾸러-트리다 | 거꾸러뜨리다 | |
| 거꾸로 | 꺼꾸로 | |
| -거늘 | -어늘 | |
| -거니[2] | -어니 | |
| -거든[2] | -거던 | |
| 거든그-트리다 | 거든그뜨리다 | |
| 거리끼다 | 꺼리끼다 | |
| 거리낌 | 꺼리낌 | |
| 거망-옻나무 | 검양옻나무 | 맞19 |
| 거머리[1] | 거마리[2] | |

| 《표대》 | 《조대》 | 관련 조항 |
|---|---|---|
| 거머리[2] | 거마리[1] | |
| 거머리-말 | 거마리말 | |
| 거메-지다 | 거매지다 | 맞18 |
| 거무데데-하다 | 거머데데하다 | |
| 거무스레-하다 | 검스레하다 | 표15 |
| 거무스름-하다 | 검스름하다 | 표15 |
| 거무죽죽-하다 | 거머직직하다 | |
| 거무칙칙-하다 | 거머칙칙하다 | |
| 거무칙칙-하다 | 거무틱틱하다 | |
| 거무칙칙-하다 | 검칙칙하다 | 표15 |
| 거무튀튀-하다 | 거무테테하다 | |
| 거문도-벚나무 (巨文島---) | 거문도벗나무 | |
| 거북살-스럽다 | 거북상스럽다 | |
| 거북살스레 | 거북상스레 | |
| 거북-이 | 거부기 | 맞20 |
| 거북이-걸음 | 거부기걸음 | 맞20 |
| 거장[3] (車匠) | 차장[6] (車匠) | 맞52 |
| 거저리 | 거자리 | |
| 거적[1] | 거저기 | 맞20 |
| 거-주다 | 그어주다 | 표16 |
| 거짓-불 | 거짓부리 | 표16 |
| 거추-꾼 | 거추군 | 맞54 |
| 거추장-스럽다 | 거치장스럽다 | |
| 거추장스레 | 거치장스레 | |
| 거칠다 | 거치르다 | |
| 거폐[1] (巨弊) | 거페[1] (巨弊) | 맞8 |
| 거폐[2] (去弊) | 거페[2] (去弊) | 맞8 |
| 거폐-생폐 (去弊生弊) | 거페생페 (去弊生弊) | 맞8 |
| 거폐-스럽다 (巨弊---) | 거페스럽다 | 맞8 |
| 거폐스레 (巨弊--) | 거페스레 | 맞8 |
| 거폐-하다 (去弊--) | 거페하다 (去弊-) | 맞8 |
| 거푸 | 거퍼 | |
| 거푸-뛰기 | 거퍼뛰기 | |
| 거피[1] (去皮) | 게피 | |
| 거피-고물 (去皮--) | 게피고물 | |
| 거피녹두-떡 (去皮綠豆-) | 게피녹두떡 | |
| 거피-떡 (去皮-) | 게피떡 | |
| 거피-팥 (去皮-) | 게피팥 | |
| 거피팥-떡 (去皮--) | 게피팥떡 | |

기타

| 《표대》 | 《조대》 | 관련 조항 |
|---|---|---|
| 거피-하다 (去皮--) | 게피하다 | |
| 걱정스레 | 걱정스러이 | 표14 |
| 건-가자미 (乾---) | 건가재미 | 표9 |
| 건곽 (巾幗) | 건국[3] (巾幗) | 맞52 |
| 건-깡깡이 (乾---) | 건깽깽이 | |
| 건너다 | 건느다 | |
| 건너-편 (--便) | 건넌편 | |
| 건넌-방 (--房) | 건너방 | |
| 건넛-마을 | 건넌마을 | |
| 건넛-방 (--房) | 건넌방 | |
| 건넛-산 (--山) | 건넌산 | |
| 건네다 | 건늬다 | |
| 건달-꾼 (乾達-) | 건달군 | 맞54 |
| 건더기 | 건데기 | 표9 |
| 건데 | 그런데 | 표16 |
| 건목-수생 (乾木水生) | 간목수생 (乾木水生) | 맞52 |
| 건성-꾼 | 건성군 | 맞54 |
| 건학[2] (乾涸) | 건확 (乾涸) | 맞52 |
| 건학-되다 (乾涸--) | 건확되다 (乾涸-) | 맞52 |
| 건학-하다[2] (乾涸--) | 건확하다 (乾涸-) | 맞52 |
| 걷어-치우다 | 걷어치다 | |
| 걸귀[2] (乞鬼) | 걸구[1] | |
| 걸귀-돼지 (乞鬼--) | 걸구돼지 | |
| -걸랑[3] | -거들랑 | 표16 |
| 걸량-꾼 (乞糧-) | 걸량군 | 맞54 |
| 걸립-꾼 (乞粒-) | 걸립군 (乞粒-) | 맞54 |
| 걸신[2] (乞神) | 갈신 | |
| 걸신-쟁이 (乞神--) | 갈신쟁이 | |
| 걸쌍-스럽다 | 걸쌈스럽다 | |
| 걸쌍스레 | 걸쌈스레 | |
| 걸쭉-하다 | 걸죽하다 | 맞21 |
| 걸쭉-하다 | 걸직하다 | 맞21 |
| 걸쭉-히 | 걸죽이 | 맞21, 맞51 |
| 걸-채이다 | 걸차이다 | |
| 걸-채이다 | 걸채다 | |
| 걸핏-하면 | 얼핏하면 | |
| 검거-제조 (檢擧提調) | 검거제주 (檢擧提調) | 맞52 |
| 검-노린재 | 검은노린재 | |
| 검-노린재나무 | 검은노란재나무 | |

| 《표대》 | 《조대》 | 관련 조항 |
|---|---|---|
| 검댕 | 검댕이 | |
| 검부-나무 | 검불나무 | 맞28 |
| 검부러기 | 검부레기 | 표9 |
| 검은-누룩곰팡이 | 검은누룩곰팽이 | 표9 |
| 검은목-논병아리 | 검은목농병아리 | |
| 검은빵-곰팡이 | 검은빵곰팽이 | 표9 |
| 검정-콩 | 깜장콩 | |
| 검퍼레-지다 | 검퍼래지다 | 맞18 |
| 겉-고샅 | 겉고살 | |
| 겉-눈썹 | 겉눈섭 | 맞27 |
| 겉-띄다 | 겉뜨이다 | 표16 |
| 겉-멋 | 건멋 (乾-) | |
| 겉-버력 | 겉버럭 | |
| 게구$^{2}$ (偈句) | 게귀 | 맞52 |
| 게두덜-거리다 | 개두덜거리다 | |
| 게로기 | 게루기 | |
| 게슴츠레-하다 | 게심치레하다 | |
| 게실$^{2}$ (憩室) | 계실$^{1}$ (憩室) | 맞8 |
| 게우다 | 게다$^{2}$ | 표15 |
| 게정-꾼 | 게정군 | 맞54 |
| 겨릅-이엉 | 겨릅이영 | |
| 겨울나-기 | 겨울나이 | |
| 격검-꾼 (擊劍-) | 격검군 | 맞54 |
| 견폐$^{1}$ (犬吠) | 견페$^{1}$ (犬吠) | 맞8 |
| 견폐$^{3}$ (蠲弊) | 견페$^{3}$ (蠲弊) | 맞8 |
| 견폐-하다$^{1}$ (犬吠--) | 견페하다 (犬吠-) | 맞8 |
| 견폐-하다$^{2}$ (蠲弊--) | 견페하다 (蠲弊-) | 맞8 |
| 결따-마 (--馬) | 결다마 (-馬) | 맞5 |
| 겸연-쩍다 (慊然--) | 게면썩나 | |
| 겸연쩍-이 (慊然--) | 게면쩍이 | |
| 겹겹-이 | 겹겹히 | 맞51 |
| 겹다 | 겨웁다 | |
| 겹-서 | 겹혀 | |
| 겹서-악기 (--樂器) | 겹혀악기 | |
| 겹-철릭 | 겹천릭 | |
| 겹-체 | 겹채$^{1}$ | |
| 경난-꾼 (經難-) | 경난군 | 맞54 |
| 경마$^{1}$ | 견마$^{1}$ (牽馬) | |
| 경마-잡이 | 견마잡이 | |

| 《표대》 | 《조대》 | 관련 조항 |
|---|---|---|
| 경의-실 (更衣室) | 갱의실 (更衣室) | 맞52 |
| 경정[1] (更正) | 갱정[2] (更正) | 맞52 |
| 경정[2] (更定) | 갱정[1] (更定) | 맞52 |
| 경정-하다[1] (更正--) | 갱정하다 (更正-) | 맞52 |
| 경정-하다[2] (更定--) | 갱정하다 (更定-) | 맞52 |
| 경질[1] (更迭/更佚) | 갱질 (更迭) | 맞52 |
| 경질-되다 (更迭--/更佚--) | 갱질되다 (更迭-) | 맞52 |
| 경질-하다[1] (更迭--/更佚--) | 갱질하다 (更迭-) | 맞52 |
| 경폐[1] (徑斃) | 경페[2] (徑斃) | 맞8 |
| 경폐[2] (經閉) | 경페[1] (經閉) | 맞8 |
| 경폐-하다 (徑斃--) | 경페하다 (徑斃-) | 맞8 |
| 곁-가리 | 곁갈비 | |
| 곁-가지 | 곁아지 | |
| 곁-간[2] (-間) | 곁칸 | |
| 곁-꾼 | 곁군 | 맞54 |
| 계란-송병 (鷄卵松餠) | 계란송편 | |
| 계면-스럽다 | 게면스럽다 | 맞8 |
| 계면스레 | 게면스레 | 맞8 |
| 계면-쩍다 | 게면쩍다 | 맞8 |
| 계면쩍-이 | 게면쩍이 | 맞8 |
| 계명워리 | 제명우리 | |
| 계산^화폐 (計算貨幣) | 계산화페 | 맞8 |
| 계폐 (啓閉) | 계페 (啓閉) | 맞8 |
| -고[24] | -구[3] | |
| 고구마-튀김 | 고구마튀기 | |
| 고기잡이-꾼 | 고기잡이군 | 맞54 |
| 고까 | 꼬까 | |
| 고-깟 | 고까짓 | 표16 |
| 고꾸라-트리다 | 고꾸라뜨리다 | |
| 고누 | 꼬니 | |
| 고누-두기 | 꼬니두기 | |
| 고누-판 (--板) | 꼬니판 | |
| 고독고독-이 | 고독고독히 | 맞51 |
| 고등어-조림 | 고등어졸임 | 맞22 |
| 고러다 | 고리다[1] | |
| 고러조러다 | 고리조리다 | |
| 고령-가야 (古寧▼伽倻) | 고녕가야 (古寧伽倻) | 맞52 |
| 고로[9] (雇奴▼) | 고노 (雇奴) | 맞52 |
| 고르다[2] | 고루다 | |

| 《표대》 | 《조대》 | 관련 조항 |
|---|---|---|
| 고리-백**장** | 고리백**정** | |
| 고리-**장**이 | 고리**쟁**이 | 표9 |
| 고**만이** | 고**마니** | 맞23 |
| 고무**라**기 | 고무**래**기 | 표9 |
| 고부라-**트**리다 | 고부라**뜨**리다 | |
| 고생스**레** (苦生--) | 고생스**러이** | 표14 |
| 고석-**박이** (蠱石--) | 고석**배기** (蠱石-) | 표9 |
| 고**얀** | 고**현**[2] | |
| 고양이털-**니** | 고양이털**이** | 맞27 |
| 고용살이-**꾼** (雇傭---) | 고용살이**군** | 맞54 |
| 고운-**체** | 고운**채** | |
| **고**임-새 | **괴**임새 | 표9 |
| -고**자**[1]1 | -고**저** | |
| 고**접**[1] (孤蝶) | 고**첩** (孤蝶) | 맞52 |
| 고집**통**-이 (固執--) | 고집**퉁**이 | |
| **고**치[2] | **꼬**치[1] | |
| 고탑탑-**히** | 고탑탑**이** | 맞51 |
| 고**태**[1] (古態) | 고**티** | |
| 고**폐**[1] (固閉) | 고**페**[2] (固閉) | 맞8 |
| 고**폐**[3] (痼弊) | 고**페**[1] (痼弊) | 맞8 |
| 고**폐**-되다 (固閉--) | 고**페**되다 (固閉-) | 맞8 |
| 고**폐**-하다 (固閉--) | 고**페**하다 (固閉-) | 맞8 |
| 고**향**-나무 | 고**양**나무 | |
| -**곤**[9] | -**군**[3] | |
| 곤-**달걀** | 곤**닭알** | |
| 곤두**박-이** | 곤두**배기** | 맞19, 표9 |
| **곤**두박-이 | **근**두박이 | |
| **곤**두박-이다 | **근**두박이다 | |
| **곤**두-자 | **근**두자 | |
| 곤드**라**-지다 | 곤드**러**지다 | |
| 곤**란** (困難▼) | 곤**난** (困難) | 맞52 |
| 곤**란**-스럽다 (困難▼---) | 곤**난**스럽다 | 맞52 |
| 곤**란**스레 (困難▼--) | 곤**난**스레 | 맞52 |
| 곤**란**-하다 (困難▼--) | 곤**난**하다 | 맞52 |
| 곤**란**-히 (困難▼-) | 곤**난**히 | 맞52 |
| **곤쟁**이 | **건뎅**이 | |
| **곤쟁**이-젓 | **건뎅**이젓 | |
| 곤질-**고누** | 곤질**꼬니** | |
| **골**-모둠 | **고을**모둠 | 표16 |

| 《표대》 | 《조대》 | 관련 조항 |
|---|---|---|
| **골**모둠-하다 | **고을**모둠하다 | 표16 |
| 골-베**도**라치 | 골베**또**라치 | |
| 골**싹**-하다 | 골**싸**하다 | |
| **곰**[1] | **고음**[1] | |
| 곰곰-**이** | 곰곰**히** | 맞51 |
| **곰**기다 | **곪**기다 | 맞22 |
| 곰**팡**-이 | 곰**팽**이 | 표9 |
| 곰**팡**이-류 (---類) | 곰**팽**이류 (-類) | 표9 |
| 곱돌-**냄**비 | 곱돌**남**비 | 표9 |
| 곱-**빼**기 | 곱**배**기 | 맞54 |
| 곱**사** | 곱**새**[2] | |
| 곱**사**-등 | 곱**새**등 | |
| 곱**사**-춤 | 곱**새**춤 | |
| 곱**살**-스럽다 | 곱**상**스럽다 | |
| 곱**살**스레 | 곱**상**스레 | |
| 공-**것** (空-) | 공**거**[1] | |
| 공기^한**란**계 (空氣寒暖▼計) | 공기한**난**계 | 맞52 |
| 공**변**-되다 | 공**번**되다 | |
| 공작-**책** (孔雀幘) | 공작**적** (孔雀幘) | 맞52 |
| 과녁-**빼**기 | 과녁**배**기 | 맞54 |
| 과녁**빼**기-집 | 과녁**배**기집 | 맞54 |
| 과**람** (過濫) | 과**남** | |
| 과**람**-하다 (過濫--) | 과**남**하다 | |
| 과민성^**폐렴** (過敏性肺炎▼) | 과민성**폐염** | 맞52, 맞8 |
| 과방-**꾼** (果房-) | 과방**군** | 맞54 |
| 과**부**적중 (寡不敵衆) | 과**불**적중 (寡不敵衆) | 맞28 |
| 관곽-**장**이 (棺槨--) | 관곽**쟁**이 | 표9 |
| 관**목**[1] (貫目) | 관**모기** | 맞20 |
| **관**솔 | **광**솔 | |
| **관**솔-불 | **광**솔불 | |
| **관**솔-옹이 | **광**솔옹이 | |
| 관자-**놀이** (貫子--) | 관자**노리** | 맞19 |
| 관**폐** (官弊) | 관**페** (官弊) | 맞8 |
| 괄**시** (恝視) | 괄**세** | |
| 광-**꾼** (鑛-) | 광**군**[1] | 맞54 |
| 광치**내** (匡治奈) | 광치**나** (匡治奈) | 맞52 |
| 광**폐** (曠廢) | 광**페** (曠廢) | 맞8 |
| 광**폐**-하다 (曠廢--) | 광**페**하다 (曠廢-) | 맞8 |
| 괜**찮**다 | 괜**치않**다 | 표14 |

| 《표대》 | 《조대》 | 관련 조항 |
|---|---|---|
| 괴다[3] | 괴우다[1] | |
| 괴다[4] | 괴우다[2] | |
| 괴어-오르다 | 괴여오르다 | 맞16 |
| 괴어-오르다 | 괴오르다 | |
| 괴팍 (乖愎▼) | 괴퍅 | 맞52 |
| 괴팍-스럽다 (乖愎▼---) | 괴퍅스럽다 | 맞52 |
| 괴팍스레 (乖愎▼--) | 괴퍅스레 | 맞52 |
| 괴팍-하다 (乖愎▼--) | 괴퍅하다 (乖愎-) | 맞52 |
| 괵상-미 (斛上米) | 곡상미 (斛上米) | 맞52 |
| 굉맥 (穬麥) | 광맥[2] (穬麥) | 맞52 |
| 교군-꾼 (轎軍-) | 교군군 | 맞54 |
| 교자-꾼 (轎子-) | 교자군 (轎子-) | 맞54 |
| 교칙-본 (敎則本) | 교측본 | 맞52 |
| 교폐 (矯弊) | 교페 (矯弊) | 맞8 |
| 교폐-하다 (矯弊--) | 교페하다 (矯弊-) | 맞8 |
| 교하-질쉬 (橋下叱倅) | 교하질수 (橋下叱倅) | 맞52 |
| 교학[2] (磽确) | 교각[2] (磽确) | 맞52 |
| 구[5] (句) | 귀[4] (句) | 맞52 |
| 구경-꾼 | 구경군 | 맞54 |
| 구구[1] | 고고[6] | |
| -구나[3] | -고나 | |
| 구더기[1] | 구데기 | 표9 |
| 구더기-증 (---症) | 구데기증 | 표9 |
| 구덩이 | 구뎅이 | 표9 |
| 구두-장이 | 구두쟁이[1] | 표9 |
| 구렁이 | 구렝이 | 표9 |
| -구려[2] | -구료 | |
| -구먼 | -구만 | |
| 구면-괘사 (口面喎斜) | 구면와사 (口面喎斜) | 맞52 |
| 구문[4] (句文) | 귀문[4] (句文) | 맞52 |
| 구부러-트리다 | 구부러뜨리다 | |
| 구사불첨 (救死不贍) | 구사불섬 (救死不贍) | |
| 구슬-꿰미 | 구슬뀀 | 표15 |
| 구슬-붕이 | 구슬봉이 | |
| 구슬-사리 | 구실사리 | |
| 구안-괘사 (口眼喎斜) | 구안와사 (口眼喎斜) | 맞52 |
| 구와-가막사리 | 국화가막사리 | |
| 구작[1] (句作) | 귀작 (←句作) | 맞52 |
| 구작-하다 (句作--) | 귀작하다 (←句作-) | 맞52 |

| 《표대》 | 《조대》 | 관련 조항 |
|---|---|---|
| 구폐[2] (坵弊) | 구폐[3] | 맞8 |
| 구폐[3] (捄弊/救弊) | 구폐[2] (救弊) | 맞8 |
| 구폐[4] (舊弊) | 구폐[1] (舊弊) | 맞8 |
| 구폐-하다[2] (坵弊--) | 구폐하다 (坵弊-) | 맞8 |
| 구폐-하다[3] (捄弊--/救弊--) | 구폐하다 (救弊-) | 맞8 |
| 국궁-진췌 (鞠躬盡瘁) | 국궁진취 (麴躬盡瘁) | 맞52 |
| 국궁진췌-하다 (鞠躬盡瘁--) | 국궁진취하다 (麴躬盡瘁-) | 맞52 |
| 국폐[1] (國弊) | 국페[1] (國弊) | 맞8 |
| 국폐[2] (國幣) | 국페[2] (國幣) | 맞8 |
| 군폐 (軍弊) | 군페 (軍弊) | 맞8 |
| 굴때-장군 (--將軍) | 굴대장군 | 맞5 |
| 굴-젓 | 구젓 | 맞28 |
| 굴-튀김 | 굴튀기 | |
| 굼벵이 | 굼벙이 | 표9 |
| 굼튼튼-하다 | 굼뜬뜬하다 | |
| 굼-판 | 구움판 | 표16 |
| 굽실-거리다 | 굽신거리다 | |
| 굽실-굽실[1] | 굽신굽신 | |
| 굽실굽실-하다[1] | 굽신굽신하다 | |
| 굽실-대다 | 굽신대다 | |
| 굽어보-이다 | 굽어뵈다 | 표15 |
| 굽이돌-이 | 굽인돌이 | |
| 굽-죄다 | 굽조이다 | |
| 굽죄-이다 | 굽소이다 | |
| 굿-뱀 | 굿배암 | 표14 |
| 궁둥이 | 궁뎅이 | |
| 궁량 | 궁냥 | |
| 궁륭^천장 (穹窿天障) | 궁륭천정 | |
| 궁-장이 (弓--) | 궁쟁이 | 표9 |
| 궐련 (卷▼煙▼) | 권연 (卷煙) | 맞52 |
| 궐련-갑 (卷▼煙▼匣) | 권연갑 | 맞52 |
| 궐련-초 (卷▼煙▼草) | 권연초 | 맞52 |
| 귀감[1] (龜鑑) | 구감[1] | 맞52 |
| 귀다라기-소 | 귀다래기소 | 표9 |
| 귀둥-대둥 | 게둥대둥 | |
| 귀둥대둥-하다 | 게둥대둥하다 | |
| 귀-둥이 (貴--) | 귀동이 | |
| 귀룽 | 구름[2] | |
| 귀룽-나무 | 구름나무 | |

| 《표대》 | 《조대》 | 관련 조항 |
|---|---|---|
| 귀룽-나무 | 귀룽나무 | |
| 귀룽-자리 | 구름자리 | |
| 귀류-법 (歸謬法) | 귀유법 (歸謬法) | 맞52 |
| 귀리[1] | 귀밀 | |
| 귀리-국수 | 귀밀국수 | |
| 귀리-떡 | 귀밀떡 | |
| 귀리-밥 | 귀밀밥 | |
| 귀리-술 | 귀밀술 | |
| 귀리-쌀 | 귀밀쌀 | |
| 귀리-죽 (--粥) | 귀밀죽 | |
| 귀릿-짚 | 귀밀짚 | |
| 귀밑-때기 | 귀밑대기 | 맞54 |
| 귀살머리-쩍다 | 귀살머리적다 | 맞54 |
| 귀살-쩍다 | 귀살적다 | 맞54 |
| 귀엣-말 | 귀에말 | |
| 귀-이개 | 귀개 | 표15 |
| 귀-이개 | 귀지개 | |
| 귀-제비 | 구제비[1] | |
| 귀주^대첩 (龜州大捷) | 구주대첩 (龜州大捷) | 맞52 |
| 귀찮다 | 귀치않다 | 표14 |
| 귀퉁이 | 귀통 | |
| 규폐-증 (硅肺症) | 규페증 (硅肺症) | 맞8 |
| 그-깟 | 그까짓 | 표16 |
| 그-깟 | 그깐 | |
| 그-끄러께 | 그그러께 | 맞27 |
| 그-끄저께 | 그그저께 | 맞27 |
| 그-끄제 | 그그제 | 맞27 |
| 그-다지 | 그닥 | |
| 그뜩그뜩-이 | 그뜩그뜩히 | 맞51 |
| 그뜩-이 | 그뜩히 | 맞51 |
| 그러-구러 | 그러그러 | |
| 그러다 | 그리다[1] | |
| 그러-모으다 | 그러모다 | 표15 |
| 그러저러다 | 그리저리다 | |
| 그럴싸-하다 | 그럴사하다 | 맞27 |
| 그루-터기 | 그루테기 | 표9 |
| 그립다 | 그리웁다 | |
| 그물-베도라치 | 그물베도라지 | |
| 그믐-초승 (--初生▼) | 그믐초생 | 맞52 |

| 《표대》 | 《조대》 | 관련 조항 |
|---|---|---|
| **그**-야 | **거**야[2] | |
| 그윽-**이** | 그윽**히** | 맞51 |
| **극젱**이 | **굵정**이 | 표9 |
| 근근-**이** (僅僅-) | 근근**히** | 맞51 |
| **근**드렁-거리다 | **건**드렁거리다 | |
| **근**드렁-**근**드렁 | **건**드렁**건**드렁 | |
| **근**드렁**근**드렁-하다 | **건**드렁**건**드렁하다 | |
| **근**드렁-대다 | **건**드렁대다 | |
| 근량-**쭝** (斤兩重▼) | 근량**중** ([오]斤量重) | 맞52 |
| 근원-**둥**이 (根源--) | 근원**동**이 | |
| 근**쭝** (斤重▼) | 근**중**[1] (斤重) | 맞52 |
| 글**겅**-이 | 글**겡**이[1] | 표9 |
| 글**겅**이-질 | 글**겡**이질 | 표9 |
| 글**겅**이질-하다 | 글**겡**이질하다 | 표9 |
| **글**그렁-거리다 | **걸**그렁거리다 | |
| **글**그렁-**글**그렁 | **걸**그렁**걸**그렁 | |
| **글**그렁**글**그렁-하다 | **걸**그렁**걸**그렁하다 | |
| **글**다[1] | **그을**다 | 표16 |
| **글**-로[1] | **그리**로 | 표16 |
| **글**리다 | **그을**리다 | 표16 |
| **글**음 | **그을**음 | 표16 |
| 금-구**덩**이 (金---) | 금구**뎅**이 | 표9 |
| 금눈-**돔** (金--) | 금눈**도미** | 표14 |
| 금-**니**[1] (金-) | 금**이** | 맞27 |
| 금**니**-박이 (金---) | 금**이**박이 | 맞27 |
| 금**라**[1] (金癩) | 금**뢰** (金癩) | 맞52 |
| **금**방[1] (今方) | **곰**방 | |
| 금-**부**어 (金鮒魚) | 금**붕**어 | |
| 금속^화**폐** (金屬貨幣) | 금속화**페** | 맞8 |
| 금-싸**라기** (金---) | 금싸**락** | 표15 |
| 금-싸**라**기 (金---) | 금싸**래**기 | 표9 |
| 금은-화**폐** (金銀貨幣) | 금은화**페** | 맞8 |
| 금-이**빨** (金--) | 금이**발** | 맞21 |
| 금입**택** (金入宅) | 금입**댁** (金入宅) | 맞52 |
| 금자-**둥**이 (金子--) | 금자**동**이 | |
| 금-**장**이 (金--) | 금**쟁**이 | 표9 |
| 금**재** (今纔) | 금**자**[3] (今纔) | 맞52 |
| 금전-**꾼** (金廛-) | 금전**군** | 맞54 |
| 금점-**꾼** (金店-) | 금점**군** | 맞54 |

| 《표대》 | 《조대》 | 관련 조항 |
|---|---|---|
| 금**채**[2] (金釵) | 금**차**[1] (金釵) | 맞52 |
| 금-판**때**기 (金板--) | 금판**대**기 | 맞54 |
| 기관지^**폐렴** (氣管支肺炎▼) | 기관지**페염** | 맞52, 맞8 |
| 기관-**폐** (氣管肺) | 기관**페** (氣管肺) | 맞8 |
| 기**구**[2] (奇句) | 기**귀**[1] (←奇句) | 맞52 |
| 기**구**[9] (起句) | 기**귀**[2] ([오]←奇句) | 맞52 |
| 기다[2] | 기**이**다 | 표16 |
| **기**다라니 | **길**다라니 | 맞28 |
| **기**-다랗다 | **길**다랗다 | 맞28 |
| 기**닿**다 | 기다**맣**다 | 표16 |
| 기대다[1] | 기대**이**다 | |
| **기**대다[1] | **지**대다 | |
| 기**러**기 | 기**럭** | 표15 |
| -기**로**[3] | -기**론** | |
| 기름-가**자**미 | 기름가**재**미 | 표9 |
| 기름-무 | 기름무**우** | 표14 |
| **기름**-콩 | **길금**콩 | |
| 기리-고**거** (記里鼓車) | 기리고**차** (記里鼓車) | 맞52 |
| **기미**[1] | **김**[4] | 표15 |
| 기별-**꾼** (奇別-) | 기별**군** | 맞54 |
| 기생-오**라**비 (妓生---) | 기생오**래**비 | 표9 |
| 기**어**-들다 | 기**여**들다 | 맞16 |
| 기**엄**-기**엄** | 기**염**기**염** | |
| -**기에**[2] | -**게**[5] | 표15 |
| 기**역**[1] | 기**윽** | 맞4 |
| 기**역**니은-순 (----順) | 기**윽**니은순 | 맞4 |
| 기**역**자-집 (--字-) | 기**윽**자집 | 맞4 |
| 기**역**자-홈 (--字-) | 기**윽**자홈 | 맞4 |
| **기연**가-**미연**가 (其然-未然-) | **긴**가**민**가 | 표16 |
| 기와-**장**이 | 기와**쟁**이 | 표9 |
| 기**왓**-**개**미 | 기**와깨**미 | 맞27 |
| 기**우스**름-하다 | 기**웃드**름하다 | |
| 기**우스**름-히 | 기**웃드**름히 | |
| 기울어-**트**리다 | 기울어**뜨**리다 | |
| **기**지[4] (枝指) | **지**지[5] (枝指) | 맞52 |
| 기차-**간** (汽車間) | 기차**칸** | |
| 기**취**[4] (箕帚▼) | 기**추**[2] (箕箒) | 맞52 |
| 기**취**-첩 (箕帚▼妾) | 기**추**첩 (箕箒妾) | 맞52 |
| 기**폐** (起廢) | 기**페** (起廢) | 맞8 |

| 《표대》 | 《조대》 | 관련 조항 |
|---|---|---|
| 기폐-하다 (起廢--) | 기페하다 (起廢-) | 맞8 |
| 긴가민가-하다 | 기연가미연가하다 (其然-未然-) | 표16 |
| 긴-강남차 (---茶) | 긴강낭차 | |
| 긴잎-조팝나무 | 긴잎조밥나무 | 맞31 |
| 긴-쥐치 | 진쥐치 | |
| 길국 (鵠鶆) | 알국 (鵠鶆) | 맞52 |
| 길-꾼 | 길군 | 맞54 |
| 길-닦이 | 길닦기 | |
| 길닦이-하다 | 길닦기하다 | |
| 길라-잡이 | 길라재비 | 표9 |
| 길마 | 기르마 | 표14 |
| 길쭉-길쭉 | 길죽길죽 | 맞21 |
| 길쭉길쭉-하다 | 길죽길죽하다 | 맞21 |
| 길쭉스름-하다 | 길죽스름하다 | 맞21 |
| 길쭉-이 | 길죽이 | 맞21 |
| 길쭉-하다 | 길죽하다 | 맞21 |
| 길쯔막-하다 | 길지막하다 | |
| 길쯤-이 | 길쯤히 | 맞51 |
| 길찍-길찍 | 길직길직 | 맞21 |
| 길찍길찍-하다 | 길직길직하다 | 맞21 |
| 길찍-이 | 길직이 | 맞21 |
| 길찍-하다 | 길직하다 | 맞21 |
| 길-채비 | 길차비 | 표9 |
| 길채비-하다 | 길차비히디 | 표9 |
| 김[2] | 기음[3] | 표14 |
| 김-봇짐 | 김보찜 | 맞27 |
| 까까중-머리 | 까까중이머리 | |
| 까꾸러-트리다 | 까꾸러뜨리다 | |
| 까닥[1] | 까댁 | |
| 까닥[2] | 까댁 | |
| 까닥-거리다[1] | 까댁거리다 | |
| 까닥-거리다[2] | 까댁거리다 | |
| 까닥-까닥[1] | 까댁까댁 | |
| 까닥-까닥[2] | 까댁까댁 | |
| 까닥까닥-하다[1] | 까댁까댁하다 | |
| 까닥까닥-하다[2] | 까댁까댁하다 | |
| 까닥-대다[1] | 까댁대다 | |
| 까닥-대다[2] | 까댁대다 | |
| 까닥-이다[1] | 까댁이다 | |

| 《표대》 | 《조대》 | 관련 조항 |
|---|---|---|
| 까닥-이다[2] | 까댁이다 | |
| 까닥-하다 | 까댁하다 | |
| 까딱[1] | 까땍 | |
| 까딱-거리다[1] | 까땍거리다 | |
| 까딱-거리다[2] | 까땍거리다 | |
| 까딱-까딱[1] | 까땍까땍 | |
| 까딱-까딱[2] | 까땍까땍 | |
| 까딱까딱-하다[1] | 까땍까땍하다 | |
| 까딱까딱-하다[2] | 까땍까땍하다 | |
| 까딱-대다[1] | 까땍대다 | |
| 까딱-대다[2] | 까땍대다 | |
| 까딱-없다 | 까땍없다 | |
| 까딱-이다[1] | 까땍이다 | |
| 까라기 | 까끄라기 | 표16 |
| 까락[1] | 까끄라기 | 표16 |
| 까막-배자 | 까막배지 | |
| 까무러-뜨리다 | 까무라뜨리다 | |
| 까무러-지다 | 까무라지다 | |
| 까무러-치다 | 까무라치다 | |
| 까무러-트리다 | 까무라뜨리다 | |
| 까무잡잡-하다 | 깜잡잡하다 | 표15 |
| 까물-치다 | 까무러치다 | 표16 |
| 까-바치다 | 꼬아바치다 | |
| 까-발리다 | 까발기다 | |
| 까부라-지다[1] | 까부러지다 | |
| 까부라-지다[2] | 까부러지다 | |
| 까-부수다 | 까부시다 | |
| 까슬-까슬 | 까실까실 | |
| 까슬까슬-하다 | 까실까실하다 | |
| 까실-쑥부쟁이 | 까실쑥부장이 | |
| 까옥 | 까욱 | |
| 까옥-거리다 | 까욱거리다 | |
| 까옥-까옥 | 까욱까욱 | |
| 까옥까옥-하다 | 까욱까욱하다 | |
| 까옥-대다 | 까욱대다 | |
| 까옥-하다 | 까욱하다 | |
| 까지-양태 | 까치양태 | |
| 까짓-것 | 까짓거 | |
| 까팡이 | 까팡 | |

기타

| 《표대》 | 《조대》 | 관련 조항 |
|---|---|---|
| -깔[4] | -갈 | 맞54 |
| 깔끄럽다 | 까끄럽다 | |
| 깔밋-하다 | 깔밋다 | |
| 깔뵈다 | 깔보이다 | 표16 |
| 깜둥-개 | 감둥개 | |
| 깜둥-이 | 감둥이 | |
| 깝짝-도요 | 갑작도요 | |
| 깟-깟 | 깍깍 | |
| 깟깟-하다 | 깍깍하다 | |
| 깡깡-이 | 깽깽이 | |
| 깡똥[1] | 깡뚱[1] | |
| 깡똥-거리다 | 깡뚱거리다 | |
| 깡똥-깡똥 | 깡뚱깡뚱 | |
| 깡똥깡똥-하다 | 깡뚱깡뚱하다 | |
| 깡똥-대다 | 깡뚱대다 | |
| 깡똥-하다[1] | 깡뚱하다 | |
| 깡총-하다 | 깡충하다 | |
| 깡충[1] | 깡총[1] | |
| 깡충-거리다 | 깡총거리다 | |
| 깡충-깡충 | 깡총깡총 | |
| 깡충깡충-하다 | 깡총깡총하다 | |
| 깡충-대다 | 깡총대다 | |
| 깨끔스레 | 깨끔스러이 | 표14 |
| 깨끗-하다 | 깨끗다 | |
| 깨나른-하다 | 개나른하다 | |
| 깨어-나다 | 깨여나다[1] | 맞16 |
| 깨어-지다 | 깨여지다 | 맞16 |
| 꺼꾸러-트리다 | 꺼꾸러뜨리다 | |
| 꺼-당기다 | 끄당기다 | |
| 꺼-두르다 | 끄두르다 | |
| 꺼-들다 | 끄들다 | |
| 꺼들-리다 | 끄들리다 | |
| 꺼러기 | 꺼끄러기 | 표16 |
| 꺼럭[1] | 꺼끄러기 | 표16 |
| 꺼림칙-이 | 꺼림직이 | |
| 꺼림칙-하다 | 꺼림직하다 | |
| 꺼메-지다 | 꺼매지다 | 맞18 |
| 꺼무튀튀-하다 | 꺼무테테하다 | |
| 꺼슬-꺼슬 | 꺼실꺼실 | |

| 《표대》 | 《조대》 | 관련 조항 |
|---|---|---|
| 꺼슬꺼슬-하다 | 꺼실꺼실하다 | |
| 꺼-트리다 | 꺼뜨리다 | |
| 꺽두 | 꺽두기 | |
| 꺾은-선 (--線) | 꺾임선 (-線) | |
| 꺾인-지붕 | 꺾임지붕 | |
| 꺾임-천장 (--天障) | 꺾음천정 | |
| 껄끄럽다 | 꺼끄럽다 | |
| 껑더리-되다 | 겅더리되다 | |
| 께름칙-하다 | 께름직하다 | |
| 꼬꾸라-트리다 | 꼬꾸라뜨리다 | |
| 꼬끼오 | 꼬끼요 | |
| 꼬드러-지다 | 꼬드라지다 | |
| 꼬랑이 | 꼬랭이 | 표9 |
| 꼬르륵 | 꼬르르 | |
| 꼬르륵-거리다 | 꼬르르거리다 | |
| 꼬르륵-대다 | 꼬르르대다 | |
| 꼬르륵-하다 | 꼬르르하다 | |
| 꼬리-잡기 | 꼬리잡이 | |
| 꼬리잡기-하다 | 꼬리잡이하다 | |
| 꼬리-조팝나무 | 꼬리조밥나무 | 맞31 |
| 꼬마-둥이 | 꼬마동이 | |
| 꼬박-이 | 꼬바기 | |
| 꼬부라-트리다 | 꼬부라뜨리다 | |
| 꼬이다[2] | 꾀다[1] | 표15 |
| 꼬임[1] | 꾀임 | 표9 |
| 꼭-꼭[1] | 꽁꽁[1] | |
| 꼴-꾼 | 꼴군 | 맞54 |
| 꼽새-돔 | 곱새돔 | |
| 꼽슬-꼽슬 | 꼽실꼽실[2] | |
| 꼽슬꼽슬-하다 | 꼽실꼽실하다 | |
| 꼽추 | 곱추 | |
| 꽁보리-밥 | 깡보리밥 | |
| 꽁치[1] | 공치 | |
| 꽁치아재비 | 공치아재비 | |
| 꽃-꽂이 | 꽃꽂기 | |
| 꽃-바지 | 꽃받이 | 맞19 |
| 꽃-벚나무 | 꽃벗나무 | |
| 꽃-쌈 | 꽃싸움 | 표16 |
| 꽃쌈-하다 | 꽃싸움하다 | 표16 |

| 《표대》 | 《조대》 | 관련 조항 |
|---|---|---|
| **꾀꾀** | **깨깨** | |
| 꾀-**꾼** | 꾀**군** | 맞54 |
| **꾀**다[2] | **꼬이**다[1] | 표16 |
| 꾀**어**-내다 | 꾀**여**내다 | 맞16 |
| 꾀**어**-넘기다 | 꾀**여**넘기다 | 맞16 |
| **꾐**-수 | **꼬임**수[1] | 표14 |
| **꾐**-질 | **꼬임**질 | 표14 |
| **꾐**질-하다 | **꼬임**질하다 | 표14 |
| 꾸기**적**-거리다 | 꾸기**작**거리다 | |
| 꾸기**적**-꾸기**적** | 꾸기**작**꾸기**작** | |
| 꾸기**적**-대다 | 꾸기**작**대다 | |
| 꾸**러**미 | 꾸**레**미[1] | 표9 |
| 꾸르**륵** | 꾸르**르** | |
| 꾸르**륵**-거리다 | 꾸르**르**거리다 | |
| 꾸르**륵**-꾸르**륵** | 꾸르**르**꾸르**르** | |
| 꾸르**륵**꾸르**륵**-하다 | 꾸르**르**꾸르**르**하다 | |
| 꾸르**륵**-대다 | 꾸르**르**대다 | |
| 꾸르**륵**-하다 | 꾸르**르**하다 | |
| 꾸부러-**트**리다 | 꾸부러**뜨**리다 | |
| **꾹-꾹**[1] | **꿍꿍**[1] | |
| -**꾼**[2] | -**군**[1] | 맞54 |
| 꿉**슬**-꿉**슬** | 꿉**실**꿉**실**[2] | |
| 꿉**슬**꿉**슬**-하다 | 꿉**실**꿉**실**하다 | |
| 꿉**실** | 꿉**신** | |
| 꿉**실**-거리다 | 꿉**신**거리다 | |
| 꿉**실**-꿉**실**[1] | 꿉**신**꿉**신** | |
| 꿉**실**꿉**실**-하다[1] | 꿉**신**꿉**신**하다 | |
| 꿉**실**-대다 | 꿉**신**대다 | |
| 꿉**실**-하다 | 꿉**신**하다 | |
| 꿰-뜨리다 | 꿰**여**뜨리다 | |
| 꿰-매다 | 꿰**여**매다 | |
| **꿰미** | **꿴** | 표15 |
| 꿰-지다 | 꿰**여**지다 | |
| **꿰**-지다 | **뀌여**지다 | |
| 꿰-지르다 | 꿰**여**지르다 | |
| 꿰-차다 | 꿰**여**차다 | |
| 꿰-**트**리다 | 꿰**뜨**리다 | |
| **꿱-꿱** | **껙껙** | |
| **꿱꿱**-거리다 | **껙껙**거리다 | |

| 《표대》 | 《조대》 | 관련 조항 |
|---|---|---|
| 꿱꿱-대다 | 꺡꺡대다 | |
| 꿱꿱-하다 | 꺡꺡하다 | |
| 끄나풀 | 끄나불 | |
| 끄덩이 | 끄뎅이 | 표9 |
| 끄르다 | 끌르다 | |
| 끄먹-거리다 | 꺼먹거리다 | |
| 끄먹-끄먹 | 꺼먹꺼먹[1] | |
| 끄먹끄먹-하다 | 꺼먹꺼먹하다 | |
| 끄먹-대다 | 꺼먹대다 | |
| 끊어-트리다 | 끊어뜨리다 | |
| 끌밋-하다 | 끌밋다 | |
| 끓는-점 (--點) | 끓음점 | |
| 끔찍스레 | 끔찍스러이 | 표14 |
| 끝-구 (-句) | 끝귀 | 맞52 |
| 끼루룩 | 끼르륵 | |
| 끼루룩-거리다 | 끼르륵거리다 | |
| 끼루룩-끼루룩 | 끼르륵끼르륵 | |
| 끼루룩끼루룩-하다 | 끼르륵끼르륵하다 | |
| 끼루룩-대다 | 끼르륵대다 | |
| 끼룩[1] | 끼륵 | |
| 끼룩-거리다[1] | 끼륵거리다 | |
| 끼룩-끼루룩 | 끼륵끼르륵 | |
| 끼룩끼루룩-하다 | 끼륵끼르륵하다 | |
| 끼룩-끼룩[1] | 끼륵끼륵 | |
| 끼룩끼룩-하다[1] | 끼륵끼륵하다 | |
| 끼룩-대다[1] | 끼륵대다 | |
| 끼어-들다 | 끼여들다 | 맞16 |
| 끼우다[1] | 끼다[4] | 표15 |
| 끼울어-트리다 | 끼울어뜨리다 | |
| 끼적-거리다[1] | 끄적거리다 | |
| 끼적-끼적[1] | 끄적끄적 | |
| 끼적끼적-하다[1] | 끄적끄적하다 | |
| 끼적-대다[2] | 끄적대다 | |
| 끼-트리다 | 끼뜨리다 | |
| 끽겁 (喫怯) | 긱겁 (喫怯) | 맞52 |
| 끽겁-하다 (喫怯--) | 긱겁하다 (喫怯-) | 맞52 |
| 끽경 (喫驚) | 긱경 (喫驚) | 맞52 |
| 끽경-하다 (喫驚--) | 긱경하다 (喫驚-) | 맞52 |
| 끽고 (喫苦) | 긱고 (喫苦) | 맞52 |

기타

| 《표대》 | 《조대》 | 관련 조항 |
|---|---|---|
| 끽고-하다 (喫苦--) | 긱고하다 (喫苦-) | 맞52 |
| 끽긴 (喫緊) | 긱긴 | 맞52 |
| 끽긴-하다 (喫緊--) | 긱긴하다 (喫緊-) | 맞52 |
| 끽다 (喫茶) | 긱다 (喫茶) | 맞52 |
| 끽다-점 (喫茶店) | 긱다점 (喫茶店) | 맞52 |
| 끽다-하다 (喫茶--) | 긱다하다 (喫茶-) | 맞52 |
| 끽반 (喫飯) | 긱반 (喫飯) | 맞52 |
| 끽반-처 (喫飯處) | 긱반처 | 맞52 |
| 끽반-하다 (喫飯--) | 긱반하다 (喫飯-) | 맞52 |
| 끽연 (喫煙) | 긱연 (喫煙) | 맞52 |
| 끽연-실 (喫煙室) | 긱연실 | 맞52 |
| 끽연-하다 (喫煙--) | 긱연하다 (喫煙-) | 맞52 |
| 끽착 (喫着) | 긱착 (喫着) | 맞52 |
| 끽착부진-하다 (喫着不盡--) | 긱착부진하다 (喫着不盡-) | 맞52 |
| 끽파 (喫破) | 긱파 (喫破) | 맞52 |
| 끽파-하다 (喫破--) | 긱파하다 (喫破-) | 맞52 |
| 나가-곤드라지다 | 나가군드러지다 | |
| 나가-넘어지다 | 나넘어지다 | |
| 나가-쓰러지다 | 나쓰러지다 | |
| 나-대접 (-待接) | 나이대접 | 표16 |
| 나대접-하다 (-待接--) | 나이대접하다 | 표16 |
| 나도-물통이 | 나도물퉁이 | |
| 나-뒹굴다 | 나딩굴다 | |
| 나들이-고누 | 나들이꼬니 | |
| 나래-꾼 | 나래군 | 맞54 |
| 나룻 | 나룻[2] | |
| 나룻-걸이 | 나룻걸이 | |
| 나리[1] | 나으리 | 표14 |
| 나마[1] | 너머 | |
| 나무-꾼 | 나무군 | 맞54 |
| 나무라다 | 나무래다 | |
| 나물-꾼 | 나물군 | 맞54 |
| 나뭇-조각 | 나무쪼각 | |
| 나병[2] (癩病) | 뢰병 (癩病) | 맞52 |
| 나부끼다 | 나붓기다 | |
| 나부랭이 | 나부랑이 | 표9 |
| 나부죽[1] | 나부죽이 | |
| 나부죽-하다 | 나브족하다 | |
| 나슬-나슬 | 나실나실 | |

| 《표대》 | 《조대》 | 관련 조항 |
|---|---|---|
| 나쎄 | 나세[1] | 맞27 |
| 나아-지다 | 나지다[2] | |
| 나인[1] | 내[6] | |
| 나지라기 | 나지래기 | 표9 |
| 나직-나직 | 나즉나즉 | |
| 나직나직-이 | 나즉나즉이 | |
| 나직나직-하다 | 나즉나즉하다 | |
| 나직-이 | 나즉이 | |
| 나직-하다[1] | 나즉하다 | |
| 낚다 | 나꾸다 | |
| 낚다 | 낚구다 | |
| 낚시-꾼 | 낚시군 | 맞54 |
| 낚아-채다 | 나꾸어채다 | |
| 낚아-채다 | 나꾸채다 | |
| 낚아-채다 | 나꿔채다 | |
| 난딱 | 난짝 | |
| 난봉-꾼 | 난봉군 | 맞54 |
| 난질-꾼 | 난질군 | 맞54 |
| 날-받이 | 날받기 | |
| 날-사기꾼 (-詐欺-) | 날사기군 (-詐欺-) | 맞54 |
| 날삯-꾼 | 날삯군 | 맞54 |
| 날연-하다 | 나련하다 | |
| 날일-꾼 | 날일군 | 맞54 |
| 날-짜[1] | 날자 | 맞27 |
| 날짜^변경선 (--變更線) | 날자변경선 (-變更線) | 맞27 |
| 날짱-거리다 | 날짝거리다 | |
| 날짱-날짱[1] | 날짝날짝 | |
| 날짱날짱-하다[1] | 날짝날짝하다 | |
| 날짱-대다 | 날짝대나 | |
| 날치-꾼 | 날치군 | 맞54 |
| 날-파람 | 날바람 | 맞31 |
| 날파람-둥이 | 날바람둥이 | 맞31 |
| 날파람-쟁이 | 날바람쟁이 | 맞31 |
| 날품팔이-꾼 | 날품팔이군 | 맞54 |
| 남-볼썽 | 남볼상 | |
| 남-볼썽 | 남볼성 | 맞21 |
| 남-철릭 (藍--) | 남천릭 | |
| 남포-꾼 | 남포군 | 맞54 |
| 납폐[2] (納幣) | 납페 (納幣) | 맞8 |

| 《표대》 | 《조대》 | 관련 조항 |
|---|---|---|
| 낯-가죽 | 낯갗 | |
| 낯-바대기 | 낯반대기 | |
| 내-가다 | 내여가다 | |
| 내걸-리다 | 나걸리다 | |
| 내-놓다 | 내여놓다 | |
| 내다뵈다 | 내다보이다 | 표16 |
| 내-닫다 | 나닫다 | |
| 내-던지다 | 내여던지다 | |
| 내-돌리다 | 내여돌리다 | |
| 내-들다 | 내여들다 | |
| 내-디디다 | 내여디디다 | |
| 내-뜨리다 | 내여뜨리다 | |
| 내려-가다 | 나려가다 | |
| 내려-디디다 | 내리디디다 | |
| 내려-뜨리다 | 내리뜨리다 | |
| 내려-쓰다 | 내리쓰다[1] | |
| 내려-오다 | 나려오다 | |
| 내려-트리다 | 내려뜨리다 | |
| 내리-갈기다 | 내려갈기다 | |
| 내리-구르다 | 내리굴다 | 표15 |
| 내리-긋다 | 내려긋다 | |
| 내리-까다 | 내려까다 | |
| 내리-깔다 | 내깔다 | 표15 |
| 내리-깔다 | 내려깔다 | |
| 내리깔-리다 | 내려깔리다 | |
| 내리-꽂다 | 내려꽂다 | |
| 내리꽂-히다 | 내려꽂히다 | |
| 내리-꿰다 | 내려꿰다 | |
| 내리-누르다 | 내려누르다 | |
| 내리눌리다 | 내눌리다 | 표15 |
| 내리다[1] | 나리다 | |
| 내리-닫이[1] | 내리다지 | 맞19 |
| 내리-덮다 | 내려덮다 | |
| 내리덮-이다 | 내려덮이다 | |
| 내리-뒹굴다 | 내리딩굴다 | |
| 내리-뛰다 | 내려뛰다 | |
| 내리-뜨다 | 내려뜨다 | |
| 내리-뜨다 | 내립뜨다 | 맞31 |
| 내리-막 | 내리막이 | |

| 《표대》 | 《조대》 | 관련 조항 |
|---|---|---|
| 내리-매기다 | 내려매기다 | |
| 내리-먹다 | 내려먹다 | |
| 내리먹-이다 | 내려먹이다 | |
| 내리-몰다 | 내려몰다 | |
| 내리-밀다 | 내려밀다 | |
| 내리밀-리다 | 내려밀리다 | |
| 내리-박다 | 내려박다 | |
| 내리받-이 | 내림받이 | |
| 내리-붓다[1] | 내려붓다[1] | |
| 내리-붙다 | 내려붙다 | |
| 내리-비치다 | 내려비치다 | |
| 내리-뻗다 | 내려뻗다 | |
| 내리-쌓다 | 내려쌓다 | |
| 내리쌓-이다 | 내려쌓이다 | |
| 내리쏘-기 | 내려쏘기 | |
| 내리-쏘다 | 내려쏘다 | |
| 내리쓰-기 | 내려쓰기 | |
| 내리-쓰다 | 내려쓰다[1] | |
| 내리-쓸다 | 내려쓸다 | |
| 내리-읽다 | 내려읽다 | |
| 내리-족치다 | 내려족치다 | |
| 내리-지르다 | 내려지르다 | |
| 내리질리다 | 내려질리다 | |
| 내리-짚다 | 내려짚다 | |
| 내리-쪼이다 | 내려쪼이다 | |
| 내리-쬐다 | 내려쬐다 | |
| 내리-패다 | 내려패다 | |
| 내리-퍼붓다 | 내려퍼붓다 | |
| 내리-훑다 | 내려훑다 | |
| 내리-흐르다 | 내려흐르다 | |
| 내-맡기다 | 내여맡기다 | |
| 내-밀다 | 내여밀다 | |
| 내-보내다 | 내여보내다 | |
| 내-붙치다 | 내부딪치다 | 표16 |
| 내수[5] (奈率) | 나수[1] | 맞52 |
| 내숭 | 내흉 (內兇) | |
| 내숭-스럽다 | 내흉스럽다 | |
| 내숭스레 | 내흉스레 | |
| 내숭-하다 | 내흉하다 | |

| 《표대》 | 《조대》 | 관련 조항 |
|---|---|---|
| 내-쉬다 | 내여쉬다 | |
| 내-오다 | 내여오다 | |
| 내왕-꾼 (來往-) | 랭군 | 맞54 |
| 내외[2] (內外) | 내우[1] | |
| 내외-하다 (內外--) | 내우하다 | |
| 내인[1] (內人) | 나인[1] | |
| 내-주다 | 내여주다 | |
| 내-쫓다 | 내여쫓다 | |
| 내치락-들치락 | 내치락들이치락 | |
| 내-트리다 | 내뜨리다 | |
| 내폐 (內嬖) | 내페 (內嬖) | 맞8 |
| 내항-동물 (內肛動物) | 내홍동물 (內肛動物) | 맞52 |
| 내-흔들다 | 내여흔들다 | |
| 낼 | 래일 (來日) | 표16 |
| 낼-모레 | 래일모레 | 표16 |
| 냄비 | 남비 | 표9 |
| 냇-둑 | 내뚝[1] | |
| 냠냠 | 얌얌 | |
| 냥쭝 (兩重▼) | 냥중 | 맞52 |
| 너끈-하다 | 넉근하다 | |
| 너끈-히 | 넉근히 | |
| 너무-날 | 네무날 | |
| 너부렁넓적-이 | 너부렁넙적이 | 맞21 |
| 너부렁넓적-하다 | 너부렁넙적하다 | 맞21 |
| 너부렁이 | 나부랑이 | |
| 너부렁이 | 나부랭이 | |
| 너비아니 | 너바니 | 표15 |
| 너스래미 | 너스래 | 표15 |
| 너슬-너슬 | 너실너실 | |
| 너울-너울 | 너흘너흘 | |
| 넉살-꾼 | 넉살군 | 맞54 |
| 넉자-바기 (-字--) | 넉자배기 | 표9 |
| 넋-두리 | 넉두리 | 맞21 |
| 넋두리-하다 | 넉두리하다 | 맞21 |
| 널-따랗다 | 널다랗다 | 맞21 |
| 널-따랗다 | 넓다랗다 | 맞21 |
| 널브러-뜨리다 | 널부러뜨리다 | |
| 널브러-지다 | 널부러지다 | |
| 널-빤지 | 널판지 | |

| 《표대》 | 《조대》 | 관련 조항 |
|---|---|---|
| 널-조각 | 널쪼각 | |
| 널찍-널찍 | 널직널직 | 맞21 |
| 널찍널찍-이 | 널직널직이 | 맞21 |
| 널찍널찍-하다 | 널직널직하다 | 맞21 |
| 널찍-이 | 널직이 | 맞21 |
| 널찍-하다 | 널직하다 | 맞21 |
| 널-판때기 (-板--) | 널판대기 | 맞54 |
| 널-판자 (-板子) | 널판지 | |
| 넓이-뛰기 | 너비뛰기 | |
| 넓적-넓적[1] | 넙적넙적[2] | 맞21 |
| 넓적넓적-이 | 넙적넙적이 | 맞21 |
| 넓적넓적-하다 | 넙적넙적하다 | 맞21 |
| 넓적-다리 | 넙적다리 | 맞21 |
| 넓적다리^동맥 (----動脈) | 넙적다리동맥 | 맞21 |
| 넓적다리^마디 | 넙적다리마디 | 맞21 |
| 넓적다리-뼈 | 넙적다리뼈 | 맞21 |
| 넓적-부리 | 넙적부리 | 맞21 |
| 넓적스름-하다 | 넙적스름하다 | 맞21 |
| 넓적스름-히 | 넙적스름히 | 맞21 |
| 넓적-코 | 넙적코 | 맞21 |
| 넓적-하다 | 넙적하다 | 맞21 |
| 넓죽넓죽-하다 | 넙죽넙죽하다 | 맞21 |
| 넓죽-이[1] | 넙죽이 | 맞21 |
| 넓죽-하다 | 넙죽하다 | 맞21 |
| 넘성-하다 | 넘석하다 | |
| 넘어-트리다 | 넘어뜨리다 | |
| 넙데데-하다 | 너부데데하다 | 표16 |
| 네줄-고누 | 네줄꼬니 | |
| 녀식 | 년석 | |
| 노가주 | 노가지 | |
| 노가주-나무 | 노가지나무 | |
| 노느-몫 | 노늠몫 | |
| -노라니 | -느라니 | |
| -노라니까 | -느라니까 | |
| -노라면 | -느라면 | |
| 노란-팽나무 | 노랑팽나무 | |
| 노랑-가자미 | 노랑가재미 | 표9 |
| 노랑눈썹-솔새 | 노랑눈섭솔새 | 맞27 |
| 노랑-돈 | 노란돈 | |

| 《표대》 | 《조대》 | 관련 조항 |
|---|---|---|
| 노랑-씬벵이 | 노랑씬뱅이 | |
| 노랑-이 | 노랭이 | 표9 |
| 노랑-하눌타리 | 노랑하늘타리 | |
| 노량[1] | 놀량 | |
| 노량-으로 | 놀량으로 | |
| 노르께-하다 | 노리께하다 | |
| 노르끄레-하다 | 노르끼레하다 | |
| 노르끄레-하다 | 노리끼레하다 | |
| 노른-자위 | 노란자위 | |
| 노름-꾼 | 노름군 | 맞54 |
| 노릇-노릇 | 노릿노릿 | |
| 노릇노릇-이 | 노릿노릿이 | |
| 노릇노릇-하다 | 노릿노릿하다 | |
| 노린재-나무 | 노란재나무 | |
| 노상[1] | 노방[2] | |
| 노-오라기 | 노오래기 | 표9 |
| 노티[1] | 노치 | |
| 녹는-점 (--點) | 녹음점 | |
| 녹말 (綠末) | 농마 | |
| 녹말-가루 (綠末--) | 농마가루 | |
| 녹말-다식 (綠末茶食) | 농마다식 | |
| 녹말-당 (綠末糖) | 농마당 | |
| 녹말-묵 (綠末-) | 농마묵 | |
| 녹말^작물 (綠末作物) | 농마작물 | |
| 녹말^종이 (綠末--) | 농마종이 | |
| 녹말-질 (綠末質) | 농마질 | |
| 녹말-찌끼 (綠末--) | 농마찌끼 | |
| 녹말-풀 (綠末-) | 농마풀 | |
| 논-꼬 | 논고 | |
| 논-둑 | 논뚝 | |
| 논둑-길 | 논뚝길 | |
| 논둑-외풀 | 논뚝외풀 | |
| 논-병아리 | 농병아리 | |
| 놀량-목 | 노랑목 | |
| 놀이-꾼 | 놀이군 | 맞54 |
| 놀-지다 | 너울지다 | |
| 놈-팡이 | 놈팽이 | 표9 |
| 놋갓-장이 | 놋갓쟁이 | 표9 |
| 놋-재떨이 | 놋재털이 | |

| 《표대》 | 《조대》 | 관련 조항 |
|---|---|---|
| 농사-꾼 (農事-) | 농사군 | 맞54 |
| 농치다[1] | 눙치다 | |
| 높이-뛰기 | 높뛰기 | |
| 되다[3] | 되이다 | |
| 누구 | 뉘[4] | |
| 누그러-트리다 | 누그러뜨리다 | |
| 누더기 | 누데기 | 표9 |
| 누런-빛 | 누렁빛 | |
| 누런-색 (--色) | 누렁색 | |
| 누레-지다 | 누래지다 | 맞18 |
| 누룩-곰팡이 | 누룩곰팽이 | 표9 |
| 누르끄레-하다 | 누르끼레하다 | |
| 누르끄레-하다 | 누리끼레하다 | |
| 누르끄름-하다 | 누르끄럼하다 | |
| 누르튀튀-하다 | 누르테테하다 | |
| 누릇-누릇 | 누릿누릿 | |
| 누릇누릇-이 | 누릿누릿이 | |
| 누릇누릇-하다 | 누릿누릿하다 | |
| -누먼 | -누만 | |
| 누에[1] | 눼 | 표15 |
| 누에-떨기 | 누에털기 | |
| 누임[1] | 누움 | |
| 누임-질 | 누움질 | |
| 누임질-하다 | 누움질하다 | |
| 누임-하다 | 누움하다 | |
| 눈-가자미 | 눈가재미 | 표9 |
| 눈-가죽 | 눈갗 | |
| 눈-곱자기 | 눈곱재기 | 표9 |
| 눈-구덩이 | 눈구뎅이 | 표9 |
| 눈-끔적이 | 눈껌적이 | |
| 눈-단 | 누운단 | 표16 |
| 눈-목[1] (-木) | 누운목 (-木) | 표16 |
| 눈-변 (-邊) | 누운변 | 표16 |
| 눈-석임 | 눈석이 | |
| 눈석임-물 | 눈석이물 | |
| 눈-쌈[1] | 눈싸움[2] | 표16 |
| 눈-쌈[2] | 눈싸움[1] | 표16 |
| 눈쌈-하다[1] | 눈싸움하다 | 표16 |
| 눈쌈-하다[2] | 눈싸움하다 | 표16 |

기타

| 《표대》 | 《조대》 | 관련 조항 |
|---|---|---|
| 눈-**썹** | 눈**섭** | 맞27 |
| 눈**썹**-달 | 눈**섭**달 | 맞27 |
| 눈**썹**-대 | 눈**섭**대 | 맞27 |
| 눈**썹**-먹 | 눈**섭**먹 | 맞27 |
| 눈**썹**-바라지 | 눈**섭**바라지 | 맞27 |
| 눈**썹**-줄 | 눈**섭**줄 | 맞27 |
| 눈**썹**-지붕 | 눈**섭**지붕 | 맞27 |
| 눈**썹**-**차**양 (--遮陽) | 눈**섭채**양 | 맞27, 표9 |
| 눈치-**꾼** | 눈치**군** | 맞54 |
| 눈**퉁**-횟대 | 눈**통**횟대 | |
| **눌**어-붙다 | **늘**어붙다 | |
| **뉘**[3] | **누이** | 표16 |
| 뉘**레**-지다 | 뉘**래**지다 | 맞18 |
| **뉘**엿-**뉘**엿 | **누**엿**누**엿 | |
| 뉘**웇**다 | 뉘**우치**다 | 표16 |
| **느시** | **너새**[2] | |
| 느직느직-**이** | 느직느직**히** | 맞51 |
| **늑**-줄 | **늦**줄 | |
| **늑**-하다 | **느긋**하다 | 표16 |
| -는**단** | -는**다는** | 표16 |
| **는**질-거리다 | **넌**질거리다 | |
| **는**질-**는**질 | **넌**질**넌**질 | |
| **는**질**는**질-하다 | **넌**질**넌**질하다 | |
| **는**질-대다 | **넌**질대다 | |
| 늘-**리**다 | 늘**이**나 | |
| 늘어-**트**리다 | 늘어**뜨**리다 | |
| 늘**쩡**-거리다 | 늘**쩍**거리다 | |
| 늘**쩡**-늘**쩡**[1] | 늘**쩍**늘**쩍** | |
| 늘**쩡**늘**쩡**-하다[1] | 늘**쩍**늘**쩍**하다 | |
| 늘**쩡**-대다 | 늘**쩍**대다 | |
| 능-구**렁**이 | 능구**렝**이 | 표9 |
| 능-**꾼** (能-) | 능**군** (能-) | 맞54 |
| **능**-놀다 | **늑**놀다 | 맞27 |
| 능수-**꾼** (能手-) | 능수**군** | 맞54 |
| 늦-**둥**이 | 늦**동**이 | |
| **늦은**-중모리 | **느진**중모리 | 맞27 |
| 늦-잡**도**리다 | 늦잡**드**리다 | |
| **늦**[2] | **느치** | 표16 |
| **닐**리리 | **닐**리리 | |

| 《표대》 | 《조대》 | 관련 조항 |
|---|---|---|
| 늴리리야 | 닐리리야 | |
| 닢[1] | 잎[2] | |
| -다고[3] | -다구[1] | |
| -다고[4] | -다구[2] | |
| 다그-치다 | 다궂다 | 표15 |
| 다다르다 | 다닫다 | |
| 다닥-트리다 | 다닥뜨리다 | |
| 다독-거리다 | 다둑거리다 | |
| 다독-다독 | 다둑다둑 | |
| 다독다독-하다 | 다둑다둑하다 | |
| 다독-대다 | 다둑대다 | |
| 다디-달다 | 달디달다 | 맞28 |
| 다라지다 | 따라지다 | |
| 다랑-귀 | 다랑구[2] | |
| 다랑-논 | 다락논 | 맞27 |
| 다래-너출 | 다래넌출 | |
| 다로기 | 도로기 | |
| 다르다[1] | 달다[5] | 표15 |
| 다리-몽둥이 | 다리몽댕이 | |
| 다리미 | 다림[1] | 표15 |
| 다만[1] | 다문[2] | |
| 다문-다문 | 다목다목 | |
| 다물-다물 | 다몰다몰 | |
| 다박-다박 | 다북다북[1] | |
| 다복-다복 | 다북다북[2] | |
| 다복다복-하다 | 다북다북하다 | |
| 다복-솔 | 다박솔 | |
| 다복솔-밭 | 다박솔밭 | |
| 다섯목-한카래 | 다섯목한가래 | 맞31 |
| 다소곳-이 | 다수굿이 | |
| 다소곳-하다 | 다수굿하다 | |
| 다스름 | 다스림 | |
| 다좇다 | 다조지다 | 표16 |
| 닥-트리다 | 닥뜨리다 | |
| 닦달 | 닥달 | 맞21 |
| 닦달-질 | 닥달질 | 맞21 |
| 닦달질-하다 | 닥달질하다 | 맞21 |
| 닦달-하다 | 닥달하다 | 맞21 |
| 단구[5] (短句) | 단귀 (←短句) | 맞52 |

기타

| 《표대》 | 《조대》 | 관련 조항 |
|---|---|---|
| 단극^개폐기 (單極開閉器) | 단극개페기 | 맞8 |
| 단박[3] | 담박[2] | |
| 단쉬 (煅淬) | 단쇄 (鍛淬) | 맞52 |
| 단출-하다 | 단촐하다 | |
| 단출-히 | 단촐히 | |
| 단-칸 (單-) | 단간[1] (單間) | |
| 단칸-방 (單-房) | 단간방 | |
| 단칸-살림 (單---) | 단간살림 | |
| 단칸살림-하다 (單-----) | 단간살림하다 | |
| 단칸-살이 (單---) | 단간살이 | |
| 단칸살이-하다 (單-----) | 단간살이하다 | |
| 단칸-집 (單--) | 단간집 | |
| 단칸-짜리 (單---) | 단간짜리 | |
| 닫힌-계 (--系) | 닫긴계 | |
| 닫힌-곡선 (--曲線) | 닫긴곡선 | |
| 닫힌-열매 | 닫긴열매 | |
| 닫힌-회로 (--回路) | 닫긴회로 | |
| 달가워-하다 | 달가와하다 | 맞18 |
| 달개비 | 닭개비 | 맞27 |
| 달걀 | 닭알 | |
| 달걀-가루 | 닭알가루 | |
| 달걀-구이 | 닭알구이 | |
| 달걀-말이 | 닭알말이 | |
| 달걀^모양 (--模樣) | 닭알모양 | |
| 달걀-밥 | 닭알밥 | |
| 달걀-버섯 | 닭알버섯 | |
| 달걀-부침 | 닭알부침 | |
| 달걀-빛 | 닭알빛 | |
| 달걀-빵 | 닭알빵 | |
| 달걀-색 (--色) | 닭알색 | |
| 달걀-술 | 닭알술 | |
| 달걀-옷 | 닭알옷 | |
| 달걀-죽 (--粥) | 닭알죽 | |
| 달걀-찌개 | 닭알찌개 | |
| 달걀-찜 | 닭알찜 | |
| 달걀-형 (--形) | 닭알형 | |
| 달구다[1] | 달쿠다 | |
| 달구리[1] | 닭울이 | 맞19, 맞27 |
| 달구지-꾼 | 달구지군 | 맞54 |

| 《표대》 | 《조대》 | 관련 조항 |
| --- | --- | --- |
| 달구-치다 | 달고치다 | |
| 달그락 | 달가락 | |
| 달그락-거리다 | 달가락거리다 | |
| 달그락-달그락 | 달가락달가락 | |
| 달그락달그락-하다 | 달가락달가락하다 | |
| 달그락-대다 | 달가락대다 | |
| 달그락-하다 | 달가락하다 | |
| 달기-살 | 달가살 | |
| 달리[1] | 달래[4] | |
| 달리다[3] | 딸리다[1] | |
| 달짜근-하다 | 달짝지근하다 | 표16 |
| 달짝지근-히 | 달작지근히 | 맞21 |
| 닭의-어리 | 닭어리 | |
| 닭-조림 | 닭졸임 | 맞22 |
| 닭털-니 | 닭털이 | 맞27 |
| 담-꾼 (擔-) | 담군 (擔-) | 맞54 |
| 담-날 | 다음날 | 표16 |
| 담박-질 | 달음박질 | 표16 |
| 담박질-하다 | 달음박질하다 | 표16 |
| 담북-장 (--醬) | 뜸북장 | |
| 담쏙 | 담쑥 | |
| 담쏙-담쏙 | 담쑥담쑥 | |
| 담여[2] (擔舁) | 담예 (擔舁) | 맞52 |
| 담여-하다 (擔舁--) | 담예하다 (擔舁-) | 맞52 |
| 담-장이[1] | 담쟁이[2] | 표9 |
| 답삭-희 (踏索戲) | 답색희 (踏索戲) | 맞52 |
| 답-쌓이다 | 답쌔다 | 표15 |
| 당감이 | 당가미 | 맞19 |
| 당기다[1] | 땅기다 | |
| 당도 (糖度) | 탕도 (湯度) | 맞52 |
| 당도리 | 당두리 | |
| 당도리-선 (---船) | 당두리선 | |
| 당양-하다 (當陽--) | 다냥하다 | |
| 당찮다 (當--) | 당치않다 | 표14 |
| 당폐[1] (堂陛) | 당페[2] (堂陛) | 맞8 |
| 당폐[2] (黨弊) | 당페[1] (黨弊) | 맞8 |
| 대갈-빡 | 대갈박 | 맞27 |
| 대고[1] | 대구[4] | |
| 대괵 (大斛) | 대곡[2] (大斛) | 맞52 |

| 《표대》 | 《조대》 | 관련 조항 |
|---|---|---|
| 대구[6] (對句) | 대귀[2] | 맞52 |
| 대구-법 (對句法) | 대귀법 | 맞52 |
| 대구-조림 (大口--) | 대구졸임 | 맞22 |
| 대-낚 | 대낙 | 맞27 |
| 대-내말 (大奈末) | 대나말 (大奈末) | 맞52 |
| 대단-히 | 대단[2] | |
| 대동맥판^폐쇄^부전증 (大動脈瓣閉鎖不全症) | 대동맥판페쇄부전증 | 맞8 |
| 대륙-율모기 (大陸---) | 대륙늘메기 | |
| 대여-꾼 (大輿-) | 대여군 | 맞54 |
| 대엽성^폐렴 (大葉性肺炎▼) | 대엽성페염 | 맞52, 맞8 |
| 대장-장이 | 대장쟁이 | 표9 |
| 대-지팡이 | 대지팽이 | 표9 |
| 대차-꾼 (大借-) | 대차군 | 맞54 |
| 대천지원수 (戴天之怨讐) | 대천지원쑤 | |
| 대푼-쭝 (--重▼) | 대푼중 (-重) | 맞52 |
| 댑쌀-비 | 댑싸리비 | 표16 |
| 댓-조각 | 대쪼각 | |
| 댕기다 | 당기다[2] | 표9 |
| 더기[1] | 데기[1] | 표9 |
| 더데[2] | 더디[1] | |
| -더라면 | -더면 | |
| 더러[2] | -ㄹ더러 | |
| 더레다 | 더럽히다 | 표16 |
| 더부룩-이[2] | 더뿌룩이 | 맞5 |
| 더부룩-하다[2] | 더뿌룩하다 | 맞5 |
| 더부룩-하다[2] | 듬뿌룩하다 | |
| 더욱-이 | 더우기 | |
| 더치다[1] | 덧치다[3] | |
| 더펄-이 | 더퍼리 | 맞23 |
| 덕솔 (德率) | 덕수[2] | 맞52 |
| 덖다[2] | 닦다[2] | |
| 던질-낚시 | 던짐낚시 | |
| 덜렁-꾼 | 덜렁군 | 맞54 |
| 덜렁-이 | 덜렝이 | 표9 |
| 덜름-하다 | 들름하다 | |
| 덜퍼덕 | 덜퍽[1] | 표15 |
| 덤-받이 | 더음받이 | 표14 |
| 덤불-조팝나무 | 덤불조밥나무 | 맞31 |
| 덥-히다 | 더웁히다 | |

| 《표대》 | 《조대》 | 관련 조항 |
|---|---|---|
| 덧-니 | 덧이 | 맞27 |
| 덧니-박이 | 덧이박이 | 맞27 |
| 덧니-박이 | 덧이배기 | 맞27, 표9 |
| 덧-니빨 | 덧이발 | 맞21, 맞27 |
| 덧-조각 | 덧쪼각 | |
| 덩지[1] | 덩치 | |
| 덮어-쓰다 | 덮쓰다 | |
| 덮어씌우다 | 덮씌우다 | |
| 덮치-기 | 덮치 | |
| 데리다 | 다리다[4] | |
| 데릴-사위 | 다릴사위 | |
| 데우다[1] | 데다[2] | 표15 |
| 뎅거덩 | 뎅가당 | |
| 뎅거덩-거리다 | 뎅가당거리다 | |
| 뎅거덩-대다 | 뎅가당대다 | |
| 뎅거덩-뎅거덩 | 뎅가당뎅가당 | |
| 뎅거덩뎅거덩-하다 | 뎅가당뎅가당하다 | |
| 뎅거덩-하다 | 뎅가당하다 | |
| 뎅겅[1] | 뎅강[1] | |
| 뎅겅-거리다 | 뎅강거리다 | |
| 뎅겅-대다 | 뎅강대다 | |
| 뎅겅-뎅겅[1] | 뎅강뎅강[1] | |
| 뎅겅뎅겅-하다[1] | 뎅강뎅강하다 | |
| 뎅겅-하다 | 뎅강하다 | |
| 도[15] | -두 | |
| 도가-머리 | 도거머리 | |
| 도깨비-굴 (---窟) | 도까비굴 (-窟) | 표9 |
| 도두[1] | 돋우 | 맞19 |
| 도두-뛰다 | 돋우뛰다 | 맞19 |
| 도두-보다 | 돋우보다 | 맞19 |
| 도두보-이다 | 돋우보이다 | 맞19 |
| 도두뵈다 | 돋우보이다 | 맞19 |
| 도두-새기다 | 돋우새기다 | 맞19 |
| 도두-앉다 | 돋우앉다 | 맞19 |
| 도드리[1] | 도도리 | |
| 도드리-장단 | 도도리장단 | |
| 도랑-둑 | 도랑뚝 | |
| 도랒-나물 | 도라지나물 | 표16 |
| 도랒-생채 (--生菜) | 도라지생채 | 표16 |

| 《표대》 | 《조대》 | 관련 조항 |
|---|---|---|
| 도래-걷이 | 도라거지 | 맞19 |
| 도람직-하다 | 도리암직하다 | 표16 |
| 도량[4] (道場) | 도장[6] (道場) | 맞52 |
| 도로[1] | 도루 | |
| 도로^표지 (道路標識) | 도로표식 | 맞52 |
| 도롱뇽 | 도롱룡 | |
| 도롱이[1] | 도랭이[1] | |
| 도루-묵 | 도루메기[1] | |
| 도리어 | 도리여 | |
| 도망-꾼 (逃亡-) | 도망군 | 맞54 |
| 도박-꾼 (賭博-) | 도박군 (賭博-) | 맞54 |
| 도배-장이 (塗褙--) | 도배쟁이 | 표9 |
| 도부-꾼 (到付-) | 도부군 | 맞54 |
| 도비-꾼 | 도비군 | 맞54 |
| 도-설리 (都薛里) | 도섭리 | 맞52 |
| 도약[2] (跳躍) | 조약[2] (跳躍) | 맞52 |
| 도약^경기 (跳躍競技) | 조약경기 | 맞52 |
| 도약-대 (跳躍臺) | 조약대 | 맞52 |
| 도약^진행 (跳躍進行) | 조약진행 (跳躍進行) | 맞52 |
| 도장-왈짜 | 도장왈자 (-日字) | |
| 도장-장이 (圖章--) | 도장쟁이 | 표9 |
| 도저-히 (到底-) | 도제[4] | 표15 |
| 도적-고양이 (盜賊---) | 도적괭이 | 표15 |
| 도-제조 (都提調) | 도제주 | 맞52 |
| 도채-장이 (塗彩--) | 도채쟁이 | 표9 |
| 도-캐 | 도개[2] | 맞31 |
| 도-컬 | 도걸 | 맞31 |
| 독[9] (纛) | 둑[3] (纛) | 맞52 |
| 독-니 (毒-) | 독이[1] (毒-) | 맞27 |
| 독제[2] (纛祭) | 둑제 (纛祭) | 맞52 |
| 독-판[1] (獨-) | 도판[3] | |
| 돈끽 (頓喫) | 돈긱 (頓喫) | 맞52 |
| 돈끽-하다 (頓喫--) | 돈긱하다 (頓喫-) | 맞52 |
| 돈놀이-꾼 | 돈놀이군 | 맞54 |
| 돈-닢 | 돈잎 | |
| 돈돈-쭝 (--重▼) | 돈돈중 | 맞52 |
| 돈령 (敦寧▼) | 돈녕 (敦寧) | 맞52 |
| 돈령-부 (敦寧▼府) | 돈녕부 (敦寧府) | 맞52 |
| 돈령-사 (敦寧▼司) | 돈녕사 (敦寧司) | 맞52 |

| 《표대》 | 《조대》 | 관련 조항 |
|---|---|---|
| 돈**령**-원 (敦寧▼院) | 돈**녕**원 (敦寧院) | 맞52 |
| 돈-반**쭝** (-半重▼) | 돈반**중** (-半重) | 맞52 |
| 돈-**쭝** (-重▼) | 돈**중** | 맞52 |
| **돌**[1] | **돐** | |
| 돌-가**자**미 | 돌가**재**미[1] | 표9 |
| 돌-**곰**기다 | 돌**곪**기다 | 맞22 |
| 돌**꼇** | 돌**겻** | 맞5 |
| 돌**꼇**-잠 | 돌**겻**잠 | 맞5 |
| 돌도끼-**장**이 | 돌도끼**쟁**이 | 표9 |
| 돌-**돔** | 돌**도미** | 표14 |
| 돌-**땅** | 돌**탕** | |
| **돌**-맞이 | **돐**맞이 | |
| **돌**맞이-하다 | **돐**맞이하다 | |
| 돌-무**더**기 | 돌무**데**기 | 표9 |
| 돌-서**덜** | 돌서**덕** | |
| 돌-**장**이 | 돌**쟁**이[2] | 표9 |
| 돌-화**덕** (-火-) | 돌화**독** | |
| **돗**-총이 | **도**총이 | |
| 동강-**이** | 동강[1] | |
| 동**그**라-지다[1] | 동**구**라지다 | |
| 동그**래**-지다 | 동그**라**지다[2] | |
| 동-돈**령** (同敦寧▼) | 동돈**녕** (同敦寧) | 맞52 |
| 동-**둑** (垌-) | 동**뚝** | |
| 동**량**[2] (洞糧) | 동**냥** | |
| 동**량**-하다 (洞糧--) | 동**냥**하다 | |
| 동자**료** (瞳子髎) | 동자**요** (瞳子髎) | 맞52 |
| 동전-**닢** (銅錢-) | 동전**잎** | |
| 동-지돈**령**부사 (同知敦寧▼府事) | 동지돈**녕**부사 (同知敦寧府事) | 맞52 |
| 동**치미** | 동**침**[3] (冬沈) | |
| 동**토**[3] (動土) | 동**티** | |
| 동**폐** (洞弊) | 동**페** (洞弊) | 맞8 |
| **돛**-양태 | **돗**양태 | |
| **돼**-먹다 | **되여**먹다 | 표14 |
| 돼지-비**계** | 돼지비**게** | 맞8 |
| 돼지-**우리** | 돼지**울** | |
| 돼지-**폐**충 (--肺蟲) | 돼지**페**충 | 맞8 |
| 되-넘**기** | 되넘**이** | |
| 되넘**기**-장사 | 되넘**이**장사 | |
| 되-뇌다 | 되뇌**이**다 | |

| 《표대》 | 《조대》 | 관련 조항 |
|---|---|---|
| 되랼직-하다 | 도리암직하다 | |
| 되레 | 되려 | |
| 되-외다 | 되외우다 | 표14 |
| 되-짚다 | 도지프다 | |
| 된-기역 | 된기윽 | 맞4 |
| 된-디귿 | 된디읃 | 맞4 |
| 된-시옷 | 된시읏 | 맞4 |
| 될뻔-댁 (--宅) | 될번댁 | |
| 두껍[1] | 두꺼비 | 표16 |
| 두껍다 | 도탑다 | |
| 두껍다 | 두텁다 | |
| 두대-박이 | 두대백이 | 표9 |
| 두동-무니 | 두동문 | 표15 |
| 두두룩-두두룩 | 도두룩도두룩 | |
| 두두룩두두룩-하다 | 도두룩도두룩하다 | |
| 두두룩-이 | 도두룩이 | |
| 두두룩-하다 | 도두룩하다 | |
| 두두룩-하다 | 두드럭하다 | |
| 두둘-두둘 | 두들두들 | |
| 두둘두둘-하다 | 두들두들하다 | |
| 두드러기 | 도드라기 | |
| 두드리다 | 두다리다 | |
| 두레[2] | 드레[1] | |
| 두레-꾼 | 두레군 | 맞54 |
| 두레-박 | 드레박 | |
| 두레박-줄 | 드레박줄 | |
| 두레박-질 | 드레박질 | |
| 두레박질-하다 | 드레박질하다 | |
| 두레박-틀 | 드레박틀 | |
| 두레-우물 | 드레우물 | |
| 두레-질 | 드레질 | |
| 두레질-하다 | 드레질하다 | |
| 두렷-거리다 | 두릿거리다 | |
| 두렷-대다 | 두릿대다 | |
| 두렷-두렷[2] | 두릿두릿 | |
| 두렷두렷-하다[2] | 두릿두릿하다 | |
| 두루마기 | 두루막 | 표15 |
| 두루-뭉수리 | 두루뭉시리 | |
| 두루-뭉수리 | 두리뭉시리 | |

| 《표대》 | 《조대》 | 관련 조항 |
|---|---|---|
| 두루뭉술 | 두리뭉실 | |
| 두루뭉술-하다 | 두루뭉실하다 | |
| 두루뭉술-하다 | 두리뭉실하다 | |
| 두르-풍 (--風) | 두루풍 (-風) | |
| 두리넓적-하다 | 두리넙적하다 | 맞21 |
| 두무[2] (兜鍪) | 도무[2] (兜鍪) | 맞52 |
| 두발-당성 | 두발낭성 | |
| 두색-동물 (頭索動物) | 두삭동물 (頭索動物) | 맞52 |
| 두세-째 | 두셋째 | |
| 두소-소인 (斗筲小人) | 두초소인 (斗筲少人) | 맞52 |
| 두소지재 (斗筲之才) | 두초지재 (斗筲之才) | 맞52 |
| 두폐 (杜弊) | 두페 (杜弊) | 맞8 |
| 두폐-하다 (杜弊--) | 두페하다 (杜弊-) | 맞8 |
| 둑[1] | 뚝[1] | |
| 둑-길 | 뚝길 | |
| 둑-막이 | 뚝막이 | |
| 둑막이-하다 | 뚝막이하다 | |
| 둑-사초 (-莎草) | 뚝사초 | |
| 둑새-풀 | 뚝새풀 | |
| 둑-지치 | 뚝지치 | |
| 둘레-둘레[1] | 두레두레 | |
| 둘-암캐 | 둘암개 | 맞31 |
| 둘-암탉 | 둘암닭 | 맞31 |
| 둘-암퇘지 | 둘암돼지 | 맞31 |
| 둘-째 | 두째 | |
| 둥그레-지다 | 둥그래지다 | 맞18 |
| 둥그레-지다 | 둥그러지다[2] | |
| 둥그스름-하다 | 둥그스럼하다 | |
| 둥근-기둥 | 둥글기둥 | |
| 둥근-대패 | 둥글대패 | |
| 둥근-상 (--床) | 둥글상 | |
| 둥근잎-조팝나무 | 둥근잎조밥나무 | 맞31 |
| 둥근-톱 | 둥글톱 | |
| 둥글넓적-하다 | 둥글넙적하다 | 맞21 |
| -둥이[2] | -동이 | |
| 뒈지다 | 뒤여지다 | 표14 |
| 뒤-곁 | 뒤겯 | 맞27 |
| 뒤-꾼 | 뒤군 | 맞54 |
| 뒤뚱 | 뒤퉁 | |

| 《표대》 | 《조대》 | 관련 조항 |
|---|---|---|
| 뒤뚱-거리다 | 뒤퉁거리다 | |
| 뒤뚱-대다 | 뒤퉁대다 | |
| 뒤뚱-뒤뚱 | 뒤퉁뒤퉁 | |
| 뒤뚱-하다 | 뒤퉁하다 | |
| 뒤룩-거리다[1] | 디룩거리다 | |
| 뒤룩-대다[1] | 디룩대다 | |
| 뒤룩-뒤룩[1] | 디룩디룩 | |
| 뒤룩뒤룩-하다[1] | 디룩디룩하다 | |
| 뒤-설레다 | 뒤설레이다 | |
| 뒤어-쓰다 | 눼쓰다 | 표15 |
| 뒤어-쓰다 | 뒤여쓰다 | 맞16 |
| 뒤영-벌 | 뒝벌 | 표16 |
| 뒤치다 | 뒤채기다 | |
| 뒤치다 | 뒤채다[1] | |
| 뒤치다 | 뒤채이다 | |
| 뒤-치다꺼리 | 뒤치닥거리 | 맞5 |
| 뒤치다꺼리-하다 | 뒤치닥거리하다 | 맞5 |
| 뒷-심[1] | 뒤힘 | 맞27 |
| 뒹굴다 | 딩굴다 | |
| 뒹굴-뒹굴 | 딩굴딩굴 | |
| 드난-꾼 | 드난군 | 맞54 |
| 드디어 | 드디여 | |
| 드러-나다 | 들나다[1] | 표15 |
| 드러-장이다 | 드러쟁이다 | 표9 |
| 드렁-허리 | 두렁허리 | |
| 드리우다[1] | 드리다[4] | |
| 드잡이[1] | 드잽이 | 표9 |
| 들고-뛰다 | 들구뛰다 | |
| 들고-빼다 | 들구빼다 | |
| 들고-치다 | 들구치다 | |
| 들-녘 | 들역 | |
| 들-놀다 | 드놀다 | 맞28 |
| 들-놓다[2] | 드놓다[2] | |
| 들-놓다[2] | 드놓다[1] | 맞28 |
| 들-덤비다 | 들이덤비다[1] | |
| 들띄다 | 들뜨이다 | 표16 |
| 들러리 | 둘러리 | |
| 들르다 | 들리다[4] | |
| 들-부수다 | 들부시다 | |

| 《표대》 | 《조대》 | 관련 조항 |
|---|---|---|
| 들-붓다 | 들이붓다[2] | |
| 들-새경 | 들사경 | 표9 |
| 들어-박히다 | 들어박이다 | |
| 들어-박히다 | 들여박히다 | |
| 들-엎디다 | 들어엎디다 | |
| 들여다뵈다 | 들여다보이다 | 표16 |
| 들여-대다[1] | 들대다 | |
| 들여-대다[1] | 들이대다 | |
| 들이-갈기다 | 들여갈기다 | |
| 들이-긋다[1] | 들여긋다[2] | |
| 들이-긋다[3] | 들여긋다[1] | |
| 들이-긋다[4] | 들여긋다[1] | |
| 들이-대다[1] | 들여대다[1] | |
| 들이-마시다[2] | 들어마시다 | |
| 들이-마시다[2] | 들여마시다 | |
| 들이-맞추다 | 들여맞추다 | |
| 들이-몰다[2] | 들여몰다 | |
| 들이-밀다[2] | 들여밀다 | |
| 들이-박다[2] | 들여박다 | |
| 들이-부수다 | 들이부시다 | |
| 들이-붓다[1] | 들붓다 | |
| 들이-비치다[2] | 들여비치다 | |
| 들이-빨다[2] | 들여빨다 | |
| 들이-쉬다 | 들여쉬다 | |
| 들이쌓-이다[1] | 들여쌓이다 | |
| 들이쌓-이다[1] | 들이쌔다 | 표15 |
| 들이-지르다 | 들여지르다 | |
| 들이-켜다[1] | 들이키다[2] | |
| 들이-트리다 | 들이뜨리다 | |
| 들입다 | 드립다 | |
| 들쭉-날쭉 | 들쭝날쭝 | |
| 들쭉날쭉-하다 | 들쭝날쭝하다 | |
| 들척지근-하다 | 들적지근하다 | |
| 들치다[1] | 들추다[2] | |
| 들큼-하다 | 들큰하다 | |
| 들큼-히 | 들큰히 | |
| 듬성-듬성 | 듬성듬성히 | |
| 듬성-듬성 | 듬숭듬숭 | |
| 듬성듬성-하다 | 듬숭듬숭하다 | |

| 《표대》 | 《조대》 | 관련 조항 |
| --- | --- | --- |
| 등거리-꾼 | 등거리군 | 맞54 |
| 등롱-꾼 (燈籠-) | 등롱군 | 맞54 |
| 등산-지팡이 (登山---) | 등산지팽이 | 표9 |
| 등-헤엄 | 등헤염 | |
| 디귿 | 디읃 | 맞4 |
| 디딜-개 | 디디개[1] | |
| 따개비 | 따깨비[1] | 맞5 |
| 따뜻-이 | 따땃이 | |
| 따뜻-하다 | 따땃하다 | |
| 따르다[1] | 딸다 | 표15 |
| 따비 | 따부 | |
| 딱정-벌레 | 딱장벌레 | |
| 딱지[4] (-紙) | 땅지 | |
| 딱지-치기 (-紙--) | 땅지치기[2] | |
| 딴-꾼 | 딴군 | 맞54 |
| 딴은 | 따는 | 맞27 |
| 딸랑-이 | 딸랭이 | 표9 |
| 딸린-무덤 | 달린무덤 | |
| 땀[2] | 뜸[4] | |
| 땃-두릅나무 | 땅두릅나무 | |
| 땃-딸기 | 따딸기 | |
| 땃-쥐 | 따쥐 | |
| 땅거미[1] | 땅검 | 표15 |
| 땅-고르기 | 땅고루기 | |
| 땅기다[1] | 당기다[1] | |
| 땅-꾼[1] | 따군 | 맞54 |
| 땅-꾼[1] | 땅군 | 맞54 |
| 땅-벌 | 따벌 | |
| 땅위^식물 (--植物) | 땅우식물 | 표12 |
| 땅위-줄기 | 땅우줄기 | 표12 |
| 땅윗-물 | 땅웃물 | 표12 |
| 때-가다 | 때여가다[2] | |
| -때기[3] | -대기 | 맞54 |
| 때리다[1] | 쌔리다[1] | |
| 때우다[1] | 때다[2] | |
| 때움-질 | 땜질 | 표16 |
| 때움질-하다 | 땜질하다 | 표16 |
| 때죽-나무 | 때쪽나무 | |
| 땜[3] | 때문 | 표16 |

| 《표대》 | 《조대》 | 관련 조항 |
|---|---|---|
| 땜-장이 | 땜쟁이 | 표9 |
| 땡-볕 | 쨍볕 | |
| 떠꺼-머리 | 더꺼머리 | |
| 떠꺼머리-처녀 (----處女) | 더꺼머리처녀 | |
| 떠꺼머리-총각 (----總角) | 더꺼머리총각 | |
| 떠나-보내다 | 떠내보내다 | |
| 떨다[2] | 털다 | |
| 떨-뜨리다[1] | 떨떠리다 | |
| 떨어-트리다 | 떨어뜨리다 | |
| 떨-트리다 | 떨뜨리다[1] | |
| 떳떳스레 | 떳떳스러이 | 표14 |
| 떼-거리[2] | 떼거지[1] | |
| 떼-꾼[1] | 떼군[1] | 맞54 |
| 떼몰이-꾼 | 떼몰이군 | 맞54 |
| 떼어-먹다 | 떼여먹다 | 맞16 |
| 또드락-장이 | 또드락쟁이 | 표9 |
| 또렷또렷-하다 | 또릿또릿하다 | |
| 또렷-하다 | 또릿하다 | |
| 똥기다 | 뗑기다 | |
| 똬리 | 또아리 | 표14 |
| 뙤약-볕 | 뙤볕 | 표15 |
| 뚜깔 | 뚝갈 | 맞5 |
| 뚜렷-뚜렷[2] | 뚜릿뚜릿 | |
| 뚜렷뚜렷-하다[2] | 뚜릿뚜릿하다 | |
| 뚜렷-하다 | 뚜릿하다 | |
| 뚝뚝-이 | 뚝뚝히 | 맞51 |
| 뚫어-트리다 | 뚫어뜨리다 | |
| 뚱그레-지다 | 뚱그래지다 | 맞18 |
| 뛰어-나다 | 뛰여나다 | 맞16 |
| 뛰어-나오다 | 뛰여나오다 | 맞16 |
| 뛰어-내리다 | 뛰여내리다 | 맞16 |
| 뛰어-넘다 | 뛰여넘다 | 맞16 |
| 뛰어-다니다 | 뛰여다니다 | 맞16 |
| 뛰어들-기 | 뛰여들기 | 맞16 |
| 뛰어-들다 | 뛰여들다 | 맞16 |
| 뛰어-오르다 | 뛰여오르다 | 맞16 |
| 뜀 | 뛰염 | |
| 뜨내기-꾼 | 뜨내기군 | 맞54 |
| 뜨르륵[2] | 따르륵 | |

| 《표대》 | 《조대》 | 관련 조항 |
|---|---|---|
| 뜨르륵-거리다[2] | 따르륵거리다 | |
| 뜨르륵-대다[2] | 따르륵대다 | |
| 뜨르륵-뜨르륵[2] | 따르륵따르륵 | |
| 뜨르륵뜨르륵-하다[2] | 따르륵따르륵하다 | |
| 뜨르륵-하다[2] | 따르륵하다 | |
| 뜨악-하다 | 뜨아하다 | |
| 뜬-걸그물 | 뜰걸그물 | |
| 뜬-자망 (-刺網) | 뜰자망 | |
| 뜬-주낙 | 뜰주낙 | |
| 띄어-쓰기 | 띄여쓰기 | 맞16 |
| 띄엄-띄엄 | 띄염띄염 | |
| 띄엄-띄엄 | 띠염띠염 | |
| 띄우다[1] | 띄다[4] | 표15 |
| 띠어-보다 | 띠여보다 | 맞16 |
| -ㄹ까 | -ㄹ가 | 맞53 |
| -ㄹ꼬 | -ㄹ고 | 맞53 |
| -ㄹ라고 | -ㄹ라구[1] | |
| -ㄹ런고 | -런고 | |
| -ㄹ쏘냐 | -ㄹ소냐 | 맞53 |
| -ㄹ쏜가 | -ㄹ손가 | 맞53 |
| 라고[1] | -라구[1] | |
| 라고[2] | -라구[2] | |
| -라고[4] | -라구[3] | |
| -라고[5] | -라구[1] | |
| -라오 | -라우 | |
| -려나 | -려누 | |
| -려면 | -ㄹ라면 | |
| -려면 | -ㄹ려면 | |
| -려야 | -ㄹ래야 | |
| -려오 | -ㄹ라오 | |
| -로구먼 | -로구만 | |
| 마구-잡이 | 막잡이 | 표15 |
| 마냥[1] | 만양 | |
| 마냥-모 | 만양모 | |
| 마당-맥질 | 마당매질 | |
| 마당맥질-하다 | 마당매질하다 | |
| 마도령 (馬兜鈴) | 마두령 (馬兜鈴) | 맞52 |
| 마뜩-하다 | 마뜩다 | |
| 마라-소 | 마나소 | |

| 《표대》 | 《조대》 | 관련 조항 |
|---|---|---|
| 마무**르**다 | 마무**리**다 | |
| 마바리-**꾼** (馬---) | 마바리**군** | 맞54 |
| 마발-**꾼** (馬--) | 마발**군** | 맞54 |
| 마삯-**꾼** (馬--) | 마삯**군**[2] | 맞54 |
| **마상**이 | **매생**이 | 표9 |
| 마상재-**꾼** (馬上才-) | 마상재**군** | 맞54 |
| **마을**[1] | **말**[6] | 표15 |
| 마을-**꾼** | 마을**군** | 맞54 |
| **마을**-돌이 | **말**돌이 | 표15 |
| **마음**-공부 (--工夫) | **맘**공부 | 표15 |
| 마전-**장**이 | 마전**쟁**이 | 표9 |
| 마조-**장**이 (磨造--) | 마조**쟁**이 | 표9 |
| **마**-질[1] | **말**질[2] | 맞28 |
| **마**질-하다 | **말**질하다 | 맞28 |
| 마차-**꾼** (馬車-) | 마차**군** | 맞54 |
| 막내-**둥**이 | 막내**동**이 | |
| 막-누**더**기 | 막누**데**기 | 표9 |
| 막-**다르**다 | 막**달**다 | 표15 |
| 막대-**체** | 막대**채** | |
| 막-**둥**이 | 막**동**이 | |
| 막벌이-**꾼** | 막벌이**군** | 맞54 |
| 막부득**이**-하다 (莫不得已--) | 막부득하다 | 표15 |
| 막일-**꾼** | 막일**군** | 맞54 |
| 막장-**꾼** | 막장**군** | 맞54 |
| 만**끽** (滿喫) | 만**긱** (滿喫) | 맞52 |
| 만**끽**-하다 (滿喫--) | 만**긱**하다 (滿喫-) | 맞52 |
| **만**-날 (萬-) | **맨**날 | |
| 만**만**-하다[1] | 만**문**하다 | |
| 만**만**-히[1] | 만**문**히 | |
| 만**새**기 | 만**대**기 | |
| 만수-**꾼** (萬首-) | 만수**군** (萬首-) | 맞54 |
| 만신-창**이** (滿身瘡痍) | 만신창[1] (萬身創) | |
| 만**장**이 | 만**쟁**이 | 표9 |
| 만**화**[1] | 만**하**[1] | |
| 맏-**이** | 맏 | |
| 말-**가**리 | 말**까**리 | |
| 말-**간** (-間) | 말**칸** | |
| 말-거**머**리 | 말거**마**리 | |
| 말괄**량**이 | 말괄**랭**이 | |

| 《표대》 | 《조대》 | 관련 조항 |
|---|---|---|
| 말-꼬 | 말고 | |
| 말-꾼[1] | 말군[2] | 맞54 |
| 말-꾼[2] | 말군[1] | 맞54 |
| 말끄러미 | 말꼬로미 | |
| 말똥-거리다 | 말뚱거리다 | |
| 말똥-말똥 | 말뚱말뚱 | |
| 말똥말똥-하다 | 말뚱말뚱하다 | |
| 말똥말똥-하다 | 말뚱말뚱하다 | |
| 말똥-하다 | 말뚱하다 | |
| 말똥-히 | 말뚱히 | |
| 말뚝 | 말[7] | 표15 |
| 말뚝-망둑어 | 말뚝망둥어 | |
| 말뚝-이 | 말뚜기[1] | |
| 말라-깽이 | 말라꽹이 | |
| 말류지폐 (末流之弊) | 말류지페 (末流之弊) | 맞8 |
| 말몰이-꾼 | 말몰이군 | 맞54 |
| 말-승강이 (-昇降-) | 말싱갱이 | |
| 말쌀-스럽다 | 말살스럽다 | 맞5 |
| 말쌀스레 | 말살스레 | 맞5 |
| 말썽-꾼 | 말썽군 | 맞54 |
| 말재주-꾼 | 말재주군 | 맞54 |
| 말전주-꾼 | 말전주군 | 맞54 |
| 말-참례 (-參禮) | 말참녜 | |
| 말참례-하다 (-參禮--) | 말참녜하다 | |
| 맘-대로 | 마음대로 | 표16 |
| 맛-깔 | 맛갈 | 맞54 |
| 맛깔-스럽다 | 맛갈스럽다 | 맞54 |
| 맛깔스레 | 맛갈스레 | 맞54 |
| 망가-뜨리다 | 망그뜨리다 | |
| 망가-트리다 | 망가뜨리다 | |
| 망건-장이 (網巾--) | 망건쟁이 | 표9 |
| 망-꾼 (望-) | 망군 | 맞54 |
| 망둑어 | 망둥어 | |
| 망령[2] (妄靈) | 망녕 | |
| 망령-되다 (妄靈--) | 망녕되다 | |
| 망령되-이 (妄靈--) | 망녕되이 | |
| 망령-스럽다 (妄靈---) | 망녕스럽다 | |
| 망령스레 (妄靈--) | 망녕스레 | |
| 망설망설-하다 | 망슬망슬하다 | |

| 《표대》 | 《조대》 | 관련 조항 |
|---|---|---|
| 맞-닥**트**리다 | 맞닥**뜨**리다 | |
| 맞-**두**레 | 맞**드**레 | |
| 맞**두**레-질 | 맞**드**레질 | |
| 맞**두**레질-하다 | 맞**드**레질하다 | |
| 맞-부딪**트**리다 | 맞부딪**뜨**리다 | |
| 맞은-바**라**기 | 맞은바**래**기 | 표9 |
| 맞-**쪼**다 | 맞**쫓**다 | |
| 맞**쪼**-이다 | 맞**쫓**이다 | |
| **맞**다 | **마치**다[2] | 표16 |
| 매**끽** (賣喫) | 매**긱** (賣喫) | 맞52 |
| 매**끽**-하다 (賣喫--) | 매**긱**하다 (賣喫-) | 맞52 |
| 매련-**퉁**이 | 매련**둥**이 | |
| 매사냥-**꾼** | 매사냥**군** | 맞54 |
| 매**어**-기르기 | 매**여**기르기 | 맞16 |
| 매장-**꾼** (埋葬-) | 매장**군** | 맞54 |
| 매질-**꾼** | 매질**군** | 맞54 |
| 맥-**놀이** (脈--) | 맥**노리** | 맞19 |
| 맥맥-**이** (脈脈-) | 맥맥**히**[1] | 맞51 |
| 맥-**쩍**다 | 맥**적**다 | 맞54 |
| 맥**혼** (麥麲) | 맥**흔** | |
| 맨드**라**미 | 맨드**래**미[1] | 표9 |
| **맨**-손 | **민**손 | |
| 맨**송**-맨**송** | 맨**숭**맨**숭** | |
| 맨**송**맨**송**-하다 | 맨**숭**맨**숭**하다 | |
| **맹**-탕 (-湯) | **망**탕 | |
| 맺**음**-단추 | 맺**은**단추 | |
| 먀**얄**-먀**얄** | 먀**알**먀**알** | |
| 먀**얄**먀**얄**-하다 | 먀**알**먀**알**하다 | |
| 머리-**꾼** | 머리**군** | 맞54 |
| 머리-끄**덩**이 | 머리끄**뎅**이 | 표9 |
| 머**뭇**-거리다 | 머**밋**거리다 | |
| 머**뭇**-대다 | 머**밋**대다 | |
| 머**뭇**-머**뭇** | 머**밋**머**밋** | |
| 머**뭇**머**뭇**-하다 | 머**밋**머**밋**하다 | |
| 머**뭇**-하다 | 머**밋**하다 | |
| 머슴-**꾼** | 머슴**군** | 맞54 |
| 머슴살이-**꾼** | 머슴살이**군** | 맞54 |
| 먹-구**렁**이 | 먹구**렝**이 | 표9 |
| 먹점-홍**갈**치 (-點紅--) | 먹점홍**칼**치 | |

기타

| 《표대》 | 《조대》 | 관련 조항 |
|---|---|---|
| 먼-발치 | 먼발치**기** | |
| 멀**게**-지다 | 멀**개**지다 | 맞18 |
| 멀**찌**막-이 | 멀**즈**막이 | |
| **멈** | **머슴** | 표16 |
| **멈**-살이 | **머슴**살이 | 표16 |
| **멈**살이-하다 | **머슴**살이하다 | 표16 |
| 멋-**쩍**다 | 멋**적**다 | 맞54 |
| 멍**게**[1] | 멍**기** | |
| **메**[3] | **뫼** | |
| 메-귀**리** | 메귀**밀** | |
| **메기**다[1] | **먹이**다[1] | 맞22, 표9 |
| **메기**다[2] | **먹이**다[1] | |
| 메다[1] | 메**이**다[1] | |
| 메다[3] | 메**우**다[3] | 표16 |
| **메**다-꽂다 | **멨**다꽂다 | |
| **메**다-붙이다 | **멨**다붙이다 | |
| **메**다-치다 | **멨**다치다 | |
| 메**어**-박다 | 메**여**박다 | 맞16 |
| 메**어**-붙이다 | 메**여**붙이다 | 맞16 |
| 메**어**-치다 | 메**여**치다 | 맞16 |
| **메어**-치다 | **미여**치다 | 맞16 |
| 메-**우**다[2] | 메다[3] | |
| 메질-**꾼** | 메질**군** | 맞54 |
| 며늘-**아**기 | 며늘**애**기 | 표9 |
| 면구-**쩍**다 (面灸--) | 면구**적**다 (面灸-) | 맞54 |
| 면-무**식** (免無識) | 면무**시** | |
| 면**포**[3] (麵麭) | 면**보** | |
| 멸치-**조림** | 멸치**졸임** | 맞22 |
| 명**질**[1] | 명**절** (名節) | |
| 명**질**-날 | 명**절**날 | |
| 명태-**조림** (明太--) | 명태**졸임** | 맞22 |
| 모군-**꾼** (募軍-) | 모군**군** | 맞54 |
| 모-**꾼** | 모**군**[1] | 맞54 |
| 모내기-**꾼** | 모내기**군** | 맞54 |
| 모두-**거리**[1] | 모두**걸이** | 맞19 |
| 모**둠**-발 | 모**두**발 | |
| 모**들**-뜨다 | 모**듭**뜨다 | 맞31 |
| 모**락**-모**락** | 모**랑**모**랑** | |
| 모래-무**지**[1] | 모래무**치** | |

| 《표대》 | 《조대》 | 관련 조항 |
|---|---|---|
| 모래-**부리** | 모래**불** | 표15 |
| 모**랫-둑** | 모**래뚝** | |
| **모**마 (牡馬) | **무**마$^{2}$ (牡馬) | 맞52 |
| 모사-**꾼** (謀事-) | 모사**군** (謀事-) | 맞54 |
| 모시-물**통**이 | 모시물**통**이 | |
| 모심-**기** | 모심**이** | |
| 모심**기**-하다 | 모심**이**하다 | |
| 모양-**꾼** (模樣-) | 모양**군** | 맞54 |
| **모**우$^{2}$ (牡牛) | **무**우$^{3}$ (牡牛) | 맞52 |
| 모의-**장**이 (毛衣--) | 모의**쟁**이 | 표9 |
| 모자-**챙** (帽子-) | 모자**채양** | |
| 모작-패 (--牌) | 모작**이**패 | |
| 모-**잽이** | 모**재비** | |
| 모**잽이**-헤**엄** | 모**재비**헤**염** | |
| 모주-**꾼** (母酒-) | 모주**군** | 맞54 |
| 모**질-음** | 모**지름** | 맞19 |
| 목도-**꾼** | 목도**군** | 맞54 |
| 목**두기** | 목**둑** | 표15 |
| 목욕-**간** (沐浴間) | 목욕**칸** | |
| 몰**끽** (沒喫) | 몰**긱** (沒喫) | 맞52 |
| 몰**끽**-하다 (沒喫--) | 몰**긱**하다 (沒喫-) | 맞52 |
| 몰아-세다 | 몰아세**우**다 | 표16 |
| 몰이-**꾼** | 몰이**군** | 맞54 |
| 몸-**닦**달 | 몸**닥**달 | 맞21 |
| 몸**닦**달-질 | 몸**닥**달질 | 맞21 |
| 몸**닦**달질-하다 | 몸**닥**달질하다 | 맞21 |
| 몸**닦**달-하다 | 몸**닥**달하다 | 맞21 |
| 몸**엣**-것 | 몸**에**것 | |
| 몸**져**-눕다 | 몸**지어**눕다 | |
| 못정-버**력** | 못정버**럭** | |
| 몽그라-**트**리다 | 몽그라**뜨**리다 | |
| 몽**그**작-거리다 | 몽**기**작거리다 | |
| 몽**그**작-대다 | 몽**기**작대다 | |
| 몽**그**작-몽**그**작 | 몽**기**작몽**기**작 | |
| 몽**그**작몽**그**작-하다 | 몽**기**작몽**기**작하다 | |
| 몽두**두** (蒙頭痘) | 몽두$^{2}$ (蒙頭) | 표15 |
| 몽**두**리 (蒙頭里) | 몽**도**리$^{1}$ | |
| 몽**땅**$^{2}$ | 몽**딱** | |
| 몽**땅**-몽**땅**$^{1}$ | 몽**딱**몽**딱** | |

기타

| 《표대》 | 《조대》 | 관련 조항 |
|---|---|---|
| 몽**땅**-하다 | 몽**딱**하다 | |
| 몽**탕**[1] | 몽**탁** | |
| 몽**탕**-몽**탕**[1] | 몽**탁**몽**탁** | |
| 몽**탕**-하다 | 몽**탁**하다 | |
| 몽**폐** (蒙蔽) | 몽**페** (蒙蔽) | 맞8 |
| 몽**폐**-하다 (蒙蔽--) | 몽**페**하다 (蒙蔽-) | 맞8 |
| **뫼**[1] | **메**[3] | |
| **뫼**[2] | **모이**[1] | 표16 |
| 무[2] | 무**우**[1] | 표14 |
| 무-강즙 (-薑汁) | 무**우**강즙 | 표14 |
| 무겁-**한**량 (--閑良) | 무겁**활**량 | |
| 무고-**꾼** (誣告-) | 무고**군** (誣告-) | 맞54 |
| 무기-**폐** (無氣肺) | 무기**페** (無氣肺) | 맞8 |
| 무-김치 | 무**우**김치 | 표14 |
| 무-나물 | 무**우**나물 | 표14 |
| 무너-**트**리다 | 무너**뜨**리다 | |
| 무-넘**기** | 무넘**이** | |
| **무**-논 | **물**논 | 맞28 |
| **무**논-갈이 | **물**논갈이 | 맞28 |
| **무**논-써레 | **물**논써레 | 맞28 |
| 무**더**기 | 무**데**기 | 표9 |
| 무두-**장**이 | 무두**쟁**이 | 표9 |
| 무**따래**기 | 무**뜨라**기 | |
| 무뚝뚝-**이** | 무뚝뚝**히** | 맞51 |
| 무**람**[1] | 무**랍** | |
| 무**롸**-가다 | 무**르와**가다 | 표16 |
| 무**롸**-내다 | 무**르와**내다 | 표16 |
| **무리**꾸럭 | **물이**꾸럭 | 맞19 |
| **무리**꾸럭-하다 | **물이**꾸럭하다 | 맞19 |
| 무-말랭이 | 무**우**말랭이 | 표14 |
| 무말랭이-장아찌 | 무**우**말랭이장아찌 | 표14 |
| 무-밥 | 무**우**밥 | 표14 |
| **무**-살 | **물**살[2] | 맞28 |
| 무-새우젓 | 무**우**새우젓 | 표14 |
| 무-생채 (-生菜) | 무**우**생채 | 표14 |
| 무**쉬** | 무**수**[1] | |
| 무-시래기 | 무**우**시래기 | 표14 |
| 무-시루떡 | 무**우**시루떡 | 표14 |
| 무식-**꾼** (無識-) | 무식**군** | 맞54 |

| 《표대》 | 《조대》 | 관련 조항 |
|---|---|---|
| 무-씨 | 무우씨 | 표14 |
| 무씨-기름 | 무우씨기름 | 표14 |
| 무양무양-하다 | 무앙무앙하다 | |
| 무이[5] (無異) | 무여[1] | |
| 무인[2] (拇印) | 모인[4] (拇印) | 맞52 |
| 무-장아찌 | 무우장아찌 | 표14 |
| 무-죽 (-粥) | 무우죽 | 표14 |
| 무-즙 (-汁) | 무우즙 | 표14 |
| 무지[3] (拇指) | 모지[2] (拇指) | 맞52 |
| 무지러-지다 | 무즈러지다 | |
| 무지렁이 | 무지랭이 | |
| 무지렁이 | 무지렝이 | 표9 |
| 무-짠지 | 무우짠지 | 표14 |
| 무-채 | 무우채 | 표14 |
| 무-청[1] | 무우청 | 표14 |
| 무-트림 | 무우트림 | 표14 |
| 무트림-하다 | 무우트림하다 | 표14 |
| 무폐[1] (無弊) | 무페[1] | 맞8 |
| 무폐[2] (蕪廢) | 무페[2] | 맞8 |
| 무폐-하다[1] (無弊--) | 무페하다[1] (無弊-) | 맞8 |
| 무폐-하다[2] (蕪廢--) | 무페하다[2] (蕪廢-) | 맞8 |
| 문간 (門間) | 문칸 | |
| 문맹[2] (蚊蝱/蚊虻) | 문망[3] (蚊虻) | 맞52 |
| 문-어귀 (門--) | 문어구 | |
| 문어-조림 (文魚--) | 문어졸임 | 맞22 |
| 문치-가자미 (門齒---) | 문치가재미 | 표9 |
| 문칫-거리다 | 문칫거리다 | |
| 문칫-대다 | 문칫대다 | |
| 문칫-문칫 | 무칫문칫 | |
| 문칫문칫-하다 | 문칫문칫하다 | |
| 물-가자미 | 물가재미 | 표9 |
| 물-갈이[1] | 물갈기[2] | |
| 물-개고마리 | 물개구마리 | |
| 물골-취 | 몰골취 | |
| 물-구덩이 | 물구뎅이 | 표9 |
| 물-꼬 | 물고[1] | |
| 물끄러미 | 멀끄러미 | |
| 물-달개비 | 물닭개비 | 맞27 |
| 물-둑 | 물뚝 | |

| 《표대》 | 《조대》 | 관련 조항 |
|---|---|---|
| 물막잇-둑 | 물막이뚝 | |
| 물-맞이 | 물맞기 | |
| 물맞이-하다 | 물맞기하다 | |
| 물-맴이 | 물매미 | 맞20 |
| 물-메기[1] | 물매기 | |
| 물-부리[1] | 물주리 | |
| 물-앉다[1] | 물러앉다 | 표16 |
| 물어-뜯다 | 물뜯다 | |
| 물역[2] (物役) | 무력[3] | |
| 물-웅덩이 | 물웅뎅이 | 표9 |
| 물-위[1] | 물우 | 표12 |
| 물지게-꾼 | 물지게군 | 맞54 |
| 물총-새 (-銃-) | 물촉새 | |
| 물크러-트리다 | 물크러뜨리다 | |
| 물퉁-배기 | 물통배기 | |
| 물퉁-보리 | 물통보리 | |
| 물팍 | 무르팍 | 표16 |
| 물품^화폐 (物品貨幣) | 물품화폐 | 맞8 |
| 뭉그러-뜨리다 | 뭉거뜨리다 | 표15 |
| 뭉그러-뜨리다 | 뭉그뜨리다 | |
| 뭉그러-뜨리다 | 뭉글뜨리다 | 표15 |
| 뭉그러-트리다 | 뭉그러뜨리다 | |
| 뭉크러-트리다 | 뭉크러뜨리다 | |
| 뭉텅[1] | 뭉턱 | |
| 뭉텅-뭉텅[1] | 뭉턱뭉턱 | |
| 뭉텅-하다 | 뭉턱하다 | |
| 뭉툭-하다 | 뭉툴하다 | |
| 뭐-하다 | 무엇하다 | 표16 |
| 뭣-하다 | 뭘하다 | |
| 미끄러-지다 | 미츠러지다 | |
| 미끄러-트리다 | 미끄러뜨리다 | |
| 미끈-유월 (--六▼月) | 미끈류월 | 맞52 |
| 미나리[2] | 메나리[1] | |
| 미나리-꽝 | 미나리깡 | |
| 미네-굴 | 민어굴 | |
| 미다[1] | 무이다[1] | |
| 미다[3] | 미우다 | |
| 미덥다 | 미더웁다 | |
| 미두-꾼 (米豆-) | 미두군 | 맞54 |

| 《표대》 | 《조대》 | 관련 조항 |
|---|---|---|
| 미련-퉁이 | 미련둥이 | |
| 미립[1] | 미립 | |
| 미수[1] | 미시[1] | |
| 미얄 | 미알 | |
| 미얄-춤 | 미알춤 | |
| 미얄-탈 | 미알탈 | |
| 미얄-할미 | 미알할미 | |
| 미어-뜨리다 | 미여뜨리다 | 맞16 |
| 미어-지다 | 메지다[1] | |
| 미어-지다 | 무여지다 | |
| 미어-지다 | 미여지다 | 맞16 |
| 미어-트리다 | 미여뜨리다 | 맞16 |
| 미역순-나무 | 메역순나무 | |
| 미장-이 | 미쟁이 | 표9 |
| 미추룸-하다 | 미추름하다 | |
| 민-걷이 | 민거지 | 맞19 |
| 민배유 (玟坏釉) | 문배유 (玟坏釉) | 맞52 |
| 민출-하다 | 민츨하다 | |
| 민폐 (民弊) | 민페 (民弊) | 맞8 |
| 밀-개떡 | 밀겨떡 | |
| 밀렵-꾼 (密獵-) | 밀렵군 | 맞54 |
| 밀수-꾼 (密輸-) | 밀수군 | 맞54 |
| 밀어-트리다 | 밀어뜨리다 | |
| 밀-트리다 | 밀뜨리다 | |
| 밀폐 (密閉) | 밀페 (密閉) | 맞8 |
| 밀폐-되다 (密閉--) | 밀페되다 (密閉-) | 맞8 |
| 밀폐-실 (密閉室) | 밀페실 | 맞8 |
| 밀폐-하다 (密閉--) | 밀페하다 (密閉-) | 맞8 |
| 밀-푸러기 | 밀푸레기 | 표9 |
| 밑-동 | 밑둥 | |
| 밑두리-콧두리 | 미투리코투리 | |
| 밑위-길이 | 밑웃길이 | 표12 |
| 바끄럼 | 바끄러움 | 표16 |
| 바느질-꾼 | 바느질군 | 맞54 |
| 바늘-땀 | 바늘뜸 | |
| 바다-거북 | 바다거부기 | 맞20 |
| 바다-직박구리 | 바다찍박구리 | |
| 바동-거리다 | 바둥거리다 | |
| 바동-대다 | 바둥대다 | |

| 《표대》 | 《조대》 | 관련 조항 |
|---|---|---|
| 바동-바동 | 바둥바둥 | |
| 바동바동-하다 | 바둥바둥하다 | |
| 바라지[2] | 파라지 (破羅之) | |
| 바래다[2] | 바래우다 | |
| 바르-집다 | 바리집다 | |
| 바리-때 | 바리대 | 맞27 |
| 바리때-집 | 바리대집 | 맞27 |
| 바리-무 | 바리무우 | 표14 |
| 바서-지다 | 바사지다 | |
| 바소 | 바쇠 | |
| 바수-트리다 | 바수뜨리다 | |
| 바스러-뜨리다 | 보스러뜨리다 | |
| 바스러-지다[1] | 보스러지다 | |
| 바스러-트리다 | 바스러뜨리다 | |
| 바스스 | 바시시 | |
| 바스스-하다 | 바시시하다 | |
| 바-오라기 | 바오래기 | 표9 |
| 바위-너설 | 바위너덜 | |
| 박배-장이 | 박배쟁이 | 표9 |
| 박신-거리다 | 박실거리다 | |
| 박신-대다 | 박실대다 | |
| 박신-박신 | 박실박실 | |
| 박신박신-하다 | 박실박실하다 | |
| 박조가리-나물 | 박주가리나물 | |
| 반-나마 (半--) | 반너머 | |
| 반-널 | 반설 | |
| 반달-눈썹 (半---) | 반달눈섭 | 맞27 |
| 반도이폐 (半途而廢) | 반도이페 (半途而廢) | 맞8 |
| 반두질-꾼 | 반두질군 | 맞54 |
| 반-땀침 (半-針) | 반당침 | |
| 반례[1] (泮隷) | 반예 (泮隷) | 맞52 |
| 반머슴-꾼 (半---) | 반머슴군 | 맞54 |
| 반반-히 | 반반[2] | |
| 반빗-아치 (飯---) | 반비앗 | |
| 반상[4] (半晌) | 반향[2] (半晌) | 맞52 |
| 반색-동물 (半索動物) | 반삭동물 (半索動物) | 맞52 |
| 반지랍다 | 반지럽다 | |
| 반-폐모음 (半閉母音) | 반페모음 (半閉母音) | 맞8 |
| 받-돌 | 바돌[1] | |

| 《표대》 | 《조대》 | 관련 조항 |
|---|---|---|
| 받-돌 | 밧돌 | |
| 발기다 | 발그다 | |
| 발록-구니 | 발락군이 | 맞20 |
| 발-모가지 | 발목지 | 표15 |
| 발밤-발밤 | 발볌발볌 | |
| 발쇠-꾼 | 발쇠군 | 맞54 |
| 발-자국 | 발자욱 | |
| 발-짝[1] | 발작[2] | |
| 발톱-도롱뇽 | 발톱도롱룡 | |
| 발-헤엄 | 발헤염 | |
| 밟-다듬이 | 발다듬이 | |
| 밟다듬이-하다 | 발다듬이하다 | |
| 밥-빼기 | 밥배기 | 맞54 |
| 방광-수 (膀胱腧) | 방광유 (膀胱腧) | 맞52 |
| 방망이[1] | 방맹이 | 표9 |
| 방망이-꾼 | 방망이군 | 맞54 |
| 방망이-질 | 방맹이질 | 표9 |
| 방사선^폐렴 (放射線肺炎▼) | 방사선폐염 | 맞52, 맞8 |
| 방석-니 (方席-) | 방석이 | 맞27 |
| 방아-꾼 | 방아군 | 맞54 |
| 방아-두레박 | 방아드레박 | |
| 방울-비짜루 | 방울비자루 | 맞5 |
| 방정-꾼 | 방정군 | 맞54 |
| 방폐[1] (防弊) | 방페[1] (防弊) | 맞8 |
| 방폐[2] (房壁) | 방페[2] (房壁) | 맞8 |
| 방폐-하다 (防弊--) | 방페하다 (防弊-) | 맞8 |
| 방해-꾼 (妨害-) | 방해군 | 맞54 |
| 방희 (棒戲) | 봉희 | 맞52 |
| 밭-고누 | 밭꼬니 | |
| 밭-둑 | 밭뚝 | |
| 밭둑-길 | 밭뚝길 | |
| 밭둑-외풀 | 밭뚝외풀 | |
| 배기-판 (排氣瓣) | 배기변 | |
| 배-꾼[1] | 배군 | 맞54 |
| 배내 | 배내기 | |
| 배다[1] | 배이다 | |
| 배상-꾼 | 배상군 | 맞54 |
| 배슬-거리다[1] | 배실거리다 | |
| 배슬-거리다[2] | 배실거리다 | |

| 《표대》 | 《조대》 | 관련 조항 |
|---|---|---|
| 배슬-대다[1] | 배실대다 | |
| 배슬-대다[2] | 배실대다 | |
| 배슬-배슬[1] | 배실배실 | |
| 배슬-배슬[2] | 배실배실 | |
| 배슬배슬-하다[1] | 배실배실하다 | |
| 배슬배슬-하다[2] | 배실배실하다 | |
| 배집다 | 베집다 | |
| 백라-창 (白癩瘡) | 백뢰창 (白癩瘡) | 맞52 |
| 백장[1] | 백정[1] (白丁) | |
| 백장-고누 | 백정꼬니 | |
| 백정-고누 (白丁--) | 백정꼬니 | |
| 백폐[2] (百弊) | 백페 (百弊) | 맞8 |
| 백폐-구존 (百弊俱存) | 백페구존 (百弊俱存) | 맞8 |
| 백폐구존-하다 (百弊俱存--) | 백페구존하다 (百弊俱存-) | 맞8 |
| 뱀 | 배암 | 표14 |
| 뱀-나무 | 배암나무 | 표14 |
| 뱀-도랏 | 배암도랏 | 표14 |
| 뱀-딸기 | 배암딸기 | 표14 |
| 뱀뱀이 | 뱀뱀 | |
| 뱀-장어 (-長魚) | 배암장어 | 표14 |
| 뱀-차즈기 | 뱀차조기 | |
| 뱃대-끈 | 배띠끈 | |
| 뱉다 | 배앝다 | |
| 뱐뱐-하다 | 밴밴하다 | |
| 뱐죽-거리다 | 밴죽거리다 | |
| 뱐죽-대다 | 밴죽대다 | |
| 뱐죽-뱐죽 | 밴죽밴죽 | |
| 뱐죽뱐죽-하다 | 밴죽밴죽하다 | |
| 버그러-트리다 | 버그러뜨리다 | |
| 버꾸-재비 | 버꾸잡이 | 맞19, 표9 |
| 버드렁-니 | 버드렁이 | 맞27 |
| 버드쟁이-나물 | 버드생이나물 | |
| 버들-눈썹 | 버들눈섭 | 맞27 |
| 버들-옷 | 버들옻 | |
| 버력[2] | 버럭[1] | |
| 버력-더미 | 버럭더미 | |
| 버력-산 (--山) | 버럭산 | |
| 버력-탕 | 버럭탕 | |
| 버르장-이 | 버르쟁이 | 표9 |

| 《표대》 | 《조대》 | 관련 조항 |
|---|---|---|
| 버르장-이 | 버리쟁이 | |
| 버무리다 | 버물다[2] | 표15 |
| 버적-버적 | 부적부적 | |
| 버즘-나무 | 버짐나무 | |
| 벅수 | 법수[4] | |
| 벅신-거리다 | 벅실거리다 | |
| 벅신-대다 | 벅실대다 | |
| 벅신-벅신 | 벅실벅실 | |
| 벅신벅신-하다 | 벅실벅실하다 | |
| 번들-하다 | 번드레하다 | 표16 |
| 번전[1] (反田) | 반전[5] (反田) | 맞52 |
| 번폐 (煩弊) | 번페 (煩弊) | 맞8 |
| 번폐-스럽다 (煩弊---) | 번페스럽다 | 맞8 |
| 번폐스레 (煩弊--) | 번페스레 | 맞8 |
| 번폐-하다 (煩弊--) | 번페하다 (煩弊-) | 맞8 |
| 벋-니 | 벋이 | 맞27 |
| 벋-새 | 벗새 | |
| 벋정-다리 | 벋장다리 | |
| 벌-개미취 | 별개미취 | |
| 벌게-지다 | 벌개지다 | 맞18 |
| 벌목-꾼 (伐木-) | 벌목군 | 맞54 |
| 벌벌[1] | 불불 | |
| 벌이다 | 벌리다 | |
| 벌이-줄 | 벌줄 | |
| 벌임-새 | 벌림새 | |
| 범-가자미 | 범가재미 | 표9 |
| 범-눈썹 | 범눈섭 | 맞27 |
| 범죄-꾼 (犯罪-) | 범죄군 | 맞54 |
| 법구폐생 (法久弊生) | 법구페생 (法舊弊生) | 맞8 |
| 벗어-부치다 | 벗어붙이다 | 맞22 |
| 벙테기 | 벙태기 | |
| 벚-꽃 | 벗꽃 | |
| 벚꽃-뱅어 | 벗꽃뱅어 | |
| 벚-나무 | 벗나무 | |
| 벚나무-풍뎅이 | 벗나무풍뎅이 | |
| 베도라치 | 괴또라지 | |
| 베도라치 | 배도라치 | |
| 베도라치 | 베드라치 | |
| 베도라치 | 베또라지 | |

기타

| 《표대》 | 《조대》 | 관련 조항 |
|---|---|---|
| 베로치 | 배로치 | |
| 베리-줄 | 벼리줄 | |
| 베슬-거리다 | 베실거리다 | |
| 베슬-거리다 | 비슬거리다[2] | |
| 베슬-대다 | 베실대다 | |
| 베슬-대다 | 비슬대다[2] | |
| 베슬-베슬 | 베실베실 | |
| 베슬-베슬 | 비슬비슬[2] | |
| 베슬베슬-하다 | 베실베실하다 | |
| 베슬베슬-하다 | 비슬비슬하다 | |
| 베-잠방이 | 베잠뱅이 | 표9 |
| 벵에-돔 | 뱅애돔 | |
| 벼루[1] | 베루 | |
| 벼팔이-꾼 | 벼팔이군 | 맞54 |
| 벽[1] | 비역[1] | 표16 |
| 벽-돌 (甓-) | 벽돌 | |
| 벽돌-장이 (甓---) | 벽돌쟁이 | 표9 |
| 변려-문 (騈儷文) | 병려문 (騈儷文) | 맞52 |
| 변문[1] (騈文) | 병문[3] (騈文) | 맞52 |
| 변폐 (便閉) | 변페 (便閉) | 맞8 |
| 변폐-하다 (便閉--) | 변페하다 (便閉-) | 맞8 |
| 별-로[1] (別-) | 별루[2] | |
| 별미-쩍다 (別味--) | 별미적다 | 맞54 |
| 볍쌀 | 벼쌀 | 맞31 |
| 볍씨 | 벼씨 | 맞31 |
| 병장-기 (兵仗器) | 병쟁기 | 표9 |
| 병-조림 (甁--) | 병졸임 | 맞22 |
| 병폐[1] (病弊) | 병페[1] (病弊) | 맞8 |
| 병폐[2] (病癈) | 병페[2] (病廢) | 맞8 |
| 병폐[3] (病斃) | 병페[3] (病斃) | 맞8 |
| 병폐-하다[1] (病癈--) | 병페하다 (病廢-) | 맞8 |
| 병폐-하다[2] (病斃--) | 병페하다 (病斃-) | 맞8 |
| 보교-꾼 (步轎-) | 보교군 | 맞54 |
| 보-꾸러미 (褓---) | 보꾸레미 | 표9 |
| 보동-보동 | 보동동 | 표15 |
| 보동보동-하다 | 보동동하다 | 표15 |
| 보득-솔 | 보드기솔 | 표14 |
| 보발-꾼 (步撥-) | 보발군 | 맞54 |
| 보슬-거리다 | 보실거리다 | |

| 《표대》 | 《조대》 | 관련 조항 |
|---|---|---|
| 보슬-대다 | 보실대다 | |
| 보슬-보슬[1] | 보실보실 | |
| 보슬-보슬[2] | 보실보실 | |
| 보시기[1] | 보시[1] | |
| 보-싸움 (洑--) | 보쌈[3] | 표15 |
| 보자기[2] (褓--) | 보재기 | 표9 |
| 보제[2] (菩提) | 보리[2] (菩提) | 맞52 |
| 보제-수 (菩提樹) | 보리수[2] (菩提樹) | 맞52 |
| 보조^화폐 (補助貨幣) | 보조화페 | 맞8 |
| 보폐 (補弊) | 보페 (補弊) | 맞8 |
| 보폐-하다 (補弊--) | 보페하다 (補弊-) | 맞8 |
| 보행-꾼 (步行-) | 보행군 | 맞54 |
| 복-구렁이 (福---) | 복구렝이 | 표9 |
| 복슬-복슬 | 복실복실 | |
| 복슬복슬-하다 | 복실복실하다 | |
| 복장-나무 | 복작나무 | |
| 본-곳 (本-) | 본곳 | |
| 본위^화폐 (本位貨幣) | 본위화페 | 맞8 |
| 본전-꾼 (本錢-) | 본전군 (本錢-) | 맞54 |
| 본토-박이 (本土--) | 본토배기 (本土-) | 표9 |
| 볼-때기 | 볼따귀 | |
| 볼록^다각형 (--多角形) | 불룩다각형 | |
| 볼록^다면체 (--多面體) | 불룩다면체 | |
| 볼록^함수 (--函數) | 불룩함수 | |
| 볼쏙 | 볼쑥 | |
| 볼쏙-거리다 | 볼쑥거리다 | |
| 볼쏙-대다 | 볼쑥대다 | |
| 볼쏙-볼쏙 | 볼쑥볼쑥 | |
| 볼쏙볼쏙-하다 | 볼쑥볼쑥하다 | |
| 볼쏙볼쏙-하다 | 볼쑥볼쑥하다 | |
| 볼쏙-이 | 볼쑥이 | |
| 볼쏙-하다 | 볼쑥하다 | |
| 볼쏙-하다 | 볼쑥하다 | |
| 봇-둑 (洑-) | 보뚝 | |
| 봇둑-길 (洑--) | 보뚝길 | |
| 봇장[1] | 보짱[2] | 맞27 |
| 봉곳 | 봉긋 | |
| 봉곳-봉곳 | 봉긋봉긋 | |
| 봉곳봉곳-하다 | 봉긋봉긋하다 | |

기타

| 《표대》 | 《조대》 | 관련 조항 |
|---|---|---|
| 봉곳-이 | 봉긋이 | |
| 봉곳-하다 | 봉긋하다 | |
| 봉죽 | 봉족 (奉足) | |
| 봉죽-꾼 | 봉족군 | 맞54 |
| 봉죽-하다 | 봉족하다 (奉足-) | |
| 봉차[2] (鳳釵) | 봉채[1] (鳳釵) | 맞52 |
| 봉홧-둑 (烽火-) | 봉화뚝 | |
| 봐-주다 | 보아주다 | 표16 |
| 봐-하니 | 보아하니 | 표16 |
| 뵈다[1] | 뵈우다 | |
| 뵈다[2] | 뵈우다 | |
| 뵈다[3] | 뵈우다 | |
| 부고[1] (付高) | 부구 | |
| 부-넘기[1] | 부넘이 | |
| 부닥-트리다 | 부닥뜨리다 | |
| 부대끼다 | 부닥기다 | 맞5 |
| 부득[1] | 부드득 | 표16 |
| 부득-하다 | 부드득하다 | 표16 |
| 부딪-트리다 | 부딪뜨리다 | |
| 부라퀴 | 불악귀 | 맞27 |
| 부러-트리다 | 부러뜨리다 | |
| 부리다[1] | 부리우다 | |
| 부림-꾼 | 부림군 | 맞54 |
| 부서-트리다 | 부서뜨리다 | |
| 부수다 | 부시다[2] | |
| 부수-트리다 | 부수뜨리다 | |
| 부스-대다 | 부시대다 | |
| 부스러기 | 부스럭[1] | 표15 |
| 부스러기 | 부스레기 | 표9 |
| 부스러-트리다 | 부스러뜨리다 | |
| 부스럭 | 부시럭 | |
| 부스럭-거리다 | 부시럭거리다 | |
| 부스럭-대다 | 부시럭대다 | |
| 부스럭-부스럭 | 부시럭부시럭 | |
| 부스럭부스럭-하다 | 부시럭부시럭하다 | |
| 부스럭-하다 | 부시럭하다 | |
| 부스스 | 부시시 | |
| 부스스-하다[1] | 부시시하다 | |
| 부슬-거리다 | 부실거리다 | |

| 《표대》 | 《조대》 | 관련 조항 |
|---|---|---|
| 부슬-부슬[1] | 부실부실 | |
| 부슬-부슬[2] | 부실부실 | |
| 부슬부슬-하다[1] | 부실부실하다 | |
| 부슬부슬-하다[2] | 부실부실하다 | |
| 부어[2] (鮒魚) | 붕어[1] | |
| 부어-회 (鮒魚膾) | 붕어회 | |
| 부역-꾼 (賦役-) | 부역군 | 맞54 |
| 부유스름-하다 | 부여스름하다 | |
| 부조[4] (扶助) | 부주[1] | |
| 부조-하다[2] (扶助--) | 부주하다 | |
| 부지-꾼[1] | 부지군[1] | 맞54 |
| 부쳐-지내다 | 붙여지내다 | 맞22 |
| 부치다[2] | 붙이다 | 맞22 |
| 부침-개 | 부치개 | |
| 부침개-질 | 부치개질 | |
| 부푸러기 | 부푸레기 | 표9 |
| 부프다 | 븊다 | 표15 |
| 북데기 | 북더기 | |
| 북두-갈고리 | 북두갈구리 | |
| 북-살무사 (北---) | 북살모사 | |
| 북새[1] | 복새[1] | |
| 북새-질 | 복새질 | |
| 북새질-하다 | 복새질하다 | |
| 북새-통 | 복새통 | |
| 북새-판 | 복새판 | |
| 북숭이 | 부숭이 | |
| 북-재비 | 북잡이 | 맞19, 표9 |
| 분대-꾼 | 분대군 | 맞54 |
| 분-돋움 (憤--) | 분돋음 | |
| 분돋움-하다 (憤----) | 분돋음하다 | |
| 분디 | 분지[1] | |
| 분디-나무 | 분지나무 | |
| 분메 (分袂) | 분메 (分袂) | 맞8 |
| 분자-체 (分子-) | 분자채 (分子-) | |
| 분홍-벚나무 (粉紅---) | 분홍벚나무 | |
| 불-갈고리 | 불갈구리 | |
| 불-것 | 불거웃 | 표16 |
| 불-구덩이 | 불구뎅이 | 표9 |
| 불-꼬리[1] | 부꺼리 | |

| 《표대》 | 《조대》 | 관련 조항 |
|---|---|---|
| 불-꾸러미 | 불꾸레미 | 표9 |
| 불-나비 | 부나비 | 맞28 |
| 불뚝 | 불떡 | |
| 불뚝-거리다 | 불떡거리다 | |
| 불뚝-불뚝 | 불떡불떡 | |
| 불뚝불뚝-하다 | 불떡불떡하다 | |
| 불량-자 (不良者) | 부량자 | 맞52 |
| 불량-하다 (不良--) | 부량하다 (不良-) | 맞52 |
| 불-방망이 | 불방맹이 | 표9 |
| 불-어리 | 불우리 | |
| 불임[2] (不稔) | 불념 (오不捻) | 맞52 |
| 불임-성[2] (不稔性) | 불념성 (不稔性) | 맞52 |
| 불콰-하다 | 불카하다 | |
| 불평-꾼 (不平-) | 불평군 | 맞54 |
| 불폐풍우 (不蔽風雨) | 불페풍우 (不蔽風雨) | 맞8 |
| 불폐풍우-하다 (不蔽風雨--) | 불페풍우하다 (不蔽風雨-) | 맞8 |
| 불환^지폐 (不換紙幣) | 불환지페 | 맞8 |
| 붉은-강낭콩 | 붉은강남콩 | 맞27 |
| 붉은-빵곰팡이 | 붉은빵곰팽이 | 표9 |
| 붓다[3] | 부수다 | 표16 |
| 붓-두껍 | 붓두겁 | |
| 붕어-조림 | 붕어졸임 | 맞22 |
| 비-거스렁이 | 비거스렁 | |
| 비거스렁이-하다 | 비거스렁하다 | |
| 비경이 | 베겡이 | |
| 비계[1] | 비게 | 맞8 |
| 비계-지다 | 비게지다 | 맞8 |
| 비듬-하다 | 비스듬하다[1] | 표16 |
| 비듬-히 | 비스듬히[1] | 표16 |
| 비비적-거리다 | 부비적거리다 | |
| 비비적-대다 | 부비적대다 | |
| 비비적-비비적 | 부비적부비적 | |
| 비비적비비적-하다 | 부비적부비적하다 | |
| 비-설거지 | 비설겆이 | 맞19 |
| 비설거지-하다 | 비설겆이하다 | 맞19 |
| 비스름-하다 | 비스듬하다[2] | |
| 비스름-히 | 비스듬히[2] | |
| 비쓸-거리다 | 비씰거리다 | |
| 비쓸-대다 | 비씰대다 | |

| 《표대》 | 《조대》 | 관련 조항 |
|---|---|---|
| 비쓸-비쓸 | 비씰비씰 | |
| 비쓸비쓸-하다 | 비씰비씰하다 | |
| 비아냥 | 비양[1] | |
| 비아냥-거리다 | 비양거리다 | |
| 비아냥-스럽다 | 비양스럽다 | |
| 비아냥스레 | 비양스레 | |
| 비아냥-조 (---調) | 비양조 | |
| 비아냥-하다 | 비양하다 | |
| 비어-지다 | 비여지다 | 맞16 |
| 비짜루 | 비자루[2] | 맞5 |
| 비척-거리다 | 비청거리다 | |
| 비척-걸음 | 비청걸음 | |
| 비척-대다 | 비청대다 | |
| 비척-비척 | 비청비청 | |
| 비척비척-하다 | 비청비청하다 | |
| 비틀다 | 비탈다 | |
| 비틀-리다 | 비탈리다 | |
| 빌리다 | 빌다[2] | |
| 빔[2] | 비음[1] | 표14 |
| 빗다[1] | 비스러지다 | 표16 |
| 빗-접 | 빗첩 | |
| 빗접-고비 | 빗첩고비 | |
| 빗차치 | 빗차지 | |
| 빙폐 (聘幣) | 빙페 (聘幣) | 맞8 |
| 빛-깔 | 빛갈 | 맞54 |
| 빛-접다 | 비쩝다 | 맞27 |
| 빠그라-트리다 | 빠그라뜨리다 | |
| 빠끔[1] | 빠꼼[1] | |
| 빠끔[2] | 빠꼼[2] | |
| 빠끔-거리다 | 빠꼼거리다 | |
| 빠끔-대다 | 빠꼼대다 | |
| 빠끔-빠끔[1] | 빠꼼빠꼼[1] | |
| 빠끔-빠끔[2] | 빠꼼빠꼼[2] | |
| 빠끔빠끔-하다[1] | 빠꼼빠꼼하다 | |
| 빠끔빠끔-하다[2] | 빠꼼빠꼼하다 | |
| 빠끔빠끔-히 | 빠꼼빠꼼히 | |
| 빠끔-하다[1] | 빠꼼하다 | |
| 빠끔-하다[2] | 빠꼼하다 | |
| 빠끔-히 | 빠꼼히 | |

기타

| 《표대》 | 《조대》 | 관련 조항 |
|---|---|---|
| 빠스락 | 빠시락 | |
| 빠스락-거리다 | 빠시락거리다 | |
| 빠스락-대다 | 빠시락대다 | |
| 빠스락-빠스락 | 빠시락빠시락 | |
| 빠-트리다 | 빠뜨리다 | |
| 빡지근-하다 | 빡작지근하다 | 표16 |
| 빡지근-히 | 빡작지근히 | 표16 |
| 빨래-꾼 | 빨래군 | 맞54 |
| 빨랫-간 (--間) | 빨래칸 | |
| 빻다 | 봏다 | |
| 빼곡-히 | 빼곡이 | 맞51 |
| 빼꼭-히 | 빼꼭이 | 맞51 |
| 빼-도리[2] | 뺄도리 | 맞28 |
| 빼어-나다 | 빼나다 | |
| 빼어-나다 | 빼여나다 | 맞16 |
| 빼죽-빼죽[1] | 빼죽빼죽이 | |
| 빼죽-빼죽[2] | 빼죽빼죽이 | |
| 뺘드득 | 빼드득 | |
| 뺘드득-거리다 | 빼드득거리다 | |
| 뺘드득-대다 | 빼드득대다 | |
| 뺘드득-뺘드득 | 빼드득빼드득 | |
| 뺘드득뺘드득-하다 | 빼드득빼드득하다 | |
| 뺘드득-하다 | 빼드득하다 | |
| 뺜죽-거리다 | 뺀죽거리다 | |
| 뺜죽-대다 | 뺀죽대다 | |
| 뺜죽-뺜죽 | 뺀죽뺀죽 | |
| 뺜죽뺜죽-하다 | 뺀죽뺀죽하다 | |
| 뺨-따귀 | 뺨따구니 | |
| 뻐그러-트리다 | 뻐그러뜨리다 | |
| 뻐드렁-니 | 뻐드렁이 | 맞27 |
| 뻐스럭 | 뻐시럭 | |
| 뻐스럭-거리다 | 뻐시럭거리다 | |
| 뻐스럭-대다 | 뻐시럭대다 | |
| 뻐스럭-뻐스럭 | 뻐시럭뻐시럭 | |
| 뻐스럭뻐스럭-하다 | 뻐시럭뻐시럭하다 | |
| 뻑지근-하다 | 뻑적지근하다 | 표16 |
| 뻑지근-히 | 뻑적지근히 | 표16 |
| 뻔[1] | 번[6] | |
| 뻔뻔스레 | 뻔뻔스러이 | 표14 |

| 《표대》 | 《조대》 | 관련 조항 |
|---|---|---|
| 뻗정-다리 | 뻗장다리 | |
| -뻘[3] | 벌[7] | |
| 뻘게-지다 | 뻘개지다 | 맞18 |
| 뼈-다귀 | 뼉다귀 | |
| 뼘[2] | 뽐[1] | |
| 뼘다 | 뽐다 | |
| 뼛-심 | 뼈힘 | 맞27 |
| 뼛-조각 | 뼈쪼각 | |
| 뽀독-뽀독 | 뽀독뽀독이 | |
| 뾰두라지 | 뽀두라지 | |
| 뾰조롬-하다 | 뾰조름하다 | |
| 뾰조롬-히 | 뾰조름히 | |
| 뾰주리-감 | 뾰조리감 | |
| 뾰쪽 | 뾰쭉 | |
| 뾰쪽-뾰쪽 | 뾰쭉뾰쭉 | |
| 뾰쪽뾰쪽-이 | 뾰쭉뾰쭉이 | |
| 뾰쪽뾰쪽-하다 | 뾰쭉뾰쭉하다 | |
| 뾰쪽-이 | 뾰쭉이 | |
| 뾰쪽-하다 | 뾰쭉하다 | |
| 뿌둑-뿌둑 | 뿌둑뿌둑이 | |
| 뿔-논병아리 | 뿔농병아리 | |
| 뿜이-개 | 뿌무개 | |
| 삐죽-삐죽[1] | 삐죽삐죽이 | |
| 삐죽-삐죽[2] | 삐죽삐죽이 | |
| 삐쭉-빼쭉[1] | 삐쭉빼쭉이 | |
| 삐쭉-빼쭉[2] | 삐쭉빼쭉이 | |
| 사각-지붕 (四角--) | 사가지붕 | |
| 사그라-트리다 | 사그라뜨리다 | |
| 사글-세 (--貰) | 삭월세 (朔月貰) | 맞27 |
| 사기-꾼 (詐欺-) | 사기군 (詐欺-) | 맞54 |
| 사냥-꾼 | 사냥군 | 맞54 |
| 사라-트리다 | 사라뜨리다 | |
| 사랑-니 | 사랑이 | 맞27 |
| 사래[2] | 사라 | |
| 사리-물다 | 사려물다 | |
| 사마귀[2] | 사마구 | |
| 사면발-니 | 사면발이 | 맞27 |
| 사물[1] | 싸물 | |
| 사물-거리다[1] | 싸물거리다 | |

기타

| 《표대》 | 《조대》 | 관련 조항 |
|---|---|---|
| 사물-대다[1] | 싸물대다 | |
| 사물-사물[1] | 싸물싸물 | |
| 사물사물-하다[1] | 싸물싸물하다 | |
| 사미-할식 (沙彌喝▼食) | 사미갈식 (沙彌喝食) | 맞52 |
| 사발-잠방이 (沙鉢---) | 사발잠뱅이 | 표9 |
| 사-성제 (四聖諦) | 사성체[1] | 맞52 |
| 사스래-나무 | 사스레나무 | |
| 사슴-풍뎅이 | 사슴풍덩이 | 표9 |
| 사앗-대 | 상앗대 | |
| 사어[3] (沙魚/鯊魚) | 상어 | |
| 사어-피 (沙魚皮) | 상어피 | |
| 사이-시옷 | 사이시읏 | 맞4 |
| 사자-어금니 (獅子---) | 사자어금이 | 맞27 |
| 사제[4] (四諦) | 사체[4] (四諦) | 맞52 |
| 사철-무 (四--) | 사철무우 | 표14 |
| 사탕-무 (沙糖▼-) | 사탕무우 | 표14 |
| 사토-장이 (莎土--) | 사토쟁이 (莎土-) | 표9 |
| 사폐[2] (事弊) | 사페[1] (事弊) | 맞8 |
| 사폐[3] (辭陛) | 사페[3] (辭陛) | 맞8 |
| 사폐-하다 (辭陛--) | 사페하다 (辭陛-) | 맞8 |
| 사환-꾼 (使喚-) | 사환군 (使喚-) | 맞54 |
| 삭구 (索具) | 색구[1] | 맞52 |
| 삭둑 | 삭독 | |
| 삭둑-거리다 | 삭독거리다 | |
| 삭둑-삭둑 | 삭독삭독 | |
| 삭둑삭둑-하다 | 삭독삭독하다 | |
| 삭은-니 | 삭은이 | 맞27 |
| 삯-꾼 | 삯군 | 맞54 |
| 삯벌이-꾼 | 삯벌이군 | 맞54 |
| 삯일-꾼 | 삯일군 | 맞54 |
| 삯-지게꾼 | 삯지게군 | 맞54 |
| 삯팔이-꾼 | 삯팔이군 | 맞54 |
| 산-거망옻나무 (山-----) | 산검양옻나무 | 맞19 |
| 산망[1] | 살망 | |
| 산망-스럽다 | 살망스럽다 | |
| 산-물통이 (山---) | 산물퉁이 | |
| 산-벚나무 (山---) | 산벗나무 | |
| 산산-이 (散散-) | 산산 (散散) | |
| 산산-조각 (散散--) | 산산쪼각 | |

| 《표대》 | 《조대》 | 관련 조항 |
|---|---|---|
| 산역-꾼 (山役-) | 산역군 | 맞54 |
| 산-조팝나무 (山----) | 산조밥나무 | 맞31 |
| 산후-더침 (産後--) | 산후덧침 | |
| 살근-살짝 | 살근슬쩍 | |
| 살뜰-하다 | 살틀하다 | |
| 살뜰-히 | 살틀히 | |
| 살래-살래 | 살레살레 | |
| 살래살래-하다 | 살레살레하다 | |
| 살림-꾼 | 살림군 | 맞54 |
| 살림살이-꾼 | 살림살이군 | 맞54 |
| 살무사 | 살모사 (殺母蛇) | |
| 살살-이 | 살사리 | 맞23 |
| 살육 (殺戮▼) | 살륙 (殺戮) | 맞52 |
| 살육-되다 (殺戮▼--) | 살륙되다 (殺戮-) | 맞52 |
| 살육-장 (殺戮▼場) | 살륙장 (殺戮場) | 맞52 |
| 살육-하다 (殺戮▼--) | 살륙하다 (殺戮-) | 맞52 |
| 살인^차접 (殺人差帖▼) | 살인차첩 (殺人差帖) | 맞52 |
| 살짝-궁 | 살짝꿍 | |
| 살찐-뿌리 | 살진뿌리 | |
| 살찐-식물 (--植物) | 살진식물 | |
| 살찐-열매 | 살진열매 | |
| 살찐-잎 | 살진잎 | |
| 살찐-줄기 | 살진줄기 | |
| 살코기 | 살고기 | 맞31 |
| 살쾡이 | 살괭이 | |
| 살포시 | 살풋이 | |
| 살포시 | 살풋이[1] | |
| 살포시 | 살풋이[2] | |
| 살-피듬 | 살피둥 | |
| 삼가다 | 삼가하다 | |
| 삼발-이 (三--) | 삼발[2] | |
| 삼생^원수 (三生怨讐) | 삼생원쑤 (三生怨讐) | |
| 삼-악추 (三惡趣) | 삼악취 (三惡趣) | 맞52 |
| 삼진[6] (三陳) | 삼지니 | |
| -삽-[2] | -솝- | |
| 삽질-꾼 | 삽질군 | 맞54 |
| 삿갓-장이 | 삿갓쟁이 | 표9 |
| 상두-꾼 (喪--) | 상도군 (喪徒-) | 맞54 |
| 상두-꾼 (喪--) | 상두군 (喪-) | 맞54 |

| 《표대》 | 《조대》 | 관련 조항 |
|---|---|---|
| 상막-하다 | 삭막하다 (索莫-. 索寞-. 索漠-) | |
| 상쇠-재비 (上---) | 상쇠잡이 | 맞19, 표9 |
| 상여-꾼 (喪輿-) | 상여군 | 맞54 |
| 상일-꾼 (常--) | 상일군[2] (常-) | 맞54 |
| 새경 | 사경[1] (私耕) | 표9 |
| 새-아기 | 새애기 | 표9 |
| 새우다[1] | 새다[2] | 표15 |
| 새우-튀김 | 새우튀기 | |
| 새-장구 | 새장고 | |
| 새치름-하다 | 새초롬하다 | |
| 새치름-하다 | 새초롬하다 | |
| 새치름-히 | 새초롬히 | |
| 새치름-히 | 새초롬히 | |
| 새-하얗다 | 샛하얗다 | |
| 새하얘-지다 | 샛하얘지다 | |
| 색광[2] (色狂) | 색광이 | |
| 색깔 (色-) | 색갈 | 맞54 |
| 샘[1] | 새암 | 표14 |
| 샘-바르다 | 새암바르다 | 표14 |
| 샘-바리 | 새암바리 | 표14 |
| 샘-하다 | 새암하다 | 표14 |
| 샛-노랗다 | 새노랗다 | |
| 샛노래-지다 | 새노래지다 | |
| 샛-말갛다 | 새말갛다 | |
| 샛-말개지다 | 새말개지다 | |
| 생급스레 | 생급스러이 | 표14 |
| 생-나무[1] | 새앙나무 | 표16 |
| 생-니 (生-) | 생이[1] | 맞27 |
| 생-쥐 | 새앙쥐 | 표14 |
| 생-채기 | 상채기 | |
| 생청스레 | 생청스러이 | 표14 |
| 생폐[1] (生弊) | 생페[1] (生弊) | 맞8 |
| 생폐[2] (牲幣) | 생페[2] (牲弊) | 맞8 |
| 생폐-하다 (生弊--) | 생페하다 (生弊-) | 맞8 |
| 서[2] | 혀 | |
| 서[4] | 섯 | |
| 서넛 | 세넷 | |
| 서느레-지다 | 서느래지다 | 맞18 |
| 서무-날 | 세무날 | |

| 《표대》 | 《조대》 | 관련 조항 |
|---|---|---|
| 석-돌[1] | 썩돌 | |
| 석동-무니 | 석동문 | 표15 |
| 석면-폐증 (石綿肺症) | 석면페증 | 맞8 |
| 석수-장이 (石手--) | 석수쟁이 | 표9 |
| 석전-꾼 (石戰-) | 석전군 (石戰-) | 맞54 |
| 섞박-지 | 석박지 | 맞27 |
| 선-다리 | 선달이 | 맞19 |
| 선-둥이 (先--) | 선동이 (先-) | |
| 선소리-꾼 (先---) | 선소리군 | 맞54 |
| 선폐 (宣肺) | 선페 (宣肺) | 맞8 |
| 선-하다[2] | 서낙하다 | 표16 |
| 선-헤엄 | 선헤염 | |
| 섣-부르다 | 서뿌르다 | 맞27 |
| 섣불리 | 서뿔리 | 맞27 |
| 설거지 | 설겆이 | 맞19 |
| 설거지-물 | 설겆이물 | 맞19 |
| 설거지-하다 | 설겆이하다 | 맞19 |
| 설레다 | 설레이다 | |
| 설왜 (舌歪) | 설외[2] (舌歪) | 맞52 |
| 설움 | 설음[1] | |
| 설음[3] (舌瘖) | 설암[1] (舌瘖) | 맞52 |
| 설폐-구폐 (說弊救弊) | 설페구페 (說弊救弊) | 맞8 |
| 설폐구폐-하다 (說弊救弊--) | 설페구페하다 (說弊救弊-) | 맞8 |
| 설핏-하다 | 슬핏하다 | |
| 섧다 | 설다[3] | |
| 섬-노린재나무 | 섬노란재나무 | |
| 섬-둑 | 섬뚝 | |
| 섬-쑥부쟁이 | 섬쑥부장이 | |
| 섬유소성^폐렴 (纖維素性肺炎▼) | 섬유소성페염 | 맞52, 맞8 |
| 섭슬리다 | 섭쓸리다 | |
| 섭씨한란-계 (攝氏寒暖▼計) | 섭씨한난계 | 맞52 |
| 성[3] | 상[15] (上) | |
| 성스레 (聖--) | 성스러이 | 표14 |
| 성신^숭배 (星辰崇拜) | 성진숭배 | |
| 성제[6] (聖諦) | 성체[2] (聖諦) | 맞52 |
| 세객[3] (說客) | 설객[2] (說客) | 맞52 |
| 세계^화폐 (世界貨幣) | 세계화페 | 맞8 |
| 세균성^폐렴 (細菌性肺炎▼) | 세균성페염 | 맞52, 맞8 |
| 세다[2] | 헤다[3] | |

| 《표대》 | 《조대》 | 관련 조항 |
|---|---|---|
| 세다[3] | 쎄다[1] | |
| 세도-꾼 (勢道-) | 세도군 | 맞54 |
| 세배-꾼 (歲拜-) | 세배군 | 맞54 |
| 세줄-베도라치 | 세줄배도라치 | |
| 세폐-겨냥 (歲幣--) | 세페겨냥 (歲幣-) | 맞8 |
| 세폐-색 (歲幣色) | 세페색 (歲幣色) | 맞8 |
| 셈[1] | 헴[1] | |
| 션찮다 | 선찮다 | |
| 소개-꾼 (紹介-) | 소개군 | 맞54 |
| 소거간-꾼 (-居間-) | 소거간군 | 맞54 |
| 소게[2] (小憩) | 소계[2] (小憩) | 맞8 |
| 소고-재비 (小鼓--) | 소고잡이 | 맞19, 표9 |
| 소곤-거리다 | 소근거리다 | |
| 소곤-소곤 | 소근소근 | |
| 소곤소곤-하다 | 소근소근하다 | |
| 소곡 (小斛) | 소곡[3] (小斛) | 맞52 |
| 소금엣-밥 | 소금에밥 | |
| 소루쟁이 | 소리쟁이[1] | |
| 소리-꾼 | 소리군 | 맞54 |
| 소매-걷이 | 소마거지 | 맞19 |
| 소매치기-꾼 | 소매치기군 | 맞54 |
| 소목-장이 (小木--) | 소목쟁이 | 표9 |
| 소몰이-꾼 | 소몰이군 | 맞54 |
| 소-백장 | 소백정 (-白丁) | |
| 소복-소복 | 소북소북 | |
| 소복소복-하다 | 소북소북하다 | |
| 소복-이 | 소북이 | |
| 소복-하다[1] | 소북하다 | |
| 소살[2] (笑殺) | 소쇄[2] (笑殺) | 맞52 |
| 소설-꾼 (掃雪-) | 소설군 (掃雪-) | 맞54 |
| 소스라-트리다 | 소스라뜨리다 | |
| 소여-꾼 (小輿-) | 소여군 | 맞54 |
| 소엽성^폐렴 (小葉性肺炎▼) | 소엽성폐염 | 맞52, 맞8 |
| -소이까 | -소외까 | |
| 소쿠리 | 소코리 | |
| 속-고삿 | 속고살 | |
| 속-눈썹 | 속눈섭 | 맞27 |
| 속-니 | 속이 | 맞27 |
| 속새[1] | 속새기 | |

| 《표대》 | 《조대》 | 관련 조항 |
|---|---|---|
| 속-잠**방**이 | 속잠**뱅**이 | 표9 |
| 속-**종**[1] | 속**중**[1] | |
| 손-나**발** (-喇叭▼) | 손나**팔** | 맞52 |
| 손-더듬**이** | 손더듬 | |
| 손더듬**이**-하다 | 손더듬하다 | |
| 손-**두**레박 | 손**드**레박 | |
| 손-**뼉** | 손**벽** | 맞27 |
| 손-**살** | 손**살**[2] | |
| 손수레-**꾼** | 손수레**군** | 맞54 |
| 손아래-**뻘** | 손아래**벌** | |
| 손-**위**[1] | 손**우**[1] | 표12 |
| 손**윗**-사람 | 손**우**사람 | 표12 |
| 손**자**[1] (孫子) | 손**주** | |
| 손-자**국** | 손자**욱** | |
| 손**자**-며느리 (孫子---) | 손**주**며느리 | |
| 손-**짭**손 | 손**잡**손 | |
| 손**짭**손-하다 | 손**잡**손하다 | |
| 손-**차**양 (-遮陽) | 손**채**양 | 표9 |
| 손**차**양-하다 (-遮陽--) | 손**채**양하다 | 표9 |
| 솔-**가지** | 솔**까치** | |
| **솔**개 | **소리**개[1] | 표14 |
| 솔**깃**-이 | 솔**곳**이 | |
| 솔**깃**-하다 | 솔**곳**하다 | |
| 솜씨-**꾼** | 솜씨**군** | 맞54 |
| **솟**-나다[1] | **소수**나다 | 표16 |
| 솟**아**-나다 | 솟나다 | |
| 송**골**-송**골** | 송**글**송**글** | |
| 송곳-**니** | 송곳**이** | 맞27 |
| 송두리-**째** | 송두리**채** | |
| 송장-헤**엄** | 송장헤**염** | |
| 솥-땜**장**이 | 솥땜**쟁**이 | 표9 |
| 쇄**항**[1] (鎖肛) | 쇄**홍** (鎖肛) | 맞52 |
| **쇠**-가죽 | **소**가죽 | |
| 쇠-갈**고**리 | 쇠갈**구**리 | |
| **쇠**-갈비 | **소**갈비 | |
| **쇠**-고기 | **소**고기 | |
| **쇠**-고삐 | **소**고삐 | |
| **쇠**-고집 (-固執) | **소**고집 | |
| **쇠**-골[1] | **소**골[1] | |

| 《표대》 | 《조대》 | 관련 조항 |
|---|---|---|
| 쇠-귀 | 소귀 | |
| 쇠-귀신 (-鬼神) | 소귀신 | |
| 쇠-기름 | 소기름 | |
| 쇠-꼬리 | 소꼬리[1] | |
| 쇠-꼴 | 소꼴 | |
| 쇠-꾼 | 쇠군 | 맞54 |
| 쇠-눈[2] | 소눈 | |
| -쇠다[4] | -쉐다 | |
| 쇠-다리[1] | 소다리 | |
| 쇠-덕석[2] | 소덕석 | |
| 쇠-두엄 | 소두엄 | |
| 쇠-등 | 소등[1] | |
| 쇠-등에 | 소등에 | |
| 쇠-딱지 | 소딱지[1] | |
| 쇠-똥[2] | 소똥 | |
| 쇠-머리 | 소머리 | |
| 쇠-먹이 | 소먹이 | |
| 쇠-발구 | 소발구 | |
| 쇠-백장 | 소백정 (-白丁) | |
| 쇠-백정 (-白丁) | 소백정 (-白丁) | |
| 쇠-버짐 | 소버짐 | |
| 쇠-불알 | 소불알 | |
| 쇠-뼈 | 소뼈 | |
| 쇠-뼈다귀 | 소뼈다귀 | |
| 쇠-뿔 | 소뿔 | |
| 쇠뿔-참외 | 소뿔참외 | |
| 쇠-살쭈 | 소살쭈 | |
| 쇠-새끼 | 소새끼 | |
| 쇠-서[1] | 소혀 | |
| 쇠-심 | 소심[1] | |
| 쇠심-떠깨 | 소심떠깨 | |
| 쇠-심줄 | 소심줄 | |
| 쇠심-회 (--膾) | 소심회 (-膾) | |
| 쇠-여물 | 소여물 | |
| 쇠-옹두리 | 소옹두리 | |
| 쇠-장[2] (-場) | 소장[1] | |
| 쇠-전[1] (-廛) | 소전[1] (-廛) | |
| 쇠전-거리 (-廛--) | 소전거리 | |
| 쇠-젖 | 소젖 | |

| 《표대》 | 《조대》 | 관련 조항 |
|---|---|---|
| 쇠-족 (-足) | 소족[1] (-足) | |
| 쇠-죽 (-粥) | 소죽 | |
| 쇠죽-가마 (-粥--) | 소죽가마 | |
| 쇠죽-간 (-粥間) | 소죽간 | |
| 쇠죽-물 (-粥-) | 소죽물 | |
| 쇠죽-솥 (-粥-) | 소죽솥 | |
| 쇠지랑-물 | 소지랑물 | |
| 쇠지랑-탕 | 소지랑탕 | |
| 쇠-진드기 | 소진드기 | |
| 쇠-짚신 | 소짚신 | |
| 쇠-침[1] | 소침[1] | |
| 쇠-침[3] (-鍼) | 소침[2] | |
| 쇠침-쟁이 (-鍼--) | 소침쟁이 | |
| 쇠-코 | 소코 | |
| 쇠-코뚜레 | 소코뚜레 | |
| 쇠코-잠방이 | 쇠코잠뱅이 | 표9 |
| 쇠-털 | 소털[1] | |
| 쇠털-골 | 소털골 | |
| 쇠털-담배 | 소털담배 | |
| 쇠-파리 | 소파리 | |
| 쇠폐[1] (衰弊) | 쇠페[1] (衰弊) | 맞8 |
| 쇠폐[2] (衰廢) | 쇠페[2] (衰廢) | 맞8 |
| 쇠폐-하다[1] (衰弊--) | 쇠페하다 (衰弊-) | 맞8 |
| 쇠폐-하다[2] (衰廢--) | 쇠페하다 (衰廢-) | 맞8 |
| 쇠-풍경 (-風磬) | 소풍경 (-風磬) | |
| 쇤 | 소인[7] (小人) | 표16 |
| 쇳-조각 | 쇠쪼각 | |
| 수구[10] (秀句) | 수귀[1] (秀句) | 맞52 |
| 수-구렁이 | 수구렝이 | 표9 |
| 수끽 (受喫) | 수긱 (受喫) | 맞52 |
| 수끽-하다 (受喫--) | 수긱하다 (受喫-) | 맞52 |
| 수단-꾼 (手段-) | 수단군 (手段-) | 맞54 |
| 수두룩-이 | 수둑이 | 표15 |
| 수두룩-하다 | 수둑하다 | 표15 |
| 수란-짜 (水卵-) | 수란자 (水卵-) | |
| 수레-꾼 | 수레군 | 맞54 |
| 수륙-도량 (水陸道場) | 수륙도장 (水陸道場) | 맞52 |
| 수세미-외 | 수세미오이 | 표14 |
| 수은^한란계 (水銀寒暖▼計) | 수은한난계 (水銀寒暖計) | 맞52 |

| 《표대》 | 《조대》 | 관련 조항 |
|---|---|---|
| 수-인사 (修人事) | 쉰사 | 표15 |
| 수줍다 | 수집다 | |
| 수줍어-하다 | 수집어하다 | |
| 수줍-음 | 수집음 | |
| 수캉아지 | 수강아지 | 맞31 |
| 수캐 | 수개[5] | 맞31 |
| 수크렁 | 수그렁 | 맞31 |
| 수키와 | 수기와 | 맞31 |
| 수탉 | 수닭 | 맞31 |
| 수태음-폐경 (手太陰肺經) | 수태음페경 (手太陰肺經) | 맞8 |
| 수톨쩌귀 | 수돌쩌귀 | 맞31 |
| 수퇘지 | 수돼지 | 맞31 |
| 수평아리 | 수병아리 | 맞31 |
| 수평-체 (水平-) | 수평채 | |
| 수폐[1] (水肺) | 수페[1] (水肺) | 맞8 |
| 수폐[2] (水閉) | 수페[2] (水閉) | 맞8 |
| 수해[1] | 수회[1] | |
| 숙-부드럽다 | 숫부드럽다 | |
| 숙폐 (宿弊) | 숙페 (宿弊) | 맞8 |
| 순각^천장 (楯桷天障) | 순각천정 | |
| 순경-꾼 (巡更-) | 순경군 (巡更-) | 맞54 |
| 순-무[1] | 순무우 | 표14 |
| 술-꾼 | 술군 | 맞54 |
| 술렁-술렁 | 수을렁수을렁 | |
| 술레 | 실레 | |
| 술주정-꾼 (-酒酊-) | 술주정군 | 맞54 |
| 숨바꼭-질 | 숨박곡질 | |
| 숨바꼭질-하다 | 숨박곡질하다 | |
| 숫-[4] | 수[2] | |
| 숫-보기 | 숫배기 | |
| 숫-양 (-羊) | 수양[1] (-羊) | |
| 숭어 | 숭예 | |
| 숭채 (菘菜) | 송채[2] (菘菜) | 맞52 |
| 쉬리 | 수리[3] | |
| 쉬리 | 쒜리 | |
| 쉬어 | 쉬엿 | 맞16 |
| 쉬엄-쉬엄 | 쉬염쉬염 | |
| 쉰-둥이 | 쉰동이 | |
| 쉼-터 | 쉬움터 | |

| 《표대》 | 《조대》 | 관련 조항 |
|---|---|---|
| 쉼-터 | 쉴터 | |
| 스라소니 | 시라소니 | |
| 스란 | 슬란 | |
| 스란-치마 | 슬란치마 | |
| 스리 | 쓰리[2] | |
| 슬근-슬쩍 | 슬근살짝 | |
| 슬다[2] | 쓸다[1] | |
| 슬다[3] | 쓸다[1] | |
| 슬몃-슬몃 | 슬밋슬밋 | |
| 슴벅 | 섬벅[1] | |
| 슴벅-거리다 | 섬벅거리다[1] | |
| 슴벅-대다 | 섬벅대다[1] | |
| 슴벅-슴벅 | 섬벅섬벅[1] | |
| 슴벅슴벅-하다 | 섬벅섬벅하다 | |
| 슴벅-하다 | 섬벅하다 | |
| 슴뻑 | 섬뻑[1] | |
| 슴뻑-거리다 | 섬뻑거리다[1] | |
| 슴뻑-대다 | 섬뻑대다[1] | |
| 슴뻑-슴뻑 | 섬뻑섬뻑[1] | |
| 슴뻑슴뻑-하다 | 섬뻑섬뻑하다 | |
| 슴뻑-이다 | 섬뻑이다 | |
| 슴뻑-하다[1] | 섬뻑하다 | |
| -습니다 | -습네다 | |
| -습죠 | -습지요 | 표16 |
| 승강-이 (昇降-) | 싱갱이 | |
| 승강이-질 (昇降--) | 싱갱이질 | |
| 승강이질-하다 (昇降----) | 싱갱이질하다 | |
| 승강이-하다 (昇降---) | 싱갱이하다 | |
| 승모판^폐쇄^부전증 (僧帽瓣閉鎖不全症) | 승모판페쇄부전증 | 맞8 |
| 승전-체인 (承傳帖印) | 승전첩인 (承傳帖印) | 맞52 |
| 시골-티 | 시골태 | |
| 시꺼메-지다 | 시꺼매지다 | 맞18 |
| 시끈-가오리 | 싯근가오리 | |
| 시비-꾼 (是非-) | 시비군 (是非-) | 맞54 |
| 시뻘게-지다 | 시뻘개지다 | 맞18 |
| 시뿌예-지다 | 시뿌얘지다 | 맞18 |
| 시세-꾼 (時勢-) | 시세군 (時勢-) | 맞54 |
| 시시닥-거리다 | 히히닥거리다 | |
| 시시닥-대다 | 히히닥대다 | |

| 《표대》 | 《조대》 | 관련 조항 |
|---|---|---|
| 시시닥-시시닥 | 히히닥히히닥 | |
| 시시닥시시닥-하다 | 히히닥히히닥하다 | |
| 시시덕-거리다 | 히히덕거리다 | |
| 시시덕-대다 | 히히덕대다 | |
| 시시덕-시시덕 | 히히덕히히덕 | |
| 시시덕시시덕-하다 | 히히덕히히덕하다 | |
| 시시-콜콜 | 지지콜콜 | |
| 시시풍덩-하다 | 시시펑덩하다 | |
| 시-아비 (媤--) | 시애비 | 표9 |
| 시-어미 (媤--) | 시에미 | 표9 |
| 시옷 | 시읏 | 맞4 |
| 시원-스럽다 | 씨원스럽다 | |
| 시원스레 | 씨원스레 | |
| 시원-시원 | 씨원씨원 | |
| 시원시원-하다 | 씨원씨원하다 | |
| 시원시원-히 | 씨원씨원히 | |
| 시원-하다 | 씨원하다 | |
| 시원-히 | 씨원히 | |
| 시적-거리다 | 스적거리다 | |
| 시적-대다 | 스적대다 | |
| 시적-시적 | 스적스적 | |
| 시적시적-하다 | 스적스적하다 | |
| 시중-꾼 | 시중군 | 맞54 |
| 시커메-지다 | 시커매지다 | 맞18 |
| 시퉁-스럽다 | 시뚱스럽다 | |
| 시퉁스레 | 시뚱스레 | |
| 시퉁-하다 | 시뚱하다 | |
| 시파-지 (時波赤▼) | 시파치 | |
| 시퍼레-지다 | 시퍼래지다 | 맞18 |
| 시폐 (時弊) | 시페 (時弊) | 맞8 |
| 시푸르죽죽-하다 | 시퍼르죽죽하다 | |
| 시-허옇다 | 싯허옇다 | |
| 시허예-지다 | 시허얘지다 | 맞18 |
| 시허예-지다 | 싯허얘지다 | 맞18 |
| 식도^게실 (食道憩室) | 식도계실 (食道憩室) | 맞8 |
| 식해² (食醢) | 식혜 (食醢) | |
| 신용^화폐 (信用貨幣) | 신용화페 | 맞8 |
| 신통방통 (神通-通) | 신통망통 | |
| 신통방통-하다 (神通-通--) | 신통망통하다 (神通-) | |

| 《표대》 | 《조대》 | 관련 조항 |
|---|---|---|
| 신-할아비 (神---) | 신할애비 (神-) | 표9 |
| 실그러-트리다 | 실그러뜨리다 | |
| 실-눈섭 | 실눈섭 | 맞27 |
| 실랑이 | 실랭이 | 표9 |
| 실랑이-질 | 실랭이질 | 표9 |
| 실-마리 | 실머리 | |
| 실-베도라치 | 실배도라치 | |
| 실-불실 (實不實) | 실부실 (實不實) | 맞52 |
| 실-오라기 | 실오래기 | 표9 |
| 심부름-꾼 | 심부름군 | 맞54 |
| 심술스레 (心術--) | 심술스러이 | 표14 |
| 심심-하다[1] | 슴슴하다 | |
| 심심-하다[2] | 슴슴하다 | |
| 심심-히[1] | 슴슴히 | |
| 심심-히[2] | 슴슴히 | |
| 심폐[1] (心肺) | 심페 (心肺) | 맞8 |
| 십량-주 (十兩紬) | 십냥주 (十-紬) | 맞52 |
| 싯-누렇다 | 시누러하다 | 표14 |
| 싯-누렇다 | 시누렇다 | |
| 싯누레-지다 | 싯누래지다 | 맞18 |
| 싯-멀겋다 | 시멀겋다 | |
| 싯멀게-지다 | 시멀개지다 | 맞18 |
| 싯멀게-지다 | 싯멀개지다 | 맞18 |
| 싸개-갓장이 | 싸기갓쟁이 | 표9 |
| 싸느랗다 | 싸느렇다 | |
| 싸다[4] | 쌀다[1] | |
| 싸-다듬이 | 사다듬이 | |
| 싸다듬이-하다 | 사다듬이하다 | |
| 싸-대다 | 싸대이다 | |
| 싸라기 | 싸래기 | 표9 |
| 싸라기-눈 | 싸래기눈 | 표9 |
| 싸라기-밥 | 싸래기밥 | 표9 |
| 싸랭 | 사랭 | |
| 싸부랑-거리다 | 쌔부랑거리다 | |
| 싸부랑-대다 | 쌔부랑대다 | |
| 싸부랑-싸부랑 | 쌔부랑쌔부랑 | |
| 싸부랑싸부랑-하다 | 쌔부랑쌔부랑하다 | |
| 싸움-꾼 | 싸움군 | 맞54 |
| 싸움-짓거리 | 싸움지거리 | |

| 《표대》 | 《조대》 | 관련 조항 |
|---|---|---|
| 싸움짓거리-하다 | 싸움지거리하다 | |
| 싸-이다[1] | 쌔이다 | 표9 |
| 싹둑 | 싹독 | |
| 싹둑-거리다 | 싹독거리다 | |
| 싹둑-대다 | 싹독대다 | |
| 싹둑-싹둑 | 싹독싹독 | |
| 싹둑싹둑-하다 | 싹독싹독하다 | |
| 싹-틔우기 | 싹틔기 | |
| 쌀-골집 | 살골집 | |
| 쌈-꾼 | 쌈군 | 맞54 |
| 쌈-닭 | 싸움닭 | 표16 |
| 쌈-배 | 싸움배 | 표16 |
| 쌈짓-거리 | 쌈지거리 | |
| 쌈짓거리-하다 | 쌈지거리하다 | |
| 쌍동-딸 (雙童-) | 쌍둥딸 | |
| 쌍동-밤 (雙童-) | 쌍둥밤 | |
| 쌍동-아들 (雙童--) | 쌍둥아들 | |
| 쌍-둥이 (雙--) | 쌍동이 (雙童-) | |
| 쌍-디귿 (雙--) | 쌍디읃 | 맞4 |
| 쌍-망이 (雙--) | 쌍맹이 | |
| 쌍-붙임 (雙--) | 쌍붙이 | |
| 쌍-붙임 (雙--) | 쌍붙이기 | |
| 쌍사 (雙絲) | 상사[1] | |
| 쌍사-밀이 (雙絲--) | 상사밀이 | |
| 쌍-시옷 (雙--) | 쌍시읏 | 맞4 |
| 쌍열-박이 (雙---) | 쌍알배기 | 표9 |
| 쌍-지팡이 (雙---) | 쌍지팽이 | 표9 |
| 쌔근덕 | 쌔근닥 | |
| 쌔근덕-거리다 | 쌔근닥거리다 | |
| 쌔근덕-대다 | 쌔근닥대다 | |
| 쌔근덕-쌔근덕 | 쌔근닥쌔근닥 | |
| 쌔근덕쌔근덕-하다 | 쌔근닥쌔근닥하다 | |
| 쌔다[2] | 싸이다 | 표16 |
| 쌕쌕-이 | 쌕쌔기 | 맞23 |
| 쌜그러-트리다 | 쌜그러뜨리다 | |
| 쌩이-질 | 씨양이질 | 표16 |
| 쌩이질-하다 | 씨양이질하다 | 표16 |
| 써레[2] | 쓰레[2] | |
| 써레-꾼 | 써레군 | 맞54 |

| 《표대》 | 《조대》 | 관련 조항 |
|---|---|---|
| 써레질-꾼 | 써레질군 | 맞54 |
| 써리다[1] | 썰다 | 표16 |
| 썩-버력 | 썩버럭 | |
| 쏟-뜨리다 | 쏟아뜨리다 | |
| 쏟-트리다 | 쏟뜨리다 | |
| 쏠라닥-질 | 쏠락질 | 표15 |
| 쏠라닥질-하다 | 쏠락질하다 | 표15 |
| 쐬다[2] | 쏘이다[2] | 표16 |
| 쑥-대강이 | 쑥대강 | |
| 쑥-부쟁이 | 쑥부장이 | |
| 쑥스레 | 쑥스러이 | 표14 |
| 쑬-하다 | 쑬쑬하다 | 표16 |
| 쓰러-트리다 | 쓰러뜨리다 | |
| 쓰레기-꾼 | 쓰레기군 | 맞54 |
| 쓰임-새 | 씀새 | |
| 쓸까스르다 | 시까스르다 | |
| 쓸까스르다 | 씨까스르다 | |
| 쓸까슬다 | 시까슬다 | |
| 씀벅 | 썸벅[2] | |
| 씀벅-거리다 | 썸벅거리다[2] | |
| 씀벅-대다 | 썸벅대다[2] | |
| 씀벅-씀벅 | 썸벅썸벅[2] | |
| 씀벅씀벅-하다 | 썸벅썸벅하다 | |
| 씀벅-이다 | 썸벅이다[2] | |
| 씀벅-하다 | 썸벅하다 | |
| 씀뻑 | 썸뻑[2] | |
| 씀뻑-거리다 | 썸뻑거리다[2] | |
| 씀뻑-대다 | 썸뻑대다[2] | |
| 씀뻑-씀뻑 | 썸뻑썸뻑[2] | |
| 씀뻑씀뻑-하다 | 썸뻑썸뻑하다 | |
| 씀뻑-이다 | 썸뻑이다[2] | |
| 씀뻑-하다 | 썸뻑하다 | |
| 쐬다[3] | 쏘이다[2] | 표16 |
| 씌다[5] | 씌우다[2] | 표16 |
| 씨름-꾼 | 씨름군 | 맞54 |
| 씨불-거리다 | 씨벌거리다 | |
| 씨불-대다 | 씨벌대다 | |
| 씨불-씨불 | 씨벌씨벌 | |
| 씨불씨불-하다 | 씨벌씨벌하다 | |

기타

| 《표대》 | 《조대》 | 관련 조항 |
|---|---|---|
| 씨불-이다 | 씨벌이다 | |
| 씨-수퇘지 | 씨수돼지 | 맞31 |
| 씨-암탉 | 씨암닭 | 맞31 |
| 씨암탉-걸음 | 씨암닭걸음 | 맞31 |
| 씨-암퇘지 | 씨암돼지 | 맞31 |
| 씩둑-꺽둑 | 씩둑깍둑 | |
| 씩둑꺽둑-하다 | 씩둑깍둑하다 | |
| 씰그러-지다 | 씨그러지다 | |
| 씰그러-트리다 | 씰그러뜨리다 | |
| 씻김[1] | 씻기움 | |
| 아가리 | 아구리[1] | |
| 아감-딱지 | 아가미딱지 | 표14 |
| 아귀[1] | 아구[2] | |
| 아기[1] | 애기[1] | 표9 |
| 아기-누에 | 애기누에 | 표9 |
| 아기-동지 (--冬至) | 애기동지 | 표9 |
| 아기-별 | 애기별 | 표9 |
| 아기-살 | 애기살 | 표9 |
| 아기-씨[1] | 애기씨 | 표9 |
| 아기-씨름 | 애기씨름 | 표9 |
| 아기-자기 | 아깃자깃 | |
| 아기자기-하다 | 아깃자깃하다 | |
| 아기작-거리다[2] | 아귀작거리다 | |
| 아기작-대다[2] | 아귀작대다 | |
| 아기작-아기작[2] | 아귀작아귀작 | |
| 아기작아기작-하다[2] | 아귀작아귀작하다 | |
| 아기-잠 | 애기잠 | 표9 |
| 아기-집 | 애기집 | 표9 |
| 아기-차 (--車) | 애기차 | 표9 |
| 아기-태 (--太) | 애기태 (-太) | 표9 |
| 아기-패[1] (--牌) | 애기패 | 표9 |
| 아까워-하다 | 아까와하다 | 맞18 |
| 아깝다 | 아까웁다 | |
| 아내[1] | 안해[1] | |
| 아따[1] | 이따[2] | |
| 아래[1] | 알[2] | 표15 |
| 아래-뻘 | 아래벌[2] | |
| 아래-위 | 아래우 | 표12 |
| 아래위-턱 | 아래웃턱 | 표12 |

| 《표대》 | 《조대》 | 관련 조항 |
|---|---|---|
| 아래윗-간 (---間) | 아래웃간 | 표12 |
| 아래윗-니 | 아래웃이 | 맞27, 표12 |
| 아래윗-막이 | 아래웃막이 | 표12 |
| 아래윗-벌 | 아래웃벌 | 표12 |
| 아래윗-집 | 아래웃집 | 표12 |
| 아름[1] | 아람[1] | |
| 아름-드리 | 아람드리 | |
| 아름드리-나무 | 아람드리나무 | |
| 아름-차다 | 아람차다 | |
| 아리땁다 | 아릿답다 | |
| 아무렇다 | 아뭏다 | 표15 |
| 아무려나 | 아무러나 | |
| 아무려면 | 아무러면 | |
| 아무튼 | 아무렇든 | 표14 |
| 아무튼지 | 아무렇든지 | 표14 |
| 아비[1] | 애비[1] | 표9 |
| 아수룩-하다 | 아수록하다 | |
| 아옹[1] | 아웅 | |
| 아옹-거리다[1] | 아웅거리다[1] | |
| 아옹-거리다[2] | 아웅거리다[2] | |
| 아옹-다옹 | 아옹당 | 표15 |
| 아옹-다옹 | 아웅다웅 | |
| 아옹다옹-하다 | 아웅다웅하다 | |
| 아옹-대다[1] | 아웅대다[1] | |
| 아옹-대다[2] | 아웅대다[2] | |
| 아옹-아옹[1] | 아웅아웅 | |
| 아옹아옹-하다[1] | 아웅아웅하다 | |
| 아옹-하다 | 아웅하다 | |
| 아유[1] | 아이유 | |
| 아이고 | 아이구 | |
| 아이고-머니 | 아이구머니 | |
| 아이-아비 | 아이애비 | 표9 |
| 아이-어미 | 아이에미 | 표9 |
| 아이코 | 아이쿠 | |
| 아첨-꾼 (阿諂-) | 아첨군 | 맞54 |
| 아츠-조금 | 아치조금 | |
| 아침-놀 | 아침노을[1] | 표16 |
| 아홉줄-고누 | 아홉줄꼬니 | |
| 악-머구리 | 악마구리 | |

기타

| 《표대》 | 《조대》 | 관련 조항 |
|---|---|---|
| 악-물다 | 억물다 | |
| 악-물다 | 옥물다 | |
| 악물-리다 | 억물리다 | |
| 악물-리다 | 옥물리다 | |
| 악-바리 | 악발이 | |
| 악착-빼기 (齷齪--) | 악착배기 (齷齪-) | 맞54 |
| 악-패듯 | 악파듯 | |
| 악폐 (惡弊) | 악페 (惡弊) | 맞8 |
| 안-간힘 | 안깐힘 | |
| 안다미 | 안담 (按擔) | |
| 안-뒤꼍 | 안뒤곁 | 맞27 |
| 안쓰럽다 | 안스럽다 | |
| 안올린-벙거지 | 안올림벙거지 | |
| 안전-판 (安全瓣) | 안전변 (安全辨) | |
| 안짱-걸음 | 안장걸음 | 맞21 |
| 안짱-다리 | 안장다리 | 맞21 |
| 안-찝 | 안집[2] | 맞27 |
| 안폐 (眼廢) | 안페 (眼廢) | 맞8 |
| 안폐-하다 (眼廢--) | 안페하다 (眼廢-) | 맞8 |
| 앉은-헤엄 | 앉은헤염 | |
| 알락-우럭 | 알락우레기 | |
| 알력 (軋轢) | 알륵 (軋轢) | 맞52 |
| 알로기 | 알루기 | |
| 알록-달록 | 알룩달룩 | |
| 알록달록-하다 | 알룩달룩하다 | |
| 알록-알록 | 알룩알룩 | |
| 알록알록-하다 | 알룩알룩하다 | |
| 앍둑-빼기 | 앍둑배기 | 맞54 |
| 앍작-빼기 | 앍작배기 | 맞54 |
| 앍족-빼기 | 앍족배기 | 맞54 |
| 앍족-빼기 | 앍죽배기 | 맞54 |
| 앎 | 알음 | |
| 암-고양이 | 암괭이 | 표15 |
| 암-구렁이 | 암구렝이 | 표9 |
| 암캉아지 | 암강아지 | 맞31 |
| 암캐 | 암개 | 맞31 |
| 암크렁 | 암그렁 | 맞31 |
| 암키와 | 암기와 | 맞31 |
| 암탉 | 암닭 | 맞31 |

| 《표대》 | 《조대》 | 관련 조항 |
|---|---|---|
| 암탉-걸음 | 암닭걸음 | 맞31 |
| 암톨쩌귀 | 암돌쩌귀 | 맞31 |
| 암퇘지 | 암돼지 | 맞31 |
| 암튼 | 아무튼 | 표16 |
| 암평아리 | 암병아리 | 맞31 |
| 압법 (罨法) | 엄법[2] (罨法) | 맞52 |
| 앙부-일귀 (仰釜日晷) | 앙부일구 (仰釜日晷) | 맞52 |
| 앙앙-거리다 | 앙거리다 | 표15 |
| 앙토-장이 (仰土--) | 앙토쟁이 | 표9 |
| 앞-가르마 | 앞가리마 | |
| 앞-니 | 앞이 | 맞27 |
| 앞메-꾼 | 앞메군 | 맞54 |
| 앞-정강이 | 앞정갱이 | 표9 |
| 애걔 | 애개 | |
| 애걔걔 | 애개개 | |
| 애고[1] | 애구[3] | |
| 애고머니 | 애구머니 | |
| 애고머니 | 애그머니 | |
| 애기[7] (噫氣) | 희기[2] (噫氣) | 맞52 |
| 애기-거머리말 | 애기거마리말 | |
| 애-꽂다 | 애꾸지다 | |
| 애-놈 | 아이놈 | 표16 |
| 애달프다 | 애닯다 | 표15 |
| 애매-하다[1] | 애무하다 | |
| 애-새끼 | 아새끼 | |
| 애-송이 | 애숭이 | |
| 애송이-판 | 애숭이판 | |
| 애-아범 | 아이아범 | 표16 |
| 애-아비 | 애애비 | 표9 |
| 애-어멈 | 아이어멈 | 표16 |
| 애-어미 | 아에미 | 표9 |
| 애-어미 | 애에미 | 표9 |
| 애유 (嗌乳) | 익유 (嗌乳) | 맞52 |
| 액사 (縊死) | 애사[3] (縊死) | 맞52 |
| 액사-하다 (縊死--) | 애사하다 (縊死-) | 맞52 |
| 액살[1] (縊殺) | 애살 (縊殺) | 맞52 |
| 액살-하다 (縊殺--) | 애살하다 (縊殺-) | 맞52 |
| 앰 | 애매 | 표16 |
| 앰-하다 | 애매하다[1] | 표16 |

| 《표대》 | 《조대》 | 관련 조항 |
|---|---|---|
| 앳-되다 | 애되다 | |
| 앵두-화 (--花) | 앵도화 | |
| 야경-꾼 (夜警-) | 야경군 (夜警-) | 맞54 |
| 야멸-치다 | 야멸차다 | |
| 야바위-꾼 | 야바위군 | 맞54 |
| 야불폐문 (夜不閉門) | 야불폐문 (夜不閉門) | 맞8 |
| 야산[2] (野蒜) | 야선 (野蒜) | 맞52 |
| 야살-꾼 | 야살군 | 맞54 |
| 야시-꾼 (夜市-) | 야시군 (夜市-) | 맞54 |
| 야시장-꾼 (夜市場-) | 야시장군 | 맞54 |
| 야장-장이 (冶匠--) | 야장쟁이 | 표9 |
| 약-둥이 | 약동이 | |
| 약물-꾼 (藥--) | 약물군 | 맞54 |
| 약-빠르다 | 악바르다 | |
| 약-빠르다 | 약바르다 | |
| 약빠리 | 약발이 | 맞19 |
| 약빨리 | 악발리 | |
| 약삭-빠르다 | 약삭바르다 | |
| 약삭빨리 | 약삭발리 | |
| 약-시시 (藥--) | 약시세 | |
| 얄따랗다 | 얇다랗다 | 맞21 |
| 얄쭉스름-하다 | 얄죽스름하다 | 맞21 |
| 얄쭉스름-히 | 얄죽스름히 | 맞21 |
| 얄찍-얄찍 | 얄직얄직 | 맞21 |
| 얄찍얄찍-하다 | 얄직얄직하다 | 맞21 |
| 얄찍-하다 | 얄직하다 | 맞21 |
| 얌심 | 양심[2] | |
| 얌전-하다 | 얌젆다 | 표15 |
| 양몌 (揚袂) | 양메 (楊袂) | 맞8 |
| 양몌-하다 (揚袂--) | 양메하다 (楊袂-) | 맞8 |
| 양몰이-꾼 (羊---) | 양몰이군 | 맞54 |
| 양-벛 (洋-) | 양벗 | |
| 양복-장이 (洋服--) | 양복쟁이 | 표9 |
| 양지-쪽 (陽地-) | 양지짝 | |
| 얘기-꽃 | 이야기꽃 | 표16 |
| 얘기-되다 | 이야기되다 | 표16 |
| 얘기-쟁이 | 이야기쟁이 | 표16 |
| 얘기-책 (--冊) | 이야기책 | 표16 |
| 얘기-판 | 이야기판 | 표16 |

| 《표대》 | 《조대》 | 관련 조항 |
|---|---|---|
| 얘기-하다 | 이야기하다 | 표16 |
| 어구머니 | 어구마니 | |
| 어귀[1] | 어구[1] | |
| 어그러-트리다 | 어그러뜨리다 | |
| 어금-니 | 어금이 | 맞27 |
| 어기적-거리다[2] | 어귀적거리다 | |
| 어기적-대다[2] | 어귀적대다 | |
| 어기적-어기적[2] | 어귀적어귀적 | |
| 어기적어기적-하다[2] | 어귀적어귀적하다 | |
| 어깨-놀이 | 어깨노리 | 맞19 |
| 어두침침-하다 | 어둑침침하다 | |
| 어두컴컴 | 어두캄캄 | |
| 어두컴컴-하다 | 어두캄캄하다 | |
| 어득-어득 | 아득아득 | |
| 어득어득-하다 | 아득아득하다 | |
| 어득어득-하다 | 아득아득하다 | |
| 어득-하다 | 아득하다 | |
| 어득-히[1] | 아득히 | |
| 어디[1] | 어대[3] | |
| 어랑태 | 어령태 | |
| 어럽쇼 | 어렵쇼 | |
| 어렝이[1] | 어렁이 | |
| 어렴풋-이 | 얼풋이 | 표15 |
| 어렴풋-하다 | 얼풋하다 | 표15 |
| 어루-더듬다 | 얼더듬다 | 표15 |
| 어름-꾼 | 어름군 | 맞54 |
| 어름치[1] | 어르무치 | |
| 어리-대다 | 어르대다 | |
| 어리벙벙-하다 | 어리벙하다 | 표15 |
| 어리벙벙-하다 | 얼벙벙하다 | 표15 |
| 어리-보기 | 어리배기 | |
| 어리뻥뻥-하다 | 어리뻥하다 | 표15 |
| 어릿-광대 | 어리광대 | |
| 어릿광대-짓 | 어리광대짓 | |
| 어미[1] | 에미 | 표9 |
| 어복-쟁반 (--錚盤) | 어북쟁반[1] | |
| 어부바 | 업바 | |
| 어빡-자빡 | 어빡지빡 | |
| 어빡자빡-하다 | 어빡지빡하다 | |

| 《표대》 | 《조대》 | 관련 조항 |
|---|---|---|
| 어설프다 | 어설피다 | |
| 어스름-하다 | 어스렴하다 | |
| 어스름-히 | 어스렴히 | |
| 어슬렁-거리다 | 어실렁거리다 | |
| 어슬렁-거리다 | 으슬렁거리다 | |
| 어슬렁-거리다 | 으시렁거리다 | |
| 어슬렁-거리다 | 으실렁거리다 | |
| 어슬렁-대다 | 어실렁대다 | |
| 어슬렁-대다 | 으슬렁대다 | |
| 어슬렁-대다 | 으시렁대다 | |
| 어슬렁-대다 | 으실렁대다 | |
| 어슬렁-어슬렁 | 어실렁어실렁 | |
| 어슬렁-어슬렁 | 으슬렁으슬렁 | |
| 어슬렁-어슬렁 | 으시렁으시렁 | |
| 어슬렁-어슬렁 | 으실렁으실렁 | |
| 어슬렁어슬렁-하다 | 어실렁어실렁하다 | |
| 어슬렁어슬렁-하다 | 으슬렁으슬렁하다 | |
| 어슬렁어슬렁-하다 | 으시렁으시렁하다 | |
| 어슬-어슬[1] | 어슥어슥 | |
| 어슬-어슬[2] | 어실어실[1] | |
| 어슬어슬-하다[1] | 어슥어슥하다 | |
| 어슬어슬-하다[2] | 어실어실하다 | |
| 어슬-하다 | 어슬다 | |
| 어슷-비슷 | 어슥비슥[2] | |
| 어슷비슷-하다 | 어슥비슥하다 | |
| 어슷-하다 | 어슥하다 | |
| 어여-머리 | 에머리 | |
| 어연번듯-하다 | 어여번듯하다 | |
| 어우러-지다 | 얼러지다 | |
| 어우르다 | 어울다 | |
| 어우르다 | 얼다[2] | |
| 어울리다 | 얼레다 | |
| 어음[1] | 엄[1] | 표15 |
| 어이구 | 에이구 | |
| 어이구-머니 | 에이구머니 | |
| 어이-며느리 | 에며느리 | 표15 |
| 어정-잡이 | 어정재비 | 맞19, 표9 |
| 어지간-하다 | 으시간하다 | |
| 어지러-트리다 | 어지러뜨리다 | |

| 《표대》 | 《조대》 | 관련 조항 |
|---|---|---|
| 어**지**-**빠**르다 | 어**짓바**르다 | 맞27 |
| 어쩌**고**-저쩌**고** | 어쩌**구**저쩌**구** | |
| 어쩌**고**저쩌**고**-하다 | 어쩌**구**저쩌**구**하다 | |
| 어**쩌**다[1] | 어**째**다 | |
| 어**쩌**다[1] | 어**찌**다[1] | |
| 어**쩌**다[2] | 어**찌**다[2] | |
| 어**폐** (語弊) | 어**페** (語弊) | 맞8 |
| 어-**폐**물 (魚廢物) | 어**페**물 (魚廢物) | 맞8 |
| 어허**라**-달구야 | 어허**리**달구야 | |
| 어**험**[1] | 어**흠** | |
| **어**험[1] | **으**험 | |
| **억**지[1] | **어거**지 | |
| 억지-**꾼** | 억지**군** | 맞54 |
| 억**지**-다짐 | 억다짐 | 표15 |
| 억척-**빼**기 | 억척**배**기 | 맞54 |
| 억**패**-듯 | 억**파**듯 | |
| 언덕-**바지** | 언덕**받이** | 맞19 |
| 언**뜻** | 언**뜩** | |
| 언**뜻**-언**뜻** | 언**뜩**언**뜩** | |
| **언**치[2] | **어**치[1] | |
| 얼개화-**꾼** (-開化-) | 얼개화**군** | 맞54 |
| **얼**기-설기 | **설**기설기 | |
| 얼**러기** | 얼**럭이** | 맞23 |
| 얼**루기**[1] | 얼**룩이** | 맞23 |
| 얼룩-**빼**기 | 얼룩**배**기 | 맞54 |
| 얼-버**무리**다 | 얼버**물**다 | 표15 |
| 얼-**버무리**다 | 얼**범**다 | 표15 |
| 얼 붙다 | 얼**어**붙다 | |
| **얼**-비치다 | **울**비치다 | |
| 얼크러-**트**리다 | 얼크러**뜨**리다 | |
| 얽둑-**빼**기 | 얽둑**배**기 | 맞54 |
| 엄-**니**[1] | 엄**이**[1] | 맞27 |
| 엄**범**부렁-하다 | 엄**벙**부렁하다 | |
| **엄**전 | **음**전[1] | |
| **엄**전-하다 | **음**전하다 | |
| 엄**폐** (掩蔽) | 엄**페** (掩蔽) | 맞8 |
| 엄**폐**-되다 (掩蔽--) | 엄**페**되다 (掩蔽-) | 맞8 |
| 엄**폐**-물 (掩蔽物) | 엄**페**물 (掩蔽物) | 맞8 |
| 엄**폐**-하다 (掩蔽--) | 엄**페**하다 (掩蔽-) | 맞8 |

기타

| 《표대》 | 《조대》 | 관련 조항 |
|---|---|---|
| 엄폐-호 (掩蔽壕) | 엄페호 (掩蔽壕) | 맞8 |
| 업-구렁이 | 업구렝이 | 표9 |
| 업-둥이 | 업동이 (業童-) | |
| 엇-부루기 | 엇부룩이 | 맞20 |
| 엇비슥-하다 | 엇비슴하다 | |
| 엉거-벌리다 | 엉거벌이다 | |
| 엉거주춤-히 | 엉거주춤이 | 맞51 |
| 엉금 | 엉그름 | 표16 |
| 엉덩이 | 엉뎅이 | 표9 |
| 엉덩이-끈 | 엉뎅이끈 | 표9 |
| 엉덩이-춤 | 엉뎅이춤 | 표9 |
| 엉클어-트리다 | 엉클어뜨리다 | |
| 엎드러-트리다 | 엎드러뜨리다 | |
| 엎어-트리다 | 엎어뜨리다 | |
| 에구머니 | 에그마나 | |
| 에구머니 | 에그머니 | |
| 에다[1] | 어이다 | 표14 |
| 에다[1] | 에우다[2] | |
| 에다[1] | 에이다[1] | |
| 에도-껍정이 | 애도껍정이 | |
| 에-돌다 | 예돌다 | |
| 에멜무지-로 | 에멀무지로 | |
| 에부수수 | 메부수수 | |
| 에부수수-하다 | 메부수수하다 | |
| 에여라차 | 에야라차 | |
| 에우다[1] | 에다[2] | 표15 |
| 에취 | 엑취 | |
| 에쿠 | 애쿠 | |
| 에쿠 | 얘쿠 | |
| 에크[1] | 에이크 | |
| 에헤야 | 에헤요 | |
| 엔간찮다 | 웬간찮다 | |
| 엔간-하다 | 웬간하다 | |
| 엔간-히 | 웬간히 | |
| 여견심폐 (如見心肺) | 여견심페 (如見心肺) | 맞8 |
| 여견폐간 (如見肺肝) | 여견페간 (如見肺肝) | 맞8 |
| 여견폐간-하다 (如見肺肝--) | 여견페간하다 (如見肺肝-) | 맞8 |
| 여기[1] | 여[4] | 표15 |
| 여남[1] | 여람 | 맞27 |

| 《표대》 | 《조대》 | 관련 조항 |
|---|---|---|
| 여남은 | 여라문 | 맞27 |
| 여남은-째 | 여라문째 | 맞27 |
| 여남-째 | 여람째 | 맞27 |
| 여리-꾼 | 여리군 | 맞54 |
| 여리다 | 예리다 | 표9 |
| 여물-간 (--間) | 여물칸 | |
| 여반 (糲飯) | 려반 (糲飯) | 맞52 |
| 여-봅시오 | 여봅쇼 | |
| 여봐란-듯이 | 여봐라는듯이 | 표14 |
| 여의다 | 예우다 | |
| 여탈폐사 (如脫弊屣) | 여탈페사 (如脫弊屣) | 맞8 |
| 여탈폐사-하다 (如脫弊屣--) | 여탈페사하다 (如脫弊屣-) | 맞8 |
| 여폐 (餘弊) | 여페 (餘弊) | 맞8 |
| 역-빠르다 | 역바르다 | |
| 역성[1] | 역[4] | 표15 |
| 역지-판 (逆止瓣) | 역지변 (逆止-) | |
| 연-거푸 (連--) | 연거퍼 | |
| 연-놈 | 년놈 | |
| 연동[4] (蠕動) | 윤동 (蠕動) | 맞52 |
| 연동^운동 (蠕動運動) | 윤동운동 | 맞52 |
| 연동-하다[2] (蠕動--) | 윤동하다 (蠕動-) | 맞52 |
| 연름-보폐 (捐廩補弊) | 연름보페 (捐廩補弊) | 맞8 |
| 연준-모치 | 연지모치 | |
| 열갈 (熱喝) | 열할 (熱喝) | 맞52 |
| 열릅 | 여릅 | |
| 열목어 (熱目魚) | 열묵어 | |
| 열목-이 (熱目-) | 열무기[1] | 맞20 |
| 열목-카래 | 열목가래 | 맞31 |
| 열쌔다 | 열싸다 | |
| 열쭝이 | 열중이 | 맞5 |
| 염알이-꾼 (廉---) | 여마리군 | 맞27, 맞54 |
| 염향 (拈香) | 점향 (拈香) | 맞52 |
| 염향-하다 (拈香--) | 점향하다 (拈香-) | 맞52 |
| 엽-궐련 (葉卷▼煙▼) | 엽권연 (葉卷煙) | 맞52 |
| 엽쇼 | 여보시오 | 표16 |
| 엿-기름 | 엿길금 | |
| 엿기름-가루 | 엿길금가루 | |
| 엿기름-물 | 엿길금물 | |
| 영락-없다 (零落--) | 영낙없다 | |

기타

| 《표대》 | 《조대》 | 관련 조항 |
|---|---|---|
| 영락없-이 (零落--) | 영낙없이 | |
| 영아자 | 염아자 | |
| 영-장이 | 영쟁이 | 표9 |
| 영폐 (永廢) | 영페 (永廢) | 맞8 |
| 영폐-하다 (永廢--) | 영페하다 (永廢-) | 맞8 |
| 옆-댕이 | 옆대기 | |
| 예[6] | 녜 | |
| 예도-옛날 | 예두옛날 | |
| 예쁘다 | 이쁘다 | |
| 예쁘디-예쁘다 | 이쁘디이쁘다 | |
| 예쁘장-스럽다 | 이쁘장스럽다 | |
| 예쁘장스레 | 이쁘장스레 | |
| 예쁘장-하다 | 어여쁘장하다 | |
| 예쁘장-하다 | 이쁘장하다 | |
| 예수-꾼 (←Jesus-) | 예수군 | 맞54 |
| 예수-남은 | 예수나문 | 맞27 |
| 예-스럽다 | 옛스럽다 | |
| 예스레 | 옛스러이 | 표14 |
| 였네 | 엿네 | |
| 였다 | 었다 | |
| 였다 | 엿다[2] | |
| 였다 | 엿다[1] | |
| 였소 | 었소 | |
| 였소 | 엿소 | |
| 였습니다 | 엿습니다 | |
| -오[19] | -요[1] | |
| 오거-서 (五車書) | 오차서 (五車書) | 맞52 |
| 오-고초장 (熬苦草醬) | 오고추장 | |
| 오구[1] | 오쿠 | |
| 오구[3] | 오귀 (惡鬼) | |
| 오그라-지다 | 오그러지다 | |
| 오그라-트리다 | 오그라뜨리다 | |
| 오그랑-이 | 오그랭이 | 표9 |
| 오글-거리다[1] | 오골거리다 | |
| 오글-거리다[2] | 오골거리다 | |
| 오글-대다[1] | 오골대다 | |
| 오글-대다[2] | 오골대다 | |
| 오글-보글 | 오골보골 | |
| 오글보글-하다 | 오골보골하다 | |

| 《표대》 | 《조대》 | 관련 조항 |
|---|---|---|
| 오글-오글[1] | 오골오골[1] | |
| 오글-오글[2] | 오골오골[1] | |
| 오글-오글[3] | 오골오골[2] | |
| 오글오글-하다[1] | 오골오골하다 | |
| 오글오글-하다[2] | 오골오골하다 | |
| 오글오글-하다[3] | 오골오골하다 | |
| 오글-쪼글 | 오골쪼골 | |
| 오글쪼글-하다 | 오골쪼골하다 | |
| 오달-지다[2] | 오돌지다 | |
| 오두-방정 | 오도방정 | |
| 오들-거리다 | 오돌거리다 | |
| 오들-대다 | 오돌대다 | |
| 오들-오들[1] | 오돌오돌[2] | |
| 오들오들-하다[1] | 오돌오돌하다 | |
| 오뚝 | 오똑 | |
| 오뚝-오뚝 | 오똑오똑 | |
| 오뚝-이[1] | 오또기 | 맞23 |
| 오뚝-이[2] | 오똑이 | |
| 오라기 | 오래기 | 표9 |
| 오라비 | 오래비 | 표9 |
| 오래다 | 오라다 | |
| 오류[3] (誤謬) | 오유[1] (誤謬) | 맞52 |
| 오류^수정 (誤謬修正) | 오유수정 (誤謬修正) | 맞52 |
| 오류^정정^부호 (誤謬訂正符號) | 오유정정부호 | 맞52 |
| 오르내리-창 (----窓) | 오르내림창 (-窓) | |
| 오름-세 (--勢) | 오름새 | |
| 오림-장이 | 오림쟁이 | 표9 |
| 오맞이-꾼 (五---) | 오맞이군 | 맞54 |
| 오무래미 | 오무라미 | |
| 오므라-들다 | 오무라들다 | |
| 오므라-들다 | 오무러들다 | |
| 오므라-뜨리다 | 오무라뜨리다 | |
| 오므라-뜨리다 | 오무러뜨리다 | |
| 오므라-지다 | 오무라지다 | |
| 오므라-지다 | 오무러지다 | |
| 오므라-지다 | 호무라지다 | |
| 오므라-트리다 | 오무라뜨리다 | |
| 오므리다 | 오무리다 | |
| 오보록-이 | 오보록히 | 맞51 |

| 《표대》 | 《조대》 | 관련 조항 |
|---|---|---|
| 오순-도순 | 오손도손 | |
| 오스스 | 오소소[2] | |
| 오스스-하다 | 오소소하다 | |
| 오죽-하다 | 오죽다 | |
| 오지끈-똑딱 | 오지끈뚝딱 | |
| 오지끈똑딱-하다 | 오지끈뚝딱하다 | |
| 옥-니[1] | 옥이[1] | 맞27 |
| 옥-니[2] (玉-) | 옥이[2] (玉-) | 맞27 |
| 옥니-박이 | 옥이박이 | 맞27 |
| 옥-돔 (玉-) | 옥도미 | 표14 |
| 옥자-둥이 (玉子--) | 옥자동이 | |
| 옥-장이 (玉--) | 옥쟁이 | 표9 |
| 온-갖 | 온가지 | 표14 |
| 올-꺽정이 | 울꺽정이 | |
| 올려-붙이다 | 올리붙이다 | |
| 올림-머리 | 올린머리 | |
| 올-무[2] | 올무우 | 표14 |
| 올-바로 | 옳바로 | 맞27 |
| 올-바르다 | 옳바르다 | 맞27 |
| 올-벚나무 | 올벗나무 | |
| 옭아 | 오라[2] | |
| 옴츠러-트리다 | 옴츠러뜨리다 | |
| 옴큼 | 옹큼 | |
| 옴팡[2] | 옴팍 | |
| 옴팡-눈 | 옴팍눈 | |
| 옴팡눈-이 | 옴팍눈이 | |
| 옴팡-하다 | 옴팍하다 | |
| 옹골-차다 | 공골차다 | |
| 옹골-차다 | 옹굴차다 | |
| 옹기-옹기 | 옹개옹개 | |
| 옹기옹기-하다 | 옹개옹개하다 | |
| 옹기-장이 (甕器--) | 옹기쟁이 | 표9 |
| 옹기-종기 | 옹개종개 | |
| 옹기종기-하다 | 옹개종개하다 | |
| 옹알-이 | 옹아리 | 맞23 |
| 옹이-박이 | 옹이백이 | 표9 |
| 옹폐[1] (壅蔽) | 옹페 (壅蔽) | 맞8 |
| 옹폐-하다[1] (壅蔽--) | 옹페하다 (壅蔽-) | 맞8 |
| 왁살스레 | 왁살스러이 | 표14 |

| 《표대》 | 《조대》 | 관련 조항 |
|---|---|---|
| 왁자그르**르** | 왁자그르 | 표15 |
| 왁자그르**르**-하다 | 왁자그르하다 | 표15 |
| 왈카닥-**달카닥** | 왈카닥**덜커덕** | |
| 왈카닥**달카닥**-하다 | 왈카닥**덜커덕**하다 | |
| 왈칵-**달칵** | 왈칵**덜컥** | |
| 왈칵**달칵**-하다 | 왈칵**덜컥**하다 | |
| 왕-거**머**리말 (王----) | 왕거**마**리말 | |
| 왕-**땡** (王-) | 왕**땅** | |
| **왜**곡[1] (歪曲) | **외**곡[1] (歪曲) | 맞52 |
| **왜**곡-되다 (歪曲--) | **외**곡되다 (歪曲-) | 맞52 |
| **왜**곡-하다[1] (歪曲--) | **외**곡하다 (歪曲-) | 맞52 |
| **왝-왝**[1] | **액액** | |
| **왝왝**-하다[1] | **액액**하다 | |
| 왱**강**-쟁**강** | 왱**가당**쟁**가당** | 표14 |
| 왱**강**쟁**강**-하다 | 왱**가당**쟁**가당**하다 | 표14 |
| 왱**댕** | 왱**뎅** | |
| 왱**댕그랑** | 왱**뎅그렁** | |
| 왱**댕그랑**-하다 | 왱**뎅그렁**하다 | |
| 왱**댕그랑**-하다 | 왱**뎅그렁**하다 | |
| 왱**댕**-하다 | 왱**뎅**하다 | |
| 왱**댕**-하다 | 왱**뎅**하다 | |
| **외**-나물[1] | **오이**나물 | 표16 |
| 외눈-**박이** | 외눈**배기** | 표9 |
| -**외**다[5] | -**웨**다 | |
| 외대-**박이** | 외대**배기** | 표9 |
| 외-**돌**토리 | 외**도**토리 | |
| 외-**둥**이 | 외**동**이 | |
| 외-**딸**다 | 외**따르**다 | |
| **외**-소박이 | **오이**소박이 | 표16 |
| 외-손**뼉** | 외손**벽** | 맞27 |
| 외-손**자** (外孫子) | 외손**주** | |
| 외알-**박이** | 외알**배기** | 표9 |
| 외**어**-서다 | 외**여**서다 | 맞16 |
| 외**어**-앉다 | 외**여**앉다 | 맞16 |
| 외줄-**빼**기 | 외줄**배**기 | 맞54 |
| 외**쪽**-생각 | 외**짝**생각 | |
| **외**치다[1] | **웨**치다 | |
| **외**침[1] | **웨**침 | |
| 외톨-**박이** | 외톨**배기** | 표9 |

기
타

| 《표대》 | 《조대》 | 관련 조항 |
|---|---|---|
| 외-톨이 | 외토리 | 맞20 |
| 외-할아비 (外---) | 외할애비 | 표9 |
| 왹-질 | 외욕질 | 표16 |
| 왹질-하다 | 외욕질하다 | 표16 |
| 요-거[1] | 요고[2] | |
| 요-깟 | 요까짓 | 표16 |
| 요러다 | 요리다 | |
| 요러요러다 | 요리요리다 | |
| 요러조러다 | 요리조리다 | |
| 요러-하다 | 요래다[2] | |
| 요리-하다[1] | 요래다[1] | |
| 요사-꾼 (妖邪-) | 요사군 | 맞54 |
| 요여-꾼 (腰輿-) | 요여군 | 맞54 |
| 용고뚜리 | 용골뚜기 | |
| 용-두레 | 용드레 | |
| 용-벚 | 용벗 | |
| 용총-줄 | 용층줄 | |
| 용-하다[1] | 용타 | 표15 |
| 우그러-트리다 | 우그러뜨리다 | |
| 우두둑 | 우드득 | |
| 우두둑-거리다 | 우드득거리다 | |
| 우두둑-대다 | 우드득대다 | |
| 우두둑-우두둑 | 우드득우드득 | |
| 우두둑우두둑-하다 | 우드득우드득하다 | |
| 우두둑-하다 | 우드득하다 | |
| 우두커니 | 어두커니 | |
| 우두커니 | 우두머니 | |
| 우두커니 | 우두키 | 표15 |
| 우둘우둘-하다[1] | 우들우들하다 | |
| 우럭[1] | 우레기 | |
| 우렁쉥이 | 우릉성이 | |
| 우렁이 | 우렝이 | 표9 |
| 우레[1] | 우뢰[1] | |
| 우련-하다[1] | 우렷하다 | |
| 우로-봐 (右--) | 우로 봣 (右-) | |
| 우릉성치 | 우룽성치 | |
| 우물-고누 | 우물꼬니 | |
| 우므러-들다 | 우무러들다 | |
| 우므러-뜨리다 | 우무러뜨리다 | |

| 《표대》 | 《조대》 | 관련 조항 |
|---|---|---|
| 우므러-지다 | 우무러지다 | |
| 우므러-트리다 | 우무러뜨리다 | |
| 우므리다 | 우무리다[1] | |
| 우벌-간 (于伐干) | 우벌한 (于伐干) | 맞52 |
| 우-베도라치 | 우배도라치 | |
| 우-부수 (右副率) | 우부솔 (右副率) | 맞52 |
| 우소[1] (迂疏) | 오소[1] | 맞52 |
| 우소-하다 (迂疏--) | 오소하다 (迂疎-) | 맞52 |
| 우스꽝-스럽다 | 우습강스럽다 | |
| 우스꽝스레 | 우습강스레 | |
| 우엉 | 우웡 | |
| 우엉 | 웡 | 표15 |
| 우엉-조림 | 우엉졸임 | 맞22 |
| 우원 (迂遠) | 오원[1] | 맞52 |
| 우원-하다 (迂遠--) | 오원하다 (迂遠-) | 맞52 |
| 우위-수 (右衛率) | 우위솔 (右衛率) | 맞52 |
| 우추 (羽帚) | 우췌 (←羽箒) | 맞52 |
| 우-폐역 (牛肺疫) | 우페역 (牛肺疫) | 맞8 |
| 욱닥-거리다 | 욱덕거리다 | |
| 욱닥-대다 | 욱덕대다 | |
| 욱닥-욱닥 | 욱덕욱덕 | |
| 욱닥욱닥-하다 | 욱덕욱덕하다 | |
| 욱-대기다 | 욱대다 | 표15 |
| 운거 (雲車) | 운차 (雲車) | 맞52 |
| 울[3] | 우리[2] | 표16 |
| 울뚝-밸 | 우뚝밸 | |
| 울뚝-울뚝 | 울떡울떡 | |
| 울뚝울뚝-하다 | 울떡울떡하다 | |
| 울력 | 운력 | |
| 울력-걸음 | 운력걸음 | |
| 울력-다짐 | 운력다짐 | |
| 울력-성당 (--成黨) | 운력성당 (-成黨) | |
| 울력-하다 | 운력하다 | |
| 울릉-대다 | 을릉대다 | |
| 울법 (熨法) | 위법[2] (오熨法) | 맞52 |
| 움츠러-트리다 | 움츠러뜨리다 | |
| 움큼 | 웅큼 | |
| 움퍽-움퍽 | 움펑움펑 | |
| 움펑 | 움퍽 | |

| 《표대》 | 《조대》 | 관련 조항 |
|---|---|---|
| 움펑-눈 | 움퍽눈 | |
| 움펑눈-이 | 움퍽눈이 | |
| 움펑-하다 | 움퍽하다 | |
| 웁쌀 | 웃쌀 | 맞31 |
| 웅기-중기 | 웅게중게 | |
| 웅덩이 | 웅덩 | 표15 |
| 웅덩이 | 웅뎅이 | 표9 |
| 웅숭-깊다 | 웅깊다 | 표15 |
| 웅숭-깊다 | 응성깊다 | |
| 웅크러-트리다 | 웅크러뜨리다 | |
| 워어호 | 워호 | |
| 원[2] | 온[2] | |
| 원-봇장 (原--) | 원보짱 | 맞27 |
| 원수[4] (怨讐) | 원쑤 | |
| 원수-풀이 (怨讐--) | 원쑤풀이 | |
| 원수풀이-하다 (怨讐----) | 원쑤풀이하다 | |
| 월견폐설 (越犬吠雪) | 월견페설 (越犬吠雪) | 맞8 |
| 월따-말 | 월다말 | 맞5 |
| 월천-꾼 (越川-) | 월천군 | 맞54 |
| 월커덕-덜커덕 | 왈카닥덜커덕 | |
| 월커덕덜커덕-하다 | 왈카닥덜커덕하다 | |
| 월컥-덜컥 | 왈칵덜컥 | |
| 월컥덜컥-하다 | 왈칵덜컥하다 | |
| 웬만-하다 | 웬간하다 | |
| 웬만-히 | 웬간히 | |
| 웽겅-젱겅 | 웽거덩젱거덩 | 표14 |
| 웽겅젱겅-하다 | 웽거덩젱거덩하다 | 표14 |
| 위[1] | 우[2] | 표12 |
| 위법자폐 (爲法自弊) | 위법자페 (違法自弊) | 맞8 |
| 위법자폐-하다 (爲法自弊--) | 위법자페하다 (違法自弊-) | 맞8 |
| 위-아래 | 우아래 | 표12 |
| 위조-지폐 (僞造紙幣) | 위조지페 (僞造紙幣) | 맞8 |
| 위조^화폐 (僞造貨幣) | 위조화페 (僞造貨幣) | 맞8 |
| 위-짝 | 웃짝 | 표12 |
| 위-쪽 | 웃쪽 | 표12 |
| 위-채 | 웃채 | 표12 |
| 위-청[2] (-廳) | 웃청 (-廳) | 표12 |
| 위-초리 | 웃초리 | 표12 |
| 위-층 (-層) | 웃층 (-層) | 표12 |

| 《표대》 | 《조대》 | 관련 조항 |
|---|---|---|
| 위-턱 | 웃턱 | 표12 |
| 위턱-뼈 | 웃턱뼈 | 표12 |
| 위-팔 | 웃팔 | 표12 |
| 위팔^동맥 (--動脈) | 웃팔동맥 | 표12 |
| 위팔-뼈 | 웃팔뼈 | 표12 |
| 위하 (威嚇) | 위혁 (威嚇) | 맞52 |
| 위하-적 (威嚇的) | 위혁적 (威嚇的) | 맞52 |
| 위하-하다 (威嚇--) | 위혁하다 (威嚇-) | 맞52 |
| 윗-간 (-間) | 웃간 | 표12 |
| 윗-거죽 | 웃거죽 | 표12 |
| 윗-길 | 웃길[2] | 표12 |
| 윗-길 | 웃길[1] | 표12 |
| 윗-녘 | 웃녘 | 표12 |
| 윗-누이 | 웃누이 | 표12 |
| 윗-눈시울 | 웃눈시울 | 표12 |
| 윗-눈썹 | 웃눈섭 | 맞27, 표12 |
| 윗-니 | 웃이 | 맞27, 표12 |
| 윗-당줄 | 웃당줄 | 표12 |
| 윗-대 (-代) | 웃대[2] | 표12 |
| 윗-도리 | 웃도리 | 표12 |
| 윗-돌 | 웃돌 | 표12 |
| 윗-동[1] | 웃동 | 표12 |
| 윗-동강 | 웃동강이 | 표12 |
| 윗-동네 (-洞-) | 웃동네 | 표12 |
| 윗-동아리 | 웃동아리 | 표12 |
| 윗-마구리 | 웃마구리 | 표12 |
| 윗-마기 | 웃막이 | 맞19, 표12 |
| 윗-마을 | 웃마을 | 표12 |
| 윗-막이 | 웃막이 | 표12 |
| 윗-머리 | 웃머리 | 표12 |
| 윗-면 (-面) | 웃면 | 표12 |
| 윗-목 | 웃목 | 표12 |
| 윗-몸 | 웃몸 | 표12 |
| 윗-물 | 웃물 | 표12 |
| 윗-바람[1] | 웃바람 | 표12 |
| 윗-반 (-班) | 웃반 (-班) | 표12 |
| 윗-방 (-房) | 웃방 (-房) | 표12 |
| 윗-배 | 웃배 | 표12 |
| 윗-배미 | 웃배미 | 표12 |

| 《표대》 | 《조대》 | 관련 조항 |
|---|---|---|
| 윗-벌 | 웃벌[1] | 표12 |
| 윗-사람 | 웃사람 | 표12 |
| 윗-사랑 (-舍廊) | 웃사랑[1] | 표12 |
| 윗-세장 | 웃세장 | 표12 |
| 윗-소리 | 웃소리 | 표12 |
| 윗-수 (-手) | 웃수 | 표12 |
| 윗-수염 (-鬚髯) | 웃수염 | 표12 |
| 윗-실 | 웃실 | 표12 |
| 윗-심 | 웃심 | 표12 |
| 윗-아귀[1] | 웃아귀 | 표12 |
| 윗-알 | 웃알 | 표12 |
| 윗-옷 | 웃옷 | 표12 |
| 윗-입술 | 웃입술 | 표12 |
| 윗-자리 | 웃자리 | 표12 |
| 윗-중방 (-中枋) | 웃중방 | 표12 |
| 윗-집 | 웃집[1] | 표12 |
| 유독[4] (唯獨/惟獨) | 유독히[1] | |
| 유식-꾼 (有識-) | 유식군 (有識-) | 맞54 |
| 유월[1] (六▼月) | 류월[1] (六月) | 맞52 |
| 유월-도 (六▼月桃) | 류월도 | 맞52 |
| 유이[1] (油膩▼) | 유니 | 맞52 |
| 유이-하다[1] (油膩▼--) | 유니하다 (油膩-) | 맞52 |
| 유폐[1] (幽閉) | 유폐[1] (幽閉) | 맞8 |
| 유폐[3] (遺弊) | 유페[2] (遺弊) | 맞8 |
| 유폐-되다 (幽閉--) | 유페되다 (幽閉-) | 맞8 |
| 유폐-하다 (幽閉--) | 유페하다 (幽閉-) | 맞8 |
| 육묘 (育苗) | 육모 (←育苗) | 맞52 |
| 육-조림 (肉--) | 육졸임 (肉-) | 맞22 |
| 율모기 | 늘메기 | |
| 윷-꾼 | 윷군 | 맞54 |
| 으그러-트리다 | 으그러뜨리다 | |
| 으끄러-트리다 | 으끄러뜨리다 | |
| 으레[1] | 의례[2] (依例) | |
| 으스-대다 | 으시대다 | |
| 으스러-트리다 | 으스러뜨리다 | |
| 으스름-달 | 어스름달 | |
| 으스름-달밤 | 어스름달밤 | |
| 으스스 | 으시시 | |
| 으스스-하다 | 으시시하다 | |

| 《표대》 | 《조대》 | 관련 조항 |
|---|---|---|
| 으슬-으슬 | 으실으실 | |
| 으슬으슬-하다 | 으실으실하다 | |
| 으쓱-으쓱$^{2}$ | 으슥으슥 | |
| 으쓱으쓱-하다$^{2}$ | 으슥으슥하다 | |
| 으츠러-트리다 | 으츠러뜨리다 | |
| 윽-박다 | 욱박다 | |
| 윽박-지르다 | 욱박지르다 | |
| 은단 (銀丹) | 인단 (仁丹) | |
| 은-장이 (銀--) | 은쟁이 | 표9 |
| 은폐$^{2}$ (隱蔽) | 은페 (隱蔽) | 맞8 |
| 은폐-되다 (隱蔽--) | 은페되다 (隱蔽-) | 맞8 |
| 은폐-물 (隱蔽物) | 은페물 (銀蔽物) | 맞8 |
| 은폐-부 (隱蔽部) | 은페부 (銀蔽部) | 맞8 |
| 은폐-소 (隱蔽所) | 은페소 (隱蔽所) | 맞8 |
| 은폐-지 (隱蔽地) | 은페지 (隱蔽地) | 맞8 |
| 은폐-하다$^{2}$ (隱蔽--) | 은페하다 (隱蔽-) | 맞8 |
| 은폐-호 (隱蔽壕) | 은페호 (隱蔽壕) | 맞8 |
| 은행^지폐 (銀行紙幣) | 은행지페 | 맞8 |
| 음매$^{1}$ | 음마 | |
| 음약$^{4}$ (瘖藥) | 암약$^{2}$ (瘖藥) | 맞52 |
| 읍폐 (邑弊) | 읍페 (邑弊) | 맞8 |
| 응달 | 능달 | |
| 응달 | 음달 (陰-) | |
| 응달-쪽 | 음달쪽 | |
| 응-둥이 | 응동이 | |
| 응석 | 응$^{2}$ | 표15 |
| 응석-둥이 | 응석동이 | |
| 의붓-딸 | 이붓딸 | |
| 의붓-아들 | 이붓아들 | |
| 의붓-아버지 | 이붓아버지 | |
| 의붓-아비 | 이붓아비 | |
| 의붓-아비 | 이붓애비 | 표9 |
| 의붓-어머니 | 이붓어머니 | |
| 의붓-어미 | 이붓어미 | |
| 의붓-어미 | 이붓에미 | 표9 |
| 의붓-자식 (--子息) | 이붓자식 | |
| 이-깟 | 이까짓 | 표16 |
| 이나-저나 | 이러나저러나 | 표16 |
| 이다$^{2}$ | 잇다$^{2}$ | |

기타

| 《표대》 | 《조대》 | 관련 조항 |
|---|---|---|
| 이-**다지** | 이**닥** | |
| 이러**고**-저러**고** | 이러**구**저러**구** | |
| 이**러**다 | 이**리**다 | |
| 이**러**이**러**다 | 이**리**이**리**다 | |
| 이**러**저**러**다 | 이**리**저**리**다 | |
| 이**러**-**하**다 | 이**래**다[2] | |
| 이를-**터이**면 | 이를**테**면 | 표16 |
| **이리**[4] | **일**[5] | 표15 |
| 이리-**박이** | 이리**배기** | 표9 |
| 이**리**-**하**다[1] | 이**래**다[1] | |
| 이-마**적** | 이마**즉** | |
| 이**빨** | 이**발** | 맞21 |
| 이쁘-**둥**이 | 이쁘**동**이 | |
| 이삭-**줍기**[1] | 이삭**주이** | |
| 이삭**줍기**-하다 | 이삭**주이**하다 | |
| **이**서[13] (鼺▼鼠) | **리**서[4] (鼺鼠) | 맞52 |
| 이스**랏**-나무 | 이스**라치**나무 | |
| 이**슥**-토록 | 이**윽**토록 | |
| 이**슥**-하다 | 이**윽**하다 | |
| 이슥-**히** | 이슥 | |
| 이**슥**-히 | 이**윽**히 | |
| 이슬-**털이** | 이슬**터리** | 맞19 |
| 이야기-**꾼** | 이야기**군** | 맞54 |
| 이**엉** | 이**영** | |
| 이**엉**-꼬챙이 | 이**영**꼬챙이 | |
| 이**엉**-**장**이 | 이**영쟁**이 | 표9 |
| 이**엉**-지붕 | 이**영**지붕 | |
| 이**엉**-초 (--草) | 이**영**초 (-草) | |
| 이**여**차 | 이**야**차 | |
| 이**제**[1] | 이**자**[2] | |
| 이지러-**트**리다 | 이지러**뜨**리다 | |
| 이징**가**미 | 이징**깨**미 | |
| 이**키**[1] | 이**크** | |
| 이**폐**[4] (貽弊) | 이**페**[1] (貽弊) | 맞8 |
| 이**폐**-하다[2] (貽弊--) | 이**페**하다 (貽弊-) | 맞8 |
| 익살-**꾼** | 익살**군** | 맞54 |
| 인가목-조**팝**나무 (--木----) | 인가목조**밥**나무 | 맞31 |
| 인공^**췌**장 (人工膵臟) | 인공**취**장 | 맞52 |
| 인-**금**[1] (人-) | 인**끔** | 맞27 |

| 《표대》 | 《조대》 | 관련 조항 |
|---|---|---|
| 인력거-**꾼** (人力車-) | 인력거**군** | 맞54 |
| **인**마[1] | **임**마 | |
| 인석-**장**이 (茵席--) | 인석**쟁**이 | 표9 |
| 인열-**폐**식 (因噎廢食) | 인열**페**식 (因噎廢食) | 맞8 |
| 인열**폐**식-하다 (因噎廢食--) | 인열**페**식하다 (因噎廢食-) | 맞8 |
| 일**구**다[1] | 일다[3] | |
| **일**그러-뜨리다 | **이**그러뜨리다 | |
| **일**그러-지다 | **이**그러지다 | |
| 일그러-**트**리다 | 일그러**뜨**리다 | |
| 일급-**꾼** (日給-) | 일급**군** | 맞54 |
| 일깨-**우**다[1] | 일깨다[4] | |
| **일**-깨우다[2] | **이**깨우다[2] | 맞27 |
| 일-깨**우**다[2] | 일깨다[2] | |
| 일-**껏** | 일**껀** | |
| 일-**꾼** | 일**군**[1] | 맞54 |
| 일언이**폐**지 (一言以蔽之) | 일언이**페**지 (一言以蔽之) | 맞8 |
| 일**으**키다 | 일키다 | 표15 |
| 일**절**[2] (一切) | 일**체**[1] (一切) | 맞52 |
| 일**찍-이** | 일**찌기** | |
| **일**-테면 | **이를**테면 | 표16 |
| **임**[1] | **님**[1] | |
| **임**자[3] | **님**자 | |
| **임**지[3] (稔知) | **염**지[2] (稔知) | 맞52 |
| **입**때 | **엽**때 | |
| **입**때-껏 | **엽**때껏 | |
| 입-방**귀** | 입방 | 표15 |
| 입**술** | 입**시울** | 표14 |
| 입**정**[1] | 입**청** | |
| 입-치**다꺼**리 | 입치**닥거**리 | 맞5 |
| 입치**다꺼**리-하다 | 입치**닥거**리히다 | 맞5 |
| **잎갈**-나무 | **이깔**나무 | |
| 자-**경**마 (自--) | 자**견**마 (自牽馬) | |
| 자**경**마-하다 (自----) | 자**견**마하다 (自牽馬-) | |
| -자**고**[10] | -자**구** | |
| 자**구**[3] (字句) | 자**귀**[4] | 맞52 |
| 자**국**[1] | 자**욱** | |
| **자**궁[3] (梓▼宮) | **재**궁[2] (梓宮) | 맞52 |
| 자그**마**치 | 자그**만**치 | |
| 자기^차**폐**[2] (磁氣遮蔽) | 자기차**페** | 맞8 |

| 《표대》 | 《조대》 | 관련 조항 |
|---|---|---|
| 자**두**[1] | 자**도**[3] (紫桃) | |
| 자**두**-나무 | 자**도**나무 | |
| **자**르다[1] | **짜**르다[1] | |
| **자**릿-**자**릿 | **재**릿**재**릿 | |
| **자**릿**자**릿-하다 | **재**릿**재**릿하다 | |
| **자**릿-하다 | **재**릿하다 | |
| 자-막대 | 자막대**기** | 표16 |
| 자-모**듬** (字--) | 자모**둠** | |
| 자반-뒤**지**기 | 자반뒤**집**기 | |
| **자비**[1] | **잡이**[2] | 맞19 |
| 자빠-**트**리다 | 자빠**뜨**리다 | |
| 자옥-**이** | 자옥**히** | 맞51 |
| 자욱-**이** | 자욱**히** | 맞51 |
| **자**잘-하다 | 잘**잘**하다 | 맞28 |
| 자전-**거** (自轉車) | 자전**차** | 맞52 |
| 자전**거**-방 (自轉車房) | 자전**차**방 (自轉車房) | 맞52 |
| 자주-**달**개비 (紫朱---) | 자주**닭**개비 | 맞27 |
| 자지러-**트**리다 | 자지러**뜨**리다[2] | |
| 자지러-**트**리다 | 자지러**뜨**리다[1] | |
| **자진**-가락 | **잦은**가락 | 맞27 |
| **자진**-마치 | **잦은**마치 | 맞27 |
| **자진**-모리 | **잦은**모리 | 맞27 |
| **자진**모리-장단 | **잦은**모리장단 | 맞27 |
| **자진**-장단 | **잦은**장단 | 맞27 |
| 사**실**구레-하다 | 지**잘**구레히다 | |
| 자**폐**[2] (自斃) | 자**페**[1] (自斃) | 맞8 |
| 자**폐**[3] (滋弊) | 자**페**[3] (滋弊) | 맞8 |
| 자**폐**-증 (自閉症) | 자**페**증 (自閉症) | 맞8 |
| 자**폐**-하다[2] (自斃--) | 자**페**하다 (自斃-) | 맞8 |
| 자**폐**-하다[3] (滋弊--) | 자**페**하다 (滋弊-) | 맞8 |
| 자**포**[4] (恣暴) | 자**폭**[2] (恣暴) | 맞52 |
| 자**포**-하다[3] (恣暴--) | 자**폭**하다 (恣暴-) | 맞52 |
| 작법-자**폐** (作法自斃) | 작법자**페** (作法自斃) | 맞8 |
| 작은-**아**비 | 작은**애**비 | 표9 |
| 작은-**어**미 | 작은**에**미 | 표9 |
| **작**은-이 | **적**은이 | |
| 작**폐** (作弊) | 작**페** (作弊) | 맞8 |
| 작**폐**-하다 (作弊--) | 작**페**하다 (作弊-) | 맞8 |
| **잔나**비[1] | **잰내**비 | 표9 |

| 《표대》 | 《조대》 | 관련 조항 |
|---|---|---|
| 잔소리-꾼 | 잔소리군 | 맞54 |
| 잔심부름-꾼 | 잔심부름군 | 맞54 |
| 잔지러-트리다 | 잔지러뜨리다 | |
| 잔폐 (殘廢) | 잔페 (殘廢) | 맞8 |
| 잔폐-하다 (殘廢--) | 잔페하다 (殘廢-) | 맞8 |
| 잔풀-내기 | 잔풀나기 | 표9 |
| 잔풍-지다 (殘風--) | 잠풍지다 | |
| 잔풍-하다 (殘風--) | 잠풍하다 | |
| 잗-다랗다 | 잘다랗다 | |
| 잘록-거리다 | 잘룩거리다 | |
| 잘록-대다 | 잘룩대다 | |
| 잘록-이[2] | 잘룩이 | |
| 잘록-잘록[1] | 잘룩잘룩[2] | |
| 잘록-잘록[2] | 잘룩잘룩[1] | |
| 잘록잘록-하다[1] | 잘룩잘룩하다 | |
| 잘록잘록-하다[2] | 잘룩잘룩하다 | |
| 잘록-하다 | 잘룩하다 | |
| 잘리다[1] | 짤리다 | |
| 잘-잘못 | 자잘못 | 맞28 |
| 잠깐 | 잠간[1] (暫間) | 맞5 |
| 잠깐-잠깐 | 잠간잠간 | 맞5 |
| 잠방이 | 잠뱅이 | 표9 |
| 잡담-꾼 (雜談-) | 잡담군 | 맞54 |
| 잡색-꾼 (雜色-) | 잡색군[1] (雜色-) | 맞54 |
| 잡-좆 | 잡젖 | |
| 잡찰 | 잡차래 | 표16 |
| 잣다[2] | 젓다 | |
| 장구[1] | 장고[1] (長鼓. 杖鼓) | |
| 장구[10] (章句) | 장귀[3] (章句) | 맞52 |
| 장구[5] (長句) | 장귀[2] (長句) | 맞52 |
| 장구-매듭 | 장고매듭 | |
| 장구-재비 | 장고잡이 | 맞19, 표9 |
| 장구-재비 | 장구잡이 | 맞19, 표9 |
| 장구-채[1] | 장고채 | |
| 장구-춤 | 장고춤 | |
| 장구-통 | 장고통 | |
| 장구-팽이 | 장고팽이 | |
| 장그랍다 | 장그럽다 | |
| 장기[8] (長技) | 장끼[2] | |

기타

| 《표대》 | 《조대》 | 관련 조항 |
| --- | --- | --- |
| 장기-꾼 (將棋-) | 장기군 | 맞54 |
| 장기-짝 (將棋-) | 장기쪽 | |
| 장-꾼 (場-) | 장군[3] | 맞54 |
| 장난-꾼 | 장난군 | 맞54 |
| 장다리-무 | 장다리무우 | 표14 |
| 장대-넓이뛰기 (長-----) | 장대너비뛰기 | |
| 장땡 | 장땅 | |
| 장려[2] (長欐) | 장여 (長欐) | 맞52 |
| 장막-꾼 (帳幕-) | 장막군 (張幕-) | 맞54 |
| 장부-꾼 | 장부군 | 맞54 |
| 장-뼘 (長-) | 장뽐 | |
| 장사-꾼 | 장사군 | 맞54 |
| 장사-치 | 장사아치 | 표14 |
| 장산[4] (醬蒜) | 장선[5] (醬蒜) | 맞52 |
| 장수-거북 (將帥--) | 장수거부기 | 맞20 |
| 장알-거리다 | 쟁알거리다 | |
| 장알-대다 | 쟁알대다 | |
| 장알-장알 | 쟁알쟁알 | |
| 장알장알-하다 | 쟁알쟁알하다 | |
| -장이[3] | -쟁이 | 표9 |
| 장인-바치 (匠人--) | 쟁인바치 | 표9 |
| 장-장이[1] (欌--) | 장쟁이 | 표9 |
| 장정-꾼 (壯丁-) | 장정군 (壯丁-) | 맞54 |
| 장-조림 (醬--) | 장졸임 | 맞22 |
| 장타령-꾼 (場---) | 장타령군 | 맞54 |
| 장터-걸 (場--) | 장터거리 | 표16 |
| 장폐[1] (杖斃) | 장페[1] (杖斃) | 맞8 |
| 장폐[2] (障蔽) | 장페[3] (障蔽) | 맞8 |
| 장폐-하다[1] (杖斃--) | 장페하다 (杖斃-) | 맞8 |
| 장폐-하다[2] (障蔽--) | 장페하다 (障蔽-) | 맞8 |
| 잦추다[1] | 잦치다 | |
| 잦-트리다 | 잦뜨리다 | |
| 재갈[1] | 자갈[2] | |
| 재-개고마리 | 재개구마리 | |
| 재다[2] | 재이다[1] | |
| 재담-꾼 (才談-) | 재담군 | 맞54 |
| 재떨-이 | 재털이 | |
| 재미[1] | 자미[1] (滋味) | 표9 |
| 재봉-틀 (裁縫-) | 자봉틀 | |

| 《표대》 | 《조대》 | 관련 조항 |
|---|---|---|
| 재비[1] | 잡이[1] | 맞19, 표9 |
| 재우-치다[1] | 재치다[2] | 표15 |
| 재주-꾼 | 재주군 | 맞54 |
| 재주넘-기 | 재주넘이 | |
| 잼처 | 잼쳐 | |
| 쟁강 | 쟁가당 | 표14 |
| 쟁강-거리다 | 쟁가당거리다 | 표14 |
| 쟁강-대다 | 쟁가당대다 | 표14 |
| 쟁강-쟁강 | 쟁가당쟁가당 | 표14 |
| 쟁강쟁강-하다 | 쟁가당쟁가당하다 | 표14 |
| 쟁강-하다 | 쟁가당하다 | 표14 |
| 쟁그랍다 | 쟁그럽다[1] | |
| 쟁기-꾼 | 쟁기군 | 맞54 |
| 쟁장 (錚匠) | 징장[2] (錚匠) | 맞52 |
| 쟤 | 자[17] | |
| 저-깟 | 저까짓 | 표16 |
| 저러다 | 저리다[1] | |
| 저러저러다 | 저리저리다 | |
| 저러저러-하다 | 저리저리하다[1] | |
| 저러-하다 | 저래다[2] | |
| 저리다[1] | 재리다 | |
| 저리-하다[1] | 저래다[1] | |
| 저릿-저릿 | 제릿제릿 | |
| 저릿저릿-하다 | 제릿제릿하다 | |
| 저릿-하다 | 제릿하다 | |
| 저승 | 저생 | |
| 저어[5] (齟齬) | 주어[2] (齟齬) | 맞52 |
| 저어-하다[2] (齟齬--) | 주어하다 (齟齬-) | 맞52 |
| 저-절로 | 제절로 | |
| 저폐 (楮幣) | 저페 (楮幣) | 맞8 |
| 저폐-장 (楮幣匠) | 저페장 (楮幣匠) | 맞8 |
| 적-꽂 (炙-) | 적꼬치 | 표16 |
| 적멸^도량 (寂滅道場) | 적멸도장 (寂滅道場) | 맞52 |
| 적요[1] (寂寥▼) | 적료[2] | 맞52 |
| 적요-하다[1] (寂寥▼--) | 적료하다 (오寂寥-) | 맞52 |
| 적이 | 저으기 | |
| 적폐 (積弊) | 적페 (積弊) | 맞8 |
| 전갈-꾼 (傳喝-) | 전갈군 | 맞54 |
| 전골-냄비 | 전골남비 | 표9 |

| 《표대》 | 《조대》 | 관련 조항 |
|---|---|---|
| 전기-**냄**비 (電氣--) | 전기**남**비 | 표9 |
| 전**동**[5] (箭筒▼) | 전**통**[4] (箭筒) | 맞52 |
| 전**반**[7] (剪板▼/翦板▼) | 전**판**[3] (翦板) | 맞52 |
| 전연[1] (全然) | 전연**히**[1] | |
| 전**예** (揃刈) | 전**애**[3] (揃刈) | 맞52 |
| 전**예**-하다 (揃刈--) | 전**애**하다 (揃刈-) | 맞52 |
| 전자^화**폐** (電子貨幣) | 전자화**페** (電子貨幣) | 맞8 |
| 전**폐**[2] (全廢) | 전**페**[1] (全廢) | 맞8 |
| 전**폐**[3] (前閉) | 전**페**[5] (前閉) | 맞8 |
| 전**폐**[4] (前弊) | 전**페**[2] (前弊) | 맞8 |
| 전**폐**[5] (奠幣) | 전**페**[7] (奠幣) | 맞8 |
| 전**폐**[6] (殿陛) | 전**페**[3] (殿陛) | 맞8 |
| 전**폐**[8] (錢幣) | 전**페**[6] (錢幣) | 맞8 |
| 전**폐**[9] (錢弊) | 전**페**[4] (錢弊) | 맞8 |
| 전**폐**-하다[2] (全廢--) | 전**페**하다 (全廢-) | 맞8 |
| 전**폐**-하다[3] (奠幣--) | 전**페**하다 (奠幣-) | 맞8 |
| 전**폐**-형 (全閉型) | 전**페**형 (全閉型) | 맞8 |
| 절**구**[2] (絶句) | 절**귀** (絶句) | 맞52 |
| **절**다[1] | **쩔**다 | |
| 점-가**자**미 (點---) | 점가**재**미 | 표9 |
| 점-**꾼** (店-) | 점**군** | 맞54 |
| 점-**박**이 (點--) | 점**백**이 | 표9 |
| 점**박**이-천남성 (點--天南星) | 점**백**이천남성 | 표9 |
| 점**직**-스럽다 | 점**적**스럽다 | |
| 점**직**-하다 | 점**적**하다 | |
| 점-하다[1] | 점**직**하다 | 표16 |
| 접-**질리**다 | 접**지르**다 | |
| 접치다[1] | 접치**이**다 | |
| 정**강**이 | 정**갱**이[1] | 표9 |
| 정**강**이-뼈 | 정**갱**이뼈 | 표9 |
| 정**색**[7] (精索) | 정**삭**[3] (精索) | 맞52 |
| 정전기^차**폐** (靜電氣遮蔽) | 정전기차**페** | 맞8 |
| 정전^차**폐** (靜電遮蔽) | 정전차**페** (靜電遮蔽) | 맞8 |
| 정**조**[16] (精粗) | 정**추** (오精粗) | |
| 정**주**[12] (鼎廚) | 정**지**[1] | |
| 정**주**-간 (鼎廚間) | 정**지**간 | |
| 정**짜**[2] (正-) | 정**짬** | |
| 정탐-**꾼** (偵探-) | 정탐**군** | 맞54 |
| 정**폐**[1] (停廢) | 정**페**[3] (停廢) | 맞8 |

| 《표대》 | 《조대》 | 관련 조항 |
|---|---|---|
| 정폐[2] (情弊) | 정폐[1] (情弊) | 맞8 |
| 정폐-하다 (停廢--) | 정폐하다 (停廢-) | 맞8 |
| 젖-니 | 젖이 | 맞27 |
| 젖-트리다 | 젖뜨리다 | |
| 젖-히다[1] | 제치다[2] | 맞22, 표9 |
| 제겨-디디다 | 저겨디디다 | |
| 제겨-디디다 | 지겨디디다 | |
| 제기랄 | 제길할 | 맞27 |
| 제-깟 | 제까짓 | 표16 |
| 제꺼덕[1] | 제까닥 | |
| 제꺼덕[2] | 제꺽[2] | 표16 |
| 제꺼덕-거리다 | 제꺽거리다 | 표16 |
| 제꺼덕-대다 | 제꺽대다 | 표16 |
| 제꺼덕-제꺼덕[1] | 제까닥제까닥 | |
| 제꺼덕-제꺼덕[2] | 제꺽제꺽[2] | 표16 |
| 제꺼덕제꺼덕-하다 | 제꺽제꺽하다 | 표16 |
| 제꺼덕-하다 | 제꺽하다 | 표16 |
| 제꺽[1] | 제깍[1] | |
| 제꺽[2] | 제깍[2] | |
| 제꺽-거리다 | 제깍거리다 | |
| 제꺽-대다 | 제깍대다 | |
| 제꺽-제꺽[1] | 제깍제깍[1] | |
| 제꺽-제꺽[2] | 제깍제깍[2] | |
| 제꺽제꺽-하다 | 제깍제깍하다 | |
| 제꺽-하다 | 제깍하다 | |
| 제꺽-하면 | 제깍하면 | |
| 제-꾼 (祭-) | 제군[1] (祭-) | 맞54 |
| 제-도루묵이 | 제도루메기 | |
| 제렴 (製-) | 제염 (製鹽) | |
| 제수-판 (制水瓣) | 제수변 | |
| 제조[6] (提調) | 제주[5] (←提調) | 맞52 |
| 제주-벚나무 (濟州---) | 제주벗나무 | |
| 제치다[1] | 재치다[1] | |
| 제폐[1] (除弊) | 제페[1] (除弊) | 맞8 |
| 제폐[2] (除廢) | 제페[2] (除廢) | 맞8 |
| 제폐-하다[1] (除弊--) | 제페하다 (除弊-) | 맞8 |
| 제폐-하다[2] (除廢--) | 제페하다 (除廢-) | 맞8 |
| 젤 | 제일[2] (第一) | 표16 |
| 젱겅 | 젱거덩 | 표14 |

| 《표대》 | 《조대》 | 관련 조항 |
|---|---|---|
| 젱겅-거리다 | 젱거덩거리다 | 표14 |
| 젱겅-대다 | 젱거덩대다 | 표14 |
| 젱겅-젱겅 | 젱거덩젱거덩 | 표14 |
| 젱겅젱겅-하다 | 젱거덩젱거덩하다 | 표14 |
| 젱겅-하다 | 젱거덩하다 | 표14 |
| 졔-밥 | 지에밥 | 표16 |
| 조각[1] | 쪼각 | |
| 조각-구름 | 쪼각구름 | |
| 조각-달 | 쪼각달 | |
| 조각-돌 | 쪼각돌 | |
| 조각-장이 (彫刻--) | 조각쟁이 | 표9 |
| 조각-조각 | 쪼각쪼각 | |
| 조각-하늘 | 쪼각하늘 | |
| 조궁-장이 (造弓--) | 조궁쟁이 | 표9 |
| 조그마-하다 | 조꼬마하다 | |
| 조그맣다 | 조꼬맣다 | |
| 조글-조글 | 조골조골 | |
| 조글조글-하다 | 조골조골하다 | |
| 조금[1] | 조곰 | |
| 조금-조금 | 조곰조곰 | |
| 조-깟 | 조까짓 | 표16 |
| 조끔 | 조꼼 | |
| 조끔 | 죄꼼 | |
| 조끔 | 쬐꼼 | |
| 조끔-조끔 | 조꼼조꼼 | |
| 조-다지 | 조닥지 | |
| 조동이 | 조둥이 | |
| 조라기 | 조래기[1] | 표9 |
| 조랑-말 | 조롱말 | |
| 조러다 | 조리다[1] | |
| 조러조러다 | 조리조리다 | |
| 조력-꾼 (助力-) | 조력군 | 맞54 |
| 조례[2] (皁隸) | 조예[2] (皁隸) | 맞52 |
| 조롱-박 | 오롱박 | |
| 조르르 | 조로로 | |
| 조르륵 | 조로록 | |
| 조르륵-거리다 | 조로록거리다 | |
| 조르륵-대다 | 조로록대다 | |
| 조르륵-조르륵 | 조로록조로록 | |

| 《표대》 | 《조대》 | 관련 조항 |
|---|---|---|
| 조르륵조르륵-하다 | 조로록조로록하다 | |
| 조르륵-하다 | 조로록하다 | |
| 조리다[1] | 졸이다 | 맞22 |
| 조림[1] | 졸임 | 맞22 |
| 조막[1] | 조마구 | 표14 |
| 조-만치 | 조만침 | |
| 조몰락-거리다 | 조무락거리다 | |
| 조몰락-대다 | 조무락대다 | |
| 조몰락-조몰락 | 조무락조무락 | |
| 조몰락조몰락-하다 | 조무락조무락하다 | |
| 조무래기 | 조무라기 | |
| 조무래기 | 쪼무래기 | |
| 조방-꾸니 (助幇--) | 조방구니 | 맞54 |
| 조방-꾸니 (助幇--) | 조방군 | 맞54 |
| 조상-꾼 (弔喪-) | 조상군 | 맞54 |
| 조심스레 (操心--) | 조심스러이 | 표14 |
| 조역-꾼 (助役-) | 조역군 (助役-) | 맞54 |
| 조예[1] (早刈) | 조애[2] (早刈) | 맞52 |
| 조예-하다 (早刈--) | 조애하다 (早刈-) | 맞52 |
| 조용[1] | 종용 | |
| 조용-하다[1] | 종용하다 (從容-) | |
| 조용-히 | 종용히 | |
| 조이다[1] | 죄이다 | 표9 |
| 조인-광좌 (稠人廣座) | 주인광좌 (오稠人廣坐) | 맞52 |
| 조인-광중 (稠人廣衆) | 주인광중 (稠人廣衆) | 맞52 |
| 조작-거리다 | 조착거리다 | |
| 조작-대다 | 조착대다 | |
| 조작-조작 | 조착조착 | |
| 조작조작-하다 | 조착조착하다 | |
| 조-차떡 | 조찰떡 | 맞28 |
| 조촐-하다 | 조출하다 | |
| 조팝-나무[1] | 조밥나무 | 맞31 |
| 조팝-나물 | 조밥나물 | 맞31 |
| 조폐[1] (凋弊/彫弊) | 조페[3] (凋弊) | 맞8 |
| 조폐[2] (造幣) | 조페[1] (造幣) | 맞8 |
| 조폐[3] (糶弊) | 조페[2] (糶弊) | 맞8 |
| 조폐-하다[1] (凋弊--/彫弊--) | 조페하다 (凋弊-) | 맞8 |
| 조폐-하다[2] (造幣--) | 조페하다 (造幣-) | 맞8 |
| 조포[6] (粗暴) | 조폭 | 맞52 |

| 《표대》 | 《조대》 | 관련 조항 |
|---|---|---|
| 조포-하다[1] (粗暴--) | 조폭하다 (粗暴-) | 맞52 |
| 조포-히[1] (粗暴-) | 조폭히 | 맞52 |
| 조학[2] (燥涸) | 조확 (燥涸) | 맞52 |
| 조학-하다[2] (燥涸--) | 조확하다 (燥涸-) | 맞52 |
| 족두리[1] | 쪽도리 | |
| 족두리[1] | 쪽두리 | |
| 족립 (簇立) | 촉립[1] (簇立) | 맞52 |
| 족립-하다 (簇立--) | 촉립하다 (簇立-) | 맞52 |
| 족집게 | 종집게 | |
| 존이불론 (存而不論) | 존이부론 (存而不論) | 맞52 |
| 존이불론-하다 (存而不論--) | 존이부론하다 (存而不論-) | 맞52 |
| 존폐 (存廢) | 존페 (存廢) | 맞8 |
| 졸다[2] | 쫄다 | |
| 졸망-이[1] | 졸맹이 | 표9 |
| 졸보 (拙甫) | 쫄보 | |
| 졸아-들다 | 쫄아들다 | |
| 졸음[2] (卒瘖) | 졸암 (卒瘖) | 맞52 |
| 졸직-이 | 졸직히 | 맞51 |
| 좀-것 | 좀거 | |
| 좀-조팝나무 | 좀조밥나무 | 맞31 |
| 좀-팽이 | 쫌팽이 | |
| 종[1] | 쫑 | |
| 종구라기 | 종고래기 | |
| 종구라기 | 종구래기 | 표9 |
| 종-대[1] | 쫑대[1] | |
| 종발[3] (鍾鉢) | 종바리 | |
| 종잇-조각 | 종이쪼각 | |
| 종항-간 (從行間) | 종행간 (從行間) | 맞52 |
| 좌-부수 (左副率) | 좌부솔 (左副率) | 맞52 |
| 좌-위수 (左衛率) | 좌위솔 (左衛率) | 맞52 |
| 좨기[1] | 쥐기 | |
| 좨기-밥 | 쥐기밥 | |
| 좨주 (祭▼酒) | 제주[7] (祭酒) | 맞52 |
| 죄어-들다 | 죄여들다 | 맞16 |
| 죄어-치다 | 죄여치다 | 맞16 |
| 죔-줄 | 조임줄 | 표14 |
| 주글-주글 | 주굴주굴 | |
| 주글주글-하다 | 주굴주굴하다 | |
| 주렁-주렁 | 주룽주룽 | |

| 《표대》 | 《조대》 | 관련 조항 |
|---|---|---|
| 주렁주렁-하다 | 주룽주룽하다 | |
| 주르르 | 주루루 | |
| 주먹 | 주머구 | |
| 주먹-심 | 주먹힘 | 맞27 |
| 주무르다 | 주물다 | 표15 |
| 주물럭-거리다 | 주무럭거리다 | |
| 주물럭-대다 | 주무럭대다 | |
| 주물럭-주물럭 | 주무럭주무럭 | |
| 주물럭주물럭-하다 | 주무럭주무럭하다 | |
| 주뼛 | 주삣 | |
| 주뼛-거리다 | 주삣거리다[2] | |
| 주뼛-거리다 | 주삣거리다[1] | |
| 주뼛-대다 | 주삣대다 | |
| 주뼛-주뼛 | 주삣주삣[1] | |
| 주뼛-주뼛 | 주삣주삣[2] | |
| 주뼛주뼛-하다 | 주삣주삣하다 | |
| 주뼛주뼛-하다 | 주삣주삣하다 | |
| 주뼛-하다 | 주삣하다 | |
| 주억-거리다 | 주걱거리다 | |
| 주염-떡 | 쥐염떡 | |
| 주워-대다 | 주어대다 | |
| 주워-듣다 | 주어듣다 | |
| 주워-섬기다 | 주어섬기다 | |
| 주적-거리다 | 주척거리다 | |
| 주적-대다 | 주척대다 | |
| 주적-주적 | 주척주척 | |
| 주적주적-하다 | 주척주척하다 | |
| 주정-꾼 (酒酊-) | 주정군 (酒酊-) | 맞54 |
| 주차[1] (舟車) | 주거[2] (舟車) | 맞52 |
| 주체-스럽다 | 지체스럽다 | |
| 주폐[2] (鑄幣) | 주페 (鑄幣) | 맞8 |
| 주폐-하다 (鑄幣--) | 주페하다 (鑄幣-) | 맞8 |
| 죽데기 | 쭉데기 | |
| 죽-장구 (竹--) | 죽장고 (竹杖鼓. 竹長鼓) | |
| 죽지[1] | 죽[3] | 표15 |
| 준설 (浚渫) | 준첩 | 맞52 |
| 준설-기 (浚渫機) | 준첩기 | 맞52 |
| 준설-선 (浚渫船) | 준첩선 | 맞52 |
| 준설-하다 (浚渫--) | 준첩하다 | 맞52 |

| 《표대》 | 《조대》 | 관련 조항 |
|---|---|---|
| 줄-가자미 | 줄가재미 | 표9 |
| 줄-고누 | 줄꼬니 | |
| 줄-꾼 | 줄군 | 맞54 |
| 줄-맨드라미 | 줄맨드래미 | 표9 |
| 줄-버력 | 줄버럭 | |
| 줄잡이-꾼 | 줄잡이군 | 맞54 |
| 줍다[1] | 줏다 | |
| 중도이폐 (中途而廢) | 중도이페 (中途而廢) | 맞8 |
| 중도이폐-하다 (中途而廢--) | 중도이페하다 (中途而廢-) | 맞8 |
| 중-동[1] (中-) | 중동이 | |
| 중-동[1] (中-) | 중둥 | |
| 중-동[1] (中-) | 중둥이 | |
| 중동-끈 (中--) | 중둥끈 (오重-) | |
| 중동-무이 (中---) | 중둥무이 (中-) | |
| 중동무이-되다 (中-----) | 중둥무이되다 (中-) | |
| 중동무이-하다 (中-----) | 중둥무이하다 (中-) | |
| 중동-치레 (中---) | 중둥치레 | |
| 중동-풀이 (中---) | 중둥풀이 | |
| 중둥-밥 (重--) | 중동밥 | |
| 중-마냥 (中--) | 중만양 (中晩-) | |
| 중매-꾼 (仲媒-) | 중매군 (仲媒-) | 맞54 |
| 중씨름-꾼 (中---) | 중씨름군 | 맞54 |
| 중폐[1] (中幣) | 중페 (中幣) | 맞8 |
| 쥐어뜯-기다 | 쥐여뜯기다 | 맞16 |
| 쥐어-뜯다 | 쥐여뜯다 | 맞16 |
| 쥐어-바르다 | 쥐여바르다 | 맞16 |
| 쥐어-박다 | 주어박다 | |
| 쥐어-박다 | 쥐여박다 | 맞16 |
| 쥐어-뿌리다 | 줴뿌리다 | 표15 |
| 쥐어-뿌리다 | 쥐여뿌리다 | 맞16 |
| 쥐어-지르다 | 쥐여지르다 | 맞16 |
| 쥐어-지르다 | 쥐지르다 | |
| 쥐어질리다 | 쥐여질리다 | 맞16 |
| 쥐어-짜다 | 줴짜다 | 표15 |
| 쥐어-짜다 | 쥐여짜다 | 맞16 |
| 쥐어-치다 | 줴치다 | 표15 |
| 쥐어-치다 | 쥐여치다 | 맞16 |
| 쥐어-흔들다 | 쥐여흔들다 | 맞16 |
| 쥐엄-나무 | 주염나무 | |

| 《표대》 | 《조대》 | 관련 조항 |
|---|---|---|
| 쥐엄-떡 | 쥐염떡 | |
| 쥐엄-발이 | 쥐암발 | |
| 쥐엄-발이 | 쥐암발이 | |
| 쥐엄-쥐엄 | 쥐암쥐암 | |
| 쥐엄-질 | 쥐암질 | |
| 쥐엄질-하다 | 쥐암질하다 | |
| 쥔-님 | 주인님 | 표16 |
| 쥔-댁 (-宅) | 주인댁 | 표16 |
| 쥔-마누라 | 주인마누라 | 표16 |
| 쥔-마님 | 주인마님 | 표16 |
| 쥔-아씨 | 주인아씨 | 표16 |
| 쥔-아저씨 | 주인아저씨 | 표16 |
| 쥔-아주머니 | 주인아주머니 | 표16 |
| 쥔-어른 | 주인어른 | 표16 |
| 쥔-장 (-丈) | 주인장 (主人丈. 主人長) | 표16 |
| 쥔-집 | 주인집 | 표16 |
| 지게-꾼 | 지게군 | 맞54 |
| 지구[8] (枳椇) | 기구[6] | 맞52 |
| 지구-자 (枳椇子) | 기구자 (枳椇子) | 맞52 |
| 지-궐련 (紙卷▼煙▼) | 지권연 (오紙券煙) | 맞52 |
| 지껄-거리다 | 지걸거리다 | |
| 지껄-대다 | 지걸대다 | |
| 지껄-지껄 | 지걸지걸 | |
| 지껄지껄-하다 | 지걸지걸하다 | |
| 지-돈령부사 (知敦寧▼府事) | 지돈녕부사 (知敦寧府事) | 맞52 |
| 지레-김치 | 지럼김치 | |
| 지려[3] (砥礪) | 저려 (砥礪) | 맞52 |
| 지려-하다 (砥礪--) | 저려하다 (砥礪-) | 맞52 |
| 지로-꾼 (指路-) | 지로군 (指路-) | 맞54 |
| 지루-하다[1] | 지리하다 | |
| 지르-감다 | 지리감다 | |
| 지르-끼다 | 지리끼다 | |
| 지르-누르다 | 지리누르다 | |
| 지르-밟다 | 즈려밟다 | |
| 지르-밟다 | 지리밟다 | |
| 지르-잡다 | 지리잡다 | |
| 지부-지기 | 지붕지기 | 맞27 |
| 지빵-나무 | 집빵나무 | |
| 지상^표지 (地上標識) | 지상표식 | 맞52 |

| 《표대》 | 《조대》 | 관련 조항 |
|---|---|---|
| 지-새우다 | 지새다[2] | 표15 |
| 지스러기 | 지스레기 | 표9 |
| 지실[5] (枳實) | 기실[2] (枳實) | 맞52 |
| 지어-총 (--銃) | 지여총 | 맞16 |
| 지-지난 | 저지난 | |
| 지지랑-물 | 지지락물 | |
| 지지러-트리다 | 지지러뜨리다 | |
| 지질-버력 | 지질버럭 | |
| 지짐-이[2] | 지짐 | |
| 지척-거리다[1] | 지축거리다 | |
| 지척-대다[1] | 지축대다 | |
| 지척-지척[1] | 지축지축 | |
| 지척지척-하다[1] | 지축지축하다 | |
| 지팡이 | 지팡 | 표15 |
| 지팡이 | 지팽이 | 표9 |
| 지폐 (紙幣) | 지페 (紙幣) | 맞8 |
| 지푸라기 | 지푸래기 | 표9 |
| 지현[4] (贄見) | 지견[2] (贄見) | 맞52 |
| 직박구리 | 찍박구리 | |
| 직석 (直席) | 즉석 (卽席) | |
| 직수굿-이 | 직수긋이 | |
| 직수굿-하다 | 직수긋하다 | |
| 진눈깨비 | 진눈까비 | |
| 진육[2] (殄戮▼) | 진륙 (殄戮) | 맞52 |
| 진육-하다 (殄戮▼--) | 진륙하다 (殄戮-) | 맞52 |
| 진죽-버력 (-粥--) | 진죽버럭 | |
| 진지러-트리다 | 진지러뜨리다 | |
| 진-창[1] | 진탕[1] | |
| 진창-물 | 진탕물 | |
| 진탕-만탕 (-宕-宕) | 진탕망탕 | |
| 진폐-증 (塵肺症) | 진페증 (塵肺症) | 맞8 |
| 질받이-꾼 | 질받이군 | 맞54 |
| 질질[3] | 절절[5] | |
| 질크러-지다 | 질쿼지다 | |
| 질통-꾼 (-桶-) | 질통군 | 맞54 |
| 질펀-하다 | 즐펀하다 | |
| 질펀-히 | 즐펀히 | |
| 질-흙[1] | 진흙 | |
| 짐-꾼 | 짐군 | 맞54 |

| 《표대》 | 《조대》 | 관련 조항 |
|---|---|---|
| 짐밀이-꾼 | 짐밀이군 | 맞54 |
| 짐수레-꾼 | 짐수레군 | 맞54 |
| 짐질-꾼 | 짐질군 | 맞54 |
| 집게-뼘 | 집게뽐 | |
| 집구[2] (集句) | 집귀 (集句) | 맞52 |
| 집구-하다 (集句--) | 집귀하다 (集句-) | 맞52 |
| 집다[1] | 찝다 | |
| 집-뼘 | 집뽐 | |
| 집안-닦달 | 집안닥달 | 맞21 |
| 집안닦달-하다 | 집안닥달하다 | 맞21 |
| 집어-세다 | 집어세우다 | |
| 집-칸 | 집간 | |
| 짓고-땡 | 짓고땡이 | |
| 짓-궂다 | 지꿎다 | 맞27 |
| 짓궂-이 | 지꿎이 | 맞27 |
| 짓-마다 | 짓모다 | |
| 짓-무르다 | 진무르다 | 맞27 |
| 짓-무르다 | 짓물다[1] | |
| 짓-무르다 | 짓물리다[1] | |
| 짓-부수다 | 짓부시다 | |
| 짓-찧다 | 짓적다 | 맞54 |
| 징검-징검 | 징겅징겅 | |
| 징경이 | 진경이 | |
| 징역-꾼 (懲役-) | 징역군 | 맞54 |
| 짚신-장이 | 짚신쟁이 | 표9 |
| 짚이다 | 짚이우다 | |
| 짜그라-트리다 | 짜그라뜨리다 | |
| 짜드라기 | 짜드래기 | 표9 |
| 짜름-하다 | 짤름하다 | |
| 짜-이다 | 째이다 | 표9 |
| 짜임-새 | 째임새 | 표9 |
| 짝자그르 | 짝자그르르 | 표14 |
| 짝자그르 | 짝짜그르 | |
| 짝자그르-하다 | 짝자그르르하다 | 표14 |
| 짝자그르-하다 | 짝자그르르하다 | 표14 |
| 짝짜꿍 | 짝자꿍 | |
| 짝짜꿍 | 짝짝꿍 | |
| 짝짜꿍-이 | 짝자꿍이 | |
| 짝짜꿍-하다 | 짝자꿍하다 | |

| 《표대》 | 《조대》 | 관련 조항 |
|---|---|---|
| 짤-따랗다 | 짧다랗다 | 맞21 |
| 짤록-거리다 | 짤룩거리다 | |
| 짤록-대다 | 짤룩대다 | |
| 짤록-짤록[1] | 짤룩짤룩[2] | |
| 짤록-짤록[2] | 짤룩짤룩[1] | |
| 짤록짤록-하다[2] | 짤룩짤룩하다 | |
| 짤록-하다[1] | 짤룩하다 | |
| 짧다 | 짜르다[2] | |
| 짧은-작 | 짜른작 | |
| 짬[1] | 쯤[1] | |
| 짯짯-이 | 쨋쨋이 | |
| 짯짯-하다 | 쨋쨋하다 | |
| 짱뚱어 | 짱둥어 | 맞5 |
| 짱알 | 쨍알 | |
| 짱알-거리다 | 쨍알거리다 | |
| 짱알-대다 | 쨍알대다 | |
| 짱알-짱알 | 쨍알쨍알 | |
| 짱알짱알-하다 | 쨍알쨍알하다 | |
| -째[1] | 채[9] | |
| 째깍[2] | 째각 | |
| 째깍-거리다 | 째각거리다 | |
| 째깍-대다 | 째각대다 | |
| 째깍-째깍[2] | 째각째각 | |
| 째깍째깍-하다 | 째각째각하다 | |
| 째깍-하다 | 째각하다 | |
| 째마리 | 쩨마리 | |
| 째어-지다 | 째여지다[1] | 맞16 |
| 째푸리다 | 째프리다 | |
| 쨍강 | 쨍가당 | 표14 |
| 쨍강-거리다 | 쨍가당거리다 | 표14 |
| 쨍강-대다 | 쨍가당대다 | 표14 |
| 쨍강-쨍강 | 쨍가당쨍가당 | 표14 |
| 쨍강쨍강-하다 | 쨍가당쨍가당하다 | 표14 |
| 쨍강-하다 | 쨍가당하다 | 표14 |
| -쩍다 | -적[2] | 맞54 |
| 쩨꺽[1] | 쩨깍[2] | |
| 쩨꺽[2] | 쩨걱 | |
| 쩨꺽[2] | 쩨깍[1] | |
| 쩨꺽-거리다 | 쩨걱거리다 | |

| 《표대》 | 《조대》 | 관련 조항 |
|---|---|---|
| 쩨꺽-거리다 | 쩨깍거리다 | |
| 쩨꺽-대다 | 쩨걱대다 | |
| 쩨꺽-대다 | 쩨깍대다 | |
| 쩨꺽-쩨꺽[1] | 쩨깍쩨깍[2] | |
| 쩨꺽-쩨꺽[2] | 쩨걱쩨걱 | |
| 쩨꺽-쩨꺽[2] | 쩨깍쩨깍[1] | |
| 쩨꺽쩨꺽-하다 | 쩨걱쩨걱하다 | |
| 쩨꺽쩨꺽-하다 | 쩨깍쩨깍하다 | |
| 쩨꺽-하다 | 쩨걱하다 | |
| 쩨꺽-하다 | 쩨깍하다 | |
| 쩨쩨-하다 | 쬐쬐하다 | |
| 쩽겅 | 쩽거덩 | 표14 |
| 쩽겅-거리다 | 쩽거덩거리다 | 표14 |
| 쩽겅-대다 | 쩽거덩대다 | 표14 |
| 쩽겅-쩽겅 | 쩽거덩쩽거덩 | 표14 |
| 쩽겅쩽겅-하다 | 쩽거덩쩽거덩하다 | 표14 |
| 쩽겅-하다 | 쩽거덩하다 | 표14 |
| 쪼그라-트리다 | 쪼그라뜨리다 | |
| 쪼글-쪼글 | 쪼골쪼골 | |
| 쪼글쪼글-하다 | 쪼골쪼골하다 | |
| 쪼끄마-하다 | 쪼꼬마하다 | |
| 쪼끄맣다 | 쪼꼬맣다 | |
| 쪼다[2] | 쫏다 | |
| 쪼들리다 | 쫄리다 | 표15 |
| 쪼르륵 | 쪼로록 | |
| 쪼르륵-거리다 | 쪼로록거리다 | |
| 쪼르륵-대다 | 쪼로록대다 | |
| 쪼르륵-쪼르륵 | 쪼로록쪼로록 | |
| 쪼르륵쪼르륵-하다 | 쪼로록쪼로록하다 | |
| 쪼르륵-하다 | 쪼로록하다 | |
| 쪼뼛 | 쪼삣 | |
| 쪼뼛-거리다 | 쪼삣거리다 | |
| 쪼뼛-대다 | 쪼삣대다 | |
| 쪼뼛-쪼뼛 | 쪼삣쪼삣 | |
| 쪼뼛쪼뼛-하다 | 쪼삣쪼삣하다 | |
| 쪼뼛-하다 | 쪼삣하다 | |
| 쪼이다[1] | 쬐이다 | 표9 |
| 쪼크라-트리다 | 쪼크라뜨리다 | |
| 쪽-모이 | 쪽무이 | |

| 《표대》 | 《조대》 | 관련 조항 |
|---|---|---|
| 쪽모이-하다 | 쪽무이하다 | |
| 쫄래-둥이 | 쫄래동이 | |
| 쬐다[2] | 쪼이다[2] | 표16 |
| 쭈그러-트리다 | 쭈그러뜨리다 | |
| 쭈그렁-바가지 | 쭈그럭바가지 | |
| 쭈르륵 | 쭈루룩 | |
| 쭈르륵-거리다 | 쭈루룩거리다 | |
| 쭈르륵-대다 | 쭈루룩대다 | |
| 쭈르륵-쭈르륵 | 쭈루룩쭈루룩 | |
| 쭈르륵쭈르륵-하다 | 쭈루룩쭈루룩하다 | |
| 쭈르륵-하다 | 쭈루룩하다 | |
| 쭈뼛 | 쭈삣 | |
| 쭈뼛-거리다 | 쭈삣거리다 | |
| 쭈뼛-대다 | 쭈삣대다 | |
| 쭈뼛-쭈뼛 | 쭈삣쭈삣 | |
| 쭈뼛-하다 | 쭈삣하다 | |
| 쭉정-이 | 쭉정 | |
| -쭝 (重▼) | -중 (-重) | 맞52 |
| 쭝긋 | 쭝깃 | |
| 쭝긋-거리다 | 쭝깃거리다 | |
| 쭝긋-대다 | 쭝깃대다 | |
| 쭝긋-이 | 쭝깃이 | |
| 쭝긋-쭝긋 | 쭝깃쭝깃 | |
| 쭝긋쭝긋-이 | 쭝깃쭝깃이 | |
| 쭝긋쭝긋-하다 | 쭝깃쭝깃하다 | |
| 쭝긋쭝긋-하다 | 쭝깃쭝깃하다 | |
| 쭝긋-하다 | 쭝깃하다 | |
| 쭝긋-하다 | 쭝깃하다 | |
| 찌그러-트리다 | 찌그러뜨리다 | |
| 찌르레기 | 찌르러기 | |
| 찌부러-트리다 | 찌부러뜨리다 | |
| 찌뿌듯-하다 | 찌뿌둥하다 | |
| 찌푸리다 | 쪼프리다 | |
| 찌푸리다 | 찌프리다 | |
| 찐득-이 | 찐득 | |
| 찜찜-하다 | 찜하다 | 표15 |
| 찝찔-하다 | 쯥쯜하다 | |
| 찡그리다 | 찡글다 | 표15 |
| 찢-트리다 | 찢뜨리다 | |

| 《표대》 | 《조대》 | 관련 조항 |
|---|---|---|
| 차갑다 | 차겁다 | |
| 차-꾼 (車-) | 차군[1] (車-) | 맞54 |
| 차란-차란 | 차랑차랑[1] | |
| 차란차란-하다 | 차랑차랑하다 | |
| 차려 | 차렷 | |
| 차력-꾼 (借力-) | 차력군 | 맞54 |
| 차-산병 (-散餠) | 찰산병 | 맞28 |
| 차양[2] (遮陽) | 채양 | 표9 |
| 차-이다 | 채이다[1] | 표9 |
| 차인-꾼 (差人-) | 차인군 | 맞54 |
| 차-전병 (-煎餠) | 찰전병 (-煎餠) | 맞28 |
| 차즈기 | 차조기 | |
| 차즘 | 차츰 | |
| 차즘-차즘 | 차츰차츰 | |
| 차폐 (遮蔽) | 차페 (遮蔽) | 맞8 |
| 차폐^격자 (遮蔽格子) | 차페격자 (遮蔽格子) | 맞8 |
| 차폐-되다 (遮蔽--) | 차페되다 (遮蔽-) | 맞8 |
| 차폐-선 (遮蔽線) | 차페선 (遮蔽線) | 맞8 |
| 차폐-층 (遮蔽層) | 차페층 (遮蔽層) | 맞8 |
| 차폐-하다 (遮蔽--) | 차페하다 (遮蔽-) | 맞8 |
| 찰-가자미 | 찰가재미 | 표9 |
| 찰-거머리 | 찰거마리 | |
| 찰-떡 | 차떡 | 맞28 |
| 찰-수수 | 차수수 | 맞28 |
| 찰-시루떡 | 차시루떡 | 맞28 |
| 찰-원수 (-怨讐) | 찰원쑤 | |
| 참-가자미 | 참가재미 | 표9 |
| 참-꽃바지 | 참꽃받이 | 맞19 |
| 참-따랗다 | 참다랗다 | 맞21 |
| 참-땋다 | 찬닿다 | 맞21 |
| 참-맘 | 참마음 | 표16 |
| 참뱀-차즈기 | 참뱀차조기 | |
| 참새-귀리 | 참새귀밀 | |
| 참오글-잎버들 | 참오골잎버들 | |
| 참-조팝나무 | 참조밥나무 | 맞31 |
| 참죽-나무 | 참중나무 | |
| 참죽-나물 | 참중나물 | |
| 참죽-순 (--筍) | 참중순 (-筍) | |
| 참죽순-적 (--筍炙) | 참중순적 (-筍炙) | |



기타

| 《표대》 | 《조대》 | 관련 조항 |
|---|---|---|
| 참죽-쌈 | 참중쌈 | |
| 참통 (碜痛) | 삼통 (碜痛) | 맞52 |
| 찻-간 (車間) | 차칸 | |
| 창-꾼 (槍-) | 창군 (외槍軍) | 맞54 |
| 창창[8] (瑲瑲) | 쟁쟁[2] | |
| 창창-하다[4] | 쟁쟁하다[1] | |
| 창-칼[1] | 참칼 | |
| 채-꾼[1] | 채군 | 맞54 |
| 채비 | 차비[1] (差備) | 표9 |
| 채삼-꾼 (採蔘-) | 채삼군 | 맞54 |
| 채신 | 체신[2] | |
| 채신-머리 | 체신머리 | |
| 채양-버들 | 챙버들 | 표15 |
| 채우다[3] | 채다[5] | |
| 처-트리다 | 처뜨리다[1] | |
| 척구폐요 (跖狗吠堯) | 척구페요 (跖狗吠堯) | 맞8 |
| 척색[1] (脊索) | 척삭 (脊索) | 맞52 |
| 척색-동물 (脊索動物) | 척삭동물 | 맞52 |
| 천동[1] (天動) | 천둥 | |
| 천렵-꾼 (川獵-) | 천렵군 | 맞54 |
| 천례[2] (賤隸) | 천예[1] (賤隸) | 맞52 |
| 천생[1] (天生) | 천상[4] | |
| 천석-꾼 (千石-) | 천석군 (千石君) | 맞54 |
| 천엽 (千葉) | 처녑 | |
| 천장[2] (天障) | 천정[1] (天井) | |
| 천장^기중기 (天障起重機) | 천정기중기 | |
| 천장-틀 (天障-) | 천정틀 | |
| 천장-화 (天障畫) | 천정화 (天井畵) | |
| 천폐[1] (天陛) | 천페[1] (天陛) | 맞8 |
| 천폐[2] (泉幣) | 천페[2] (泉幣) | 맞8 |
| 천헐궁 (天蠍宮) | 천갈궁 (외天褐宮) | 맞52 |
| 철-둑 (鐵-) | 철뚝 | |
| 철둑-길 (鐵--) | 철뚝길 | |
| 철롯-둑 (鐵路-) | 철로뚝 | |
| 철릭 | 천릭 | |
| 철릭-짜리 | 천릭짜리 | |
| 철삭 (鐵索) | 철색[2] (鐵索) | 맞52 |
| 철천지원수 (徹天之怨讐) | 철천지원쑤 | |
| 철-체 (鐵-) | 철채 | |

| 《표대》 | 《조대》 | 관련 조항 |
|---|---|---|
| 철폐[1] (撤廢) | 철폐 (撤廢) | 맞8 |
| 철폐-되다 (撤廢--) | 철폐되다 (撤廢-) | 맞8 |
| 철폐-하다 (撤廢--) | 철폐하다 (撤廢-) | 맞8 |
| 첩지[2] (帖紙) | 체지[2] (帖紙) | 맞52 |
| 첩첩-이 (疊疊-) | 첩첩히[2] | 맞51 |
| 첫-아기 | 첫애기 | 표9 |
| 첫-애 | 첫아이 | 표16 |
| 청-꾼 (請-) | 청군[1] (請-) | 맞54 |
| 청둥-오리 | 청뒹오리 | |
| 청둥-호박 | 청동호박 | |
| 청맹-과니 (靑盲--) | 청맹관 | 표15 |
| 청-술레 (靑--) | 청실레 | |
| 청어-해 (靑魚醢) | 청어혜 (靑魚醢) | |
| 청저-철릭 (靑苧--) | 청저천릭 | |
| 체[1] | 채[2] | |
| 체-관[1] (-管) | 채관[1] (-管) | |
| 체관-부 (-管部) | 채관부 (-管部) | |
| 체-머리 | 채머리 | |
| 체메-꾼 (體--) | 체메군 | 맞54 |
| 체-질[1] | 채질[1] | |
| 쳐-부수다 | 쳐부시다 | |
| 초례[1] (草隷) | 초예 (草隷) | 맞52 |
| 초롱-꾼 | 초롱군 | 맞54 |
| 초립-둥이 (草笠--) | 초립동이 | |
| 초선[5] (醋蒜) | 초산[4] (醋蒜) | 맞52 |
| 초승[1] (初生▼) | 초생[1] (初生) | 맞52 |
| 초승-달 (初生▼-) | 초생달 | 맞52 |
| 초진[1] (初陳) | 초지니 (初-) | |
| 초-해즙 (醋醢汁) | 초혜즙 (醋醢汁) | |
| 촉견폐일 (蜀犬吠日) | 촉견페일 (蜀犬吠日) | 맞8 |
| 촉의 (屬意) | 속의 (屬意) | 맞52 |
| 촉의-하다 (屬意--) | 속의하다 (屬意-) | 맞52 |
| 촉촉-이[1] | 촉촉히[1] | 맞51 |
| 촉촉-이[2] (矗矗-) | 촉촉히[2] | 맞51 |
| 촌스레 (村--) | 촌스러이 | 표14 |
| 추살[3] (椎殺) | 퇴살 (椎殺) | 맞52 |
| 추살-하다[3] (椎殺--) | 퇴살하다 (椎殺-) | 맞52 |
| 추서다 | 추어서다 | |
| 추서다 | 춰서다 | |

| 《표대》 | 《조대》 | 관련 조항 |
|---|---|---|
| 추성[4] (箒星) | 취성[2] (箒星) | 맞52 |
| 추세-꾼 (趨勢-) | 추세군 (趨勢-) | 맞54 |
| 추세우다 | 추어세우다 | |
| 추세우다 | 춰세우다 | |
| 추어-내다 | 춰내다 | 표15 |
| 추어-올리다 | 춰올리다 | 표15 |
| 추어-주다 | 춰주다 | 표15 |
| 축이다 | 추기다[1] | 맞22 |
| 축축-이 | 축축히 | 맞51 |
| 축폐-선 (縮閉線) | 축페선 (縮閉線) | 맞8 |
| 출두[2] (出頭) | 출도 | |
| 출두-하다[2] (出頭--) | 출도하다 | |
| 출류-발췌 (出類拔萃) | 출류발취 | 맞52 |
| 출류발췌-하다 (出類拔萃--) | 출류발취하다 (出類拔萃-) | 맞52 |
| 출물-꾼 (出物-) | 출물군 | 맞54 |
| 출폐 (黜廢) | 출페 (黜廢) | 맞8 |
| 출폐-하다 (黜廢--) | 출페하다 (黜廢-) | 맞8 |
| 출필곡 (出必告) | 출필고 (出必告) | 맞52 |
| 출필곡-하다 (出必告--) | 출필고하다 (出必告-) | 맞52 |
| 춤-꾼 | 춤군 | 맞54 |
| 충수-꾼 (充數-) | 충수군 (充數-) | 맞54 |
| 충전[1] (充塡) | 충진 (←充塡) | 맞52 |
| 충전-제 (充塡劑) | 충진제 | 맞52 |
| 췌[2] (萃) | 수[12] (萃) | 맞52 |
| 췌관 (膵管) | 취관[1] (膵管) | 맞52 |
| 췌괘 (萃卦) | 수괘[3] (萃卦) | 맞52 |
| 췌서[2] (贅壻) | 취서[2] (贅婿) | 맞52 |
| 췌설 (贅說) | 취설[1] (贅說) | 맞52 |
| 췌설-하다 (贅說--) | 취설하다 (贅說-) | 맞52 |
| 췌액 (膵液) | 취액 (膵液) | 맞52 |
| 췌언 (贅言) | 취언[2] (贅言) | 맞52 |
| 췌언-하다 (贅言--) | 취언하다 (贅言-) | 맞52 |
| 췌육 (贅肉) | 취육 (贅肉) | 맞52 |
| 췌장 (膵臟) | 취장 (膵臟) | 맞52 |
| 췌장-암 (膵臟癌) | 취장암 | 맞52 |
| 췌장-염 (膵臟炎) | 취장염 (膵臟炎) | 맞52 |
| 췌장^호르몬 (膵臟hormone) | 취장호르몬 | 맞52 |
| 췌지 (揣知) | 취지[2] (揣知) | 맞52 |
| 췌지-하다 (揣知--) | 취지하다 (揣知-) | 맞52 |

기타

| 《표대》 | 《조대》 | 관련 조항 |
|---|---|---|
| 췌탁 (揣度) | 취탁 (揣度) | 맞52 |
| 췌탁-하다 (揣度--) | 취탁하다 (揣度-) | 맞52 |
| 취두 (鷲頭) | 추두[2] (鷲頭) | 맞52 |
| 취바리 | 취발이 | |
| 취바리-춤 | 취발이춤 | |
| 취우[3] (驟雨) | 추우[2] (←驟雨) | 맞52 |
| 취향[1] (趣向) | 추향[3] (趣向) | 맞52 |
| 츱츱-하다 | 칩칩하다 | |
| 층거리-가자미 (層-----) | 층거리가재미 | 표9 |
| 층층-다리 (層層--) | 층다리 | |
| 치경-꾼 (治經-) | 치경군 (治經-) | 맞54 |
| 치다꺼리 | 치닥거리 | 맞5 |
| 치다꺼리-하다 | 치닥거리하다 | 맞5 |
| 치룽-구니 | 치룽군이 | 맞20 |
| 치부-꾼 (致富-) | 치부군 | 맞54 |
| 치성-꾼 (致誠-) | 치성군 (致誠-) | 맞54 |
| 치양-토 (埴壤土) | 식양토 (埴壤土) | 맞52 |
| 치어다-보다 | 쳐다보다 | 표16 |
| 치이다[1] | 치다[1] | |
| 치이다[1] | 치우다[3] | |
| 치-이다[2] | 치다[1] | |
| 치-이다[2] | 치우다[3] | |
| 치차[1] (輜車) | 치거 (輜車) | 맞52 |
| 치-트리다 | 치뜨리다 | |
| 치폐 (致斃) | 치페 (致斃) | 맞8 |
| 치폐설존 (治斃舌存) | 치페설존 (齒斃舌存) | 맞8 |
| 치폐-하다 (致斃--) | 치페하다 (致斃-) | 맞8 |
| 칙칙-폭폭 | 칙칙푹푹 | |
| 칙칙-하다[2] | 틱틱하다 | |
| 친-손자 (親孫子) | 친손주 | |
| 친-아비 (親--) | 친애비 | 표9 |
| 친예 (親刈) | 친애[2] (親刈) | 맞52 |
| 친예-하다 (親刈--) | 친애하다 (親刈-) | 맞52 |
| 친의[3] (襯衣) | 츤의 (襯衣) | 맞52 |
| 칠삭-둥이 (七朔--) | 칠삭동이 (七朔童-) | |
| 칠-장이 (漆--) | 칠쟁이 (漆-) | 표9 |
| 칠칠-히 | 칠칠이 | 맞51 |
| 침반 (針盤) | 침판[2] (←針盤) | 맞52 |
| 칩떠-보다 | 치떠보다 | 맞31 |

| 《표대》 | 《조대》 | 관련 조항 |
|---|---|---|
| 칭동 (秤動) | 평동 | 맞52 |
| 칭량 (秤量/稱量) | 평량 (秤量) | 맞52 |
| 칭량관 (秤量管) | 평량관 (오平凉管) | 맞52 |
| 칭량-병 (秤量甁) | 평량병 (秤量甁) | 맞52 |
| 칭량-하다 (秤量--/稱量--) | 평량하다 (秤量-) | 맞52 |
| 칭량^화폐 (秤量貨幣) | 칭량화페 | 맞8 |
| 칭량^화폐 (秤量貨幣) | 평량화페 | 맞52, 맞8 |
| 칸[1] | 간[3] (間) | |
| 칸-막이 | 간막이 | |
| 칸막이-벽 (---壁) | 간막이벽 | |
| 칸막이-하다 | 간막이하다 | |
| 칸-살[1] | 간살[1] | |
| 칸-수 (-數) | 간수[5] (間數) | |
| 칸칸-이 | 간간이[1] | |
| 칼-쌈 | 칼싸움 | 표16 |
| 칼-자국 | 칼자욱 | |
| 캐어-묻다 | 캐여묻다 | 맞16 |
| 커-다랗다 | 크다랗다 | |
| 켜-이다 | 키이다[1] | |
| 켤레[2] | 컬레 | |
| 코-나팔 (-喇叭) | 코나발 | 맞52 |
| 코-쭝배기 | 코중배기 | |
| 코-훌쩍이 | 코흘쩍이 | |
| 콜록 | 콜롱 | |
| 콜록-거리다 | 콜롱거리다 | |
| 콜록-대다 | 콜롱대다 | |
| 콜록-콜록 | 콜롱콜롱 | |
| 콜록콜록-하다 | 콜롱콜롱하다 | |
| 콜록-하다 | 콜롱하다 | |
| 콧-방 (-放) | 코빵 | 맞27 |
| 콩닥 | 콩당 | |
| 콩닥-거리다 | 콩당거리다 | |
| 콩닥-대다 | 콩당대다 | |
| 콩닥-콩닥 | 콩당콩당 | |
| 콩닥콩닥-하다 | 콩당콩당하다 | |
| 콩닥-하다 | 콩당하다 | |
| 콩계-팥계 | 콩케팥케 | |
| 콱 | 칵[2] | |
| 콱-콱 | 칵칵[2] | |

| 《표대》 | 《조대》 | 관련 조항 |
|---|---|---|
| 콱콱-거리다 | 칵칵거리다[2] | |
| 콱콱-대다 | 칵칵대다[2] | |
| 콱콱-하다 | 칵칵하다 | |
| 쿨룩 | 쿨룽 | |
| 쿨룩-거리다 | 쿨룽거리다 | |
| 쿨룩-대다 | 쿨룽대다 | |
| 쿨룩-쿨룩 | 쿨룽쿨룽 | |
| 쿨룩쿨룩-하다 | 쿨룽쿨룽하다 | |
| 쿨룩-하다 | 쿨룽하다 | |
| 쿵덕 | 쿵덩 | |
| 쿵덕-거리다 | 쿵덩거리다 | |
| 쿵덕-대다 | 쿵덩대다 | |
| 쿵덕-쿵덕 | 쿵덩쿵덩 | |
| 쿵덕쿵덕-하다 | 쿵덩쿵덩하다 | |
| 쿵덕-하다 | 쿵덩하다 | |
| 퀴퀴-하다 | 퀘퀘하다 | |
| 크낙-새 | 클락새 | |
| 크루프성^폐렴 (croup性肺炎▼) | 크루프성페염 | 맞52, 맞8 |
| 큰-구슬봉이 | 큰구슬붕이 | |
| 큰-뉘 | 큰누이 | 표16 |
| 큰-맘 | 큰마음 | 표16 |
| 큰-아기 | 큰애기 | 표9 |
| 큰-어미 | 큰에미 | 표9 |
| 큰톱-장이 | 큰톱쟁이 | 표9 |
| 타령-꾼 | 타령군 (打令-) | 맞54 |
| 타성-바지 (他姓--) | 타성받이 | 맞19 |
| 타울-거리다 | 타올거리다 | |
| 타울-대다 | 타올대다 | |
| 타울-타울 | 타올타올 | |
| 타울타울-하다 | 타올타올하다 | |
| 타작-꾼 (打作-) | 타작군 (打作-) | 맞54 |
| 타짜-꾼 | 타짜군 | 맞54 |
| 탄폐 (炭肺) | 탄페 (炭肺) | 맞8 |
| 탈구[2] (脫句) | 탈귀 (脫句) | 맞52 |
| 탈-꾼 | 탈군 | 맞54 |
| 탈래-탈래 | 탈레탈레 | |
| 탈래탈래-하다 | 탈레탈레하다 | |
| 탈타리 | 털터리 | |
| 탈탈-이 | 탈타리 | 맞23 |

기타

| 《표대》 | 《조대》 | 관련 조항 |
|---|---|---|
| 탈항 (脫肛) | 탈홍 (脫肛) | 맞52 |
| 탈항-증 (脫肛症) | 탈홍증 (脫肛症) | 맞52 |
| 탐정-꾼 (探偵-) | 탐정군 (探偵-) | 맞54 |
| 탐지-꾼 (探知-) | 탐지군 (探知-) | 맞54 |
| 탕[3] | 탱[1] | |
| 탕-탕[1] | 탱탱[2] | |
| 태껸 | 택견 | |
| 태어-나다 | 태여나다 | 맞16 |
| 태깜-꾼 (駄--) | 태깜군 | 맞54 |
| 태평-꾼 (太平-) | 태평군 (太平-) | 맞54 |
| 터거리 | 터가리 | |
| 터벅-머리 | 더벅머리 | |
| 터부룩-이 | 더부룩이 | |
| 터부룩-터부룩 | 더부룩더부룩 | |
| 터부룩터부룩-하다 | 더부룩더부룩하다 | |
| 터부룩-하다 | 더부룩하다 | |
| 터실-터실 | 터슬터슬 | |
| 터실터실-하다 | 터슬터슬하다 | |
| 터-트리다 | 터뜨리다 | |
| 턱[4] | 탁[3] | |
| 턱-받이[1] | 턱받기 | |
| 턱-자가미 | 턱자개미 | 표9 |
| 턱-주가리 | 턱수가리 | |
| 털-가죽 | 털갖 | |
| 털-곰팡이 | 털곰팽이 | 표9 |
| 털-북숭이 | 털보숭이 | |
| 털-북숭이 | 털부숭이 | |
| 털어-먹다 | 떨어먹다 | |
| 털이-꾼 | 털이군 | 맞54 |
| 털-찝 | 털집 | 맞27 |
| 털털-이[1] | 털터리 | 맞23 |
| 털털-이[2] | 털터리 | 맞23 |
| 텁텁-하다 | 틉틉하다 | |
| 텅[1] | 텡 | |
| 텅-텅[1] | 텡텡 | |
| 토각-귀모 (兎角龜毛) | 토각구모 (兎角龜毛) | 맞52 |
| 토기-장이 (土器--) | 토기쟁이 | 표9 |
| 토담-장이 (土---) | 토담쟁이 | 표9 |
| 토-박이 (土--) | 토배기 | 표9 |

| 《표대》 | 《조대》 | 관련 조항 |
|---|---|---|
| 토**박이**-말 (土---) | 토**배기**말 | 표9 |
| 토**시** | 토**수**$^{2}$ (吐手) | |
| 토점-**꾼** (土店-) | 토점**군** | 맞54 |
| 토포-**착**발 (吐哺捉髮) | 토포**촉**발 (吐哺捉髮) | 맞52 |
| 톱-**니** | 톱**이** | 맞27 |
| 톱**니**-바퀴 | 톱**이**바퀴 | 맞27 |
| 톱-**양** | 톱**냥** | |
| 톱-**장**이 | 톱**쟁**이 | 표9 |
| 통**간**$^{2}$ (通間) | 통**칸** | |
| 통메-**장**이 (桶---) | 통메**쟁**이 | 표9 |
| 통-무 | 통무**우** | 표14 |
| 통-**장**이 (桶--) | 통**쟁**이 | 표9 |
| 통-**조림** (桶--) | 통**졸임** | 맞22 |
| 통**조림**-통 (桶--桶) | 통**졸임**통 | 맞22 |
| 통-**째** | 통**채**$^{1}$ | |
| **통통**-배 | **퉁퉁**배 | |
| **통통**-선 (--船) | **퉁퉁**선 (-船) | |
| 통-**틀**다 | 통**털**다 | |
| 통**폐** (通弊) | 통**페** (通弊) | 맞8 |
| 통-**폐**합 (統廢合) | 통**페**합 (統廢合) | 맞8 |
| 통**폐**합-하다 (統廢合--) | 통**페**합하다 (統廢合-) | 맞8 |
| **퇴**고 (推敲) | **추**고$^{1}$ (推敲) | 맞52 |
| 퇴-**마냥** | 퇴**만양** | |
| 퇴장^화**폐** (退藏貨幣) | 퇴장화**페** | 맞8 |
| 퇴**폐**$^{2}$ (頹廢) | 퇴**페** (頹廢) | 맞8 |
| 퇴**폐**-시 (頹廢詩) | 퇴**페**시 (頹廢詩) | 맞8 |
| 퇴**폐**-적 (頹廢的) | 퇴**페**적 (頹廢的) | 맞8 |
| 퇴**폐**-주의 (頹廢主義) | 퇴**페**주의 (頹廢主義) | 맞8 |
| 퇴**폐**-파 (頹廢派) | 퇴**페**파 (頹廢派) | 맞8 |
| 퇴**폐**-풍조 (頹廢風潮) | 퇴**페**풍조 | 맞8 |
| 퇴**폐**-하다$^{2}$ (頹廢--) | 퇴**페**하다 (頹廢-) | 맞8 |
| 퇴**폐**-하다$^{2}$ (頹廢--) | 퇴**페**하다 (頹廢-) | 맞8 |
| 투기-**꾼** (投機-) | 투기**군** (投機-) | 맞54 |
| 투석-**꾼** (投石-) | 투석**군** | 맞54 |
| 투전-**꾼** (鬪牋-) | 투전**군** (鬪牋-) | 맞54 |
| 투정-**꾼** | 투정**군** | 맞54 |
| **퉁**-둥굴레 | **퉁**둥굴레 | |
| **튀**기$^{1}$ | **트**기 | |
| 튀**김**$^{1}$ | 튀**기** | |

| 《표대》 | 《조대》 | 관련 조항 |
|---|---|---|
| -트리다 | -뜨리- | |
| 틀-니[1] | 틀이 | 맞27 |
| 틈-바구니 | 틈박 | 표15 |
| 틈발 (闖發) | 츰발 (闖發) | 맞52 |
| 틈발-하다 (闖發--) | 츰발하다 (闖發-) | 맞52 |
| 틈사 (闖肆) | 츰사 (闖肆) | 맞52 |
| 틈사-하다 (闖肆--) | 츰사하다 (闖肆-) | 맞52 |
| 틈-서리 | 틈사리 | |
| 틈입 (闖入) | 츰입 (闖入) | 맞52 |
| 틈입-하다 (闖入--) | 츰입하다 (闖入-) | 맞52 |
| 티격 | 티각 | |
| 티격-태격 | 티각태각 | |
| 티격-태격 | 티각티각 | |
| 티격태격-하다 | 티각태각하다 | |
| 티격태격-하다 | 티각티각하다 | |
| 티적-거리다 | 트적거리다 | |
| 티적-대다 | 트적대다 | |
| 티적-티적 | 트적트적 | |
| 티적티적-하다 | 트적트적하다 | |
| 파드닥 | 파다닥 | |
| 파드닥 | 파드득 | |
| 파드닥-거리다 | 파다닥거리다 | |
| 파드닥-거리다 | 파드득거리다 | |
| 파드닥-대다 | 파다닥대다 | |
| 파드닥-대다 | 파드득대다 | |
| 파드닥-파드닥 | 파다닥파다닥 | |
| 파드닥-파드닥 | 파드득파드득 | |
| 파드닥파드닥-하다 | 파다닥파다닥하다 | |
| 파드닥파드닥-하다 | 파드득파드득하다 | |
| 파드닥-하다 | 파다닥하다 | |
| 파드닥-하다 | 파드득하다 | |
| 파리목-동곳 | 파미목동곳 | |
| 파리-하다 | 파릿하다 | |
| 파발-꾼 (擺撥-) | 파발군 | 맞54 |
| 파병[2] (欛柄) | 패병 (欛柄) | 맞52 |
| 파병-하다[2] (欛柄--) | 패병하다 (欛柄-) | 맞52 |
| 파수-꾼 (把守-) | 파수군 | 맞54 |
| 파슬-파슬 | 파실파실 | |
| 파슬파슬-하다 | 파실파실하다 | |

| 《표대》 | 《조대》 | 관련 조항 |
|---|---|---|
| **파**-이다[1] | **패**이다 | 표9 |
| **판**[12] (瓣) | **변**[3] | |
| 판-돈**령** (判敦寧▼) | 판돈**녕** (判敦寧) | 맞52 |
| 판-돈**령**부사 (判敦寧▼府事) | 판돈**녕**부사 | 맞52 |
| 판-**때**기 (板--) | 판**대**기 | 맞54 |
| 판무식-**꾼** (判無識-) | 판무식**군** | 맞54 |
| 판판-**이** | 판판**히**[2] | 맞51 |
| 팔밀이-**꾼** | 팔밀이**군** | 맞54 |
| 팔삭-**둥**이 (八朔--) | 팔삭**동**이 | |
| **팡**개 | **팽**개 | 표9 |
| **팡**개-질 | **팽**개질 | 표9 |
| **팡**개질-하다 | **팽**개질하다 | 표9 |
| **팥**-중이 | **팟**중이 | |
| 패랭이-**고누** | 패랭이**꼬니** | |
| 패망-**쇠**미 (敗亡衰微) | 패망**쇄**미 (敗亡衰微) | 맞52 |
| 패망**쇠**미-하다 (敗亡衰微--) | 패망**쇄**미하다 (敗亡衰微-) | 맞52 |
| 패-**쌈**[1] (牌-) | 패**싸움** | 표16 |
| 패**쌈**-하다[1] (牌---) | 패**싸움**하다 | 표16 |
| 패**자**[6] (牌子) | 패**지** (牌旨) | |
| **팽**개-질 | **팡**개질 | |
| **팽**개질-하다 | **팡**개질하다 | 표9 |
| **팽**개-치다 | **팡**개치다 | 표9 |
| 퍼**더**-버리다 | 퍼버리다[2] | 표15 |
| 퍼**드**덕 | 퍼**더**덕 | |
| 퍼드**덕** | 퍼드**득** | |
| 퍼**드**덕-거리다 | 퍼**더**덕거리다 | |
| 퍼드**덕**-거리다 | 퍼드**득**거리다 | |
| 퍼**드**덕-대다 | 퍼**더**덕대다 | |
| 퍼드**덕**-대다 | 퍼드**득**대다 | |
| 퍼**드**덕-퍼**드**덕 | 퍼**더**덕퍼**더**덕 | |
| 퍼드**덕**-퍼드**덕** | 퍼드**득**퍼드**득** | |
| 퍼드**덕**퍼드**덕**-하다 | 퍼드**득**퍼드**득**하다 | |
| 퍼드**덕**-하다 | 퍼드**득**하다 | |
| **퍼**뜩 | **푸**뜩 | |
| **퍼**뜩-**퍼**뜩 | **푸**뜩**푸**뜩 | |
| **퍼**뜩**퍼**뜩-하다 | **푸**뜩**푸**뜩하다 | |
| **퍼**뜩-하다 | **푸**뜩하다 | |
| 퍼**레**-지다 | 퍼**래**지다 | 맞18 |
| 퍼**슬**-퍼**슬** | 퍼**실**퍼**실** | |

| 《표대》 | 《조대》 | 관련 조항 |
|---|---|---|
| 퍼슬퍼슬-하다 | 퍼실퍼실하다 | |
| 펄-꾼 | 펄군 | 맞54 |
| 편쌈-꾼 (便--) | 편쌈군 | 맞54 |
| 편찮다 (便--) | 편치않다 | 표14 |
| 편폐[1] (偏廢) | 편페[2] (偏廢) | 맞8 |
| 편폐[2] (偏嬖) | 편페[1] (偏嬖) | 맞8 |
| 편폐-하다[2] (偏嬖--) | 편페하다 (偏嬖-) | 맞8 |
| 평-밀이 (平--) | 평미리 | 맞19 |
| 평밀이-하다 (平----) | 평미리하다 | 맞19 |
| 평예 (坪刈) | 평애 (坪刈) | 맞52 |
| 평-천장 (平天障) | 평천정 (平天井) | |
| 폐[2] (肺) | 페[2] (肺) | 맞8 |
| 폐[3] (弊) | 페[1] (弊) | 맞8 |
| 폐가[1] (弊家) | 페가[2] (弊家) | 맞8 |
| 폐가[2] (廢家) | 페가[1] (廢家) | 맞8 |
| 폐가-하다 (廢家--) | 페가하다 (廢家-) | 맞8 |
| 폐각[2] (廢却) | 페각[1] (廢却) | 맞8 |
| 폐각[3] (廢脚) | 페각[2] (廢脚) | 맞8 |
| 폐각-근 (閉殼筋) | 페각근 (閉殼筋) | 맞8 |
| 폐각-하다 (廢却--) | 페각하다 (廢却-) | 맞8 |
| 폐간[1] (肺肝) | 페간[2] (肺肝) | 맞8 |
| 폐간[2] (廢刊) | 페간[1] (閉刊) | 맞8 |
| 폐간-되다 (廢刊--) | 페간되다 (閉刊-) | 맞8 |
| 폐간-하다 (廢刊--) | 페간하다 (閉刊-) | 맞8 |
| 폐간-호 (廢刊號) | 페간호 (廢刊號) | 맞8 |
| 폐감 (肺疳) | 페감 (肺疳) | 맞8 |
| 폐강[1] (閉講) | 페강[2] (閉講) | 맞8 |
| 폐강[2] (廢鋼) | 페강[1] (廢鋼) | 맞8 |
| 폐강-하다 (閉講--) | 페강하다 (閉講-) | 맞8 |
| 폐객 (弊客) | 페객 (弊客) | 맞8 |
| 폐갱 (廢坑) | 페갱 (廢坑) | 맞8 |
| 폐갱-되다 (廢坑--) | 페갱되다 (廢坑-) | 맞8 |
| 폐갱-하다 (廢坑--) | 페갱하다 (廢坑-) | 맞8 |
| 폐거[2] (弊居) | 페거 (弊居) | 맞8 |
| 폐건 (敝件) | 페건 (敝件) | 맞8 |
| 폐-결핵 (肺結核) | 페결핵 (肺結核) | 맞8 |
| 폐경 (肺經) | 페경[3] (肺經) | 맞8 |
| 폐경-기 (閉經期) | 페경기 (閉經期) | 맞8 |
| 폐-곡면 (閉曲面) | 페곡면 (閉曲面) | 맞8 |

| 《표대》 | 《조대》 | 관련 조항 |
|---|---|---|
| 폐-곡선 (閉曲線) | 페곡선 (閉曲線) | 맞8 |
| 폐공[2] (廢工) | 페공[1] (廢工) | 맞8 |
| 폐공[3] (蔽空) | 페공[2] (蔽空) | 맞8 |
| 폐공-하다[1] (廢工--) | 페공하다 (廢工-) | 맞8 |
| 폐공-하다[2] (蔽空--) | 페공하다 (蔽空-) | 맞8 |
| 폐과[1] (閉果) | 페과[2] (閉果) | 맞8 |
| 폐과[2] (廢科) | 페과[1] (廢科) | 맞8 |
| 폐과-하다 (廢科--) | 페과하다 (廢科-) | 맞8 |
| 폐관[3] (閉關/廢關) | 페관[2] (閉關) | 맞8 |
| 폐관[4] (廢館) | 페관[1] (廢館) | 맞8 |
| 폐관-되다[2] (廢館--) | 페관되다 (廢館-) | 맞8 |
| 폐관-자수 (閉關自守) | 페관자수 (閉關自守) | 맞8 |
| 폐관자수-하다 (閉關自守--) | 페관자수하다 (閉關自守-) | 맞8 |
| 폐관-하다[2] (閉關--/廢關--) | 페관하다 (閉關-) | 맞8 |
| 폐관-하다[3] (廢館--) | 페관하다 (廢館-) | 맞8 |
| 폐광 (廢鑛) | 페광 (廢鑛) | 맞8 |
| 폐광-되다 (廢鑛--) | 페광되다 (廢鑛-) | 맞8 |
| 폐광-하다 (廢鑛--) | 페광하다 (廢鑛-) | 맞8 |
| 폐-괴저 (肺壞疽) | 페괴저 (肺壞疽) | 맞8 |
| 폐교[1] (閉校) | 페교[3] (閉校) | 맞8 |
| 폐교[2] (廢校) | 페교[1] (廢校) | 맞8 |
| 폐교[3] (弊校/敝校) | 페교[2] (弊校) | 맞8 |
| 폐교-되다[1] (閉校--) | 페교되다 (閉校-) | 맞8 |
| 폐교-되다[2] (廢校--) | 페교되다 (廢校-) | 맞8 |
| 폐교-령 (閉校令) | 페교령 (閉校令) | 맞8 |
| 폐교-하다[1] (閉校--) | 페교하다 (閉校-) | 맞8 |
| 폐교-하다[2] (廢校--) | 페교하다 (廢校-) | 맞8 |
| 폐구 (閉口) | 페구 (閉口) | 맞8 |
| 폐구-하다 (閉口--) | 페구하다 (閉口-) | 맞8 |
| 폐국[1] (弊局) | 페국[1] (弊局) | 맞8 |
| 폐국[2] (弊國/敝國) | 페국[2] (弊國) | 맞8 |
| 폐군[1] (廢君) | 페군[3] (廢君) | 맞8 |
| 폐군[2] (廢郡) | 페군[2] (廢郡) | 맞8 |
| 폐군-되다 (廢郡--) | 페군되다 (廢郡-) | 맞8 |
| 폐군-하다[1] (廢君--) | 페군하다 (廢君-) | 맞8 |
| 폐군-하다[2] (廢郡--) | 페군하다 (廢郡-) | 맞8 |
| 폐굴 (廢窟) | 페굴 (廢窟) | 맞8 |
| 폐기[2] (廢棄) | 페기[1] (廢棄) | 맞8 |
| 폐기-되다 (廢棄--) | 페기되다 (廢棄-) | 맞8 |

기타

| 《표대》 | 《조대》 | 관련 조항 |
|---|---|---|
| 폐기-물 (廢棄物) | 페기물 (廢棄物) | 맞8 |
| 폐-기종 (肺氣腫) | 페기종 (肺氣腫) | 맞8 |
| 폐기-하다[2] (廢棄--) | 페기하다 (廢棄-) | 맞8 |
| 폐-꾼 (弊-) | 페군[1] (弊-) | 맞54, 맞8 |
| 폐납 (敝衲) | 페납 (敝衲) | 맞8 |
| 폐낭 (肺囊) | 페낭 (肺囊) | 맞8 |
| 폐농 (廢農) | 페농 (廢農) | 맞8 |
| 폐-농양 (肺膿瘍) | 페농양 (肺膿瘍) | 맞8 |
| 폐농-하다 (廢農--) | 페농하다 (廢農-) | 맞8 |
| 폐다 | 펴이다 | 표16 |
| 폐단 (弊端) | 페단 (弊端) | 맞8 |
| 폐답 (廢畓) | 페답 (廢畓) | 맞8 |
| 폐답-되다 (廢畓--) | 페답되다 (廢畓-) | 맞8 |
| 폐답-하다 (廢畓--) | 페답하다 (廢畓-) | 맞8 |
| 폐-당밀 (廢糖蜜) | 페당밀 (㉦廢糖-) | 맞8 |
| 폐동 (廢洞) | 페동 (廢洞) | 맞8 |
| 폐-동맥 (肺動脈) | 페동맥 (肺動脈) | 맞8 |
| 폐동맥판^협착증 (肺動脈瓣狹窄症) | 페동맥판협착증 | 맞8 |
| 폐등 (廢燈) | 페등 (廢燈) | 맞8 |
| 폐등-되다 (廢燈--) | 페등되다 (廢燈-) | 맞8 |
| 폐등-하다 (廢燈--) | 페등하다 (廢燈-) | 맞8 |
| 폐려[1] (弊廬/敝廬) | 페려 (弊廬) | 맞8 |
| 폐렴 (肺炎▼) | 페염 (肺炎) | 맞52, 맞8 |
| 폐렴-균 (肺炎▼菌) | 페염균 (肺炎菌) | 맞52, 맞8 |
| 폐로[1] (肺癆) | 페로[2] (肺勞) | 맞8 |
| 폐로[2] (閉路) | 페로[3] (閉路) | 맞8 |
| 폐-롭다 (弊--) | 페롭다 | 맞8 |
| 폐륜 (廢倫) | 페륜 (廢倫) | 맞8 |
| 폐륜-하다 (廢倫--) | 페륜하다 (廢倫-) | 맞8 |
| 폐리 (敝履) | 페리 (敝履) | 맞8 |
| 폐립[1] (敝笠) | 페립[1] (敝笠) | 맞8 |
| 폐립[2] (廢立) | 페립[2] (廢立) | 맞8 |
| 폐립-하다 (廢立--) | 페립하다 (廢立-) | 맞8 |
| 폐막[2] (閉幕) | 페막[1] (閉幕) | 맞8 |
| 폐막[3] (弊瘼) | 페막[2] (弊瘼) | 맞8 |
| 폐막-되다 (閉幕--) | 페막되다 (閉幕-) | 맞8 |
| 폐막-식 (閉幕式) | 페막식 (閉幕式) | 맞8 |
| 폐막-하다 (閉幕--) | 페막하다 (閉幕-) | 맞8 |
| 폐망[1] (敝網) | 페망 (敝網) | 맞8 |

| 《표대》 | 《조대》 | 관련 조항 |
|---|---|---|
| 폐맹 (廢盲) | 폐맹 (廢盲) | 맞8 |
| 폐맹-되다 (廢盲--) | 폐맹되다 (廢盲-) | 맞8 |
| 폐맹-하다 (廢盲--) | 폐맹하다 (廢盲-) | 맞8 |
| 폐멸 (廢滅) | 폐멸 (廢滅) | 맞8 |
| 폐멸-되다 (廢滅--) | 폐멸되다 (廢滅-) | 맞8 |
| 폐멸-하다 (廢滅--) | 폐멸하다 (廢滅-) | 맞8 |
| 폐모 (廢母) | 폐모 (廢母) | 맞8 |
| 폐-모음 (閉母音) | 폐모음 (閉母音) | 맞8 |
| 폐모-하다 (廢母--) | 폐모하다 (廢母-) | 맞8 |
| 폐목[1] (閉目) | 폐목[1] (閉目) | 맞8 |
| 폐목[2] (廢目) | 폐목[2] (廢目) | 맞8 |
| 폐목-하다[1] (閉目--) | 폐목하다 (閉目-) | 맞8 |
| 폐무 (廢務) | 폐무 (廢務) | 맞8 |
| 폐무-하다 (廢務--) | 폐무하다 (廢務-) | 맞8 |
| 폐문[1] (肺門) | 폐문[2] (肺門) | 맞8 |
| 폐문[2] (閉門) | 폐문[1] (閉門) | 맞8 |
| 폐문-되다[1] (閉門--) | 폐문되다 (閉門-) | 맞8 |
| 폐문-하다[1] (閉門--) | 폐문하다 (閉門-) | 맞8 |
| 폐물[2] (廢物) | 폐물 (廢物) | 맞8 |
| 폐방[3] (廢房) | 폐방[1] (廢房) | 맞8 |
| 폐방[4] (弊邦/敝邦) | 폐방[2] (敝邦, 弊邦) | 맞8 |
| 폐방-하다[3] (廢房--) | 폐방하다 (廢房-) | 맞8 |
| 폐백 (幣帛) | 폐백 (幣帛) | 맞8 |
| 폐백-대추 (幣帛--) | 폐백대추 | 맞8 |
| 폐백-반 (幣帛盤) | 폐백반 (幣帛盤) | 맞8 |
| 폐병[1] (肺病) | 폐병[1] (肺病) | 맞8 |
| 폐병[2] (廢兵) | 폐병[2] (廢兵) | 맞8 |
| 폐병-쟁이 (肺病--) | 폐병쟁이 | 맞8 |
| 폐부[1] (肺腑) | 폐부 (肺腑) | 맞8 |
| 폐부지인 (肺腑之言) | 폐부지언 (肺腑之言) | 맞8 |
| 폐부지친 (肺腑之親) | 폐부지친 (肺腑之親) | 맞8 |
| 폐비 (廢妃) | 폐비[1] (廢妃) | 맞8 |
| 폐비-되다 (廢妃--) | 폐비되다 (廢妃-) | 맞8 |
| 폐비-하다 (廢妃--) | 폐비하다 (廢妃-) | 맞8 |
| 폐빙 (幣聘) | 폐빙 (幣聘) | 맞8 |
| 폐빙-되다 (幣聘--) | 폐빙되다 (幣聘-) | 맞8 |
| 폐빙-하다 (幣聘--) | 폐빙하다 (幣聘-) | 맞8 |
| 폐사[2] (弊舍/敝舍) | 폐사[4] (敝舍, 弊舍) | 맞8 |
| 폐사[4] (廢寺) | 폐사[5] (廢寺) | 맞8 |

| 《표대》 | 《조대》 | 관련 조항 |
|---|---|---|
| 폐사[5] (廢嗣) | 페사[2] (廢嗣) | 맞8 |
| 폐사[6] (弊社/敝社) | 페사[3] (敝社. 弊社) | 맞8 |
| 폐사[7] (斃死) | 페사[1] (斃死) | 맞8 |
| 폐사-되다 (斃死--) | 페사되다 (斃死-) | 맞8 |
| 폐사-하다[1] (廢嗣--) | 페사하다 (廢嗣-) | 맞8 |
| 폐사-하다[2] (斃死--) | 페사하다 (斃死-) | 맞8 |
| 폐색 (閉塞) | 페색 (閉塞) | 맞8 |
| 폐색^구간 (閉塞區間) | 페색구간 | 맞8 |
| 폐색-기 (閉塞器) | 페색기 (閉塞器) | 맞8 |
| 폐색-대 (閉塞隊) | 페색대 (閉塞隊) | 맞8 |
| 폐색-선[1] (閉塞船) | 페색선[2] (閉塞船) | 맞8 |
| 폐색-선[2] (閉塞線) | 페색선[1] (閉塞線) | 맞8 |
| 폐색^장치 (閉塞裝置) | 페색장치 | 맞8 |
| 폐색-호 (閉塞湖) | 페색호 (閉塞湖) | 맞8 |
| 폐서 (肺書) | 페서 (肺書) | 맞8 |
| 폐석 (廢石) | 페석 (廢石) | 맞8 |
| 폐선[1] (弊船/敝船) | 페선[1] (敝船. 弊船) | 맞8 |
| 폐선[2] (廢船) | 페선[2] (廢船) | 맞8 |
| 폐설-물 (廢屑物) | 페설물 (廢屑物) | 맞8 |
| 폐-성심 (肺性心) | 페성심 | 맞8 |
| 폐쇄 (閉鎖) | 페쇄 (閉鎖) | 맞8 |
| 폐쇄^경제 (閉鎖經濟) | 페쇄경제 | 맞8 |
| 폐쇄-기 (閉鎖機) | 페쇄기 (오閉鎖器) | 맞8 |
| 폐쇄-되다 (閉鎖--) | 페쇄되다 (閉鎖-) | 맞8 |
| 폐쇄^신경 (閉鎖神經) | 페쇄신경 | 맞8 |
| 폐쇄^유관속 (閉鎖維管束) | 페쇄유관속 (오廢鎖維管績) | 맞8 |
| 폐쇄-음 (閉鎖音) | 페쇄음 (閉鎖音) | 맞8 |
| 폐쇄-하다 (閉鎖--) | 페쇄하다 (閉鎖-) | 맞8 |
| 폐수 (廢水) | 페수 (廢水) | 맞8 |
| 폐-수종 (肺水腫) | 페수종 (肺水腫) | 맞8 |
| 폐-순환 (肺循環) | 페순환 | 맞8 |
| 폐-스럽다 (弊---) | 페스럽다 | 맞8 |
| 폐슬 (蔽膝) | 페슬 (蔽膝) | 맞8 |
| 폐습 (弊習) | 페습 (弊習) | 맞8 |
| 폐시[2] (閉市) | 페시 (閉市) | 맞8 |
| 폐시-하다[1] (閉市--) | 페시하다 (閉市-) | 맞8 |
| 폐식[1] (閉式) | 페식[1] (閉式) | 맞8 |
| 폐식[2] (廢食) | 페식[2] (廢食) | 맞8 |
| 폐식-사 (閉式辭) | 페식사 (閉式辭) | 맞8 |

| 《표대》 | 《조대》 | 관련 조항 |
|---|---|---|
| 폐식-하다[1] (閉式--) | 폐식하다 (閉式-) | 맞8 |
| 폐식-하다[2] (廢食--) | 폐식하다 (廢食-) | 맞8 |
| 폐신[1] (蔽身) | 폐신[2] (蔽身) | 맞8 |
| 폐신[2] (嬖臣) | 폐신[1] (嬖臣) | 맞8 |
| 폐신-하다 (蔽身--) | 폐신하다 (蔽身-) | 맞8 |
| 폐아 (廢蛾) | 폐아 (廢蛾) | 맞8 |
| 폐안[1] (廢案) | 폐안[1] (廢案) | 맞8 |
| 폐안[2] (廢眼) | 폐안[2] (廢眼) | 맞8 |
| 폐암 (肺癌) | 폐암 (肺癌) | 맞8 |
| 폐애 (嬖愛) | 폐애 (嬖愛) | 맞8 |
| 폐액 (廢液) | 폐액 (廢液) | 맞8 |
| 폐양자 (蔽陽子) | 폐양자 (蔽陽子) | 맞8 |
| 폐어[1] (肺魚) | 폐어[1] (肺魚) | 맞8 |
| 폐어[2] (廢語) | 폐어[2] (廢語) | 맞8 |
| 폐어-류 (肺魚類) | 폐어류 (肺魚類) | 맞8 |
| 폐업[2] (廢業) | 폐업 (廢業) | 맞8 |
| 폐업-하다[2] (廢業--) | 폐업하다 (廢業-) | 맞8 |
| 폐열[2] (廢熱) | 폐열 (廢熱) | 맞8 |
| 폐엽 (肺葉) | 폐엽 (肺葉) | 맞8 |
| 폐-울혈 (肺鬱血) | 폐울혈 (肺鬱血) | 맞8 |
| 폐원[1] (閉院) | 폐원[3] (閉院) | 맞8 |
| 폐원[3] (廢園/廢苑) | 폐원[2] (廢園) | 맞8 |
| 폐원[4] (弊源) | 폐원[1] (弊源) | 맞8 |
| 폐원-하다[1] (閉院--) | 폐원하다 (閉院-) | 맞8 |
| 폐위[2] (廢位) | 폐위[1] (廢位) | 맞8 |
| 폐위-되다 (廢位--) | 폐위되다 (廢位-) | 맞8 |
| 폐위-하다 (廢位--) | 폐위하다 (廢位-) | 맞8 |
| 폐유 (廢油) | 폐유[1] (廢油) | 맞8 |
| 폐-음절 (閉音節) | 폐음절 (閉音節) | 맞8 |
| 폐읍[1] (廢邑) | 폐읍[1] (廢邑) | 맞8 |
| 폐읍[2] (弊邑/敝邑) | 폐읍[2] (오幣邑) | 맞8 |
| 폐읍-되다 (廢邑--) | 폐읍되다 (廢邑-) | 맞8 |
| 폐읍-하다 (廢邑--) | 폐읍하다 (廢邑-) | 맞8 |
| 폐의-파관 (敝衣破冠) | 폐의파관 (敝衣破冠) | 맞8 |
| 폐인[1] (廢人) | 폐인[1] (廢人) | 맞8 |
| 폐인[2] (嬖人) | 폐인[2] (嬖人) | 맞8 |
| 폐일언-하다 (蔽一言--) | 폐일언하다 (蔽一言-) | 맞8 |
| 폐잔-물 (廢殘物) | 폐잔물 (廢殘物) | 맞8 |
| 폐장[2] (肺臟) | 폐장[1] (肺臟) | 맞8 |

| 《표대》 | 《조대》 | 관련 조항 |
|---|---|---|
| 폐장$^{3}$ (閉場) | 폐장$^{2}$ (閉場) | 맞8 |
| 폐장$^{4}$ (閉藏) | 폐장$^{4}$ (閉藏) | 맞8 |
| 폐장$^{5}$ (廢庄) | 폐장$^{3}$ (廢庄) | 맞8 |
| 폐장-되다$^{1}$ (閉場--) | 폐장되다 (閉場-) | 맞8 |
| 폐장-되다$^{2}$ (閉藏--) | 폐장되다 (閉藏-) | 맞8 |
| 폐장-하다$^{1}$ (閉場--) | 폐장하다 (閉場-) | 맞8 |
| 폐장-하다$^{2}$ (閉藏--) | 폐장하다 (閉藏-) | 맞8 |
| 폐적$^{2}$ (廢嫡) | 폐적 (廢嫡) | 맞8 |
| 폐적-되다 (廢嫡--) | 폐적되다 (廢嫡-) | 맞8 |
| 폐적-하다$^{2}$ (廢嫡--) | 폐적하다 (廢嫡-) | 맞8 |
| 폐전$^{1}$ (廢田) | 폐전$^{1}$ (廢田) | 맞8 |
| 폐전$^{2}$ (廢典) | 폐전$^{2}$ (廢典) | 맞8 |
| 폐전-하다 (廢田--) | 폐전하다 (廢田-) | 맞8 |
| 폐절 (廢絶) | 폐절 (廢絶) | 맞8 |
| 폐절-가 (廢絶家) | 폐절가 (廢絶家) | 맞8 |
| 폐절-되다 (廢絶--) | 폐절되다 (廢絶-) | 맞8 |
| 폐절-하다 (廢絶--) | 폐절하다 (廢絶-) | 맞8 |
| 폐점$^{1}$ (閉店) | 폐점$^{1}$ (閉店) | 맞8 |
| 폐점$^{2}$ (弊店/敝店) | 폐점$^{2}$ (弊店) | 맞8 |
| 폐점-되다 (閉店--) | 폐점되다 (閉店-) | 맞8 |
| 폐점-하다 (閉店--) | 폐점하다 (閉店-) | 맞8 |
| 폐정$^{1}$ (閉廷) | 폐정$^{2}$ (閉廷) | 맞8 |
| 폐정$^{2}$ (廢井) | 폐정$^{3}$ (廢井) | 맞8 |
| 폐정$^{4}$ (弊政) | 폐정$^{1}$ (弊政) | 맞8 |
| 폐정-되다$^{1}$ (閉廷--) | 폐정되다 (閉廷-) | 맞8 |
| 폐정-되다$^{2}$ (廢井--) | 폐정되다 (廢井-) | 맞8 |
| 폐-정맥 (肺靜脈) | 폐정맥 (肺靜脈) | 맞8 |
| 폐정-하다$^{1}$ (閉廷--) | 폐정하다 (閉廷-) | 맞8 |
| 폐정-하다$^{2}$ (廢井--) | 폐정하다 (廢井-) | 맞8 |
| 폐제$^{1}$ (幣制) | 폐제$^{1}$ (幣制) | 맞8 |
| 폐제$^{2}$ (廢帝) | 폐제$^{2}$ (廢帝) | 맞8 |
| 폐제$^{3}$ (廢除) | 폐제$^{3}$ (廢除) | 맞8 |
| 폐제-되다 (廢除--) | 폐제되다 (廢除-) | 맞8 |
| 폐제-하다 (廢除--) | 폐제하다 (廢除-) | 맞8 |
| 폐조$^{1}$ (幣棗) | 폐조$^{2}$ (幣棗) | 맞8 |
| 폐조$^{2}$ (廢朝) | 폐조$^{1}$ (廢朝) | 맞8 |
| 폐조-하다 (廢朝--) | 폐조하다 (廢朝-) | 맞8 |
| 폐족 (廢族) | 폐족 (廢族) | 맞8 |
| 폐-졸중 (肺卒中) | 폐졸중 (肺卒中) | 맞8 |

| 《표대》 | 《조대》 | 관련 조항 |
|---|---|---|
| 폐-종양 (肺腫瘍) | 폐종양 | 맞8 |
| 폐주 (廢主) | 폐주 (廢主) | 맞8 |
| 폐-증기 (廢蒸氣) | 폐증기 (廢蒸氣) | 맞8 |
| 폐지[2] (廢止) | 폐지[1] (廢止) | 맞8 |
| 폐지[4] (廢址) | 폐지[2] (廢址) | 맞8 |
| 폐지-되다[2] (廢止--) | 폐지되다 (廢止-) | 맞8 |
| 폐지-하다[2] (廢止--) | 폐지하다 (廢止-) | 맞8 |
| 폐-진균증 (肺眞菌症) | 폐진균증 (肺眞菌症) | 맞8 |
| 폐질[2] (廢疾) | 폐질 (廢疾) | 맞8 |
| 폐차[1] (廢車) | 폐차[1] (廢車) | 맞8 |
| 폐차[2] (蔽遮) | 폐차[2] (蔽遮) | 맞8 |
| 폐차-되다[1] (廢車--) | 폐차되다 (廢車-) | 맞8 |
| 폐차-되다[2] (蔽遮--) | 폐차되다 (蔽遮-) | 맞8 |
| 폐차-하다[1] (廢車--) | 폐차하다 (廢車-) | 맞8 |
| 폐차-하다[2] (蔽遮--) | 폐차하다 (蔽遮-) | 맞8 |
| 폐창[1] (肺脹) | 폐창 (肺脹) | 맞8 |
| 폐철 (廢撤) | 폐철 (廢撤) | 맞8 |
| 폐철-하다 (廢撤--) | 폐철하다 (廢撤-) | 맞8 |
| 폐첨 (肺尖) | 폐첨 (肺尖) | 맞8 |
| 폐첩 (嬖妾) | 폐첩 (嬖妾) | 맞8 |
| 폐축 (斃畜) | 폐축 (斃畜) | 맞8 |
| 폐출 (廢黜) | 폐출 (廢黜) | 맞8 |
| 폐출-되다 (廢黜--) | 폐출되다 (廢黜-) | 맞8 |
| 폐출-하다 (廢黜--) | 폐출하다 (廢黜-) | 맞8 |
| 폐충 (肺蟲) | 폐충 (肺蟲) | 맞8 |
| 폐치[1] (廢置) | 폐치 (廢置) | 맞8 |
| 폐치-되다 (廢置--) | 폐치되다 (廢置-) | 맞8 |
| 폐치-하다 (廢置--) | 폐치하다 (廢置-) | 맞8 |
| 폐침 (廢寢) | 폐침 (廢寢) | 맞8 |
| 폐침-망찬 (廢寢忘餐) | 폐침망찬 (廢寢忘餐) | 맞8 |
| 폐침망찬-하다 (廢寢忘餐--) | 폐침망찬하다 (廢寢忘餐-) | 맞8 |
| 폐-침윤 (肺浸潤) | 폐침윤 (肺浸潤) | 맞8 |
| 폐침-하다 (廢寢--) | 폐침하다 (廢寢-) | 맞8 |
| 폐칩[1] (閉蟄) | 폐칩[2] (閉蟄) | 맞8 |
| 폐칩[2] (廢蟄) | 폐칩[1] (廢蟄) | 맞8 |
| 폐칩-하다[1] (閉蟄--) | 폐칩하다 (閉蟄-) | 맞8 |
| 폐칩-하다[2] (廢蟄--) | 폐칩하다 (廢蟄-) | 맞8 |
| 폐-칸디다증 (肺candida症) | 폐칸디다증 (肺Candida(도)症) | 맞8 |
| 폐타 (吠陀) | 폐타 (吠陀) | 맞8 |

| 《표대》 | 《조대》 | 관련 조항 |
|---|---|---|
| 폐퇴 (廢頹) | 페퇴 (廢頹) | 맞8 |
| 폐퇴-하다 (廢頹--) | 페퇴하다 (廢頹-) | 맞8 |
| 폐파^소권 (廢罷訴權) | 페파소권 (廢罷訴權) | 맞8 |
| 폐포 (肺胞) | 페포 (肺胞) | 맞8 |
| 폐포단백-증 (肺胞蛋白症) | 페포단백증 | 맞8 |
| 폐포미석-증 (肺胞微石症) | 페포미석증 ([오]肺胞黴石症) | 맞8 |
| 폐포-음 (肺胞音) | 페포음 (肺胞音) | 맞8 |
| 폐포^조영 (肺胞造影) | 페포조영 | 맞8 |
| 폐포-파립 (敝袍破笠) | 페포파립 (敝袍破笠) | 맞8 |
| 폐표 (廢票) | 페표 (廢票) | 맞8 |
| 폐품 (廢品) | 페품 (廢品) | 맞8 |
| 폐풍 (弊風) | 페풍 (弊風) | 맞8 |
| 폐풍-창 (肺風瘡) | 페풍창 (肺風瘡) | 맞8 |
| 폐하[1] (陛下) | 페하[1] (陛下) | 맞8 |
| 폐-하다 (廢--) | 페하다 (廢-) | 맞8 |
| 폐학 (廢學) | 페학 (廢學) | 맞8 |
| 폐학-하다 (廢學--) | 페학하다 (廢學-) | 맞8 |
| 폐함 (廢艦) | 페함 (廢艦) | 맞8 |
| 폐합 (廢合) | 페합 (廢合) | 맞8 |
| 폐합-하다 (廢合--) | 페합하다 (廢合-) | 맞8 |
| 폐해 (弊害) | 페해 (弊害) | 맞8 |
| 폐허[1] (肺虛) | 페허[2] (肺虛) | 맞8 |
| 폐허[2] (廢墟) | 페허[1] (廢墟) | 맞8 |
| 폐현 (陛見) | 페현 (陛見) | 맞8 |
| 폐현-하다 (陛見--) | 페현하다 (陛見-) | 맞8 |
| 폐호[1] (閉戶) | 페호 (閉戶) | 맞8 |
| 폐-호흡 (肺呼吸) | 페호흡 (肺呼吸) | 맞8 |
| 폐환[1] (肺患) | 페환[2] (肺患) | 맞8 |
| 폐-활량 (肺活量) | 페활량 (肺活量) | 맞8 |
| 폐활량-계 (肺活量計) | 페활량계 (肺活量計) | 맞8 |
| 폐회 (閉會) | 페회 (閉會) | 맞8 |
| 폐-회로 (閉回路) | 페회로 ([오]閉迴路) | 맞8 |
| 폐회-사 (閉會辭) | 페회사 (肺會辭) | 맞8 |
| 폐회-식 (閉會式) | 페회식 (肺會式) | 맞8 |
| 폐회-하다 (閉會--) | 페회하다 (閉會-) | 맞8 |
| 폐후 (廢后) | 페후 (廢后) | 맞8 |
| 폐휴 (廢畦) | 페규 (廢畦) | 맞52, 맞8 |
| 폐-흡충 (肺吸蟲) | 페흡충 (肺吸蟲) | 맞8 |
| 포끽 (飽喫) | 포긱 (飽喫) | 맞52 |

| 《표대》 | 《조대》 | 관련 조항 |
|---|---|---|
| 포끽-하다 (飽喫--) | 포긱하다 (飽喫-) | 맞52 |
| 포도동 | 포드등 | |
| 포도동-거리다 | 포드등거리다 | |
| 포도동-대다 | 포드등대다 | |
| 포도동-포도동 | 포드등포드등 | |
| 포도동포도동-하다 | 포드등포드등하다 | |
| 포도동-하다 | 포드등하다 | |
| 포드닥 | 포드득 | |
| 포드닥-거리다 | 포드득거리다 | |
| 포드닥-대다 | 포드득대다 | |
| 포드닥-포드닥 | 포드득포드득 | |
| 포드닥포드닥-하다 | 포드득포드득하다 | |
| 포드닥-하다 | 포드득하다 | |
| 포차[1] (抛車) | 포거 (오布車) | 맞52 |
| 포추 (蒲槌) | 포퇴 (蒲槌) | 맞52 |
| 포폐 (布幣) | 포페 (布幣) | 맞8 |
| 폭광 (幅廣) | 복광[1] | |
| 폭음[3] (暴瘖) | 폭암 (暴瘖) | 맞52 |
| 표-조각 (票--) | 표쪼각 | |
| 표주-박 (瓢--) | 표자박 (瓢子-) | |
| 표준-체 (標準-) | 표준채 | |
| 표지[3] (標識) | 표식[1] (標識) | 맞52 |
| 표지-등 (標識燈) | 표식등 (標識燈) | 맞52 |
| 표지^방류 (標識放流) | 표식방류 (標識放流) | 맞52 |
| 표지^원자 (標識原子) | 표식원자 | 맞52 |
| 표지-판 (標識板) | 표식판 (標識板) | 맞52 |
| 표지-하다 (標識--) | 표식하다 (標識-) | 맞52 |
| 표지^화합물 (標識化合物) | 표식화합물 | 맞52 |
| 푸-게 | 푸개 | |
| 푸닥-지다 | 푸달지다 | |
| 푸덕 | 푸닥 | |
| 푸덕-거리다 | 푸닥거리다 | |
| 푸덕-대다 | 푸닥대다 | |
| 푸덕-푸덕[1] | 푸닥푸닥 | |
| 푸덕푸덕-하다[1] | 푸닥푸닥하다 | |
| 푸덕-하다 | 푸닥하다 | |
| 푸두둥 | 푸드등 | |
| 푸두둥-거리다 | 푸드등거리다 | |
| 푸두둥-대다 | 푸드등대다 | |

기타

| 《표대》 | 《조대》 | 관련 조항 |
|---|---|---|
| 푸두둥-푸두둥 | 푸드등푸드등 | |
| 푸두둥푸두둥-하다 | 푸드등푸드등하다 | |
| 푸두둥-하다 | 푸드등하다 | |
| 푸드덕 | 푸드득 | |
| 푸드덕-거리다 | 푸드득거리다 | |
| 푸드덕-대다 | 푸드득대다 | |
| 푸드덕-푸드덕 | 푸드득푸드득 | |
| 푸드덕푸드덕-하다 | 푸드득푸드득하다 | |
| 푸드덕-하다 | 푸드득하다 | |
| 푸렁-통구멍 | 푸른통구멍 | |
| 푸르께-하다 | 퍼르께하다 | |
| 푸르누레-지다 | 푸르누래지다 | 맞18 |
| 푸르데데-하다 | 퍼르데데하다 | |
| 푸르뎅뎅 | 푸르딩딩 | |
| 푸르뎅뎅-하다 | 퍼르뎅뎅하다 | |
| 푸르뎅뎅-하다 | 푸르딩딩하다 | |
| 푸르스름-하다 | 퍼르스름하다 | |
| 푸르죽죽-하다 | 퍼러죽죽하다 | |
| 푸르죽죽-하다 | 퍼르죽죽하다 | |
| 푸른-곰팡이 | 푸른곰팽이 | 표9 |
| 푸릇-푸릇 | 퍼릇퍼릇 | |
| 푸릇-푸릇 | 푸릿푸릿 | |
| 푸릇푸릇-하다 | 퍼릇퍼릇하다 | |
| 푸릇푸릇-하다 | 푸릿푸릿하다 | |
| 푸릇-하다 | 푸릿하다 | |
| 푸석-돌 | 퍼석돌 | |
| 푸석-이 | 푸서기 | 맞23 |
| 푼주 | 푼자 | |
| 푼쭝 (-重▼) | 푼중 (-重) | 맞52 |
| 풀-돌다 | 푸돌다 | 맞28 |
| 풀베기-꾼 | 풀베기군 | 맞54 |
| 풀이 | 풀기[2] | |
| 품-꾼[1] | 품군 | 맞54 |
| 품앗이-꾼 | 품앗이군 | 맞54 |
| 품팔이-꾼 | 품팔이군 | 맞54 |
| 풋-나무 | 푸나무 | 맞27 |
| 풋담배-꾼 | 풋담배군 | 맞54 |
| 풋-심 | 풋힘 | 맞27 |
| 풍뎅이[2] | 풍덩이 | 표9 |

| 《표대》 | 《조대》 | 관련 조항 |
|---|---|---|
| 풍락-**초** (風落棗▼) | 풍락**조** (風落棗) | 맞52 |
| 풍물-**꾼** (風物-) | 풍물**군** | 맞54 |
| 풍물-**장**이 (風物--) | 풍물**쟁**이 | 표9 |
| 풍물-**재비** (風物--) | 풍물**잡이** | 맞19, 표9 |
| 풍악-**꾼** (風樂-) | 풍악**군** (風樂-) | 맞54 |
| 피난-**꾼** (避難-) | 피난**군** | 맞54 |
| 피란-**꾼** (避亂-) | 피란**군** | 맞54 |
| 피마**자** (蓖麻子) | 피마**주** | |
| 피마**자**-기름 (蓖麻子--) | 피마**주**기름 | |
| 피**어**-나다 | 피**여**나다 | 맞16 |
| 피**어**-오르다 | 피**여**오르다 | 맞16 |
| 피-**우**다[1] | 피다[2] | |
| 피-**장**이 (皮--) | 피**쟁**이 | 표9 |
| 피**천**[1] | 피**전**[1] | |
| 피**폐**[1] (皮幣) | 피**페**[3] (皮幣) | 맞8 |
| 피**폐**[2] (疲弊) | 피**페**[1] (疲弊) | 맞8 |
| 피**폐**[3] (疲斃) | 피**페**[2] (疲斃) | 맞8 |
| 피**폐**-하다[1] (疲弊--) | 피**페**하다 (疲弊-) | 맞8 |
| 피**폐**-하다[2] (疲斃--) | 피**페**하다 (疲斃-) | 맞8 |
| **핍**-쌀 | **피**쌀 | 맞31 |
| 핑**계** | 핑**게** | 맞8 |
| 핑**계**-하다 | 핑**게**하다 | 맞8 |
| 하**고**-많다 | 하**구**많다 | |
| **하고**-많다 | **허구**많다 | |
| 하**고**-하다 | 하**구**하다 | |
| **하고**-하다 | **허구**하다[1] | |
| **하**기-야 | **허**기야 | |
| 하**년**-초 (--草) | 하**련**초 (-蓮草) | |
| 하**눌**-타리 | 하**늘**타리 | |
| 하늘-**가** | 하늘**갓** | |
| **하**다[1] | **허**다[2] | |
| -**하**다[3] | **허**다[2] | |
| 하**도**[1] | 하**두** | |
| 하**례** (下隷) | 하**예** ([오]下漸) | 맞52 |
| 하루살이-**꾼** | 하루살이**군** | 맞54 |
| **하릴**-없다 | **할일**없다 | 맞27 |
| **하릴**없-이 | **할일**없이 | 맞27 |
| 하마**터**면 | 하마**트**면 | |
| 하야말쑥-**히** | 하야말쑥**이** | 맞51 |

기타

| 《표대》 | 《조대》 | 관련 조항 |
|---|---|---|
| 하지만 | 허지만 | |
| 학-꽁치 (鶴--) | 학공치 | |
| 학부[1] (涸鮒) | 확부[2] (涸鮒) | 맞52 |
| 학철 (涸轍) | 확철 (涸轍) | 맞52 |
| 학철-부어 (涸轍鮒魚) | 확철부어 (涸轍鮒魚) | 맞52 |
| 한가스레 (閑暇--) | 한가스러이 | 표14 |
| 한갓 | 한갖 | |
| 한것기 | 한꺾기 | |
| 한다-하는 | 한다한 | 표15 |
| 한데-아궁이 | 한데아궁 | |
| 한두-째 | 한둘째 | |
| 한라-꽃장포 (漢拏▼--蒲) | 한나꽃장포 | 맞52 |
| 한라-사초 (漢拏▼莎草) | 한나사초 | 맞52 |
| 한라-산 (漢拏▼山) | 한나산 (漢拏山) | 맞52 |
| 한란[2] (寒暖▼/寒煖▼) | 한난 (寒暖. 寒煖) | 맞52 |
| 한란-계 (寒暖▼計) | 한난계 (寒暖計) | 맞52 |
| 한란기포 (寒暖▼飢飽) | 한난기포 (寒暖飢飽) | 맞52 |
| 한-맘 | 한마음 | 표16 |
| 한솔 (扞率) | 한수[6] (扞率) | 맞52 |
| 한심스레 (寒心--) | 한심스러이 | 표14 |
| 한즉 | 헌즉 | |
| 한-카래 | 한가래 | 맞31 |
| 한카래-꾼 | 한가래군 | 맞31, 맞54 |
| 할갑다 | 홀갑다 | |
| 할기족 | 할기죽 | |
| 할기족-거리다 | 할기죽거리다 | |
| 할기족-대다 | 할기죽대다 | |
| 할기족-하다 | 할기죽하다 | |
| 할기족-할기족 | 할기죽할기죽 | |
| 할기족할기족-하다 | 할기죽할기죽하다 | |
| 할아비 | 할애비 | 표9 |
| 함빡 | 함뿍 | |
| 함빡 | 홈빡 | |
| 함빡-함빡 | 홈빡홈빡 | |
| 함실-아궁이 | 함실아궁 | |
| 함지질-꾼 | 함지질군 | 맞54 |
| 합-재떨이 (盒---) | 합재털이 | |
| 합-트리다 (合---) | 합뜨리다 (合-) | |
| 핫-아비 | 핫애비 | 표9 |

| 《표대》 | 《조대》 | 관련 조항 |
|---|---|---|
| 핫-**어**미 | 핫**에**미 | 표9 |
| 항로^표**지** (航路標識) | 항로표**식** | 맞52 |
| **항**문[1] (肛門) | **홍**문[1] (肛門) | 맞52 |
| **항**문-선 (肛門腺) | **홍**문선 (肛門腺) | 맞52 |
| **항**-치기 | **황**치기 | |
| **해**-[16] | **햇**- | |
| **해**금[2] (奚琴) | **행**금 | |
| **해**-깍두기 | **햇**깍두기 | |
| 해망-**쩍**다 | 해망**적**다 | 맞54 |
| 해방-**둥**이 (解放--) | 해방**동**이 (解放童-) | |
| **해**-쑥 | **햇**쑥 | |
| **해**-암**탉** | **햇**암**닭** | 맞31 |
| 해**어**-뜨리다 | 해**여**뜨리다 | 맞16 |
| 해**어**-지다 | 해**여**지다 | 맞16 |
| 해**어**-**트**리다 | 해**여뜨**리다 | 맞16 |
| 해오**리** | 해오**라기** | 표16 |
| 해찰스**레** | 해찰스**러이** | 표14 |
| 해**치**[4] (獬豸) | 해**태**[3] (獬豸▼) | 맞52 |
| **해**치[5] (齘齒) | **개**치[2] (齘齒) | 맞52 |
| **해**치[5] (齘齒) | **계**치 (齘齒) | 맞52 |
| **해**치-하다 (齘齒--) | **계**치하다 (齘齒-) | 맞52 |
| **해**-콩 | **햇**콩 | |
| 해-**트**리다 | 해**뜨**리다 | |
| **해**-팥 | **햇**팥 | |
| 해**폐** (海蛏) | 해**폐** (海蛏) | 맞8 |
| 핵-**폐**기물 (核廢棄物) | 핵**폐**기물 (核廢棄物) | 맞8 |
| **햅**쌀 | **햇**쌀 | 맞31 |
| **햅**쌀-밥 | **햇**쌀밥 | 맞31 |
| 행복스**레** (幸福--) | 행복스**러이** | 표14 |
| 행상-**꾼** (行商-) | 행상**군** | 맞54 |
| 행세-**꾼**[1] (行世-) | 행세**군**[1] (行世-) | 맞54 |
| 행세-**꾼**[2] (行勢-) | 행세**군**[2] (行勢-) | 맞54 |
| 행**탕**이 | 행**탱**이 | 표9 |
| 향랑-각**시** (香娘--) | 향랑각**씨** (香娘閣氏) | |
| 향**폐** (鄉弊) | 향**페** (鄉弊) | 맞8 |
| 허겁스**레** (虛怯--) | 허겁스**러이** | 표14 |
| 허**공** (虛空) | 허**궁**[1] | |
| 허**공**-잡이 (虛空--) | 허**궁**잡이 | |
| **허깨**-나무 | **헛개**나무 | |

| 《표대》 | 《조대》 | 관련 조항 |
|---|---|---|
| 허다-반 (許多般) | 허다반**히** | |
| **허**둥-지둥 | **어**둥지둥 | |
| 허드레-**꾼** | 허드레**군** | 맞54 |
| 허**릅**-숭이 | 허**릅**숭이 | |
| 허물어-**트**리다 | 허물어**뜨**리다 | |
| 허**방** | 허**망**[1] | |
| 허**섭스**레기 | 허**접쓰**레기 | |
| 허**예**-지다 | 허**얘**지다 | 맞18 |
| **허**우적-거리다 | **어**우적거리다 | |
| **허**우적-대다 | **어**우적대다 | |
| **허**우적-이다 | **어**우적이다 | |
| **허**우적-**허**우적 | **어**우적**어**우적 | |
| **허**우적**허**우적-하다 | **어**우적**어**우적하다 | |
| 헌걸스**레** | 헌걸스**러이** | 표14 |
| **헌**칠 | **훤**칠 | |
| **헌**칠-하다 | **훤**칠하다 | |
| **헌**칠-히 | **훤**칠히 | |
| **헐**겁다 | **훌**겁다[1] | |
| 헐금-**씨**금 | 헐금**씰**금 | |
| 헐**렁**-이 | 헐**렝**이 | 표9 |
| **헐**복-하다 (歇福--) | **할**복하다 (割福-) | |
| **헒**다[1] | **헐하**다[1] | 표16 |
| 험상스**레** (險狀--) | 험상스**러이** | 표14 |
| **헙**수룩-하다 | **허**수룩하다 | |
| 헙수룩-**히** | 헙수룩**이** | 맞51 |
| 헛소리-**꾼** | 헛소리**군** | 맞54 |
| 헝클어-**트**리다 | 헝클어**뜨**리다 | |
| 헤-**가르**다 | 헤**갈**다 | 표15 |
| 헤뜨**러**-지다 | 헤뜨**려**지다 | |
| 헤매다 | 헤매**이**다 | |
| 헤살-**꾼** | 헤살**군** | 맞54 |
| 헤**어**-나다 | 헤**여**나다 | 맞16 |
| 헤**어**-지다 | 헤**여**지다 | 맞16 |
| 헤**엄** | 헤**염** | |
| **헤엄** | **헴**[2] | |
| 헤**엄**-하다 | 헤**염**하다 | |
| **헤**집다 | **호**집다 | |
| 헤**쳐** | 헤**쳣** | |
| 헤-**트**리다 | 헤**뜨**리다 | |

| 《표대》 | 《조대》 | 관련 조항 |
|---|---|---|
| **헷**-갈리다 | **헛**갈리다 | |
| 혀-꼬부**랑**이 | 혀꼬부**랭**이 | 표9 |
| 혁**폐** (革弊) | 혁**페** (革弊) | 맞8 |
| 혁**폐**-되다 (革弊--) | 혁**페**되다 (革弊-) | 맞8 |
| 혁**폐**-하다 (革弊--) | 혁**페**하다 (革弊-) | 맞8 |
| 혈**폐** (血閉) | 혈**페** (血閉) | 맞8 |
| 혐오스**레** (嫌惡--) | 혐오스**러이** | 표14 |
| 혐의스**레** (嫌疑--) | 혐의스**러이** | 표14 |
| 협잡-**꾼** (挾雜-) | 협잡**군** | 맞54 |
| **혜**서[2] (鼷鼠) | **해**서[5] (鼷鼠) | 맞52 |
| 호강스**레** | 호강스**러이** | 표14 |
| 호걸스**레** (豪傑--) | 호걸스**러이** | 표14 |
| 호기스**레** (豪氣--) | 호기스**러이** | 표14 |
| **호깨**-나무 | **헛개**나무 | |
| 호두-튀**김** | 호두튀**기** | |
| 호**드득** | 호**도독** | |
| 호**드득**-거리다 | 호**도독**거리다 | |
| 호**드득**-대다 | 호**도독**대다 | |
| 호**드득**-하다 | 호**도독**하다 | |
| 호**드득**-호**드득** | 호**도독**호**도독** | |
| 호**드득**호**드득**-하다 | 호**도독**호**도독**하다 | |
| 호들갑스**레** | 호들갑스**러이** | 표14 |
| 호랑-**이** (虎狼-) | 호랑[1] | |
| 호**로록** | 호**르륵** | |
| 호**로록**-거리다 | 호**르륵**거리다 | |
| 호**로록**-대다 | 호**르륵**대다 | |
| 호**로록**-하다 | 호**르륵**하다 | |
| 호**로록**-호**로록** | 호**르륵**호**르륵** | |
| 호**로록**호**로록**-하다 | 호**르륵**호**르륵**하다 | |
| 호**록**[1] | 호**륵**[2] | |
| 호**록**-거리다 | 호**륵**거리다 | |
| 호**록**-대다 | 호**륵**대다 | |
| 호**록**-하다 | 호**륵**하다 | |
| 호**록**-호**록** | 호**륵**호**륵** | |
| 호**록**호**록**-하다 | 호**륵**호**륵**하다 | |
| 호**루라**기 | 호**르래**기 | |
| 호**리**병-삼작 (--甁三作) | 호**로**병삼작 (-三作) | |
| **호**리-하다 | **후**리하다 | |
| 호-무 (胡-) | 호무**우** | 표14 |

기타

| 《표대》 | 《조대》 | 관련 조항 |
|---|---|---|
| 호박-고누 | 호박꼬니 | |
| 호비-칼 | 후비칼 | |
| 호사스레 (豪奢--) | 호사스러이 | 표14 |
| 호색-꾼 (好色-) | 호색군 | 맞54 |
| 호수-가자미 (湖水---) | 호수가재미 | 표9 |
| 호졸근 | 호졸곤 | |
| 호졸근-하다 | 호졸곤하다 | |
| 호졸근-하다 | 호줄곤하다 | |
| 호졸근-하다 | 호줄근하다 | |
| 호졸근-히 | 호졸곤히 | |
| 호추[3] (糊箒) | 호취[2] (←糊箒) | 맞52 |
| 호화스레 (豪華--) | 호화스러이 | 표14 |
| 혼란스레[1] (混亂--) | 혼란스러이 | 표14 |
| 혼잡스레 (混雜--) | 혼잡스러이 | 표14 |
| 홀-아비 | 홀애비 | 표9 |
| 홀쭉 | 홀쪽 | |
| 홀쭉-하다 | 홀쪽하다 | |
| 홀쭉-홀쭉 | 홀쪽홀쪽 | |
| 홀쭉홀쭉-하다 | 홀쪽홀쪽하다 | |
| 홀쭉-히 | 홀쪽이 | 맞51 |
| 홀치-기 | 홀치개 | |
| 홈-타기 | 홈탁 | 표15 |
| 홈홈-하다[2] | 훔훔하다[2] | |
| 홉-뜨다 | 흡뜨다 | |
| 홍-기자미 (紅---) | 홍가재미 | 표9 |
| 홍곡[2] (鴻鵠) | 홍혹 (鴻鵠) | 맞52 |
| 홍-당무[2] (紅唐-) | 홍당무우 | 표14 |
| 홍탕[2] (紅糖▼) | 홍당 (紅糖) | 맞52 |
| 홑-서 | 홑혀 | |
| 화덕[1] (火-) | 화독[1] (火-) | |
| 화들짝 | 파들짝 | |
| 화들짝-하다 | 파들짝하다 | |
| 화씨-한란계 (華氏寒暖▼計) | 화씨한난계 | 맞52 |
| 화폐 (貨幣) | 화페[1] (貨幣) | 맞8 |
| 화폐^가치 (貨幣價值) | 화페가치 | 맞8 |
| 화폐^개혁 (貨幣改革) | 화페개혁 | 맞8 |
| 화폐^공황 (貨幣恐慌) | 화페공황 | 맞8 |
| 화폐^교환 (貨幣交換) | 화페교환 | 맞8 |
| 화폐^단위 (貨幣單位) | 화페단위 | 맞8 |

| 《표대》 | 《조대》 | 관련 조항 |
|---|---|---|
| 화폐^발행고 (貨幣發行高) | 화폐발행고 | 맞8 |
| 화폐^수량설 (貨幣數量說) | 《화폐수량설》 | 맞8 |
| 화폐^순환 (貨幣循環) | 화폐순환 | 맞8 |
| 화폐^시장 (貨幣市場) | 화폐시장 | 맞8 |
| 화폐^자금 (貨幣資金) | 화폐자금 | 맞8 |
| 화폐^자본 (貨幣資本) | 화폐자본 | 맞8 |
| 화폐^제도 (貨幣制度) | 화폐제도 | 맞8 |
| 화폐^지대 (貨幣地代) | 화폐지대 | 맞8 |
| 화폐-퇴장 (貨幣退藏) | 화폐퇴장 (貨幣退藏) | 맞8 |
| 환고[2] (紈袴) | 환과 (紈袴) | 맞52 |
| 환고-자제 (紈袴子弟) | 환과자제 (紈袴子弟) | 맞52 |
| 환택 (還宅) | 환댁 (還宅) | 맞52 |
| 환퇴[2] (還退) | 환토[2] | |
| 활발스레 (活潑--) | 활발스러이 | 표14 |
| 황-구렁이 (黃---) | 황구렝이 (黃-) | 표9 |
| 황벽-나무 (黃蘗--) | 황백나무 | |
| 황송스레 (惶悚--) | 황송스러이 | 표14 |
| 황-술레 (黃--) | 황실레 | |
| 황아[1] (荒-) | 황화[3] (荒貨) | |
| 황알치 | 항알치 | |
| 황체[1] (黃帖) | 황첩 (黃帖) | 맞52 |
| 황폐[2] (荒廢) | 황페 (荒廢) | 맞8 |
| 황폐-하다[2] (荒廢--) | 황페하다 (荒廢-) | 맞8 |
| 황폐-화 (荒廢化) | 황페화 (荒廢化) | 맞8 |
| 황폐화-되다 (荒廢化--) | 황페화되다 (荒廢化-) | 맞8 |
| 황폐화-하다 (荒廢化--) | 황페화하다 (荒廢化-) | 맞8 |
| 홰-꾼 | 홰군 | 맞54 |
| 회-깟 (膾-) | 회갓 | |
| 회돌이-목 | 회도리목 | 맞19 |
| 회오리 | 회리[1] | 표15 |
| 회장[3] (回裝) | 호장[6] | |
| 회장-꾼 (會葬-) | 회장군 (會葬-) | 맞54 |
| 효성스레 (孝誠--) | 효성스러이 | 표14 |
| 후-둥이 (後--) | 후동이 (後童-) | |
| 후드득 | 후두둑 | |
| 후드득-거리다 | 후두둑거리다 | |
| 후드득-대다 | 후두둑대다 | |
| 후드득-하다 | 후두둑하다 | |
| 후드득-후드득 | 후두둑후두둑 | |

기타

| 《표대》 | 《조대》 | 관련 조항 |
|---|---|---|
| 후드득후드득-하다 | 후두둑후두둑하다 | |
| 후딱 | 휘딱 | |
| 후딱-후딱 | 휘딱휘딱 | |
| 후루룩 | 후르륵 | |
| 후루룩-거리다 | 후르륵거리다 | |
| 후루룩-대다 | 후르륵대다 | |
| 후루룩-하다 | 후르륵하다 | |
| 후루룩-후루룩 | 후르륵후르륵 | |
| 후루룩후루룩-하다 | 후르륵후르륵하다 | |
| 후룩 | 후륵 | |
| 후룩-거리다 | 후륵거리다 | |
| 후룩-대다 | 후륵대다 | |
| 후룩-하다 | 후륵하다 | |
| 후룩-후룩 | 후륵후륵 | |
| 후룩후룩-하다 | 후륵후륵하다 | |
| 후리-질 | 후림질 | |
| 후리질-하다 | 후림질하다 | |
| 후투티 | 후투디 | |
| 후폐[2] (厚幣) | 후폐[2] (厚幣) | 맞8 |
| 후폐[3] (後弊) | 후폐[1] (後弊) | 맞8 |
| 후폐[4] (喉閉) | 후폐[3] (喉痺) | 맞8 |
| 후행-꾼 (後行-) | 후행군 | 맞54 |
| 훈수-꾼 (訓手-) | 훈수군 (訓手-) | 맞54 |
| 훌쭉-히 | 훌쭉이 | 맞51 |
| 훼빙-꾼 (毁謗-) | 훼방군 | 맞54 |
| 휑-하다 | 횅하다 | |
| 휑-하다 | 횅하다 | |
| 휘-늘어지다 | 히늘어지다 | |
| 휘둥그레-지다 | 휘둥그래지다 | 맞18 |
| 휘불-석 (輝沸石) | 휘비석 (輝沸石) | 맞52 |
| 휘어-넘어가다 | 휘여넘어가다 | 맞16 |
| 휘어-들다 | 휘여들다 | 맞16 |
| 휘어-박다 | 휘여박다 | 맞16 |
| 휘어-붙이다 | 휘여붙이다 | 맞16 |
| 휘어-잡다 | 휘여잡다 | 맞16 |
| 휘어-잡다 | 휘잡다 | |
| 휘어-지다 | 휘여지다 | 맞16 |
| 휘휘-친친 | 휘휘칭칭 | |
| 휩싸-이다 | 휩쌔이다 | 표9 |

| 《표대》 | 《조대》 | 관련 조항 |
|---|---|---|
| 휫-손 | 휘손 | |
| 휴게 (休憩) | 휴계 (休憩) | 맞8 |
| 휴게-소 (休憩所) | 휴계소 (休憩所) | 맞8 |
| 휴게-실 (休憩室) | 휴계실 | 맞8 |
| 휴반 (畦畔) | 규반 (畦畔) | 맞52 |
| 흉물스레 (凶物--) | 흉물스러이 | 표14 |
| 흉스레 (凶--) | 흉스러이 | 표14 |
| 흉-업다 (凶--) | 흉헙다 | |
| 흉증스레 (凶證--) | 흉증스러이 | 표14 |
| 흉측스레 (凶測--) | 흉측스러이 | 표14 |
| 흐너-트리다 | 흐너뜨리다 | |
| 흐들갑스레 | 흐들갑스러이 | 표14 |
| 흐리멍덩 | 흐리멍텅 | |
| 흐리멍덩-하다 | 흐리멍텅하다 | |
| 흐리멍덩-히 | 흐리멍텅히 | |
| 흐물-흐물[1] | 허물허물 | |
| 흐물흐물-하다[1] | 허물허물하다 | |
| 흐트러-트리다 | 흐트러뜨리다 | |
| 흑책-질 | 흑작질 | |
| 흑책질-하다 | 흑작질하다 | |
| 흑-철릭 (黑--) | 흑천릭 | |
| 흔들-비쭉이 | 흔들삐죽이 | |
| 흔연스레 (欣然--) | 흔연스러이 | 표14 |
| 흙-개고마리 | 흙개구마리 | |
| 흙-구덩이 | 흙구뎅이 | 표9 |
| 흙-무더기 | 흙무데기 | 표9 |
| 흙-뭉텅이 | 흙뭉텡이 | 표9 |
| 흙-받기 | 흙받이 | |
| 흙질-꾼 | 흙질군 | 맞54 |
| 흠-빨다 | 홈빨다 | |
| 흠지러기 | 흠지레기 | 표9 |
| 흠칫 | 흠칠 | |
| 흠칫-거리다 | 흠칠거리다 | |
| 흠칫-대다 | 흠칠대다 | |
| 흠칫-하다 | 흠칠하다 | |
| 흠칫-흠칫 | 흠칠흠칠 | |
| 흠칫흠칫-하다 | 흠칠흠칠하다 | |
| 흡기-판 (吸氣瓣) | 흡기변 | |
| 흥감스레 | 흥감스러이 | 표14 |

기타

| 《표대》 | 《조대》 | 관련 조항 |
|---|---|---|
| 흥-겹다 (興--) | 흥겨웁다 | |
| 흥뚱-항뚱 | 흥뚱흥뚱 | |
| 흥뚱항뚱-하다 | 흥뚱흥뚱하다 | |
| 흥정-꾼 | 흥정군 | 맞54 |
| 흥폐 (興廢) | 흥페 (興廢) | 맞8 |
| 흘-뜨리다 | 흐트리다 | |
| 흩어-트리다 | 흩어뜨리다 | |
| 흩-트리다 | 흐트리다 | |
| 희넓적 | 희넙적 | 맞21 |
| 희넓적-하다 | 희넙적하다 | 맞21 |
| 희룽-거리다 | 히룽거리다 | |
| 희룽-대다 | 히룽대다 | |
| 희룽-희룽 | 히룽히룽 | |
| 희룽희룽-하다 | 히룽히룽하다 | |
| 희-멀겋다 | 헤멀겋다 | |
| 희멀끔-하다 | 헤멀끔하다 | |
| 희멀끔-하다 | 희여멀끔하다 | |
| 희멀끔-히 | 헤멀끔히 | |
| 희멀쑥-이 | 헤멀쑥이 | |
| 희멀쑥-하다 | 헤멀쑥하다 | |
| 희멀쑥-하다 | 희여멀쑥하다 | |
| 희번덕-거리다 | 헤번덕거리다 | |
| 희번덕-거리다 | 희번득거리다 | |
| 희번덕-대다 | 헤번덕대다 | |
| 희번덕-대다 | 희번득대다 | |
| 희번덕-이다 | 헤번덕이다 | |
| 희번덕-이다 | 희번득이다 | |
| 희번덕-희번덕 | 헤번덕헤번덕 | |
| 희번덕-희번덕 | 희번득희번득 | |
| 희번덕희번덕-하다 | 헤번덕헤번덕하다 | |
| 희번덕희번덕-하다 | 희번득희번득하다 | |
| 희번드르르-하다 | 헤번드르르하다 | |
| 희번들-하다[1] | 헤번들하다 | |
| 희번주그레-하다 | 헤번주그레하다 | |
| 희번지르르-하다 | 헤번지르르하다 | |
| 희읍스름-하다 | 희스름하다 | |
| 희한스레 (稀罕--) | 희한스러이 | 표14 |
| 흰-귀룽나무 | 흰구름나무 | |
| 흰눈썹-황금새 (---黃金-) | 흰눈섭황금새 | 맞27 |

| 《표대》 | 《조대》 | 관련 조항 |
|---|---|---|
| 흰-**땃**딸기 | 흰**따**딸기 | |
| 흰-새**더기** | 흰새**덕이** | |
| 흰털-**귀룽**나무 | 흰털**구름**나무 | |
| **횡**-하다 | **휭**하다 | |
| **히**뜩 | **희**뜩[2] | |
| **히**뜩-거리다 | **희**뜩거리다 | |
| **히**뜩-대다 | **희**뜩대다 | |
| **히**뜩-**히**뜩 | **희**뜩**희**뜩[2] | |
| **히**뜩**히**뜩-하다 | **희**뜩**희**뜩하다 | |
| 힘-**겹**다 | 힘**겨웁**다 | |

## 4.5. 복합적 표기 차이 올림말 목록

복합적 표기 차이 올림말 목록은 '두음 법칙+사이시옷', '두음 법칙+외래어', '두음 법칙+기타', '사이시옷+기타', '외래어+기타' 순으로 제시하였다. 각각은 '《표대》', '《조대》', '관련 조항' 난으로 구분하고, '《표대》'와 '《조대》'에서는 올림말과 함께 발음과 원어도 제시하였다. '두음 법칙+사이시옷' 유형은 '관련 조항'을 별도로 제시하지 않았다.

### 1 두음 법칙+사이시옷

| 《표대》 | 《조대》 |
|---|---|
| 고**갯**-**영**상 [-갠녕-] (--嶺上) | 고**개령**상 (-嶺上) |
| **낙숫**-고랑 [-쑤꼬-/-쑫꼬-] (落水--) | **락수**고랑 [-꼬-] |
| **낙숫**-물 [-쑨-] (落水-) | **락수**물 [-순-] |
| **낙숫**물-받이 [-쑨-바지] (落水---) | **락수**물받이 [-바지] |
| **노잣**-돈 [노:자똔/노:잗똔] (路資-) | **로자**돈 [-똔] (路資-) |
| 양**요릿**-집 [-뇨리찝/-뇨릳찝] (洋料理-) | 양**료리**집 [-찝] |
| **연춧**-대[2] [-추때/-춛때] (輦--) | **련추**대 [-때] (輦-) |
| **염폿**-국 [염:포꾹/염:폳꾹] (殮布-) | **렴포**국 [-꾹] (殮布-) |
| **요릿**-집 [-리찝/-릳찝] (料理-) | **료리**집 [-찝] |
| **유둣**-날 [-둔-] (流頭-) | **류두**날 [-둔-] |
| **유둣**-물 [-둔-] (流頭-) | **류두**물 [-둔-] |
| **잇**-구멍 [이:꾸-/읻:꾸-] (利--) | **리**구멍 [-꾸-] |
| **잇**-속[3] [이:쏙/읻:쏙] (利-) | **리**속[1] [-쏙] (利-) |
| **잇**-줄 [이:쭐/읻:쭐] (利-) | **리**줄 [-쭐] |

### 2 두음 법칙+외래어

| 《표대》 | 《조대》 | 관련 조항 |
|---|---|---|
| 과**인**산-칼**슘** (過燐酸calcium) | 과**린**산칼**시움** | |
| 그**래**프^**이**론 (graph理論) | 그**라**프**리**론 (graph(영)理論) | 북외101 |
| **나**선형 **터널** (螺旋形tunnel) | **라**선형**턴넬** | 북외70 |
| **녹**음-테**이**프 (錄音tape) | **록**음테프 | 북외101 |
| 뉴**턴**^**역**학 (Newton力學) | 뉴**톤력**학 [-칵] | |
| 뉴**턴**^**유**체 (Newton流體) | 뉴**톤류**체 | |

| 《표대》 | 《조대》 | 관련 조항 |
|---|---|---|
| 모세^율법 (←Moses律法) | 모이세률법 [-뻡] (Moises(영)律法) | |
| 벡터-양 (vector量) | 벡토르량 | |
| 에너지^대사율 (energy代謝率) | 에네르기대사률 | |
| 여과-탱크 (濾過tank) | 려과탕크 | 북외101 |
| 역학적 에너지 (力學的energy) | 력학적에네르기 [-칵-] | |
| 연속^스펙트럼 (連續spectrum) | 련속스펙트르 | 북외100 |
| 연속^트롤 (連續trawl) | 련속뜨랄 | |
| 영^벡터 (零vector) | 령벡토르 (零vector(영)) | |
| 영점^에너지 (零點energy) | 령점에네르기 [-쩜-] | |
| 유산-나트륨 (硫酸[독]Natrium) | 류산나트리움 | |
| 유산-마그네슘 (硫酸magnesium) | 류산마그네시움 | |
| 유산-바륨 (硫酸barium) | 류산바리움 | |
| 유산-암모늄 (硫酸ammonium) | 류산암모니움 | |
| 유화-카드뮴 (硫化cadmium) | 류화카드미움 | |
| 육각^너트 (六角nut) | 6각나트 | 북외101 |
| 이상^로켓 (理想rocket) | 리상로케트 | 남외1 |
| 인산-나트륨 (燐酸[독]Natrium) | 린산나트리움 | |
| 인산-암모늄 (燐酸ammonium) | 린산암모니움 | |
| 인산-칼륨 (燐酸[독]Kalium) | 린산칼리움 | |
| 인산-칼슘 (燐酸calcium) | 린산칼시움 | |
| 입방-미터 (立方meter) | 립방메터 | |
| 쿠릴^열도 (Kuril列島) | 꾸릴렬도 [-또] (Курил(로)列島) | |

## 3 두음 법칙+기타

| 《표대》 | 《조대》 | 관련 조항 |
|---|---|---|
| 나농-꾼 [나:--] (懶農-) | 라농군 | 맞54 |
| 나장-이 (羅將-) | 라쟁이 | 표9 |
| 낙구[1] [-꾸] (落句) | 락귀 | 맞52 |
| 내왕-꾼 [내:--] (來往-) | 래왕군 [-꾼] | 맞54 |
| 노동-꾼 (勞動-) | 로동군 [-꾼] | 맞54 |
| 노폐 (老廢) | 로페 | 맞8 |
| 노폐-물 [노:폐-/노:페-] (老廢物) | 로페물 (老廢物) | 맞8 |
| 노폐-우 [노:폐-/노:페-] (老廢牛) | 로페우 (老廢牛) | 맞8 |
| 노폐-하다 [노:폐--/노:페--] (老廢--) | 로페하다 (老廢-) | 맞8 |
| 논란 [놀-] (論難▼) | 론난 (論難) | 맞52 |
| 논란-하다 [놀---] (論難▼--) | 론난하다 (論難-) | 맞52 |

| 《표대》 | 《조대》 | 관련 조항 |
|---|---|---|
| 누괵 [-괵/-궥] (螻蟈) | 루국[1] (螻蟈) | 맞52 |
| 누누[1] [누:-] (累累/屢屢) | 루루[1] (屢屢) | 맞13[83] |
| 누누[3] [누:-] (纍纍) | 루루[2] (纍纍) | 맞13 |
| 누누-이[1] [누:--] (累累-/屢屢-) | 루루이[1] | 맞13 |
| 누누-이[2] [누:--] (纍纍-) | 루루이[2] | 맞13 |
| 누누-중총 [누:---] (纍纍衆塚) | 루루중총 (纍纍衆塚) | 맞13 |
| 능증 (崚嶒) | 릉층 | 맞52 |
| 능증-하다 (崚嶒--) | 릉층하다 (崚嶒-) | 맞52 |
| 연구[9] [-꾸] (聯句/連句) | 련귀 [-뀌] | 맞52 |
| 연메-꾼 (輦--) | 련메군 [-꾼] (輦-) | 맞54 |
| 연몌 [-몌/-메] (連袂/聯袂) | 련메 (連袂. 聯袂) | 맞8 |
| 연몌-하다 [-몌--/-메--] (連袂--/聯袂--) | 련메하다 (連袂-. 聯袂-) | 맞8 |
| 연애-꾼 [여:내-] (戀愛-) | 련애군 [-꾼] | 맞54 |
| 연연[10] (戀戀) | 련련[1] | 맞13 |
| 연연불망 [여:년--] (戀戀不忘) | 련련불망 (戀戀不忘) | 맞13 |
| 연연불망-하다 [여:년----] (戀戀不忘--) | 련련불망하다 (戀戀不忘-) | 맞13 |
| 연연-하다[7] [여:년--] (戀戀--) | 련련하다[1] (戀戀-) | 맞13 |
| 연연-히[6] [여:년-] (戀戀-) | 련련히[1] | 맞13 |
| 열씨한란-계 (列氏寒暖▼計) | 렬씨한난계 [-할란-] (列氏寒暖計) | 맞52 |
| 염려스레 (念慮--) | 념려스러이 | 표14 |
| 염문-꾼 (廉問-) | 렴문군 [-꾼] | 맞54 |
| 염-장이 [염:--] (殮--) | 렴쟁이 (殮-) | 표9 |
| 염치 (廉恥) | 렴체 | |
| 염탐-꾼 (廉探-) | 렴탐군 [-꾼] | 맞54 |
| 영구-꾼 (靈柩-) | 령구군 [-꾼] | 맞54 |
| 영-돈령 [-돌-] (領敦寧▼) | 령돈녕 (領敦寧) | 맞52 |
| 영-돈령부사 [-돌---] (領敦寧▼府事) | 령돈녕부사 (領敦寧府事) | 맞52 |
| 영여-꾼 (靈輿-) | 령여군 [-꾼] | 맞54 |
| 영폐-탕 [-폐-/-페-] (寧肺湯) | 녕페탕 (獰肺湯) | 맞8 |
| 예폐 [-폐/-페] (禮幣) | 례페 (禮幣) | 맞8 |
| 요요[1] (了了) | 료료[1] | 맞13 |
| 요요[6] (寥寥) | 료료[2] | 맞13 |
| 요요-무문 (寥寥無聞) | 료료무문 | 맞13 |
| 요요무문-하다 (寥寥無聞--) | 료료무문하다 (寥寥無聞-) | 맞13 |
| 요요-하다[1] (了了--) | 료료하다[1] (了了-) | 맞13 |
| 요요-하다[6] (寥寥--) | 료료하다[2] (寥寥-) | 맞13 |
| 요요-히[1] (了了-) | 료료히[1] (了了-) | 맞13 |
| 요요-히[5] (寥寥-) | 료료히[2] | 맞13 |
| 요폐 [-폐/-페] (尿閉) | 뇨페 (尿閉) | 맞8 |

| 《표대》 | 《조대》 | 관련 조항 |
|---|---|---|
| 유유-상종 [유:---] (類類相從) | 류류상종 (類類相從) | 맞13 |
| 유유상종-하다 [유:-----] (類類相從--) | 류류상종하다 (類類相從-) | 맞13 |
| 유폐[2] [-폐/-페] (流弊) | 류폐 (流弊) | 맞8 |
| 육량-전 [융냥-] (六兩箭) | 륙냥전 [륭-] | 맞52 |
| 육삭-둥이 [-싹뚱-] (六朔--) | 륙삭동이 (六朔童-) | |
| 육-재비 [-째-] (六--) | 륙잡이 (六-) | 맞19, 표9 |
| 육항-단자 [유캉--] (六行單子) | 륙행단자 [-캥-] (六行單字) | 맞52 |
| 융폐 [-폐/-페] (癃閉) | 륭폐 (癃閉) | 맞8 |
| 폐사-율 [폐:--/페:--] (斃死率) | 페사률 [-율] (斃死率) | 맞8 |
| 화폐^유통 (貨幣流通) | 화페류통 | 맞8 |
| 화폐^유통^법칙 (貨幣流通法則) | 화페류통법칙 | 맞8 |
| 화폐^유통^속도 (貨幣流通速度) | 화페류통속도 | 맞8 |

## 4 사이시옷+기타

| 《표대》 | 《조대》 | 관련 조항 |
|---|---|---|
| 가르맛-자리 [--마짜-/--맏짜-] | 가리마자리 [-짜-] | |
| 갯-골 [개꼴/갣꼴] | 개곬 [-꼴(꼴시)] | |
| 건넛-마을 [건:넌--] | 건너말 | 표15 |
| 놋-젓갈 [녿쩌깔/녿쩓깔] | 놋저가락 [-까-] | 표16 |
| 놋-좆 [노쫃/녿쫃] (櫓-) | 노젗 | |
| 누엣-구더기 [-에꾸--/-엗꾸--] | 누에구데기 | 표9 |
| 당감잇-줄 [-가미쭐/-가믿쭐] | 당가미줄 [-쭐] | 맞19 |
| 도랫-굽이 [-래꾸비/-랟꾸비] | 도래굽 [-꿉] | |
| 두렛-줄 [-레쭐/-렏쭐] | 드레줄 [-쭐] | |
| 뒷-가르마 [뒤:까--/뒫:까--] | 뒤가리마 [-까-] | |
| 뒷거래-꾼 [뒤:꺼--/뒫:꺼--] (-去來-) | 뒤거래군 [-꺼-꾼] | 맞54 |
| 뒷-설거지 [뒤:썰--/뒫:썰--] | 뒤설겆이 [-썰-] | 맞19 |
| 뒷설거지-하다 [뒤:썰----/뒫:썰----] | 뒤설겆이하다 [-썰-] | 맞19 |
| 뒷-얘기 [뒨:냬-] | 뒤이야기 [뒨-] | 표16 |
| 땟-자국 [때짜-/땓짜-] | 때자욱 | |
| 머릿-니 [-린-] | 머리이 [-린니] | 맞27 |

83 《한글 맞춤법》 제13항(한 단어 안에서 같은 음절이나 비슷한 음절이 겹쳐 나는 부분은 같은 글자로 적는다)과 관련된 어휘는 이 책에서는 별도로 다루지 않았다. 관련 조항에서 '맞13'으로 분류한 단어는 《한글 맞춤법》의 두음 법칙 조항(제10~12항)과 제13항에 모두 해당되는 예이다.

| 《표대》 | 《조대》 | 관련 조항 |
|---|---|---|
| 멧-부리 [메뿌-/멛뿌-] | 뫼부리 [-뿌-] | |
| 무-진딧물 [무:-딘-] | 무우진디물 | 표14 |
| 뭇-국 [무:꾹/묻:꾹] | 무우국 [-꾹] | 표14 |
| 뭇-종 [무:쫑/묻:쫑] | 무우종 [-쫑] | 표14 |
| 미숫-가루 [-수까-/-숟까-] | 미시가루 [-까-] | |
| 바짓-가랑이 [-지까--/-짇까--] | 바지가랭이 [-까-] | 표9 |
| 배냇-니 [배:낸-] | 배내이 [-낸니] | 맞27 |
| 부-젓가락 [-저까-/-젇까-] | 부저갈 [-깔] | 표15 |
| 부좃-술 [-조쑬/-졷쑬] (扶助-) | 부주술[1] [-쑬] | |
| 부좃-일 [-존닐] (扶助-) | 부주일 | |
| 부좃일-꾼 [-존닐-] (扶助--) | 부조일군 [-꾼] | 맞54 |
| 비곗-덩어리 [-계떵--/-겓떵--] | 비계덩어리 [-떵-] | 맞8 |
| 비곗-살 [-계쌀/-겓쌀] | 비계살 | 맞8 |
| 사글셋-방 [--쎄빵/--쎋빵] (--貰房) | 삭월세방 [-세빵] | 맞27 |
| 소맷-배래기 [-매빼--/-맫빼--] | 소매배래 [-빼-] | |
| 수키왓-장 [--와짱/--왇짱] (---張) | 수기와장 [-키-짱] | 맞31 |
| 아랫-눈썹 [-랜--] | 아래눈섭 [-랜-섭] | 맞27 |
| 아랫-니 [-랜-] | 아래이 [-랜니] | 맞27 |
| 아랫-마기 [-랜--] | 아래막이 [-랜-] | 맞19 |
| 암키왓-장 [--와짱/--왇짱] (---張) | 암기와장 [-키-짱] | 맞31 |
| 어깻-죽지 [-깨쭉찌/-깯쭉찌] | 어깨죽 [-쭉] | 표15 |
| 엉덩잇-바람 [엉:-이빠-/엉:-읻빠-] | 엉뎅이바람 [-빠-] | 표9 |
| 엉덩잇-짓 [엉:-이찓/엉:-읻찓] | 엉뎅이짓 | 표9 |
| 우렁잇-속 [--이쏙/--읻쏙] | 우렝이속 | 표9 |
| 우렛-소리[1] [-레쏘-/-렏쏘-] | 우뢰소리 [-쏘-] | |
| 우뭇-가사리 [-무까-/-묻까-] | 우무가사리 | 표16 |
| 윗-잇몸 [윈닌-] | 웃이몸 [운닌-] | 표12 |
| 자빗-간 [-비깐/-빋깐] (--間) | 잡이간 [-깐] | 맞19 |
| 젓가락-질 [저까-찔/젇까-찔] | 저갈질 [-깔-] | 표15 |
| 젓가락질-하다 [저까-찔--/젇까-찔--] | 저갈질하다 [-깔-] | 표15 |
| 쳇-눈 [첸-] | 채눈 | |
| 쳇-다리 [체따-/첻따-] | 채다리 [-따-] | |
| 쳇-바퀴 [체빠-/첻빠-] | 채바퀴 | |
| 쳇-불 [체뿔/첻뿔] | 채불 [-뿔] | |
| 쳇불-관 [체뿔-/첻뿔-] (--冠) | 채불관 [-뿔-] (-冠) | |
| 큰-뒷부리도요 [-뒤뿌---/-뒫뿌---] | 큰되부리도요 | |
| 핏-자국 [피짜-/핃짜-] | 피자욱 [-짜-] | |
| 햇-물[1] [핸-] | 해무리 | |

## 5 외래어+기타

| 《표대》 | 《조대》 | 관련 조항 |
|---|---|---|
| **구름**^베**어**링 (--bearing) | **굴음**베**아**링 | 북외101 |
| **폐**-**디**스토마 (肺distoma) | **페지**스토마 (肺Distoma(라)) | 맞8 |
| **폐디**스토마-증 (肺distoma症) | **페지**스토마증 [-쯩] | 맞8 |
| **폐**열^보**일러** (廢熱boiler) | **페**열보**이라** | 맞8, 북외101 |

## 4.6. 그 외 올림말 목록

'그 외'의 올림말 목록은 '《표대》', '《조대》' 난으로 구분하고, '《표대》'와 '《조대》'에서는 올림말과 함께 발음과 원어도 제시하였다.

| 《표대》 | 《조대》 |
|---|---|
| 가지-더부살이 | 가지더부사리 |
| 갈색-양지니 [-쌩냥--] (褐色---) | 갈색양진이 [-쌕-] |
| 갈퀴-꼭두서니 [---뚜--] | 갈퀴꼭두서니 |
| 갈퀴-꼭두서니 [---뚜--] | 갈키꼭두서니 |
| 감둥-사초 (--莎草) | 검둥사초 |
| 개-고사리 [개ː---] | 갯고사리 |
| 개-사철쑥 [개ː---] (-四--) | 갯사철쑥 |
| 개-쑥부쟁이 [개ː-뿌--] | 갯쑥부쟁이 |
| 갯-골풀 [개꼴-/갣꼴-] | 개골풀 |
| 갯-대 [개때/갣때] | 갯대 |
| 갯-대 [개때/갣때] | 개대 [-때] |
| 갯-하늘지기 [개타---] | 갯하늘지기 |
| 거굉 [거ː굉/거ː궹] (巨觥) | 거광 (巨觥) |
| 거머멀쑥-하다 [---쑤카-] | 거머멀숙하다 [-카-] |
| 건건찝찔-하다 | 건건찝질하다 |
| 건너-지피다 [건ː----] | 건너짚이다 |
| 검년-기 [검ː--] (檢撚器) | 검연기 (檢撚器) |
| 검은-녹병 [---뼝] (--綠病) | 검은록병 (-綠病) |
| 게이트-볼 (▼gate ball) | 게이트볼 (gateball(영)) |
| 게임 (game) | 게임[2] (game(영)) |
| 게임 (game) | 껨 (←game(영)) |
| 게임^이론 (game理論) | 게임리론 |
| 경렬 [-녈] (庚熱) | 경열[1] (庚熱) |
| 경열[1] (庚熱) | 경열[1] (庚熱) |
| 계가[1] [계ː-/게ː-] (計家) | 계가[2] (計家) |
| 계가[1] [계ː-/게ː-] (計家) | 게가 |
| 고너리 | 곤어리 |
| 고딕 (Gothic) | 고지크 (gothic(영)) |
| 고딕^미술 (Gothic美術) | 고지크미술 |
| 고딕^소설 (Gothic小說) | 《고지크소설》 (Gothic(프)小說) |
| 고딕-식 (Gothic式) | 고지크식 |

| 《표대》 | 《조대》 |
|---|---|
| 고딕-체 (Gothic體) | 고직체 (gothic(영)体) |
| 고샅-길 [-삳낄] | 고샅길 |
| 고샅-길 [-삳낄] | 고삿길 |
| 고운-대 [고:--] | 고은대 |
| 고운-대 [고:--] | 고운대 |
| 고자-빠기 | 고자백이 |
| 고자-빠기 | 고자빠기 |
| 공구^연마반 (工具硏磨盤) | 공구연마반 |
| 과거-꾼 (科擧-) | 과거군 |
| 굉활 (宏闊) | 굉할 |
| 굉활-하다 (宏闊--) | 굉할하다 (宏濶-) |
| 구와-취 | 구와취 |
| 구와-취 | 구화취 |
| 귀-맛 [-맏] | 귀맛 [귄-] |
| 귓-맛 [귄맏] | 귀맛 [귄-] |
| 금립-과 [-닙꽈] (金立瓜) | 금립과 (金立瓜) |
| 금입과 [--꽈] (金立瓜) | 금립과 (金立瓜) |
| 급성^간^위축증 (急性肝萎縮症) | 급성간위축증 |
| 깃-당목 [긷땅-] (-唐木) | 깃당목 |
| 깃-당목 [긷땅-] (-唐木) | 짓당목 |
| 나무-진 (--津) | 나무진 |
| 나뭇-진 [-무찐/-묻찐] | 나무진 |
| 난-판 [난:-] (亂-) | 란판 |
| 난-판 [난:-] (亂-) | 난판 |
| 날반 (糲飯) | 랄반 (糲飯) |
| 납[3] (蠟) | 납[1] |
| 납[3] (蠟) | 랍[1] (蠟) |
| 납염[1] (-染) | 랍염[1] (鑞染) |
| 납염-하다[1] (-染--) | 랍염하다 (鑞染-) |
| 납의[1] [나븨/나비] | 랍의 (鑞衣) |
| 납전-지 [-쩐-] (-箋紙) | 랍전지 (鑞箋紙) |
| 납지[2] [-찌] (鑞紙) | 납지[1] |
| 납지[4] [-찌] (蠟紙) | 납지[2] |
| 납지[4] [-찌] (蠟紙) | 랍지 (蠟紙) |
| 낭유[2] [낭:-] (狼莠) | 랑유[1] (狼莠) |
| 내림-석 (--釋) | 래림석 (來臨釋) |
| 내면^연마반 (內面硏磨盤) | 내면연마반 |
| 냅킨 (napkin) | 내프킨 (napkin(영)) |
| 냅킨 (napkin) | 나프킨 (napkin(영)) |

그 외

| 《표대》 | 《조대》 |
|---|---|
| 네-뚜리[1] | 넷뚜리 |
| 네-뚜리[1] | 네뚜리[1] |
| 노곤-하다(勞困--) | 노곤하다 |
| 노곤-하다(勞困--) | 로곤하다 (勞困-) |
| 노곤-히(勞困-) | 로곤히 |
| 노곤-히(勞困-) | 노곤히 |
| 노궁[2] (弩弓) | 로궁[2] |
| 노둔[2] (駑鈍/魯鈍) | 노둔 |
| 노둔[2] (駑鈍/魯鈍) | 로둔[2] |
| 노둔-하다[2](駑鈍--/魯鈍--) | 노둔하다 (駑鈍-) |
| 노둔-하다[2](駑鈍--/魯鈍--) | 로둔하다[2] (魯鈍-) |
| 노둔-히[2](駑鈍-/魯鈍-) | 로둔히[2] (魯鈍-) |
| 노둔-히[2](駑鈍-/魯鈍-) | 노둔히 |
| 노란-해당화 (--海棠花) | 노랑해당화 |
| 노질[4] (駑質/魯質) | 노질[2] (駑質) |
| 녹청 (綠靑) | 녹청 |
| 녹청 (綠靑) | 록청 (綠靑) |
| 농[7] (籠) | 농[1] |
| 농[7] (籠) | 롱[2] (籠) |
| 농람 [-남] (濃藍) | 농남 |
| 농-장사 (籠--) | 농장사 [-짱-] |
| 농탕-치다 [농ː---] (弄蕩--) | 농탕치다 |
| 농-판[2] [농ː-] (弄-) | 농판 |
| 농-판[2] [농ː-] (弄-) | 롱판 |
| 뇌싱-목 [뇌--/눼--] (雷聲木) | 뇌성목 |
| 누대-연척 [누ː---] (累代連戚) | 루대련척 (屢代連戚) |
| 누습-하다 [누ː스파-] (漏濕--) | 루습하다 [-파-] (漏濕-) |
| 누습-하다 [누ː스파-] (漏濕--) | 누습하다 [-파-] |
| 능인[4] (菱仁) | 릉인 (菱仁) |
| 능인[5] (菱仁) | 릉인 (菱仁) |
| 다금-바리 | 다급바리 |
| 다리-목 | 다리목[1] [-린-] |
| 다릿-목 [-린-] | 다리목[1] [-린-] |
| 다이아몬드^게임 (diamond game) | 다이아몬드겜 |
| 닫-집 [-찝] | 닫집 |
| 닫-집 [-찝] | 닷집 |
| 담-남색 [담ː--] (淡藍色) | 담람색 |
| 당산-의열록 [-사늬--/-사니--] (唐山義烈錄) | 《당산의혈록》(唐山義血錄) |
| 대-고리 | 대고리 |

| 《표대》 | 《조대》 |
|---|---|
| 대농[3] [대ː-] (大籠) | 대농[3] (大-) |
| 댄스 (dance) | 단스 (dance(영)) |
| 댓-고리 [대꼬-/댇꼬-] | 대고리 |
| 데바삐 | 되바삐 |
| 도솔-궁 (兜率宮) | 두솔궁 (杜率宮) |
| 돌-마자 | 돌메자 |
| 돌-묵상어 [--쌍-] | 돌북상어 |
| 동백[1] (冬柏) | 동배[3] (←冬拍) |
| 되부리-도요 [되----/뒈----] | 되부리도요 |
| 둥글넓데데-하다 [--럽떼---] | 둥글넙데데하다 |
| 디포스겐 (diphosgene) | 디호스겐 (diphosgen(영)) |
| 땜-납 [땜ː-] (-鑞) | 땜납 |
| 뚝갈-나무 [-깔라-] | 뚜깔나무 |
| 뚝갈-나무 [-깔라-] | 뚝갈나무 [-라-] |
| 띠거리-가시 | 띄거리가시 |
| 라인^아웃 (line out) | 라인아웃 (line out(영)) |
| 레모네이드 (lemonade) | 레모네드 (lemonade(영)) |
| 레모네이드 (lemonade) | 라모네드 (lemonade(영)) |
| 레모네이드 (lemonade) | 라무네 (lemonade영) |
| 륙색 (rucksack) | 륙사크 |
| 륙색 (rucksack) | 륙크사크 (rucksack(도)) |
| 리큐어 (liqueur) | 릭키 (liqueur(영)) |
| 리큐어 (liqueur) | 리꾀르 |
| 린포르찬도 ([이]rinforzando) | 린포르잔도 (rinforzando(이)) |
| 마뜩찮다 [--찬타] | 마뜩잖다 [-타] |
| 만석-꾼 [만ː--] (萬石-) | 만석군 (萬石君) |
| 망팔-쇠년 [망ː-쇠-/망ː-쉐-] (望八衰年) | 망팔쇠년 (望八衰年) |
| 망팔-쇠년 [망ː-쇠-/망ː-쉐-] (望八衰年) | 말팔쇠년 |
| 매스^게임 (mass game) | 마스겜 (mass-game(영)) |
| 먼로-주의 (Monroe主義) | 《먼로우주의》 (Monroe(영)主義) |
| 먼로-주의 (Monroe主義) | 몬로주의 (Monroe(영)主義) |
| 멀라이트 (mullite) | 물리트 (mullite(영)) |
| 멀라이트 (mullite) | 물라이트 |
| 메-딱따구리 | 메딱다구리 |
| 메-제비꽃 [---꼳] | 메제비꽃 [-쩨-] |
| 메틸^바이올렛 (methyl violet) | 메틸비올레트 (methyl violet(영)) |
| 멧수수-밥 [메쑤--/멘쑤--] | 메수수밥 |
| 멧-장대 [메짱때/멘짱때] | 묏장대 |
| 멧-제비꽃 [메쩨-꼳/멘쩨-꼳] | 메제비꽃 [-쩨-] |

그 외

| 《표대》 | 《조대》 |
|---|---|
| 모-도지 (-賭地) | 모도지 [-또-] (-賭地) |
| 모치[2] (牡痔) | 무치[3] (牡痔) |
| 목-서지 (木serge) | 목세루 (木serge(영)) |
| 목-서지 (木serge) | 목사지 (木serge(영)) |
| 못-도지 [모또-/몯또-] (-賭地) | 모도지 [-또-] (-賭地) |
| 뫼-밤나무 [뫼---/뭬---] | 뫼밤나무 |
| 무대^연습 (舞臺練習) | 무대연습 |
| 무치[1] (牡痔) | 무치[3] (牡痔) |
| 물-견딤성 [---썽] (---性) | 물견딜성 [-썽] |
| 물-골풀 | 몰골풀 |
| 물-굽이 [-꾸비] | 물굽이 [-꿉-] |
| 물-굽이 [-꾸비] | 물구비 [-꾸-] |
| 물윗-배 [무뤼빼/무뢴빼] | 물위배 [-빼] |
| 밑-성대 [믿썽-] | 밀성대 |
| 바나나-킥 (▼banana kick) | 바나나키크 (banana kick(영)) |
| 바르카롤라 ([이]barcarola) | 발카로라 (barcarola(이)) |
| 바르카롤라 ([이]barcarola) | 바르까롤라 (barcarola(이)) |
| 바이올렛 (violet) | 바이오레트 (violet(영)) |
| 반칙-볼 (反則ball) | 반칙뽈 |
| 발갯-깃 [-갣낃] | 발개깃 [-낏] |
| 발연-대로 (勃然大怒) | 발연대노 (勃然大怒) |
| 발연대로-하다 (勃然大怒--) | 발연대노하다 (勃然大怒-) |
| 방-꾼 [방:-] (榜-) | 방군 [-꾼] (榜軍) |
| 배불뚝치 | 배불둑치 [-뚝-] |
| 배집잇-줄 [-자비쭐/-자빋쭐] | 배지이줄 [-쭐] |
| 뱅크스-소나무 (Banks---) | 방크스소나무 (Banks(영)-) |
| 뱅크스-소나무 (Banks---) | 반크스소나무 (Banks(영)-) |
| 벋버듬-하다 [-뻐---] | 벋버듬하다 |
| 벋버듬-하다 [-뻐---] | 벗버듬하다 |
| 베샤멜-소스 ([프]béchamel [영]sauce) | 베샤멜쏘스 (bechamel sauce(프)) |
| 볼[4] (ball) | 볼[4] (ball(영)) |
| 볼[4] (ball) | 뽈 (ball(영)) |
| 볼-나사 (ball螺絲) | 볼나사 [-라-] (ball(영)-) |
| 볼밀 (ball mill) | 볼밀 (ball mill(영)) |
| 볼^베어링 (ball bearing) | 볼베아링 (ball bearing(영)) |
| 볼^폭탄 (ball爆彈) | 뽈폭탄 (ball(영)爆彈) |
| 부담-롱 [부:-농] (負擔籠) | 부담농 |
| 부전-반디 [부:---] (赴戰--) | 부전바디 |
| 분림 [불-] (賁臨) | 비림 (賁臨) |

| 《표대》 | 《조대》 |
|---|---|
| 분홍-장구채 [분ː----] (粉紅---) | 분홍장우채 |
| 불임-성[2] [--썽] (不稔性) | 불염성 [-썽] (不稔性) |
| 비단-놀래기 [비ː----] (緋緞---) | 비단놀내기 [-래-] |
| 비-바람 | 빗바람 |
| 비시지 (BCG) | 비씨쥐 (BCG(영)) |
| 비시지^접종 (BCG接種) | 비씨쥐접종 (BCG(영)接腫) |
| 사교-댄스 (社交dance) | 사교딴스 |
| 사바나 (savanna) | 싸반나 |
| 사바나 (savanna) | 사반나 (savanna(영)) |
| 사설-시조 (辭說時調) | 사설시조 (辭說時調) |
| 사설-시조 (辭說時調) | 사슬시조 |
| 사십구일-재 [사ː-꾸--] (四十九日齋) | 사십구일제 [-쩨] (四十九日祭) |
| 사이[7] [사ː-] (葉耳) | 시이 (葉耳) |
| 사이드^아웃 (side out) | 싸이드아웃 (side out(영)) |
| 사회^간접^자본 (社會間接資本) | 사회간섭자본 |
| 산-개쑥부쟁이 [---뿌--] (山-----) | 산갯쑥부장이 |
| 삼각-따개비 (三角---) | 삼각딱개비 |
| 삼릉-직 [-능-] (杉綾織) | 삼릉직 (杉綾織) |
| 삼살-방 (三煞方) | 상살방 |
| 삼학-역어 [-항녀거] (三學譯語) | 《삼한역어》 (三韓譯語) |
| 삿갓-사초 [삳깓싸-] (--莎草) | 삿갓사초 |
| 삿갓-사초 [삳깓싸-] (--莎草) | 산갓사초 |
| 상납[1] [상ː-] (上-) | 상랍[1] (上鑞) |
| 상쇠-재비 [상ː쇠--/상ː쉐--] (上---) | 상수잡이 |
| 상직-꾼 [상ː--] (上直-) | 상직군 (上直軍) |
| 새코-미꾸리 | 샛코미꾸리 |
| 샛-서방 [새ː써-/샏ː써-] (-書房) | 새서방[2] [-써-] |
| 샛-서방 [새ː써-/샏ː써-] (-書房) | 샛서방 |
| 생-꾼 (生-) | 생군 (生軍) |
| 생력-꾼 [-녁-] (生力-) | 생력군 (生力軍) |
| 생-멧소 [-메쏘/-멘쏘] (生--) | 생메소 [-쏘] |
| 서지[6] (serge) | 사지[15] (serge(영)) |
| 서지[6] (serge) | 세루[1] (serge(프)) |
| 선유-락 (船遊樂) | 《선유락》 (船遊樂) |
| 선유-락 (船遊樂) | 선유악 (船遊樂) |
| 세금-세공 [세ː-세ː-] (細金細工) | 새금세공 |
| 소금-깍두기 [---뚜-] | 소금깎두기 |
| 소꼬리-채 | 쇠꼬리채 |
| 소스[1] (sauce) | 소스 (sauce(영)) |

| 《표대》 | 《조대》 |
|---|---|
| 소프트볼 (softball) | 소프트볼 (softball(영)) |
| 솔-보굿 [-뽀굳] | 솔보긋 |
| 쇠꼬리-채 [쇠:---/쉐:---] | 쇠꼬리채 |
| 쇠-유리새 [쇠---/쉐---] (-琉璃-) | 쇠류리새 |
| 쇠-유리새 [쇠---/쉐---] (-琉璃-) | 쇠유리새 |
| 쇠잡이-꾼 [쇠---/쉐---] | 쇠잡이군 [-꾼] |
| 수구[1] | 소구[1] (酥灸) |
| 수구[1] | 수구[13] |
| 수염-문절 (鬚髥--) | 수염분절 |
| 스테이플^파이버 (staple fiber) | 스테플파이버 (staple fibre(영)) |
| 스포르찬도 ([이]sforzando) | 스포르짠도 (sforzando(이)) |
| 스피커 (speaker) | 스피카 (speaker(영)) |
| 시이[2] (葈耳) | 시이 (葈耳) |
| 시지에스^단위계 (CGS單位系) | 씨지에스단위계 (CGS(영)單位系) |
| 식조 [-쪼] (息粗) | 식추 (息粗) |
| 식조 [-쪼] (息粗) | 식조 (息粗) |
| 식한[1] [시칸] (息鼾) | 식간[2] (息鼾) |
| 식한[1] [시칸] (息鼾) | 식한 [-칸] |
| 실-꾼 (實-) | 실군 [-꾼] (實軍) |
| 쌀개[1] | 살개 |
| 쌀개[1] | 쌀개[2] |
| 아웃[2] (out) | 아우트 (out(영)) |
| 아웃-코너 (←outside corner) | 아우트코너 (out corner(영)) |
| 안걸이^잦히기 | 안걸이재치기 |
| 애기-쉽사리 [---싸-] | 에기십싸리 |
| 야레 | 야래[1] |
| 약론 [양논] (略論/約論) | 약론 [양-] (約論) |
| 약론 [양논] (略論/約論) | 략론 [량-] (略論) |
| 약론-하다 [양논--] (略論--/約論--) | 약론하다 [양-] (約論-) |
| 약론-하다 [양논--] (略論--/約論--) | 략론하다 [량-] (略論-) |
| 약문 [양-] (略文/約文) | 략문 [량-] (略文) |
| 약설[2] [-썰] (略說/約說) | 략설[1] (略說) |
| 약설-하다[2] [-썰--] (略說--/約說--) | 략설하다 (略說-) |
| 양마[2] [양:-] (兩馬) | 량마[2] (兩馬) |
| 양태-장 (--匠) | 량태장 (凉太匠) |
| 양태-전 (--廛) | 량태전 (凉太廛) |
| 양화-요 (洋花-) | 양화료 (洋花-) |
| 어뿔싸 | 어뿔사 |
| 엄법[1] [엄:뻡] (罨法) | 암법 [-뻡] (罨法) |

| 《표대》 | 《조대》 |
|---|---|
| 엄법[1] [엄:뻡] (罨法) | 엄법[2] [-뻡] (罨法) |
| 에스오에스 (SOS) | 에스오에스 (S.O.S(영)) |
| 엠케이에스^단위계 (MKS單位系) | 엠케이에스단위계 (M.K.S(영)單位系) |
| 엠케이에스에이^단위계 (MKSA單位系) | 엠케이에스에이단위계 (M.K.S.A.(영)單位系) |
| 여로[2] (藜蘆) | 려로[2] (藜蘆) |
| 여로[2] (藜蘆) | 여로 |
| 여지-금대 [여:---] (荔枝金帶) | 례지금대 (荔枝金帶) |
| 연[12] [연:] (碾) | 년[3] (碾) |
| 연[12] [연:] (碾) | 연[3] (研) |
| 연거[1] [연:-] (碾車) | 전거[7] (碾車) |
| 연긍 (延亘/連亘/聯亘) | 련긍 (連亙. 聯亙) |
| 연긍 (延亘/連亘/聯亘) | 연긍 (延亘) |
| 연긍-하다 (延亘--/連亘--/聯亘--) | 련긍하다 (連亙-. 聯亙-) |
| 연긍-하다 (延亘--/連亘--/聯亘--) | 연긍하다 (延亘-) |
| 연란[2] [열-] (鰱卵) | 련란 (鰱卵) |
| 연루 [열-] (連累/緣累) | 련루 [렬-] (連累) |
| 연루-되다 [열---] (連累--/緣累--) | 련루되다 [렬-] (連累-) |
| 연루-자 [열--] (連累者) | 련루자 [렬-] (連累者) |
| 연루-하다 [열---] (連累--/緣累--) | 련루하다 [렬-] (連累-) |
| 연마[1] [연:-] (研磨/練磨/鍊磨) | 련마[1] (練磨. 鍊磨) |
| 연마[1] [연:-] (研磨/練磨/鍊磨) | 연마 (研磨) |
| 연마-기 [연:--] (研磨機) | 연마기 (研磨機) |
| 연마-되다 [연:-되-/연:-뒈-] (研磨--/練磨--/鍊磨--) | 연마되다 (研磨-) |
| 연마-되다 [연:-되-/연:-뒈-] (研磨--/練磨--/鍊磨--) | 련마되다 (練磨-. 鍊磨-) |
| 연마-반 [연:--] (研磨盤) | 연마반 (研磨盤) |
| 연마-재 [연:--] (研磨材) | 연마재 (研磨材) |
| 연마-제 [연:--] (研磨劑) | 연마제 (研磨制) |
| 연마-하다[1] [연:---] (研磨--/練磨--/鍊磨--) | 련마하다 (練磨-. 鍊磨-) |
| 연마-하다[1] [연:---] (研磨--/練磨--/鍊磨--) | 연마하다 (研磨-) |
| 연밥-갈매나무 [-빱깔---] (蓮-----) | 연밤갈매나무 |
| 연밥-피나무 [-빱---] (蓮----) | 연밥피나무 |
| 연승[1] (延繩) | 련승[2] (連繩) |
| 연승[1] (延繩) | 연승 (延繩) |
| 연승^어업 (延繩漁業) | 연승어업 |
| 연승^어업 (延繩漁業) | 련승어업 (連繩漁業) |
| 연어[4] (鰱魚) | 련어 (鰱魚) |
| 연어[4] (鰱魚) | 연어[4] |
| 연-잦다 [-잗따] (連--) | 련잦다 |
| 연-잦다 [-잗따] (連--) | 연잦다 |

그 외

| 《표대》 | 《조대》 |
|---|---|
| 연조[9] [연:-] (演操/鍊操) | 련조[2] (鍊操) |
| 연조[9] [연:-] (演操/鍊操) | 연조[4] (演操) |
| 연조-하다[3] [연:---] (演操--/鍊操--) | 련조하다 (鍊操-) |
| 연주-노랑나비 (連珠----) | 연주노랑나비 |
| 열렬[1] (熱烈/烈烈) | 렬렬 |
| 열렬[1] (熱烈/烈烈) | 열렬[1] |
| 열렬-하다[1] (熱烈--/烈烈--) | 렬렬하다 (烈烈-) |
| 열렬-하다[1] (熱烈--/烈烈--) | 열렬하다 (熱烈-) |
| 열렬-히 (熱烈-/烈烈-) | 렬렬히 |
| 열렬-히 (熱烈-/烈烈-) | 열렬히 |
| 열반 (涅槃) | 녈반 (涅槃) |
| 열반 (涅槃) | 열반 (涅槃) |
| 열반-당 (涅槃堂) | 녈반당 (涅槃堂) |
| 열반-당 (涅槃堂) | 열반당 (涅槃堂) |
| 열반-쇠 [--쇠/--쉐] (涅槃-) | 녈반쇠 |
| 열반-쇠 [--쇠/--쉐] (涅槃-) | 열반쇠 (涅槃-) |
| 열반-종[1] (涅槃宗) | 녈반종[2] (涅槃宗) |
| 열반-종[1] (涅槃宗) | 열반종 (涅槃宗) |
| 염주-괴불주머니 [염:-괴-쭈--/염:-궤-쭈--] (念珠-----) | 염주괴불주머니 |
| 염주-사초 [염:---] (念珠莎草) | 염주사초 |
| 영등-신 (--神) | 령등신 (靈登神) |
| 영릉-향 [-능-] (零陵香) | 령능향 |
| 영새 (靈璽) | 영새 (永璽) |
| 넝솨[1] (領坐) | 령좌[1] (領座) |
| 영좌[1] (領座) | 영좌 |
| 예사-내기 [예:---] (例事--) | 예삿내기 [-산-] |
| 예알 (禮謁) | 예알 (詣謁) |
| 예알-하다 (禮謁--) | 예알하다 (詣謁-) |
| 옹-롱 [-농] (-籠) | 옹농 |
| 왈칵-달칵 [--딸-] | 왈칵덜칵 |
| 왈칵달칵-하다 [--딸카카-] | 왈칵덜칵하다 |
| 요[16] (鐃) | 뇨[2] (鐃) |
| 요[16] (鐃) | 요[3] (鐃) |
| 요당[2] (僚堂) | 료당 (僚堂) |
| 요당[2] (僚堂) | 요당 |
| 요원[3] (遙遠/遼遠) | 료원[2] |
| 요원[3] (遙遠/遼遠) | 요원[2] |
| 요원-하다 (遙遠--/遼遠--) | 료원하다 (遼遠-) |

| 《표대》 | 《조대》 |
|---|---|
| 요원-하다 (遙遠--/遼遠--) | 요원하다 (遙遠-) |
| 요원-히 (遙遠-/遼遠-) | 료원히 |
| 용-마름 (龍--) | 룡마름 |
| 용-마름 (龍--) | 용마름 |
| 우스터-소스 (Worcester sauce) | 우스터쏘스 (←Worcestersnire sauce(영)) |
| 원통^연마반 (圓筒硏磨盤) | 원통연마반 |
| 유견[3] [유ː-] (謬見) | 류견 (謬見) |
| 유견[3] [유ː-] (謬見) | 유견 (謬見) |
| 유대-꾼 (留待-) | 류대군 (留待軍) |
| 유래지풍 (由來之風) | 류래지풍 (流來之風) |
| 유별-나다 [유ː-라-] (有別--) | 류별나다 [-라-] |
| 유야무야 [유ː---] (有耶無耶) | 우야무야 |
| 유제^화서 (葇荑花序) | 유이화서 (葇荑花序) |
| 은립-과 [을-꽈] (銀立瓜) | 은립과 (銀立瓜) |
| 은-입과 [--꽈] (銀立瓜) | 은립과 (銀立瓜) |
| 음즙벌-국 [--뻘-] (音汁伐國) | 음집벌국 (音什伐國) |
| 의롱 (衣籠) | 의농 |
| 이강-웅예 [이ː---] (二强雄蘂) | 이각웅예 |
| 이궁[3] (离宮) | 리궁[1] (離宮) |
| 익사[2] [-싸] (溺死) | 닉사 (溺死) |
| 익사[2] [-싸] (溺死) | 익사 (溺死) |
| 익사-하다 [-싸--] (溺死--) | 닉사하다 (溺死-) |
| 익사-하다 [-싸--] (溺死--) | 익사하다 (溺死-) |
| 일-고동 [일ː꼬-] | 일고등 [-꼬-] |
| 일잣-집 [-짜찝/-짣찝] (一字-) | 일자집 [-짜-] (一字-) |
| 자개-장롱 [---농] (--欌籠) | 자개장농 |
| 자귀-날 | 자귀날 |
| 장롱 [장ː농] (欌籠) | 장농 (欌—) |
| 장-쪽박 [장ː-빡] (醬--) | 장족박 |
| 재래[3] (齋來) | 재래[3] (齋來) |
| 재래[3] (齋來) | 제래 |
| 재래-하다[2] (齋來--) | 재래하다 (齋來-) |
| 재래-하다[2] (齋來--) | 제래하다 |
| 전도-요원 (前途遙遠) | 전도요원 |
| 전도요원-하다 (前途遙遠--) | 전도요원하다 (前途遙遠-) |
| 전술^연습 (戰術練習) | 전술연습 |
| 전해^연마 (電解硏磨) | 전해연마 |
| 점프^볼 (jump ball) | 잠프볼 (jump ball(영)) |
| 조-겨 | 조겨 [-껴] |

| 《표대》 | 《조대》 |
|---|---|
| 좀-새그령 | 좀새크령 |
| 종-벌레 (鐘--) | 좀벌레[2] [-뻘-] |
| 종-벌레 (鐘--) | 종벌레 [-뻘-] |
| 중롱 [-농] (中籠) | 중농[2] |
| 지^가스 (G gas) | 지가스 (G gas(영)) |
| 질제-귀신 [-쩨--] (質諸鬼神) | 질저귀신 [-쩌-] (質諸鬼神) |
| 질제귀신-하다 [-쩨----] (質諸鬼神--) | 질저귀신하다 [-쩌-] (質諸鬼神-) |
| 집-주릅 [-쭈-] | 집주릅 |
| 참새-그령 | 참새크령 |
| 참-서대 | 참소대 |
| 채-롱[1] (-籠) | 채롱[1] (-籠) |
| 철-어렁이 (鐵---) | 철어렝이 |
| 청람-색 [-남-] (靑藍色) | 청남색 (←靑藍色) |
| 쳇불-관 [체뿔-/첻뿔-] (--冠) | 체불관 (-冠) |
| 초맛살 [-맏쌀] | 초마살 [-쌀] |
| 초멸 (剿滅) | 소멸[4] (剿滅) |
| 초멸 (剿滅) | 초멸 (剿滅) |
| 초멸-되다 (剿滅--) | 소멸되다 (剿滅-) |
| 초멸-되다 (剿滅--) | 초멸되다 (剿滅-) |
| 초멸-하다 (剿滅--) | 소멸하다 (剿滅-) |
| 초멸-하다 (剿滅--) | 초멸하다 (剿滅-) |
| 축융[1] (祝融) | 축융[2] (祝融) |
| 축융[1] (祝融) | 축늉 [충-] |
| 출역-꾼 (出役-) | 출역군 (出役軍) |
| 층-실시초 (層 莎草) | 층실사초 |
| 커틀릿 (cutlet) | 가쯔레쯔 (cutlet(영)) |
| 커틀릿 (cutlet) | 카틀레트 (cutlet(영)) |
| 코너^아웃 (corner out) | 코너아우트 (corner out(영)) |
| 코너-킥 (corner kick) | 코너킥 (corner kick(영)) |
| 콩-노굿 [--굳] | 콩노긋 |
| 크리스털^바이올렛 (crystal violet) | 크리스탈비올레트 (crystl violet(영)) |
| 큰-납지리 [--찌-] | 큰납제리 |
| 큰-닭의덩굴 [-달긔--/-달게--] | 큰닭의덩쿨 |
| 큰-뚝새풀 [--쌔-] | 큰둑새풀 |
| 큰줄-얼게비늘 | 큰줄열개비늘 |
| 킥오프 (kickoff) | 키크오프 (kickoff(영)) |
| 타임아웃 (time-out) | 타임아우트 (time out(영)) |
| 탭^댄스 (tap dance) | 타프단스 (tap dance(영)) |
| 터줏-상 [-주쌍/-줃쌍] (-主床) | 터주상 [-쌍] |

| 《표대》 | 《조대》 |
|---|---|
| 털-쉽사리 [--싸-] | 털쉽싸리 |
| 토마토-소스 (tomato sauce) | 도마도쏘스 |
| 트레일러 (trailer) | 도레라 (←trailer(영)) |
| 트레일러 (trailer) | 추레라 (←trailer(영)) |
| 파랑-강충이 | 파랑깡충이 |
| 파이버 (fiber) | 화이버 (fibre(영)) |
| 팔량-주 (八兩紬) | 팔량주 (八兩紬) |
| 페널티^킥 (penalty kick) | 페널티킥 (penaltykick(영)) |
| 페라이트 (ferrite) | 페리트 (ferrite(영)) |
| 페라이트 (ferrite) | 훼리트 (ferrite(영)) |
| 페로몬 (pheromone) | 페르몬 (phermone(영)) |
| 평면^연마반 (平面硏磨盤) | 평면연마반 |
| 평-삼치 (平--) | 평삼치 |
| 평-삼치 (平--) | 평상치 |
| 폐기-판 [폐:--/페:--] (廢氣瓣) | 페기판 (廢氣瓣) |
| 포스겐 (phosgene) | 포스겐 (phosgene(영)) |
| 프리^킥 (free kick) | 프리키크 (free kick(영)) |
| 플레이^볼 (play ball) | 플레이볼 (play ball(영)) |
| 하이-칼라 (▼high collar) | 하이칼라 (highcollar(영)) |
| 한-성바지 (-姓--) | 한성바치 |
| 함롱 [함:농] (函籠) | 함농 |
| 행동^연습 (行動鍊習) | 행동연습 |
| 행셋-경 [-세껑/-셀껑] (行世-) | 행세경 |
| 향리-급첩 [-니--] (鄕吏給帖) | 향리급체 (鄕吏給帖) |
| 홍인 (紅燐) | 홍린 (紅燐) |
| 화학^연마 (化學硏磨) | 화학연마 |
| 회반[1] [회-/훼-] (灰盤) | 회반[1] [-빤] (灰-) |
| 회-방아 [회--/훼--] (灰--) | 회방아 [-빵-] |
| 횟-반 [회빤/훽빤] (灰-) | 회반[1] [-빤] (灰-) |
| 횟-방아 [회빵-/훽빵-] (灰--) | 회방아 [-빵-] |
| 흙-테 [흑-] | 흑태[3] |
| 흙-테 [흑-] | 흑테 |
| 흙-테 [흑-] | 흙태 [흑-] |
| 희룽-해롱 [히---] | 히룽해룽 |
| 희룽해롱-하다 [히-----] | 히룽해룽하다 |

# 5. 맺음말

이 책에서는 남북의 국어 대사전인 《표대》와 《조대》에 수록된 규범어(표준어, 문화어)를 비교하여 남북 올림말 표기 차이를 구체적으로 살펴보았다. 남북 표기법은 남측의 《한글 맞춤법》(1988/2018), 《표준어 규정》(2010), 《외래어 표기법》(2017)과 북측의 《조선말규범집》(2010), 《조선어 외래어 표기법》(1956)을 기준으로 하였다.

남북 올림말 표기는 '두음 법칙 표기', '사이시옷 표기', '외래어 표기', '기타 표기' 차이로 대별하여 검토하였다. 남북은 모두 표기법 총칙에서 형태주의 표기와 표음주의 표기를 혼용하는 것을 원칙으로 규정하고 있지만, 남측은 북측에 비해 표음주의 표기법을 적용한 예가 더 많고, 북측은 남측에 비해 형태주의 표기법을 적용한 예가 더 많았다. 즉, '두음 법칙 표기'나 '사이시옷 표기' 등에서처럼 남측은 형태보다는 발음에 중점을 둔 표기가 많았고, 북측은 발음보다는 형태를 밝혀 적는 데에 중점을 둔 표기가 많았다.

이 책에서는 '남북 사전의 올림말 표기 차이의 현황'과 '그 원인'을 구체적으로 밝히고자 하였는데, 실제로 남북 사전에 공통으로 수록된 올림말을 비교한 결과, 표기에서 차이가 나는 올림말은 8% 정도였다. 이처럼 남북 올림말 표기 차이가 예상보다 크지 않은 이유는 북측에서 《조선어철자법》(1954)이 전면적으로 시행되기 전까지 남북이 공히 《한글 마춤법 통일안》(1933)을 따르고 있었고, 분단 이후에 《한글 마춤법 통일안》(1933) 제정 및 《큰 사전》(1957) 편찬에 함께 참여했던 학자들이 남북으로 나뉘어 각기 어문 규범 제정 및 사전 편찬 작업을 주도했기 때문이다.[84]

통일 이후의 어문 규범은 남북 어느 한쪽의 것을 일방적으로 채택하지 않는 한, 양측의 국민 모두가 새로 익혀야 할 '불편한 규범'이 될 수 있다. 그렇지만 남북 모두 진정으로

84 분단 이후 남측에서는 조선어학회 출신의 최현배, 정인승 등의 주도로 《큰 사전》(1957)을 완간하였고, 북측에서는 조선어학회 출신의 유열, 김병제, 이극로, 홍기문 등의 주도로 《조선말사전》(1962)을 편찬하였다. 최현배, 정인승, 이극로, 정열모, 유열, 김병제 등은 일제 강점기에 《큰 사전》을 함께 편찬했던 인사들로, 당시 표기법 제정 및 사전 편찬 등에서 주도적인 역할을 했고, 분단 이후에는 남과 북으로 나뉘어 각기 언어 정책을 주도적으로 이끌었다.

통일을 염원한다면 어느 정도의 불편함은 감수할 수밖에 없다고 생각한다.[85] 다만, 국민들의 불편을 최소화할 수 있는 방안을 도출해 내는 데에 역점을 두어야 할 것이다.

이러한 관점에서 남북 규범어와 표기법을 통일하기 위한 방안을 제안하면 다음과 같다.

첫째, 통일 규범어는 현행 남북 양측의 규범어를 최대한 수렴할 수 있도록 규정할 필요가 있다. 이러한 관점에서 남북 규범어의 설정 지역(서울말과 평양말)에 차이가 있는 말은 특별한 이유가 없는 한 복수 규범어로 설정하고,[86] 이들 중 하나를 단수 규범어로 정하는 일은 통일 이후에 언중의 선택에 맡기는 것이 합리적이다. 그리고 남북 어느 한쪽에서만 쓰이는 어휘의 경우, 인위적으로 만들어진 이념적인 어휘가 아니라면 모두 규범어로 설정하고, 뜻에 차이가 있는 말의 경우에도 인위적으로 만든 이념적인 뜻이 아니라면 폭넓게 수용하는 것이 바람직하다.

둘째, 현행 남북 맞춤법 총칙은 '형태주의 표기 원리'와 '표음주의 표기 원리'를 혼용하고 있어, 어떤 단어를 표기할 때 두 표기 원리 가운데 어느 하나를 선택해야 하는 경우가 발생한다. 남북 올림말 표기 차이도 단어에 '형태주의 표기 원리'와 '표음주의 표기 원리'를 달리 적용한 데서 비롯된 것이 대부분이다. 이처럼 두 표기 원리 가운데 하나를 선택해야 할 경우, '형태주의 표기 원리'에 더 중점을 두는 것이 맞춤법의 일관성을 유지하고 편의성 및 가독성을 높일 수 있는 방안이라 생각한다. 소리는 시대나 세대, 개인에 따라 편차가 있으므로 이를 기준으로 표기법을 제정할 경우 표기법 개정 사유가 빈번히 발생하게 되어 규범의 안정성과 일관성을 보장할 수 없게 된다. 특히, 복합어 표기의 경우 '해님[해님(남),

85 이와 관련하여 개성 공단의 한 의류업체에서 남북의 근로자가 서로 원활하게 작업하고 소통하기 위해 차이가 있는 작업 용어 143개를 통일한 예가 있어 흥미롭다. 남측의 옷 공장에서 주로 쓰이는 일본 용어를 북측 노동자들이 전혀 알지 못했기 때문에 북측과 합의하여 일본어를 우리말로 순화한 것이다. 예를 들면 '가다(かた)', '시다(した)', '한소데(-そで)' 등과 같은 일본말을 각각 '어깨', '보조(원)', '반소매' 등의 우리말로 순화했는데, 의류업체 관계자의 말에 따르면 시작 단계에서는 새로 익혀 써야 하는 불편함이 있었지만, 일주일 후부터는 남북이 합의한 용어로 자연스럽게 소통할 수 있었다고 한다. 이 경우처럼 시작 단계에서는 어느 정도 불편함이 따르겠지만, 남북 겨레가 공동으로 생활하기 위해서는 이러한 불편함을 감수해야 하고, 단일한 언어적 기반을 공유하고 있는 한 민족으로서 그 '불편한 공존'의 시간도 그리 오래가지 않을 것이라고 생각한다. 아울러, 통일 규범 제정은 그동안 역사성, 논리성, 합리성 등의 문제에서 자유롭지 않아 미처 손쓸 수 없었던 규범을 새로 정비하고, 무분별하게 써 왔던 외래어를 정비할 수 있는 기회가 될 수도 있을 것이라 생각한다.

86 규범어를 복수로 수용하자는 견해는 고영근(1994), 김민수(2003), 박갑수(2002) 등 여러 학자에 의해 피력된 바 있다.

핸님(북)]', '깻묵#깨묵[깬묵(남), 깨묵(북)]'처럼 남북에서 발음을 달리하는 복합어가 적지 않은 현실을 고려하면, '복합어 구성 성분의 원형을 밝혀 적는 방안'을 확대하는 것이 합리적이다. 이렇게 총칙을 규정할 경우, 소리 변화가 있는 복합어의 발음 규정은 '표준 발음법'에 명시하고, 개별 복합어의 발음은 국어사전에 명시하여 언중이 참조할 수 있도록 하면 되지 않을까 생각한다. 우리말 표기법에서 형태주의 표기 원리에 더 중점을 두어야 하는 이유를 간략하게 정리하면 다음과 같다.

**(106) 우리말 표기법과 형태주의 표기법**

가) '말'과 '글'은 상대에게 정보의 의미를 정확하게 전달하는 데에 그 존재의 이유가 있다. 따라서 표기법은 '소리를 정확하게 표기하는 것'[87]이 아닌, '의미 파악이 용이하도록 표기하는 것'에 더 중점을 두어야 한다.

나) 우리말은 교착어로서, '체언+조사', '용언 어간+어미'와 같은 구성에서 각각의 구성 단위들이 잘 드러날 수 있어야 한다. 또한 '접두사+어근', '어근+접미사'와 같은 파생어나, '구성 성분의 의미에 변화가 거의 없는 합성어'도 그 표기에서 각각의 형태소가 쉽게 구분되어야 한다.[88]

다) 우리말은 종성 겹받침이 많고, 또한 음운 변동이 활발히 일어나는 언어이다.[89] 형태주의 표기법을 따를 경우 음운 변동에 따라 달라지는 형태소를 일관되게 표기할 수 있다.

---

87 현존하는 언어 중에 표음주의 표기 원칙을 철저하게 지키면서 표기하는 언어는 없다. 표음주의 표기 원칙이 철저하게 지켜지려면, 일자일음(一字一音)의 원칙이 예외 없이 적용될 수 있어야 하는데, 이는 이상적인 표기법일 뿐이다. 영어의 경우를 예로 들면, 'apple', 'apartment', 'name'에서 'a'는 각각 [æ], [ə], [eɪ]로 소리가 나지만 모두 'a'로 표기되며, 'know', 'knife', 'knight'에서 'k'는 묵음이어서 표기에는 드러나지만 소리가 나지 않는다. 이처럼 현실적으로 일자일음(一字一音)의 원칙이 예외 없이 적용되는 언어는 찾기 어렵다.

88 예를 들어 '옷+이/도/만'은 각각 [오시], [옫또], [온만]으로, '먹-+-다/-는/-으면'은 각각 [먹따], [멍는], [머그면]으로, '막-+국수/옷/말'은 각각 [막꾹쑤], [마곧], [망말]로 소리 나는데, 이처럼 소리 나는 대로 표기할 경우 의미 파악이 힘들게 된다.

89 申昌淳(1992, pp.15~17)에서는 한글 맞춤법이 형태주의적인 원칙을 채택해야 하는 이유로, 국어가 '두음 법칙', '구개음화', '연음화' 등의 음운 변동 현상이 활발하게 일어나는 언어라는 점을 강조하고 있다.

라) 형태주의 표기법은 표음주의 표기법에 비해 규범의 간명성을 확보할 수 있다. 형태주의 표기법에 중점을 둘 경우, 남측《한글 맞춤법》의 제6항, 제8항, 제9항, 제10항, 제11항, 제12항, 제17항, 제30항의 조항들을 규정으로 명시하지 않아도 되며, 여러 세부 조항과 '다만'으로 기술된 예외 조항들을 간략하게 줄일 수 있다.

마) 소리는 표기에 비해 변화 속도가 빠르므로 소리에 바탕을 두고 맞춤법을 제정할 경우 맞춤법 개정 사유가 자주 발생하게 되며, 그 결과 규범의 안정성을 확보하기 어렵게 된다.

이러한 관점에서, '통일 맞춤법' 총칙에서는 형태주의 표기 원리와 표음주의 표기 원리를 혼용한다는 것을 밝히되, 형태주의 표기 원리에 더 중점을 두어 규정할 필요가 있다고 생각한다. 그리고 형태주의 표기법으로 적었을 때 가독성이 떨어지거나, 소리와 표기의 차이가 현저하여 언중의 불편을 초래하는 부류의 어휘에 한하여 소리 나는 대로 표기할 수 있도록 하는 규정을 덧붙인다면 '형태주의 표기 원리'와 '표음주의 표기 원리'를 모두 안정적으로 반영할 수 있을 것이다. 이에 '통일 맞춤법'의 총칙을 제시하면 다음과 같이 규정할 수 있을 것이다.

> "한글(조선글자) 맞춤법은 표준어(문화어)의 원형을 밝혀 적되, 원형대로 적을 경우 독해에 어려움이 있는 형식[90]에 한하여 소리 나는 대로 적을 수 있다."

이러한 맞춤법 총칙은 세부 조항에 일관되게 적용될 수 있도록 해야 한다. 왜냐하면 총칙을 따르지 않는 예외적인 단서 조항은 국민이 외워 써야 하는 불편한 조항이 될 것이기 때문이다.

통일 이후 어문 규범이 힘의 논리에 의해 남북의 어느 한쪽 규범만으로 규정될 경우, 다른 한쪽은 상실감이 클 것이다. 이 경우 정신과 문화를 아우르는 진정한 통일을 이루는 데에 어문 규범이 오히려 장애가 될 수도 있을 것이다. 따라서 통일 이전에라도 남북이

90 '구성 성분의 뜻이 달라진 복합어(쓰러지다, 사라지다 등)'나 '소리가 달라진 복합어(화살, 따님 등)', '불규칙 용언의 활용형'처럼 원형을 밝혀 적는 것이 오히려 의미 파악에 지장을 초래할 수 있는 형식을 가리킨다.

힘의 논리나 그 밖의 외부적 요인에 방해받지 않고 어휘 통합과 어문 규범 통일을 위한 논의를 지속적으로 해 나가야 할 것이다. 남북 합의를 바탕으로 제정한 통일 규범은 남북 겨레가 새로 익혀야 하는 부담은 있겠지만, 개성 공단의 '작업 용어 합의'의 사례처럼 그동안 깁고 고치지 못했던 남북의 규범을 새롭게 정비하는 계기로 삼을 수 있을 것이다.

남북의 어휘 이질화는 오랜 기간 진행돼 온 것이고, 또한 그 차이가 사회 체제와 생활 방식의 차이에서 비롯된 것이 대부분이므로 하루아침에 극복될 수는 없다. 혹독한 일제 강점기에 《한글 마춤법 통일안》(1933)과 《사정한 조선어 표준말 모음》(1936)을 미리 준비하고, 아울러 《큰 사전》(1957) 편찬 작업을 하여 광복 후 우리 어문 생활의 토대를 마련했던 것처럼 오늘날 우리도 다시 한번, 통일 시대를 위한 준비 작업을 하나하나 해 두어야 할 것이다.

## ■ 단행본 및 논문


고영근(1994), 《통일 시대의 어문 문제》, 도서출판 길벗.

고영근(1999), 《북한의 언어문화》, 서울대학교 출판부.

고영근(2001), '남북 규범문법의 통일 방안', 《새국어생활》 제11권 제1호, 국립국어원.

고창운(2000), '남북한 통일 어문규정 시안 마련을 위한 모색', 《한말연구》 제6집, 한말연구학회.

국립국어원(2000), 《표준국어대사전 편찬 지침Ⅱ》, pp.166~170.

국립국어원(1988/2018), 《한국 어문 규정집》.

국립국어원(2018), 《한글 맞춤법·표준어 규정 해설》.

국어사정위원회(1987), 《조선말규범집》, 사회과학출판사.

국어사정위원회(2010), 《조선말규범집》, 사회과학출판사.

국어연구소(1988), 《한글 맞춤법 해설》.

권재일(2006), 《남북 언어의 문법 표준화》, 서울대학교 출판부.

권재일(2014), 《남북 언어의 어휘 단일화》, 서울대학교 출판문화원.

기세관·최호철(1994), '남북한 통일 맞춤법을 위하여', 《언어학》 제16권, 한국언어학회.

김계곤(2000), '남북한 한글 맞춤법', 《교육 한글》 제13호, pp.23~41, 한글학회.

김민수(2003), '남북의 언어통합과 공용어', 《남북한 어문 규범과 그 통일방안》, pp.5~21, 국학자료원.

김희진(1996), '외래어 표기, 남북한이 어떻게 다른가: 외래어 표기법·국어 사전·국어교과서를 중심으로', 《새국어생활》 제6권 제4호, 국립국어원.

남기심(2002), '남북 언어의 이질화와 그 극복 방안', 《남북 언어 동질성 회복을 위한 제1차 국제학술회의 논문집》, pp.7~12, 국립국어원.

문영호(2006), '《겨레말큰사전》 공동편찬에서 제기되는 우리 글자표기의 북남차이와 단일화 문제', 《겨레말큰사전남북공동편찬위원회 제5차 회의 자료집》, 겨레말큰사전남북공동편찬사업회.

민현식(2002), '남북 띄어쓰기 규범 문제의 현안 -새로 나온 <조선말 띄여쓰기 규범>과 비교하여', 《국제고려학회 서울지회 논문집》 제3호, 국제고려학회 서울지회.

민현식(2003), '언어 규범 정책의 방향', 《국어교육연구》 제12집, pp.7~71, 서울대학교 국어교육

연구소.
박갑수(1999), '남북한의 언어 차이와 그 통일 정책', 《선청어문》 제27집, pp.413~436, 서울대사범대 국어교육과.
박샛별(2011), '남북 언어 통합 사전 편찬을 위한 어문 규범 연구', 한양대 석사학위논문.
사회과학원 언어학연구소(1971), 《조선말규범집해설》, 학우서방.
사회과학출판사(1984), '고친 외래어 표기법', 《문화어 학습》 제3호.
사회과학출판사(2005), 《조선로동당언어정책사》, 조선어학전서 3.
사회과학출판사(2005), 《조선말력사 7》, 조선어학전서 10.
사회과학출판사(2005), 《조선말사전편찬론연구》, 조선어학전서 16.
사회과학출판사(2005), 《조선문화어건설이론》, 조선어학전서 2.
사회과학출판사(2005), 《조선어규범리론》, 조선어학전서 47.
사회과학출판사(2005), 《조선어규범변천사》, 조선어학전서 46.
申昌淳(1992), 《國語正書法硏究》, 집문당.
이봉원(2003), '남북 표준 발음의 통일 방안', 《남북한 어문 규범과 그 통일 방안》, 국학자료원.
이운영(2002), '《표준국어대사전》 연구 분석', 국립국어연구원.
임보선(2016), '남북 외래어 표기의 현황과 과제', 《말과글》 제147호, 한국어문기자협회.
전수태(2001), '서로 다른 표기법의 통일 방안', 《새국어생활》 제11권 제1호, 국립국어원.
전수태(2004), 《남북한 어문 규범 비교 연구》, 국립국어원.
조규태(1999), '두음 법칙 표기에 대하여', 《배달말》 제25집, 배달말학회.
조남호(2009), '북한 언어 자료의 구축', 《2009년 남북 언어 학술대회 논문집》, pp.3~14, 국립국어원.
조선어 및 조선 문학 연구소(1956), 《조선어 외래어 표기법》, 조선민주주의인민공화국과학원.
차재은(2009), '남북언어 통합방안 연구의 현황과 전망', 《2009년 남북 언어 학술대회 논문집》, pp.27~52, 국립국어원.
최세진(1527), 《훈몽자회(訓蒙字會)》 1권, p.18, 홍문각.
최용기(2007), '남북의 언어 차이와 동질성 회복 방안', 《국학연구》 제10집, pp.199~228, 한국국학진흥원.
한용운(2007), '남북 규범어의 통합 방안', 《한국사상과 문화》 제40집, 한국사상문화학회.
한용운(2013), '남북 사전의 표제어 차이', 《2013년 남북 언어 소통을 위한 국제학술회의 발표집》, pp.119~143, 국립국어원.
한용운(2015ㄱ), '남과 북의 사전', 《새국어생활》 제25권 제2호, pp.25~44, 국립국어원.
한용운(2015ㄴ), '분단 이후의 남북 어휘', 《현대사광장》 제6권, 대한민국역사박물관.
한용운(2017), '남·북·중의 어문 규범 통합 방안 일고(一考)', 《2017년 남북언어와 중국조선어 소통을 위한 학술회의 자료집》, pp.13~31, 국립국어원.

한재영(2011), '외국의 표준어 정책', 《새국어생활》 제21권 제4호, pp.37~58, 국립국어원.
홍윤표(2005), '남북 언어의 통합 방안', 《겨레말큰사전남북공동편찬사업회 백서》, 겨레말큰사전남북공동편찬사업회.
홍종선·최호철(1998), 《남북 언어 통일 방안 연구》, 문화관광부 연구보고서.

## ■ 사전

국립국어연구원(1999), 《표준국어대사전》, 두산동아.
사회과학출판사(1992), 《조선말대사전》.
사회과학출판사(2006), 《조선말대사전》 증보판.
사회과학출판사(2017), 《조선말대사전》 증보판.
한글학회(조선어학회) 편(1957), 《큰 사전》, 을유문화사.